무료 MP3 강의와 CBT 모의고사 무료 응시권 제공

컴퓨터 활용능력
2급 필기

Vision IT 지음

IT연구회

해당 분야의 IT 전문 컴퓨터학원과 전문가 선생님들이 최선의 책을 출간하고자 만든 집필/감수 전문연구회로서, 수년간의 강의 경험과 노하우를 수험생 여러분에게 전달하고자 최선을 다하고 있습니다. IT연구회에 참여를 원하시는 선생님이나 교육기관은 ccd770@hanmail.net으로 언제든지 연락주십시오. 좋은 교재를 만들기 위해 많은 선생님들의 참여를 부탁드립니다.

권경철_IT 전문강사	김경화_IT 전문강사	김선숙_IT 전문강사
김수현_IT 전문강사	김 숙_IT 전문강사	김시령_IT 전문강사
김현숙_IT 전문강사	남궁명주_IT 전문강사	노란주_IT 전문강사
류은순_IT 전문강사	민지희_IT 전문강사	문경순_IT 전문강사
박봉기_IT 전문강사	박상휘_IT 전문강사	박은주_IT 전문강사
문현철_IT 전문강사	백천식_IT 전문강사	변진숙_IT 전문강사
송기웅_IT 및 SW전문강사	송희원_IT 전문강사	신동수_IT 전문강사
신영진_신영진컴퓨터학원장	윤정아_IT 전문강사	이강용_IT 전문강사
이은미_IT 및 SW전문강사	이천직_IT 전문강사	임선자_IT 전문강사
장명희_IT 전문강사	장은경_ITQ 전문강사	장은주_IT 전문강사
전미정_IT 전문강사	조영식_IT 전문강사	조완희_IT 전문강사
조정례_IT 전문강사	차영란_IT 전문강사	최갑인_IT 전문강사
최은영_IT 전문강사	황선애_IT 전문강사	김건석_교육공학박사
김미애_강릉컴퓨터교육학원장	은일신_충주열린학교 IT 전문강사	양은숙_경남도립남해대학 IT 전문강사
엄영숙_권선구청 IT 전문강사	옥향미_인천여성의광장 IT 전문강사	이은직_인천대학교 IT 전문강사
조은숙_동안여성회관 IT 전문강사	최윤석_용인직업전문교육원장	홍효미_다산직업전문학교

BM (주)도서출판 성안당

■ 도서 A/S 안내

성안당에서 발행하는 모든 도서는 저자와 출판사, 그리고 독자가 함께 만들어 나갑니다.

좋은 책을 펴내기 위해 많은 노력을 기울이고 있습니다. 혹시라도 내용상의 오류나 오탈자 등이 발견되면 "좋은 책은 나라의 보배"로서 우리 모두가 함께 만들어 간다는 마음으로 연락주시기 바랍니다. 수정 보완하여 더 나은 책이 되도록 최선을 다하겠습니다.

성안당은 늘 독자 여러분들의 소중한 의견을 기다리고 있습니다. 좋은 의견을 보내주시는 분께는 성안당 쇼핑몰의 포인트(3,000포인트)를 적립해 드립니다.

잘못 만들어진 책이나 부록 등이 파손된 경우에는 교환해 드립니다.

저자 문의 e-mail : leo45@hanmail.net

본서 기획자 e-mail : coh@cyber.co.kr(최옥현)

홈페이지 : http://www.cyber.co.kr   전화 : 031) 950-6300

*머리말…

컴퓨터의 대중화 시대인 지금! 컴퓨터 실무 교육의 중요성은 필수적인 시대적 요건입니다. 특히, 학교나 기업 등에서 다량의 실무적인 수치 계산 처리가 이루어지면서 더욱 빠르고, 정확한 데이터 작성이 요구되고 있습니다. 이러한 관점에서 볼 때 현재 실시하고 있는 컴퓨터활용능력 검정 시험은 컴퓨터의 기초적인 사용 방법과 함께 해당 프로그램의 효율적인 운영 및 데이터 분석을 평가하는 실용적인 국가기술자격시험입니다.

이러한 컴퓨터활용능력 검정 시험은 필기와 실기로 구분됩니다. 특히, 필기 시험에서는 컴퓨터를 사용하는데 필요한 PC의 기본적인 사항과 최근 가장 많이 이용하고 있는 Windows의 운영 체제에 대한 활용 방법 그리고 엑셀의 전반적인 기능을 평가할 수 있는 스프레드시트(엑셀 2021) 부분 등을 평가하고 있습니다. 이에 본 도서는 새롭게 변경된 컴퓨터활용능력의 출제 기준을 정확히 파악하여 실제 시험에 따른 핵심 내용을 담아 실전에 준비할 수 있도록 다음과 같이 구성하였습니다.

❶ 유료 동영상 강의 및 무료 MP3 강의
유료 동영상 강의(전체) 및 본문 내용에서 중요 부분에 대한 무료 MP3 강의를 제공함으로써 보다 쉽고 확실하게 시험을 준비할 수 있습니다([자료실]에서 무료 MP3 강의 다운로드).

❷ 핵심 내용 및 실력 체크 문제
새로운 출제 기준안에 따른 과목별 내용을 정확하게 분석하여 필기 시험에 100% 합격할 수 있도록 핵심 내용만을 다루었습니다. 또한, 실력 체크 문제에서는 지금까지 여러 번 출제되었던 기출 문제를 중심으로 출제 비중이 높은 문제들로만 구성하였으므로 다시 한 번 핵심 내용들을 정리할 수 있습니다.

❸ 최신 기출 문제 15회
최신 기출 문제 15회에서는 2016년부터 2024년까지 출제되었던 기출 문제들을 자세한 해설과 함께 수록하여 출제 경향의 흐름을 살펴보고, 어떤 문제가 반복적으로 출제되었는지를 최종적으로 확인할 수 있습니다.

끝으로 본 교재가 컴퓨터활용능력 필기 시험을 준비하는 수험생 여러분들에게 최고의 시험 준비 교재가 될 것을 확신하며, 진심으로 여러분의 합격을 기원합니다.

– IT 연구회 –

강의하기에 적합한 맞춤형 교재

[김휘중 IT 전문강사]

컴퓨터 수험서(자격증) 분야를 강의하면서 컴퓨터활용능력 필기 교재를 채택하던 중 '백발백중 컴퓨터활용능력 필기' 책자를 살펴보았습니다. 다양한 책들이 있었지만 기존의 책들과는 다르게 새롭게 변경된 출제 기준안에 따른 핵심적인 내용 구성을 깔끔한 편집과 함께 일목요연하게 다루고 있다는 점이 가장 맘에 들었습니다. 특히, 새롭게 바뀌는 내용 부분에서 정확한 분석과 흐름을 파악할 수 있었고, 실력 체크 문제를 통해 중요한 내용들을 다시 한 번 정리할 수 있었습니다. 또한, 무료 MP3 강의가 수록되어 있어 학생들뿐만 아니라 선생님들도 강의를 할 때 한결 도움이 되고 있습니다. 그리고 출판사에서 필요한 부분에 대한 PDF 파일을 제공한다고 하니 수업 활용도면에서도 일석이조의 효과를 기대하고 있습니다.

학원 수업만큼 도움이 되는 무료 MP3 강좌

[회사원 정지윤]

시간도 시간이지만 새롭게 변경된 출제 기준 때문에 합격에 대한 부담을 안고 공부했던 컴퓨터활용능력 필기! 따로 학원에 다닐 시간이 없어 혼자 공부를 해야했던 나에게 백발백중 컴퓨터활용능력 필기는 정말 친절한 개인 선생님이었습니다. 이렇게 많은 내용을 혼자 공부해서 과연 합격을 할 수 있을까? 내심 부담도 많이 되었는데... 다행히도 MP3 강좌가 있어 어려움 없이 공부를 할 수 있었던 것 같습니다. 특히, 새롭게 변경되면서 추가된 부분과 시험에 반드시 출제된다고 강조하셨던 내용들이 정말 시험에 출제될 줄은 몰랐습니다.^^ 중요한 부분만을 정확히 집어주시고, 시험 출제의 방향을 이끌어 주신 점들이 제가 합격을 할 수 있었던 지름길이었습니다. 마지막으로 시간이 없어 독학으로 컴퓨터활용능력 필기 시험을 준비하시는 많은 수험생 여러분들께도 강추하고 싶네요~ 성안당! 백발백중 최고입니다!!

★ 종목 소개

산업계의 정보화가 진전되면서 영업, 재무, 생산 등의 분야에 대한 경영 분석과 대량의 데이터 관리가 필수적으로 요구되고 있습니다. 이에 컴퓨터활용능력 검정 시험은 컴퓨터의 기초적인 사용 방법과 함께 사무자동화의 필수 프로그램인 스프레드시트(SpreadSheet)의 활용 능력을 평가하는 국가기술자격 시험입니다.

★ 시험 응시 자격 및 절차

- 시행 기관 : 대한상공회의소
- 응시 자격 : 제한 없음
- 시험 절차 : 필기 시험 합격 후 실기 시험(필기 합격자는 합격자 발표일로부터 2년 간 필기 시험 면제)

★ 원서 접수 안내

- 대한상공회의소 검정사업팀 홈 페이지(http://license.korcham.net)를 통해 접수하되 해당 홈 페이지에 사진이 등록되어 있지 않은 경우 미리 인터넷을 통해 사진을 등록해야 합니다.
- 처음 1회 사진 등록으로 추후 접수 시 사진은 필요 없습니다.
- 정기 검정을 인터넷으로 접수하시면 원하는 시험 장소를 먼저 선택할 수 있습니다. 다만, 인터넷 접수 시 검정 수수료 외 인터넷 원서 접수 수수료 1,200원이 별도 부과됩니다.
- 상시 검정은 지역별 상공회의소 내에 시험장을 마련하여 수험생들이 편한 일자에 응시가 가능한 검정으로 현재 워드프로세서 필기/실기, 컴퓨터활용능력 1, 2급 필기/실기를 시행하고 있습니다. 단, 지역별 상공회의소의 사정에 따라 상시 검정을 시행하지 않을 수 있으니 참고하시기 바랍니다.
- 인터넷 접수 기간 중에도 시행 상공회의소를 방문하여 접수 가능하며, 방문 접수 시 접수 절차는 동일하고 인터넷 원서 접수 수수료(1,200원)는 부담하지 않습니다.
- 원서 접수 마지막 날의 마감 시간은 18:00까지 입니다(수험료 결제까지 완료하고, 접수증이 확인되어야 원서 접수가 된 것입니다).
- 검정 수수료 : 필기 - 17,800원 / 실기 - 21,000원

★ 인터넷 접수 절차

1단계 응시하고자 하는 시험 종목과 급수를 선택합니다.

2단계 회원이시면 회원으로 로그인, 비회원이시면 성명, 주민등록번호로 로그인 후 주소, 전화번호 등의 인적 사항을 입력합니다.

3단계 본인의 사진 이미지 파일(디지털 사진 또는 스캐닝 사진)을 올립니다. 단, 사진 크기는 3cm×4cm, 파일 형태 : JPG, GIF(JPG 권장)

4단계 응시하고자 하는 지역(상공회의소)을 선택합니다.

5단계 선택한 지역(상공회의소)내 개설된 시험장을 선택합니다.

6단계 본인이 입력한 사항을 확인합니다.

7단계 검정 수수료와 인터넷 원서 접수 수수료(1,200원)에 대한 금액을 결재합니다.

8단계 수험표 출력 일자, 종목 및 등급, 시험 장소 등의 접수 완료를 확인합니다.

9단계 수험표를 출력합니다(수험 번호, 시험 일자, 시험 시작 시간, 시험장 등을 확인합니다).

★ 시험 일정 안내

- 접수 기간 : 개설일로부터 시험일 4일전까지
- 시험일 : 상시(시험 개설 여부는 시험장 상황에 따라 다름)
- 합격 발표 : 필기는 시험일 다음 날 오전 10시 / 실기는 시험일 포함 주 제외한 2주 뒤 금요일

★ 시험 과목

등급	시험 방법	시험 과목	출제 형태	시험 시간
1급	필기 시험	• 컴퓨터 일반 • 스프레드시트 일반 • 데이터베이스 일반	객관식 60문항	60분
	실기 시험	• 스프레드시트 실무 • 데이터베이스 실무	컴퓨터 작업형	90분 (각 과목별 45분)
2급	필기 시험	• 컴퓨터 일반 • 스프레드시트 일반	객관식 40문항	40분
	실기 시험	스프레드시트 실무	컴퓨터 작업형	40분

★ 합격 결정 기준 및 자격증

- 필기 : 매 과목 100점 만점에 과목당 40점 이상이고 평균 60점 이상
- 실기 : 100점 만점에 70점 이상(1급은 두 과목 모두 70점 이상)

- 발표 : 합격자는 대한상공회의소 검정사업팀 홈 페이지(http://license.korcham.net) 에서 확인합니다(합격 여부 확인 시 수검번호, 성명, 주민등록번호 등의 정보가 필요합 니다).
- 자격증 발급 수수료 : 인터넷은 3,100원 / 방문은 3,500원 / 우체국 등기 배송료는 2,280원(해당하는 신청자가 별도 부담)
- 자격증 발급 기간 및 수령 방법 : 자격증은 신청 후 15일 정도 소요되며, 수령 방법은 우 편 수령과 방문 수령이 있는데 우편 수령 시에는 우체국 등기 배송 요금 2,280원이 더 추가됩니다. 방문 수령 시에는 자격증 신청 후 15일 후 상공회의소로 신분증 지참 후 방 문하여 수령하시면 됩니다.
- 방문 수령의 자격증 교부 기한은 발급 후 6개월까지입니다.

★ 공무원 승진 및 임용시 가산점

승진시 가산점

자격 종목	7급	9급
워드프로세서	0.5%	0.5%
컴퓨터활용능력 1급	1%	1%
컴퓨터활용능력 2급	0.5%	0.5%

※ 관령 법령 : 공무원 평정 규칙 제21조(자격증 등의 가산점)
※ 자세한 내용은 한국교육지원센터 홈 페이지(http://www.edudanawa.com) 참조

임용시 가산점

6급 이하 공무원(연구사, 지도사 포함)의 경우 국가기술자격법령에 의한 컴퓨터활용능력 자격증 또는 정보 처리 분야 자격증을 소지한 자에게 필기 시험의 각 과목별 만점의 일정 비율에 해당하는 점수를 가산합니다.

★ 학점 인정

자격 종목	학점
워드프로세서	4점
컴퓨터활용능력 1급	14점
컴퓨터활용능력 2급	6점

• 세부 항목 •
새롭게 변경된 출제 기준안에 따른 세부 항목(기준)을 나열하였습니다.

• 출제 포인트 •
출제 기준에 따른 세부 항목에서 중요한 부분과 함께 학습할 내용을 설명하였습니다.

Chapter 01 | 컴퓨터 시스템 활용

◆ 세부 항목 ▶ 운영 체제 사용 | 컴퓨터 시스템 설정 변경 | 컴퓨터 시스템 관리

출제 포인트
• 한글 Windows의 전반적인 사용 방법을 비롯하여 파일과 폴더의 관리 방법을 학습합니다.
• Windows의 여러 가지 환경 설정과 시스템에 문제에 설정하는 방법에 대해 학습합니다.
• 컴퓨터의 기본 기능을 바탕으로 하드웨어와 소프트웨어의 세부 사항에 대해 학습합니다.

① Windows의 기본 요소와 기능

한글 Windows의 기본 요소

• **선점형 멀티태스킹(Preemptive Multitasking)** : 응용 프로그램에서 오류가 발생했을 경우 오류가 발생한 응용 프로그램만 강제 종료시킬 수 있다.
• **그래픽 사용자 인터페이스(GUI ; Graphic User Interface)** : 마우스를 이용하여 메뉴나 아이콘을 선택하여 모든 작업이 수행되는 사용자 작업 환경이다.
• **플러그 앤 플레이(PnP ; Plug & Play)** : 새로운 하드웨어를 설치할 때 이를 자동으로 감지하여 하드웨어 구성 및 충돌을 방지하는 기능으로 장치를 연결하면 필요한 드라이버를 설치하기 때문에 하드웨어 추가가 쉽다(Windows의 전원 옵션과 작동하여 필요한 전원 기능을 관리).
• **개체 연결 및 삽입(OLE ; Object Linking And Embedding)** : 여러 응용 프로그램에서 작성된 문자나 그림들을 하나의 문서에 자유롭게 삽입하고, 삽입된 이미지를 수정할수 있다.
• **64비트 운영 체제(64Bit Operation System)** : 한 번에 64비트의 CPU를 지원하므로 많은 양의 데이터를 빠르게 처리하며, 효율적인 시스템을 구축할 수 있다.

한글 Windows의 기능

• **사용자 계정 컨트롤** : 사용자가 불필요한 권한을 사용하지 않도록 막는 기능으로 컴퓨터 설정을 변경하거나 다른 사용자 계정에 영향을 줄 때 사용한다(해커와 악성 소프트웨어로부터 보호).

• **Windows 방화벽** : 인터넷을 통해 컴퓨터에 액세스하거나 새로운 프로그램이 설치될 때 보안 경고 창이 열리면서 시스템의 보안을 관리한다.
• **BitLocker 드라이브 암호화** : Windows에 데이터가 있는 드라이브를 암호화하여 다른 사람의 드라이브를 열 수 없게 한다.
• **Windows Defender** : 시스템을 감시하여 외부 접근 시 사용자에게 알림 기능을 제공한다(스파이웨어 방지 프로그램).
• **ReadyBoost** : USB 드라이브나 플래시 메모리 카드를 이용하여 컴퓨터의 속도를 향상시킨다.
• **빠른 사용자 전환** : 사용자들이 프로그램을 서로 전환하면서 자신의 컴퓨터인 것처럼 공유할 수 있다.
• **원격 재생** : 집에 있는 다른 PC, 스테레오 또는 TV에서 미디어를 재생할 수 있다.
• **원격 미디어 스트리밍** : 집에 있지 않을 때에도 가정용 PC에서 음악이나 비디오를 감상할 수 있다.
• **새로운 확장 검색** : [시작] 메뉴에 검색 입력 상자가 포함되어 있어 프로그램, 문서, 그림, 메일, 즐겨찾기 등의 작업을 보여준다(사진, 음악, 웹 사이트를 빠르고 간편하게 이용).
• **점프 목록** : 작업 표시줄에서 프로그램 단추를 마우스 오른쪽 버튼으로 클릭하면 최근 작업 문서나 프로그램 작업 등을 보여준다.
• **에어로(Aero)** : 은은한 애니메이션과 반투명 유리창 등의 다양한 요소를 사용자가 설정할 수 있다(Aero Effect, Aero Peek, Aero Shake, Aero Snap).
• **가젯 사용** : 바탕 화면에서 정보와 도구를 바로 사용할 수 있는 기능으로 CPU 측정기, 날씨, 시계, 일정, 환율, 그림 퍼즐, 피드 헤드라인, 슬라이드 쇼 등을 표시할 수 있다.

한걸음 더 파일 시스템(File System)

• 디스크의 파일 정보가 저장된 테이블을 찾아들 수 있도록 정보를 저장하는 특수 영역
• FAT, FAT32는 Convert 명령을 이용하여 NTFS로 변경 가능
• NTFS는 FAT, FAT32로 변환이 어려우므로 파티션을 다시 설정하고, 포맷해야 함
• NTFS 압축을 사용하면 성능이 저하되며, 개별 파일과 폴더 외에도 NTFS 드라이브 전체를 압축할 수 있으며(폴더 내용을 압축하지 않고도 폴더 압축이 가능)

종류	설명
FAT(16)	파일의 용량이 2GB까지 제한되지만 DOS나 기타 버전의 Windows 운영 체제에서 제한적으로 사용
FAT32	• FAT에 비해 높은 클러스터의 크기와 큰 볼륨을 제공하므로 효율적 공간 할당이 가능 • V-FAT로 포맷을 포함하여 최대 255개까지 지원 이름을 사용(최대 한글 127자, 영문 255자)
NTFS	• FAT나 FAT32 보다 대용량(16TB)의 디스크에 적합하고, 안정성과 보안성이 좋음 • 포맷된 하드 디스크 드라이브는 압축하여 디스크 공간을 절약할 수 있음 • 파일 및 폴더 권한, 암호화, 디스크 할당, 제한된 계정, 압축 등의 고급 기능을 제공

② 한글 Windows의 부팅과 종료

한글 Windows의 부팅 과정

① 롬 바이오스(ROM-BIOS)와 POST를 실행한다.
② MBR(Master Boot Record)과 부트 섹터(Boot Sector)를 검색한다.
③ Windows의 NTLDR(기본 입출력 관리 파일)을 실행하여 메모리에 로딩한다.
④ BOOT.INI를 읽고, 부팅 메뉴를 표시한다.
⑤ NTDETECT.COM을 읽고, 레지스트리를 확인한다.
⑥ NTOSKRNL.EXE를 실행하여 필요한 정보를 읽는다.
⑦ WINLOGON.EXE를 실행하여 로그온 화면을 표시한다.

⑧ USERINT.EXE와 EXPLORER.EXE를 순차적으로 실행한다.

한걸음 더 다중(이중) 부팅

• 컴퓨터에 두 개 이상의 운영 체제를 설치한 경우 컴퓨터를 시작할 때마다 사용할 운영 체제를 선택하여 작성
• 시스템에서 여러 개의 운영 체제를 설치하면 다중 부팅 메뉴가 표시되며, 정보는 부팅 데이터(BCD)에 저장(바탕화면-[시스템]을 선택한 후 고급 시스템 설정을 클릭하고, [시스템 속성] 대화 상자의 [고급] 탭에서 '시작 및 복구'의 [설정] 단추를 클릭)

한글 Windows의 고급 부팅 옵션

• 한글 Windows가 부팅될 때 F8 키를 누르면 고급 부팅 옵션이 나타난다.
• 두 가지 이상의 운영 체제가 설치된 경우 부팅하여 운영 체제를 선택한 후 F8 키를 누른다.

고급 옵션	설명
컴퓨터 복구	시작 옵션의 복구 및 진단, 시스템 복원 등의 시스템 복구 도구 목록을 표시
안전 모드	컴퓨터에 문제가 발생하여 정상적으로 Windows를 최소한의 기능으로 부팅해야 시스템의 각종 문제를 점검(CD-ROM, 프린터, 네트워크 카드, 사운드 카드 등은 사용할 수 없음)
안전 모드(네트워킹 사용)	네트워크를 지원하는 안전 모드로 부팅
안전 모드(명령 프롬프트 사용)	명령 입력 프롬프트를 사용할 수 있는 안전 모드로 부팅
부팅 로그 사용	부팅 내용을 알려나는 로그 장치 드라이버에 대한 로그 파일(C:\\Windows\ntbtlog.txt)을 작성
저해상도 비디오(640×480)	디스플레이 해상도를 저해상도(640×480)로 사용
마지막으로 성공한 구성(고급)	시스템 공유 시 마지막으로 저장한 레지스트리 정보와 드라이버를 사용하여 시스템으로 부팅에 실행한 이후의 변경 사항을 모두 수정
디렉터리 서비스 복원 모드	서버 운영 체제에서 사용되며, 도메인 컨트롤러의 SYSVOL, 디렉터리와 Active Directory 디렉터리 서비스를 복원할 때만 사용

• 집중강좌 •
MP3 강의를 통해서 해당 본문 내용에 대한 자세한 설명을 들을 수 있습니다.
(http://www.cyber.co.kr/)

• 한 걸음 더 •
본문 내용 중에서 반드시 짚고 넘어가야 할 핵심 내용을 한 눈에 파악할 수 있도록 일목요연하게 정리하였습니다.

· 실력 체크 문제 ·
지금까지 여러 번 출제되었던 기출 문제를 중심으로 출제 비중이 높은 문제들만 수록하였으므로 다시 한 번 핵심 내용들을 정리할 수 있습니다.

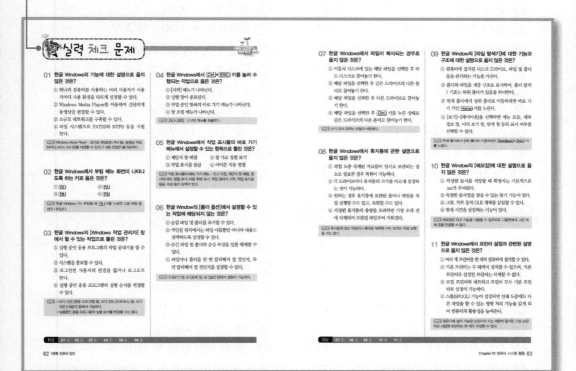

[학습 자료 다운로드]

• 무료 MP3 강의 및 최종점검 모의고사는 성안당 사이트(www.cyber.co.kr)에 로그인한 후 [자료실]-[자료실]에서 다운로드받아 사용하세요.

• 유료 동영상 강의는 성안당 e러닝 사이트(bm.cyber.co.kr)에서 학습할 수 있습니다.

[2과목 : 스프레드시트 일반]

[학습 자료 다운로드]

• 무료 MP3 강의 및 최종점검 모의고사는 성안당 사이트(www.cyber.co.kr)에 로그인
한 후 [자료실]–[자료실]에서 다운로드받아 사용하세요.
• 유료 동영상 강의는 성안당 e러닝 사이트(bm.cyber.co.kr)에서 학습할 수 있습니다.

01 과목

컴퓨터 일반

Computer Efficiency Test

Chapter 01 | 컴퓨터 시스템 활용

❖**세부 항목 ▶** 운영 체제 사용 / 컴퓨터 시스템 설정 변경 / 컴퓨터 시스템 관리

출제 포인트
- 한글 Windows의 전반적인 사용 방법을 비롯하여 파일과 폴더의 관리 방법을 학습합니다.
- Windows의 여러 가지 환경 설정과 시스템에 프린터를 설정하는 방법에 대해 학습합니다.
- 컴퓨터의 기본 기능을 바탕으로 하드웨어와 소프트웨어의 세부 사항에 대해 학습합니다.

① Windows의 기본 요소와 기능

한글 Windows의 기본 요소

- **선점형 멀티태스킹(Preemptive Multitasking)** : 응용 프로그램에서 오류가 발생했을 경우 오류가 발생한 응용 프로그램만 강제 종료(Ctrl)+(Alt)+(Delete))할 수 있다.
- **그래픽 사용자 인터페이스(GUI ; Graphic User Interface)** : 마우스를 이용하여 메뉴나 아이콘을 선택하면 모든 작업이 수행되는 사용자 작업 환경이다.
- **플러그 앤 플레이(PnP ; Plug & Play)** : 새로운 하드웨어를 설치할 때 이를 자동으로 감지하여 하드웨어 구성 및 충돌을 방지하는 기능으로 장치를 연결하면 필요한 드라이버를 설치하기 때문에 하드웨어 추가가 쉽다(Windows의 전원 옵션과 작동하여 필요한 전원 기능을 관리).
- **개체 연결 및 삽입(OLE ; Object Linking And Embedding)** : 여러 응용 프로그램에서 작성된 문자나 그림들을 하나의 문서에 자유롭게 삽입하고, 삽입된 이미지를 수정할 수 있다.
- **64비트 운영 체제(64Bit Operation System)** : 완전한 64비트의 CPU를 지원하므로 많은 양의 데이터를 빠르게 처리하고, 효율적인 시스템을 구축할 수 있다.

한글 Windows의 기본 기능
- **사용자 계정 컨트롤** : 사용자가 불필요한 권한을 사용하지 않도록 막는 기능으로 컴퓨터 설정을 변경하거나 다른 사용자 계정에 영향을 줄 때 사용한다(해커와 악성 소프트웨어로부터 보호).

- **Windows 방화벽** : 인터넷을 통해 컴퓨터에 액세스하거나 새로운 프로그램이 설치될 때 보안 경고 창이 열리면서 시스템의 보안을 관리한다.
- **BitLocker 드라이브 암호화** : Windows와 데이터가 있는 드라이브를 암호화하여 다른 사람이 드라이브를 볼 수 없게 한다.
- **Windows Defender** : 시스템을 감시하여 외부 접근 시 사용자에게 알림 기능을 제공한다(스파이웨어 방지 프로그램).
- **ReadyBoost** : USB 드라이브나 플래시 메모리 카드를 이용하여 컴퓨터의 속도를 향상시킨다.
- **빠른 사용자 전환** : 사용자들이 프로그램을 서로 전환하면서 자신의 컴퓨터인 것처럼 공유할 수 있다.
- **원격 재생** : 집에 있는 다른 PC, 스테레오 또는 TV에서 미디어를 재생할 수 있다.
- **원격 미디어 스트리밍** : 집에 있지 않을 때에도 가정용 PC에서 음악이나 비디오를 감상할 수 있다.
- **점프 목록** : 작업 표시줄에서 프로그램 단추를 마우스 오른쪽 버튼으로 클릭하면 최근 작업 문서나 프로그램 작업 등을 보여준다(사진, 음악, 웹 사이트를 빠르고 간편하게 이용).
- **새로운 확장 검색** : [시작] 메뉴 옆에 검색 입력 상자가 포함되어 있어 프로그램, 문서, 그림, 메일, 즐겨찾기 등을 쉽게 검색할 수 있다.
- **에어로(Aero)** : 은은한 애니메이션과 반투명 유리창 등의 다양한 요소를 사용자가 설정할 수 있다(Aero Effect, Aero Peek, Aero Shake, Aero Snap).
- **라이브 타일** : '내 생활 한 눈에 보기'와 '엔터테인먼트'에서 일정, 메일, 뉴스, 날씨, 스토어 등의 생활 정보가 실시간으로 표시되고, 사용자가 원하는 위치에 앱을 설정할 수 있다.

- 디스크의 파일 정보가 저장된 섹터들을 찾아볼 수 있도록 정보를 저장하는 특수 영역
- FAT, FAT32는 Convert 명령을 이용하여 NTFS로 변환이 가능
- NTFS는 FAT, FAT32로 변환이 어려우므로 파티션을 다시 설정하고, 포맷해야 함
- NTFS 압축을 사용하면 성능이 저하되며, 개별 파일과 폴더 외에도 NTFS 드라이브 전체를 압축할 수 있음(폴더 내용을 압축하지 않으면서 폴더 압축이 가능)

종류	설명
FAT(16)	파티션 용량이 2GB까지 제한되지만 DOS나 기타 버전의 Windows 운영 체제에서 제한적으로 사용
FAT32	• FAT에 비해 작은 클러스터 크기와 큰 볼륨을 제공하므로 효율적 공간 할당이 가능 • VFAT로 공백을 포함하여 최대 255자까지 파일 이름(한글 127자, 영문 255자)을 지원
NTFS	• FAT나 FAT32 보다 대용량(16TB)의 디스크에 적합하고, 안정성과 보안성이 좋음 • 포맷된 하드 디스크 드라이브는 압축하여 디스크 공간을 절약할 수 있음 • 파일 및 폴더 권한, 암호화, 디스크 할당량, 제한된 계정, 압축 등의 고급 기능을 제공

② 한글 Windows의 부팅과 종료

한글 Windows의 부팅 과정

① 롬 바이오스(ROM-BIOS)와 POST를 실행한다.
② MBR(Master Boot Record)과 부트 섹터(Boot Sector)를 검색한다.
③ Windows의 NTLDR(기본 입출력 관리 파일)을 실행하여 메모리로 로딩한다.
④ BOOT.INI를 읽고, 부팅 메뉴를 표시한다.
⑤ NTDETECT.COM을 읽고, 레지스트리를 확인한다.
⑥ NTOSKRNL.EXE를 실행하여 필요한 정보를 읽는다.
⑦ WINLOGON.EXE를 실행하여 로그온 화면을 표시한다.
⑧ USERINIT.EXE와 EXPLORER.EXE를 순차적으로 실행한다.

- 컴퓨터에 두 개 이상의 운영 체제를 설치한 경우 컴퓨터를 시작할 때마다 사용할 운영 체제를 선택하여 부팅
- 시스템에 여러 개의 운영 체제가 설치되면 다중 부팅 메뉴가 표시되며, 정보는 부팅 구성 데이터(BCD)에 저장
- [제어판]-[시스템]을 선택한 후 '고급 시스템 설정'을 클릭하고, [시스템 속성] 대화 상자의 [고급] 탭에서 '시작 및 복구'의 [설정] 단추를 클릭

한글 Windows의 고급 부팅 옵션

- 한글 Windows가 부팅될 때 [F8] 키를 누르면 고급 부팅 옵션이 나타난다.
- 두 가지 이상의 운영 체제가 설치된 경우 부팅할 운영 체제를 선택한 후 [F8] 키를 누른다.

고급 옵션	설명
안전 모드	컴퓨터가 비정상적으로 작동될 때 Windows를 최소한의 기능으로 부팅하여 시스템의 각종 문제를 진단(CD-ROM, 프린터, 네트워크 카드, 사운드 카드 등은 사용할 수 없음)
안전 모드(네트워킹 사용)	네트워크를 지원하는 안전 모드로 부팅
안전 모드(명령 프롬프트 사용)	명령 입력 프롬프트를 사용할 수 있는 안전 모드로 부팅
부팅 로깅 사용	부팅 과정 중 일어나는 로딩 장치 드라이버에 대한 로그 파일(C:\Windows\ntbtlog.txt)을 작성(문제가 있을 때 부팅한 후 ntbtlog.txt 파일을 열어 문제 발생 부분을 확인할 수 있음)
저해상도 비디오 사용(640×480)	디스플레이 해상도를 저해상도(640×480) 모드로 사용
마지막으로 성공한 구성(고급)	시스템 종료 시 마지막으로 저장한 레지스트리 정보와 드라이버를 사용(마지막으로 부팅에 성공한 이후의 변경 사항은 모두 손실)
디렉터리 서비스 복원 모드	서버 운영 체제에서 사용되며, 도메인 컨트롤러에 SYSVOL 디렉터리와 Active Directory 디렉터리 서비스를 복원할 때만 사용

디버깅 모드	직렬 케이블을 통해 다른 컴퓨터에 디버그 정보를 보내면서 컴퓨터를 부팅(고급 문제 해결 모드로 Windows를 시작)
시스템 오류 시 자동 다시 시작 사용 안 함	Windows의 시스템 오류 시 다시 시작되지 않도록 함
드라이버 서명 적용 사용 안 함	부적절한 서명이 포함된 드라이버를 설치할 수 있도록 허용
표준 모드로 Windows 시작	가장 일반적인 표준 모드로 Windows를 부팅

한글 Windows의 종료

집중강좌 2-3

• [시작]-[전원]-[시스템 종료]를 선택한다.
• 바탕 화면에서 (Alt)+(F4) 키를 누르면 [Windows의 종료] 대화 상자가 나타난다.

작업	설명
사용자 전환	둘 이상의 사용자 계정이 있는 경우 로그오프하거나 프로그램을 닫지 않고도 다른 사용자 계정으로 빠르게 전환
로그아웃	모든 프로그램을 종료하고, 새롭게 로그온할 사용자를 선택(컴퓨터를 다시 시작하지 않고도 다른 사용자가 로그온할 수 있음)
절전	모니터와 하드 디스크를 최소 전력으로 두고, 컴퓨터에서 최대 전원 작업을 빠르게 시작할 수 있는 전력 절약 상태
다시 시작	컴퓨터 시스템을 종료한 후 자동적으로 다시 부팅
시스템 종료	컴퓨터 시스템을 완전히 종료

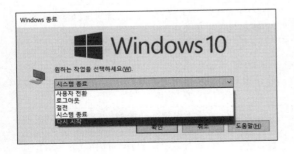

Windows 작업 관리자

• 특정 응용 프로그램이 응답하지 않을 때 해당 프로그램을 종료한다.
• 바탕 화면에서 (Ctrl)+(Shift)+(ESC) 키를 누른다.
• 작업 표시줄의 바로 가기 메뉴에서 [작업 관리자]를 선택한다.

탭	설명
[프로세스]	현재 시스템에서 실행 중인 프로세스(앱) 목록을 확인하고 끝냄
[성능]	CPU와 메모리의 사용 현황 등에 관한 정보를 그래프로 확인
[앱 기록]	설치된 앱 별로 CPU 시간, 네트워크(데이터 통신), 타입 업데이트 등을 표시
[시작프로그램]	컴퓨터가 시작될 때 실행되는 프로그램의 상태와 시작 시 영향을 표시
[사용자]	컴퓨터에 로그인한 사용자의 연결을 끊거나 로그오프 할 수 있음
[세부 정보]	앱 이름 별로 세부 정보(상태, 사용자 이름, CPU, 메모리 등)를 표시
[서비스]	해당 프로세스와 연결된 서비스를 표시 (이름, 설명, 상태, 그룹 등)

③ 마우스 및 키보드 사용법

마우스 사용법

동작	설명
클릭	메뉴, 창, 폴더, 아이콘 등을 선택할 때 사용
더블 클릭	창, 폴더를 열거나 응용 프로그램을 실행할 때 사용
드래그 앤 드롭	창의 위치, 크기를 변경하거나 이동, 복사 등의 작업에 사용
오른쪽 버튼 클릭	바로 가기 메뉴(단축 메뉴)를 호출할 때 사용

마우스 포인터

포인터	설명	포인터	설명
▷	일반 선택	⊘	사용할 수 없음
▷?	도움말 선택	↕ ↔	수직, 수평 크기 조절
▷○	백그라운드 작업	⤡ ⤢	대각선 방향 크기 조절 1, 2
○	사용 중	✛	이동
＋	정밀도 선택	↑	대체 선택
I	텍스트 선택	☞	연결 선택
✎	필기		

키보드 사용법

- 한글과 영문은 [한/영] 키, 왼쪽 [Shift]+[SpaceBar] 키, 오른쪽 [Alt] 키 등을 이용한다.
- 한자는 한자의 음을 입력한 후 [한자] 키를 눌러 해당 한자를 선택한다.
- 특수 문자는 한글 자음(ㄱ, ㄴ, ㄷ, …)을 입력한 후 [한자] 키를 눌러 해당 특수 문자를 선택한다.

바로 가기 키(단축키)

바로 가기 키	설명
[F1]	Windows 도움말 및 지원
[F2]	해당 항목(파일 및 폴더)의 이름 바꾸기
[F3]	검색 결과 창을 표시(파일 또는 폴더 검색)
[F4]	파일 탐색기에서 주소 표시줄 표시
[F5]	최신 정보로 새로 고침
[F6]	창이나 바탕 화면의 요소를 순차적으로 이동
[F10]	현재 창의 주메뉴를 표시
[Ctrl] + [ESC]	[시작] 메뉴 호출
[Ctrl] + [C]	복사
[Ctrl] + [X]	잘라내기
[Ctrl] + [V]	붙여넣기
[Ctrl] + [Z]	실행 취소
[Ctrl] + [Y]	다시 실행
[Ctrl] + [A]	모든 개체 선택
[Alt] + [F4]	창을 닫거나 프로그램을 종료
[Alt] + [Tab]	실행중인 프로그램 목록으로 창 전환
[Alt] + [ESC]	열린 순서대로 항목 전환
[Alt] + [Enter]	선택 항목의 속성 대화 상자 표시(= [Alt] +더블 클릭)
[Alt] + [Print Screen]	현재 활성화된 창만 클립보드에 복사
[Print Screen]	화면 전체를 클립보드에 복사
[Alt] + [SpaceBar]	창 조절 메뉴 표시
[Delete]	선택한 항목을 휴지통으로 삭제
[Shift] + [Delete]	휴지통을 거치지 않고 완전히 삭제
[Shift] + CD 삽입	CD 자동 실행 방지
[Shift] + [F10]	선택 항목의 바로 가기 메뉴 표시

윈도우 로고 키

로고 키	설명
⊞	[시작] 메뉴 표시
⊞ + E	파일 탐색기 형태의 컴퓨터 열기
⊞ + F	[피드백 허브] 창 표시
⊞ + R	[실행] 대화 상자 표시
⊞ + T	작업 표시줄의 최소화된 프로그램을 차례로 선택
⊞ + Tab	작업 표시줄의 단추를 차례로 선택
⊞ + Break	[시스템] 창 표시
⊞ + D	모든 창을 최소화하거나 이전 크기로 열기
⊞ + M	모든 창을 최소화 (복원은 ⊞ + Shift + M)
⊞ + L	사용자 전환 표시
⊞ + U	[설정] 창 표시
⊞ + ↑ / ↓	창 최대화/최소화

한 걸음 더 · 클립보드
- 복사/잘라내기 한 데이터를 임시로 기억하는 장소로 문자, 이미지, 소리 등을 기억
- 최근에 복사하거나 잘라내기 한 데이터가 기억되며, 새로운 데이터를 복사하거나 잘라내기 하면 이전 데이터는 자동으로 삭제
- 시스템을 재시작하면 클립보드에 저장된 데이터는 삭제
- 저장된 데이터의 파일 확장자는 *.CLP

④ 메뉴 및 창 사용법

주 메뉴
- 마우스로 클릭하거나 F10 키 또는 Alt 키를 이용하여 호출할 수 있다.
- Alt 키와 밑줄이 표시된 문자를 누르면 해당 메뉴가 선택된다(예 : F → Alt + F).
- 메뉴를 취소할 때는 ESC 키를 누르거나 마우스로 임의의 빈 공간을 클릭한다.

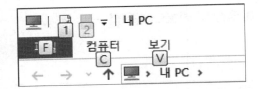

창 조절 메뉴
- 제목 표시줄 가장 왼쪽 부분을 클릭하거나 Alt + SpaceBar 키를 누르면 나타나는 메뉴로 창 왼쪽 부분을 더블 클릭하면 해당 창이 종료된다.
- 이전 크기로, 이동, 크기 조정, 최소화, 최대화, 닫기로 구성되며, 창 이동과 크기 변경이 가능하다.

바로 가기 메뉴
- 개체를 선택한 후 마우스 오른쪽 버튼을 클릭하면 나타나는 메뉴로 팝업(단축) 메뉴라고도 한다.
- 선택한 개체(바탕 화면, 작업 표시줄, [시작] 단추)에 따라 메뉴 내용이 다르게 나타난다.

창의 구성 요소
- **빠른 실행 도구 모음** : 자주 사용하는 기본 명령들을 등록하여 바로 실행할 수 있다.
- **창 조절 단추** : 현재 창의 크기를 최소화, 최대화, 이전 크기로 복원, 닫기의 형태로 표시한다.
- **메뉴 표시줄** : 현재 열려 있는 창에서 사용할 수 있는 다양한 기능들을 메뉴 형태로 나타난다.
- **뒤로/앞으로** : 현재 창에서 이전 또는 다음 항목으로 이동한다.
- **주소(경로) 표시줄** : 현재 열려 있는 창의 위치 경로와 경로명을 표시한다.
- **탐색 창** : 사용자 시스템에 있는 모든 디스크와 폴더, 파일들을 표시한다.
- **검색란** : 시스템에서 원하는 파일이나 폴더를 다양한 방법으로 검색한다(파일명이나 폴더명으로 원하는 항목을 검색).

- **폴더 내용 표시 창** : 시스템의 탐색한 창에서 선택한 디스크와 폴더의 내용을 표시한다.
- **스크롤 바** : 창 내용이 모두 나타나지 않을 때 스크롤 단추를 클릭하거나 드래그한다.
- **상태 표시줄** : 현재 선택한 파일이나 폴더에 대해 다양한 항목과 상세 정보를 표시한다.

한 걸음 더 창 조절 단추

- – **(최소화)** : 창을 최소화하여 작업 표시줄에 표시
- □ **(최대화)** : 창의 크기를 최대로 확대하여 표시
- ▣ **(이전 크기로 복원)** : 창이 최대화된 상태에서 이전 크기로 축소(최대화 되었을 때만 표시)
- × **(닫기)** : 현재 창을 종료(닫기)

창의 이동

- 창의 제목 표시줄을 마우스로 드래그하여 원하는 곳으로 이동한다.
- 창 조절 메뉴에서 [이동]을 선택한 후 포인터 모양이 ✥로 변경되면 원하는 위치로 드래그한다.

창의 크기 변경

- 창 경계선에 마우스를 위치시킨 후 포인터 모양이 ⇕, ⇔, ⤡, ⤢로 변경되면 마우스를 드래그한다.
- 창 조절 메뉴에서 [크기 조정]을 선택한 후 창 경계선을 드래그한다.
- 제목 표시줄을 더블 클릭하여 창의 크기를 조절한다.

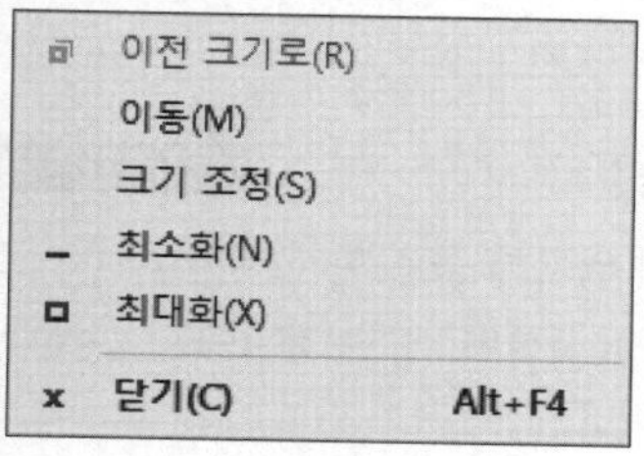

창의 배열

- 작업 표시줄의 바로 가기 메뉴에서 창 배열 종류(계단식 창 배열, 창 가로 정렬 보기, 창 세로 정렬 보기)를 선택한다.
- 바탕 화면에 있는 창들만 배열할 수 있으며, 작업 표시줄에 표시된 창은 배열할 수 없다.

창의 전환

- 작업 표시줄에 표시된 창이나 프로그램 단추를 클릭한다.
- Alt+ESC 키를 누르면서 작업할 창을 선택한다.
- Alt+Tab 키를 눌러 현재 실행중인 창 목록이 나타나면 Tab 키로 작업할 창을 선택한다.

한 걸음 더 대화 상자 사용법 — 집중강좌 2-5

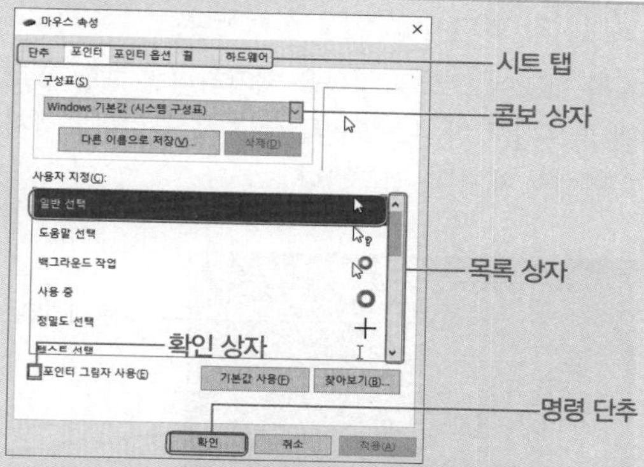

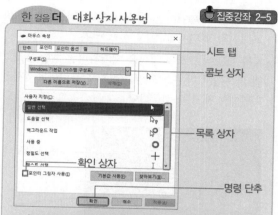

- **시트 탭(Sheet Tab)** : 대화 상자의 메뉴 항목으로 각 탭에는 관련된 항목들이 포함되어 있다.
- **콤보 상자(Combo Box)** : 화살표 단추를 클릭하여 나타난 목록 중 원하는 항목을 선택한다.
- **목록 상자(List Box)** : 표시된 여러 가지 목록 중 원하는 사항을 선택한다.
- **확인 상자(Check Box)** : 여러 가지 항목 중 필요한 사항을 하나 이상 선택할 수 있다.
- **입력 상자(Text Box)** : 사용자가 필요한 내용을 직접 입력할 수 있다.
- **옵션 단추(Option Button)** : 여러 개의 항목 중 하나만 선택할 수 있다(=라디오 버튼).
- **명령 단추(Command Button)** : 사용자가 설정한 내용을 적용하거나 취소한다.

⑤ 시작 메뉴 및 작업 표시줄

[시작] 메뉴의 특징 — 집중강좌 2-6

- 한글 Windows의 프로그램이 있는 곳으로 [시작] 단추를 클릭하거나 Ctrl+ESC 키 또는 ⊞ 키를 누른다.
- [시작] 메뉴와 자주 사용되는 앱에는 원하는 프로그램을 추가하거나 삭제할 수 있다.

- 한글 Windows에서 사용하는 프로그램은 '자주 사용되는 앱 목록'에 추가되는데 해당 목록에는 임의의 프로그램을 등록하거나 제거할 수 있다.
- 모든 앱에서는 사용자 컴퓨터에 설치된 모든 앱(프로그램)이 숫자순, 영문순, 한글순으로 정렬되어 나타난다.
- 특정 프로그램을 시작 화면에 고정시키려면 해당 프로그램 목록에서 마우스 오른쪽 버튼을 클릭하고, [시작 화면에 고정]을 선택한다.
- 시작 화면에 고정된 항목을 제거하려면 해당 프로그램 항목에서 마우스 오른쪽 버튼을 클릭하고, [시작 화면에서 제거]를 선택한다.

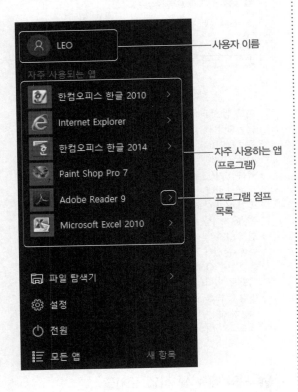

사용자 이름

자주 사용하는 앱 (프로그램)

프로그램 점프 목록

[시작] 메뉴의 종류

종류	설명
사용자 이름	사용자 계정 유형, 이름, 그림 등을 변경할 수 있음
자주 사용되는 앱	컴퓨터에서 자주 사용하는 프로그램(앱)이 등록됨

설정	Windows 설정 창을 호출(시스템, 장치, 네트워크 및 인터넷, 개인 설정, 앱, 계정, 시간 및 언어, 게임, 접근성, 개인 정보, 업데이트 및 복구)
전원	시스템 종료, 사용자 전환, 잠금 등을 설정
모든 앱	컴퓨터에 설치된 모든 프로그램이 정렬되어 나타나고, 해당 아이콘을 클릭할 경우 바로 실행

[시작] 단추의 바로 가기 메뉴

- [시작] 단추에서 마우스 오른쪽 버튼을 클릭하면 다양한 설정 메뉴가 나타난다.
- 앱 및 기능, 전원 옵션, 이벤트 뷰어, 시스템, 장치 관리자, 네트워크 연결, 디스크 관리, 컴퓨터 관리, 명령 프롬프트, 작업 관리자, 설정, 파일 탐색기, 검색, 실행, 종료 또는 로그아웃, 데스크톱 등의 메뉴를 선택할 수 있다.

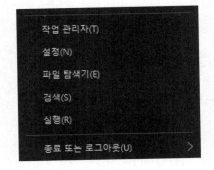

작업 표시줄의 특징

집중강좌 2-7

- 바탕 화면 하단에 위치한 줄로 현재 실행중인 프로그램을 아이콘으로 표시하며, 알림 영역에는 날짜와 시계를 표시할 수 있다.
- 작업 표시줄의 크기와 위치를 조절하려면 바로 가기 메뉴에서 '모든 작업 표시줄 잠금'을 해제한다.
- 작업 표시줄 경계선에 마우스 포인터를 위치시킨 후 포인터 모양이 화살표로 변경되면 마우스를 드래그하여 크기를 변경할 수 있다(화면 크기의 상하좌우 1/2까지 조절 가능).

- 작업 표시줄의 위치는 작업 표시줄의 빈 부분(영역)을 드래그하여 위쪽, 아래쪽, 왼쪽, 오른쪽에 위치시킬 수 있다.
- 작업 표시줄의 바로 가기 메뉴에는 도구 모음, 작업 보기 단추 표시, 계단식 창 배열, 창 가로 정렬 보기, 창 세로 정렬 보기, 바탕 화면 보기, 작업 관리자, 모든 작업 표시줄 잠금, 작업 표시줄 설정 등이 있다.

작업 표시줄의 구성 요소

구성 요소	설명
[시작] 단추	클릭하면 [시작] 메뉴가 나타남
빠른 실행 아이콘	자주 사용하는 프로그램을 아이콘 형태로 등록(마우스 클릭으로 빠르게 실행)
실행중인 프로그램 목록	현재 작업중인 프로그램이나 폴더 등을 아이콘 형태로 등록
웹 및 Windows 검색	내 컴퓨터의 자료와 인터넷에서 검색된 결과를 확인
알림 영역 (Tray)	시스템에 설정된 날짜와 시간, 볼륨, 인쇄 상황 등을 표시(=시스템 표시 영역)
바탕 화면 보기	현재 작업중인 상태에서 ▌단추를 클릭하면 모든 프로그램을 작업 표시줄에 최소화시키고, 바탕 화면을 표시

작업 표시줄 속성 지정

- **작업 표시줄 잠금** : 현재 위치에서 작업 표시줄의 크기와 위치를 변경할 수 없도록 고정한다.
- **데스크톱 모드에서 작업 표시줄 자동 숨기기** : 바탕 화면에서 작업 표시줄을 숨기다가 마우스 포인터를 작업 표시줄 영역에 위치하면 다시 나타난다.
- **작은 작업 표시줄 단추 사용** : 작업 표시줄의 아이콘을 작게 표시한다.
- **작업 표시줄 단추에 배지 표시** : 해당 앱과 관련하여 특정 작업이 발생하는 것을 알려준다('작은 작업 표시줄 단추 사용'을 설정하면 해당 항목은 비활성화됨).
- **화면에서의 작업 표시줄 위치** : 화면에서의 작업 표시줄 위치를 아래쪽, 왼쪽, 오른쪽, 위쪽으로 선택할 수 있다.

- **작업 표시줄 단추 하나로 표시** : '항상, 레이블 숨기기', '작업 표시줄이 꽉 찼을 때'를 선택하여 해당 경우에 단추 하나로 표시한다(단추 하나로 표시 안 함인 경우는 '안 함'을 선택).
- **알림 영역** : 작업 표시줄에 표시할 아이콘을 선택하거나 시스템 아이콘의 켜기/끄기를 선택한다.
- **여러 디스플레이** : 모든 디스플레이 작업 표시줄 표시, 작업 표시줄 단추 표시 위치(모든 작업 표시줄, 주 작업 표시줄 및 창이 열려 있는 작업 표시줄, 창이 열려 있는 작업 표시줄), 다른 작업 표시줄의 단추 하나로 표시(항상, 레이블 숨기기, 작업 표시줄이 꽉 찼을 때, 안 함)를 지정한다.
- **피플** : 작업 표시줄에 연락처 표시와 표시할 연락처 수를 선택한다.

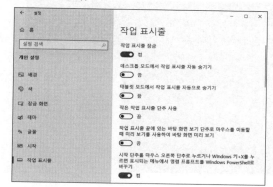

한 걸음 더 에어로 피크와 점프 목록

에어로 피크(Aero Peek)
- 작업 표시줄 끝에 있는 [바탕 화면 보기] 단추로 마우스를 가져가면 바탕 화면이 일시적으로 표시
- 모든 창을 최소화할 필요 없이 바탕 화면을 빠르게 미리 보거나 작업 표시줄의 해당 아이콘을 가리켜서 열린 창을 미리 볼 수 있음
- 현재 작업 중인 창 외의 다른 창을 클릭하지 않고도 열린 다른 창을 빠르게 볼 수 있는 기능으로 열린 창의 내용을 미리 보고 원하는 창으로 전환할 수도 있음

점프 목록
- 파일, 폴더, 웹 사이트 등 최근에 열기 한 항목을 여는데 사용한 프로그램의 구성 목록
- [시작] 단추를 클릭한 후 시작 메뉴에 고정된 프로그램이나 최근에 사용한 프로그램 목록을 마우스 오른쪽 버튼으로 클릭 또는 작업 표시줄의 프로그램 단추를 마우스 오른쪽 버튼으로 클릭
- 최근에 열기 한 항목을 열거나 점프 목록에 즐겨 찾는 항목을 고정하여 매일 사용하는 항목을 빠르게 실행

작업 표시줄의 바로 가기 메뉴

메뉴	설명
도구 모음	• **주소** : 인터넷 주소를 입력할 수 있는 주소 표시줄을 표시 • **링크** : 즐겨찾기의 링크를 이용하여 웹 페이지로 이동할 수 있도록 표시 • **바탕 화면** : 바탕 화면의 내용을 확인할 수 있는 도구 모음을 표시 • **새 도구 모음** : 사용자가 임의의 도구를 만들어 표시
창 배열	• 창 배열의 종류에는 계단식, 창 가로 정렬, 창 세로 정렬이 있음 • 작업중인 창들이 바탕 화면에 열려 있어야 하며, 작업 표시줄에 아이콘 형태로 등록되어 있으면 창 배열을 할 수 없음

⑥ 바탕 화면의 사용

바탕 화면의 특징

- 한글 Windows의 초기 화면으로 삭제는 할 수 없지만 배경색 등은 변경할 수 있다.
- 한글 Windows의 설치 시 기본적으로 휴지통만 표시되지만 필요에 따라 아이콘을 등록할 수 있다.
- 바탕 화면에 아이콘이 많으면 컴퓨터 부팅 속도와 프로그램 실행 속도에 영향을 미친다.
- 자주 사용하는 프로그램, 파일 및 폴더에 대해 바로 가기 아이콘을 추가할 수 있다.

바탕 화면의 바로 가기 메뉴

메뉴	설명
새 폴더	바탕 화면에 새로운 폴더를 생성
보기	바탕 화면의 아이콘을 큰 아이콘, 보통 아이콘, 작은 아이콘 등으로 표시
정렬 기준	바탕 화면의 아이콘을 이름, 크기, 항목 유형, 수정한 날짜로 정렬
새로 고침	바탕 화면의 내용을 최신 정보로 새로 고침
붙여넣기	복사나 잘라내기 한 내용을 바탕 화면에 붙여넣음
바로 가기 붙여넣기	복사나 잘라내기 한 내용을 바탕 화면에 바로 가기 아이콘으로 붙여넣음
실행 취소	바탕 화면에서 실행한 내용을 취소
새로 만들기	폴더, 바로 가기, 문서 파일 등을 바탕 화면에 새로 작성
디스플레이 설정	디스플레이 창을 호출하여 색, 배율, 해상도, 방향 등을 설정
개인 설정	[개인 설정] 창을 호출하여 바탕 화면을 다양하게 꾸밈

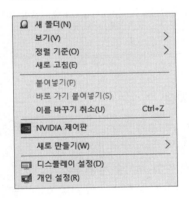

아이콘(Icon)

- 파일 또는 폴더를 쉽게 구별할 수 있도록 그림 형태로 나타낸 것이다.
- 아이콘을 삭제하면 프로그램에 직접적인 영향을 미칠 수 있으므로 주의해야 한다.

아이콘	설명	아이콘	설명
	로컬 디스크 드라이브		텍스트 파일
	DVD 드라이브		구성 설정 파일
	이동식 드라이브		XML 문서 파일
	폴더		사운드 파일
	공유 폴더		도움말 파일

바로 가기 아이콘(Shortcut) 🎤집중강좌 2-8

- 실제 프로그램이 아니라 응용 프로그램의 경로를 기억하고 있는 아이콘이다.
- 원본 파일이 있는 위치와 다른 위치에 만들 수 있다.
- 파일이나 폴더의 위치 정보를 가지며, 확장자는 'LNK'이다.
- 일반 아이콘과 같이 더블 클릭하면 링크된 해당 프로그램이 실행된다(연결된 원본 파일이 실행).
- 일반 아이콘과 구분하기 위하여 아이콘 왼쪽 아래에 화살표(🔗)가 표시된다.
- 위치는 실제 파일 위치와 다를 수 있으며, 삭제해도 원본 파일에는 전혀 영향을 주지 않는다.
- 해당 아이콘을 다른 곳으로 이동시키더라도 원본 내용은 이동되지 않는다.
- 하나의 원본 파일에 대한 바로 가기 아이콘을 여러 개 만들어 사용할 수 있다.
- 파일, 폴더, 디스크 드라이브, 제어판, 파일 탐색기, 프린터 등 모든 항목에 대해 바로 가기를 작성할 수 있다.

바로 가기 아이콘 만들기

- 폴더 창에서 해당 개체를 선택한 후 [홈] 탭의 [새로 만들기] 그룹에서 새 항목() 단추를 클릭하고, [바로 가기]를 선택한다.

- 해당 개체를 선택하고 바로 가기 메뉴의 [보내기]-[바탕 화면에 바로 가기 만들기]를 선택한다.
- 해당 개체의 바로 가기 메뉴에서 [바로 가기 만들기]를 선택한다.
- 바탕 화면의 바로 가기 메뉴에서 [새로 만들기]-[바로 가기]를 선택한다.
- 해당 개체를 선택하고 마우스 오른쪽 버튼으로 드래그한 후 [바로 가기 만들기]를 선택한다.
- 해당 개체를 선택하고, (Alt) 키를 누른 상태에서 바탕 화면으로 드래그한다.
- 해당 개체를 선택하고, (Ctrl)+(Shift) 키를 누른 상태에서 드래그한다.

바로 가기 아이콘 속성

- 바로 가기 아이콘의 바로 가기 메뉴에서 [속성]을 선택하면 해당 아이콘의 [속성] 대화 상자가 나타난다.
- 원본을 다른 개체로 변경할 수 있으며 대상 형식, 대상 위치 등을 확인할 수 있다.
- 바로 가기 아이콘의 모양을 바꿀 수 있으며, 연결 대상 파일을 지정할 수 있다.
- 바로 가기 아이콘에 연결된 대상 파일의 이름을 바꾸어도 실제 원본 파일에는 영향을 주지 않는다.
- 바로 가기 아이콘의 속성에서는 아이콘의 이름, 연결된 대상 파일의 경로 등이 포함되지만 공유를 설정할 수는 없다.

❼ 폴더 옵션

[일반] 탭 🎤집중강좌 2-9

- **폴더 찾아보기** : 각 폴더의 내용을 같은 창이나 새 창에서 폴더 열기를 할 수 있도록 지정한다.
- **항목을 다음과 같이 클릭** : 마우스를 한 번 또는 두 번 클릭하여 폴더나 바탕 화면의 항목을 열도록 지정한다.
- **개인 정보 보호** : 빠른 실행에 최근에 사용된 파일 및 폴더를 표시한다.

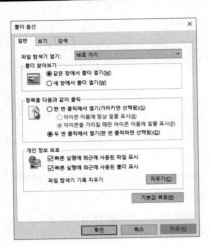

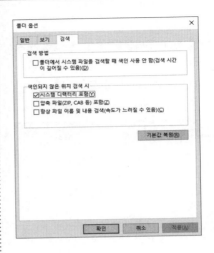

[보기] 탭

- **폴더 보기** : 모든 폴더를 현재 폴더 설정이나 기본 폴더 보기 설정으로 지정한다.
- **고급 설정** : 공유 마법사 사용, 드라이브 문자 표시, 메뉴 항상 표시, 숨김 파일 및 폴더, 시스템 파일, 파일 확장명 숨기기, 제목 표시줄에 전체 경로 표시 여부, 미리 보기 창의 파일 내용 표시 여부, 팝업 설명의 표시 여부 등을 지정한다.

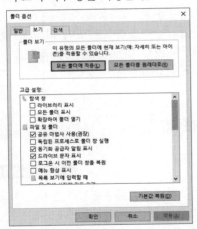

[검색] 탭

- **검색 방법** : 파일과 폴더를 검색할 때 검색 결과에 하위 폴더가 포함되거나 부분적으로 일치하는 항목을 선택할 수 있다.
- **색인되지 않은 위치 검색 시** : 시스템 디렉터리나 압축 파일의 포함 유무를 선택할 수 있다.

⑧ 폴더 만들기와 사용

파일의 특징

- 파일은 점(.)을 기준으로 '파일명.확장자'로 구분하고, 확장자는 생략이 가능하다.
- 파일명은 공백을 포함하여 한글은 최대 127자, 영문은 최대 255자까지 사용할 수 있다.
- *, ?, /, ₩, :, ", 〈, 〉, |, : ₩ 등과 같은 특수 문자는 파일명으로 사용할 수 없다.

종류	확장자	종류	확장자
실행 파일	BAT, COM, EXE	압축 파일	ZIP, ARJ, RAR
그림 파일	BMP, JPG, PCX	백업 파일	BAK
문서 파일	HWP, DOC, TXT	사운드 파일	WAV, MP3, MID
동영상 파일	AVI, MOV, MPG	웹 파일	HTM, HTML

※ **아카이브 파일** : Zip 파일과 같이 압축된 파일이나 보관 속성/저장 속성을 가진 파일

파일 속성

탭	설명
[일반]	파일 이름, 파일 형식, 연결 프로그램, 위치, 크기, 디스크 할당 크기, 만든 날짜, 수정한 날짜, 액세스한 날짜, 특성(읽기 전용, 숨김) 등을 확인

[보안]	개체 이름, 그룹 또는 사용자 이름, 사용 권한, 특정 권한 및 고급 설정 등을 확인
[자세히]	파일의 이름, 유형, 폴더 위치, 크기, 만든 날짜, 수정한 날짜, 특성, 소유자, 컴퓨터 등을 확인
[이전 버전]	파일 버전에 따라 이름, 수정한 날짜, 위치를 확인

폴더의 특징

- 파일은 폴더를 포함할 수 없고, 하나의 폴더는 여러 개의 하위 폴더를 포함할 수 있지만 같은 폴더 내에 동일한 이름의 폴더는 존재할 수 없다.
- 계층적 구조를 갖기 때문에 상위 폴더를 삭제하면 하위 폴더에 있는 파일들까지 모두 삭제된다.
- 디스크나 프린터도 하나의 폴더로 관리할 수 있다.

폴더 속성

탭	설명
[일반]	폴더 이름, 종류, 위치, 크기, 디스크 할당 크기, 내용, 만든 날짜, 특성(읽기 전용, 숨김) 등을 확인
[공유]	• 다른 사용자와 폴더 내용을 공유하고, 폴더에 액세스 사용 권한을 설정 • 네트워크상에서 공유할 폴더 이름을 표시 • 다른 사람이 공유 폴더에 액세스하려면 사용자 계정과 암호가 필요
[보안]	개체 이름, 그룹 또는 사용자 이름, 사용 권한, 특정 권한 및 고급 설정 등을 확인
[이전 버전]	폴더 버전에 따라 이름, 수정한 날짜를 확인
[사용자 지정]	• 새로운 유형을 이용하여 폴더를 최적화 • 폴더에 있는 사진이나 폴더 아이콘을 변경

폴더 만들기

방법	설명
메뉴	[홈] 탭의 [새로 만들기] 그룹에서 새 폴더 () 단추를 클릭
바로 가기 메뉴	폴더를 작성할 위치의 바로 가기 메뉴에서 [새로 만들기]-[폴더]를 선택

압축 폴더의 사용

- 폴더를 압축하면 디스크 공간을 절약할 수 있으며, 압축한 폴더를 다른 컴퓨터로 빠르게 전송할 수 있다.
- 일부 프로그램은 압축을 풀지 않고, 압축 폴더에서 바로 실행한다.
- 암호를 이용하여 파일을 보호하므로 컴퓨터 성능이 저하되지 않는다.
- 압축 폴더와 파일 또는 그 안에 포함된 파일이나 프로그램을 일반 폴더에서 사용하는 것과 동일하게 사용할 수 있다.
- 압축 폴더를 다른 드라이브나 폴더로 이동시킬 수 있으며, 다른 파일 압축 프로그램을 사용하는 다른 사용자들과 공유할 수 있다.
- 다른 파일에 종속되어 있는 프로그램을 실행할 경우 압축을 해제한 후 실행한다.
- 압축하려는 파일과 폴더를 선택한 후 [공유] 탭의 [보내기] 그룹에서 압축(ZIP)() 단추를 클릭한다.

한 걸음 더   디스크 속성

탭	설명
[일반]	디스크 이름, 종류, 파일 시스템, 사용 중인 공간, 사용 가능한 공간, 용량 등을 확인하거나 디스크 정리를 수행
[도구]	오류 검사, 조각 모음, 백업을 수행
[하드웨어]	모든 디스크 드라이브(이름, 종류)와 장치 속성(제조업체, 위치, 장치 상태)을 확인
[공유]	• 다른 사용자와 디스크 내용을 공유하고, 디스크에 액세스 사용 권한을 설정 • 다른 사람이 공유 폴더에 액세스하려면 사용자 계정과 암호가 필요
[보안]	개체 이름, 그룹 또는 사용자 이름, 사용 권한, 특정 권한 및 고급 설정 등을 확인
[이전 버전]	폴더 버전에 따라 이름, 수정한 날짜를 확인
[할당량]	각 시스템 사용자에게 디스크 사용 할당량에 대한 제한 여부를 지정

파일과 폴더의 선택 🎙️ 집중강좌 2-10

방법	설명
하나의 파일/폴더 선택	• 선택할 파일/폴더를 마우스로 클릭 • 선택한 파일/폴더의 해제는 ESC 키를 누르거나 마우스로 빈 공간을 클릭
연속된 파일/폴더 선택	• 첫 번째 파일/폴더를 선택하고, Shift 키를 누른 채 다른 파일/폴더를 클릭 • 선택할 파일/폴더가 포함되도록 마우스로 드래그
떨어진 파일/폴더 선택	• Ctrl 키를 누른 상태에서 해당 파일/폴더를 클릭 • 선택할 파일/폴더의 해제는 Ctrl 키를 누른 상태에서 선택한 파일/폴더를 다시 클릭
전체 파일/폴더 선택	• [홈]-[선택]-[모두 선택] • Ctrl+A 키를 누름
특정 폴더 선택	폴더명이 'M'으로 시작하는 폴더가 있을 경우 M 키를 누르면 해당 영문자로 시작하는 첫 번째 폴더를 선택

> **한 걸음 더 선택 영역 반전**
> • 현재 창에서 선택된 파일/폴더를 해제하고, 선택되지 않은 다른 파일/폴더를 선택
> • 기존 선택에서 제외할 파일/폴더를 클릭한 후 [홈]-[선택]-[선택 영역 반전]

⑨ 이동, 복사, 삭제, 이름 바꾸기

파일과 폴더의 이동 🎙️ 집중강좌 2-11

방법	설명
메뉴	[홈]-[클립보드]-[잘라내기] → [홈]-[클립보드]-[붙여넣기]
바로 가기 메뉴	파일/폴더 선택 → 바로 가기 메뉴에서 [잘라내기] → 바로 가기 메뉴에서 [붙여넣기]
바로 가기 키	파일/폴더선택 → Ctrl+X → Ctrl+V
드래그	• 파일/폴더 선택 → 마우스 오른쪽 버튼으로 이동할 폴더로 드래그 → 바로 가기 메뉴에서 [여기로 이동] • 실행 파일의 이동 → 파일을 선택한 후 Shift+드래그

파일과 폴더의 복사

방법	설명
메뉴	[홈]-[클립보드]-[복사] → [홈]-[클립보드]-[붙여넣기]
바로 가기 메뉴	파일/폴더 선택 → 바로 가기 메뉴에서 [복사] → 바로 가기 메뉴에서 [붙여넣기]
바로 가기 키	파일/폴더선택 → Ctrl+C → Ctrl+V
드래그	• 파일/폴더 선택 → 마우스 오른쪽 버튼으로 복사할 폴더로 드래그 → 바로 가기 메뉴에서 [여기에 복사] • 실행 파일의 복사 → 파일을 선택한 후 Ctrl+드래그

> **한 걸음 더 같은/다른 드라이브에서 이동/복사**
> • 같은 드라이브에서 데이터 이동 : 드래그
> • 같은 드라이브에서 데이터 복사 : Ctrl+드래그
> • 다른 드라이브에서 데이터 이동 : Shift+드래그
> • 다른 드라이브에서 데이터 복사 : 드래그

파일과 폴더의 삭제

방법	설명
메뉴	파일/폴더 선택 → [홈]-[구성]-[삭제]
바로 가기 메뉴	파일/폴더 선택 → 바로 가기 메뉴에서 [삭제]
바로 가기 키	파일/폴더 선택 → Delete 키나 Shift+Delete 키
드래그	파일/폴더 선택 → 휴지통으로 드래그

파일과 폴더의 이름 바꾸기

여러 개의 파일/폴더를 선택한 후 이름을 바꾸면 동일한 이름으로 변경되며, 이름 뒤에 (1), (2), (3),....이 붙는다.

방법	설명
메뉴	파일 또는 폴더를 선택한 후 [홈]-[구성]-[이름 바꾸기]
바로 가기 키	파일 또는 폴더를 선택한 후 F2 키를 누름
바로 가기 메뉴	파일 또는 폴더를 선택한 후 바로 가기 메뉴에서 [이름 바꾸기]를 선택

마우스	파일 또는 폴더를 선택한 후 이름 부분을 마우스로 한 번 더 클릭
기타	파일 또는 폴더를 선택한 후 Alt 키를 누른 상태에서 F 와 M 키를 차례로 누름

한 걸음 더 **파일과 폴더의 보내기**

- 파일/폴더 선택 → 바로 가기 메뉴의 [보내기] 선택
- 보내기를 실행하면 '복사'가 수행
- [보내기] 메뉴에 표시되는 목록은 일반적으로 개수에 제한이 없음

⑩ 휴지통 다루기

휴지통의 특징

- 컴퓨터에서 삭제한 파일이나 폴더를 임시 보관하는 장소로 'Recycled' 폴더에 저장된다.
- 휴지통 크기는 하드 디스크 용량의 10%로 설정되지만 사용자에 따라 최대 100%까지 설정할 수 있다.
- 하드 디스크가 여러 개인 경우 드라이브마다 휴지통 크기를 동일하게 또는 다르게 설정할 수 있다.
- 휴지통에 있는 파일은 복원하기 전까지 해당 내용을 볼 수가 없다.
- 휴지통 비우기를 실행하면 보관된 파일이 완전히 삭제되므로 하드 디스크 공간이 늘어난다.
- 휴지통 크기를 초과하여 파일을 삭제하면 보관된 파일 중 가장 오래된 파일부터 자동 삭제된다.
- 휴지통에 있는 파일은 잘라내기만 수행 가능하며, 복사는 수행할 수 없다.
- 휴지통 아이콘은 이름 바꾸기를 할 수 있으나 휴지통 자체를 삭제할 수는 없다.
- 휴지통에 있는 파일은 실행하거나 이름 변경을 할 수 없고, 내용 유무에 따라 아이콘 모양이 다르다.

휴지통 비우기

- 휴지통 아이콘의 바로 가기 메뉴에서 [휴지통 비우기]를 선택한다.
- 휴지통 창에서 [휴지통 도구]-[관리]-[휴지통 비우기]를 클릭한다.

- 휴지통에서 파일을 확인하면서 삭제하려면 해당 파일을 클릭하고, [홈]-[구성]-[삭제]를 클릭한다.

파일 복원하기

- 복원할 파일을 선택한 후 바로 가기 메뉴에서 [복원]을 선택한다.
- 여러 개의 선택한 파일을 복원하려면 [휴지통 도구]-[관리]-[선택한 항목 복원]을 클릭한다.
- 한번에 모든 파일을 복원하려면 [휴지통 도구]-[관리]-[모든 항목 복원]을 클릭한다.
- 다른 위치로 파일을 복원하려면 복원할 파일을 선택한 후 원하는 위치로 드래그한다.

한 걸음 더 **휴지통에 보관되지 않고 바로 삭제되는 경우**

- DOS, 네트워크, USB, 플로피 디스크에서 삭제한 경우
- Shift + Delete 키로 삭제하거나 Shift 키를 누른 상태로 [휴지통]에 끌어놓기를 한 경우
- [휴지통 속성] 대화 상자의 [일반] 탭에서 '파일을 휴지통에 버리지 않고 삭제할 때 바로 제거' 항목을 선택한 경우
- 삭제할 파일 크기보다 휴지통 크기가 작은 경우
- 휴지통 크기가 0%로 설정되어 있는 경우

[휴지통 속성] 대화 상자

- 휴지통 아이콘의 바로 가기 메뉴에서 [속성]을 선택한다.
- 다양한 작업 환경을 사용자가 임의로 설정할 수 있다.

항목	설명
최대 크기	휴지통의 최대 크기(100%)를 설정
파일을 휴지통에 버리지 않고 삭제할 때 바로 제거	파일을 삭제하면 휴지통에 버리지 않고 곧바로 삭제되도록 설정
삭제 확인 대화 상자 표시	파일을 삭제할 때마다 확인 메시지의 표시 유무를 결정

⑪ 검색 및 실행

검색 내용

- 문서, 그림, 음악, 프린터, 컴퓨터 등 모든 개체를 쉽게 검색할 수 있다.

- 사용자 컴퓨터, 다른 컴퓨터, 드라이브, 인터넷 등을 검색할 수 있으며, 웹 페이지 검색도 가능하다.
- 검색 상자에 내용을 입력하면 자동으로 검색이 시작되며, 검색 내용 앞에 '−'를 붙이면 해당 내용이 포함되지 않은 파일/폴더를 검색한다.
- 와일드 카드 문자(?, *)를 이용하여 이름 일부가 포함된 파일 또는 폴더를 검색할 수 있다.

검색 방법

- [Windows 검색] 단추를 클릭하고, 검색 상자에 원하는 내용을 입력하면 파일, 폴더, 제어판, 프로그램, 전자 메일 메시지 등을 검색할 수 있다.
- 검색 상자에 원하는 내용을 입력하면 폴더나 라이브러리 내용 등을 검색할 수 있다.
- 검색 내용으로 단어나 일부 문자열을 입력하면 파일 이름, 파일에 포함된 텍스트(내용), 제목, 속성, 태그, 만든 이 등을 기준으로 검색된다.
- 라이브러리에서는 라이브러리에 포함된 모든 폴더와 해당 폴더의 하위 폴더가 검색된다.
- 검색 상자는 모든 라이브러리 위쪽에 있으며, 현재 보기는 입력한 텍스트를 기준으로 필터링한다.
- 도움말은 기존 운영 체제의 메뉴 방식이 아닌 작업 표시줄의 검색 상자에 원하는 항목을 입력하여 질문에 대한 답으로 확인할 수 있다.
- 작업 표시줄의 검색 상자에 키워드나 질문을 입력하면 Microsoft 도움말을 찾을 수 있다.

검색 필터 방법

- 검색할 드라이브나 폴더에서 검색 필터를 추가하여 검색하되 필터 사이는 콜론(:)으로 구분한다.
- 라이브러리나 폴더의 검색 상자에서 적절한 검색 필터를 클릭하고, 검색 필터에 따라 해당 값을 선택한다(예 : 음악 라이브러리에서 특정 음악가의 노래를 검색하려면 음악가 검색 필터를 클릭한 후 목록에서 음악가를 클릭).
- 검색 필터나 값을 클릭할 때마다 용어가 자동으로 검색 상자에 추가되므로 여러 속성에 대한 복잡한 검색을 작성할 수 있다.

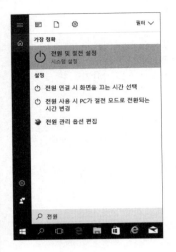

⑫ 내 PC 및 파일 탐색기

내 PC의 특징

- 시스템에 설치된 로컬(하드) 디스크, 이동식 드라이브, DVD/CD-ROM, 네트워크 등의 내용을 표시하며, 컴퓨터 설정을 수정할 수 있다.
- 프로그램 또는 파일을 실행하거나 폴더의 생성/삭제/검색 또는 디스크 포맷, 공유 등의 관리 기능을 제공한다.
- 내 PC의 바로 가기 메뉴에서 [속성]을 선택하면 [제어판]−[시스템]과 동일한 창이 나타난다.

내 PC의 실행 방법

- 바탕 화면에서 [내 PC] 아이콘을 더블 클릭한다.
- 바탕 화면에서 [내 PC] 아이콘의 바로 가기 메뉴에 있는 [열기]를 선택한다.

> **한 걸음 더** 내 PC와 파일 탐색기의 공통점
> - 파일과 폴더의 복사, 이동, 삭제, 이름 변경, 속성 등
> - 디스크 이름 변경, 디스크 포맷, 디스크 복사 등
> - 프로그램 실행, 보기 형식 변경 및 아이콘 정렬 등
> - 네트워크 드라이브 연결/끊기 등

파일 탐색기의 특징

- 파일, 폴더 및 드라이브의 계층적 구조를 표시한다.

- 파일 및 폴더의 복사, 이동, 이름 변경, 검색, 디스크 도구 이용 등의 작업을 수행한다.
- 제어판에 포함된 내용을 사용하거나 삭제된 파일이 있는 휴지통을 비울 수 있다.
- 네트워크 드라이브를 연결하여 원격 컴퓨터의 파일 목록을 표시할 수 있다.
- 왼쪽 창은 폴더의 구조를 보여주고, 오른쪽 창은 선택한 폴더의 해당 내용을 보여준다.
- 왼쪽/오른쪽 창의 크기는 임의로 조절할 수 있다.

파일 탐색기의 실행 방법

- [시작]-[파일 탐색기]를 선택한다.
- [시작] 단추의 바로 가기 메뉴에서 [파일 탐색기]를 선택한다.
- ⊞+Ｅ 키를 누른다.
- [시작] 단추의 바로 가기 메뉴에서 [실행]을 선택한 후 대화 상자의 입력 상자에 "explorer"를 입력하고 Enter 키를 누른다.

파일 탐색기 창의 구조

모양	설명
＞ ▮	하위 폴더를 포함하지만 하위 폴더가 숨겨진 상태로 ▶를 클릭하면 ◢▮모양으로 바뀌면서 숨겨졌던 하위 폴더를 표시
✓ ▮	하위 폴더가 표시된 상태로 ◢를 클릭하면 ▷▮ 모양으로 바뀌면서 표시되었던 하위 폴더가 숨겨짐
▮	해당 폴더에 하위 폴더가 없음을 의미

파일 탐색기의 바로 가기 키

바로 가기 키	설명
＋	선택한 폴더의 하위 폴더를 표시
－	선택한 폴더의 하위 폴더를 숨김
＊	선택한 폴더의 모든 하위 폴더를 표시
BackSpace	현재 폴더의 상위 폴더로 이동

→	선택한 폴더가 닫혀 있으면 열고, 열려 있으면 하위 폴더를 선택
←	선택한 폴더가 열려 있으면 닫고, 닫혀 있으면 상위 폴더를 선택

파일 탐색기의 아이콘 보기

메뉴	설명
아주 큰 아이콘	아주(가장) 큰 모양의 아이콘으로 표시
큰 아이콘	큰 모양의 아이콘으로 표시
보통 아이콘	보통(일반) 모양의 아이콘으로 표시
작은 아이콘	작은 모양의 아이콘으로 표시
목록	최소한의 아이콘과 파일 및 폴더의 이름만을 표시
자세히	현재 파일과 폴더의 이름, 수정한 날짜, 유형, 크기 등의 세부 정보를 표시
타일	보통 아이콘으로 여러 개가 나란히 표시
내용	파일 내용을 일부 보여 주면서 행 단위로 표시

파일 탐색기의 정렬 기준

메뉴	설명
이름	이름('가나다' 또는 'ABC')순으로 정렬
수정한 날짜	최종 수정한 날짜순으로 정렬
유형	파일의 종류 또는 형식순으로 정렬
크기	크기(용량)순으로 정렬
오름차순	'가나다' 또는 'ABC'의 오름차순으로 정렬
내림차순	'다나가' 또는 'CBA'의 내림차순으로 정렬

한 걸음 더 파일 탐색기의 세부 정보 창

- [보기]-[창]-[세부 정보 창]을 선택하면 폴더 항목에 대해 표시할 정보를 선택하거나 숨김
- 표시 항목이나 표시 순서를 변경하며, 선택한 열 너비를 픽셀 단위로 지정

⑬ Windows 보조프로그램

기본 보조프로그램
🎙 집중강좌 2-14

종류	특징
메모장	• 서식이 필요 없는 간단한 텍스트 문서를 작성(확장자 : *.txt) • 찾기, 자동 줄 바꿈, 서식(글꼴, 글꼴 스타일, 크기), 머리글/바닥글 지정이 가능 • OLE 기능을 사용할 수 없으므로 그림판에서 그린 개체 등을 연결할 수 없음 • 현재 시스템의 시간과 날짜를 자동으로 추가할 경우 F5 키를 누름 • 첫 행의 왼쪽 여백에 '.LOG'를 입력하면 현재 시간과 날짜를 문서 끝에 추가 • 유니 코드, ANSI, UTF-8, Big-Endian 유니 코드로 저장 가능
워드패드	• RTF 형식의 문서를 작성하며, 메모장과 달리 문서 크기에 제한이 없음 • 다양한 글꼴, 글꼴 스타일, 단락 서식 등의 문서 서식을 적용 • 들여쓰기/내어쓰기, 글머리 기호, 찾기/바꾸기, OLE, Layout 기능 등을 제공 • 그림, 사진, 클립아트, 비디오 클립, 사운드 파일 등의 개체 삽입 가능 • 확장자가 DOC, TXT, RTF, WRI인 파일 형식을 사용
그림판	• 간단한 그림 작업을 수행할 수 있는 비트맵 방식 • OLE 기능을 지원하므로 다른 응용 프로그램과 연결 가능 • JPG, PCX, GIF, BMP, TIFF 등의 파일 형식을 사용 • 그림의 너비와 높이 단위를 '인치, 센티미터, 픽셀'로 설정 • Shift 키를 이용하여 정사각형, 정원, 45도 기울기의 직선을 그릴 수 있음
명령 프롬프트	• MS-DOS 명령어를 사용할 수 있는 창으로 키를 입력할 수 있는 작업 환경 • Alt + Enter 키를 이용하면 창을 전체 화면이나 원래 크기로 조정 • 창에서 표시된 텍스트를 다른 문서에 복사할 수 있음 • 창을 종료하려면 커서 위치에서 "exit"를 입력하고, Enter 키를 누름
수학 식 입력판	컴퓨터에서 수학 문제를 풀거나 수학식이 있는 문서 또는 프레젠테이션을 작성
캡처 도구	• 화면의 특정 부분이나 창, 전체 화면을 캡처하여 HTML, PNG, GIF, JPG 파일로 저장할 수 있는 프로그램 • 캡처한 개체에 주석을 입력할 수 있고, 캡처가 완료되면 해당 개체는 자동으로 클립보드 및 표시 창에 복사
계산기	• 간단한 계산과 복잡한 계산이 가능하며, 계산 결과를 다른 응용 프로그램에 붙여 넣기 할 수 있음(일반용, 공학용, 프로그래머용, 통계용) • 자릿수 구분 단위와 단위 변환, 날짜 계산, 워크시트 등을 사용
문자표	• 글꼴 종류에 따라 사용할 수 있는 다양한 특수 문자를 확인 • 개별 문자 또는 문자 그룹을 클립보드에 복사한 다음 해당 문자를 표시할 프로그램에 붙여 넣음
원격 데스크톱 연결	• 하나의 컴퓨터(클라이언트)에서 다른 위치의 여러 원격 컴퓨터(호스트)에 연결 • 원격지의 다른 컴퓨터에 연결하여 원하는 작업을 수행하거나 문서를 인쇄 • 네트워크에 액세스할 수 있으며, 사용 권한만 있으면 다른 컴퓨터에도 접속
단계 레코더	• 화면에 녹음을 시작하면서부터 끝날 때까지의 모든 단계와 이벤트 정보를 포함 • 슬라이드 쇼나 추가적인 세부 사항만 볼 수 있도록 링크를 화면에 제공 • 경로를 지정해 저장하면 zip 파일로 되고, 녹음 파일 확장자는 mht 파일임

한 걸음 더 | 동기화 센터

• 동기화는 오프라인에서 사용되는 파일이 네트워크상의 파일과 일치하도록 하는 것
• 파일을 네트워크 서버와 동기화하도록 설정한 경우 동기화 센터에 동기화 결과가 표시
• 컴퓨터가 네트워크에 연결되지 않은 경우에도 네트워크 파일의 복사본에 액세스할 수 있음
• 로그온할 때마다 자동으로 오프라인 항목을 동기화하여 온라인에서 최신 정보를 얻지만 네트워크 내의 변경 사항을 동기화할 수는 없음
• 컴퓨터가 일정 시간 유휴 상태이거나 로그온 또는 로그오프 할 때 동기화 항목을 지정할 수 있음
• 동기화 작업을 사용자 일정에 추가하거나 기존 작업을 제거 및 편집하는 등의 예약 기능이 있음
• 파일이 성공적으로 동기화 되거나 동기화 오류 또는 경고가 표시되는 경우 알려 줄 수 있음

기타 보조프로그램

종류	특징
Print 3D	• 모델링 작업을 편리하게 수행할 수 있는 프로그램으로 컴퓨터에 3D 프린터를 연결하면 출력 가능 • 3D 콘텐츠의 기능을 제공하며, 웹캠으로 사직을 찍어 3D로 만들 수 있음 • BMP, JPG, PNG, TGA 등의 파일을 사용
돋보기	• ⊞+⊕ 키와 ⊞+⊖ 키를 이용하여 화면을 확대 또는 축소 • **전체 화면 모드** : 화면 전체가 확대되고, 마우스 포인터 뒤에 돋보기가 표시 • **렌즈 모드** : 마우스 포인터 주위의 영역이 확대(마우스 포인터를 이동하면 확대되는 화면 영역도 함께 이동) • **도킹 모드** : 화면의 일부분만 확대되고, 바탕 화면의 나머지 부분은 정상적인 상태로 유지(확대되는 화면 영역을 사용자가 제어할 수 있음)
Windows Media Player	• 오디오 파일(MID, RM 등), 동영상 파일(MPEG, MOV, AVI 등)을 재생 • 디지털 미디어 파일을 재생하거나 구성(내용 편집은 불가능) • 음악 CD의 재생 및 복사, 인터넷 라디오 방송 청취, 휴대용 장치를 이용한 파일 복사(동기화) 기능을 제공 • 미디어 재생기의 업데이트 버전으로 스트리밍(Streaming) 기술을 지원

⑭ 인쇄 및 프린터 설정

문서 인쇄

• [공유]–[보내기]–[인쇄]를 선택하여 수행한다.
• 문서 아이콘을 프린터 아이콘 위로 드래그 앤 드롭하면 인쇄가 가능하다.
• 응용 프로그램에 따라 그림(이미지) 형태로 저장이 가능하다.

프린터 폴더

• 현재 시스템에 설치된 프린터 정보, 인쇄중인 문서, 인쇄 대기 중인 문서를 확인할 수 있다.
• 인쇄중인 문서를 강제 종료시키거나 인쇄가 시작된 경우 잠시 중지시켰다가 다시 인쇄할 수 있다.

• 여러 출력 파일들의 대기 상태를 확인할 수 있으며, 출력 순서를 임의로 조정할 수 있다.

프린터 설치 과정

① [제어판]–[장치 및 프린터]를 선택하고, [장치 및 프린터] 창의 도구 모음에서 [프린터 추가] 단추를 클릭한다.
② [장치 추가] 창에서 '로컬 프린터'인지 '네트워크(무선) 프린터'인지의 여부를 결정한다.
③ 프린터에 사용할 포트를 선택한다.
④ 프린터 드라이버 설치를 위해 프린터 제조업체 및 모델로 사용할 소프트웨어를 선택한다.
⑤ 기본 프린터로 사용할 것인지를 선택한다.
⑥ 프린터 이름을 지정한 후 프린터를 공유(공유 이름, 위치, 설명)할 것인지를 선택한다.
⑦ 테스트 인쇄 지정 여부를 선택한다.

> **한 걸음 더** 로컬 프린터와 네트워크 프린터
>
> • **로컬 프린터** : 컴퓨터에 직접 케이블로 연결된 프린터로 현재 시스템에서만 사용 가능
> • **네트워크 프린터** : 네트워크상에서 다른 컴퓨터와 연결된 프린터로 여러 사용자가 사용 가능

기본 프린터 설정 🎤집중강좌 2-15

• 인쇄 시 특정 프린터를 지정하지 않은 경우 자동으로 인쇄 작업이 수행되는 프린터이다.
• 기본 프린터로 설정할 프린터를 클릭한 후 바로 가기 메뉴에서 [기본 프린터로 설정]을 선택한다.
• 컴퓨터에 설치 가능한 프린터의 수는 제한이 없지만 기본 프린터로 사용할 프린터는 한 대만 지정할 수 있다.
• 네트워크를 통하여 다른 컴퓨터에 연결된 프린터도 기본 프린터로 지정할 수 있다.
• 기본 프린터는 해당 프린터 아이콘에 체크 표시()가 되어 있다.
• 지정된 기본 프린터를 해제하려면 다른 프린터를 기본 프린터로 설정해야 한다.

프린터 속성

• [장치 및 프린터] 창에서 해당 프린터 아이콘의 바로 가기 메뉴에서 [프린터 속성]을 선택한다.

- 프린터 공유, 포트, 드라이버, 페이지 방향, 용지 공급 용지함, 인쇄 매수, 인쇄될 색 등을 지정한다.
- 인쇄 해상도를 높게 설정하면 인쇄 품질은 좋지만 인쇄 속도가 느려지고, 잉크 소모가 많이 된다.

탭	설명
[일반]	컴퓨터에 설치된 프린터 모델, 기본 기능, 사용 가능한 용지 등을 확인
[공유]	프린터를 네트워크상에서 공유할지의 여부와 현재 공유된 프린터 드라이버를 설치
[포트]	프린터 포트를 지정하거나 추가/삭제/구성 등의 작업 가능
[고급]	인쇄된 문서 보관, 프린터 사용 시간, 프린터 드라이버, 스풀 사용 여부 등을 설정
[색 관리]	컬러 프린터와 색 프로필 연결 방법을 설정

프린터 삭제

- [장치 및 프린터] 창에서 삭제할 프린터를 클릭하고, 도구 모음의 [장치 제거]를 선택하거나 바로 가기 메뉴에서 [장치 제거]를 선택한다.
- 삭제한 프린터가 기본 프린터로 지정되어 있다면 다른 프린터가 기본 프린터로 자동 설정된다.

한 걸음 더 스풀(SPOOL ; Simultaneous Peripheral Operation On-Line)

- 저속의 출력 장치와 고속의 중앙 처리 장치 사이의 속도 차이를 해결하여 컴퓨터의 처리 효율을 높이는 기능
- 입력과 출력을 동시에 병행할 수 있는 기능으로 인쇄가 끝날 때까지 다른 작업을 처리할 수 있음
- 스풀 기능을 사용하려면 스풀에 사용될 디스크의 추가 용량이 필요
- 프린터 작업을 임시로 하드 디스크에 보내고, 디스크상의 출력 파일을 백그라운드 작업으로 보냄
- 여러 페이지를 인쇄할 경우 첫 페이지만 스풀에 들어오면 바로 인쇄
- 프린터를 공유하여 여러 페이지를 인쇄할 경우 마지막 페이지까지 스풀에 들어온 후 인쇄

인쇄 설정

- 인쇄 매수를 변경하거나 양면 인쇄를 선택한다.
- 인쇄 용지함(수동 공급 용지함, 봉투 공급 장치 등)이나 인쇄 용지(두꺼운 용지, 투명 용지, 레이블 등)를 선택한다.

인쇄 작업 제어

- 현재 인쇄 중이거나 인쇄 대기 중인 문서의 취소, 중지, 순서 변경 등의 작업을 할 수 있다.
- 인쇄 대기 중인 문서의 용지 방향, 용지 공급, 인쇄 매수 등을 설정할 수 있지만 내용을 변경할 수는 없다.
- 문서를 인쇄하는 동안 작업 표시줄의 알림 영역(Tray)에 프린터 아이콘(🖨)이 표시되며, 인쇄 작업이 끝나면 프린터 아이콘은 자동으로 사라진다.

인쇄 관리자 창

- 작업 표시줄의 알림 영역에서 프린터 아이콘을 더블 클릭한다.
- [장치 및 프린터] 창에서 해당 프린터를 선택한 후 도구 모음의 [인쇄 작업 목록 보기]를 선택한다.
- 프린터의 바로 가기 메뉴에서 [인쇄 작업 목록 보기]를 선택한다.
- 문서 이름의 바로 가기 메뉴에서 인쇄 취소, 일시 중지, 다시 시작 등의 작업을 할 수 있다.
- 인쇄중인 문서 이름, 상태, 소유자, 페이지 수, 크기, 제출, 포트가 표시된다.

메뉴	설명
인쇄 일시 중지	인쇄중인 문서를 일시 중지시키고, 다시 인쇄하려면 바로 가기 메뉴에서 [다시 시작]을 선택
모든 문서 취소	대기 중인 인쇄 문서를 취소
공유	해당 프린터의 공유를 설정

⑮ 제어판과 Windows 설정

제어판의 특징

- 제어판 항목은 삭제하거나 공유할 수 없으며, 바탕 화면으로 바로 가기 아이콘을 만들 수 있다.
- 제어판 아이콘은 'C\Windows\system32' 폴더에서 *.CPL의 확장자를 갖는다.
- 제어판 창의 보기 기준은 범주, 큰 아이콘, 작은 아이콘이 있다.

제어판의 프로그램 및 기능(🎛)

- 현재 컴퓨터에서 사용하는 프로그램과 각각의 구성 요소를 관리할 수 있다.
- [프로그램 및 기능] 창에는 프로그램의 이름, 게시자, 설치 날짜, 크기, 버전 등이 표시된다.
- 특정 응용 프로그램을 완전히 제거하려면 Uninstall 하거나 프로그램 및 기능을 이용한다.

항목	설명
프로그램 제거 또는 변경	• 프로그램을 제거하거나 특정 옵션을 이용하여 프로그램 구성을 변경 • 일부 프로그램에는 프로그램 제거뿐만 아니라 프로그램 변경 또는 복구 옵션도 포함(대부분의 경우 제거 옵션만 제공)
설치된 업데이트 보기	컴퓨터에 설치된 업데이트 목록에서 제거 또는 변경할 수 있음
Windows 기능 켜기/끄기	• Windows 기능을 사용하거나 사용하지 않도록 선택 • Windows에 포함된 인터넷 정보 서비스의 일부는 설정된 경우만 사용할 수 있으며, 해당 기능을 사용하지 않는 경우는 해제 • 관리자 암호를 묻거나 확인하는 메시지가 나타나면 암호를 입력하거나 확인을 제공

> **한 걸음 더 Windows 기능 켜기/끄기**
>
> - Windows 기능을 설정하려면 해당 기능 옆에 있는 확인란을 선택하고, 기능을 해제하려면 확인란의 선택을 취소
> - 흰색 확인란은 설치되지 않았다는 의미이고, 흰색 확인란에 체크 표시는 전체 항목이 설치되었다는 의미이며, 검정색이 채워진 확인란은 일부 항목만 설치되었다는 의미임

Windows 설정의 개인 설정(✏️)   🎙️집중강좌 2-16

- 컴퓨터의 테마, 색, 소리, 바탕 화면 배경, 화면 보호기, 글꼴 크기, 사용자 계정 사진 등을 변경하여 개인적인 취향에 맞게 컴퓨터를 설정할 수 있다.
- 내 테마, Aero 테마, 기본 및 고대비 테마, 온라인 테마 등을 확인하고, 새롭게 설정할 수 있다.

항목	설명
배경	• 바탕 화면 배경으로 사용할 그림 파일(BMP, GIF, JPG, PNG 등)을 선택(슬라이드 쇼를 만들려면 사진을 두 개 이상 선택) • 사진 위치는 채우기, 맞춤, 확대, 바둑판식 배열, 가운데 중에서 선택
색	• 제목 표시줄, 창 테두리, 아이콘 간격에 대한 색상, 글꼴, 크기 등을 설정 • 창을 투명하게 설정하거나 색상을 조합하여 표시
잠금 화면	• 배경에 필요한 사진을 선택하거나 사용자가 원하는 사진을 선택 • 로그인 화면에 잠금 화면 배경 그림을 표시 • 화면 시간 제한 설정과 화면 보호기를 설정
화면 보호기	• 컴퓨터를 장시간 사용하지 않을 경우 모니터와 하드 디스크의 전원을 차단 • 지정한 대기 시간(분) 동안 컴퓨터를 작동하지 않으면 화면 보호기가 실행 • 화면 보호기를 멈추려면 마우스를 움직이거나 임의의 키를 누름
테마	• 바탕 화면 배경, 창 색, 소리 등으로 구성 • 테마를 변경하거나 다른 이름으로 저장할 수 있음(온라인에서 추가 설치) • 바탕 화면 아이콘 설정은 바탕 화면에 아이콘을 추가 및 제거하거나 아이콘 모양을 변경
소리	• 소리 테마는 Windows 및 프로그램 이벤트에 적용되는 소리의 집합 • 기존 구성표를 선택하거나 수정하여 저장 가능

Windows 설정의 시스템(💻)

- 모니터에 따라 디스플레이를 다시 정렬할 수 있다.
- 모니터 화면은 밤에 사용자 숙면을 방해하는 청색광을 방출하므로 야간 모드를 설정할 수 있다.
- 텍스트, 앱 및 기타 항목의 크기를 변경할 수 있다(고급 배율 설정 가능).
- 디스플레이 해상도와 방향(가로, 세로, 가로/세로 대칭 이동)을 설정할 수 있다.
- 여러(다중) 디스플레이 설정과 그래픽을 설정할 수 있다(특정 프로그램에 대한 그래픽 성능 설정을 지정, 배터리 사용 시간을 절약).
- 하나의 시스템에 여러 대(최대 10대)의 모니터를 연결할 수 있으며, 이런 경우 각 모니터를 개별적으로 설정할 수 있다(연결되어 있는 모니터의 개수를 감지).

Windows 설정의 접근성(⟳)

- **디스플레이** : 텍스트 확대, 메인(다른) 디스플레이의 앱 및 텍스트 크기 변경, 커서 및 마우스 포인터의 크기 및 색 변경, 밝기 자동 변경 또는 야간 모드 사용, Windows에서 애니메이션 및 투명도 표시, 창에서 자동으로 스크롤 막대 숨기기, 바탕 화면 배경 이미지 표시 등을 설정한다.
- **커서 및 포인터** : 포인터 크기 및 색 변경, 커서 두께 변경, 터치 피드백 변경 등을 설정한다.
- **돋보기** : 디스플레이의 일부를 확대/축소하는 기능으로 전체 화면 또는 별도 창에 실행하거나 마우스 포인터를 따라 움직이는 렌즈로 실행한다(돋보기 기능 : 마우스 커서, 키보드 포커스, 텍스트 삽입 지점, 내레이터 커서).
- **색상 필터** : 화면에 색 필터를 적용하여 사진이나 색을 보기 쉽게 변경한다.
- **고대비** : 고유의 색을 사용하여 텍스트와 앱을 보기 쉽게 설정한다(고대비를 켜거나 끄려면 Alt + Shift + Print Screen 키를 누름).
- **내레이터** : 화면의 내용을 설명하는 화면 읽기 프로그램으로 사용자는 해당 정보를 사용하여 장치를 탐색하거나 키보드, 터치 및 마우스로 제어할 수 있다(내레이터 음성 선택, 속도 변경, 피치 변경, 볼륨 변경). 또한, 읽고 상호 작용할 때 들리는 내용과 입력할 때 들리는 내용을 변경하거나 키보드 설정과 내레이터 커서를 사용할 수 있다.

제어판의 시스템(💻)

- 컴퓨터에 대한 중요한 요약 정보와 기본 하드웨어 정보를 확인할 수 있다.
- Windows 버전, 시스템(프로세서, 메모리, 시스템 종류 등), 컴퓨터 이름, 도메인 및 작업 그룹 설정, Windows 정품 인증 등을 표시한다.
- [설정 변경]을 클릭하면 해당 정보를 변경하고, 사용자 계정을 추가할 수 있다.
- 사용자 프로필에는 각 사용자의 기본 설정이 저장되어 로그온 할 때마다 Windows의 바탕 화면을 구성한다.

탭	설명
[컴퓨터 이름]	사용자 컴퓨터에 대한 컴퓨터 설명, 전체 컴퓨터 이름, 작업 그룹 등을 설정
[하드웨어]	설치된 하드웨어 장치를 열거하고, 장치 드라이버와 해당 정보의 다운로드를 설정
[고급]	시각 효과, 프로세서 일정, 메모리 사용 및 가상 메모리를 설정하거나 사용자 프로필, 시스템 시작, 시스템 오류 및 디버깅 정보를 설정
[시스템 보호]	컴퓨터를 이전 복원 지점으로 되돌려 시스템 변경을 취소하거나 복원 설정을 구성하여 디스크 공간을 관리하고, 복원 지점을 삭제
[원격]	다른 컴퓨터에서 해당 컴퓨터를 사용할 수 있도록 원격 지원 연결을 허용

한 걸음 더 [고급] 탭에서 '시작 및 복구'

- 운영 체제 목록을 표시할 시간을 설정
- 시스템 로그에 이벤트를 기록하도록 설정
- 고급 사용자가 디버깅에 사용할 수 있는 파일에 시스템 메모리를 덤프 하도록 설정
- 컴퓨터를 자동으로 다시 시작하도록 설정

제어판의 장치 관리자(🖥) 집중강좌 2-17

- 하드웨어 장치의 드라이버를 설치 및 업데이트하고, 하드웨어의 수정과 문제를 해결한다.
- 시스템에 설치된 하드웨어 정보를 확인하거나 각 장치의 고급 설정 및 속성을 변경한다.
- 하드웨어의 올바른 작동 유무를 확인하고, 이전 드라이버 버전으로 롤백한다.
- 시스템에 설치된 PNP(Plug & Play) 기능을 이용하여 하드웨어 검색이 가능하다.
- 불필요한 하드웨어를 제거하려면 삭제할 하드웨어의 바로 가기 메뉴에서 [제거]를 선택한다.

표시	설명
'↓' 표시	현재 사용되지 않는 장치를 표시
'!' 표시	정상적으로 동작하지 않는 장치를 표시
'?' 표시	해당 드라이버를 설치하지 않은 장치(알 수 없는 장치)를 표시

한 걸음 더 하드웨어 추가 마법사

- 시스템에 새로운 하드웨어를 설치하거나 추가할 때 사용
- 플러그 앤 플레이(PNP) 기능을 지원하지 않는 하드웨어의 경우 최상위 노드에서 마우스 오른쪽 단추를 클릭하고, [레거시 하드웨어 추가]를 선택([실행]을 선택한 후 "hdwwiz.exe"를 입력하고, [확인] 단추를 클릭)
- [하드웨어 추가] 대화 상자에서 [다음] 단추를 클릭

제어판의 접근성 센터(⊙)

- 신체에 장애가 있는 사람들이 컴퓨터를 편리하게 사용할 수 있도록 다양한 옵션을 설정한다.
- 관리 설정을 변경하려면 컴퓨터를 다시 시작한다.

① 디스플레이가 없는 컴퓨터 사용
- **내레이터 켜기** : 내레이터가 화면의 모든 텍스트를 소리내어 읽어준다.
- **오디오 설명 켜기** : 비디오에서 발생하는 상황에 대한 설명을 들을 수 있다.
- **시간 제한 및 깜박이는 시각 신호 조정** : 필요 없는 애니메이션을 모두 끈다.
- **Windows 알림 대화 상자 표시 시간** : 화면에 표시되는 알림 시간을 설정한다.

② 컴퓨터를 보기 쉽게 설정
- **고대비 테마 선택** : 고대비 색 구성표를 설정하여 해당 항목을 보다 뚜렷하고 쉽게 식별할 수 있다.
- Alt + Shift + Print Screen **키를 누르면 고대비 켜짐/꺼짐** : 해당 키를 눌러 고대비 테마를 설정하거나 해제할 수 있다.
- **돋보기 켜기** : 돋보기를 설정하면 마우스가 가리키고 있는 화면 부분을 확대한다.
- **포커스 영역을 더 두껍게 만들기** : 현재 선택된 항목의 주변 영역을 두껍게 만들어 쉽게 볼 수 있다.
- **깜박이는 커서의 두께 설정** : 대화 상자 및 프로그램에서 깜박이는 커서를 두껍게 만들 수 있다.

③ 마우스 또는 키보드가 없는 컴퓨터 사용
- **화상 키보드 사용** : 표준 키를 모두 갖춘 시각적 키보드를 표시하므로 마우스나 포인팅 장치를 사용하여 키를 선택하거나 표준 키보드 키를 사용할 수 있다.
- **음성 인식 사용** : 음성으로 컴퓨터를 제어할 수 있으므로 마이크를 사용하여 컴퓨터가 이해하고, 응답하는 명령을 말할 수 있다(받아쓰기 가능).

④ 마우스를 사용하기 쉽게 설정
- **마우스 포인터** : 마우스 포인터의 색과 크기를 변경할 수 있다.

- **마우스 키 켜기** : 숫자 키패드를 사용하여 화면에서 마우스를 이동한다.
- **마우스로 가리키면 창 활성화** : 창을 클릭하지 않고 마우스로 창을 가리키는 방법으로 좀 더 쉽게 창을 선택하고, 활성화할 수 있다.
- **화면 가장자리로 이동할 때 창이 자동으로 배열되지 않도록 방지** : 창을 화면 가장자리로 이동할 때 창이 자동으로 배열되지 않도록 방지한다.

⑤ 키보드를 사용하기 쉽게 설정
- **고정 키 켜기** : Shift, Ctrl, Alt 키가 기본적으로 눌려 있는 상태로 고정하여 여러 키를 누르는 효과를 준다.
- **토글 키 켜기** : Num Lock, Scroll Lock, Caps Lock 키를 누를 때마다 신호음을 들을 수 있도록 지정한다.
- **필터 키 켜기** : 짧게 입력한 키와 반복된 키 입력을 무시하거나 키의 반복 입력 속도를 느리게 지정한다.
- **바로 가기 키 및 선택키에 밑줄 표시** : 대화 상자의 컨트롤에 선택키를 강조하여 키보드 액세스를 쉽게 할 수 있다.

⑥ 소리 대신 텍스트나 시각적 표시 방법 사용
- **소리에 대한 시각적 알림 켜기** : Windows에 로그온 할 때 실행할 경고음을 설정한다.
- **음성 대화에 텍스트 캡션 사용** : Windows가 소리 대신 텍스트 캡션을 표시하여 컴퓨터에서 수행 중인 작업을 나타낸다.

⑦ 보다 쉽게 작업에 집중할 수 있도록 설정
- **배경 이미지 제거** : 불필요하고 겹치는 콘텐츠 및 배경 이미지를 모두 제거한다.
- **필요 없는 애니메이션 모두 끄기** : 창과 다른 요소를 닫을 때 서서히 사라지는 애니메이션 효과를 모두 끈다.

제어판의 키보드(⌨)

탭	설명
[속도]	문자 재입력 시간, 키를 누르고 있을 때 반복되는 속도, 커서 깜박임 속도를 조절
[하드웨어]	컴퓨터에 연결된 키보드의 제조업체, 위치, 장치 상태 등을 확인

제어판의 마우스( )

탭	설명
[단추]	왼손잡이, 오른손잡이에 맞게 단추를 지정하거나 더블 클릭 속도를 조절
[포인터]	마우스의 포인터 모양을 사용자 임의로 지정
[포인터 옵션]	마우스 포인터의 이동 속도, 포인터 자국 표시 여부, 입력 시 포인터 숨기기, Ctrl 키를 누르면 포인터 위치 표시 등을 지정
[휠]	휠을 한 번 돌릴 때 스크롤의 정도를 지정하거나 휠을 상하로 이동할 때 스크롤할 문자 수를 지정
[하드웨어]	컴퓨터에 연결된 마우스의 제조업체, 위치, 장치 상태 등을 확인

제어판의 기본 프로그램( )

항목	설명
기본 프로그램 설정	파일 형식 및 프로토콜을 열 때 사용할 기본 프로그램을 설정
파일 형식 또는 프로토콜을 프로그램과 연결	파일 형식 및 프로토콜이 특정 프로그램에서 항상 열리도록 설정
자동 재생 설정 변경	미디어의 유형에 맞게 CD 또는 기타 미디어를 자동으로 재생
컴퓨터의 기본 프로그램 설정	특정 프로그램에 대한 액세스를 제어하고, 컴퓨터에 대한 기본값을 설정

> **한 걸음 더** 연결 프로그램
> - 파일 종류에 따라 해당 프로그램이 자동 실행되는 프로그램으로 확장자에 따라 연결 프로그램이 결정
> - 확장자가 다르더라도 특정 응용 프로그램을 지정하여 실행할 수 있음
> - 확장자가 같은 파일에 대해 다른 연결 프로그램을 지정할 수는 없음
> - 연결 프로그램이 지정된 파일에 [열기]를 선택하면 자동으로 해당 프로그램이 실행
> - 연결 프로그램이 지정되지 않은 파일을 열기 위해서는 어떤 응용 프로그램을 사용할지를 지정
> - 응용 프로그램을 설치하면 해당 프로그램에서 사용하는 파일은 연결 프로그램이 자동으로 설정
> - 파일을 더블 클릭했을 때 [Windows] 창이나 [연결 프로그램] 대화 상자가 나타나면 현재 연결된 프로그램이 없음을 의미

> - 특정 파일의 바로 가기 메뉴에서 [연결 프로그램]-[다른 앱 선택]을 선택하면 연결 프로그램을 변경할 수 있음
> - [파일 속성] 대화 상자의 [일반] 탭에서 '연결 프로그램'에 있는 [변경] 단추를 클릭해도 연결 프로그램을 변경할 수 있음

제어판의 글꼴( )

- Windows는 다양한 글꼴이 설치된 상태로 모든 글꼴은 C:\Windows\Fonts 폴더에 존재한다.
- 새로운 글꼴 설치 시 인터넷에서 다운로드한 후 바로 가기 메뉴에서 [설치]를 선택한다.
- 설치할 글꼴을 해당 폴더에 복사하거나 [제어판]의 [글꼴]로 드래그하여 설치할 수도 있다.
- 글꼴 삭제 시 글꼴을 클릭한 후 도구 모음에서 [삭제] 단추를 클릭한다.
- 글꼴 파일의 확장자는 FON, TTF, TTC 등이며 윤곽선(트루타입, 오픈타입), 벡터, 래스터 글꼴을 제공한다.
- 글꼴 아이콘을 더블 클릭하면 글꼴 이름, 버전, 글꼴 크기를 확인하고, 인쇄할 수 있다.

제어판의 Windows Defender 방화벽( )

- 다른 컴퓨터에서 사용자 컴퓨터로 들어오는 정보를 제한하여 보안 위험으로부터 컴퓨터를 보호한다.
- 해커나 악성 소프트웨어가 인터넷 또는 네트워크를 통해 컴퓨터에 액세스하는 것을 방지한다.
- 바이러스 및 웜을 차단할 수 있지만 스팸이나 원하지 않은 메일이 수신되는 것을 차단할 수는 없다.
- 특정 연결 요청을 차단하거나 차단 해제를 하기 위해서 사용자 허가를 요청한다.
- 사용자가 원할 경우 기록(로그 보안)을 만들어 컴퓨터에 대하여 성공한 연결 시도와 실패한 연결 시도를 기록한다.

제어판의 사용자 계정( )

- 액세스할 수 있는 파일 및 폴더, 컴퓨터에 허용되는 변경 작업 유형 및 바탕 화면 배경, 화면 보호기 등 개인의 기본 설정을 알려준다.

- 각 사용자에 대하여 고유한 계정 이름, 그림, 암호를 지정하고 개별적으로 적용되는 다른 설정 사항을 선택한다.
- 프로그램을 종료하지 않고, 사용자 계정만 변경하려면 [사용자 전환]을 선택한다.
- 컴퓨터를 여러 사람이 공유하되 각각의 사용자는 고유한 파일 및 설정을 사용할 수 있다.
- 각 사용자는 사용자 이름과 암호를 사용하여 자신의 사용자 계정에 액세스한다.

종류	설명
표준 계정	• 일상적인 컴퓨터 작업에 사용 • 시스템 설정을 바꾸거나 컴퓨터에 프로그램을 설치할 수 없음 • 암호 지정, 계정 이름 및 사진 변경, 계정 삭제 등의 기능을 제공
관리자 계정	• 컴퓨터에 대한 제어 권한이 가장 많으며, 필요한 경우에만 사용 • 전체 컴퓨터 설정을 변경하거나 다른 사람의 파일을 사용할 수 있음 • 암호 변경 및 제거, 계정 이름 및 사진 변경, 새로운 계정 등의 기능을 제공
게스트 계정	• 주로 컴퓨터를 임시로 사용하는 사용자들만 사용 • 사용자 정보가 저장되지 않음 • 암호 지정 불가능, 시스템 설치 및 설정 변경 불가능

제어판의 보안 및 유지 관리(🚩)

- 경고 상황을 보고 Windows가 원활하게 실행되도록 작업을 수행하는 기능으로 보안 및 유지 관리 설정에 대한 중요 메시지가 표시된다.
- 빨간색 항목은 중요 레이블이 지정되며, 업데이트가 필요한 만료된 바이러스 백신 프로그램 등의 문제가 나타난다.
- 노란색 항목은 권장 유지 관리 작업과 같은 처리 문제가 나타난다.
- 작업 표시줄의 알림 영역에 있는 관리 센터 아이콘 위로 마우스를 이동하면 관리 센터의 새 메시지 여부를 빠르게 확인할 수 있다(해당 아이콘을 클릭하여 세부 정보를 보고 문제를 처리).

항목	설명
보안 및 유지 관리 설정 변경	보안 메시지와 유지 관리 메시지 등의 표시 유무를 선택
사용자 계정 컨트롤 설정 변경	• 컴퓨터 변경 내용에 대한 알림 조건을 선택 • 프로그램에서 사용자 모르게 컴퓨터를 변경하려는 경우에만 알림(기본값)
보관된 메시지 보기	컴퓨터 문제에 관련된 메시지를 보관

한 걸음 더 업데이트 및 보안

새로운 기능과 보안이 탑재된 최신 운영 체제(OS)를 사용자 컴퓨터에 처음 설치한 후 자동 업데이트를 실행하면 보다 향상된 윈도우 환경을 유지할 수 있다. 최근 랜섬웨어(Ransomware) 등의 윈도우 보안에 취약점을 공격하는 해킹 프로그램들이 늘어나고 있는 시점에서 운영 체제의 업데이트는 반드시 필요하다. [시작] 단추를 클릭한 후 설정(⚙)을 클릭한 후 Windows 설정 창이 나타나면 '업데이트 및 보안'을 선택한다.

항목	설명
Windows 업데이트	업데이트의 상태와 기록을 확인하거나 업데이트 설정을 추가
Windows 보안	Windows를 보호하기 위해 사용하며, 바이러스 백신이 꺼져 있는 경우 해당 기능을 사용할 수 없음
백업	원본 파일이 손실 또는 손상된 경우 다른 드라이브에 파일을 백업한 후 복원
문제 해결	문제가 발생하는 경우 문제 해결사를 통해 다양한 문제를 해결
복구	PC 초기화 또는 고급 시작 옵션 등을 이용하여 복구

제어판의 인터넷 옵션(🌐)

탭	설명
[일반]	현재 페이지, 시작 옵션, 검색 기록(임시 파일, 열어본 페이지 목록, 쿠키 등), 색, 언어, 글꼴, 접근성 등을 관리
[보안]	보안 설정을 보거나 변경할 웹 콘텐츠 영역 선택, 보안 수준 등을 지정
[개인 정보]	인터넷 영역 설정, 쿠키 파일의 저장 여부, 사이트 지우기, 팝업 차단 등을 지정
[내용]	가족 보호 설정, 인증서, 개인 정보, 보안 등급, 자동 완성, 피드 및 웹 조각 등을 지정

항목	설명
[연결]	인터넷 연결, VPN(가상 사설망), 프록시 서버 구성, LAN 환경 등을 지정
[프로그램]	기본 웹 브라우저, 브라우저 추가 기능, HTML 편집, 인터넷 프로그램, 전자 메일, 뉴스 그룹 등을 지정
[고급]	검색, 링크에 밑줄 표시, 멀티미디어, 보안, 접근성 등을 지정

기타 Windows 설정 항목

항목	설명
장치(🖥️)	Bluetooth 및 기타 디바이스 장치(프린터, 스캐너, 마우스 등)를 추가(모든 미디어 및 장치에 자동 실행을 사용)
전화(📱)	휴대폰을 추가하여 사용자 PC에서 문자를 보내거나 최근 사진을 볼 수 있음(Android, iPhone 연결)
네트워크 및 인터넷(🌐)	네트워크 상태와 설정 변경, 이더넷, 전화 접속, VPN, 데이터 사용량(데이터 제한), 프록시 등을 확인(어댑터, 고급 공유, 네트워크 및 공유 센터, 네트워크 초기화, Windows 방화벽)
앱(☰)	앱 및 기능(검색/정렬/필터링), 기본 앱, 오프라인 지도, 웹 사이트와 앱 연결, 비디오 재생, 시작 프로그램 등을 확인
계정(👤)	사용자 정보(로컬 계정), 이메일 및 계정, 로그인 옵션(장치에 로그인하는 방법 관리와 동적 잠금), 회사 또는 학교 액세스, 가족 및 다른 사용자, 설정 동기화
시간 및 언어 (🌐文)	날짜 및 시간, 지역, 언어, 음성 등을 확인
게임(⊗)	게임 바 방식과 게임 인식 방법, 스크린샷 및 클립을 통한 게임 캡처 방법, 브로드캐스할 때 게임의 모양을 제어, 게임 모드, Xbox 네트워킹 상태 등을 확인
검색(🔍)	유해 정보 차단(엄격, 중간, 끔), 클라우드(OneDrive 및 Outlook) 콘텐츠 검색, 검색 기록, 인덱싱 상태, 내 파일 찾기, 제외된 폴더, 자세한 내용(Windows Search 및 개인 정보) 등을 확인
개인 정보 (🔒)	개인 정보 옵션, 음성 명령(인식), 수동 입력 및 키 입력 개인 설정(사용자 정보 수집), 피드백 및 진단(진단 데이터, 수동 입력 및 타이핑 개선, 맞춤형 환경 등), 활동 기록, 위치, 카메라, 마이크, 음성 활성화, 알림, 계정 정보, 연락처, 일정, 전화 통화, 통화 기록, 메일, 작업, 메시지, 라디오, 기타 장치, 백그라운드 앱, 앱 진단, 자동 파일 다운로드, 문서, 사진, 동영상, 파일 시스템 등을 확인

⑯ 컴퓨터의 원리와 기능

컴퓨터의 개념

- 데이터를 프로그램의 명령 순서에 따라 일반 처리 과정을 통해 원하는 정보로 출력하는 시스템이다.
- 입력한 자료(Data)를 주어진 프로그램을 이용하여 정보(Information)의 결과로 출력한다.
- 0(False) 또는 1(True)의 논리적 원리를 기본으로 사용자가 원하는 결과를 출력한다.
- 컴퓨터 내부에서는 2진법이 가장 안정적인 회로를 구현한다.
- EDPS(Electronic Data Processing System) 또는 ADPS(Automatic Data Processing System)라고도 한다.

> **한 걸음 더** 관련 용어
>
> - **자료(Date)** : 원하는 결과를 얻기 위해 입력하는 문자나 수치로 현실 세계에서 관찰과 측정을 통해 수집한 값
> - **정보(Information)** : 자료를 더욱 유용한 형태로 가공하여 사용자에게 제공하는 것
> - **피드백(Feedback)** : 자료 처리 시스템의 특정 상태에서 나타난 결과가 이후의 자료 처리 방식을 변경하는 작업

컴퓨터의 특징

특징	설명
신속성	주어진 시간에 입력된 데이터를 빠르게 처리
정확성	올바른 데이터가 입력되어야 올바른 결과를 출력(GIGO ; Garbage In Garbage Out)
자동성	데이터를 입력하면 해당 프로그램에 따라 자동으로 처리
범용성	사무 처리, 교육, 과학, 문화, 게임 등 다양한 분야에서 사용
호환성	컴퓨터 기종이나 제조 회사 등에 관계없이 상호 연결하여 사용
대용량성	많은 양의 데이터를 저장하고 처리

컴퓨터의 5대 기능

기능	설명
입력 기능	입력 장치를 이용하여 외부 데이터를 컴퓨터 내부로 전달하는 기능

출력 기능	컴퓨터에 저장된 정보를 표시 장치나 출력 장치 등을 통해 외부로 보여주는 기능
제어 기능	컴퓨터에서 작업의 효율적 처리를 위하여 각 구성 요소들을 통제하고, 관리하는 기능
연산 기능	사칙 연산, 산술 연산, 논리 연산, 관계 연산 등을 수행하는 기능
기억 기능	프로그램에서 처리한 데이터를 컴퓨터에 저장하는 기능

컴퓨터의 역사

① 기계식 계산기

 집중강좌 2-20

계산기	년도	설명
파스칼 (Pascalline)	1642년	• 톱니바퀴 원리를 이용한 최초의 기계식 계산기 • 덧셈과 뺄셈이 가능한 치차식 계산기
라이프니츠 (Leibnits)	1673년	• 파스칼의 계산기를 개량하여 사칙 연산이 가능 • 탁상 계산기의 시조
찰스 바베지 (C. Babbage)	1823년	• 차분(Difference) 기관 : 수학적인 방법을 이용하여 삼각 함수와 미적분이 가능 • 해석(Analytical) 기관 : 차분 기관을 개선하여 입출력, 기억, 연산, 제어 장치를 도입(현대식 전자 계산기의 모체)
홀러리스 (H. Hollerith)	1889년	• 천공 카드 시스템(Punched Card System)을 고안 • 일괄 처리 방식의 효시로 국세 조사나 인구 조사 등에 사용
튜링 기계 (TuringMachine)	1936년	• 논리적으로 동작하는 추상적인 계산 장치 • 현대 컴퓨터의 논리적(수학적) 모델
에이컨(H. Aiken)/IBM	1944년	• MARK-I을 공동으로 개발한 최초의 전기 기계식 계산기 • 해석 기관의 원리를 실현하였으며, 군사용으로 이용

② 전자식 계산기

계산기	년도	설명
에니악 (ENIAC)	1946년	• 모클리와 에커트가 개발 • 최초의 전자 계산기로 외부 프로그래밍 방식을 사용
에드삭 (EDSAC)	1949년	• 모리스와 윌키스가 개발 • 최초로 프로그램 내장 방식을 도입한 전자 계산기로 컴퓨터의 원형
유니박-원 (UNIVAC-I)	1951년	• 모클리와 에커트가 개발 • 최초의 상업용 전자 계산기로 미국 인구 통계나 국세 조사에 이용
에드박 (EDVAC)	1952년	• 모클리와 에커트가 ENIAC을 개량하여 개발 • 프로그램 내장 방식과 2진법을 채택

> **한 걸음 더 프로그램 내장 방식**
>
> • 1945년 폰 노이만(J. V. Neumann)에 의해 확립되고, 현재 모든 컴퓨터에 적용
> • 프로그램과 데이터를 주기억 장치에 저장하거나 기억 장치에 계산 순서를 미리 저장
> • 주기억 장치에 저장된 내용은 주소를 이용해서 접근
> • 서브 루틴의 사용이 가능하며, 사용 빈도에 제한이 없음
> • 각 기계어 명령의 실행 단계마다 대부분 자동으로 처리
> • 명령 처리는 프로그램 계수기(Program Counter)에 의해 순차적으로 수행

컴퓨터의 세대별 특징

① 제1세대(1940년 중반~1950년 후반)

회로 소자	진공관(Tube)
연산 속도	ms(milli second), 10^{-3}
특징	• **사용 언어** : 기계어, 어셈블리어 • 하드웨어 개발에 중점 • 주로 과학 계산용으로 사용하며, 일괄 처리 시스템 도입

② 제2세대(1950년 후반~1960년 중반)

회로 소자	트랜지스터(TR)
연산 속도	μs(micro second), 10^{-6}

특징	• **사용 언어** : FORTRAN, COBOL, AL-GOL 등 • 소프트웨어 개발에 중점하여 고급 언어와 운영 체제(OS)가 등장 • 다중 프로그래밍, 온라인 실시간 처리 시스템 도입

③ 제3세대(1960년 중반~1970년 중반)

회로 소자	집적 회로(IC)
연산 속도	ns(nano second), 10^{-9}
특징	• **사용 언어** : PASCAL, LISP, BASIC, PL/I 등 • OMR, OCR, MICR의 입력 장치 개발 • 경영 정보 시스템(MIS), 시분할 처리 시스템, 다중 프로세싱 도입

④ 제4세대(1970년 중반~1980년 중반)

회로 소자	고밀도 집적 회로(LSI)
연산 속도	ps(pico second), 10^{-12}
특징	• **사용 언어** : C, ADA 등 • 마이크로프로세서(CPU)의 개발로 개인용 컴퓨터(PC) 등장 • 네트워크 발달, 사무 자동화(OA)와 공장 자동화(FA) 실현, 가상 기억 장치와 분산 처리 시스템 도입

⑤ 제5세대(1980년 중반~현재)

회로 소자	초고밀도 집적 회로(VLSI)
연산 속도	fs(femto second), 10^{-15}
특징	• **사용 언어** : Visual C, Visual Basic, Java, Delphi 등 • 인공 지능(AI), 신경망, 퍼지 이론, 패턴 인식 • 전문가 시스템, 의사 결정 지원 시스템 구현

한 걸음 더 운영 체제의 발달 과정

일괄 처리 시스템(1세대) → 다중 프로그래밍과 실시간 처리 시스템(2세대) → 다중 모드 시스템과 시분할 처리 시스템(3세대) → 분산 처리 시스템(4세대) → 인공 지능(5세대)

⑰ 컴퓨터의 분류

취급 데이터(자료) 형태에 따른 분류 집중강좌 2-21

컴퓨터	설명
디지털(Digital)	• 문자, 숫자와 같은 이산적인 데이터를 취급하며, 논리 회로를 사용 • 기억 기능이 있고 정밀도가 높으며, 프로그램 보관이 용이
아날로그(Analog)	• 전압, 전류와 같은 연속적인 데이터를 취급하며, 증폭 회로를 사용 • 사칙 연산 외에 프로그램을 기억하지 않으므로 일반 정보를 처리할 수 없음
하이브리드(Hybrid)	• 디지털 컴퓨터와 아날로그 컴퓨터의 장점만을 결합(특수 목적용) • AD 변환기와 DA 변환기에 의해 아날로그형이나 디지털형으로 출력

한 걸음 더 디지털 컴퓨터와 아날로그 컴퓨터

구분	디지털 컴퓨터	아날로그 컴퓨터
입력	문자, 숫자	전류, 전압, 온도
출력	문자, 숫자, 부호	곡선, 그래프
연산 방식	산술/논리 연산	미적분 연산
연산 속도	느림	빠름
프로그래밍	필요	불필요
용도	범용성	특수성

처리 능력(규모)에 따른 분류

컴퓨터	설명
초대형(Super)	• 일기 예보, 항공 우주, 과학 기술과 같은 높은 정밀도와 정확한 수치 계산에 사용 • 수십 배~수백 배의 연산 속도를 필요로 하며, 3차원 시뮬레이션 등에서 사용 • 대량의 계산 작업을 고속(초당 연산 능력이 10~15GFLOPS 이상)으로 처리 (대표적 기종 : CRAY T3E)
대형(Mainframe)	• 대기업, 은행, 병원 등에서 사용하며, 별도의 전문 운영 요원이 필요 • 처리 속도가 빠르고 기억 용량이 크며, 여러 사용자가 동시에 사용 가능 • 온도, 습도, 먼지 등에 대비한 설치 환경이 필요

중형 (Mini)	• 중소 기업, 연구 기관 등에서 사용 • 워크스테이션 보다 처리 속도가 빠르며, 기억 용량이 큼
소형 (Micro)	• 마이크로 프로세서를 CPU로 사용 • 네트워크상에서 클라이언트(Client) 역할을 담당
워크스테이션 (Workstation)	• 고성능의 그래픽, 멀티미디어 제작, 네트워크 등에서 서버 역할을 함 • 개인용 컴퓨터와 미니 컴퓨터의 중간 사양을 가짐 • RISC 마이크로프로세서를 사용하며, 복잡한 계산 처리가 가능
개인용 (Personal)	• 가장 일반적인 컴퓨터로 가정이나 사무실에서 개인용 또는 업무용으로 사용 • 네트워크상에서 클라이언트(Client)로 사용되며, CISC 방식을 채택 • 크기는 데스크톱(Desktop) 〉 랩톱(Laptop) 〉 노트북(Notebook) 〉 팜톱(PDA)

> **한 걸음 더** PDA(Personal Digital Assistant)
>
> • 개인용/업무용으로 정보 저장 및 검색 기능을 가짐
> • 스케줄 캘린더, 주소록, 개인 정보 관리 등에 사용
> • 전자 사전이나 이동 통신 기능까지 지원

사용 목적(용도)에 따른 분류

컴퓨터	설명
전용(특수용)	• 군사용, 의학용, 항공 산업용, 과학 기술용 등의 특수 목적에 적합 • 산업용 제어 분야에서 업무 처리 능력이 뛰어남 • 미사일이나 항공기의 궤도 추적 및 생산 설비의 자동 공정 제어 등에 사용 • 특정 분야에만 사용되기 때문에 호환성이 없음
범용(일반용)	• 문서 작성, 사무/통계 처리, 그래픽 처리, 게임, 멀티미디어 등의 일반 업무에 적합 • 여러 종류의 데이터에 대한 응용력과 융통성이 뛰어남 • 여러 가지 목적으로 사회 각 분야에서 광범위하게 사용 • 기억 용량이나 처리 속도 등의 향상이 용이 • 다양한 종류의 디지털 데이터에 대한 처리가 용이

⑱ 자료의 표현과 처리

데이터 표현 단위

단위	설명
비트 (Bit)	• 0 또는 1을 나타내는 정보 표현의 최소 단위 • n개의 비트로 2^n개의 데이터를 표현
니블 (Nibble)	• 4개의 비트로 구성 • 하나의 니블로 표현할 수 있는 데이터 수는 $16(2^4)$
바이트 (Byte)	• 문자 표현의 최소 단위(1Byte=8Bit) • 1Byte로 표현할 수 있는 데이터 수는 $256(2^8)$ • **영어/숫자** : 1Byte, **한글/한자/특수 문자** : 2Byte
워드 (Word)	• 정보 및 연산의 기본 단위로 주기억 장치의 주소를 할당 • **하프(Half) 워드** : 2Byte, **풀(Full) 워드** : 4Byte, **더블(Double) 워드** : 8Byte
필드(항목) (Field)	• 파일을 구성하는 가장 작은 논리적 단위(자료 처리의 최소 단위) • 레코드를 구성하는 항목(**예** : 성명, 전화번호, 주소 등) • 여러 개의 필드가 모여 레코드(Record)가 됨
레코드 (Record)	• **논리 레코드** : 프로그램(자료) 처리의 기본 단위 • **물리 레코드** : 하나 이상의 논리 레코드로 구성된 입출력 단위(=블록, Block)
파일 (File)	• 프로그램 구성의 기본 단위 • 관련된 레코드들의 집합에 해당
데이터베이스 (Database)	• 파일들을 모아놓은 집합체 • 자료 중복을 배제하므로 검색, 추가, 삭제가 용이

문자 데이터 표현 방식 집중강좌 2-22

코드	설명
BCD 코드 (2진화 10진 코드)	• 6비트로 구성되며, $2^6(64)$가지의 문자를 표현 • 대표적 가중치 코드로 8421 코드라고 함

ASCII 코드 (미국 표준 코드)	• 7비트로 구성되며, 2^7(128)가지의 문자를 표현 • 실제 사용은 패리티 체크 비트를 포함하여 8비트로 사용 • 데이터 통신을 위한 정보 교환 코드로 PC에서 문자를 표현하기 위해 사용 • 텍스트 기반 데이터에 사용하는 표준 싱글 바이트 문자 인코딩 구성표
EBCDIC 코드 (확장 2진화 10진 코드)	• 8비트로 구성되며, 2^8(256)가지의 문자를 표현 • 범용(대형) 컴퓨터에서 정보 처리 부호용으로 사용
유니 코드 (KS X 1005-1)	• 전 세계 모든 문자를 표현할 수 있는 16비트 완성형 국제 표준 코드 • 완성형에 조합형을 반영하여 현대 한글의 모든 표현이 가능 • 한글, 한자, 영문, 숫자 모두를 2바이트로 표시

한 걸음 더 그레이(Gray) 코드

• 아날로그-디지털 변환 또는 데이터 전송 등에 사용되는 코드
• 입출력 장치 코드에 유용하며, 비가중치 코드로 연산에는 부적합

숫자 데이터 표현 방식

방식	설명
고정 소수점	• 연산 처리 속도는 빠르나 수의 표현 범위에 제한 • **부호와 절대치** : 부호 비트에서 양수(+)는 '0', 음수(-)는 '1'로 표현 • **부호와 1의 보수** : 부호 비트를 제외한 비트에서 '1'은 '0'으로, '0'은 '1'로 변환(보수는 뺄셈 처리를 위해 사용) • **부호와 2의 보수** : 1의 보수를 구한 다음 오른쪽 끝자리에서 '1'을 더함
부동 소수점	• 연산 처리 속도는 느리지만 수의 표현 범위에 제한이 없음 • 큰 수와 작은 수를 모두 표현하며, 실수 데이터 표현과 연산에 사용 • 맨 왼쪽 비트는 부호 비트로 양수이면 0, 음수이면 1로 표현 • 부호, 지수부, 가수부(소수부)로 구성

팩(Pack) 10진 형식	• 1Byte의 10진수 2자리를 표현하며, 연산은 가능하나 출력은 불가능 • 계산이 복잡하지 않고, 입출력 데이터의 양이 많을 경우 유리 • 맨 오른쪽의 4비트는 부호 비트로 양수일 경우 C(1100), 음수일 경우 D(1101), 부호가 없을 경우에는 F(1111)로 표현
언팩(Unpacked) 10진 형식	• 1Byte의 10진수 1자리를 표현하며, 연산은 불가능하나 출력은 가능 • 왼쪽의 존 비트는 F(1111)로 나타내고, 맨 오른쪽의 존 비트에는 부호를 표시 • 부호가 입력될 존 비트가 양수일 경우 C(1100), 음수일 경우 D(1101), 부호가 없을 경우에는 F(1111)로 표현

오류 검출 및 정정 방식

종류	특징
패리티 비트 (Parity Bit)	• 데이터 전송 중 발생하는 오류를 검사하는 에러 검출용 코드 • 데이터 비트에 1을 추가하여 데이터 오류를 검출 • 에러 검출은 가능하지만 정정(수정)은 불가능 • 짝수(Even)와 홀수(Odd) 등의 패리티 비트를 사용
해밍 코드 (Hamming Code)	• 데이터 전송 중 발생하는 오류를 검출하거나 수정하는 코드 • BCD 코드에 3개의 체크 비트를 추가해 7비트로 구성
순환 중복 검사 (CRC)	• 데이터 전송 중 블록 단위로 오류를 검출하거나 수정하는 방식 • 오류가 많이 발생하는 블록합 검사의 단점과 집단 오류를 해결
블록합 검사 (BSC)	• 패리티 비트의 단점을 보완하여 오류 발생을 검사하는 방식 • 전송 데이터의 패리티 비트와 데이터 프레임의 블록합 검사 문자를 전송

⑲ 중앙 처리 장치

중앙 처리 장치의 구조

• 중앙 처리 장치(CPU)는 컴퓨터의 가장 핵심적인 부품으로 각 동작의 부분을 관리한다.

- 명령의 해석과 입출력 장치를 제어하고, 연산을 빠르게 처리한다.
- 마이크로프로세서(Microprocessor)라고도 하며 제어 장치, 연산 장치, 레지스터로 구성된다.
- CPU의 성능 차이를 결정하는 요소에는 레지스터의 수, 파이프라인의 병렬 처리 방식의 수용 여부, RISC 또는 CISC 방식의 수용 여부 등이 있다.

중앙 처리 장치의 성능 단위

- MIPS(Million Instruction Per Second) : 초당 실행 가능한 명령어의 개수를 백만 단위로 나타내는 처리 속도 단위이다.
- KIPS(Kilo Instruction Per Second) : 초당 실행되는 명령어 수를 1,000 단위로 나타내는 단위이다.
- LIPS(Logical Inferences Per Second) : 초당 실행할 수 있는 추론 연산의 횟수이다.
- FLOPS(FLoating Operating Per Second) : 초당 실행되는 부동 소수점 연산의 횟수이다.
- 클럭 속도(Hz) : CPU가 초당 발생시키는 주파수 사이클(MHz, GHz)이다.

> **한 걸음 더   클럭 주파수**
> - 컴퓨터는 전류의 상태(ON/OFF)가 주기적으로 반복되는데, 이러한 전류의 흐름을 주파수(Clock Frequency)라 하고, 이를 줄여서 클럭(Clock)이라고 함
> - CPU가 클럭 주기에 따라 명령을 수행할 때 클럭 값이 높을수록 CPU는 빠르게 일을 처리
> - 클럭 주파수를 높이기 위해 메인보드로 공급되는 클럭을 CPU 내부에서 두 배로 증가시켜 사용하는 클럭 더블링(Clock Doubling) 기술은 486 이후부터 사용

중앙 처리 장치의 구성

① 제어 장치(CU ; Control Unit)
- 주기억 장치로부터 받은 프로그램 명령어를 해독하고 처리하는 장치이다.
- 입출력, 기억, 연산 등의 각 장치를 효율적으로 관리하고, 동작을 지시하는 역할을 수행한다.

장치	설명
프로그램 카운터 (PC)	다음에 실행될 명령어 주소를 저장하며, 프로그램의 수행 순서를 제어

장치	설명
명령 레지스터(IR)	현재 실행중인 명령어를 해독하기 위해 임시로 보관
명령 해독기(ID)	입력된 명령을 해독하여 올바른 연산을 수행하도록 제어 신호를 전송
번지 해독기(AD)	주소(번지)를 해독하여 주소에 기억된 내용을 데이터 레지스터로 전송
부호기(Encoder)	명령 해독기에서 받은 명령을 실행 가능한 신호로 변환하여 전송
기억 주소 레지스터(MAR)	기억 장치에서 메모리 주소를 기억
기억 버퍼 레지스터(MBR)	기억 장치에서 읽거나 저장할 데이터를 일시적으로 기억

② 연산 장치(ALU ; Arithmetic Logic Unit)
- 제어 장치의 명령에 따라 산술 연산과 논리 연산을 수행하는 장치이다.
- 기억 장치로부터 필요한 데이터를 받아 연산을 수행한다.

장치	설명
누산기 (Accumulator)	산술 및 논리 연산의 결과를 일시적으로 기억
가산기(Adder)	사칙 연산과 함께 데이터 레지스터에 저장된 값과 누산기 값을 더함
보수기 (Complement)	음수 표현이나 뺄셈 시 입력된 데이터를 보수로 변환
데이터(Data) 레지스터	연산에 필요한 데이터를 일시적으로 기억
상태(Status) 레지스터	CPU 상태와 연산 결과 상태를 기억
기억(Storage) 레지스터	기억 장치에 전송할 데이터를 일시적으로 기억
인덱스(Index) 레지스터	주소를 변경하기 위해 사용
주소(Address) 레지스터	기억 장치 내의 주소를 기억

마이크로프로세서(Microprocessor)
- CPU 기능을 대규모 집적 회로(LSI)에 탑재한 장치로 산술 연산과 논리 연산의 제어 능력을 갖는다.
- 데이터 처리 능력은 버스의 비트 수와 초당 발생하는 클럭 주파수인 헤르츠(Hertz)로 표현한다.

종류	설명
CISC	• 복잡하고 기능이 많은 명령어를 포함하며, 적은 수의 레지스터를 가짐 • 생산 가격이 비싸고, 소비 전력이 높음 • 명령어 설계가 어렵고, 처리 속도가 느림 • 명령어를 해석한 후 명령어를 실행 • 개인용 컴퓨터에서 주로 이용
RISC	• 간단한 명령어를 포함하며, 많은 수의 레지스터를 가짐 • 생산 가격이 저렴하고, 소비 전력이 낮음 • 컴파일러 설계가 어렵고, 처리 속도가 빠름 • 마이크로 프로그램에 의한 제어를 줄이고, 와이어드 로직을 많이 이용 • 고성능의 워크스테이션이나 그래픽용 컴퓨터에서 주로 이용

마이크로프로세서의 발달 과정

80486 → 펜티엄 → 펜티엄 Ⅱ → 펜티엄 Ⅲ → 펜티엄 4 → 코어2듀오 → 코어2쿼드 → i3 → i5 → i7

기종	특징
80286	AT 기종에서 사용, 내부 연산은 16비트
80386	최초로 32Bit 처리를 시작, 메인보드에 장착된 L2 캐시 등장
80486	L1 캐시를 CPU에 내장
Pentium	CPU에 부동 소수점 처리를 장착, 64비트로 데이터를 처리
Pentium Ⅱ	CPU를 슬롯에 장착, L1 캐시는 32KB에 L2 캐시는 256KB에 내장
Pentium Ⅲ	1.13Ghz의 클럭을 제공, 멀티미디어 기능, 256KB와 512KB의 L2 캐시를 내장
Pentium 4	2.6Ghz의 클럭과 향상된 대역폭을 제공

중앙 처리 장치 관련 용어

 집중강좌 2-24

① 레지스터(Register)

• CPU 내부에서 처리할 명령어나 연산의 결과 값을 일시적으로 기억하는 고속의 기억 장치이다.
• ALU(산술/논리 장치)에서 연산된 자료를 일시적으로 저장한다.

• 레지스터의 크기는 컴퓨터가 한번에 처리할 수 있는 데이터의 크기이다.
• 플립플롭(Flip-Flop)이나 래치(Latch)들을 직렬 또는 병렬로 연결한다.
• 데이터 저장 시 수행 시간은 수십 나노 초(ns ; nano second) 이하로 기억 장치 중 가장 빠르다.

② 인터럽트(Interrupt)

• 프로그램 실행 중 응급 사태가 발생한 경우 해당 프로그램을 중지한 후 응급 사태를 처리하고, 다시 중지 시점에서 기존 프로그램을 실행한다.
• 인터럽트 수행을 위한 인터럽트 서비스 루틴 프로그램이 따로 있으며, 인터럽트 서브 루틴이 끝나면 주 프로그램으로 돌아간다.
• 우선 순위는 전원 이상(정전) → 기계 착오(기계 고장) → 외부(타이머, 콘솔 조작) → 입출력(I/O) 에러 → 프로그램(프로그램 오류) → SVC(제어 프로그램의 인터럽트 요청) 순으로 진행된다.

종류	설명
외부 인터럽트	전원(정전), 기계 착오, 입출력 장치 등의 외부적인 요인에 의해 발생
내부 인터럽트 (=트랩)	오버플로우, 언더플로우 등 잘못된 명령이나 데이터를 사용할 때 발생
소프트웨어 인터럽트	기억 공간의 허용되지 않은 곳에 접근할 경우 발생(예 : SVC 등)

③ DMA(Direct Memory Access)

• CPU의 간섭 없이 입출력 데이터를 주기억 장치와 주변 장치 사이에 전송하여 CPU의 부담을 최소화한다.
• 데이터를 직접 주고받으므로 입출력의 전송 속도를 높일 수 있다.
• 주기억 장치에 접근하기 위해서 사이클 스틸을 하며, 전송이 끝나면 CPU를 인터럽트 한다.

④ IRQ(Interrupt ReQuest)

• CPU는 각 장치에서 발생하는 신호를 확인한 후 우선 순위가 높은 장치부터 인터럽트를 허용한다.
• 두 개 이상의 하드웨어가 동일한 요구 신호를 사용하면 충돌이 발생한다.

⑤ 프로그램 상태 워드(PSW ; Program Status Word)
- CPU에서 실행될 명령의 차례를 제어하거나 특정 프로그램과 관련된 시스템 상태를 유지한다.
- 프로세스 상태에 대한 여러 가지 정보를 갖는 레지스터로 실행중인 CPU 상태를 포함한다.

⑥ 버스(Bus)
- 중앙 처리 장치, 주기억 장치, 입출력 장치 등의 각 장치 사이에서 데이터 전송을 위한 통로이다.
- 종류에는 제어(Control) 버스, 데이터(Data) 버스, 주소(Address) 버스가 있다.

⑦ 채널(Channel)
- 입출력 장치와 주기억 장치간의 데이터 전송을 담당하며, 두 장치 사이의 속도 차이를 개선한다.
- 주변 장치에 대한 제어 권한을 CPU로부터 넘겨받아 CPU 대신 입출력을 관리하며, 입출력 작업이 끝나면 CPU에게 인터럽트 신호를 보낸다.
- 해독한 입출력 명령을 각 입출력 장치에 지시하며, 지시된 명령의 실행 상황을 제어한다.
- 셀렉터(Selector), 멀티플렉서(Multiplexer), 블록 멀티플렉서(Block Multiplexer) 등이 있다.

⑧ 교착 상태(Deadlock)
- 서로 다른 프로세스가 차지하고 있는 자원을 무한정 기다리고 있어 프로세스의 진행이 중단된 상태이다.
- 두 개 이상의 프로세스들이 자원을 점유한 상태에서 서로 다른 프로세스가 점유하고 있는 자원을 동시에 사용할 수 없다.

⑳ 기억 장치

주기억 장치
 집중강좌 2-25

① ROM(Read Only Memory)
- 전원이 꺼져도 기억된 내용이 지워지지 않는 비휘발성 메모리로 읽기만 가능하다.
- 입출력 시스템(BIOS), 자가 진단 프로그램(POST), 한글/한자 코드 등이 수록되어 있으며, 펌웨어(Firmware)로 구성된다.

종류	특징
MASK ROM	제조 과정에서 필요한 정보를 미리 기록하며, 사용자가 수정할 수 없음
PROM	정보를 한 번만 기록하며, 기록 후에는 변경할 수 없음
EPROM	자외선을 이용하여 정보를 지우고 여러 번 기록할 수 있음
EEPROM	전기적인 방법을 이용하여 정보를 지우고 다시 기록할 수 있음

한 걸음 더 펌웨어 (Firmware)
- 하드웨어와 소프트웨어의 중간 형태 프로그램으로 추가나 삭제가 가능
- 하드웨어 동작을 지시하는 소프트웨어이지만 하드웨어의 일부분으로도 볼 수 있음
- 하드웨어의 교체 없이 소프트웨어 업그레이드만으로 시스템 성능을 개선
- ROM(EEPROM)에 저장되는 마이크로 컴퓨터 프로그램이 해당
- 기계어 처리, 데이터 전송, 부동 소수점 연산, 채널 제어 등의 처리 루틴을 가짐

② RAM(Random Access Memory)
- 전원이 꺼지면 기억된 내용이 지워지는 휘발성 메모리로 읽고 쓰기가 가능하다.
- 부팅 시 시스템 내부에서 가장 먼저 자체 검사가 시작된다.

종류	특징
동적램(DRAM)	• 주기적인 재충전(Refresh)이 필요하며, 주로 주기억 장치에서 사용 • 소비 전력이 낮고, 집적도가 높지만 속도가 느림 • 가격이 저렴하고, 회로가 간단
정적램(SRAM)	• 재충전이 필요 없으며, 주로 캐시 메모리에서 사용 • 소비 전력이 높고, 집적도가 낮지만 속도가 빠름 • 가격이 비싸고, 회로가 복잡

③ 주기억 장치 관련 메모리

종류	특징
캐시 메모리 (Cache Memory)	• CPU와 주기억 장치 사이의 속도 차이를 줄이기 위한 고속 메모리 • 적중률(Hit Ratio)이 높을 때 시스템의 전반적인 속도가 향상 • 주기억 장치보다 소용량으로 구성되며, 로컬 메모리라고도 함
가상 메모리 (Virtual Memory)	• 보조 기억 장치의 일부를 주기억 장치처럼 사용하는 메모리 • 주기억 장치 보다 큰 프로그램을 실행할 경우 유용 • 주기억 장치의 적은 용량을 크게 활용하기 위하여 사용
버퍼 메모리 (Buffer Memory)	• CPU와 주변 장치 사이의 속도 차이를 줄이기 위한 임시 메모리 • 데이터를 주고받을 때 생기는 전송 속도의 차이를 보완 • 데이터의 전송 효율을 높이기 위하여 사용
플래시 메모리 (Flash Memory)	• EEPROM의 일종으로 전원이 끊어져도 저장된 정보가 지워지지 않는 비휘발성 메모리(ROM과 RAM의 기능을 모두 가짐) • 디지털 카메라, MP3, 개인용 정보 단말기, 휴대용 컴퓨터 등에 사용

보조 기억 장치

① 자기 디스크(Magnetic Disk)
- 순차 처리(SASD) 또는 직접 처리(DASD)가 가능한 기억 장치이다.
- 저장 용량이 크고, 입출력 속도가 빠르다.

구성	설명
트랙(Track)	디스크 표면의 동심원으로 데이터가 저장
섹터(Sector)	트랙을 일정하게 나눈 영역으로 실제 데이터가 저장
실린더(Cylinder)	디스크 회전축에서 동일 거리에 있는 트랙의 모임(트랙 수 = 실린더 개수)
클러스터 (Cluster)	여러 개의 섹터를 하나로 묶은 것으로 실제 데이터를 읽고 쓰는 단위
헤드(Head)	데이터를 읽어 내거나 쓰는 장치
디스크 팩 (Disk Pack)	디스크 원판을 여러 장 겹쳐서 하나로 묶은 것
TPI (Tracks Per Inch)	1인치에 기록 가능한 트랙 수(디스크의 기록 밀도 단위)

② 하드 디스크(Hard Disk)
- 컴퓨터 내부에 고정되어 유동성이 없으므로 고정 디스크라고도 한다.
- 대용량으로 직접 또는 임의 처리가 가능하며, 자기 테이프에 비해 접근 속도가 빠르다.
- 하드 디스크의 사양은 용량(Capacity), 전송률(Transfer Rate), 버퍼 메모리(Buffer Memory) 등과 관계가 있다.

종류	설명
IDE(AT-BUS)	• 하드 디스크 용량을 528MB까지 지원하며, 최대 2개까지 연결 • Master(하드 디스크)/Slave(CD-ROM)의 점퍼를 조정하여 연결
EIDE(ATA)	• 500MB 이상의 하드 디스크를 최대 4개(주변 장치 포함)까지 연결 • Master(하드 디스크)/Slave(CD-ROM)의 점퍼를 조정하여 연결
SCSI	• 버스 폭에 따라 여러 개의 주변 장치를 7개까지 연결 • 하드 디스크 및 CD-ROM 등을 체인식으로 연결 • 속도가 빠르고 데이터 기록 밀도가 높은 인터페이스
SATA	• 메인보드와 보조 기억 장치의 데이터 전송을 위해 케이블이 직렬로 연결되어 한 번에 한 비트씩 전송 • 병렬 ATA를 대체하기 위한 직렬 ATA (Serial ATA) 방식 • 데이터 선이 얇아 내부에 통풍이 잘 되며, 데이터의 신뢰성이 높음 • 핫 플러그인 기능으로 시스템 운용 도중 자유롭게 부착이 가능

한 걸음 더 RAID(Redundant Array of Inexpensive Disks)

• 여러 개의 하드 디스크를 하나의 하드 디스크처럼 보이게 하는 기술
• 프로세서와 디스크 드라이브 사이의 속도 차이를 개선
• 백업 정책의 구현으로 중요 데이터를 가지는 서버에 사용
• 서버에서 대용량의 하드 디스크를 이용하는 경우 필요
• 동일 데이터를 여러 디스크에 중복 저장할 수 있어 장애에 강함
• 데이터 복구가 용이하고, 안정성이 향상
• 하나의 RAID는 논리적 하드 디스크로 인식되며, 스트라이핑 기술을 채용하여 저장 공간을 파티션 함

③ SSD(Solid State Drive)

• HDD와 비슷하게 동작하지만 기계적 장치인 HDD와는 달리 반도체를 이용하여 정보를 저장한다.
• 데이터를 메모리에 저장하므로 불량 섹터가 없고, 외부 충격에 강하다.
• 일반 하드 디스크에 비해 속도가 빠르고, 기계적 지연이나 에러의 확률 및 발열 소음이 적다.
• 소형화, 경량화할 수 있는 하드 디스크의 대체 저장 장치이지만 가격이 비싸다.

④ 자기 테이프(Magnetic Tape)

• 자성체를 입힌 필름에 자기적으로 데이터를 기록하는 순차 처리 장치이다.
• 주로 데이터 백업용(Backup)과 일괄 처리 방식에서 사용한다.

용어	설명
IRG(Inter Record Gap)	논리 레코드와 논리 레코드 사이의 공백 영역
IBG(Inter Block Gap)	물리 레코드와 물리 레코드 사이의 공백 영역
블록화 인수 (Blocking Factor)	물리 레코드(Block)에 포함된 논리 레코드의 개수
BPI(Byte Per Inch)	자기 테이프의 기록 밀도 단위

⑤ 광 디스크(Optical Disk)

• 레이저빔을 이용하여 데이터를 기록하고, 정보를 읽는 장치로 대용량의 데이터를 저장한다.
• 멀티미디어의 저장 매체로 사용되며, 영구적 자료 보관이 가능하다.
• 1배속은 1초 동안에 150KB를 전송한다.

종류	특징
CD-ROM	데이터를 읽을 수만 있는 장치로 한 장에 650~700MB 정도의 데이터를 저장하며, 한 면만 사용 가능
CD-R	데이터를 한 번만 기록할 수 있는 장치로 WORM이라고도 함
CD-RW	데이터를 반복적으로 쓰고 지울 수 있는 장치로 주로 백업용으로 사용
DVD	단면에 4.7GB, 양면에 9.4GB 정도의 데이터를 저장하는 차세대 저장 매체로 디스크 한 면에 약 135분의 동영상 저장이 가능하며, 최대 8개 국어의 음성을 지원

⑥ 기타 보조 기억 장치

종류	특징
블루레이 디스크 (Blu-Ray Disk)	• HD급 고화질 비디오를 저장할 수 있는 차세대 광학 장치 • 디스크 한 장에 25GB 이상을 저장할 수 있음
집 디스크 (Zip Disk)	PC 백업용의 외장형 디스크 드라이브로 100~250MB의 용량을 기록

재즈 디스크 (Jazz Disk)	순차 접근 방식(SASD)으로 속도가 느리며, 1~2GB의 용량을 기록

- **기억 장치의 처리 속도(빠름 → 느림)** : 레지스터 → 캐시 메모리 → 주기억 장치(RAM → ROM) → 보조 기억 장치(SSD → 하드 디스크 → 광 디스크 → 플로피 디스크 → 자기 테이프)
- **기억 용량 단위(적음 → 많음)** : KB(2^{10}byte) → MB(2^{20}byte) → GB(2^{30}byte) → TB(2^{40}byte) → PB(2^{50}byte) → EB(2^{60}byte)
- **처리 속도 단위(느림 → 빠름)** : ms(10^{-3}sec) → μs(10^{-6}sec) → ns(10^{-9}sec) → ps(10^{-12}sec) → fs(10^{-15}sec) → as(10^{-18}sec)

㉑ 입출력 장치

입력 장치

종류	설명
키보드(Keyboard)	CUI 방식의 대표적인 장치로 문자 키를 눌러 데이터를 입력
마우스(Mouse)	GUI 방식의 대표적인 장치로 간단한 메뉴, 아이콘 등을 선택
펜 마우스(Pen Mouse)	태블릿에 문자를 입력하거나 특정 위치를 지정하여 입력
자기 잉크 문자 판독기 (MICR)	자성체를 띤 특수 잉크로 기록된 자료(문자, 숫자)를 판독하는 장치로 위조나 변조가 어려워 수표나 어음 등에 이용
광학 문자 판독기(OCR)	빛을 이용하여 광학적으로 문자를 판독(요금 청구서, 지로 용지 등)
광학 마크 판독기 (OMR)	수성 사인펜 등으로 표시된 정보를 판독(시험 답안지 등)
바코드 판독기(BCR)	POS 시스템을 이용하여 정보를 판독(슈퍼, 백화점, 서점 등)
터치 스크린 (Touch Screen)	스크린의 메뉴를 손가락으로 선택(은행의 현금 입출금기 등)
터치 패드(Touch Pad)	패드 위에서 손가락의 움직임을 감지하여 커서를 표시
스캐너(Scanner)	그림, 사진 등을 그래픽 정보로 바꾸어 입력
디지타이저(Digitizer)	그림, 차트, 도면 등 좌표 지시기에서 좌표를 검출하여 입력

조이스틱(Joystick)	손잡이의 움직임을 신호로 변경하여 입력
광전 펜(Light Pen)	펜 끝의 감광 소자를 신호로 변경하여 메뉴, 아이콘을 선택
트랙 볼(Track Ball)	볼을 손가락으로 움직여 포인터를 이동

표시 장치

종류	설명
음극선관 (CRT)	• 진공의 음극에서 전자를 방출하여 정보를 표시 • 해상도가 높고, 화면 표시 속도가 빠름 • 화면 떨림 현상과 정전기가 발생, 전력 소모가 많음
액정 디스플레이 (LCD)	• 유리판 사이에 전압을 가해 반사되는 빛의 양으로 정보를 표시 • 보는 각도에 따라 선명도가 다르며, 화면 표시 속도가 느림 • 이동이 편리하고, 눈의 부담과 전력 소모가 적음
박막 트랜지스터 LCD (TFT LCD)	• 박막 트랜지스터를 연결하여 픽셀 단위로 전압을 조절하여 표시 • 깜박임 현상(Flickers)이 없고, 어두운 곳에서도 잘 보임 • 선명도가 뛰어나 노트북의 표시 장치로 많이 사용
플라즈마 디스플레이 (PDP)	• 유리판 사이에 아르곤과 네온가스를 넣어 가스 방전에 의한 빛을 이용해 정보를 표시 • 고해상도로 눈의 피로가 적고, 화면 표시 속도가 가장 빠름 • 높은 전력 소모로 많은 열을 방출

- **해상도(Resolution)** : 정밀도를 나타내는 화질 평가의 기준으로 점(Pixel)의 개수가 많을수록 고해상도의 선명한 화면(비디오 카드의 성능이나 모니터 크기를 결정)
- **픽셀(Pixel)** : 화면을 이루는 최소 구성 단위로 그림의 화소를 의미
- **PPI(Pixels Per Inch)** : 인치당 픽셀 수로 화면에서 선명도를 나타내는 단위
- **점 간격(Dot Pitch)** : 픽셀들 사이의 공간을 나타내는 것으로 간격이 가까울수록 영상은 선명
- **재생률(Refresh Rate)** : 초당 모니터 표면에 빔을 쏘는 횟수로 재생률이 높을수록 깜빡임이 적음
- **모니터의 크기** : 화면의 대각선 길이를 인치(Inch)로 표시

출력 장치

① 충격식 프린터

종류	설명
도트 프린터	• 점(Dot)의 조합으로 인쇄하는 방식 • 소음이 크지만 유지비가 저렴
활자식 프린터	• 활자를 이용해 리본에 충격을 가하여 인쇄하는 방식 • 행 단위 인쇄로 속도는 빠르지만 소음이 큼

② 비충격식 프린터

종류	설명
열전사 프린터	• 리본을 열로 녹여서 인쇄 • 유지비가 많이 들며, 인쇄 속도가 느림
감열 프린터	• 감열 용지에 열을 가하여 인쇄 • 유지비가 많이 들며, 인쇄물의 변색 생김
잉크젯 프린터	• 노즐을 통하여 잉크를 뿌려 인쇄(개인용 프린터로 많이 사용) • 컬러 인쇄가 가능하지만 노즐이 막히거나 잉크가 번질 수 있음
레이저 프린터	• 레이저 광선을 이용하여 인쇄(해상도가 높고, 인쇄 속도가 빠름) • 토너를 사용하므로 유지비가 많이 듦

③ 기타 출력 장치

- **XY 플로터(Plotter)** : X축이나 Y축으로 움직이는 펜을 이용하여 그래프, 도형, 설계도면 등을 출력하는 장치이다.
- **COM(Computer Output Microfilm)** : 처리 결과를 문자나 그림(도형)으로 변환하여 마이크로필름에 저장하는 장치이다.

> **한 걸음 더** 프린터 관련 용어
>
> - **CPI(Character Per Inch)** : 인치당 인쇄할 수 있는 문자의 수
> - **DPI(Dot Per Inch)** : 인치당 인쇄되는 점의 수(인쇄 선명도의 단위)
> - **CPS(Character Per Second)** : 초당 인쇄할 수 있는 문자의 수(도트 프린터의 속도 단위)
> - **LPM(Line Per Minute)** : 분당 인쇄할 수 있는 라인의 수(라인 프린터의 속도 단위)
> - **PPM(Page Per Minute)** : 분당 인쇄할 수 있는 페이지의 수(레이저 프린터의 속도 단위)

㉒ 기타 장치

메인보드(Mainboard, 마더보드)

- 각종 주변 기기(CPU, 메모리, 사운드 카드 등)를 하나의 전자 회로 기판에 장착할 수 있다.
- 데이터를 전송하는 역할을 하며, 시스템의 안전성과 호환성을 결정한다.

구성 요소	특징
CPU 소켓 (CPU Socket)	• CPU를 장착하여 연결하는 소켓 • CPU의 형태에 따라 소켓(Socket) 타입과 슬롯(Slot) 타입으로 구분
칩셋 (Chip Set)	• 데이터의 송수신, CPU, Memory, System Bus 사이의 데이터 흐름을 제어 • 사우스 브리지와 노스 브리지 칩셋으로 구성 • 메인보드를 관리하기 위한 정보와 각각의 장치를 지원하기 위한 정보가 있음 • 기억 장치의 지원 여부와 설치할 수 있는 최대 크기를 결정
RAM 소켓 (RAM Socket)	• 낱개로 장착하는 DIMM 소켓과 2개 단위로 장착하는 SIMM 소켓으로 구분 • 모듈 램의 규격에 따라 72핀, 168핀, 184핀, 240핀, 284핀 등이 있음
내장 전지 (Internal Battery)	• 바이오스가 기록된 CMOS SRAM에 전력을 공급 • 니켈 카드뮴(Nickel-Cadmium) 전지를 사용하는 충전식 전지는 컴퓨터를 오래 사용하지 않을 경우 CMOS에 저장된 바이오스 정보가 사라질 수 있음 • RTC(Real Time Clock) 장치에 전원을 공급하여 날짜와 시간을 알림
확장 슬롯 (Expansion Slot)	• 컴퓨터 성능을 높이기 위해 회로 기판에 추가로 장착할 수 있는 슬롯 • 그래픽 카드, 사운드 카드, 랜 카드 등을 장착
연결 포트 (Connection Port)	• 컴퓨터의 각 주변 장치를 연결 • 모니터, 키보드, 마우스, 프린터, 스피커 등을 연결

바이오스(BIOS ; Basic Input Output System)

- 펌웨어의 일종으로 컴퓨터의 입출력 장치나 메모리 등의 하드웨어를 관리한다.
- 메인보드의 ROM에 저장되어 있어 ROM-BIOS라고도 한다.
- 컴퓨터에 전원이 공급되면 POST(Power-On Self Test)를 실시하며, 하드웨어의 환경을 설정한다.
- Windows를 부팅하는 과정에서 컴퓨터의 자기 진단과 주변 기기 등을 점검한다.
- 주요 구성품의 올바른 동작과 주변 기기간의 데이터 전송을 원활하게 한다.
- 최근에는 플래시 롬(Flash ROM)에 저장되어 칩 교환 없이 업그레이드할 수 있다.

확장 버스/확장 슬롯

종류	설명
ISA 방식	• 호환성이 뛰어나지만 속도가 느려 현재 거의 사용하지 않음 • PC/AT 버스 또는 AT 버스라고도 함
VESA 방식	• 32비트의 데이터 흐름을 지원하며, 고성능의 비디오 카드를 장착 • 펜티엄급에서는 사용하지 않음
PCI 방식	• 64비트 구조의 확장 규격으로 표준화된 클럭 속도와 커넥터를 제공 • CPU와 외부 버스 사이에 데이터 흐름을 정리하는 브리지가 설치됨
AGP 방식	• 3D 그래픽 표현을 빠르게 하는 차세대 규격 • 주기억 장치를 비디오 카드처럼 사용하며, 기존 그래픽 카드보다 4배 이상 빠름 • CPU와 입출력 장치간의 속도 차이로 인한 충돌을 방지
PCI Express 방식	• AGP 방식을 보완한 차세대 그래픽 카드 전용 규격 • 핫 플러그인(Hot Plug-In) 기능을 지원

연결 포트

집중강좌 2-26

종류	설명
직렬 포트 (Serial Port)	• 한번에 한 비트씩 주변 장치로 전송 • 모뎀 및 마우스를 COM1~COM4 등을 이용하여 연결
병렬 포트 (Parallel Port)	• 한번에 여러 비트씩 주변 장치로 전송 • 프린터 및 스캐너 등을 연결할 때 사용

종류	설명
PS/2 포트	• 마우스나 키보드를 PC에 접속하기 위해 IBM이 개발 • 다른 주변 장치가 직렬 포트를 사용할 수 있도록 지원
USB 포트	• 여러 개의 직렬 장치를 하나로 통합한 방식으로 플러그 앤 플레이(PnP)를 지원 • USB를 지원하는 주변 기기에는 별도의 전원이 필요 없음 • 핫 플러깅(Hot Plugging) 기능으로 컴퓨터를 종료하거나 다시 시작하지 않아도 장치를 연결하거나 끊을 수 있음 • 기존의 직렬, 병렬, PS/2 포트로 대체하기 위해 사용 • 주변 기기를 최대 127개까지 연결
IEEE 1394	• 디지털 기기간 고속 직렬 장치에 대한 표준 규격 • 100Mbps~1Gbps의 전송 속도를 가지며, 핫 플러그인을 지원 • 주변 기기(비디오 카메라, 디지털 카메라 등)를 최대 63개까지 연결
무선 직렬 포트 (IrDA)	• 적외선을 이용하여 주변 장치와 통신을 가능하게 함 • 노트북(Notebook) 등에 이용
HDMI	• 영상 신호와 음향 신호를 통합하여 전송하는 고선명 멀티미디어 인터페이스 • S-비디오, 컴포지트 등의 아날로그 케이블보다 고품질의 음향 및 영상을 감상
디스플레이 포트(DP)	• 디스플레이 장치에 영상과 음성을 하나로 통합한 규격 • 여러 개의 기기를 하나로 연결하여 신호를 각각 전송

> **한 걸음 더 USB 전송 속도**
>
> USB 1.1에서는 최대 12Mbps, 2.0에서는 최대 480Mbps의 전송 속도를 가지는데 1.5Mbps의 저속 모드는 HID(Human Interface Device)에서 사용하며, 키보드나 마우스가 이에 해당

기타 주변 장치

종류	설명
변복조기	디지털 데이터를 아날로그 전송 매체를 통해 단말기에 전송하는 장치
랜 카드	컴퓨터와 네트워크 컴퓨터를 케이블로 연결하는 장치(이더넷 카드)

사운드 카드	컴퓨터에서 발생하는 소리의 입출력을 담당하는 장치
비디오 카드	컴퓨터와 모니터를 연결하는 장치
TV 수신 카드	TV 전파를 받아서 컴퓨터 모니터로 TV를 보여주는 장치
통합 보드	사운드 카드, 비디오 카드, TV 수신 카드 등을 하나의 보드에 통합한 장치

㉓ 소프트웨어의 개념 및 종류

시스템 소프트웨어의 개념

• 컴퓨터를 효율적으로 사용하기 위한 소프트웨어로 운영 체제 및 컴파일러, 어셈블러, 라이브러리 등이 포함된다.
• 응용 소프트웨어가 실행될 때 컴퓨터 하드웨어를 효율적으로 사용하도록 인터페이스 역할을 한다.
• 시스템 감시와 기억 장치를 관리하는 제어 프로그램과 데이터의 처리와 결과를 출력하는 처리 프로그램으로 구분된다.

제어 프로그램(Control Program)

종류	설명
감시 프로그램 (Supervisor Program)	프로그램의 실행 과정과 시스템의 동작 상태 등을 감시
자료 관리 프로그램 (Data Management Program)	프로그램에 관련된 파일과 데이터를 처리할 수 있도록 관리
작업 관리 프로그램 (Job Management Program)	작업의 연속적인 처리를 위하여 스케줄 및 입출력 장치 등을 관리

처리 프로그램(Processing Program)

종류	설명
언어 번역 프로그램	사용자가 작성한 원시 프로그램을 기계어로 번역하여 목적 프로그램을 작성하는 것으로 어셈블러(Assembler), 컴파일러(Compiler), 인터프리터(Interpreter) 등이 있음
서비스 프로그램	프로그램 작성 시간과 노력을 줄이고, 업무 처리 능률의 향상을 목적으로 작성하는 것으로 연계 편집(Linkage Editor), 정렬/병합(Sort/Merge), 유틸리티(Utility), 라이브러리(Library) 등이 있음

응용 소프트웨어의 개념

• 특정 분야에서 필요한 작업을 쉽게 수행하기 위하여 사용자 측면에서 개발된 프로그램이다.
• 컴퓨터를 사용하여 특정 작업을 처리할 때 유용하게 사용할 수 있다.

응용 소프트웨어의 종류와 특징

종류	특징
워드프로세서 (Word Processor)	작성한 문서에서 편집, 저장, 인쇄 등을 할 수 있는 프로그램으로 흔글, MS Word, 훈민정음 등이 있음
스프레드시트 (Spreadsheet)	수치 계산, 데이터 관리, 차트, 함수 등을 처리하는 통계 관리 프로그램으로 Excel, Lotus 1-2-3, Quattro Pro 등이 있음
프레젠테이션 (Presentation)	발표회나 기업의 업무 보고 등을 위해 슬라이드 형식의 그래픽 문서를 작성하는 프로그램으로 Power Point, Freelance 등이 있음
데이터베이스 (Database)	대량의 자료를 효율적으로 관리, 분석하는 프로그램으로 Access, dBASE Ⅲ, Oracle, MS SQL 등이 있음
그래픽 프로그램 (Graphic Program)	그림, 사진 등의 이미지를 편집할 수 있는 프로그램으로 Paintbrush, Paint Shop Pro, CorelDraw, Illustrator, Photoshop 등이 있음
그룹웨어 (Groupware)	기업 내에서 특정 그룹의 사용자끼리 공동 작업을 할 수 있는 프로그램으로 Microsoft Outlook, Exchange 등이 있음
전자 출판(DTP)	컴퓨터에서 문서를 편집, 조판하여 출판이 가능하도록 하는 프로그램으로 페이지메이커, 퀵익스프레스, 프론트페이지, 인디자인 등이 있음
CAD/CAM	컴퓨터에서 설계 도면을 작성하는 프로그램으로 Auto CAD 등이 있음
멀티미디어 저작 도구	문자, 소리, 그래픽, 애니메이션, 비디오 등을 서로 다른 형태로 결합하여 새로운 데이터를 만드는 프로그램으로 디렉터, 오소웨어, 툴북 등이 있음
OCR 소프트웨어	스캐너를 이용하여 받은 이미지 형태의 문서를 이미지 분석 과정을 통해 문자 형태로 바꾸어 주는 소프트웨어

응용 소프트웨어의 분류 집중강좌 2-27

종류	설명
상용 소프트웨어 (Commercial)	일정 금액을 지불하여 구입한 후 사용하는 소프트웨어
공개 소프트웨어 (Open)	개발자가 소스를 공개하여 자유롭게 사용하고, 수정이나 재배포할 수 있는 소프트웨어
셰어웨어 (Shareware)	일정 기간이나 기능에 제한을 두고 프로그램을 사용한 후 구입 여부를 판단하는 소프트웨어
프리웨어 (Freeware)	사용 기간과 기능에 제한 없이 무료로 사용할 수 있으며, 저작권자의 동의 없이 자유롭게 복사, 배포할 수 있는 소프트웨어
베타 버전 (Beta Version)	소프트웨어 개발사가 프로그램을 공개하기 전에 테스트를 목적으로 일반인에 공개하는 소프트웨어
데모 버전 (Demo Version)	상용 소프트웨어의 기능을 알리기 위해 사용 기간이나 기능에 제한을 두고, 무료로 배포하는 소프트웨어
테스트 버전 (Test Version)	데모 버전 이전에 프로그램의 문제점들을 찾아내기 위해 무료로 배포하는 소프트웨어
번들 프로그램 (Bundle Program)	하드웨어나 소프트웨어 구입 시 무료로 배포하는 소프트웨어
패치 프로그램 (Patch Program)	이미 출시된 프로그램의 오류 수정 및 기능 향상을 위해 프로그램의 일부 파일을 변경하는 소프트웨어
디바이스 드라이버 (Device Driver)	새 하드웨어를 추가로 설치할 때 새로운 장치를 인식하기 위한 설치 프로그램

> **한 걸음 더** 벤치 마크 테스트 (Benchmark Test)
>
> 하드웨어나 소프트웨어의 성능을 검사하기 위해 실제 사용되는 조건에서 처리 능력을 테스트 함

㉔ 각종 유틸리티 프로그램

유틸리티(Utility)의 개념

- 사용자가 컴퓨터를 보다 쉽게 사용할 수 있도록 도와주는 프로그램으로 시스템에 있는 기존 프로그램을 지원하거나 기능을 향상시킨다.

- 데이터 압축, 데이터 복구, 백업 등의 기능을 가지며 압축, 바이러스 백신, 디스크 관리, 화면 보호기 등의 다양한 소프트웨어가 있다.
- 다수의 작업이나 목적에 대하여 적용되는 편리한 서비스 프로그램이나 루틴을 말한다(하드웨어, 운영 체제, 응용 소프트웨어를 관리하는데 도움을 주도록 설계된 프로그램).

압축 프로그램

- 용량이 큰 파일의 압축 및 해제 기능을 갖춘 프로그램으로 디스크 공간을 효율적으로 활용하며, 데이터 용량을 최소화한다.
- 데이터의 이동, 보관, 전송, 백업 등의 작업에 시간과 비용을 절약할 수 있다.
- 이미 압축된 파일을 여러 개 모아 다시 한꺼번에 압축하면 압축률이 좋지 않다.
- 압축 대상에 따라 파일 압축, 디스크 압축, 실행 파일로 압축 등이 있다.
- DOS용으로 ARJ, PKZIP, RAR, LHA 등이 있고, Windows용으로 밤톨이, 알집, WinZIP, WinARJ, WinRAR 등이 있다.

기타 유틸리티 프로그램

종류	설명
화면 보호 프로그램	컴퓨터를 일정 시간 사용하지 않을 경우 모니터의 전력 절약 및 번인(Burn-In) 방지를 위한 프로그램(**종류** : MySaver, ScreensaverShot 등)
화면 캡처 프로그램	화면 내용 중 원하는 부분을 이미지 파일로 저장하는 프로그램(**종류** : Hyper Snap, SnagIt 등)
이미지 뷰어 프로그램	이미지 파일을 보거나 다른 형식의 이미지 파일로 바꿀 수 있는 프로그램(**종류** : ACDSee, 다바, Thumbs Plus 등)

㉕ 운영 체제의 개념과 종류

운영 체제(OS)의 개념 집중강좌 2-28

- 컴퓨터와 사용자 사이에서 시스템을 효율적으로 운영할 수 있도록 인터페이스 역할을 담당한다.

- 사용자가 응용 프로그램을 편리하게 사용하고, 하드웨어의 성능을 최적화할 수 있다.

운영 체제의 기능

- 컴시스템의 메모리를 관리하고, 응용 프로그램이 제대로 실행될 수 있도록 제어한다.
- 사용자 인터페이스(User Interface)를 제공하며, 기본적인 네트워크 기능을 갖는다.
- 하드웨어를 사용 가능하도록 소프트웨어나 펌웨어로 구현하며, 하드웨어 성능을 최적화할 수 있다.
- 키보드, 모니터, 디스크 드라이브 등의 필수적인 주변 장치들을 관리하는 BIOS를 포함한다.
- 하드웨어의 효과적인 제어와 사용자 프로그램의 실행 환경을 제공한다.
- 프로세스 관리, 기억 장치 관리, 파일 관리, 입출력 관리, 리소스 관리 등의 역할을 한다.

운영 체제의 종류

종류	특징
DOS	CUI(Character User Interface) 방식의 개인용 운영 체제
Windows	GUI(Graphic User Interface) 방식의 다중 작업용 운영 체제
Windows CE	무선 통신 기기, 차세대 멀티미디어 기기 같은 임베디드 시스템에 사용되는 운영 체제
UNIX	C 언어로 작성된 멀티 유저용 및 다중 작업용 운영 체제(가상 메모리 운영 체제)
Linux	UNIX를 기반으로 일반 PC에서도 사용 가능한 운영 체제
OS/2	단일 사용자, 멀티태스킹 기능을 갖춘 운영 체제

운영 체제의 성능 평가 요인

요인	설명
처리 능력(Throughput) 향상	단위 시간에 처리할 수 있는 작업의 양
응답 시간(Turnaround Time) 단축	요구한 결과를 얻을 수 있을 때까지 소요되는 시간

신뢰도(Reliability) 향상	시스템이 오류 없이 기능을 정확하게 수행할 수 있는 척도
사용 가능도(Availability) 향상	신속하게 시스템 자원을 사용할 수 있도록 지원하는 능력

한 걸음 더 운영 체제 관련 용어

- **쉘(Shell)** : 운영 체제에서 지원하는 기능을 일반 사용자들이 쉽게 사용할 수 있도록 도와주는 유틸리티 프로그램
- **커널(Kernel)** : 컴퓨터 하드웨어와 상호 작용하는 모듈로 관리자, 제어 프로그램, 핵 등으로도 불림
- **슈퍼바이저(Supervisor)** : 컴퓨터의 기본 동작들을 관리하는 주요 프로그램

운영 체제의 운영 방식

- **일괄 처리(Batch Processing) 시스템** : 데이터를 일정량 또는 일정 기간 모아서 한꺼번에 처리하는 시스템이다(예 : 급여 계산, 전기 요금 등).
- **실시간 처리(Real Time Processing) 시스템** : 자료가 수신되는 즉시 처리하여 사용자 입력에 바로 응답할 수 있는 시스템이다(예 : 좌석 예약, 은행 업무 등).
- **시분할 처리(Time Sharing) 시스템** : CPU의 처리 시간을 일정한 시간(Time Quantum)으로 나누어서 여러 개의 작업을 연속적으로 처리하는 시스템이다.
- **분산 처리(Distributed Processing) 시스템** : 여러 대의 컴퓨터를 통신망으로 연결하여 작업과 자원을 분산시켜 처리하는 시스템이다.
- **온라인(On Line) 시스템** : 컴퓨터가 통신 회선으로 직접 연결되어 자료를 처리하는 시스템이다.
- **오프라인(Off Line) 시스템** : 컴퓨터가 통신 회선 없이 사람을 통하여 자료를 처리하는 시스템이다.
- **듀얼(Dual) 시스템** : 2개의 CPU가 같은 업무를 동시에 처리하며, 결과를 상호 점검하다가 기계 고장으로 인한 작업 중단에 대비하여 미리 두 대의 컴퓨터를 설치한 후 한 대는 항상 대기 상태에 있도록 한 시스템이다.
- **듀플렉스(Duplex) 시스템** : 시스템의 안정성을 위하여 한쪽의 CPU가 가동중일 때 다른 한쪽의 CPU가 고장나면 즉시 대기중인 CPU가 작동되도록 운영하는 시스템이다.

- **임베디드(Embedded) 시스템** : 하드웨어와 소프트웨어가 하나로 결합된 제어 시스템으로 마이크로프로세서에 특정 기능을 수행하는 응용 프로그램을 탑재하여 컴퓨터 기능을 수행한다(제어가 필요한 시스템의 두뇌 역할을 하는 전자 시스템으로 TV, 냉장고 등의 가전제품에 많이 사용).
- **다중 프로그래밍(Multi Programming)** : 하나의 CPU에서 동시에 여러 개의 프로그램을 처리하는 방식으로 각 프로그램이 주어진 시간만큼 CPU를 사용하고 반환한다.
- **다중 처리(Multi Processing)** : 동시에 프로그램을 수행할 수 있는 CPU를 두 개 이상 두고 업무를 분담하여 처리한다.
- **클러스터링(Clustering)** : 두 대 이상의 컴퓨터를 함께 묶어서 단일 시스템처럼 사용한다.

㉖ 프로그래밍 언어

저급 언어(Low Level Language)

- 기계 중심의 언어로 컴퓨터가 직접 이해하고, 실행할 수 있다.
- 수행 속도 및 코드 효율은 좋으나 호환성이 없고, 프로그램 작성 및 디버깅이 어렵다.

종류	설명
기계어 (Machine Language)	컴퓨터가 이해할 수 있는 기본적인 언어로 0과 1의 2진수로 작성하며, 실행 속도가 가장 빠름
어셈블리어 (Assembly Language)	기계어의 프로그램 작성이 용이하도록 연상 기호(Mnemonic)를 부여한 언어로 고급 언어보다 실행 속도가 빠름

한 걸음 더 프로그래밍 순서

업무 분석 → 입출력 설계 및 흐름도 작성 → 코딩 → 번역 및 오류 수정 → 테스트 → 실행 → 문서화

고급 언어(High Level Language)

- 일상 생활에서 사용하는 수식이나 영어에 가까운 표현을 할 수 있다.

- 하드웨어에 대한 전문적인 지식이 없어도 프로그램을 작성할 수 있다.

종류	설명
FORTRAN	복잡한 수식 계산을 위해 개발된 과학 기술용 언어(가장 먼저 개발)
COBOL	사무 처리의 응용을 위해 개발된 프로그래밍 언어
PASCAL	다양한 제어 구조와 데이터 형식을 가지는 실무용(교육용) 언어
C	구조적 프로그래밍과 하드웨어 제어가 가능하고, 시스템 프로그램을 작성하는데 유용한 언어(프로그래밍 작업 시 영문자의 소문자/대문자는 구별)
C++	C 언어에 객체 지향의 개념을 도입
BASIC	언어가 간단하고 구현이 용이하여 대화형 프로그램 작성에 적합한 언어
LISP	인공 지능 분야에서 발생하는 문제점을 해결하기 위한 언어
ALGOL	과학 계산용으로 사용되는 논리 연산용 언어

한 걸음 더 프로그래밍 언어의 조건

- 언어의 개념이 명확하고 확장성이 좋아야 함
- 프로그래밍 언어의 구조가 단순 명료해야 함
- 프로그램의 이동성, 호환성, 이식성이 좋아야 함
- 프로그램의 검증이 용이해야 함

언어 번역 프로그램의 종류 집중강좌 2-29

종류	설명
어셈블러 (Assembler)	어셈블리어로 작성된 원시 프로그램을 기계어로 번역
인터프리터 (Interpreter)	• BASIC, LISP, SNOBOL 등의 고급 언어로 작성된 원시 프로그램을 기계어로 번역(목적 프로그램을 생성하지 않음) • 줄 단위로 번역하므로 번역 속도는 빠르지만 실행 속도가 느림
컴파일러 (Compiler)	• C, COBOL, FORTRAN, PASCAL 등의 고급 언어로 작성된 원시 프로그램을 기계어로 번역 • 한꺼번에 번역하므로 번역 속도는 느리지만 실행 속도가 빠름
프리프로세서 (Preprocessor)	• 고급 언어로 작성된 프로그램을 그에 대응되는 다른 고급 언어로 번역 • 매크로 확장, 기호 변환 등의 작업을 수행

언어 번역 과정

과정	설명
원시 프로그램	사용자가 고급 언어로 작성한 프로그램
목적 프로그램	언어 번역기를 통해 기계어로 번역한 프로그램
로드 모듈	링커에 의해 실행 가능한 형태로 만들어진 모듈
링커(Linker)	목적 코드를 실행 가능한 로드 모듈로 생성하는 프로그램(=연계 편집 프로그램)
로더(Loader)	• 모듈이 실행되도록 기억 공간을 할당하고, 메모리에 적재시켜 주는 프로그램 • 목적 프로그램을 주기억 장치에 적재하여 실행(주기억 장치에 빈 공간을 할당)

※디버깅(Debugging) : 프로그램의 오류를 찾아 수정하는 작업으로 보조 프로그램을 이용하는 경우와 검사용 데이터를 수행시켜 오류를 찾는 경우가 있다.

한 걸음 더 컴파일러와 인터프리터의 비교

구분	컴파일러	인터프리터
번역 단위	프로그램 단위	행(줄) 단위
목적 프로그램	있음	없음
실행 속도	빠름	느림
대화식 처리	불가능	가능
메모리 공간	많이 차지	적게 차지
해당 언어	COBOL, FORTRAN, C, ALGOL, PASCAL 등	BASIC, LISP, APL, SNOBOL 등

㉗ 웹 프로그래밍 언어

HTML(Hyper Text Markup Language)
- 하이퍼텍스트 문서를 작성하는 언어로 문서의 표현 형식을 지정한다.
- 이식성이 높고 사용이 용이하나 고정 태그로 복잡한 문서 작성이 어렵다.
- HTML5는 텍스트와 하이퍼링크를 이용한 기존 표준에 비디오, 오디오 등 다양한 부가 기능을 추가하여 최신 멀티미디어 콘텐츠를 ActiveX 없이도 웹 서비스로 제공할 수 있는 차세대 웹 표준이다.
- DHTML은 이미지 애니메이션을 지원하고, 사용자와의 상호 작용에 따른 동적 웹 페이지 제작이 가능하다(HTML의 단점을 보완).

SGML(Standard Generalized Markup Language)
- 문서의 논리 구조, 의미 구조를 간단한 마크로 기술한다.
- 유연성이 좋고 독립적인 시스템 운용이 가능하나 기능이 복잡하다.
- 멀티미디어 문서의 저장과 독립적인 문서를 처리하여 전자 출판에 이용된다.

XML(eXtensible Markup Language)
- 구조화된 문서 제작용 언어로 HTML에 태그의 사용자 정의가 가능하다.
- 태그(Tag)와 속성을 사용자가 정의할 수 있으며, 문서 내용과 이를 표현하는 방식이 독립적이다.
- HTML의 단점을 보완하고 웹에서 구조화된 다양한 문서들을 상호 교환한다.
- DTD(Document Type Definition)가 고정되지 않으므로 논리적 구조를 표현할 수 있는 유연성을 가진다.
- 데이터베이스 등의 구조화된 데이터를 지원하며 홈 페이지 구축, 검색 기능 등을 향상시킨다.

WML(Wireless Markup Language)
- XML에 기초를 둔 언어로 태그를 이용하여 데이터, 텍스트, 이미지 등을 지원한다.
- 휴대폰, PDA 등 무선 단말기에서 텍스트를 기반으로 콘텐츠를 제공한다.

UML(Unified Modeling Language)
- 기존의 객체 지향별로 다양한 표기법을 사용하는 모델링 언어로 표현력이 강하다.
- 요구 분석, 시스템 설계 및 구현 등에서 사용한다.

VRML(Virtual Reality Modeling Language)
- 3차원 가상 공간을 표현하기 위한 언어로 웹에서 3차원 입체 이미지를 묘사한다.
- HTML을 기반으로 만들어졌으며 가상 쇼핑몰, 3차원 채팅 등에 이용된다.

- 각종 운영 체제에 독립적이며, 플러그 인(Plug-In)을 이용한다.

자바(Java)

- 웹상에서 멀티미디어 데이터를 유용하게 처리할 수 있는 객체 지향(Object-oriented) 언어이다.
- 분산형 컴퓨팅 및 통신 환경에 알맞은 응용 프로그램을 개발하는데 적합하다.
- 실시간 정보를 통해 애니메이션을 구현하며, 자체 통신 기능을 갖는다.
- 하나의 자바 프로그램이 여러 작업을 할 수 있으며, 멀티쓰레드를 제공한다.
- 다른 컴퓨터와의 호환성과 이식성이 뛰어나며, 가상 바이트 코드(Byte Code)를 사용한다.
- 상속성(Inheritance), 캡슐화(Encapsulation), 오버로딩(Overloading), 다형성(Polymorphism) 등을 제공한다.

한 걸음 더 플래시(Flash)

- 스트리밍 방식을 지원하며, 홈 페이지나 배너 광고 등을 제작하는데 사용
- 그래픽, 음향 등의 멀티미디어 요소를 넣어 역동적인 표현이 가능
- 완성된 파일의 확장자는 .swf

자바 스크립트(JavaScript)

- HTML에 삽입되어 HTML을 확장하는 기능으로 HTML을 강력하고 편리하게 꾸밀 수 있다.
- 자바 애플릿의 단점을 보완하여 웹 브라우저에서 직접 번역되고 실행된다.
- 컴파일된 언어에 비해 처리 시간이 오래 걸리지만 짧은 프로그램들에는 유용하다.

한 걸음 더 자바 애플릿과 자바 스크립트

구분	자바 애플릿 (Java Applet)	자바 스크립트 (Java Script)
클래스	있음	없음
실행	웹 브라우저	사용자 웹 브라우저
변수 선언	필요	불필요
HTML과의 관계	HTML 외에 별도 존재	HTML 코드 안에 포함

CGI(Common Gateway Interface)

- HTTP 서버에서 외부 프로그램을 수행하기 위한 인터페이스로 사용자가 방명록, 카운터, 게시판 등을 HTML 문서와 연동하기 위해 사용한다.
- 프로그램에 사용되는 언어에는 C, C++, Java, Perl, ASP 등이 있다.

ASP(Active Server Page)

- CGI의 단점을 보완하기 위해 개발된 웹 문서 언어로 Windows 계열에서만 수행이 가능하다.
- 서버 측 스크립트가 HTML 페이지를 만들어 모든 브라우저에서 사용한다.

PHP(Professional Hypertext Preprocessor)

- 서버 측 스크립트 언어로 서버에서 해석하여 HTML 문서를 만든다.
- Linux, Unix, Windows 등의 운영 체제에서 사용한다.

JSP(Java Server Pages)

- 자바를 이용한 서버 측 스크립트로 다양한 운영 체제에서 사용이 가능하다.
- 데이터베이스와 연결이 쉽고, HTML 문서 내에서 ⟨% ⋯ %⟩와 같은 형태로 작성된다.

한 걸음 더 객체 지향 프로그래밍과 언어

구분	설명
객체 지향 프로그래밍	• 동작보다는 객체, 논리보다는 자료를 기준으로 구성 • 소프트웨어 재사용성으로 프로그램 개발 시간을 단축할 수 있음 • 절차적 프로그램 개발에 적합한 기법 • Smalltalk, C++, Java 언어 등에서 객체 지향의 개념을 표현
객체 지향 언어	• 객체 내부의 데이터 구조에서 데이터형뿐만 아니라 사용 함수까지 함께 정의한 것을 클래스(Class)라고 함 • 객체가 수행할 수 있는 특정한 작업을 메소드(Method)라고 함 • 상속성, 다형성, 캡슐화, 추상화 등의 특징을 가짐 • 객체는 속성과 메소드의 상속뿐만 아니라 재사용이 가능

㉘ PC 관리 기초 지식

시스템 유지 보수

① 디스크 포맷

- 하드 디스크나 외장 디스크의 트랙(Track) 및 섹터(Sector)를 초기화하는 작업이다.
- 포맷을 실행하면 디스크의 모든 데이터는 지워진다.
- 디스크 드라이브를 선택한 후 바로 가기 메뉴에서 [포맷]을 선택한다.

포맷 요소	설명
용량	디스크의 용량을 선택
파일 시스템	파일 시스템(FAT, FAT32, NTFS 등)을 선택
할당 단위 크기	클러스터 크기나 섹터당 할당 크기를 선택
볼륨 레이블	디스크 이름으로 문자 및 숫자만을 사용하여 최대 11자까지 지정할 수 있으나 NTFS에서는 최대 32자까지 가능
빠른 포맷	불량 섹터를 검사하지 않고, 포맷을 빠르게 수행하는 기능으로 한 번 포맷하여 사용했던 디스크만 가능
MS-DOS 시동 디스크 만들기	Windows의 시동(부팅) 디스크를 작성

② 시동 디스크 작성

- 한글 Windows의 부팅 과정에 문제가 있을 경우 시동 디스크로 시스템을 시작할 수 있다.
- 시스템을 가동시킬 수 있는 기본적인 프로그램과 하드 디스크 정보를 가지고 있다.
- 시동 디스크로 부팅을 할 경우 프린터나 네트워크 카드 등의 장치는 사용할 수 없다.

> **한 걸음 더 파티션(Partition)**
>
> - 하나의 물리적인 저장 장치를 논리적인 여러 부분으로 분할하는 작업
> - 파티션을 나눈 후 하드 디스크를 사용하기 위해서는 포맷을 해야 함
> - 운영 체제를 설치하기 전에 파티션을 나눌 수 있으며, 기본 파티션과 확장 파티션으로 나눔
> - 한 파티션에는 하나의 파일 시스템만 사용하며, 파티션을 여러 개로 나누면 두 개 이상의 운영 체제를 설치할 수 있음(운영 체제에서는 파티션이 하나의 드라이브로 인식)
> - [제어판]-[관리 도구]-[컴퓨터 관리]-[디스크 관리]에서 파티션 디스크 드라이브를 확인

③ 시스템 정보

- 로컬 및 원격 컴퓨터의 시스템 구성 정보를 수집하고, 연관된 시스템 항목을 표시한다.
- OS의 이름과 버전, 시스템의 이름과 종류, 프로세서, 사용자, 메모리, 파일 공간 등을 확인할 수 있다.
- 하드웨어 리소스, 구성 요소, 소프트웨어 환경 등으로 구성된다.
- 서명한 드라이버를 포함한 하드웨어 구성, 컴퓨터 구성 요소, 소프트웨어에 대한 정보를 포함한다.
- [시작]-[Windows 관리 도구]-[시스템 정보]를 선택한다.

④ 시스템 복원

- 시스템에 문제가 발생할 경우 데이터 파일의 손실 없이 컴퓨터를 이전 상태로 복원한다.
- 정기적으로 시스템을 점검하여 복원 시점을 만들기 때문에 이전 시스템으로 복구가 가능하다.
- 시스템과 응용 프로그램 파일의 변경 사항을 모니터링하고, 복원 지점을 만든다.
- 프로그램을 설치하기 전의 복원 지점으로 복원하면 해당 프로그램이 작동하지 않는다.
- 시스템 복원 시 디스크 공간의 비율은 최소 1%~최대 100%이다.
- 복원 지점은 시스템에 의해 자동으로 설정되지만 사용자가 임의로 복원 지점을 설정할 수도 있다.
- [시작]-[Windows 시스템]-[제어판]-[시스템]-[시스템 보호]-[시스템 복원]을 클릭한다.

> **한 걸음 더 시스템 복원에서 수행할 수 있는 작업**
>
> 컴퓨터를 이전 상태로 복원, 1주에서 3주간의 복원 지점을 저장, 복원 지점의 날짜를 찾음, 모든 복원의 취소 가능, 여러 유형의 복원 지점을 제공

⑤ 작업 스케줄러

- 지정한 시간에 컴퓨터에서 자동으로 수행되는 작업을 만들고, 관리할 수 있다.
- 특정 프로그램을 정기적으로 사용할 경우 선택 일정에 따라 자동으로 프로그램을 실행할 수 있다.
- 시스템 성능을 예약할 수 있으므로 최적의 상태를 유지할 수 있다.
- [시작]-[Windows 관리 도구]-[작업 스케줄러]를 선택한다.

⑥ 리소스 모니터
- 하드웨어(CPU, 메모리, 디스크, 네트워크) 및 소프트웨어(파일 핸들, 모듈) 리소스 사용에 대한 정보를 실시간으로 확인할 수 있다.
- 모니터링할 특정 프로세스나 서비스에 따라 결과를 필터링할 수 있다.
- [시작]-[Windows 관리 도구]-[리소스 모니터]를 선택한다.

⑦ 백업 및 복원
- 백업은 불의의 사고에 대비하여 중요한 데이터를 보조 기억 장치에 복사하는 것이다.
- 백업에 필요한 공간은 파일 크기에 따라 다르며, Windows에서 마지막 백업 이후 추가되거나 수정된 파일은 추적하여 기존 백업을 업데이트하므로 디스크 공간을 절약할 수 있다.
- 백업 주기를 예약할 수 있으며, 백업 파일의 확장자는 .bkf이다.
- 파일 복원 시 파일 복원 마법사를 이용하며, 백업에 포함된 개별 파일과 모든 파일을 복원할 수 있다.
- [시작]-[Windows 시스템]-[제어판]-[백업 및 복원]을 선택한다.

> **한 걸음 더** 시스템 요약
> - 컴퓨터 이름 및 제조업체, 컴퓨터에서 사용하는 BIOS 유형, 설치된 메모리 용량 등 컴퓨터 및 운영 체제에 대한 일반적인 정보를 표시
> - **하드웨어 리소스** : 컴퓨터 하드웨어에 대한 IT 전문가용 고급 정보가 표시되며 DMA, IRQ, I/O 주소 및 메모리 주소를 보여줌
> - **구성 요소** : 시스템 구성 요소에 관련된 정보를 표시
> - **소프트웨어 환경** : 컴퓨터 메모리에 로드된 소프트웨어의 스냅샷(Snapshot)을 보여 주며, 정보는 작업이 실행 중인지 확인하거나 버전 정보를 점검할 때 사용(드라이버, 네트워크 연결 및 기타 프로그램 관련 정보가 표시)

시스템 최적화
🎙집중강좌 2-30

① 디스크 오류 검사
- 디스크의 논리적/물리적 오류를 점검한 후 손상 영역을 복구한다.
- 물리적인 충격, 반복된 프로그램의 실행과 삭제 등으로 생긴 파일 시스템 오류를 검사하여 자동으로 수정한다.

- 발견된 오류는 화면에 표시하고, 결과는 'Scandisk. log' 파일에 저장한다.
- 디스크 오류를 검사할 경우 모든 파일을 닫아야 하며, 검사 중에는 해당 드라이브에서 다른 작업을 수행할 수 없다.

옵션	설명
파일 시스템 오류 자동 수정	디스크 검사 중 파일 시스템 오류가 발견되면 사용자에게 오류 수정 여부를 묻지 않고 바로 수정
불량 섹터 검사 및 복구 시도	디스크 검사 중 파일 시스템 오류를 복구하고, 불량 섹터를 찾아 이를 복구할지를 지정(디스크 표면을 검사하여 물리적 오류도 검사하고 복구 진행)

> **한 걸음 더** 디스크 검사
> - **디스크 검사를 수행할 수 있는 드라이브** : 하드 디스크 드라이브, 압축된 드라이브, 램 드라이브, 메모리 카드 등
> - **디스크 검사를 수행할 수 없는 드라이브** : CD-ROM 드라이브, 네트워크 드라이브
> - **디스크 검사 결과 항목** : 총 디스크 크기, 불량 섹터, 폴더 수와 크기, 숨겨진 파일 수와 크기, 사용자 파일 수와 크기, 사용 가능한 공간, 각 할당 단위, 전체 할당 단위, 사용할 수 있는 할당 단위 수

② 디스크 정리
- 시스템에 있는 불필요한 파일이나 프로그램을 삭제하여 디스크의 여유 공간을 확보한다.
- 해당 드라이브를 검색한 후 삭제할 수 있는 파일 및 불필요한 프로그램 목록을 표시하며, 파일들 중 일부 또는 전체를 삭제할 수 있다.
- 삭제할 수 있는 파일에는 다운로드한 프로그램 파일, 임시 인터넷 파일, 오프라인 웹 페이지, 휴지통, 설치 로그 파일, 임시 파일, 미리 보기 사진 등이 있다.

탭	설명
[디스크 정리]	- 삭제할 파일 형식과 함께 각 파일이 차지하는 디스크 공간을 표시 - 삭제된 후 확보할 수 있는 공간의 총 합계를 표시
[기타 옵션]	- 사용하지 않는 프로그램을 제거하여 디스크 공간을 확보 - 가장 최근의 복원 지점을 제외한 이전 복원 정보를 제거하여 디스크 공간을 확보

③ 디스크 조각 모음
- 디스크 단편화를 제거하여 사용중인 디스크의 입출력 속도와 디스크 공간을 최적화시킨다.
- 디스크에 저장된 파일 위치를 재정렬하는 단편화 제거 과정을 통해 디스크의 파일 읽기/쓰기 성능을 향상시킨다.
- 디스크의 파일 공간과 사용하지 않은 공간을 정렬하여 프로그램을 빠르게 실행한다.
- 실행 시간은 볼륨 크기, 볼륨에 있는 파일 수와 크기, 조각난 양, 사용 가능한 로컬 시스템 리소스 등의 요소에 따라 결정된다.
- 볼륨에서 하나의 인접한 공간을 차지하도록 하드 디스크의 조각난 파일과 폴더를 통합한다.
- 디스크 조각 모음을 실행 시 다른 작업을 할 수 있지만 모든 작업을 중지하면 보다 효율적이다.
- FAT, FAT32, NTFS 파일 시스템으로 포맷된 볼륨에 대하여 조각 모음을 할 수 있다.
- CD-ROM 드라이브, 네트워크 드라이브, Windows가 지원하지 않는 디스크 압축 프로그램에 의해 압축된 드라이브는 조각 모음을 할 수 없다.

시스템 안전 관리
- 컴퓨터를 이동하거나 부품을 교체할 경우 전원을 끄고 작업한다.
- 시스템에 문제가 발생할 것을 대비하여 부팅 디스크를 만들어 둔다.
- 가급적 불필요한 프로그램은 설치하지 않고, 정기적으로 시스템을 최적화한다.
- 시스템 파일 검사기를 사용하여 손상된 파일들을 복구한다.
- 최신 바이러스 백신 프로그램을 사용하여 바이러스 검사를 하고, 중요한 데이터는 백업한다.

레지스트리(Registry)
- 컴퓨터를 구성하는 하드웨어와 소프트웨어에 대한 실행 정보를 관리하는 계층적인 데이터베이스(트리 계층 구조)로 키, 하위 키, 하이브 및 값 항목으로 구성된다.
- 한글 Windows 환경에 대한 전반적인 정보(SYSTEM. DAT와 USER.DAT)를 저장하며, 응용 프로그램 작동에 필요한 매개 변수로 구성된다.
- 응용 프로그램을 실행할 때 영향을 주는 INI 파일(SYSTEM.INI, WIN.INI 등)의 정보를 관리한다.
- 각 사용자의 프로필과 시스템 하드웨어, 설치된 프로그램 및 속성 설정에 대한 정보가 들어 있다.
- 레지스트리에 저장된 정보는 Windows에 설치된 여러 응용 프로그램을 실행할 때 참조된다.
- 레지스트리 정보는 삭제할 수 있으나 시스템에 이상이 생길 수 있으므로 함부로 삭제하지 않는다.
- 레지스트리 내용은 C:₩Windows₩System32₩config 폴더에 여러 개의 파일로 저장된다.

레지스트리 편집기
- 레지스트리 편집기에서 레지스트리를 잘못 변경하면 시스템을 손상시킬 수 있으므로 중요한 정보를 모두 백업한 후 변경하는 것이 좋다.
- 컴퓨터 실행 방법에 대한 정보가 들어 있는 시스템 레지스트리의 설정을 검색하고, 변경할 수 있다.
- 레지스트리를 편집하려면 [시작]-[실행]을 선택한 후 입력란에 "REGEDIT.EXE"를 입력하고, (Enter) 키를 누른다.

> **한 걸음 더** · 시스템 구성 편집기
> - 컴퓨터 부팅 시 필요한 파일인 AUTOEXEC.BAT, CONFIG.SYS, WIN.INI, SYSTEM.INI, PROTOCOL.INI 등의 파일을 편집
> - 시스템 구성을 편집하려면 [시작]-[실행]을 선택한 후 입력란에 "SYSEDIT.EXE"를 입력하고, (Enter) 키를 누름

㉙ PC 응급 처치

PC의 안전 장치

종류	설명
자동 전압 조절기 (AVR)	PC에 공급되는 전압을 일정하게 유지시켜 주는 장치
무정전 공급 장치 (UPS)	예상치 못한 정전에 대비하여 일정 시간 동안 안정적인 전원을 공급해 주는 장치
정전압 정주파수 장치(CVCF)	출력 전압과 주파수를 일정하게 유지시켜 주는 장치
서지 보호기 (Surge Protector)	전압/전류의 갑작스런 증가로 시스템의 이상 현상을 막기 위한 장치

항온 항습기	일정한 온도(18~20℃)와 습도(40~60 %)를 유지시켜 주는 장치

PC의 다양한 응급 처치

① 전원 및 메인보드 관련 문제   집중강좌 2-32

문제	해결 방법
전원이 들어오지 않을 경우	전원 케이블의 접속 상태와 전원 공급 장치의 고장 여부 확인
부팅 시 '삑' 소리가 나는 경우	부팅 시 '삑' 소리가 나면 RAM 문제이고, '삑~삑삑삑' 소리가 나면 그래픽 카드 문제로 고장 부위 확인
부팅이 되지 않는 경우	• CMOS 배터리의 충전 여부와 하드 디스크의 점퍼 상태 확인 • 전원 공급 장치 및 롬 바이오스의 이상 유무나 바이러스 확인
메모리가 인식되지 않는 경우	RAM 소켓에 올바른 장착 여부 확인

② CMOS 관련 문제

문제	해결 방법
CMOS 설정이 변경된 경우	백신 프로그램을 이용하여 바이러스 감염 여부 확인
CMOS 설정이 초기화 된 경우	메인보드에 장착되어 있는 배터리의 방전 여부 확인
CMOS 셋업 시 비밀번호를 잊어버린 경우	메인보드에 장착되어 있는 배터리를 뽑았다가 다시 장착
CMOS 셋업 정보가 지워져 하드 디스크를 인식하지 못하는 경우	CMOS Setup의 Auto Detector 기능을 이용

> **한 걸음 더 CMOS Setup**
>
> • CMOS는 부팅 시 필요한 하드웨어 정보를 담고 있는 반도체
> • ROM에 파일 형태로 기억되며, 비디오 보드나 하드 디스크를 바꾸면 CMOS 셋업 정보도 바뀜
> • 전원을 넣을 때 Delete, F1, F2 키 등을 이용하여 CMOS 셋업에 들어갈 수 있음
> • 날짜와 시간, 하드 디스크 타입, 부팅 시 비밀번호 옵션, 부팅 순서, 전원 관리 모드, 칩셋, Anti-Virus 등을 설정

③ 하드 디스크 관련 문제

문제	해결 방법
디스크가 인식되지 않는 경우	• 케이블의 연결 상태나 하드 디스크의 점퍼 설정을 확인 • 파티션 설정이나 하드 디스크 타입을 확인
읽기 오류가 발생한 경우	디스크 검사 등을 이용하여 하드 디스크의 오류 검사
HDD controller failure인 경우	메인보드와 하드 디스크의 연결 케이블 확인

④ 모니터 관련 문제

문제	해결 방법
화면이 나오지 않는 경우	비디오 카드의 장착 상태와 케이블의 연결 상태 확인
화면이 떨리는 경우	모니터에 맞는 드라이브, 주파수, 해상도 확인

⑤ 프린터 관련 문제

문제	해결 방법
스풀 에러가 발생한 경우	스풀 공간이 부족하므로 하드 디스크의 공간을 확보
인쇄가 되지 않는 경우	• 프린터의 설정 상태나 기종에 맞는 드라이버 설치를 확인 • 프린터의 전원이나 케이블 연결 상태를 확인
인쇄 속도가 느려진 경우	[프린터 속성] 대화 상자의 [고급] 탭에서 스풀 관련 항목을 확인
글자가 이상하게 인쇄될 경우	시스템을 재부팅한 후 인쇄해 보고, 같은 결과가 나타나면 프린터 드라이버를 다시 설치
인쇄물 상태가 좋지 않은 경우	헤드를 청소하거나 카트리지를 교환

⑥ 기타 관련 문제

문제	해결 방법
디스크 공간이 부족한 경우	• 사용하지 않는 파일을 백업한 후 삭제 • 디스크 정리를 수행하여 Windows 구성 요소나 임시 파일, 다운로드받은 Active X 컨트롤, Java 애플릿 등을 삭제
메모리가 부족한 경우	• 불필요한 프로그램을 모두 종료하고, 프로그램을 다시 실행 • 시작 프로그램에 설정된 불필요한 프로그램을 삭제 • [시스템 속성]-[고급] 탭에서 가상 메모리를 재설정
하드웨어가 충돌하는 경우	[제어판]-[장치 관리자]에서 설치된 하드웨어를 확인하고, 충돌이 발생한 하드웨어는 삭제한 후 재설치
프로그램이 응답하지 않는 경우	[Windows 작업 관리자] 창의 [응용 프로그램] 탭에서 응답하지 않는 프로그램을 종료
네트워크에 연결이 안 되는 경우	• 방화벽 같은 외부적 요인이나 원격 데스크톱 설정을 확인 • 네트워크 어댑터의 올바른 설치 유무를 확인 • 컴퓨터의 프로토콜이나 웹 브라우저 상태를 확인

한 걸음 **더** 오류 메시지와 해결 방법

• CMOS BATTERY HAS FAILED : CMOS용 배터리의 방전이 주원인으로 새로운 배터리로 교체
• CMOS CHECKSUM ERROR : CMOS 정보가 잘못 변경되어 체크 섬이 맞지 않을 때 발생하므로 CMOS의 정보를 확인
• DISK BOOT FAILURE, INSERT SYSTEM DISK AND PRESS ENTER : 부팅 디스크에 시스템 파일이 없는 경우 발생하므로 시동 디스크를 삽입
• DISK DRIVE OR TYPES MISMATCH ERROR : CMOS에 기록된 디스크 드라이버 타입과 시스템에 장착된 것이 다를 때 발생하므로 CMOS 셋업에서 정확한 타입을 설정
• DRIVE FAILURE INVALID CONFIGURATION PRESS ⟨F1⟩ TO CONTINUE : CMOS 정보나 하드 디스크 타입이 잘못된 경우 발생하므로 F1 키를 눌러 CMOS를 재설정
• NON-SYSTEM DISK OR DISK ERROR : CMOS Setup에서 하드 디스크의 인식 상태를 확인(F8 키로 부팅하거나 BIOS 설정을 초기화한 후 부팅)

01 한글 Windows의 기능에 대한 설명으로 옳지 않은 것은?

① 하나의 컴퓨터를 사용하는 여러 사용자가 사용자마다 사용 환경을 다르게 설정할 수 있다.

② Windows Media Player를 이용하여 간단하게 동영상을 편집할 수 있다.

③ 소규모 네트워크를 구축할 수 있다.

④ 파일 시스템으로 FAT32와 NTFS 등을 지원한다.

해설 Windows Media Player : 오디오 파일(MID, RM 등), 동영상 파일(MPEG, MOV, AVI 등)을 재생할 수 있으나 내용 편집은 불가능하다.

02 한글 Windows에서 부팅 메뉴 화면이 나타나도록 하는 키로 옳은 것은?

① F2　　　　　② F5

③ F8　　　　　④ F9

해설 한글 Windows가 부팅될 때 F8 키를 누르면 고급 부팅 옵션이 나타난다.

03 한글 Windows의 [Windows 작업 관리자] 창에서 할 수 있는 작업으로 틀린 것은?

① 실행 중인 응용 프로그램의 작업 끝내기를 할 수 있다.

② 시스템을 종료할 수 있다.

③ 로그인한 사용자의 연결을 끊거나 로그오프한다.

④ 실행 중인 응용 프로그램의 실행 순서를 변경할 수 있다.

해설 • 보기 ①은 [응용 프로그램] 탭, 보기 ②는 [프로세스] 탭, 보기 ③은 [사용자] 탭에서 가능하다.
• 실행중인 응용 프로그램의 실행 순서를 변경할 수는 없다.

04 한글 Windows에서 Ctrl + ESC 키를 눌러 수행되는 작업으로 옳은 것은?

① [시작] 메뉴가 나타난다.

② 실행 창이 종료된다.

③ 작업 중인 항목의 바로 가기 메뉴가 나타난다.

④ 창 조절 메뉴가 나타난다.

해설 Ctrl + ESC : [시작] 메뉴를 호출한다.

05 한글 Windows에서 작업 표시줄의 바로 가기 메뉴에서 설정할 수 있는 항목으로 틀린 것은?

① 계단식 창 배열　　② 창 가로 정렬 보기

③ 작업 표시줄 잠금　④ 아이콘 자동 정렬

해설 작업 표시줄의 바로 가기 메뉴 : 도구 모음, 계단식 창 배열, 창 가로/세로 정렬 보기, 바탕 화면 보기, 작업 관리자 시작, 작업 표시줄 잠금, 속성 등의 항목이 있다.

06 한글 Window의 [폴더 옵션]에서 설정할 수 있는 작업에 해당되지 않는 것은?

① 숨김 파일 및 폴더를 표시할 수 있다.

② 색인된 위치에서는 파일 이름뿐만 아니라 내용도 검색하도록 설정할 수 있다.

③ 숨긴 파일 및 폴더의 숨김 속성을 일괄 해제할 수 있다.

④ 파일이나 폴더를 한 번 클릭해서 열 것인지, 두 번 클릭해서 열 것인지를 설정할 수 있다.

해설 ① [보기] 탭, ② [검색] 탭, ④ [일반] 탭에서 설정이 가능하다.

정답　**01** ②　**02** ③　**03** ④　**04** ①　**05** ④　**06** ③

07 한글 Windows에서 파일이 복사되는 경우로 옳지 않은 것은?

① 이동식 디스크에 있는 해당 파일을 선택한 후 하드 디스크로 끌어놓기 한다.

② 해당 파일을 선택한 후 같은 드라이브의 다른 폴더로 끌어놓기 한다.

③ 해당 파일을 선택한 후 다른 드라이브로 끌어놓기 한다.

④ 해당 파일을 선택한 후 Ctrl 키를 누른 상태로 같은 드라이브의 다른 폴더로 끌어놓기 한다.

해설 보기 ②의 경우는 파일이 이동된다.

08 한글 Windows에서 휴지통에 관한 설명으로 옳지 않은 것은?

① 작업 도중 삭제된 자료들이 임시로 보관되는 장소로 필요한 경우 복원이 가능하다.

② 각 드라이브마다 휴지통의 크기를 다르게 설정하는 것이 가능하다.

③ 원하는 경우 휴지통에 보관된 폴더나 파일을 직접 실행할 수도 있고, 복원할 수도 있다.

④ 지정된 휴지통의 용량을 초과하면 가장 오래 전에 삭제되어 보관된 파일부터 지워진다.

해설 휴지통에 있는 파일이나 폴더를 복원할 수는 있지만 직접 실행할 수는 없다.

09 한글 Window의 [파일 탐색기]에 대한 기능과 구조에 대한 설명으로 옳지 않은 것은?

① 컴퓨터에 설치된 디스크 드라이브, 파일 및 폴더 등을 관리하는 기능을 가진다.

② 폴더와 파일을 계층 구조로 표시하며, 폴더 앞의 〉 기호는 하위 폴더가 있음을 의미한다.

③ 현재 폴더에서 상위 폴더로 이동하려면 바로 가기 키인 Home 키를 누른다.

④ [보기]-[레이아웃]을 선택하면 메뉴 모음, 세부 정보 창, 미리 보기 창, 탐색 창 등의 표시 여부를 선택할 수 있다.

해설 현재 폴더에서 상위 폴더로 이동하려면 BackSpace + Enter 키를 누른다.

10 한글 Window의 [메모장]에 대한 설명으로 옳지 않은 것은?

① 작성한 문서를 저장할 때 확장자는 기본적으로 .txt가 부여된다.

② 특정한 문자열을 찾을 수 있는 찾기 기능이 있다.

③ 그림, 차트 등의 OLE 개체를 삽입할 수 있다.

④ 현재 시간을 삽입하는 기능이 있다.

해설 메모장은 OLE 기능을 사용할 수 없으므로 그림판에서 그린 개체 등을 연결할 수 없다.

11 한글 Windows에서 프린터 설정과 관련된 설명으로 옳지 않은 것은?

① 여러 개 프린터를 한 대의 컴퓨터에 설치할 수 있다.

② 기본 프린터는 두 대까지 설치할 수 있으며, 기본 프린터로 설정된 프린터는 삭제할 수 없다.

③ 로컬 프린터와 네트워크 프린터 모두 기본 프린터로 설정이 가능하다.

④ 스풀(SPOOL) 기능이 설정되면 인쇄 도중에도 다른 작업을 할 수 있는 병행 처리 기능을 갖게 되어 컴퓨터의 활용성을 높여준다.

해설 컴퓨터에 설치 가능한 프린터의 수는 제한이 없지만 기본 프린터로 사용할 프린터는 한 대만 지정할 수 있다.

12 한글 Windows의 [제어판]–[프로그램 및 기능]을 사용하는 이유로 가장 적절한 것은?

① 저작권에 의한 사용료를 지불하기 위하여
② 다른 사용자의 프로그램을 임의로 사용하는 것을 막기 위하여
③ 컴퓨터 바이러스를 예방하기 위하여
④ 컴퓨터에 설치된 프로그램을 제거하거나 변경하기 위하여

> 해설 프로그램 및 기능의 항목 : 프로그램 제거 또는 변경, 설치된 업데이트 보기, Windows 기능 사용/사용 안 함

13 다음 중 [Windows 설정]–[시스템]에서 할 수 있는 작업에 해당하지 않는 것은?

① 디스플레이　　　② 소리
③ 알림 및 작업　　④ 잠금 화면

> 해설 ④번은 [Windows 설정]–[개인 설정]에서 작업한다.

14 한글 Window의 [제어판]에서 보기 기준을 '범주'로 하였을 경우 [시스템 및 보안] 범주에서 설정할 수 있는 기능에 해당하지 않는 것은?

① 백업 및 복원　　② 관리 도구
③ 전원 옵션　　　　④ 사용자 계정 추가

> 해설 • 시스템 및 보안 : 보안 및 유지 관리, 방화벽, 시스템, 전원 옵션, 백업 및 복원, 저장소 공간, 관리 도구
> • 보기 ④는 사용자 계정 및 가족 보호에서 설정한다.

15 한글 Window의 제어판에서 시각 장애가 있는 사용자가 컴퓨터를 사용하기에 편리하도록 설정할 수 있는 항목은?

① 동기화 센터　　② 사용자 정의 문자 편집기
③ 접근성 센터　　④ 프로그램 호환성 마법사

> 해설 • ① 오프라인에서 사용되는 파일이 네트워크상의 파일과 일치하도록 하는 기능이다.
> • ② 완성형과 유니 코드 문자 집합을 사용하여 새로운 문자를 만드는 것으로 보조프로그램에 해당된다.

16 한글 Windows에서 [연결 프로그램] 메뉴에 대한 설명으로 옳지 않은 것은?

① 컴퓨터나 파일 탐색기에서 특정 파일을 더블 클릭했을 때 실행될 프로그램을 설정하는 것이다.
② 프로그램이 지정된 파일에서 [열기]를 선택하면 자동으로 연결 프로그램에서 설정된 프로그램이 실행된다.
③ 확장자에 의해 연결 프로그램이 결정되므로 확장자가 다르면 연결 프로그램도 달라야 한다.
④ 응용 프로그램을 설치하면 해당 프로그램에서 사용하는 파일은 연결 프로그램이 자동으로 설정된다.

> 해설 연결 프로그램은 파일 확장자에 따라 결정되지만 확장자가 다르더라도 특정 응용 프로그램을 지정하여 실행할 수 있다.

17 다음 중 디지털 컴퓨터의 특성을 설명한 것으로 옳지 않은 것은?

① 부호화된 숫자와 문자, 이산 데이터 등을 사용한다.
② 산술 논리 연산을 주로 한다.
③ 증폭 회로를 사용한다.
④ 연산 속도가 아날로그 컴퓨터보다 느리다.

> 해설 ③ 아날로그 컴퓨터에 해당하며, 디지털 컴퓨터는 논리 회로를 사용한다.

18 다음 중 컴퓨터에서 사용되는 자료의 크기가 작은 순서부터 나열한 것으로 옳은 것은?

① Bit-Nibble-Byte-Word
② Bit-Byte-Nibble-Word
③ Bit-Nibble-Word-Byte
④ Bit-Byte-Word-Nibble

> 해설 자료 단위 : Bit - Nibble - Byte - Word - Item(Field) - Record - File

19 다음 중 ASCII 코드에 관한 설명으로 옳지 않은 것은?

① 7비트로 구성되어 있으나 실제 사용은 패리티 체크 비트를 포함하여 8비트로 사용한다.
② 데이터 통신을 고려한 코드이다.
③ 128개의 문자를 표현할 수 있다.
④ 한글 문자 표현을 고려하여 구성된 코드이다.

> **해설** ASCII 코드 : 미국 정보 교환용 표준 코드로 주로 데이터 통신용이나 PC에서 많이 사용되며, 7개의 비트(3개의 존 비트와 4개의 디지트 비트)로 구성된다.

20 다음 중 CPU의 성능에 영향을 미치는 요인으로 적절하지 않은 것은?

① 클럭 주파수
② 캐시 메모리
③ 워드(명령어)의 크기
④ 직렬 처리

> **해설** ④ 한번에 한 비트씩 주변 장치로 전송하는 방식이다.

21 다음 중 캐시 메모리(Cache Memory)에 대한 설명으로 옳지 않은 것은?

① 기억 용량은 작으나 속도가 빠른 버퍼 메모리이다.
② 가능한 최대 속도를 얻기 위해 소프트웨어로 구성한다.
③ 기본적인 성능은 히트율(Hit Ratio)로 표현한다.
④ CPU와 주기억 장치 사이에 위치한다.

> **해설** 캐시 메모리 : CPU와 주기억 장치 사이의 속도 차이를 줄이기 위한 고속 메모리로 주기억 장치보다 소용량으로 구성된다.

22 다음 중 컴퓨터에서 사용하는 펌웨어에 관한 설명으로 옳은 것은?

① 하드웨어의 교체 없이 소프트웨어 업그레이드만으로 시스템 성능을 개선할 수 있다.
② 컴퓨터를 더욱 효율적으로 사용하기 위한 전기, 전자적 장치이다.
③ 주로 캐시 메모리에 일시적으로 저장되어 하드웨어를 제어 또는 관리하는 역할을 한다.
④ 바이러스의 일종으로 시스템 성능을 저하시킬 수 있으므로 가급적 사용하지 않는다.

> **해설** 펌웨어(Firmware) : 하드웨어와 소프트웨어의 중간적 성격을 갖는 제품으로 하드웨어 교체 없이 소프트웨어 업그레이드만으로 시스템의 성능을 높이기 위한 목적으로 사용된다.

23 다음 중 컴퓨터의 누산기(Accumulator)에 관한 설명으로 옳은 것은?

① 연산 결과를 일시적으로 기억하는 장치이다.
② 명령의 순서를 기억하는 장치이다.
③ 명령어를 기억하는 장치이다.
④ 명령을 해독하는 장치이다.

> **해설** 누산기 : 산술 및 논리 연산의 결과를 일시적으로 기억하는 레지스터이다.

24 다음 중 일반 하드 디스크에 비하여 속도가 빠르고 기계적 지연이나 에러의 확률 및 발열 소음이 적으며, 소형화, 경량화 할 수 있는 하드 디스크 대체 저장 장치로 옳은 것은?

① DVD
② HDD
③ SSD
④ ZIP

> **해설** SSD(Solid State Drive) : 하드 디스크와 비슷하게 동작하면서도 기계적 장치인 HDD와는 달리 반도체를 이용하여 정보를 저장하는 장치이다.

정답 19 ④   20 ④   21 ②   22 ①   23 ①   24 ③

25 다음 중 BIOS(Basic Input Output System)에 관한 설명으로 옳지 않은 것은?

① 기본 입출력 장치나 메모리 등 하드웨어 작동에 필요한 프로그램이다.
② 전원이 켜지면 POST를 통해 컴퓨터를 점검하고, 사용 가능한 장치를 초기화한다.
③ RAM에 저장되며, 펌웨어라고도 한다.
④ 칩을 교환하지 않고도 업그레이드를 할 수 있다.

해설 바이오스(BIOS) : 메인보드의 ROM에 저장되어 있어 ROM-BIOS라고도 한다.

26 다음 중 운영 체제의 구성에서 제어 프로그램에 해당되지 않는 것은?

① 데이터 관리 프로그램
② 작업 관리 프로그램
③ 감시 프로그램
④ 문서 편집 프로그램

해설 • 제어 프로그램 : 감시 프로그램, 자료 관리 프로그램, 작업 관리 프로그램
• 처리 프로그램 : 언어 번역 프로그램, 서비스 프로그램

27 다음 중 압축에 관한 설명으로 옳지 않은 것은?

① 한글 Windows에서는 파일/폴더의 크기를 줄여주는 압축 기능을 제공한다.
② 파일을 압축하는 목적은 저장 공간 및 통신 시간의 절약이다.
③ 파일 압축 프로그램에는 ARJ, PKZIP, RAR, LHA 등이 있다.
④ 압축 파일을 재 압축하는 방식으로 파일의 크기를 계속 줄일 수 있다.

해설 파일을 압축할 수 있지만 계속해서 파일 크기가 줄어드는 것은 아니다.

28 다음 중 데이터를 일정한 분량이 될 때까지 모아서 한꺼번에 처리하는 시스템으로 옳은 것은?

① 일괄 처리 시스템
② 실시간 처리 시스템
③ 시분할 시스템
④ 분산 처리 시스템

해설 • ② 자료가 수신되는 즉시 처리하여 사용자 입력에 바로 응답하는 시스템이다.
• ③ CPU의 처리 시간을 일정한 시간(Time Quantum)으로 나누어 여러 작업을 연속적으로 처리하는 시스템이다.
• ④ 여러 대의 컴퓨터를 통신망으로 연결하여 작업과 자원을 분산시켜 처리하는 시스템이다.

29 다음 중 언어 번역 프로그램에 대한 설명으로 옳지 않은 것은?

① 컴파일러에 입력되는 프로그램을 원시 프로그램이라 하고, 기계어로 출력되는 프로그램을 목적 프로그램이라 한다.
② 인터프리터는 원시 프로그램을 입력으로 받아 기계어를 생성하고, 이를 실행해서 그 결과를 출력하여 주는 프로그램이다.
③ 어셈블리 언어는 어셈블러라고 하는 언어 번역기에 의해서 기계어로 번역된다.
④ 언어 번역 프로그램에는 컴파일러, 어셈블러, 인터프리터 등이 있다.

해설 인터프리터 : BASIC, LISP, SNOBOL 등의 고급 언어로 작성된 원시 프로그램을 기계어로 번역하는 것으로 번역 속도는 빠르지만 실행 속도가 느리다.

30 HTML의 단점을 보완하고 클라이언트의 복잡한 데이터 처리를 쉽게 할 수 있으며, 자신의 목적에 맞는 태그를 정의할 수 있는 마크업 언어는?

① DHTML
② ASP
③ XML
④ WML

해설 XML은 인터넷 웹 페이지를 만드는 HTML을 획기적으로 개선하여 만든 언어로 HTML보다 홈 페이지 구축 기능, 검색 기능 등이 향상되었고 클라이언트 시스템의 복잡한 데이터 처리를 쉽게 처리해준다.

정답 25 ③ 26 ④ 27 ④ 28 ① 29 ② 30 ③

31 다음 중에서 객체 지향 프로그래밍 언어가 아닌 것은?

① COBOL   ② JAVA
③ SmallTalk   ④ C++

해설 보기 ①은 사무 처리의 응용을 위해 개발된 프로그래밍 언어이다.

32 한글 Window의 [디스크 정리]에 관한 설명으로 옳은 것은?

① 하드 디스크에서 불필요한 파일의 수를 줄여 디스크에 여유 공간을 확보한다.
② 분산된 저장 파일들을 연속된 공간에 저장함으로써 디스크의 접근 속도를 향상시킨다.
③ 개인 파일에 영향을 주지 않고, 컴퓨터에 대한 시스템 변경 내용 실행을 취소한다.
④ 심각한 오류가 발생한 경우에 Windows를 복구하는데 사용한다.

해설 디스크 정리 : 시스템에 있는 불필요한 파일이나 프로그램을 삭제하여 디스크의 여유 공간을 확보한다.

33 한글 Windows에서 설치된 모든 하드웨어와 소프트웨어의 실행 정보를 모아 관리하는 계층적인 시스템 데이터베이스를 의미하는 것은?

① Registry
② File System
③ Zip Drive
④ Partition

해설 보기 ①은 컴퓨터를 구성하는 하드웨어와 소프트웨어에 대한 실행 정보를 관리하는 계층적 데이터베이스이다.

34 다음 중 컴퓨터가 부팅되지 않을 때의 원인으로 가장 거리가 먼 것은?

① 롬 바이오스에 이상이 발생했다.
② 디스크에 단편화가 발생했다.

③ 전원 공급 장치에 이상이 생겼다.
④ 바이러스에 감염되었다.

해설 보기 ②의 경우는 디스크 조각 모음을 실행한다.

35 다음 중 문서를 인쇄할 때 발생하는 문제와 그에 대한 조치로 옳지 않은 것은?

① 글자가 이상하게 인쇄될 경우 프린터 드라이버를 다시 설치한다.
② 인쇄 결과물이 번지거나 얼룩 자국이 발생할 경우 헤드 및 카트리지를 청소한다.
③ 인쇄가 되지 않을 경우 케이블 연결 상태 또는 시스템 등록 정보를 점검 및 수정한다.
④ 스풀 에러가 발생할 경우 CMOS Setup을 다시 설정하고 재부팅한다.

해설 스풀(SPOOL)은 프린터와 같은 저속의 입출력 장치를 CPU와 병행하여 컴퓨터의 전체 효율을 향상시키는 것으로 에러가 발생한다고 해서 CMOS Setup을 다시 설정하지는 않는다.

36 다음 중 Windows 운영 체제에서 시스템의 속도가 느려진 경우 문제 해결 방법으로 가장 적절한 것은?

① [장치 관리자] 창에서 중복 설치된 해당 장치를 제거한다.
② 드라이브 조각 모음 및 최적화를 수행하여 하드 디스크의 단편화를 제거한다.
③ [작업 관리자] 창에서 시스템의 속도를 저해하는 Windows 프로세스를 찾아 '작업 끝내기'를 실행한다.
④ [시스템 관리자] 창에서 하드 디스크의 파티션을 재설정 한다.

해설 디스크 조각 모음 : 디스크 단편화를 제거하여 사용중인 디스크의 입출력 속도와 디스크 공간을 최적화시키는 것으로 디스크의 파일 공간과 사용하지 않은 공간을 정렬하여 프로그램을 빠르게 실행한다.

정답   **31** ①   **32** ①   **33** ①   **34** ②   **35** ④   **36** ②

Chapter 02 | 인터넷 자료 활용

❖세부 항목 ▶ 인터넷 활용 / 최신 정보 통신 기술 활용 / 멀티미디어 활용

출제 포인트
- 인터넷의 특징을 기본으로 주소, 프로토콜, 서비스, 정보 검색 등의 전반적인 사항을 학습합니다.
- 빠르게 발전하는 최신 정보 통신 기술에 대해 전반적인 사항을 학습합니다.
- 멀티미디어의 전반적인 개념을 바탕으로 실생활에 활용할 수 있는 분야와 환경에 대해 학습합니다.

① 인터넷의 개요

인터넷의 역사

- 1969년 미 국방성에서 군사 목적으로 구축된 ARPA Net에서 시작되었다.
- TCP/IP 프로토콜을 채택하면서 일반용의 ARPANet과 군사용의 MILNET으로 분리되었다.

인터넷의 특징

- 유닉스 운영 체제를 기반으로 전 세계 컴퓨터를 연결해 놓은 글로벌 네트워크(Global Network)이다.
- 다양한 자원의 분산과 공유가 가능하며, 모든 호스트는 32Bit의 고유한 IP 주소를 갖는다.
- TCP/IP 프로토콜을 기반으로 클라이언트/서버 형태의 시스템으로 작동한다.
- 시간과 거리의 제한을 받지 않는 광역성으로 양방향 형태의 통신망을 구성한다.
- 인터네트워킹은 별개의 네트워크를 하나의 통합된 네트워크로 연결하는 방법 또는 과정이다.

인터넷 접속 방식

종류	설명
전용선 방식	• 인터넷 서비스 업체(ISP)에서 회선을 할당받아 컴퓨터에 연결하는 방식 • 속도에 따라 ISDN(64Kbps), T1(1.544Mbps), E1(2.048Mbps), T2(6Mbps), T3(45Mbps) 등으로 구분
ISDN 방식	• 일반 전화선을 사용하며, 하나의 회선으로 두 개의 서비스가 가능한 방식 • 128Kbps의 빠른 속도를 제공
SLIP 방식	• 전화선 등을 이용하여 직렬 통신을 하는 인터넷 프로토콜 방식 • 압축과 에러 감지 기능이 없으며, IP를 지원
PPP 방식	• TCP/IP에서 오류 검출과 데이터 압축을 추가한 다중 프로토콜 방식 • 압축과 에러 감지 기능이 있으며, IP를 지원

인터넷 주소

- 인터넷에 연결된 컴퓨터를 식별하기 위한 주소로 호스트 컴퓨터, 기관 종류, 국가 등으로 구성한다.
- 숫자로 구성된 IP 주소와 문자로 구성된 도메인 이름(Domain Name)으로 나뉜다.
- 인터넷 주소는 각 국의 NIC(Network Information Center)에서 관리하되 미국과 NIC가 없는 국가는 InterNIC에서, 우리나라는 KRNIC에서 관리한다.
- KRNIC는 IP 주소와 도메인 이름의 관리뿐만 아니라 인터넷 주소의 정책 연구, 제도 개선, 인터넷 활성화, 국제 인터넷 주소 기구 협력 등의 업무를 수행한다.
- 국제 인터넷 주소 관리 기구(ICANN)는 Top Level Domain(com, net, org, edu, us)을 관리하고, 인터넷 프로토콜(IP)에서 사용되는 도메인 이름의 디렉토리를 등록하고 유지한다.

① IPv4(Internet Protocol version 4)

- 현재 사용하는 IP 주소로 32비트를 8비트씩 4개의 점(.)으로 나누어 표시한다(예 : 179.145.1.22).
- 숫자로 표현된 주소는 점(.)으로 구분되어 4옥텟(Octet)으로 되어 있다(1옥텟 = 8Bit = 1Byte).
- 5개의 클래스로 구성되며, 현재 할당된 주소는 대부분이 C 클래스이다.

클래스	설명
A Class	국가나 대형 통신망에서 사용(최대 16,777,214개의 호스트를 사용)
B Class	중·대규모의 통신망에서 사용(최대 65,534개의 호스트를 사용)
C Class	소규모의 통신망에서 사용(최대 254개의 호스트를 사용)
D Class	멀티캐스팅용에서 사용
E Class	실험용으로 사용

② IPv6(Internet Protocol version 6)

- IPv4의 주소 공간을 4배 확장한 것으로 128비트를 16비트씩 8개로 나누어 표시하며, IP는 콜론(:)으로 구분한다.
- 주소의 한 부분이 0으로만 연속되는 경우 연속된 0은 '::'으로 생략할 수 있다.
- 실시간 흐름 제어로 향상된 멀티미디어 기능과 보안 기능을 지원하며, 전송 속도가 빠르다.
- 현재 IP 주소의 부족 현상을 해소하기 위한 차세대 IP 주소 체계이다.
- 유니 캐스트(일대일 통신), 멀티 캐스트(일대다 통신), 애니 캐스트(일대일 통신)의 3가지 주소로 분류된다.

도메인 네임(Domain Name)

- 숫자로 구성된 IP 주소를 이해하기 쉽도록 문자로 표기하며, 영문은 대소문자를 구별하지 않는다.
- 하나의 IP 주소는 여러 개의 도메인 네임을 가질 수 있다.
- 도메인 네임을 IP 주소와 대응시키기 위해 DNS라는 계층적 시스템을 사용한다.
- 영문자나 숫자로 시작해야 하며 쉼표(,), 밑줄(_) 등의 특수 문자와 공백은 사용할 수 없다.
- 주소 체제는 점(.)으로 구분하며, 오른쪽으로 갈수록 상위 도메인이다.
- 호스트 이름, 기관 이름, 기관 종류, 국가 도메인으로 구성된다.

> www.cyber.co.kr
> 호스트 이름, 기관 이름, 기관 종류, 국가 도메인

국가명	도메인	국가명	도메인	국가명	도메인
한국	kr	영국	uk	프랑스	fr
중국	cn	호주	au	캐나다	ca
일본	jp	독일	de	러시아	ru

[국가별 도메인]

국제 도메인	기관(소속)	국내 도메인
com	일반 기업체, 회사	co
edu	교육 기관, 학교	ac
gov	정부, 공공 기관	go
int	국제 단체	
net	네트워크 관련 기관	ne
org	비영리 단체	or
	연구 기관	re
	개인	pe

[기관(소속) 도메인]

한 걸음 더 DNS(Domain Name System)

- 문자로 입력된 도메인 이름을 컴퓨터가 인식하는 IP 주소로 변경하는 시스템
- 컴퓨터 이름과 IP 번지의 대응표를 가지고 있어서 자동적으로 번역
- TCP/IP 네트워크에서 사용되는 이름 서비스 구조로 루트(Root), 최상위 도메인(TLD), 2차 도메인(SLD) 등으로 구성
- DNS Server는 도메인 이름과 이에 대응하는 IP 주소의 데이터베이스를 원하는 컴퓨터에 제공
- 모든 호스트들을 각 도메인별로 계층화 시켜서 관리

② 인터넷 프로토콜

프로토콜(Protocol)의 개념

- 컴퓨터와 컴퓨터, 컴퓨터와 터미널간의 데이터 통신을 위해 규정된 통신 규약이다.
- 통신을 원하는 두 개체간에 무엇을, 어떻게, 언제 통신할 것인가에 대해 약속한 규정이다.
- 각 장치에서의 통신 절차, 에러 검사 및 제어, 흐름 제어 등에 관련된 기술이다.

- 전송 데이터 프레임의 구성에 따라 문자 방식, 바이트 방식, 비트 방식 등이 있다.
- 기본 요소는 구문(Syntax), 의미(Semantics), 순서(Timing)가 있다.

TCP/IP

- 인터넷에서 가장 기본적인 프로토콜로 네트워크로 연결된 시스템간의 데이터를 전송한다.
- 신뢰성 있는 통신 규약으로 다양한 종류의 운영 체제에 대하여 네트워킹을 제공한다.
- TCP/IP 설정 시 서브넷 마스크(Subnet Mask)에서는 네트워크의 식별자를 추출한다.

구분	설명
TCP	• OSI 7계층 중 트랜스포트 계층에 해당하며, 전송 데이터의 오류 여부를 검사 • 두 종단간 연결을 설정한 후 데이터를 패킷 단위로 교환
IP	• OSI 7계층 중 네트워크 계층에 해당하며, 신뢰성이 나쁨 • 패킷 주소를 해석하고 경로를 설정하여 다음 호스트로 전송

주요 프로토콜

종류	특징
HTTP	• WWW를 이용할 때 서버와 클라이언트간의 정보 교환 프로토콜 • 웹 서버와 클라이언트가 상호 통신을 하기 위해 사용 • 웹 페이지와 웹 브라우저 사이에서 하이퍼텍스트 문서를 전송
ARP	• IP 주소를 물리적 네트워크 주소로 대응시키기 위해 사용하는 프로토콜 • 컴퓨터의 IP 주소만 알고 MAC 주소를 모르는 경우 IP 주소로부터 MAC 주소를 찾음
NNTP	• 뉴스 그룹에 있는 글을 관리하기 위해 사용되는 프로토콜 • 유즈넷 서비스에서 기사 내용을 전달
DHCP	• 네트워크상에서 IP 주소를 관리하거나 할당할 수 있는 프로토콜 • IP 주소를 자동으로 설정하는 방식을 사용
UDP	• 네트워크에서 컴퓨터간 메시지 교환 시 제한된 서비스만을 제공하는 프로토콜 • TCP의 대안으로 IP를 사용하여 데이터를 전송

ICMP	• 호스트 서버와 게이트웨이 사이에서 메시지를 제어하거나 에러를 알려주는 프로토콜 • 네트워크 계층을 관리하거나 제어하는 등 다양한 기능을 제공
SNMP	• 가장 광범위하게 사용되고 있는 네트워크 관리 시스템 프로토콜 • 네트워크 장치 및 동작을 감시

한 걸음 더 서브넷 마스크(Subnet Mask)

- 0~255까지의 숫자 4개를 점으로 표기하며, IP 주소와 결합하여 사용자 컴퓨터의 네트워크를 식별
- 컴퓨터가 속한 네트워크 식별자를 추출하는 것으로 IP 주소의 공간 낭비에 대한 문제를 해결
- IP 주소를 네트워크 ID 부분과 호스트 ID 부분으로 구별하기 위해서 사용

③ OSI 참조 모델

OSI(Open System Interconnection)의 개념

- 국제표준화기구(ISO)에서 정한 네트워크로 기존의 컴퓨터간이나 다른 종류의 네트워크간의 접속을 용이하게 하기 위하여 설정된 프로토콜의 표준이다.
- 효율적이고 상호 접속이 용이한 컴퓨터 통신망의 구축을 목적으로 한다.

OSI 7계층의 특징

집중강좌 2-34

계층	특징
응용(Application) 계층	응용 프로그램의 정보 활용과 통신을 제어
표현(Presentation) 계층	데이터 표준화와 압축, 정보의 암호화 기능 제공
세션(Session) 계층	프로세서간 대화 설정 및 유지, 종료
전송(Transport) 계층	신뢰성 있는 데이터 전송, 오류 복구와 흐름 제어(**장비** : 게이트웨이)
네트워크(Net-work) 계층	데이터의 교환 기능으로 목적지 접속을 설정하고 종료(**장비** : 라우터)
데이터 링크(Data Link) 계층	물리 계층의 전송 오류를 검출하고 수정, 링크의 확립/유지/단절의 수단을 제공(**장비** : 브리지, 스위치)
물리(Physical) 계층	전송 매체의 전기적, 물리적 특징을 규정(**장비** : 리피터, 허브)

OSI 7계층과 TCP/IP 계층

OSI 7계층		TCP/IP 계층	해당 프로토콜
상위층	7 응용	응용 계층	HTTP, FTP, SMTP, SNMP, POP, DHCP, DNS, Telnet
	6 표현		
	5 세션		
	4 전송	전송 계층	TCP, UDP
하위층	3 네트워크	인터넷 계층	IP, ICMP, ARP, RARP
	2 데이터 링크	네트워크 접속 계층	MAC 주소
	1 물리		토큰링, 토큰 버스, 이더넷

④ 웹 브라우저 사용 및 설정

정보 검색 방법

- 필요한 정보를 쉽게 찾을 수 있도록 적합한 검색 엔진을 이용한다.
- 논리 연산자(AND, OR, NOT)를 활용하여 세부적인 내용을 찾는다.
- 검색 연산자의 우선 순위는 NEAR → NOT → AND → OR 순이다.
- 검색어로 시작되는 모든 단어를 표시하기 위해서는 검색어 다음에 '*'를 입력한다.

연산자	설명
AND(&)	입력한 두 개의 단어를 모두 포함한 정보를 검색
OR(+)	입력한 두 개의 단어 중 하나라도 포함된 정보를 검색
NOT	입력한 단어를 포함하고 있는 정보를 제외하고 검색
NEAR	입력한 단어를 무시하고, 인접한 곳에 있는 정보를 검색

웹 브라우저(Web Browser)

- 하이퍼미디어 형태의 웹(WWW) 정보와 서비스를 사용할 수 있다.
- GUI 환경과 그래픽을 기반으로 문자, 음성, 동영상 등의 멀티미디어 정보를 검색할 수 있다.

- 웹 페이지의 저장 및 인쇄, 자주 방문하는 사이트의 기억 및 관리, 전자 우편 및 HTML 문서 편집 등의 기능을 제공한다.
- 플러그 인 프로그램을 설치하면 동영상, 소리 등의 다양한 멀티미디어 데이터를 처리할 수 있다.
- 웹 브라우저를 처음 실행시킨 후부터 종료 전까지 사용자가 방문했던 웹 사이트 주소들을 순서대로 기억하는 것을 히스토리(History)라고 한다.
- 자주 방문하는 웹 사이트를 쉽게 찾아갈 수 있도록 해당 웹 사이트 주소를 목록 형태로 저장한 것을 즐겨찾기(Favorites)라고 한다.
- 익스플로러(Explorer), 넷스케이프(Netscape), 크롬(Chrome), 모자이크(Mosaic), 핫자바(Hot Java), 사파리(Safari), 오페라(Opera), 파이어폭스(Firefox) 등이 있다.

> **한 걸음 더** 익스플로러 작업 관련 바로 가기 키
>
> - 기본 보기/전체 화면 표시 : F11
> - 웹 페이지 새로 고침 : F5
> - 현재 창/익스플로러 종료 : Ctrl + W
> - 주소 표시줄의 텍스트 선택 : Alt + D
> - 홈 페이지로 이동 : Alt + Home
> - 새 창 : Ctrl + N

인터넷 익스플로러 보안 기능

- 보안 등급을 설정하거나 내용 관리자를 지정해서 접속 가능한 웹 사이트를 제한할 수 있다.
- 인터넷 쇼핑에서 사용되는 개인 정보를 관리할 수 있다.
- 등급을 사용하여 사용자, 공급자 등을 확인할 수 없으나 볼 수 있는 내용을 제한할 수는 있다.

> **한 걸음 더** 웹 관련 서버
>
> - **아파치(Apache) 서버** : WWW 서비스를 제공하기 위해 사용하며, 웹 서버에 향상된 기능을 추가(UNIX 플랫폼에 맞게 설계)
> - **프록시(Proxy) 서버** : 보안 기능과 캐시 기능으로 외부 서버의 데이터를 대신 받는 역할을 담당
> - **IIS 서버** : 익스플로러가 기본적으로 내장된 서버로 Win dows 2000에서만 동작(HTTP, FTP 서버 기능을 제공)

검색 엔진의 분류

분류	설명
주제별 (디렉터리) 검색 엔진	• 정치, 경제, 문화, 교육 등의 분야별 정보를 분류하여 제공 • **종류** : 야후(Yahoo), 갤럭시(Galaxy), 심마니(Simmani) 등
단어별(키워드) 검색 엔진	• 사용자가 입력한 검색어(키워드)를 통해 원하는 정보를 검색 • **종류** : 알타비스타(Altavista), 네이버(Naver), 한미르(Hanmir) 등
메타 검색 엔진	• 자체 데이터베이스 없이 다른 검색 엔진을 이용하여 정보를 검색 • **종류** : 모찾니(미스다찾니), 와카노, Web-Search 등
하이브리드 검색 엔진	주제별 검색 엔진과 단어별 검색 엔진의 기능을 모두 제공

> **한 걸음 더** 웹 오류 메시지
>
> • 403 Not Found : 요청한 자료가 접근 금지된 것으로 권한이 없는 자료를 볼 때 표시되는 경우
> • 404 Not Found : 요청한 URL을 찾을 수 없는 것으로 잘못된 URL을 입력한 경우나 해당 URL에 있는 문서 위치가 변경 또는 지워진 경우
> • 503 Not Found : 해당 웹 서버에 너무 많은 사용자가 접속하여 더 이상 접속할 수 없는 경우

⑤ 인터넷 서비스

월드 와이드 웹(WWW ; World Wide Web)

• GUI와 멀티미디어 기법을 활용하여 초보자도 인터넷을 쉽게 이용할 수 있다.
• 텍스트, 사운드, 이미지, 동화상 등이 복합된 HTML 언어와 하이퍼텍스트 기반으로 되어 있는 HTTP 프로토콜을 사용한다.
• 웹 페이지는 서버에서 정보를 제공하고 클라이언트에서는 웹 브라우저에 의해 정보를 검색하고 제공받는다.

전자 우편(E-Mail)

• 인터넷에서 다양한 데이터(문서, 그림, 동영상 등)를 편지로 주고받을 수 있다.

• 수신자만 명시하면 내용을 쓰지 않아도 전송되며, 여러 명의 수신자에게 동일한 메일을 한꺼번에 송신할 수 있다.
• 사용자 ID 다음에 '@' 기호를 붙이고 메일 서버의 호스트 주소를 입력한다(leo45@hanmail.net).

구조	설명
머리부 (Header)	To(수신자 주소), From(발신자 주소), Subject(제목), Date(전송 날짜), Cc(참조인 주소), Bcc(숨은 참조인 주소) 등
본문부(Body)	문자(Character), 첨부 파일(Attach), 서명, 로고 등

> **한 걸음 더** 전자 우편 용어
>
> • **회신(Reply)** : 받은 메일에 답장을 작성한 후 다시 전송
> • **전체 회신(Reply All)** : 받은 메일에 답장을 작성하되 모든 참조인들에게 전송
> • **전달(Forward)** : 받은 메일과 첨부 자료를 다른 사람에게 그대로 전송
> • **스팸(SPAM)** : 수신인이 원하지 않는 메시지나 정보를 일방적으로 보내는 행위

전자 우편 프로토콜

프로토콜	설명
SMTP	• 전자 우편의 송신을 담당 • TCP/IP 호스트의 우편함에 ASCII 문자 메시지를 전송
POP3	• 전자 우편의 수신을 담당 • 제목과 내용을 한번에 다운받음
IMAP	• 전자 우편의 수신을 담당 • 제목과 송신자를 보고 메일을 다운로드 할 것인지를 결정
MIME	• 웹 브라우저가 지원하지 않는 멀티미디어 메일의 송신을 담당 • 일반 문자열, 이미지, 오디오, 비디오 등을 기호화하는 데 사용

URL(Uniform Resource Locator)

• 정보의 위치를 나타내는 표준 주소 체계로 정보에 대한 접근 방법, 존재 위치, 파일명 등을 표시한다.
• 형식은 프로토콜://호스트 도메인 이름[:포트 번호]/파일 위치 및 파일명 순이다.

종류	서비스	형식
웹(WWW)	http	http://www.cyber.co.kr
원격 접속(Telnet)	telnet	telnet:/cyber.co.kr
파일 전송(FTP)	ftp	ftp://ftp.cyber.co.kr
고퍼(Gopher)	gopher	gopher://gopher.cyber.co.kr
뉴스(News)	news	news://cyber.co.kr
전자 우편(Mail)	mailto	mailto:leo45@cyber.co.kr

> **한 걸음 더** **URL 구성 요소**
> - **프로토콜** : 인터넷 서비스 종류
> - **도메인 이름** : 검색 정보가 있는 호스트 주소
> - **포트 번호** : 서비스를 구분할 수 있는 번호
> - **파일 위치와 파일명** : 호스트에 저장된 실제 경로

FTP(File Transfer Protocol)

- 인터넷을 통하여 한 컴퓨터에서 다른 컴퓨터로 파일 전송을 지원한다.
- 클라이언트에 FTP 유틸리티(WS-FTP, Cute FTP, ALFTP, ACEFTP 등)를 설치하면 보다 효율적으로 사용할 수 있다.
- 익명 파일 전송(Anonymous FTP)은 계정 없이도 누구든지 Anonymous 또는 FTP라는 로그인명으로 호스트에 대해 FTP를 실행할 수 있다.
- Full Service FTP(User FTP)는 해당 시스템의 계정을 소유한 사람만이 접속할 수 있다.

전송 모드	설명
바이너리 모드	그림 파일, 동영상 파일, 압축된 형태의 파일을 전송할 때 사용
아스키 모드	텍스트 파일을 전송할 때 사용

> **한 걸음 더** **FTP 명령어**
> - **mget** : 여러 개의 파일을 한꺼번에 가져올 때 사용
> - **put** : 하나의 파일을 Remote 시스템에 올릴 때 사용
> - **get** : 한 개의 파일을 다운로드받을 때 사용

원격 접속(Telnet)

- 원격지 컴퓨터에 권한을 가진 사용자가 접속하여 프로그램을 실행하거나 시스템 관리 작업을 할 수 있다 (Winterm, Netterm 등).
- 인터넷 사용자는 텔넷을 이용하여 전 세계의 다양한 온라인 서비스를 제공받을 수 있다.
- 시스템 사용자가 원격지에 있는 다른 시스템과 마치 직접 접속되어 있는 것처럼 사용할 수 있다.

유즈넷(Usenet)

- 특정 주제나 관심사에 대하여 네티즌들이 자유롭게 자신의 의견을 제시하고 토론할 수 있다.
- 인터넷 사용자간에 뉴스의 분배, 조회, 송수신할 수 있는 환경을 제공한다.
- 뉴스 그룹(News Group)은 분야별로 나눠지고 다시 다른 그룹으로 세분화되는 계층 구조를 이룬다.

그룹명	주제	그룹명	주제
alt	일상 생활	rec	여가 활동, 예술, 레저 등
biz	사업 관련	soc	사회, 문화 등
bionet	생물학 관련	talk	정치, 종교 등의 논쟁
comp	컴퓨터 관련	news	유즈넷 뉴스 그룹

기타 인터넷 서비스

종류	특징
아키 (Archie)	- 익명의 FTP 사이트에 저장되어 있는 각종 파일들을 검색 - 인터넷 주소나 파일이 위치한 디렉토리 정보를 제공
인터넷 대화방 (IRC)	- 채널(Channel)이라는 방에서 채팅을 할 수 있음 - 여러 사람들이 관심 있는 분야별로 대화할 수 있는 가상 공간
메일링 리스트 (Mailing List)	- 공통의 관심사를 가진 사람들이 의견을 주고받기 위해 만들어 놓은 그룹 - 다른 사람의 토론 주제와 내용을 구독하고, 자신의 글을 올릴 수 있음
고퍼 (Gopher)	- 메뉴 방식을 사용하여 계층적인 분산 정보를 제공 - 여러 곳에 분산되어 있는 자료를 하나의 클라이언트를 통해 검색

웨이즈 (WAIS)	• 키워드를 사용하여 데이터베이스로부터 데이터를 검색 • 인덱스가 있는 데이터 검색이나 텍스트 파일을 검색

한 걸음 더 **인터넷 서비스 포트 번호**

- FTP : 21
- SMTP : 25
- WWW, HTTP : 80
- NNTP : 119
- Telnet : 23
- Gopher : 70
- POP : 110
- IMAP : 143

인터넷 관련 용어

집중강좌 2-35

- **인트라넷(Intranet)** : 기업 내 네트워크를 인터넷의 정보망에 연결하여 저렴한 비용으로 회사 업무 네트워크를 구축하는 시스템이다(인터넷 기술을 기업 내 전자 우편, 전자 결재 등과 같은 정보 시스템에 적용).
- **엑스트라넷(Extranet)** : 인트라넷의 범위를 확대해서 기업 대 기업을 대상으로 정보를 공유한다.
- **포털 사이트(Portal Site)** : 인터넷에 처음 접속할 때 방문하는 웹 페이지로 전자 우편, 홈 페이지, 채팅, 게시판, 쇼핑 등의 서비스를 통합하여 제공한다.
- **미러 사이트(Mirror Site)** : 다수의 이용자들이 동시에 접속할 경우 액세스 분산화와 네트워크 부하를 방지할 목적으로 같은 내용을 복사한다.
- **풀(Pull)** : 웹 브라우저가 웹 서버로부터 요청하여 받은 웹 페이지를 화면에 보여주는 방식이다.
- **푸시(Push)** : 요청하지 않은 정보를 웹 서버가 보내주며, 사용자는 이런 기술을 지원 받기 위해서 별도의 플러그인 소프트웨어가 필요하다.
- **데몬(Daemon)** : 인터넷상에서 발생하는 서비스를 처리하기 위해 웹 서버에 항상 실행중인 상태로 있는 프로그램이다.
- **쿠키(Cookie)** : 웹 사이트의 방문 기록(ID)을 남겨 사용자와 웹 사이트를 매개해 주는 역할을 한다.
- **캐싱(Caching)** : 자주 사용하는 사이트를 하드 디스크에 저장하고, 해당 자료에 접근하면 미리 저장한 하드 디스크의 자료를 빠르게 보여준다.
- **미러링(Mirroring)** : 인터넷상의 사이트와 동일한 자료를 만들어 가까운 위치에서 전송 받는 것이다.
- **블로그(Blog)** : 웹(Web) 로그(Log)의 줄임말로 간단하게 꾸밀 수 있는 나만의 온라인 공간이다.

- **아바타(Avatar)** : 3차원이나 가상 현실 게임, 채팅 등에서 자신을 나타내는 그래픽 아이콘이다.
- **메신저(Messenger)** : 온라인상에서 상대방과 채팅을 하는 서비스로 상대방의 접속 여부와 함께 내 컴퓨터의 파일을 보낼 수 있다.
- **로밍 서비스(Roaming Service)** : 다른 국가의 서비스 지역 안에서 통신을 연결하는 서비스이다.
- **워터마킹(Watermarking)** : 오디오, 비디오, 이미지 등의 디지털 콘텐츠에 육안으로 구별할 수 없도록 저작권 정보를 삽입하여 불법 복제를 막는 기술이다.
- **유비쿼터스(Ubiquitous)** : 개별 물건에 극소형 전자 태그가 삽입되어 언제 어디서나 자유롭게 네트워크를 통해서 컴퓨터에 접속할 수 있는 환경이다.
- **블루투스(Bluetooth)** : 근거리 무선 접속을 지원하기 위해 사용되는 대표적인 통신 기술로 주파수 대역에서 송수신할 수 있는 마이크로 칩을 장착한다.
- **웹 호스팅(Web Hosting)** : 개인이나 회사들에게 인터넷 접속, 파일 저장 공간 등을 제공한다(가상 호스팅).
- **전자 데이터 교환(EDI)** : 컴퓨터 통신을 이용하여 상거래에 필요한 정보를 서로 다른 조직간에 교환하기 위한 규약이다.
- **DMB(Digital Multimedia Broadcasting)** : 영상이나 음성을 디지털로 변환하는 기술로 언제 어디서나 다양한 콘텐츠(문자, 음악, 동영상 등)를 접할 수 있는 서비스이다(디지털 멀티미디어 방송).
- **GPS(Global Positioning System)** : 위성 항법 장치로 세계 어느 곳에서든지 인공 위성을 이용하여 자신의 위치를 정확히 확인할 수 있는 시스템이다.
- **GIS(Geographic Information System)** : 지리 정보 시스템으로 지리 공간 데이터를 분석 또는 가공하여 교통, 통신 등과 같은 지형 관련 분야에 활용할 수 있는 시스템이다.
- **전자상거래(E-Commerce)** : 컴퓨터에서 거래를 할 수 있도록 전자 금융, 전자 문서 교환, 전자 우편 등의 서비스를 제공하는 것으로 신용 카드를 이용할 경우 SET 프로토콜이 필요하며, 개인 정보의 유출 위험성 있어 신뢰도 문제가 발생할 수 있다(B2B, B2C, C2C 등으로 나눔).
- **ICT 기술** : 정보와 통신을 하나로 통합한 기술로 정보 기기에 필요한 기술과 정보를 활용할 수 있다.

- 이동 통신의 문제점을 해결하기 위해 전 세계 여러 나라의 협의를 거친 차세대 이동 통신
- 지역적 한계와 멀티미디어 통신의 고속 전송이 불가능한 기술적 한계를 극복
- 전 세계 어느 나라에서나 이용할 수 있는 공통 주파수를 확보

6 정보 통신의 기본

정보 통신의 특징

- 시간과 장소에 구애받지 않고 쉽게 디지털 형태의 정보를 수집하고 교환할 수 있다.
- 여러 컴퓨터의 자원 공유가 가능하며, 에러 제어 방식을 사용한다.
- 컴퓨터 자원이 연결되어 있는 위치에 관계없이 프로그램, 데이터, 주변 기기 등을 공유할 수 있다.
- 네트워크를 사용하는 사용자들이 증가할수록 전송 속도는 느려진다.
- 데이터 통신 시스템에서 데이터 흐름은 단말기 → 변조 → 직렬화 → 전송 회선 → 복조 → 병렬화 → 컴퓨터 순이다.

시스템 구성	설명
데이터 전송계	단말 장치(DTE), 통신 제어 장치(CCU), 데이터 회선 장치(DCE), 데이터 전송 회선(DCL)
데이터 처리계	중앙 처리 장치, 통신 소프트웨어

데이터 전송 방식

방식	설명
단방향 (Simplex)	• 한 쪽 방향으로만 정보 전송이 가능한 방식 • 예 : 라디오, TV 등
반이중 (Half Duplex)	• 양 쪽 방향으로 정보 전송이 가능하지만 동시에는 전송할 수 없는 방식 • 예 : 휴대용 무전기 등
전이중 (Full Duplex)	• 양 쪽 방향으로 동시에 정보 전송이 가능한 방식 • 예 : 전화기 등

데이터 통신망 연결

방식	설명
호스트-터미널 (Host-Terminal)	데이터 처리를 하는 호스트 컴퓨터와 서비스 요청만을 처리하는 단말기로 구성된 방식(=중앙 집중 방식)
피어-투-피어 (Peer-to-Peer)	고속 LAN을 기반으로 컴퓨터간 1:1로 연결되며, 워크스테이션이나 개인용 컴퓨터를 단말기로 사용하는 방식(동배간 처리 방식)
클라이언트-서버 (Client-Server)	정보를 제공하는 컴퓨터와 정보 자원을 활용하는 다수의 컴퓨터를 연결하여 독자적인 데이터 처리를 하는 분산 처리 방식

- 다른 유선 전송 매체에 비해 대역폭이 넓고 데이터 전송률이 뛰어나 데이터 손실이 적음
- 크기가 작고 가벼우며, 정보 전달의 안정성이 높아 원거리 통신망에 이용
- 신호를 재생하는 리피터의 설치 간격이 넓어 가입자 회선으로 이용

정보 통신망의 종류와 특징   집중강좌 2-36

종류	특징
근거리 통신망 (LAN)	• 건물, 기업, 학교 등 가까운 거리에 있는 컴퓨터끼리 연결하는 통신망 • 파일 전송, 전자 우편 등의 데이터를 공유하며, 분산 처리가 가능 • 전송 거리가 짧아 고속 전송이 가능하며, 전송 오류가 적음
도시권 정보 통신망(MAN)	• 대도시 근교에서 도시와 도시를 연결한 통신망 • LAN과 WAN의 중간 형태로 도시 전체를 대상으로 구축
광대역 통신망 (WAN)	• 국가와 국가 또는 전 세계의 컴퓨터가 하나로 연결된 통신망 • 복잡한 네트워크의 효과적인 관리와 원거리 데이터 전송이 가능
부가 가치 통신망 (VAN)	• 통신 회사로부터 회선을 빌려 통신망을 구축하고, 인터넷에서 새로운 정보나 서비스를 제공하는 통신망 • 전화 교환, 패킷 교환, 전용 회선의 각 서비스 망을 구성

종합 정보 통신망 (ISDN)	• 문자, 음성, 이미지, 동영상, 팩시밀리 등을 통합한 디지털 통신망 • 전화 교환망에 디지털 기능을 추가하여 새로운 통신 서비스를 제공 • 회선 모드와 패킷 모드의 전송 방식을 통합적인 디지털망으로 확장
광대역 종합 정보 통신망 (B-ISDN)	• 동영상 및 고속 데이터 전송이 가능한 광통신 기술을 기반으로 광범위한 서비스를 제공하는 디지털 공중 통신망 • 패킷 교환 방식과 회선 교환 방식을 통합한 비동기식 전달 방식(ATM)을 사용하며, 데이터 전송 단위는 53바이트 셀을 이용
공중 전화 교환망 (PSTN)	• 교환기를 통하여 가입자들 사이의 전화를 연결하고, 음성 데이터 교환 서비스를 제공하는 통신망 • 일반 가정에서의 전화 회선으로 각종 데이터 통신 서비스를 제공
비대칭 디지털 가입자 회선 (ADSL)	• 전화 회선을 통해 높은 대역폭의 디지털 정보를 전송하는 기술 • 전화는 낮은 주파수를, 데이터 통신은 높은 주파수를 이용하며, 다운로드 속도가 업로드 속도보다 빠름
초고속 디지털 가입자 회선 (VDSL)	• 전송 거리가 짧은 구간에서 고속의 데이터를 비대칭으로 전송하는 초고속 디지털 전송 기술 • 양방향 서비스 속도가 비슷하며, 고화질의 영상 회의를 제공

한 걸음 더 **ATM 방식**

• B-ISDN에서 표준이 되는 비동기적 전송 모드로 B-ISDN의 하부 구조를 이루는 프로토콜
• 음성, 동화상, 텍스트 등의 멀티미디어 데이터를 효율적으로 전송할 수 있음
• 패킷 교환, 회선 교환 등의 다른 데이터 교환 방식으로 통합하여 사용

정보 통신망 관련 용어　　집중강좌 2-37

• **VoIP** : 음성 데이터를 인터넷 프로토콜 데이터 패킷으로 변환하여 인터넷 망을 이용하여 음성 통화(국제전화)를 가능하게 하는 기술이다.
• **m-VoIP** : Wi-Fi나 3G망, LTE망 등 무선 통신망을 통해 음성을 전송하는 모바일 인터넷 전화 방식이다 (Mobile VoIP).
• **FTTH** : 광섬유를 이용하여 100Mbps~1Gbps의 속도로 데이터를 전송하며, 인터넷 전화 및 TV, CATV

등의 서비스를 한번에 전송하는 기술이다.
• **WIPI** : 이동 통신 업체 사이에서 동일한 플랫폼을 사용하여 국가적 낭비를 줄이는 목적으로 추진된 무선 인터넷 플랫폼이다.
• **WAP** : 무선 장치들이 전자 우편, 뉴스 그룹 등 인터넷 액세스에 사용될 수 있도록 방법을 표준화한다.
• **WTP** : 무선 인터넷에서 트랜잭션 형태의 데이터 전송 기능을 제공하는 프로토콜이다.
• **WLL** : 전화국과 가입자 단말 사이의 회선을 무선 시스템으로 구성하여 선로 구축이 용이하다.
• **WML** : 무선 접속을 통해 PDA나 휴대 전화 같은 이동 단말기에 웹 페이지의 텍스트 부분이 표시될 수 있도록 해 주는 언어이다.

한 걸음 더 **통신 용어**

• **흐름 제어(Flow Control)** : 자료를 송수신할 때 버퍼를 사용하여 속도의 흐름을 조절
• **정지 비트(Stop Bit)** : 전송되는 데이터의 끝을 알리기 위해 보내는 비트
• **패리티 비트(Parity Bit)** : 데이터 전송 시 에러 검출을 위해 데이터 비트에 붙여서 보내는 비트
• **전송 속도(BPS)** : Bits Per Second의 약자로 초당 전송되는 비트 수

정보 통신망의 유형　　집중강좌 2-38

유형	특징
버스(Bus)형	• 하나의 통신 회선에 여러 대의 단말기가 연결된 형태로 CATV 망에 적합 • 가장 간단한 형태이지만 신뢰성과 확장성이 편리 • 노드 하나가 고장나면 해당 노드에만 영향이 미침 • 설치가 용이하고, 케이블링에 드는 비용을 최소화할 수 있음
스타(Star)형	• 중앙의 컴퓨터와 1:1로 연결되는 중앙 집중식 형태로 온라인 시스템에 적합 • 중앙 컴퓨터가 고장나면 전체 통신망이 마비되며, 유지 보수 및 확장이 용이 • 통신망의 처리 능력과 신뢰성은 중앙 노드의 제어 장치에 의해 좌우
트리(Tree)형	• 하나의 회선에 여러 대의 단말기가 연결된 형태로 이웃한 노드에는 회선을 연장하여 연결 • 분산 처리 시스템이 가능하며, 통신 경로가 가장 짧음

 링(Ring)형	• 서로 인접한 노드끼리 둥글게 연결된 형태 • 양방향 전송이 가능하고, LAN에서 가장 많이 이용 • 두 노드 사이의 채널이 고장나면 전체 네트워크가 손상
 메시(Mesh)형	• 모든 단말기들이 그물 모양의 회선으로 연결된 형태로 장거리 전송에 적합 • 응답 시간이 빠르며, 하나의 통신 회선에 장애가 발생하면 이웃한 다른 회선에 데이터를 전송

> **한 걸음 더** 매체 접근 제어 방식
> • **CSMA/CD** : 전송 오류 검출이 아닌 LAN에서만 사용하는 방식으로 Bus형 구조를 이루므로 장애 처리가 용이
> • **토큰 버스(Token Bus)** : Ring형의 각 노드 사이를 이동하면서 데이터를 전송하는 방식으로 프레임 전송이 가능
> • **토큰 링(Token Ring)** : Ring형에서 통신 제어 신호가 각 노드를 순차적으로 이동하면서 데이터를 전송하는 방식으로 통신 회선의 길이가 무제한임

❼ 정보 통신 기술 및 모바일 기기

정보 통신 기술 관련 용어 🔊 집중강좌 2-39

- **클라우드 컴퓨팅(Cloud Computing)** : 무형의 형태로 존재하는 하드웨어/소프트웨어 등의 컴퓨팅 자원을 필요한 만큼 빌려 쓰고 이에 대한 사용 요금을 지급하는 컴퓨팅 서비스로 서로 다른 물리적 위치에 존재하는 컴퓨팅 자원을 가상화 기술로 통합해 제공한다(인터넷상의 서버를 통하여 데이터 저장, 네트워크, 콘텐츠 사용 등 IT 관련 서비스를 한 번에 사용).
- **그리드 컴퓨팅(Grid Computing)** : 인터넷에 연결된 수많은 컴퓨터를 하나의 고성능 컴퓨터처럼 활용할 수 있는 기술로 WWW 보다 처리 속도가 빠르다.
- **유비쿼터스 컴퓨팅(Ubiquitous Computing)** : 가상 공간이 아닌 현실 세계의 어디서나 컴퓨터 사용이 가능한 기술로 모든 사물들이 네트워크에 항상 연결되어 있어야 한다.
- **유비쿼터스 센서 네트워크(USN)** : 제품이나 사물에 전자 태그(RFID Tag)를 부착하고, 이를 통해 제품(사물)에 대한 정보와 주변 환경 정보까지 탐지하여 실시간으로 정보를 통합 관리하는 기술이다.

- **RFID** : 모든 사물에 전자 태그를 부착하고, 무선 통신을 이용하여 사물의 정보 및 주변 상황 정보를 감지하는 센서 기술이다.
- **스마트 그리드(Smart Grid)** : 신재생 에너지의 확대를 목적으로 전력 산업, IT, 통신 기술을 하나로 결합하여 높은 효율의 전력망을 구축하는 기술이다.
- **사물 인터넷(Internet of Things)** : 다양한 사물, 사람, 공간을 긴밀하게 연결하고 상황을 분석, 예측, 판단해서 지능화된 서비스를 자율 제공하는 융복합 기술로 디바이스는 빅 데이터를 수집하고, 클라우드와 AI는 수집된 빅 데이터를 저장하고 분석한다.
- **만물 인터넷(Internet of Everything)** : 유무선 통신망으로 사물과 사람의 프로세스 등 모든 것을 연결하여 정보를 지능적으로 주고받는 차세대 통신 환경이다(사물 인터넷(IoT)이 확장된 개념).
- **위성 인터넷(Satellite Internet)** : 업로드는 전화선을 이용하고, 다운로드는 위성을 이용하는 초고속 인터넷으로 섬이나 산간 지역 등에 적합한 통신 환경이다.
- **RSS(Really Simple Syndication)** : 뉴스나 블로그 등과 같이 콘텐츠가 자주 업데이트 되는 사이트들의 정보를 자동적으로 사용자들에게 알려 주기 위한 웹 서비스 기술이다.
- **SSO(Single Sign-On)** : 한 번의 로그인으로 기업의 각종 시스템이나 인터넷의 여러 사이트에 접속할 수 있는 시스템이다.
- **상황 인식(Context Awareness)** : 컴퓨터가 주변 상황을 직접 인식하여 스스로 판단한 후 유용한 정보 서비스를 제공하는 기술이다.
- **안구 인식(Eye Recognition)** : 카메라를 이용하여 모션 인식 기능을 확장한 기술이다.
- **트랙백(Trackback)** : 블로그에서 사용하는 기능으로 내 블로그에 댓글을 작성하면 일부 내용이 다른 사람의 글에 댓글로 보이게 하는 기술이다.
- **텔레매틱스(Telematics)** : 원격 통신(Telecommunication)과 정보 과학(Informatics)의 합성어로 통신과 방송망을 이용하여 자동차 안에서 위치 추적, 인터넷 접속, 차량 진단, 사고 감지, 교통 정보 등을 제공하는 서비스이다.
- **와이파이(Wi-Fi)** : 무선 접속 장치(AP)가 설치된 일정 거리 안에서 무선 인터넷을 사용할 수 있는 근거리 통신망 기술이다.

- **시멘틱 웹(Semantic Web)** : 사용자가 정보를 검색하면 컴퓨터가 정보를 찾아 정보의 뜻을 이해하고, 조작까지 하는 차세대 지능형 웹이다.
- **빅 데이터(Big Data)** : 인터넷 및 스마트 IT의 혁명으로 휴대폰 통화량, 카드 결제, 기상 정보, 소셜 네트워크 서비스(SNS), 도로 교통량 등이 해당된다.
- **웨어러블(Wearable)** : 소형화, 경량화를 비롯해 음성과 동작 인식 등 다양한 기술이 적용되어 장소에 구애받지 않고, 활용할 수 있도록 몸에 착용하는 컴퓨터이다.
- **지그비(Zigbee)** : 저속의 전송 속도를 갖는 홈 오토메이션 및 데이터 네트워크를 위한 무선 통신망 규격이다.
- **와이브로(Wibro)** : 휴대폰, 노트북, PDA 등을 이용하여 이동하면서 초고속 인터넷에 접속할 수 있는 무선 광대역 서비스이다.
- **초광대역 무선 통신(UWB)** : 근거리에서 무선 통신을 이용하여 컴퓨터와 주변 기기 및 가전 제품 등을 연결하는 통신 방식이다.
- **ALL-IP** : 이동 통신 서비스인 LTE, VoIP, IPTV, 유무선 등 모든(All) 통신망을 하나의 인터넷 프로토콜(IP)망으로 통합한 기술이다.
- **IPTV** : 초고속 인터넷을 이용하여 동영상 콘텐츠, 정보 서비스 등 기본 텔레비전 기능에 인터넷 검색이 가능한 서비스이다.

모바일 기기 관련 용어

- **모티즌(Motizen)** : 모바일(Mobile)과 네티즌(Netizen)의 합성어로 이동 전화나 휴대용 개인 정보 단말기(PDA) 등을 통해 무선 인터넷을 즐기는 사람이다.
- **위치 기반 서비스(LBS)** : 이동 통신망이나 위성 항법 장치(GPS) 등을 통해 얻은 위치 정보를 바탕으로 이용자에게 여러 가지 서비스를 제공하는 시스템이다.
- **스마트 워치(Smart Watch)** : 향상된 기능을 장착하고 있는 임베디드 시스템 시계로 모바일 앱(App) 또는 모바일 운영 체제(OS)로 구동된다.
- **스마트 플러그(Smart Plug)** : 인터넷이나 스마트폰으로 제품을 원격 제어하고, 가정이나 사무실의 전기 사용량을 모니터링할 수 있는 장치이다.
- **스마트 서명(Smart Sign)** : 스마트폰 웹 브라우저에서 공인인증서를 포함한 전자 서명이 가능하다.

- **플로팅 앱(Floating App)** : 스마트 기기의 애플리케이션 실행 시 영상 화면을 오버레이의 팝업 창 형태로 분리하는 기능으로 멀티태스킹을 지원하여 다른 애플리케이션을 이용할 수 있다.
- **앱 스토어(App Store)** : 스마트폰에 설치할 수 있는 다양한 응용 프로그램을 지원 및 판매하는 온라인상의 거래 장터로 플레이 스토어(Play Store)라고도 한다.
- **앱 북(App Book)** : 스마트폰이나 태블릿 PC 등에서 해당 애플리케이션으로 제공되는 전자책이다.
- **SNS(Social Networking Service)** : 블로그, 페이스북, 트위터 등에서 사람들간의 관계 맺기를 통해 네트워크 망을 형성하는 온라인 서비스이다.
- **네이티브 광고(Native Advertising)** : 해당 웹 사이트에 맞게 고유한 방식으로 기획하거나 제작된 온라인 광고로 웹 콘텐츠 일부로 작동하기 때문에 사용자 관심이 집중된다.
- **풀 브라우징(Full Browsing)** : 모바일 단말기에서도 PC상의 웹 사이트를 보는 것처럼 동일하게 문서나 동영상을 볼 수 있는 서비스이다.
- **모바일 오피스(Mobile Office)** : 스마트폰, 태블릿 PC, 노트북 등으로 장소에 상관없이 네트워크에 접속하여 회사 업무를 처리할 수 있는 시스템이다.
- **모바일 플랫폼(Mobile Platform)** : 이동 단말 장치에서 고객이 애플리케이션이나 서비스를 이용할 수 있도록 지원하는 환경으로 노키아의 심비안, MS의 윈도우 모바일, 구글의 안드로이드 등이 있다.

⑧ 네트워크 설정 방법

네트워크 설치 방법

- 네트워크 카드를 설치한 후 [제어판]-[장치 및 프린터]에서 '장치 추가'를 클릭한다.
- 네트워크 카드가 PNP를 지원할 경우 Windows가 자동으로 새 하드웨어를 추가한다.
- [시작]-[제어판]-[네트워크 및 공유 센터]를 실행한 후 '활성 네트워크 보기'에서 '로컬 영역 연결'을 선택하고, [일반] 탭에서 [속성] 단추를 클릭한다.
- [로컬 영역 연결 속성] 대화 상자의 [네트워킹] 탭에서 [설치] 단추를 클릭하면 필요한 구성 요소 항목을 추가할 수 있다.

탭	설명
[네트워킹]	클라이언트, 서비스, 프로토콜 등의 네트워크 구성 요소를 설치하거나 제거
[공유]	다른 네트워크 사용자의 인터넷 연결과 공유 인터넷 연결 중지를 허용

> **한 걸음 더 연결 항목**
>
> - **Microsoft Networks용 클라이언트** : Microsoft 네트워크에 있는 리소스를 액세스할 수 있음
> - **QoS 패킷 스케줄러** : 흐름 속도나 우선 순위 지정 서비스를 포함한 네트워크의 소통 제어
> - **Microsoft 네트워크용 파일 및 프린터 공유** : Microsoft 네트워크를 이용하여 사용자의 컴퓨터에 있는 리소스를 액세스할 수 있음
> - **Internet Protocol(TCP/IP)** : 인터넷과 WAN에 연결할 때 사용하는 프로토콜로 다양하게 연결된 네트워크상에서 통신을 제공

네트워크의 위치

위치	설명
홈 네트워크	네트워크상의 모든 컴퓨터가 집에 있는 것으로 파악되는 경우 신뢰할 수 있음
회사 네트워크	네트워크상의 모든 컴퓨터가 회사에 있는 것으로 파악되는 경우 신뢰할 수 있음
공용 네트워크	네트워크상의 모든 컴퓨터가 파악되지 않는 경우 신뢰할 수 없음(예 : 커피숍, 공항, 기타 모바일 광대역)

> **한 걸음 더 홈 그룹**
>
> - 두 대 이상의 컴퓨터를 네트워크로 연결하여 파일과 프린터를 공유할 수 있게 하는 기능
> - 홈 네트워크 상태에서 홈 그룹을 만들고, 나머지 컴퓨터들이 홈 그룹에 연결되는 방식
> - 홈 그룹에 연결되면 Guest 계정을 제외한 모든 사용자 계정이 홈 그룹의 구성원이 됨
> - [제어판]-[홈 그룹]을 선택하면 홈 그룹 생성과 참여를 할 수 있음

네트워크 및 공유 센터

항목	설명
활성 네트워크 보기	네트워크의 이름 및 위치, 액세스 형식, 홈 그룹 상태, 연결 상태 등을 표시

네트워크 설정 변경	새 연결 또는 네트워크 설정, 네트워크에 연결, 홈 그룹 및 공유 옵션 선택, 문제 해결 등을 작업
어댑터 설정 변경	네트워크의 연결 상태와 사용 여부 설정, 네트워크 이름 변경 등의 네트워크 정보를 확인하거나 변경
고급 공유 설정 변경	세부적인 공유 옵션을 설정하거나 변경

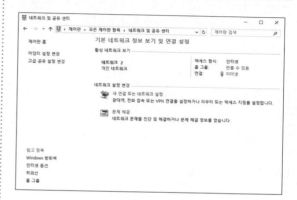

네트워크 기능 유형

유형	설명
클라이언트 (Client)	• 다른 네트워크에 있는 공유 파일과 프린터의 액세스를 제공 • 다른 컴퓨터에 공유된 자원을 사용할 수 있음
서비스 (Service)	• 네트워크상에서 파일과 프린터를 다른 사람과 공유 • 다른 컴퓨터의 파일이나 하드웨어를 제공하는 공유 기능
프로토콜 (Protocol)	• 네트워크상에서 다른 컴퓨터간 정보 교환을 가능하게 하는 통신 규약 • 컴퓨터가 서로 정보를 공유하려면 같은 프로토콜을 사용

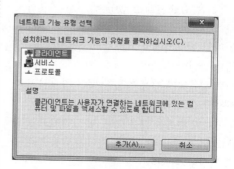

네트워크 연결 상태

- 사용자 컴퓨터와 인터넷, 네트워크, 다른 사용자 컴퓨터 사이의 연결을 지원한다.
- 네트워크 어댑터를 설치하면 로컬 영역 연결이 자동으로 생성된다.
- 로컬 영역의 연결 상태, 미디어 상태, 시간, 속도, 송수신한 작업 양 등을 표시한다.
- [제어판]–[네트워크 및 공유 센터]를 실행한 후 '활성 네트워크 보기'에서 '이더넷'을 선택한다.

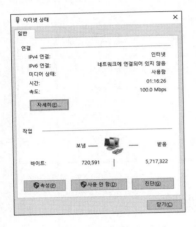

> **한 걸음 더**   네트워크 어댑터
>
> - 컴퓨터를 물리적으로 네트워크에 연결하는 장치로 [제어판]–[장치 관리자]에서 자동 추가
> - 현재 연결된 [이더넷 상태] 대화 상자에서 연결된 어댑터 장치를 확인
> - [네트워크 연결] 창의 [보기]–[자세히]를 선택하면 네트워크 이름, 네트워크 상태, 네트워크 장치 이름, 네트워크 연결, 네트워크 범주, 네트워크 소유자 등이 표시

네트워크 드라이브 연결

- 네트워크를 이용하여 다른 컴퓨터의 드라이브를 사용하며, 연결할 컴퓨터에는 공유 폴더가 존재해야 한다.
- 컴퓨터나 파일 탐색기에서 네트워크 드라이브로 설정된 개체를 확인할 수 있다.
- 해당 호스트 컴퓨터가 사용 가능할 때만 연결된 드라이브를 사용할 수 있다.
- 해당 드라이브의 연결을 끊은 다음 새 드라이브 문자로 다시 지정하여 컴퓨터나 공유 폴더를 다른 드라이브 문자로 지정할 수 있다.

- [내 PC] 창에서 [컴퓨터]–[네트워크 드라이브 연결]을 선택한 후 [네트워크 드라이브 연결] 대화 상자에서 '드라이브'와 '폴더'를 지정한다.
- 연결된 네트워크 드라이브를 해제하려면 [컴퓨터]–[네트워크 드라이브 연결 끊기]를 선택하거나 바로 가기 메뉴에서 [연결 끊기]를 선택한다.

항목	설명
드라이브	네트워크를 연결할 때 Z:에서부터 A:까지의 사용되지 않는 드라이브 문자를 지정(C:, D:, E:는 제외)
폴더	연결할 공유 폴더의 경로를 'WW컴퓨터이름W폴더이름' 형태로 지정
로그온할 때 다시 연결	Windows를 시작할 때마다 설정한 네트워크 드라이브로 연결

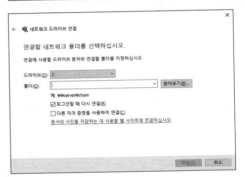

네트워크 연결 장비

종류	특징
라우터 (Router)	• 네트워크에서 최적의 경로를 배정하며, 패킷에 의해 네트워크 노드를 결정하는 장치 • 물리 계층에서 신호를 중계하며, 거리 확장이나 상호 접속을 위해 사용 • 데이터를 효율적으로 전송하며, 데이터 흐름을 제어
게이트웨이 (Gateway)	• 서로 다른 네트워크 및 프로토콜간을 연결할 때 사용하는 장치 • 상위 계층을 연결하여 형식, 주소, 프로토콜을 변환 • 다른 네트워크로 들어가는 입구(LAN과 같은 네트워크를 다른 네트워크와 연결)
브리지 (Bridge)	• 동일한 프로토콜을 쓰고 있는 다른 랜과 상호 접속시키기 위한 장치 • 네트워크 분할로 트래픽을 감소시키고, 양쪽 방향으로 데이터를 전송 • 네트워크에 연결된 단말들의 통신 프로토콜을 바꾸지 않고도 네트워크를 확장

리피터 (Repeater)	• 광학 전송 매체에서 신호를 재생하여 매체의 다음 구간으로 전송시키는 장치 • 인터넷 신호를 증폭하여 장거리로 정보를 전달할 때 사용 • 수신한 신호를 재생하거나 출력 전압을 높여 전송
허브 (Hub)	• LAN상에서 한꺼번에 여러 컴퓨터나 기기들을 연결하기 위한 장치 • 물리 계층에서 각 노드를 통신 선으로 연결하며, 통합 회선 관리를 목적으로 함
모뎀 (MODEM)	디지털 신호를 통해 전송할 수 있도록 아날로그 신호로 변조해 주고, 전화선을 통해 전송된 아날로그 신호를 컴퓨터에서 처리할 수 있도록 디지털 신호로 복조

한 걸음 더 **더미 허브와 스위칭 허브**

• **더미(Dummy) 허브** : 허브와 라우터 등의 네트워크 장비와 연결하며, LAN에 있는 대역폭을 컴퓨터 수만큼 나누어 제공하므로 불안정하고, 문제 해결이 힘듦
• **스위칭(Switching) 허브** : 각 포트에서 패킷을 고속으로 전송하며, 신호 처리와 관리 기능을 가짐(노드가 늘어나도 속도에는 변화가 없음)

네트워크 관련 명령어

명령어	설명
PING	네트워크 연결을 점검하기 위해 상대방 컴퓨터의 동작 여부를 확인하는 명령어 (대상 IP 주소의 호스트 이름, 전송 신호의 손실률, 전송 신호의 응답 시간 등을 확인)
IPCONFIG	시스템의 IP 주소, 서브넷 마스크, 기본 게이트웨이를 확인하는 등 IP 주소의 설정(재설정) 상태를 확인하는 명령어
NSLOOKUP	특정 도메인의 IP 주소를 DNS 서버에서 검색하는 명령어
NETSTAT	컴퓨터에 연결된 다른 PC의 IP 주소와 포트 정보를 확인하는 명령어(바이러스나 해킹 여부를 진단)
TRACERT	접속 호스트의 경로를 추적하고, 사이트 연결이 원활하지 않을 경우 문제를 찾는 명령어(IP 라우터가 패킷을 제대로 전송하는지를 확인)
WINIPCFG	현재 컴퓨터의 IP 정보나 네트워크 설정 정보 등을 보여주는 명령어

⑨ 인터넷 연결 설정

TCP/IP 프로토콜 설정　　　집중강좌 2-41

• [제어판]−[네트워크 및 공유 센터]를 실행한 후 '이더넷'을 선택하고, [이더넷 상태] 대화 상자에서 [속성] 단추를 클릭한다.
• [이더넷 속성] 대화 상자의 [네트워킹] 탭에서 'Internet Protocol Version 4 (TCP/IPv4)'를 선택하고, [속성] 단추를 클릭한다.
• TCP/IPv4 : 현재 사용하는 IP 주소로 32비트를 8비트씩 4개의 점(.)으로 나누어 표시한다.
• TCP/IPv6 : IPv4의 주소 공간을 4배 확장한 것으로 128비트를 16비트씩 8개로 나누어 표시한다.

항목	설명
자동으로 IP 주소 받기	• DHCP 서버로부터 동적으로 인터넷 프로토콜 주소를 지정 받아 사용 • DHCP는 네트워크 관리자가 중앙에서 IP 주소를 할당하고, 다른 네트워크에 접속되었을 때 자동으로 새로운 IP 주소를 보냄
다음 IP 주소 사용	• **IP 주소** : 네트워크 관리자나 인터넷 서비스 공급자가 제공한 주소를 입력 • **서브넷 마스크** : IP 주소와 사용자 컴퓨터가 속한 네트워크를 구별 • **기본 게이트웨이** : 추가할 기본 게이트웨이의 IP 주소를 입력
자동으로 DNS 서버 주소 받기	DNS 서버의 네트워크 주소를 자동으로 가져올 수 있도록 지정
다음 DNS 서버 주소 사용	• **기본 설정 DNS 서버** : 기본 설정 DNS 서버나 주 DNS 서버의 IP 주소를 입력 • **보조 DNS 서버** : 보조 DNS 서버의 IP 주소를 입력

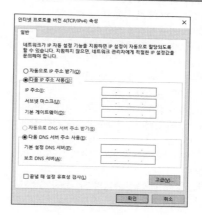

IP 주소와 DNS 서버

구분	설명
IP 주소	• 0~255까지의 숫자 4개로 구분하여 표기하는 32비트 정보로 공유는 불가능 • 인터넷에 연결된 컴퓨터의 고유 주소를 입력 • 네트워크 ID를 구성하는 고유 IP 주소와 고유 호스트 ID가 할당되어야 함
DNS 서버	• 인터넷 사용 시 문자로 된 컴퓨터 주소(도메인 네임)를 숫자로 된 IP 주소로 바꿈 • 자동으로 DNS 서버 주소를 사용하도록 설정 가능 • 여러 개의 DNS 서버 주소를 등록하거나 변경할 수 있음

프로토콜의 종류

종류	설명
TCP/IP	• 서로 다른 컴퓨터끼리 데이터를 주고받을 수 있는 인터넷 표준 프로토콜 • 다양한 종류의 운영 체제에 대한 네트워킹 기능을 제공
NetBEUI	• Microsoft가 구현한 NetBIOS의 표준으로 Microsoft 네트워킹 고유의 프로토콜 • 토큰 링 소스 라우팅 방식만 사용 가능
IPX/SPX	• 네트워크 설정 시 자신의 작업 그룹끼리 연결하기 위해 설치하는 프로토콜 • Novell NetWare 네트워크에 사용되는 전송 프로토콜로 TCP와 IP의 결합
SNMP	• TCP/IP 네트워크에서 폭 넓게 사용되는 프로토콜 • 분산 구조를 사용하여 관리 서비스를 수행

> **한 걸음 더 인터넷 연결 공유(ICS)**
>
> • 하나의 연결만으로 홈 네트워크 또는 소규모 네트워크에 속한 컴퓨터를 인터넷에 연결 가능
> • 하나의 컴퓨터에 연결된 인터넷 선을 이용하여 네트워크의 모든 컴퓨터가 인터넷을 사용할 수 있으며, 컴퓨터 관리자 계정으로 설정
> • ICS 호스트 컴퓨터가 다른 컴퓨터와 인터넷 사이에서 네트워크 통신을 관리하는 역할을 함
> • 인터넷에 직접 연결된 컴퓨터를 호스트 컴퓨터라고 하고, 호스트 컴퓨터를 통해 인터넷을 사용하는 컴퓨터를 클라이언트 컴퓨터라고 함
> • ICS 클라이언트 컴퓨터는 ICS 호스트 컴퓨터에 연결하여 인터넷을 사용하는 컴퓨터
> • 호스트 컴퓨터는 클라이언트 컴퓨터의 게이트웨이 역할을 함

⑩ 공유 설정

공유의 특징

• 프로그램, 프린터, 문서, 그림, 소리, 비디오 등 컴퓨터 자원을 다른 사람들과 같이 사용할 수 있다.
• 폴더, 프린터, 드라이브에 설정할 수 있지만 파일, 모뎀, 사운드 카드에는 설정할 수 없다.
• 다른 컴퓨터에 있는 파일이나 폴더를 복사할 수 있지만 바이러스 감염 등에 주의해야 한다.
• 다른 사람이 공유 여부를 모르게 하려면 폴더나 드라이브의 공유 이름에 '$' 표시를 한다.

폴더 및 드라이브 공유 설정

• [내 PC] 창에서 공유할 폴더나 드라이브를 선택한 후 바로 가기 메뉴에서 [속성]을 선택한다.
• [속성] 대화 상자의 [공유] 탭에서 [공유] 단추를 클릭한다.
• 네트워크 파일 및 폴더 공유, 고급 공유, 암호 보호 등을 설정할 수 있다.
• 공유 파일과 컴퓨터에 연결된 네트워크 유형에 따라 공유 방법이 달라진다.

> **한 걸음 더 공유 대상**
>
> • **없음** : 공유를 해제
> • **홈 그룹(읽기)** : 전체 홈 그룹과 공유하지만 읽기(열기)만 가능(사용자 허가 필요)
> • **홈 그룹(읽기/쓰기)** : 전체 홈 그룹과 공유하면서 읽기(열기)/쓰기(수정)가 가능(사용자 허가 필요)
> • **특정 사용자** : 공유할 사용자(사람)를 선택

프린터 공유 설정

• [제어판]–[장치 및 프린터]를 선택한 후 공유할 프린터의 바로 가기 메뉴에서 [프린터 속성]을 선택한다.
• [프린터 속성] 대화 상자의 [공유] 탭에서 '이 프린터 공유'를 선택하고, 네트워크상에서 공유한 프린터를 찾기 위해 공유 이름을 입력한다.
• 기본 프린터로 설정된 프린터를 네트워크상의 다른 컴퓨터에서 사용할 수 있다.
• 네트워크 프린터를 설치할 경우 프린터는 공유가 설정된다.

- 네트워크 프린터에서 공유할 프린터 이름을 입력할 경우 'WW컴퓨터 이름WW프린터 이름'의 형태로 지정한다.
- 공유 이름은 80자 이내로 한글, 영문, 숫자, 공백을 사용할 수 있지만 /, W, ,... 등의 특수 문자는 사용할 수 없다.

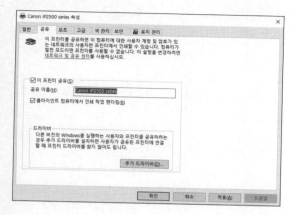

고급 공유 설정

- **네트워크 검색** : 네트워크 검색이 켜져 있으면 해당 컴퓨터에서 다른 네트워크 컴퓨터와 장치를 볼 수 있고, 다른 네트워크 컴퓨터에서 해당 컴퓨터가 표시될 수도 있다.
- **파일 및 프린터 공유** : 파일 및 프린터 공유가 켜져 있으면 해당 컴퓨터에서 공유한 파일과 프린터를 네트워크의 모든 사용자가 액세스할 수 있다.
- **공용 폴더 공유** : 공용 폴더 공유가 설정되어 있으면 홈 그룹 구성원을 비롯한 네트워크 사용자가 공용 폴더에 있는 파일에 액세스할 수 있다.
- **미디어 스트리밍** : 미디어 스트링이 켜져 있으면 네트워크에 있는 사용자 및 장치가 해당 컴퓨터에 있는 사진, 음악, 비디오에 액세스할 수 있다.
- **파일 공유 연결** : Windows에서는 파일 공유 연결의 보안을 위해 128비트 암호화를 사용하며, 이를 지원하지 않는 장치는 40비트나 56비트 암호화를 사용해야 한다.
- **암호로 보호된 공유** : 암호 보호 공유가 켜져 있으면 해당 컴퓨터에 대한 사용자 계정과 암호가 있는 사용자만 공유 파일, 컴퓨터에 연결된 프린터 및 공유 폴더에 액세스할 수 있다.

- **홈 그룹 연결** : 다른 홈 그룹 컴퓨터에 대한 연결은 Windows에서 관리하며, 다른 모든 컴퓨터에서도 동일한 사용자 계정과 암호를 갖고 있으면 홈 그룹에서 사용자 계정을 대신 사용할 수 있다.

⑪ 멀티미디어(Multimedia)

멀티미디어의 개념

- 멀티(Multi)와 미디어(Media)가 결합된 것으로 선형 콘텐츠와 비선형 콘텐츠로 나눌 수 있다.
- 문자(Text), 그림(Image), 오디오(Audio), 비디오(Video), 애니메이션(Animation) 등의 정보를 통합하여 하나의 정보로 전달된다.
- 초고속 통신망의 기술로 대용량의 멀티미디어 정보를 통신망을 통해 전송할 수 있다.
- 멀티미디어 데이터는 용량이 크기 때문에 압축하여 저장한다(데이터를 압축하고 복원하는 기술 개발).
- 다양한 형태의 데이터를 디지털 데이터로 변환하여 통합 처리한다.
- 멀티미디어 개발 과정은 디자인 → 도구 선택 → 콘텐츠 생성 → 멀티미디어 저작 → 테스팅 순이다.
- 가상 현실, 전자 출판, 화상 회의, 방송, 교육, 의료 등 사회 전 분야에서 응용 가능하다.

멀티미디어의 특징

- **쌍방향성(Interactive)** : 시간과 장소에 관계없이 사용자 컴퓨터와 단말기가 서로 양방향으로 데이터를 주고받는다.
- **비선형성(Non-Linear)** : 문자나 숫자 데이터 외에 소리 등의 데이터를 처리한다.
- **통합성(Integration)** : 문자나 그래픽 정보에 오디오, 비디오 등을 하나로 통합한다.
- **디지털화(Digitalization)** : 다양한 멀티미디어 데이터를 디지털 데이터 형식으로 변환하여 처리한다.

멀티미디어의 환경

① 하이퍼텍스트(Hypertext)
- 사용자의 선택에 따라 관련 있는 단어나 분야로 이동할 수 있도록 하이퍼링크로 연결된 조직화된 정보이다(예 : 인터넷 문서, Windows 도움말).

- 편집자의 의도보다는 독자의 의도에 따라 문서를 읽는 순서가 결정되도록 구성한다.
- 문서와 문서를 연결하여 관련 정보를 쉽게 찾을 수 있는 비선형 구조를 가지며, 여러 사용자가 다른 경로를 통해 접근할 수 있다.

② 하이퍼링크(Hyperlink)
- 서로 관련 있는 문서(Node)와 문서를 연결하는 것으로 문서에서 다른 분야로 옮겨가는 하이퍼텍스트 링크를 Named Anchor라고 한다.
- 웹상에서 정보를 효과적으로 나타내기 위해 문서 사이를 연결하여 관련된 정보를 쉽게 찾는다.
- 노드(Node)는 하이퍼텍스트나 하이퍼미디어에 연결된 페이지를 의미한다.

③ 하이퍼미디어(Hypermedia)
- 하이퍼텍스트에 소리, 동영상, 애니메이션 등의 멀티미디어 정보를 결합한 것이다.
- 미디어를 서로 연결하여 관련된 정보를 쉽게 찾아볼 수 있다.
- 하이퍼텍스트 방식에 의해 여러 미디어들을 축적, 검색한다.

> **한 걸음 더** **관련 용어**
>
> - **핫 스왑(Hot Swap)** : 전원을 끄지 않고도 컴퓨터에 장착된 장비를 제거하거나 교환할 수 있는 기능으로 핫 플러그 인을 의미
> - **플러그 인(Plug-In)** : 음악, 동영상 등을 제공하는 웹 사이트를 보기 위해 해당 프로그램을 웹 브라우저에 추가하는 것으로 Real Player, Shock Wave & Flash Player, Acrobat Reader, Stream Works Player 등이 있음

⑫ 멀티미디어 시스템

멀티미디어 하드웨어 [집중강좌 2-42]

① 멀티미디어 PC
- 멀티미디어 데이터를 재생하고, 처리할 수 있는 PC를 의미한다.
- 멀티미디어 저작 시스템은 멀티미디어 콘텐츠를 통합하기 위한 시스템이다.

② CD-ROM(Compact Disc-Read Only Memory)
- 멀티미디어 PC의 핵심 장치로 음악, 동영상 등 650MB 이상의 데이터를 저장한다.
- 하드 디스크보다 접근 속도가 느리며, 데이터 전송률이 낮다.

종류	용도
CD-DA	디지털 음악을 저장(**규격** : Red Book)
CD-I	TV와 연결하여 스크린 화면을 구현(**규격** : Green Book)
CD-R	빈 공간으로 생산되어 단 한 번만 기록(**규격** : Orange Book)
CD-RW	패킷 라이팅 기술을 이용하여 여러 번 기록/삭제(**규격** : Orange Book)
CD-G	음악과 그래픽 화상을 저장(**규격** : Blue Book)
CD-COMBO	CD-ROM, CD-RW, DVD 등의 모든 기능을 통합하여 사용할 수 있는 드라이브

③ DVD(Digital Versatile Disc)
- CD-ROM과 동일한 크기로 디스크 단면에 4.7GB, 양면에 17GB의 영상 및 음성 신호를 저장한다.
- MPEG-2의 압축 기술로 대용량을 구현하며, 초당 1,200KB의 전송 속도를 지원한다.
- 오디오 CD나 비디오 CD도 재생이 가능하며, 최대 8개 국어를 지원한다.
- 돌비 AC3 서라운드 입체 음향과 멀티 앵글을 지원한다.

④ 사운드 카드(Sound Card)
- 각종 오디오 파일을 재생, 녹음, 편집할 수 있다.
- 8비트와 16비트 웨이브 테이블(Wave Table) 방식이 있으며, 비트 수가 높을수록 원음에 가깝다.
- 웨이브 테이블은 사운드 카드에 RAM을 장착하여 기본 악기 소리 외에 필요한 소리가 있을 때 RAM에 필요한 소리 자료를 놓고 내장된 악기를 쓰듯이 악기 번호를 부여하는 방식이다.
- 재생 방식에 따라 FM과 PCM 방식으로 구분한다.

- 선형적인 데이터를 비선형적 데이터로 취급할 수 있도록 디지털화하는 것
- 아날로그 형태의 소리를 디지털 형태로 바꾸는 작업
- 샘플링 율(Sampling Rate)은 소리가 기록될 때 초(Second)당 음이 측정되는 횟수로 높으면 원음에 가까움(**단위 : Hertz**)
- 샘플링 주파수(Sampling Frequency)는 초당 샘플링 되는 횟수로 낮을수록 좋음
- 샘플링 비트(Sampling Bit) 수는 음질에 영향을 줌

⑤ 비디오 카드(Video Card)

- 중앙 처리 장치의 그래픽 정보를 디지털 신호로 변환하여 모니터로 출력한다.
- 비디오 카드의 RAM 용량과 모니터의 성능에 따라 색상과 해상도가 결정된다.
- 4비트, 8비트, 16비트, 24비트, 32비트 등의 다양한 컬러를 지원한다.
- 버스의 구조에 따라 ISA, VESA, PCI, AGP, PCI-Express 등으로 분류된다.

⑥ 영상 보드(Image Board)

종류	설명
TV 수신 보드	TV 전파를 수신하여 모니터로 출력하는 장치
MPEG 보드	동화상을 압축하여 화면에서 볼 수 있도록 하는 장치
비디오 오버레이 보드	비디오 신호를 모니터에 맞게 변환하여 화면에 표시하는 장치
프레임 그래버 보드	동화상을 데이터 파일로 저장, 편집하는 장치
비디오 캡처 보드	동화상 데이터를 컴퓨터가 처리할 수 있는 데이터 파일로 변환하는 장치

- 멀티미디어 구현을 위한 최소한의 장비 규격
- CD-ROM 드라이브, 사운드 카드, 그래픽 카드, 영상 보드 등 장비간 호환성과 규격을 설정
- MPC-1, MPC-2, MPC-3 레벨까지 발전

멀티미디어 소프트웨어

① 멀티미디어 저작 도구

- 프레젠테이션, 전자 출판, 광고 등을 제작하는데 사용되는 프로그램이다.
- 사용자의 입력에 따라 요소의 제어 흐름을 조정하며, 다양한 미디어 파일과 장치를 연결할 수 있다.
- 미디어 파일들간의 동기화 정보를 통하여 요소들을 결합하여 실행한다.
- 디렉터(Director), 툴북(Toolbook), 프리미어(Adobe Premiere), 베가스 프로(Vegas Pro), 하이퍼 카드(Hyper Card), 오소웨어(Authorware), 칵테일(Cocktail) 등이 있다.

② 멀티미디어 재생 소프트웨어

- 멀티미디어로 제작된 형태의 데이터(그래픽, 사운드, 비디오 등)를 재생할 수 있는 프로그램이다.
- Windows Media Player, Quick Time, MPEG 재생기, Active Movie, Real Player, Xing MPEG Player 등이 있다.

③ 멀티미디어 편집 소프트웨어

- **그래픽 편집 도구** : Photoshop, Paintshop Pro, Painter, Illustrator, CorelDraw 등이 있다.
- **미디어 편집 도구** : Cakewalk, Adobe Premiere, Macromedia Director 등이 있다.

⑬ 멀티미디어 데이터

비트맵(Bitmap)

- 부드러운 이미지를 나타낼 때 사용하며, 점의 최소 단위인 픽셀(Pixel)로 구성한다(래스터 이미지).
- 글자나 그림을 확대하면 매끄럽지 않고 계단 모양처럼 울퉁불퉁하다.
- 사실적 이미지의 고해상도를 표현하는데 적합하며, 기억 공간을 많이 차지한다.
- 비트맵 방식의 그래픽 파일 형식에는 BMP, PCX, PNG, GIF, JPG, TIF 등이 있다.

벡터(Vector)

- 그림 크기와 상관없이 원형을 그대로 유지하며, 점들의 좌표 값으로 구성한다.
- 특정 부분을 확대 또는 축소시켜도 화질의 손상이 없고, 매끄럽게 표현된다.
- 직선이나 곡선을 이용하고, 도형 같은 단순한 개체 표현에 적합하다.
- 벡터 방식의 그래픽 파일 형식에는 AI, CDR, CGM, DRW, DXF, WMF 등이 있다.

한 걸음 더 그래픽 데이터 파일

- **GIF** : 256 컬러와 8비트 팔레트를 사용하여 Animation을 표현하므로 웹에서 널리 사용(인터넷 표준 그래픽 형식)
- **JPEG(JPG)** : 인터넷에서 그림 전송 시 사용되며, 다양한 색상(최대 1,600만 색)을 표현
- **BMP** : Windows 운영 체제의 표준으로 비트맵 정보를 압축하지 않고 저장(고해상도의 이미지를 표현하므로 파일 크기가 큼)
- **TIFF(TIF)** : 응용 프로그램간 그래픽 데이터 교환을 위해 개발된 형식으로 트루컬러 표현이 가능
- **PCX** : Paintbrush에서 사용되는 파일로 압축 방식이 간단(스캐너, 팩스 등에서 지원)
- **WMF** : Windows에서 기본적으로 사용하는 파일 형식
- **DXF** : Auto CAD에서 사용하는 파일 형식
- **PNG** : GIF 대신 통신망에서 사용하는 웹 표준 그래픽 형식으로 다양한 특수 효과가 가능(선명한 그래픽(트루컬러)으로 투명색 지정이 가능)
- **래스터(Raster)** : 픽셀 단위로 이미지를 저장하며, 파일 크기는 이미지의 해상도에 비례해서 커짐(스캐너나 디지털 카메라를 이용해서 생성)

그래픽 데이터 관련 용어

- **인터레이싱(Interlacing)** : 이미지의 대략적인 모습을 먼저 보여준 다음 점차 자세한 모습을 보여주는 기법이다.
- **메조틴트(Mezzotint)** : 이미지에 무수히 많은 점을 찍은 듯한 효과를 나타내는 기법이다.
- **솔러리제이션(Solarization)** : 필름에 빛이 들어가 나타나는 색채의 반전 효과를 주는 기법이다.
- **디더링(Dithering)** : 팔레트에 없는 컬러를 컬러 패턴으로 대체하여 가장 유사한 컬러로 표현하는 기법이다(제한된 색상을 조합하여 음영이나 색을 만듦).

- **필터링(Filtering)** : 이미지에 필터 기능을 이용하여 새로운 이미지로 바꾸는 기법이다.
- **렌더링(Rendering)** : 3차원 화면의 각 면에 색깔과 음영 효과를 주어 입체감과 사실감을 나타내는 기법이다.
- **모델링(Modeling)** : 렌더링 작업을 하기 전에 수행되는 기법이다(형상을 3차원 그래픽으로 표현).
- **쉐이딩(Shading)** : 3차원 그래픽에서 화면에 표시된 물체에 적절한 색깔과 밝기를 표현하여 입체감을 나타내는 기법이다.
- **와핑(Warping)** : 이미지를 왜곡할 때 사용하며, 이미지를 유사 형태로 변형하는 기법이다.
- **모핑(Morphing)** : 두 이미지를 자연스럽게 연결하고, 어떤 모습을 서서히 다른 형상으로 변화시키는 기법이다(다른 이미지로 변화하는 과정을 표현).
- **리터칭(Retouching)** : 이미지 변형 작업으로 기존의 그림을 다른 형태로 새롭게 변형, 수정한다.
- **안티앨리어싱(Anti-Aliasing)** : 화면 해상도가 낮아 사선이나 곡선이 매끄럽게 표현되지 않고, 톱니 모양과 같이 거칠게 표시되는 느낌을 감소시키는 기법이다(이미지 가장자리의 계단 현상을 최소화).

웨이브(WAVE, WAV) 집중강좌 2-43

- PCM 방식으로 소리를 그대로 저장하였다가 사운드 카드를 통해 직접 재생(*.WAV)한다.
- 별도의 압축 과정이 필요하지 않으므로 MIDI보다 용량이 크다.
- 음악, 음성, 효과음 등 다양한 형태의 소리를 저장할 수 있다.
- 샘플링하여 이를 디지털화한 값으로 저장한다.

미디(MIDI)

- 전자 악기간 디지털 신호에 의한 통신이나 컴퓨터와 전자 악기간 통신 규약이다.
- 음악 CD처럼 실제 사운드를 녹음하는 것이 아니라 정보만 저장하므로 사람 음성과 같은 자연음은 저장할 수 없다.
- 실제 음을 듣기 위해서는 그 음을 발생시켜 주는 장치(신디사이저)가 필요하다.

- 음악을 악보와 비슷한 하나의 순서(Sequence)로 저장하며, WAV 파일보다 크기가 작다.
- 사운드 카드와 같은 MIDI 디바이스가 음악을 연주하는 방법을 알려주는 명령어를 포함한다.
- MIDI 파일에는 음표의 길이, 음악의 빠르기, 음악의 특성들을 나타내는 명령어가 들어 있다.

MP3

- MPEG 기술을 이용하여 만든 오디오 데이터의 디지털 파일 양식이다.
- 음질을 고밀도로 압축하는 기술(MPEG-1 Audio Player-3)이다.
- RA나 WAV 파일보다 음질이 뛰어나고 최대 12:1의 압축을 할 수 있다.
- RA는 인터넷을 이용하여 실시간으로 음악을 들을 수 있는 스트리밍 방식의 파일 양식이다.
- 높은 압축률과 음반 CD 수준의 음질로 음성 전용 코덱으로 발전한다.

한 걸음 더 사운드 저장 시 디스크 공간의 크기 산출

샘플링 비율(Hz) × 양자화 크기(비트)/8 × 1(모노) 또는 2(스테레오) × 지속 시간(S)

JPEG(Joint Photograph Experts Group)

- 정지 영상의 디지털 압축 기술로 손실 압축과 무손실 압축이 가능하다.
- 사용자의 요구에 따라 압축 정도를 지정할 수 있다.
- 화질에 따라 파일 크기가 다르며, 24Bit의 트루 컬러를 지원한다(웹상에서 화상을 보관하고 전송).

MPEG(Moving Picture Experts Group)

- 동영상 전문가 그룹에서 제작한 동영상 압축 기술에 대한 국제 표준이다.
- 동영상뿐만 아니라 오디오 데이터도 압축하며, 압축 시에는 데이터가 손실되지만 사용 목적에는 지장이 없다.
- 프레임간의 연관성을 고려하여 중복 데이터를 제거함으로써 압축률을 높이는 손실 압축 기법을 사용한다.

- CD, DVD, HDTV, IMT-2000 분야 등에서 동영상을 표현하기 위해 사용한다.

종류	설명
MPEG-1	비디오 CD, CD-I에서와 같이 CD 매체에 VHS 테이프의 동영상과 음향을 최대 1.5Mbps로 압축 저장하는 기술
MPEG-2	MPEG-Video, MPEG-Audio, MPEG-System으로 구성되고, 높은 화질과 음질을 지원하므로 차세대 디지털 TV 방송, 위성 방송, DVD 등에 사용되는 기술
MPEG-3	고화질 TV의 높은 화질을 얻기 위한 영상 압축 기술
MPEG-4	MPEG-2를 개선한 것으로 동영상 데이터의 전송이나 화상 회의 시스템의 양방향 전송을 사용하기 위해 개발된 기술(IMT-2000 환경에서 사용)
MPEG-7	동영상 데이터 검색과 전자상거래 등에 적합하며, 멀티미디어의 정보 검색이 가능하도록 메타 데이터를 추가하는 기술(영상 표현과 압축 방식에 관여하지 않고, 특징 추출을 통해 디지털 방송과 전자 도서관, 전자상상거래 등에서 멀티미디어 데이터를 효과적으로 검색)
MPEG-21	디지털 콘텐츠의 제작, 유통, 보안 등 전 과정을 포괄적으로 관리할 수 있는 기술

DVI(Digital Video Interactive)

- 디지털 TV를 만들 목적으로 개발한 영상 압축 기술이다.
- 대용량의 영상 및 음성 데이터를 압축하여 CD-ROM에 담을 수 있으나 재생 속도가 느리다.
- 압축률은 최고 144:1 정도로 딜리버리 보드와 캡처 보드로 구성된다.
- TV나 비디오 카메라로 촬영한 영상을 컴퓨터에서 보거나 편집할 수 있도록 한다.
- 인텔사에서 멀티미디어 분야의 동영상 압축 기술로 발전하였다.

DivX(Digital Video Express)

- MPEG-3과 MPEG-4를 재조합한 방식으로 기존 MPEG와는 다르게 비표준 동영상 파일 형식이다.

- 동영상을 압축하기 위해 사용하는 대용량의 고화질 파일 형식이다.
- 코덱을 이용하여 압축하며, 재생을 하려면 재생 프로그램과 압축에 사용된 코덱이 있어야 한다.
- 용량 대비 화질이 높아 영화 파일 압축에 많이 사용된다.

AVI(Audio Visual Interleaved)

- Windows 운영 체제에서 동영상을 재생하기 위한 파일 형식이다.
- 오디오 정보와 비디오 정보를 디지털 오디오 방식으로 압축하므로 압축 속도가 빠르다.
- 많은 압축 코덱이 존재하므로 다양한 방식으로 파일을 만들 수 있다.

퀵타임(QuickTime)

- Apple사가 개발한 동화상 저장 및 재생 기술로 JPEG의 정지 화상을 기본으로 한 압축 방식이다(**파일 확장자** : qt, mov 등).
- MOV는 AVI보다 압축률과 데이터 손실이 적은 형식으로 QuickTime For Windows 프로그램이 필요하다.
- 특별한 하드웨어의 추가 없이 동영상을 재생할 수 있으며, MP3 음악을 지원한다.
- 아날로그, 디지털 변환을 VC(Video Capture) 보드로 수행하며, Movie Toolbox, Image Compression Manager, Component Manager로 구성된다.

ASF(Advanced Streaming Format)

- MS사에서 개발한 통합 멀티미디어 형식으로 파일을 다운로드 하면서 동시에 재생이 가능하다.
- 용량이 작고 음질이 뛰어나 주로 스트리밍 서비스를 하는 인터넷 방송국에서 사용된다.

⑭ 멀티미디어 분야 및 용어

멀티미디어 활용 분야

 집중강좌 2-44

- **화상 회의 시스템**(VCS) : 초고속 정보 통신망을 이용하여 원거리에 있는 사람들과 비디오와 오디오를 통해 회의할 수 있도록 하는 시스템이다.
- **주문형 비디오**(VOD) : 뉴스, 영화, 게임 등의 멀티미디어 데이터베이스를 구축하여 사용자의 요구에 따라 영상 정보를 원하는 시간에 볼 수 있도록 전송하는 양방향 서비스이다.
- **전화 비디오**(VDT) : 전화선을 이용하여 홈쇼핑, 교육, 오락 등의 다양한 영상 정보를 이용할 수 있는 서비스이다.
- **가상 현실**(VR) : 컴퓨터 그래픽과 시뮬레이션을 이용하여 가상 세계를 현실처럼 체험할 수 있는 기술이다.
- **증강 현실**(AR) : 사용자가 눈으로 보는 현실 화면이나 실제 영상에 문자, 그래픽과 같은 가상의 3차원 정보를 실시간으로 겹쳐 보여주는 새로운 기술이다.
- **컴퓨터 이용 교육**(CAI) : 컴퓨터를 수업 매체로 활용하여 학습자에게 필요한 지식, 정보, 기술 등을 학습하는 시스템이다(학습 능력에 따라 학습 내용을 통신망으로 교육).
- **의료 영상 정보 시스템**(PACS) : 초고속 통신망의 화상을 이용하여 가정에서 환자를 원격으로 진료할 수 있는 의료 시스템이다.
- **키오스크**(Kiosk) : 전시장, 백화점 쇼핑 안내, 서적 검색 등에 사용되는 무인 안내 시스템이다.
- **폐쇄 회로**(CCTV) : 특정 시설물에 유선 TV를 사용하여 일부 수신자에게만 영상을 볼 수 있도록 하는 시스템이다.
- **시뮬레이션**(Simulation) : 어떠한 현상이나 사건을 컴퓨터로 모형화하여 가상으로 수행시켜 봄으로써 실제 상황에서의 결과를 미리 예측하는 것이다(모의 실험).
- **비디오텍스**(Videotex) : 전화, TV를 컴퓨터와 연결하여 다양한 정보를 얻는 쌍방향 뉴 미디어이다.

- **텔레텍스트(Teletext)** : TV의 방송망을 이용하여 필요한 정보(일기 예보, 프로그램 안내, 교통 안내 등)를 얻을 수 있는 시스템으로 대량의 정보 전송이 가능하다.
- **뉴 미디어(New Media)** : 기존의 TV, Radio, Video 등에 통신 기술을 추가한 새로운 미디어이다.
- **주문형 음악(MOD)** : 모바일 인터넷에 접속하여 각종 음악 파일이나 음원을 제공받는 주문형 음악 서비스로 스트리밍 기술 등을 이용하여 음악을 실시간으로도 들을 수 있다.

멀티미디어 관련 용어

- **코덱(CODEC)** : 오디오, 비디오 등 아날로그 신호를 PCM을 사용하여 디지털 비트 스트림으로 압축·변환하고, 역으로 수신 측에서 디지털 신호를 아날로그 신호로 변환하는 장치이다.
- **스트리밍(Streaming)** : 멀티미디어 데이터 파일의 크기 때문에 생겨난 기술로 멀티미디어(오디오, 비디오, 사운드) 데이터를 다운받을 때까지 기다리지 않고 전송되는 대로 재생시킨다(실시간 처리).
- **비디오 캡처(Video Capture)** : 비디오 신호를 그래픽 데이터로 입력받아 저장하는 것이다.
- **인디오(Indio)** : 인텔사가 개발한 영상 처리의 DVI를 발전시킨 새로운 동화상 압축, 복원 기술이다.
- **워터마크(Watermark)** : 이미지, 소리, 영상, MP3 등의 디지털 콘텐츠에 사람이 식별할 수 없도록 삽입하는 것으로 외부로부터의 손상이나 변형에 강하여 최근 널리 사용되는 콘텐츠 보호 기술이다.
- **DirectX** : 멀티미디어 응용 프로그램에서 그래픽 이미지와 멀티미디어 효과를 만들고 관리하는데 필요한 인터페이스이다.
- **HCI 기술** : 인간과 컴퓨터간 상호 작용에 관한 연구로 컴퓨터 작동 시스템이 인간과 상호 작용할 수 있도록 인간의 정보 처리 및 인지 과정을 연구하여 기능적으로 뛰어난 컴퓨터 시스템을 디자인하는 기술이다.
- **데이터 글러브(Data Glove)** : 손에 끼고 사용하는 멀티미디어용 입력 장치로 가상 시스템과 3차원 모형화 시스템에 널리 사용된다.

- **HMD(Head Mounted Display)** : 헬멧을 머리에 쓰면 초대형 화면을 보는 듯한 효과를 낼 수 있는 휴대용 디스플레이 장치이다.
- **구글 글래스(Google Glass)** : HMD가 장착된 컴퓨터로 핸즈프리 형태로 정보를 보여주고, 자연 언어 음성을 통해 인터넷과 상호 작용한다.
- **Smart TV** : 각종 앱을 설치하여 웹 서핑, VOD 시청, 게임 등 다양한 기능을 활용할 수 있는 다기능 TV이다(인터넷 기능을 결합).
- **HDTV** : 고선명(화질) TV로 기존 TV보다 화질과 음색이 뛰어나며, 화면이 큰 차세대 TV이다.
- **IPTV** : 초고속 인터넷망을 통해 영화, 드라마 등 시청자가 원하는 콘텐츠를 양방향으로 제공하는 방송 및 통신 융합 방식의 TV이다.

01 다음 중 우리나라의 공식 인터넷 주소를 관리하는 조직으로 IP 주소와 도메인 이름의 등록 관리뿐만 아니라 인터넷 주소에 관한 정책 연구, 제도 개선, 인터넷 이용 활성화를 위한 지원, 국제 인터넷 주소 관련 기구와의 협력 등의 업무를 수행하는 곳은?

① WWW-KR ② INTERNIC
③ KRNIC ④ KNC

해설 인터넷 주소는 각 국의 NIC(Network Information Center)에서 관리하되, 미국과 NIC가 없는 국가는 InterNIC에서, 우리나라는 KRNIC에서 관리한다.

02 현재 IP 주소의 고갈로 인하여 IPv4 체계에서 IPv6 체계로의 변경이 불가피해지고 있다. 다음 중 IPv6에서 사용하는 주소의 비트 수로 옳은 것은?

① 32비트 ② 64비트
③ 128비트 ④ 256비트

해설 IPv6 : 현재 사용되고 있는 IPv4를 개선하여 설계된 차세대 IP 주소로 32비트 주소 체계인 IPv4를 128비트 체계(8개의 16진수 4자리)로 주소 공간을 4배 확장한 IP 주소와 대역폭 확장 기술이다.

03 다음 중 인터넷을 사용할 때 문자로 되어 있는 도메인 네임을 숫자로 구성된 IP 주소로 변환해 주는 장비는?

① 게이트웨이 ② DNS 서버
③ 서브넷 마스크 ④ 라우터

해설 • ① 서로 다른 네트워크 및 프로토콜간을 연결할 때 사용한다.
• ③ IP 주소와 사용자 컴퓨터가 속한 네트워크를 구별한다.
• ④ 네트워크에서 최적의 경로를 배정하며, 패킷에 의해 네트워크 노드를 결정한다.

04 다음 중 네트워크 연결을 위하여 사용하는 프로토콜에 대한 설명으로 옳지 않은 것은?

① 통신을 원하는 두 개체간에 무엇을, 어떻게, 언제 통신할 것인가에 대해 약속한 통신 규정이다.
② 프로토콜 전환이 필요한 다른 네트워크와 연결하기 위해서는 브리지가 사용된다.
③ 프로토콜에는 흐름 제어 기능, 동기화 기능, 에러 제어 기능이 있다.
④ 인터넷에서 사용하고 있는 대표적인 프로토콜은 TCP/IP이다.

해설 브리지 : 동일한 프로토콜을 쓰고 있는 다른 랜과 상호 접속시키기 위한 장치이다.

05 다음 중 인터넷을 사용하며 클라이언트가 동적인 IP를 할당받을 수 있게 해주는 것은?

① WWW ② HTML
③ DHCP ④ WINS

해설 DHCP(Dynamic Host Configuration Protocol) : 네트워크 관리자들이 조직 내의 네트워크상에서 IP 주소를 관리, 할당할 수 있도록 하는 프로토콜이다.

06 다음 중 인터넷 브라우저를 이용하여 사용자가 열어 본 웹 사이트 주소들을 순서대로 보관하는 기능으로 옳은 것은?

① 북마크(Bookmark) ② 히스토리(History)
③ 캐싱(Caching) ④ 쿠키(Cookie)

해설 • ① 자주 방문하는 웹 사이트를 기억시켜두고, 언제든지 해당 사이트에 접속할 수 있는 기능이다.
• ③ 자주 사용하는 사이트를 하드 디스크에 저장하고, 해당 자료에 접근하면 저장한 자료를 빠르게 보여준다.
• ④ 웹 사이트의 방문 기록을 남겨 사용자와 웹 사이트를 매개해 주는 역할을 하며, 인터넷 접속 시 자동으로 로그인할 수 있다.

정답 01 ③ 02 ③ 03 ② 04 ② 05 ③ 06 ②

07 다음 중 인터넷 익스플로러처럼 인터넷을 사용하기 위한 웹 브라우저가 아닌 것은?

① 모자이크(Mosaic)

② 오페라(Opera)

③ 파이어폭스(Firefox)

④ 안드로이드(Android)

해설 안드로이드(Android) : 리눅스(Linux) 2.6 커널을 기반으로 휴대폰에서 사용하는 운영 체제(OS)를 의미한다.

08 다음 중 인터넷을 이용한 전자 우편에 관한 설명으로 옳지 않은 것은?

① 인터넷에 접속하여 사용자들끼리 서로 편지를 주고받을 수 있는 서비스를 말한다.

② 전자 우편 주소는 '사용자ID@호스트' 주소의 형식으로 이루어진다.

③ 일반적으로 SMTP는 메일을 수신하는 용도로, MIME는 송신하는 용도로 사용되는 프로토콜이다.

④ POP3을 이용하면 전자 메일 클라이언트를 통해 전자 메일을 받아 볼 수 있다.

해설 SMTP는 전자 우편의 송신을 담당하고, POP는 전자 우편의 수신을 담당한다.

09 다음 중 인터넷 환경에서 원하는 파일을 송수신할 때 사용되는 원격 파일 전송 프로토콜로 옳은 것은?

① DHCP

② HTTP

③ FTP

④ TCP

해설
• ① 네트워크 상에서 IP 주소를 관리하거나 할당할 수 있는 프로토콜이다.
• ② WWW를 이용할 때 서버와 클라이언트간의 정보 교환 프로토콜이다.
• ④ 두 종단간 연결을 설정한 후 데이터를 패킷 단위로 교환하는 프로토콜이다.

10 다음 중 인터넷에 존재하는 각종 자원들의 위치를 같은 형식으로 나타내기 위한 표준 주소 체계를 뜻하는 용어로 옳은 것은?

① DNS

② URL

③ HTTP

④ NIC

해설 URL(Uniform Resource Locator) : 자원의 위치를 나타내는 표준 주소 체계로 정보에 대한 접근 방법, 위치, 파일명 등을 표시한다.

11 다음 중 인터넷상에서 실시간으로 다른 사람과 채팅을 할 수 있도록 지원하는 서비스는?

① FTP

② ASP

③ XML

④ IRC

해설 IRC : 여러 사람들이 관심 있는 분야별로 대화할 수 있는 가상 공간이다.

12 다음 중 인터넷 서비스에서 기본적으로 사용하는 포트 번호가 잘못된 것은?

① NEWS : 119

② HTTP : 80

③ TELNET : 70

④ FTP : 21

해설 TELNET : 23

13 다음 중 사물에 전자 태그를 부착하고 무선 통신을 이용하여 사물의 정보 및 주변 상황 정보를 감지하는 센서 기술로 옳은 것은?

① 텔레매틱스 서비스

② DMB 서비스

③ W-CDMA 서비스

④ RFID 서비스

해설
• ① 원격 통신(Telecommunication)과 정보 과학(Informatics)의 합성어로 통신과 방송망을 이용하여 자동차 안에서 위치 추적, 인터넷 접속, 차량 진단, 사고 감지, 교통 정보 등을 제공하는 서비스이다.
• ② 영상이나 음성을 디지털로 변환하는 기술로 언제 어디서나 다양한 콘텐츠(문자, 음악, 동영상 등)를 접할 수 있는 서비스이다(디지털 멀티미디어 방송).

14 다음 중 내용의 설명에 해당하는 것은?

> 웹 사이트의 정보를 그대로 복사하여 관리하는
> 사이트를 말한다. 방문자가 많은 웹사이트의 경
> 우 네트워크상의 트래픽이 빈번해지기 때문에
> 접속이 힘들고 속도가 떨어지므로 이런 상황을
> 방지하기 위해 자신이 가진 정보와 같은 정보를
> 세계 여러 곳에 복사해 두는 것이다.

① 미러(Mirror) 사이트
② 페어(Pair) 사이트
③ 패밀리(Family) 사이트
④ 서브(Sub) 사이트

> 해설 미러 사이트(Mirror Site) : 다수의 이용자들이 동시에 접속할 경
> 우 액세스 분산화와 네트워크 부하를 방지할 목적으로 같은 내용을
> 복사한다.

15 다음 중 근거리 무선 접속을 지원하기 위해 사
용되는 대표적인 통신 기술을 의미하는 것은?

① 블루투스(Bluetooth)
② CDMA 2000
③ WLL
④ ADSL

> 해설 • ② 차세대 통신 서비스인 IMT-2000의 표준으로 채택된
> 제3세대 무선 접속 기술이다.
> • ③ 전화국과 가입자 단말 사이의 회선을 무선 시스템을 사
> 용하여 구성하는 방식이다.
> • ④ 기존 전화선을 사용한 비대칭 디지털 가입자 회선이다.

16 다음 중 네트워크 규모에 따른 통신망의 종류
로 적절하지 않은 것은?

① MAN ② WAN
③ PCM ④ LAN

> 해설 ③ 아날로그 데이터 신호의 진폭을 비트(Bit) 단위로 샘플링하여
> 디지털 신호로 변환하는 방식이다.

17 다음 중 각 통신망에 대한 설명으로 옳지 않은
것은?

① LAN : 전송 거리가 짧은 구내에서 사용하는 통
신망
② WAN : 국가 간 또는 대륙 간처럼 넓은 지역을 연
결하는 통신망
③ B-ISDN : 초고속으로 대용량 데이터를 전송하
며, 동기식 전달 방식을 사용하는 통신
망
④ VAN : 통신 회선을 빌려 기존의 정보에 새로운
가치를 더해 다수의 사용자에게 판매하는 통신망

> 해설 B-ISDN : 동영상 및 고속 데이터 전송이 가능한 광통신 기술
> 을 기반으로 하며, 광범위한 서비스를 제공하는 디지털 공중 통신망
> 으로 비동기식 전달 방식(ATM)을 사용한다.

18 다음 중 컴퓨터를 사용한 정보 통신과 관련된
통신 용어에 대한 설명으로 옳지 않은 것은?

① 흐름 제어(Flow Control) : 자료를 송수신할 때
버퍼를 사용하여 그 속도의 흐름을 조절하기
위한 기능
② 정지 비트(Stop Bit) : 전송되는 데이터의 끝을
알리기 위해 보내는 비트
③ 패리티 비트(Parity Bit) : 데이터 전송 시 에러 검
출을 위해 데이터 비트에 붙여서 보내는 비트
④ 전송 속도(bps) : Bytes Per Second의 약자로
초당 전송되는 바이트 수를 의미

> 해설 전송 속도(BPS) : Bits Per Second의 약자로 초당 전송되는 비
> 트 수를 의미한다.

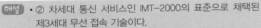

19 다음 중 정보 통신을 위한 네트워크 구성 방식으로 스타(Star)형에 관한 설명으로 옳은 것은?

① 서로 이웃하는 컴퓨터들끼리 원형을 이루도록 연결하는 방식이다.

② 모든 지점의 컴퓨터와 단말 장치를 서로 연결한 형태이다.

③ 하나의 통신 회선에 여러 대의 컴퓨터를 접속하는 방식으로 컴퓨터의 증설이나 삭제가 용이한 통신망 구성 방식이다.

④ 중앙 컴퓨터 또는 교환기를 중심으로 주위의 컴퓨터들과 1:1로 접속하는 방식이다.

> 해설 | 성(Star)형 : 중앙의 컴퓨터와 1:1로 연결되는 중앙 집중식 형태로 온라인 시스템에 적합하나 중앙의 컴퓨터가 고장나면 통신망 전체가 마비된다.

20 한글 Windows에서 네트워크와 관련하여 [이더넷 속성] 대화 상자에서 할 수 있는 작업으로 옳지 않은 것은?

① 연결에 사용할 장치를 구성할 수 있다.

② 이더넷 네트워크에 인증된 네트워크 액세스를 제공하도록 옵션을 선택할 수 있다.

③ 호스트명과 도메인명을 설정할 수 있다.

④ 홈 네트워킹 연결을 설정할 수 있다.

> 해설 | •[네트워킹] 탭 : 클라이언트, 서비스, 프로토콜 등의 네트워크 구성 요소를 설치하거나 제거할 수 있다.
> •[공유] 탭 : 다른 네트워크 사용자의 인터넷 연결과 공유 인터넷 연결 중지를 허용할 수 있다.

21 다음 중 네트워크 장비의 하나인 허브에 대한 설명으로 옳지 않은 것은?

① 네트워크를 구성할 때 한꺼번에 여러 대의 컴퓨터를 연결하는 장치이다.

② OSI 7계층 중 물리 계층에서 사용되는 장비이다.

③ 허브의 종류에는 더미 허브, 스위칭 허브 등이 있다.

④ 일반적으로 스위칭 허브보다 더미 허브의 속도가 빠르다.

> 해설 | •더미 허브 : 허브와 라우터 등의 네트워크 장비와 연결하며, LAN에 있는 대역폭을 컴퓨터 수만큼 나누어 제공하므로 불안정하고, 문제 해결이 힘들다.
> •스위칭 허브 : 각 포트에 패킷을 고속으로 전송하며, 신호 처리와 관리 기능을 갖는다.

22 다음 중 아래 내용이 설명하는 네트워크 장비는?

> 네트워크에서 디지털 신호를 일정한 거리 이상으로 전송시키면 신호가 감쇠되므로 디지털 신호의 장거리 전송을 위해 수신한 신호를 재생하거나 출력 전압을 높여 전송한다.

① 라우터　　　　② 리피터

③ 브리지　　　　④ 게이트웨이

> 해설 | •① 네트워크에서 최적의 경로를 배정하며, 패킷에 의해 네트워크 노드를 결정하는 장치이다.
> •③ 동일한 프로토콜을 쓰고 있는 다른 랜과 상호 접속시키기 위한 장치이다.

23 한글 Windows의 [명령 프롬프트] 창에서 ping 명령을 실행한 후 확인할 수 있는 내용으로 옳지 않은 것은?

① 대상이 되는 IP 주소의 호스트 이름

② 전송 신호의 손실률

③ 전송 신호의 응답 시간

④ 게이트웨이와 DNS의 IP 주소

> 해설 | Ping : 원격 컴퓨터가 현재 인터넷에 연결되어 있는지 알아볼 수 있는 명령어로 네트워크의 연결을 점검하기 위해 상대방 컴퓨터의 동작 여부를 테스트한다.

정답　19 ④　20 ③　21 ④　22 ②　23 ④

24 다음 중 고정 IP 주소를 설정하여 인터넷 서비스를 사용하려고 한다. 한글 Windows의 [Internet Protocol Version 4 (TCP/IPv4) 속성] 대화 상자에서 설정해야 하는 항목으로 틀린 것은?

① IP 주소
② 서브넷 마스크
③ 홈 페이지 주소
④ 기본 게이트웨이

해설 [Internet Protocol Version 4 (TCP/IPv4) 속성] 대화 상자의 설정 항목 : 보기 ①, ②, ④ 외에 기본 설정 DNS 서버, 보조 DNS 서버 등이 있다.

25 한글 Windows의 네트워크 환경에서 폴더의 공유에 관한 설명으로 옳지 않은 것은?

① 공유 이름은 네트워크상에서 표시되는 공유 폴더의 이름이다.
② 네트워크 사용자가 내 파일을 변경할 수 있도록 설정할 수 있다.
③ Windows 시스템 폴더에 대해서 공유 옵션을 사용하여 공유를 설정할 수 있다.
④ Guest 계정으로 로그온하면 공유 파일을 만들 수 없다.

해설 • 폴더를 공유할 경우 [속성]을 선택하거나 바로 가기 메뉴에서 [속성]을 선택한 후 해당 대화 상자의 [공유] 탭에서 지정한다.
• 폴더에 대한 공유 옵션은 존재하지 않는다.

26 다음 중 멀티미디어의 특성에 대한 설명으로 옳지 않은 것은?

① 디지털화
② 쌍방향성
③ 선형성
④ 통합성

해설 멀티미디어의 특징 : 쌍방향성(Interactive), 비선형성(Non-Linear), 통합성(Integration), 디지털화(Digitalization)

27 다음 중 멀티미디어의 개념에 대한 설명으로 옳지 않은 것은?

① 멀티미디어는 정보 제공자의 선택에 의해 하나의 방향으로 데이터가 전달된다.
② 다양한 형태의 데이터를 디지털 데이터로 변환하여 통합 처리한다.
③ 멀티미디어 데이터는 용량이 크기 때문에 압축하여 저장한다.
④ 인터넷 기술의 발전으로 대용량 멀티미디어 데이터를 전 세계의 모든 사람들이 쉽고, 빠르게 사용할 수 있다.

해설 멀티미디어는 정보 제공자와 사용자간의 의견을 통한 상호 작용에 의해 데이터가 전달되는 쌍방향성의 특징이 있다.

28 다음 중 멀티미디어 하드웨어에 대한 설명으로 옳지 않은 것은?

① 사운드 카드의 샘플링이란 아날로그 소리 파형을 일정 시간 간격으로 연속적인 측정을 통해 얻어진 각각의 소리 진폭을 숫자로 표현하여 디지털 데이터로 생성하는 것을 말한다.
② MPEG 보드란 압축된 동영상 파일을 빠른 속도로 복원시켜 재생해 주는 장치이다.
③ 비디오 오버레이 보드란 TV나 비디오를 보면서 컴퓨터 작업을 동시에 할 수 있도록 동영상 데이터를 비디오 카드의 데이터와 합성시켜 표현하는 장치이다.
④ 그래픽 카드는 CPU에 의해 처리된 아날로그 데이터를 디지털로 변환하여 모니터로 보내는 장치이다.

해설 그래픽 카드는 컴퓨터와 모니터를 연결하는 장치로 중앙 처리 장치의 그래픽 정보를 디지털 신호로 변환하여 모니터로 출력한다.

29 다음 중 웹상에서 정보를 효과적으로 나타내기 위해 문서와 문서를 연결하여 관련된 정보를 쉽게 찾아 볼 수 있도록 하는 기능으로 옳은 것은?

① 멀티미디어　　　② 프레젠테이션
③ 하이퍼링크　　　④ 인덱스

> **해설** 하이퍼링크(Hyperlink) : 서로 관련 있는 문서(Node)와 문서를 연결하는 것으로 문서에서 다른 분야로 옮겨가는 하이퍼텍스트 링크를 Named Anchor라 한다.

30 다음 중 컴퓨터 그래픽과 관련하여 벡터 (Vector) 이미지에 관한 설명으로 틀린 것은?

① 점과 점을 연결하는 직선이나 곡선을 이용하여 이미지를 표현하는 방식이다.
② 픽셀을 이용하여 다양하고, 사실적인 이미지를 표현할 수 있다.
③ 대표적으로 WMF 파일 형식이 있다.
④ 이미지를 확대해도 테두리가 거칠어지지 않고 매끄럽게 표현된다.

> **해설** 픽셀로 이미지를 표현하는 것은 벡터 이미지가 아니고 비트맵 이미지(레스터 이미지)이다.

31 다음 중 MPEG에 관한 설명 중 옳지 않은 것은?

① MPEG1 : 기존의 비디오 테이프 수준의 화질을 제공하고 있으며, 비디오 CD 제작에 사용된다.
② MPEG2 : 높은 화질과 음질을 제공하고 있으며 DVD, HDTV 등에 사용된다.
③ MPEG7 : 동영상 데이터 검색과 전자상거래 등에 적합하도록 개발된 동영상 압축 재생 기술이다.
④ MPEG21 : 인터넷이나 무선 통신 등에 필요한 동화상과 음성의 고능률 부호화 방식으로 복합 멀티미디어 서비스의 통합 표준이다.

> **해설** • MPEG–21 : 디지털 멀티미디어 콘텐츠의 생성, 거래, 전달, 관리, 소비하는 과정에서 광범위한 네트워크 및 터미널을 통하는 여러 계층의 멀티미디어 자원을 사용하기 위한 멀티미디어 프레임워크의 표준 규격이다.
> • 보기 ④는 MPEG–4에 대한 설명이다.

32 한글 Windows에서 재생할 수 있는 표준 동영상 파일의 형식으로 옳은 것은?

① JPG 파일　　　② GIF 파일
③ BMP 파일　　　④ AVI 파일

> **해설** • 보기 ①, ②, ③은 그림 파일이다.
> • AVI : Windows에서 동영상을 재생하기 위한 파일 형식이다.

33 다음 중 컴퓨터를 이용하여 학습자에게 교육 내용을 설명하거나 연습 문제를 주어서 학습자가 개별적으로 학습을 진행하는 것을 가능하게 하는 교육 시스템을 의미하는 약어는?

① VOD　　　② CAI
③ VCS　　　④ PACS

> **해설** • ① 뉴스, 영화, 게임 등의 멀티미디어 데이터베이스를 구축하여 사용자의 요구에 따라 미디어를 전송하는 양방향 서비스이다.
> • ③ 초고속 정보 통신망을 이용하여 원거리에 있는 사람들과 비디오와 오디오를 통해 회의할 수 있는 시스템이다.
> • ④ 초고속 통신망의 화상을 이용하여 가정에서 환자를 원격으로 진료할 수 있는 의료 시스템이다.

34 다음 중 전시장이나 쇼핑 센터 등에 설치하여 방문객이 각종 안내를 받을 수 있도록 한 것으로 터치 패널을 이용해 메뉴를 손가락으로 선택해서 정보를 얻을 수 있는 것이 특징인 것은?

① 킨들　　　② 프리젠터
③ 키오스크　　　④ UPS

> **해설** • 키오스크(Kiosk) : 백화점 쇼핑 안내, 서적 검색 등에 사용되는 무인 안내 시스템이다.
> • 무정전 공급 장치(UPS) : 예상치 못한 정전에 대비하여 일정 시간 동안 안정적인 전원을 공급해 주는 장치이다.

정답　29 ③　30 ②　31 ④　32 ④　33 ②　34 ③

❖세부 항목 ▶ 정보 보안 유지 / 시스템 보안 유지

출제
포인트

• 정보 통신에 필요한 개인 정보 윤리와 저작권 보호 그리고 개인 정보 보호 방법에 대해 중점적으로 학습합니다.
• 최근 문제가 되고 있는 컴퓨터 범죄와 바이러스의 예방책을 알아보고, 시스템에 보안을 유지할 수 있는 다양한 방법을 학습합니다.

❶ 정보 사회와 정보 윤리의 기본

정보 사회의 개념
• 정치, 경제, 문화 등 다양한 분야에서 통신 기술을 이용한 정보 산업이 중심이 되는 사회이다.
• 컴퓨터와 데이터 통신이 발달함에 따라 산업의 생산성과 효율성이 극대화한다.

정보 사회의 특징
• 정보의 가치 생산이 사회의 가장 중요한 요소를 이룬다.
• 인터넷을 기반으로 멀티미디어 정보가 발달하고, 시간과 공간에 대한 제약이 없다.
• 사이버 공간상의 새로운 인간 관계와 문화가 형성된다.
• 정보 공유와 지식 정보 중심의 산업 구조로 자동화를 실현한다.
• 기업의 정보화와 정보 매체의 다양화가 이루어진다.
• 정보의 철저한 보안과 컴퓨터의 신기술을 습득한다.
• 컴퓨터 범죄에 대한 기술 개발과 정보 유출에 대한 관련 법규를 마련한다.

정보 사회의 순기능
• 정보 통신망의 발달로 개인 및 집단의 통신 교통량 증폭을 막을 수 있다.
• 기업에서 생산성 증가와 지적 재산권에 대한 사회화와 형식화가 가능하다.
• 정보 윤리 의식을 고취시켜 컴퓨터 범죄를 예방한다.
• 정보 민주주의의 실현과 정보 공유에 대한 분권화를 이룰 수 있다.

정보 사회의 역기능
• 개인 정보의 유출로 사생활 침해와 정보 이용의 불균형 현상이 발생한다.
• 정보 기술을 이용한 새로운 범죄가 증가한다.
• 가상 공간의 확대로 현실 도피와 비인간화를 촉진한다(인간 관계의 유대감이 약화).
• 직업 사회의 파괴와 직업병(VDT 증후군)을 유발한다.
• 중앙 컴퓨터 또는 서버의 장애로 사회적, 경제적 혼란을 초래할 수 있다.
• 정보의 편중으로 계층간 정보 차이가 증가한다.

정보 윤리의 특징
① 사회적 측면
• 타인의 사생활을 침해하지 않으며, 개인적으로 얻은 정보들을 도용하지 않는다.
• 지적 재산권을 존중하고, 컴퓨터 정보는 허가받거나 권한이 있는 사람만 사용한다.

② 윤리적 측면
• **인터넷 사용 네티켓** : 다른 사람의 허락 없이 정보를 열람하지 않으며, 다른 사람의 IP로 컴퓨터에 접속하지 않는다.
• **전자 우편 사용 네티켓** : 간결한 문서 작성을 위하여 일정 양의 약어를 사용하고, 첨부 파일의 크기는 적당하게 지정한다.
• **유즈넷 사용 네티켓** : 동일한 내용을 올리거나 남을 비방하는 글을 올리지 않으며, 주제에 맞는 그룹에 간략하게 작성해서 올린다.

- **파일 사용 네티켓** : 파일을 전송할 때 전송량을 줄이기 위하여 데이터를 압축한다.
- **웹 문서 작성 네티켓** : 용량이 큰 이미지 사용은 가급적 피하고, 웹 페이지간 이동을 쉽게 한다.
- **채팅 사용 네티켓** : 대화방에서는 연령과 성별을 고려하며, 타인에게 욕설 및 비방 등을 하지 않는다.
- **공유 자료실 사용 네티켓** : 불법 소프트웨어, 음란물, 바이러스 감염 파일 등을 올리지 않으며, 다운로드 시간을 줄이기 위해 필요한 데이터는 압축한다.
- **모바일 기기 사용 네티켓** : 공공 장소에서는 진동 모드로 전환하고, 조용하게 용건만 간단히 한다.
- **기타 사용 네티켓** : 웹 페이지를 본 사람들이 문의를 할 수 있도록 전자 우편 주소를 명시한다.

> **한 걸음 더** 정보 통신 자율 규제(PICS)
> - 웹 개발자들이 자기 사이트의 콘텐츠 정보를 나타내는 HTML 태그를 삽입할 수 있도록 하는 규격
> - 웹 사이트의 콘텐츠 등급을 매기기 위한 시스템으로 주로 성인용 콘텐츠로부터 아이들을 지키기 위해 사용

③ 법적 측면
- **정보통신윤리위원회** : 불건전 정보의 억제 및 건전한 정보 문화 확산을 목적으로 유해 정보와 음란 정보에 관한 심의 및 감독을 시행한다.
- **방송통신심의위원회** : 방송의 공정성과 정보 통신의 건전한 문화를 유지하여 올바른 환경을 조정한다.
- **정보화촉진기본법** : 정보 통신 산업의 기반을 조성하고, 정보 통신 기반의 고도화를 실현함으로 국민 생활의 질을 향상시킨다.
- **개인정보보호법** : 다른 정보와 결합하여 개인을 식별할 수 있는 정보로 성명, 주민등록번호 등으로 식별이 가능하다.
- **컴퓨터프로그램보호법** : 컴퓨터 프로그램 저작자의 권리 보호와 프로그램의 공정한 이용을 목적으로 하며, 원 프로그램을 개작한 2차적 프로그램은 독자적인 프로그램으로 보호된다.
- **통신비밀보호법** : 통신 및 대화의 비밀과 자유에 대한 제한은 그 대상을 한정하고 엄격한 법적 절차를 거치도록 하여 통신 비밀을 보호하고 통신 자유의 신장을 목적으로 한다.

② 저작권 보호

저작권법의 개념
- 저작자의 권리 보호와 저작물의 공정한 이용을 도모하여 문화 발전 및 관련 산업의 발전에 이바지함을 목적으로 한다.
- 원저작물을 번역, 변형, 각색 등의 방법으로 작성한 2차적 창작물은 독자적인 저작물로 보호된다.
- 사람 이름, 단체 명칭, 저작물 제호 등은 저작물에 해당되지 않는다.
- 다른 사람의 초상 사진을 사용하기 위해서는 사진 작가와 본인의 승낙을 동시에 받아야 한다.

저작자의 개념
- 저작물의 원본이나 복제물에 저작자로서의 실명 또는 예명(약칭 등)으로서 널리 알려진 방법으로 표시된 자이다.
- 저작물을 공연 또는 공중 송신하는 경우 저작자로서의 실명 또는 저작자의 널리 알려진 이명으로 표시된 자이다.

> **한 걸음 더** 프로그램 저작권
> - 프로그램 저작자가 프로그램을 복제, 개작, 번역, 배포, 발행할 권리를 의미
> - 지적 재산권이 있는 소프트웨어를 허가 없이 무단으로 판매하였을 경우 컴퓨터프로그램보호법에 저촉되어 처벌을 받음
> - 프로그램이 창작된 시점부터 발생하여 해당 프로그램이 공표된 다음 연도부터 50년간 유지

저작권의 보호 기간
- 저작 재산권은 특별한 규정이 있는 경우를 제외하고는 저작자가 생존하는 동안과 사망한 후 70년간 존속한다.
- 공동 저작물의 저작 재산권은 맨 마지막으로 사망한 저작자가 사망한 후 70년간 존속한다.
- 무명 또는 널리 알려지지 아니한 이명이 표시된 저작물의 저작 재산권은 공표된 때부터 70년간 존속한다.
- 업무상 저작물의 저작 재산권은 공표한 때부터 70년간 존속한다. 다만, 창작한 때부터 50년 이내에 공표되지 아니한 경우 창작한 때부터 70년간 존속한다.

저작 재산권의 제한

- 재판 절차 등에서 복제한 경우
- 정치적 연설 등을 이용한 경우
- 공공 저작물을 자유롭게 이용한 경우
- 학교 교육 목적 등에 이용한 경우
- 시사 보도나 시사적 기사 및 논설을 복제한 경우
- 공표된 저작물을 인용한 경우
- 영리를 목적으로 하지 아니하는 공연/방송인 경우
- 사적 이용을 위해 복제하거나 도서관 등에서 복제한 경우
- 시험 문제로서 복제한 경우
- 시각 장애인/청각 장애인 등을 위해 복제한 경우
- 방송 사업자의 일시적 녹음/녹화한 경우
- 미술 저작물 등의 전시 또는 복제를 한 경우
- 저작물 이용 과정에서 일시적으로 복제한 경우

❸ 개인 정보 보호

개인 정보의 수집 및 이용 동의

 집중강좌 2-46

- 정보 통신 서비스 제공자는 이용자의 개인 정보를 이용하려고 수집하는 경우 각 호의 모든 사항(개인 정보의 수집 이용 목적, 수집하는 개인 정보의 항목, 개인 정보의 보유 이용 기간)을 이용자에게 알리고 동의를 받아야 한다.
- 경제적/기술적 사유로 동의를 받는 것이 곤란한 경우, 요금 정산을 위하여 필요한 경우, 다른 법률에 특별한 규정이 있는 경우는 동의 없이 개인 정보를 이용할 수 있다.

개인 정보의 수집 제한

- 정보 통신 서비스 제공자는 사상, 신념, 병력 등 개인의 권리 이익이나 사생활을 침해할 우려가 있는 개인 정보를 수집해서는 안 된다.
- 이용자의 동의를 받거나 다른 법률에 따라 특별히 수집 대상인 개인 정보로 허용된 경우에는 개인 정보를 수집할 수 있다.
- 이용자의 개인 정보를 수집하는 경우 정보 통신 서비스의 제공을 위하여 최소한의 정보를 수집한다.

개인 정보의 제공 동의

- 정보 통신 서비스 제공자는 이용자의 개인 정보를 제3자에게 제공하려면 개인 정보를 제공받는 자, 개인 정보를 제공받는 자의 개인 정보 이용 목적, 제공하는 개인 정보의 항목, 개인 정보를 제공받는 자의 개인 정보 보유 및 이용 기간의 사항을 이용자에게 알리고, 동의를 받아야 한다.
- 정보 통신 서비스 제공자로부터 이용자의 개인 정보를 제공받은 자는 이용자의 동의가 있거나 다른 법률에 특별한 규정이 있는 경우 외에는 개인 정보를 제3자에게 제공하거나 이외의 용도로 이용해서는 안 된다.

개인 정보 관리 책임자의 지정

- 정보 통신 서비스 제공자 등은 이용자의 개인 정보를 보호하고, 개인 정보와 관련한 이용자의 고충을 처리하기 위하여 개인 정보 관리 책임자를 지정한다.
- 정보 통신 서비스 제공자 등이 개인 정보 관리 책임자를 지정하지 않는 경우에는 사업주 또는 대표자가 개인 정보 관리 책임자가 된다.

- 개인 정보 관리 책임자의 자격 요건과 그 밖의 지정에 필요한 사항은 대통령령으로 정한다.

개인 정보 누출의 통지 및 신고

- 정보 통신 서비스 제공자 등은 개인 정보의 분실/도난/누출의 경우 지체 없이 모든 사항(개인 정보 항목, 발생 시점, 이용자가 취할 수 있는 조치 등)을 해당 이용자에게 알리고 방송통신위원회에 신고해야 한다.
- 이용자의 연락처를 알 수 없는 등 정당한 사유가 있는 경우에는 대통령령으로 정하는 바에 따라 통지를 갈음하는 조치를 취할 수 있다.
- 통지 및 신고의 방법 절차 등에 관하여 필요한 사항은 대통령령으로 정한다.
- 정보 통신 서비스 제공자 등은 개인 정보의 누출 등에 대한 대책을 마련하고, 피해를 최소화할 수 있는 조치를 강구해야 한다.

> **한 걸음 더** 개인 정보의 보호 조치
> - 개인 정보를 안전하게 취급하기 위한 내부 관리 계획 수립
> - 개인 정보에 대한 불법적인 접근을 차단하기 위한 침입 차단 시스템 등 접근 통제 장치의 설치 운영
> - 접속 기록의 위조/변조 방지를 위한 조치
> - 개인 정보를 안전하게 저장/전송할 수 있는 암호화 기술 등을 이용한 보안 조치
> - 백신 소프트웨어의 설치 운영 등 컴퓨터 바이러스에 의한 침해 방지 조치
> - 기타 개인 정보의 안전성 확보를 위하여 필요한 보호 조치

개인 정보 보호의 8원칙

- **수집 제한 원칙** : 목적에 필요한 최소한의 범위 안에서 적법하고, 정당하게 수집한다.
- **정보 정확성 원칙** : 처리 목적 범위 안에서 정확성, 완전성, 최선성을 보장한다.
- **목적 명확화 원칙** : 처리 목적을 명확하게 한다.
- **이용 제한 원칙** : 필요 목적 범위 안에서 적법하게 처리하고, 목적 이외 활용을 금지한다.
- **안전 보호 원칙** : 정보 주체의 권리 침해 위험성 등을 고려하고, 안정성 확보한다.
- **공개 원칙** : 개인 정보의 처리 사항을 공개한다.
- **개인 참가 원칙** : 열람 청구권 등 정보 주체의 권리를 보장한다.

- **책임 원칙** : 개인 정보 처리자의 책임 준수, 실천, 신뢰성 확보에 노력한다.

❹ 컴퓨터 범죄의 유형과 대책

컴퓨터 범죄의 유형

- 다른 사람의 ID와 신상 정보를 도용하여 불법적으로 사용한다.
- 컴퓨터에 바이러스를 전파하여 시스템(H/W, S/W)을 파괴한다.
- 암호 해독 프로그램을 이용하여 금품 횡령이나 위조 카드 등으로 부당 이득을 얻는다.
- 해커의 불법 침입으로 데이터의 저장 매체를 절취 또는 복사한다.
- 전자문서를 불법으로 복사하거나 시스템 해킹으로 중요 정보를 위조 또는 변조한다.
- 전산망이나 개인의 신용 정보를 이용하여 홍보물을 발송한다(Spam Mail).

컴퓨터 범죄의 예방과 대책

- 정기적인 비밀번호 변경과 바이러스 예방 프로그램을 실행한다.
- 복사 방지용 소프트웨어를 개발하여 불법 복제를 예방한다.
- 해킹 방지를 위해 방화벽과 같은 보안 체제와 보호 패스워드를 시스템에 도입한다.
- 전송 데이터를 보호하기 위해 암호화 기법을 사용한다.
- 다운로드받은 파일은 백신 프로그램으로 검사한 후 사용한다.
- 보안 관련 프로그램과 함께 지속적인 해킹 감시 및 접근 통제 도구를 개발한다.
- 인터넷을 통한 해킹으로부터 보호하기 위해 방화벽과 해킹 방지 시스템을 설치한다.

> **한 걸음 더** 컴퓨터 범죄 관련 용어
> - **해킹(Hacking)** : 컴퓨터 시스템에 불법적으로 침투하여 자료와 시스템을 파괴 또는 변조하거나 불법적으로 데이터를 가져오는 행위
> - **해커(Hacker)** : 불법적으로 해킹하여 수정 권한이 없는 프로그램을 마음대로 수정하는 사람

- **크래킹(Cracking)** : 컴퓨터 시스템에 불법적으로 침투하여 시스템과 자료를 파괴하는 행위
- **크래커(Cracker)** : 사용 권한이 없는 시스템에 불법적으로 침입하여 시스템을 파괴하거나 관련 정보를 유출하는 사람
- **워 드라이빙(War Driving)** : 차량으로 이동하면서 타인의 무선 구내 정보 통신망에 무단으로 접속하는 행위
- **레이머(Lamer)** : 인터넷에서 해킹 툴을 내려 받아 이용 (해커가 되고 싶지만 지식이나 경험이 부족)

⑤ 컴퓨터 및 시스템 보안

컴퓨터 보안

종류	설명
인증성 (Authentication)	정보를 보내는 사람의 신원을 확인하는 것으로 사용자 접근 권한 및 작업 수행을 조사
접근 제어 (Access Control)	시스템의 자원 이용에 대한 불법적인 접근을 방지하는 과정으로 크래커의 침입으로부터 보호
기밀성 (Confidentiality)	전달 내용을 제3자가 획득하지 못하도록 하는 것으로 비밀성이라고도 함
무결성 (Integrity)	시스템 내의 정보는 인가 받은 사용자만 수정할 수 있으며, 정보 전달 도중에는 데이터를 보호하여 항상 올바른 데이터를 유지
가용성 (Availability)	사용 권한이 부여된 사용자라면 언제든지 시스템을 사용할 수 있음
부인 방지 (Non-repudia-tion)	송신자의 송신 여부와 수신자의 수신 여부를 확인하는 것으로 전자 상거래의 신뢰성과 안전성을 확보

시스템 보안

- 네트워크를 구성하는 요소에 대한 보안으로 방화벽을 설치하거나 백신 등을 이용하여 해커의 침입을 방지한다.
- 최근에는 사람의 생체(홍채, 지문, 음성 등)를 이용한 인식 장치들이 개발되었다.
- 생체 인식에서 가장 많이 사용하는 것은 지문 인식 시스템이고, 보안성이 뛰어나다.

보안 등급

- NCSC(미국국립컴퓨터보안센터)에서 규정한 보안 등급은 보안 정책, 접근 방식, 인증 정도에 따라 D1 → C1 → C2 → B1 → B2 → B3 → A1로 구분한다.
- KISC(한국정보보호센터)는 정보화촉진기본법에 따라 K1(최저)~K7(최고) 등급까지 구분하며, K4 등급 이상의 보안 수준을 권장한다.

보안 위협 요소

종류	설명
트로이 목마 (Trojan Horse)	자기 복제 기능은 없지만 정상적인 프로그램으로 위장하고 있다가 프로그램이 실행되면 시스템에 손상을 주는 악의적인 루틴
트랩 도어 (Trap Door)	프로그램을 개발할 때 코드 중간에 중단 부분을 만들어 악의적인 목적으로 사용
백 도어 (Back Door)	컴퓨터 시스템의 보안 예방책에 침입하여 시스템에 무단 접근하기 위해 사용되는 일종의 비상구
스니핑 (Sniffing)	네트워크 주변의 모든 패킷을 엿보면서 계정(Account)과 암호(Password)를 알아내기 위한 행위
패킷 스니핑 (Packet Sniffing)	인터넷상에서 정보를 송수신할 때 패킷을 엿보는 프로그램을 이용하여 패킷을 가로채는 행위
스푸핑 (Spoofing)	신뢰성 있는 사람이 네트워크를 통해 데이터를 보낸 것처럼 허가받지 않은 사용자가 네트워크상의 데이터를 변조하여 접속하는 행위
웹 스푸핑 (Web Spoofing)	일반 사용자가 인터넷상에서 통신하는 정보를 크래커 사이트를 통하도록 하여 비밀번호를 알아내는 방법
훅스 (Hoax)	실제로는 악성 코드로 작동하지 않으면서 겉으로는 악성 코드인 것처럼 가장하여 행동하는 소프트웨어
스파이웨어 (Spyware)	다른 사람의 컴퓨터에 잠입해 개인 신상 정보 등과 같은 타인의 정보를 사용자 모르게 수집하는 프로그램
드롭퍼 (Dropper)	컴퓨터 사용자가 모르는 사이 바이러스나 트로이 목마 프로그램을 사용자의 컴퓨터에 설치하는 프로그램
키 로거 (Key Logger)	사용자의 키보드 움직임을 탐지해 ID나 패스워드, 계좌 번호, 카드 번호 등의 개인 정보를 몰래 빼내어 악용하는 수법

분산 서비스 거부 공격(DDOS)	많은 호스트에 패킷을 범람시킬 수 있는 공격용 프로그램을 분산 설치하여 표적 시스템에 대해 일제히 데이터 패킷을 범람시켜 시스템의 성능을 저하시키거나 마비시키는 방법
서비스 거부 공격 (Dos)	시스템에 오버플로우를 일으켜 정상적인 서비스를 수행하지 못하도록 만드는 행위
피기배킹 (Piggybacking)	정당한 사용자가 정상적으로 시스템을 종료하지 않고, 자리를 떠났을 때 비인가된 사용자가 바로 그 자리에서 계속 작업을 수행하여 불법적 접근을 행하는 범죄 행위
침입 탐지 시스템 (IDS)	인가된 사용자 혹은 외부 침입자에 대해 컴퓨터 시스템의 허가되지 않은 사용이나 오용 또는 악용과 같은 침입을 알아내기 위한 시스템
피싱(Phishing)	불특정 다수에게 메일을 발송해 위장된 홈 페이지로 접속하도록 한 후 인터넷 이용자들의 금융 정보 등을 빼내는 신종 사기 수법

보안 침입 형태

종류	설명
가로막기 (Interruption)	데이터의 전달 정보를 가로막는 행위로 가용성을 위협
가로채기 (Interception)	데이터의 전달 정보를 중간에 가로채는 행위로 기밀성을 위협
수정(변조, Mod-ification)	데이터의 전달 정보를 다른 내용으로 바꾸는 행위로 무결성을 위협
위조 (Fabrication)	다른 송신자로 정보를 전송한 것처럼 위조하는 행위로 인증성을 위협

한 걸음 더 악성 코드

- 악의적인 용도로 사용될 수 있는 유해 프로그램
- 실행하지 않은 파일이 저절로 삭제되거나 변형되는 모습으로 나타남
- 대표적인 악성 코드로 스파이웨어, 트로이 목마 등이 있음

❻ 네트워크 보안

암호화(Encryption)

 집중강좌 2-48

- 데이터 전송 시 송신자가 지정한 수신자 외에는 해당 내용을 알 수 없도록 데이터를 암호화하여 안전하게 전송하는 보안 기술이다.
- 키 값이나 알고리즘 변조를 이용한 데이터 변환 작업으로 도청, 부정 접근 등을 대비한 보완책이다.
- 데이터를 암호화할 때 사용하는 키(암호키, 공개키)는 공개하고, 복호화할 때의 키(해독키, 비밀키)는 비공개한다.

종류	설명
개인키/비밀키 (Private/Secret Key)	• 대칭형 암호 방식으로 송수신자의 비밀키가 일치하는 것을 이용하여 암호를 해독(**암호화 알고리즘** : DES) • 암호키와 복호키가 동일한 방식으로 처리 과정이 빠름 • 송신자가 사용하는 암호화 키와 복호화 키가 동일 • 정보 교환 시 사용자는 다수의 키를 유지, 관리해야 함
공개키/이중키 (Public Key)	• 비대칭형 암호 방식으로 송신자가 암호화할 때 사용키와 수신자의 복호화키가 서로 다름(**암호화 알고리즘** : RSA) • 암호키와 복호키가 서로 다른 암호 방식으로 처리 과정이 느림 • 송신자가 사용하는 암호화 키와 복호화 키가 다름 • 공개키만으로는 암호화된 내용을 보호할 수 없음

한 걸음 더 암호화 알고리즘

DES(대칭키)	RSA(공개키)
• 암호키와 복호키 값이 동일	• 암호키와 복호키 값이 다름
• 알고리즘이 간단하여 실행 속도가 빠름	• 알고리즘이 복잡하여 실행 속도가 느림
• 암호문 작성과 해독 과정에서 개인 키를 사용	• 128비트 이상의 키를 사용하므로 비인가된 사용자가 암호를 풀기 어려움
• 파일의 크기가 작아 경제적	• 적은 수의 키만으로 보안 유지가 가능
• 사용자 증가에 따른 키의 수가 많음	

전자 서명(Digital Signature)

- 자료나 메시지를 전송한 사람이 추후에 부인할 수 없도록 진짜 신원을 증명하기 위한 서명이다.
- 특정인을 확인하기 위하여 공개키 암호 방식(RSA)을 사용한다.
- 메시지를 받는 사람이 메시지를 변조하거나 위조할 수 없다.
- 송수신자 신분을 암호화된 데이터로 메시지에 덧붙여 보내기도 하며, 전자상거래를 활용할 수 있다.

전자 우편 보안

종류	설명
PEM	인터넷에서 이용되고 있는 정보 암호화 기술로 특정 키가 있어야만 내용을 확인(비밀키/공개키 암호 방식)
PGP	인터넷에서 사용되는 기술로 PEM의 일부 기능만 수행하므로 보안성은 낮지만 사용하기에는 용이(공개키 암호 방식)

웹 보안

종류	설명
SSL	• 웹 브라우저(WWW)와 서버를 위한 보안 방법으로 비대칭형 암호 시스템을 사용 • 세션으로 주고받은 자료를 암호화하고, 전자 사인을 해서 주고받는 메커니즘을 사용
SET	• 전자상거래를 위한 신용 카드나 금융 거래 안전을 위한 보안 접근 방법 • 전자상거래의 보안 허점을 보완하고자 신용 카드 회사와 IBM, MS사가 기술적인 협력으로 개발(RSA 암호화에 기초를 둠) • 이용 고객, 전자 상점, 금융 기관 모드가 암호화 통신을 사용하므로 고객 신용 정보가 노출되지 않음
SEA	• W3C에서 개발하였으며 전자 서명, 암호 등을 통해 보안을 구현 • SSL과 S-HTTP의 단점을 보완
S-HTTP	웹에서 안전하게 파일 교환을 할 수 있는 HTTP의 확장판

한 걸음 더 프록시 서버(Proxy Server)

- 시스템에 방화벽이 있는 경우 외부와의 통신을 위해 만들어 놓은 것
- 방화벽 안쪽에 있는 서버들의 외부 연결을 이루며, 연결 속도를 올리기 위해 다른 서버로부터 목록을 캐시함
- 사용자가 방문했던 내용을 비롯하여 HTTP, FTP, Gopher 프로토콜을 지원

⑦ 방화벽 및 보안 센터

방화벽(Firewall)

집중강좌 2-49

- 외부의 불법적인 침입으로부터 정보를 보호하기 위한 보안 시스템이다.
- 네트워크 내부에 있는 호스트를 외부로부터 보호하거나 외부의 정보 유출을 막기 위해 사용한다.
- 외부의 침입 시도가 있을 때 네트워크 관리자에게 통보하는 기능이 있다.
- 외부로부터 허가되지 않은 사용자 접근을 제안하고, 중앙 집중적인 보안 기능을 제공한다.
- 내부 네트워크에서 인터넷으로 나가는 패킷은 그대로 통과시키고, 인터넷에서 내부 네트워크로 들어오는 패킷은 내용을 체크하여 인증된 패킷만 통과시킨다.

Windows Defender 방화벽

항목	설명
Windows Defender 방화벽을 통해 프로그램 또는 기능 허용	프로그램이 Windows 방화벽을 통해 통신하도록 허용
알림 설정 변경	각 네트워크 유형의 설정을 사용자가 지정하는 것으로 외부 연결의 차단과 알림을 선택
Windows Defender 방화벽 설정 또는 해제	사용하는 각 네트워크 위치 유형의 방화벽 설정을 수정
기본값 복원	Windows 방화벽 설정을 기본값으로 조정
고급 설정	네트워크를 통하는 프로그램들의 세부 보안 사항을 설정하는 것으로 고급 보안이 포함된 Windows 방화벽은 컴퓨터에 대한 네트워크 보안을 제공

네트워크 문제 해결	네트워크 및 인터넷의 관련된 문제를 해결

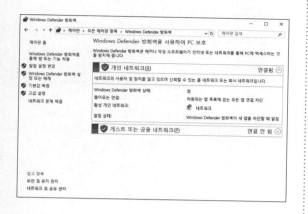

Windows Defender

- 스파이웨어 및 사용자 동의 없이 설치된 소프트웨어로부터 보호하는 기능으로 자동으로 실행되는 스파이웨어를 방지한다.
- 스파이웨어는 인터넷에 연결된 경우 사용자 모르게 컴퓨터에 설치되어 CD, DVD, 이동식 미디어 등으로 특정 프로그램을 설치할 때 컴퓨터를 감염시킬 수 있다.

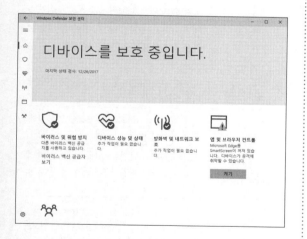

팝업 차단 기능

- 인터넷 화면에서 자동으로 실행되는 웹 사이트의 팝업 창을 차단하는 기능이다.
- 필요 없는 광고나 홍보를 자동적으로 차단할 수 있어 편리하다.
- 익스플로러 화면에서 [도구]−[팝업 차단]을 선택하여 팝업 차단 기능을 선택할 수 있다.
- 특정 웹 사이트에서 '~의 팝업을 차단했습니다.'라는 메시지가 나타나면 알림줄을 클릭하여 팝업 창의 허용 여부를 지정할 수 있다.

> Internet Explorer가 ***.q-net.or.kr**의 팝업을 차단했습니다.

⑧ 바이러스의 특징과 분류

바이러스(Virus)의 특징

- 운영 체제나 다른 응용 프로그램에 손상을 입히는 악성 프로그램이다.
- 자신을 복제하거나 은폐할 수 있으며, 다른 파일과 데이터를 감염시킨다.
- 디스크의 부트 영역이나 프로그램 영역에 숨어 있으며, 주로 인터넷을 통해 감염된다.
- 하드웨어 성능에 큰 영향을 미칠 수 있으며, 전원이 꺼지면 바이러스가 침투할 수 없다.

바이러스의 감염 경로

- 인터넷에서 바이러스에 감염된 파일을 다운로드 (Download) 한 경우
- 공유 네트워크에서 감염된 사용자가 접속하여 파일을 전송하는 경우
- 감염된 전자 우편(E-mail)의 첨부 파일을 열어보는 경우
- 감염된 외부 디스크(이동 디스크 등)에서 데이터를 복사하는 경우
- 불법으로 복사한 소프트웨어에 감염되는 경우

바이러스의 감염 증상

- 컴퓨터가 부팅 되지 않거나 부팅 시간이 오래 걸린다.
- CMOS 설정 내용과 BIOS 환경이 변경되거나 파괴된다.
- 프로그램이 실행되지 않거나 속도가 느려진다.
- 하드 디스크를 인식하지 못하거나 모니터에 이상한 메시지가 표시된다.
- 디스크를 포맷하거나 디스크의 볼륨 레이블을 임의로 변경한다.
- 파일의 날짜나 크기 등이 변경되며, 사용 가능한 메모리 공간이 줄어든다.

바이러스의 분류

분류	설명
부트 바이러스	• 부트 섹터(Boot Sector)를 손상시키는 바이러스 • **종류** : 미켈란젤로(Michelangelo), 브레인(Brain), LBC 등
파일 바이러스	• 실행 파일(EXE, COM)을 손상시키는 바이러스 • **종류** : 예루살렘(Jerusalem), 어둠의 복수자(Dark Avenger), CIH 등
부트/파일 바이러스	• 부트 섹터와 실행 파일을 손상시키는 바이러스 • **종류** : 침입자(Invader), 나타스(Natas), 테킬라(Tequila) 등
매크로 바이러스	• MS-Word나 엑셀의 매크로(Macro) 파일을 손상시키는 바이러스바이러스(엑셀이나 워드 파일을 매개로 함) • **종류** : 라록스(Laroux), 멜리사(Melissa), 로보캅(Robocop) 등

※ **파일 바이러스의 진단법** : 파일 실행 시 속도를 검사, 파일 크기의 증가 여부를 확인, 파일 속성이 변경되었는지를 확인한다.

> **한 걸음 더** 기타 바이러스의 유형
>
> - **은닉(Stealth) 바이러스** : 메모리에 상주하면서 다른 파일의 변형 사실을 숨기고 있어 운영 체제로부터 피해 사실을 숨김
> - **클러스터(Cluster) 바이러스** : 감염된 디스크에서 프로그램이 실행되면 동시에 바이러스가 실행
> - **다형성(Polymorphism) 바이러스** : 코드 조합의 다양한 조합 프로그램을 암호형 바이러스에 감염시켜 실행될 때마다 바이러스 코드 자체를 변경하여 식별자로 구분할 수 없게 함

❾ 바이러스의 종류와 예방

바이러스의 종류

종류	특징
예루살렘 (Jerusalem)	13일의 금요일에만 작동하며, 메모리에 상주하여 실행 파일(COM, EXE)에만 감염
체르노빌 (CIH)	컴퓨터 내부에 잠적해 있다가 4월 26일에 활동하며, BIOS가 있는 플래시 메모리 정보와 하드 디스크 데이터를 완전히 삭제
LBC	부트 바이러스의 일종으로 기억 장소의 크기를 감소시키거나 하드 디스크를 인식할 수 없게 함
멜리사 (Melissa)	아웃룩 주소록의 사용자 주소를 통하여 바이러스를 전파
라록 (Laroux)	엑셀의 매크로(Macro) 기능을 이용하여 엑셀 문서만 파괴
백 오리피스 (Back Orifice)	트로이 목마가 발전된 형태로 다른 사람의 컴퓨터에 불법 침입하여 저장된 정보를 파괴하거나 변조
님다 (Nimda)	아웃룩 주소록의 사용자에게 readme.exe 파일을 첨부하여 메일을 발송하며, 읽고/쓰기가 지정된 공유 컴퓨터는 네트워크를 통해 감염
폭탄(Bomb)	사용자 디스크에 숨어 있다가 날짜와 시간, 파일 변경, 사용자나 프로그램의 특정 행동 등 일정 조건을 만족하면 실행

| 슬래머
(Slammer) | • 2003년 1월 25일 발견된 바이러스로 시스템 다운 현상이 전 세계적으로 나타남
• SQL 서버에 패킷을 반복적으로 전송하여 해당 서버를 다운시킴
• SQL 서버 2000과 데스크톱 엔진 2000이 설치된 시스템을 공격 대상으로 하며, 보안이 약한 SQL 서버를 발견하면 웜은 UDP 1434 포트(SQL-Monitor)를 이용하여 감염 |

• 네트워크에서 연속적으로 자신을 복제하여 시스템 부하를 높이는 바이러스의 일종
• 바이러스와는 달리 다른 프로그램을 감염시키지 않음
• 전자 메일에 바이러스 코드를 삽입하여 전송
• 주소록을 통해 자동으로 메일을 보내므로 확산 속도가 빠름

바이러스의 예방

• 중요한 프로그램이나 자료는 미리 백업하고, 실행 파일의 속성을 읽기 전용한다.
• 램에 상주하여 부팅 시 바이러스 예방 프로그램이 실행되도록 한다.
• 최신 버전의 백신 프로그램을 이용하여 주기적으로 시스템을 검사한다.
• 네트워크를 통해 감염될 수 있으므로 공유 폴더의 관리를 철저히 한다.
• 다운로드받거나 복사한 파일은 반드시 백신 프로그램으로 검사한다.
• 바이러스 감염이 의심되는 메일은 열지 말고 바이러스 검사를 먼저 한다.
• 백신 프로그램의 시스템 감시 및 인터넷 감시 기능을 이용하여 바이러스를 사전에 검색한다.

바이러스의 치료

• 바이러스를 치료하는 프로그램을 백신이라고 하며, 가장 많이 사용되는 백신은 V3이다.
• 백신 프로그램에는 바이러스를 예방, 진단, 치료하는 기능이 있다.
• 백신 프로그램의 종류에는 V3 PRO, V3 Lite, 알약, 바이로봇, 노턴 안티바이러스, 비트디펜더, 피시-시린 등이 있다.

• 램 상주 프로그램은 한 번 실행하면 시스템을 종료할 때까지 램에 상주하여 바이러스를 체크하는 프로그램이다.

분류	설명
스크립트 키디 (Script Kiddie)	• 기존의 잘 알려진 해킹 툴을 이용해서 공격 • 네트워크나 운영 체제에 대한 약간의 기술적인 지식을 가짐
디벨롭트 키디 (Developed Kiddie)	• 취약점을 발견할 때까지 공격을 시도하여 시스템 침투에 성공 • 대부분의 해킹 기법을 알고 있음
세미 엘리트 (Semi Elite)	• 타인이 만든 해킹 프로그램을 수정하여 자신이 목표로 하는 작업을 수행 • 컴퓨터와 네트워크에 대한 포괄적인 지식이 있음
엘리트/위저드 (Elite/Wizard)	• 해킹하고자 하는 시스템의 새 취약점을 찾아내어 해킹을 수행 • 흔적을 완벽하게 지울 수 있기 때문에 추적이 어려움

01 다음 중 정보 사회에서 발생할 수 있는 문제점으로 적절하지 않은 것은?

① 정보의 편중으로 계층 간의 정보 차이를 줄일 수 있다.
② 중앙 컴퓨터 또는 서버의 장애나 오류로 사회적, 경제적으로 혼란을 초래할 수 있다.
③ 정보 기술을 이용한 새로운 범죄가 증가할 수 있다.
④ VDT 증후군이나 테크노스트레스 같은 직업병이 발생할 수 있다.

해설 정보의 편중으로 계층 간의 정보 차이가 증가할 수 있다.

02 다음 중 인터넷을 사용하는 기본 예절에 관한 설명으로 옳지 않은 것은?

① 파일을 전송할 때 전송량을 줄이기 위하여 데이터를 압축한다.
② 웹 페이지에서 문서를 인용 또는 사용할 때는 저자 동의 없이 복사하여 유포한다.
③ 중복된 글은 게시판에 올리지 않도록 한다.
④ 대화방에서는 상대방을 존중하고 건전한 언어를 사용한다.

해설 웹 페이지에서 문서를 인용 또는 사용할 때는 저자 동의 하에 복사한다.

03 다음은 어떤 법의 취지를 설명한 것인가?

통신 및 대화의 비밀과 자유에 대한 제한은 그 대상을 한정하고 엄격한 법적 절차를 거치도록 함으로써 통신 비밀을 보호하고 통신의 자유를 신장함을 목적으로 한다.

① 개인정보법
② 컴퓨터프로그램보호법
③ 사생활침해방지법
④ 통신비밀보호법

04 컴퓨터 범죄 중 무단으로 소프트웨어를 복사하여 저작권 침해를 하였다. 이 경우 민·형사상 제재를 받게 되는데 어떤 법에 저촉되는가?

① 정보통신보호법
② 소프트웨어저작권보호법
③ 개인정보보호법
④ 컴퓨터프로그램보호법

해설 컴퓨터프로그램보호법 : 컴퓨터 프로그램 저작자의 권리 보호와 프로그램의 공정한 이용을 목적으로 하며, 원 프로그램을 개작한 2차적 프로그램은 독자적인 프로그램으로 보호된다.

05 다음 중 인터넷에서의 저작권에 대한 설명으로 옳지 않은 것은?

① 다른 사람의 초상 사진을 사용하기 위해서는 사진 작가와 본인의 승낙을 동시에 받아야 하는 것이 원칙이다.
② 사람의 이름이나 단체의 명칭 또는 저작물의 제호 등은 사상 또는 감정의 창작적 표현이라고 볼 수 없기 때문에 저작물이 되지 않는다.
③ 신문 기사는 일반 보도 기사나 스포츠 기사인 경우에도 저작물로 인정된다.
④ 국가 또는 지방 자치 단체의 홈 페이지에 있는 고시·공고·훈령은 저작권법의 보호를 받는다.

해설 국가 또는 지방 자치 단체의 홈 페이지에 있는 고시·공고·훈령은 저작권법과 아무런 상관이 없다.

정답 **01** ① **02** ② **03** ④ **04** ④ **05** ④

06 다음 중 컴퓨터 범죄에 해당하지 않는 것은?

① 전자문서의 불법 복사
② 전산망을 이용한 개인 정보 유출
③ 컴퓨터 시스템 해킹을 통한 중요 정보의 위조 또는 변조
④ 웹 검색 엔진을 이용한 상품 검색

> **해설** 웹 검색 엔진을 이용하여 상품을 검색하는 것은 컴퓨터 범죄에 해당하지 않는다.

07 다음 중 컴퓨터 범죄의 예방 방법으로 가장 적절하지 않은 것은?

① 시스템에 방화벽을 구성하여 사용한다.
② 다운로드받은 파일은 백신 프로그램으로 검사한 후 사용한다.
③ 게시판에 업로드 된 프로그램은 안전하므로 다운로드 해서 바로 사용한다.
④ 백신 프로그램은 수시로 업데이트 한다.

> **해설** 게시판에 업로드 된 프로그램은 불안전하기 때문에 이를 다운로드 하면 바로 사용하지 않고, 바이러스 검사를 실시한다.

08 다음 중 컴퓨터 범죄에 관한 대비책으로 옳지 않은 것은?

① 컴퓨터 바이러스 예방 및 치료에 대한 프로그램을 지속적으로 개발한다.
② 크래커(Cracker)를 지속적으로 양성한다.
③ 인터넷을 통한 해킹으로부터 보호하기 위해 방화벽과 해킹 방지 시스템을 설치한다.
④ 정기적인 보안 검사를 통해 해킹 여부를 감시하도록 한다.

> **해설** 크래커(Cracker) : 사용 권한이 없는 시스템에 불법적으로 침입하여 시스템을 파괴하거나 관련 정보를 유출하는 사람이다.

09 다음 중 보안 서비스의 설명으로 틀린 것은?

① 기밀성 : 컴퓨터 시스템의 정보 및 전송 정보가 인가 당사자만 읽을 수 있도록 통제한다.
② 인증 : 메시지의 출처가 정확히 확인되고, 그 실체의 신분이 거짓이 아님을 확인한다.
③ 무결성 : 컴퓨터 시스템 및 전송 정보가 오직 인가 당사자에 의해서만 수정될 수 있도록 한다.
④ 부인 봉쇄 : 시스템 자원을 허가된 당사자가 필요로 할 때 이용될 수 있도록 한다.

> **해설** 부인 봉쇄란 송신측이 정보를 정확하게 상대방에게 전송하였다고 할지라도 수신측이 이를 부인하거나 수신측이 정확한 정보를 받았음에도 불구하고 송신측이 자신이 보낸 정보가 아니라고 주장하는 것을 방지하는 기능이다.

10 다음 중 컴퓨터 시스템 보안 예방책에 침입하여 시스템에 무단으로 접근 경로를 만드는 컴퓨터 범죄는?

① 스니핑(Sniffing)
② DoS(Denial of Service)
③ 백 도어(Back Door)
④ 스푸핑(Spoofing)

> **해설** • 스니핑(Sniffing) : 네트워크 주변을 통과하는 패킷들을 보면서 ID와 패스워드(암호)를 알아내는 행위이다.
> • 스푸핑(Spoofing) : 악의적인 목적으로 임의로 웹 사이트를 구축해 일반 사용자의 방문을 유도한 다음 사용자의 시스템 권한을 획득한 뒤 정보를 빼가거나 사용자가 암호와 기타 정보를 입력하도록 속이는 해킹 수법이다.

11 다음 중 유명 기업이나 금융 기관을 사칭한 가짜 웹 사이트나 이메일 등으로 개인의 금융 정보와 비밀 번호를 입력하도록 유도하여 예금 인출 및 다른 범죄에 이용하는 수법인 것은?

① 웜(Worm)
② 해킹(Hacking)
③ 피싱(Phishing)
④ 스니핑(Sniffing)

> **해설** 피싱(Phishing) : 불특정 다수에게 메일을 발송해 위장된 홈페이지로 접속하도록 한 후 인터넷 이용자들의 금융 정보 등을 빼내는 신종 사기 수법이다.

12 다음 중 보안 관련 용어에 대한 설명으로 옳지 않은 것은?

① 해킹이란 컴퓨터에 불법적으로 접근, 침투하여 시스템과 데이터를 파괴하는 행위이다.

② 웜이란 네트워크를 통해 연속적으로 자신을 복제하여 시스템 부하를 높이는 바이러스의 일종이다.

③ 디지털 서명이란 송신자 신분을 보증하는 암호화된 데이터로 메시지에 덧붙여 보내기도 한다.

④ 트로이 목마란 외부로부터의 침입을 막기 위하여 격리시키는 시스템이다.

> 해설 트로이 목마 : 프로그램 코드 속에 미승인의 코드를 숨겨 두었다가 프로그램이 실행될 때 활성화되는 것이다.

13 다음 중 컴퓨터 보안과 관련된 기술에 해당하지 않은 것은?

① 인증(Authentication)

② 암호화(Encryption)

③ 방화벽(Firewall)

④ 브리지(Bridge)

> 해설 ④ 동일한 프로토콜을 쓰고 있는 다른 랜과 상호 접속시키기 위한 장치이다.

14 다음은 통신 보안에서 디지털 서명에 관한 내용이다. 틀린 것은?

① 특정인을 확인하기 위해 비밀키 암호를 이용한다.

② 송신자의 송신 여부와 수신자의 수신 여부를 확인하는 기능으로 메시지를 보낸 사람이 추후에 부인할 수 없도록 한다.

③ 전자 상거래를 활용할 수 있다.

④ 메시지를 받는 사람이 메시지를 변조하거나 위조할 수 없도록 한다.

> 해설 디지털 서명(Digital Signature)은 공용키를 이용하여 서명의 정확성을 확인한다.

15 다음은 데이터 침입 행위에 관한 유형이다. 가로채기에 관한 설명으로 옳은 것은?

① 자료가 수신측으로 전달되는 것을 방해하는 행위

② 전송한 자료가 수신지로 가는 도중에 몰래 보거나 도청하는 행위

③ 원래의 자료를 다른 내용으로 바꾸는 행위

④ 자료가 다른 송신자로부터 전송된 것처럼 꾸미는 행위

> 해설 보기 ①은 가로막기(Interruption), 보기 ③은 수정(Modification), 보기 ④는 위조(Fabrication)에 대한 설명이다.

16 다음 중 컴퓨터의 악성 코드에 대한 설명으로 옳지 않은 것은?

① 악의적인 용도로 사용될 수 있는 유해 프로그램을 말한다.

② 외부 침입을 탐지하고, 분석하는 프로그램으로 잘못된 정보를 남발할 수 있다.

③ 때로는 실행하지 않은 파일이 저절로 삭제되거나 변형되는 모습으로 나타난다.

④ 대표적인 악성 코드로는 스파이웨어와 트로이 목마 등이 있다.

> 해설 ② 침입 탐지 시스템으로 인가된 사용자 혹은 외부 침입자에 대해 컴퓨터 시스템의 허가되지 않은 사용이나 악용과 같은 침입을 알아내기 위한 시스템이다.

17 다음 중 비대칭형(Public Key) 암호화 방식의 특징이 아닌 것은?

① 암호키와 해독키가 분리되어 있다.

② RSA 방식이 많이 사용된다.

③ 공개키만으로는 암호화된 내용을 보호할 수 없다.

④ 송신자와 수신자 사이에 동일한 키를 사용한다.

> 해설 비대칭 암호화 기법 : 공개키 암호화 기법으로 서로 다른 키로 데이터를 암호화하고 복호화 하는 기법으로 RSA 방식을 사용하며, 알고리즘이 복잡하고 암호화할 때 사용하는 키는 공개하고, 복호화 할 때 사용하는 키는 비밀로 한다.

정답 **12** ④ **13** ④ **14** ① **15** ② **16** ② **17** ④

18 인터넷의 보안에 대한 해결책으로 공개키를 이용한 암호화 기법이 있다. 이 기법에서는 암호키(Encryption Key)와 해독키(Decryption Key) 두 개의 키를 사용하는데 공개 여부에 대한 설명으로 맞는 것은?

① 암호키와 해독키를 모두 공개한다.
② 암호키와 해독키를 모두 비공개한다.
③ 암호키는 공개하고 해독키는 비공개한다.
④ 해독키는 공개하고 암호키는 비공개한다.

해설 데이터를 암호화할 때 키(암호키, 공개키)는 공개하고, 복호화할 때의 키(해독키, 비밀키)는 비공개한다.

19 다음의 설명과 관련된 것은?

> 시스템에 방화벽이 있는 경우 외부와의 통신을 위해 만들어 놓은 것으로, 방화벽 안쪽에 있는 서버들의 외부 연결은 이것을 통하여 이루어지며, 연결 속도를 올리기 위해서 다른 서버로부터 목록을 캐시하는 시스템이다.

① Web Server ② Proxy Server
③ Client Server ④ FTP Server

20 다음 중에서 제작자가 의도적으로 사용자에게 피해를 주기 위해 악의적 목적으로 만든 악성 코드에 해당하지 않는 것은?

① 웜(Worm)
② 트로이 목마(Trojan House)
③ 드로퍼(Dropper)
④ 파이어 월(Firewall)

해설 방화벽(Firewall) : 외부의 불법적인 침입으로부터 정보를 보호하기 위한 보안 시스템이다.

21 다음 중 인터넷에서 방화벽을 사용하는 이유로 틀린 것은?

① 보안이 필요한 네트워크의 통로를 단일화하여 관리함으로써 외부의 불법 침입으로부터 내부 정보 자산을 보호하기 위해 사용한다.
② 역추적 기능이 있어서 외부의 침입자를 역추적하여 흔적을 찾을 수 있다.
③ 방화벽 시스템을 이용하면 보안에 완벽하며, 특히 내부로부터의 불법적인 해킹도 막을 수 있다.
④ 외부에서 내부 네트워크로 들어오는 패킷은 내용을 엄밀히 체크하여 인증된 패킷만 통과시키는 구조이다.

해설 보기 ③번에서 방화벽을 이용해도 내부로부터의 불법적인 해킹은 막을 수 없다.

22 다음 중 파일 바이러스의 진단 방법으로 잘못된 것은?

① 부팅 시 몇 번 부팅 하는지 조사한다.
② 파일 실행 시 속도를 검사해 본다.
③ 파일 크기 증가 여부를 확인한다.
④ 파일의 속성이 변경됐는지를 확인해 본다.

해설 파일 바이러스는 실행 파일을 감염시키는 바이러스로 부팅 횟수와는 아무런 상관이 없다.

23 다음 중 감염 대상을 갖고 있지는 않으나 연속으로 자신을 복제하여 시스템의 부하를 높이는 악성 프로그램은?

① 웜(Worm) ② 해킹(Hacking)
③ 스푸핑(Spoofing) ④ 스파이웨어(Spyware)

해설
· ② 컴퓨터에 불법적으로 침투하여 시스템과 데이터를 파괴하는 행위이다.
· ③ 허가받지 않은 사용자가 네트워크상의 데이터를 변조하여 접속하는 행위이다.
· ④ 다른 사람의 컴퓨터에 잠입하여 중요한 개인 정보를 빼가는 행위이다.

정답 18 ③ 19 ② 20 ④ 21 ③ 22 ① 23 ①

24 다음 중 컴퓨터 바이러스나 웜(Worm)이 가지고 있는 특징으로 옳지 않은 것은?

① 복제 기능   ② 치료 기능

③ 은폐 기능   ④ 파괴 기능

> **해설** 보기 ①, ③, ④는 바이러스 기능에 해당하며, 보기 ②는 백신 프로그램 기능에 해당한다.

25 다음 중 바이러스를 예방하기 위한 방법으로 옳지 않은 것은?

① 다른 컴퓨터로부터 다운로드한 파일은 백신 프로그램으로 검사한 다음 사용한다.

② 바이러스 감염이 의심되는 전자 메일은 일단 읽어보고 감염 여부를 판단한다.

③ 중요한 실행 파일의 속성을 읽기 전용으로 설정한다.

④ 최신 버전의 백신 프로그램을 사용하여 주기적으로 시스템을 검사한다.

> **해설** 메일은 바이러스 검사를 한 후 읽어보는 것이 바람직하다.

26 다음 중 데이터 보안의 암호화에 대한 설명으로 옳지 않은 것은?

① 대칭키 암호화 시스템으로 많이 사용되는 기법으로는 RSA가 있으며, 대표적인 공개키 암호 시스템으로는 DES가 있다.

② 복호화(Decryption)란 암호화된 데이터를 원상으로 복구하는 것이다.

③ 암호화 방법은 대칭키와 비대칭키 방식으로 구분이 된다.

④ 데이터를 보낼 때 송신자가 지정한 수신자 이외에는 그 내용을 알 수 없도록 데이터를 암호화하여 안전하게 전송할 수 있다.

> **해설** • DES : 대칭형 암호화 시스템이다(비밀키 암호 방식).
> • RSA : 비대칭형 암호화 시스템이다(공개키 암호 방식).

27 다음 중 OECD에서 제시한 '프라이버시 보호 및 개인 정보의 국제적 유통에 대한 가이드 라인' 8원칙에 해당하지 않는 것은?

① 재사용의 원칙   ② 정확성의 원칙

③ 공개의 원칙   ④ 수집 제한의 원칙

> **해설** 프라이버시 보호 및 개인 정보의 국제적 유통에 대한 가이드 라인 8원칙 : 수집 제한의 원칙, 정확성의 원칙, 목적 명확성의 원칙, 사용 제한의 원칙, 보안 확보의 원칙, 공개의 원칙, 개인 참여의 원칙이 있다.

28 다음 중 정보 보안을 위협하는 형태에 대한 설명으로 옳은 것은?

① 스니핑(Sniffing) : 검증된 사람이 네트워크를 통해 데이터를 보낸 것처럼 데이터를 변조하여 접속을 시도한다.

② 피싱(Phishing) : 적절한 사용자 동의 없이 사용자 정보를 수집하는 프로그램을 설치하여 사생활을 침해한다.

③ 스푸핑(Spoofing) : 실제로는 악성 코드로 행동하지 않으면서 겉으로는 악성 코드인 것처럼 가장한다.

④ 키로거(Key Logger) : 키보드 상의 키 입력 캐치 프로그램을 이용하여 개인 정보를 빼낸다.

> **해설** • 스니핑 : 네트워크 주변의 모든 패킷을 엿보면서 계정과 암호를 알아내기 위한 행위이다.
> • 피싱 : 불특정 다수에게 메일을 발송해 위장된 홈 페이지로 접속하도록 한 후 인터넷 이용자들의 금융 정보 등을 빼내는 신종 사기 수법이다.
> • 스푸핑 : 신뢰성 있는 사람이 네트워크를 통해 데이터를 보낸 것처럼 허가받지 않은 사용자가 네트워크상의 데이터를 변조하여 접속하는 행위이다.

02 과목

스프레드시트 일반

Computer Efficiency Test

Chapter 01 | 응용 프로그램 준비

❖**세부 항목** ▶ 프로그램 환경 설정 / 파일 관리 / 통합 문서 관리

출제 포인트
- 엑셀 프로그램의 전반적인 환경을 이해하고, 여러 가지 메뉴와 주요 인터페이스에 대해 학습합니다.
- 엑셀 파일에 대하여 열기, 닫기, 저장, 옵션 등 파일을 관리하는 다양한 방법에 대해 학습합니다.
- 엑셀 작업에 필요한 워크시트와 통합 문서의 여러 가지 관리 방법에 대해 학습합니다.

① 워크시트의 기본 지식

스프레드시트의 개념

- 각종 계산 업무 및 데이터 통계, 분석 등의 작업을 편리하게 할 수 있는 자동 계산 프로그램이다.
- 수치 계산(함수), 데이터 관리, 문서 작성, 차트 작성, 매크로 등의 다양한 기능이 있다.
- 종류에는 엑셀(Excel), 로터스(Lotus) 1-2-3, 쿼트로(Quattro), 하나 스프레드시트 등이 있다.

엑셀의 시작과 종료

시작	• [시작]-[Excel]을 선택 • 바탕 화면에 있는 엑셀의 바로 가기 아이콘(🅧)을 더블 클릭
종료	• [파일] 탭을 클릭하고, [닫기]를 선택 • 화면 왼쪽 상단 아이콘(🅧)을 클릭하고, [닫기]를 선택(왼쪽 상단 아이콘을 더블 클릭해도 됨) ⊡ 이전 크기로(R) 　이동(M) 　크기 조정(S) ━ 최소화(N) □ 최대화(X) ✕ 닫기(C)　　　　Alt+F4 • Alt+F4 키를 누르거나 Alt+F, X 키를 누름 • 창 조절 단추 중 닫기(✕) 단추를 클릭

엑셀의 화면 구성

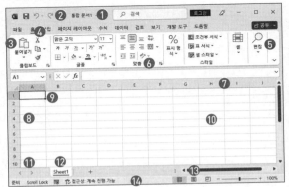

- **❶ 제목 표시줄** : 현재 열려 있는 통합 문서의 제목, 파일명 등을 표시한다.
- **❷ 빠른 실행 도구 모음** : 자주 사용하는 명령들을 추가하여 수시로 사용할 수 있다.
- **❸ 리본 메뉴** : 프로그램 메뉴와 도구 모음을 모아놓은 곳으로 작업에 필요한 명령을 빠르게 사용할 수 있다(탭, 그룹, 아이콘 명령으로 구성).
- **❹ 탭** : 일반적으로 사용하는 메뉴 화면으로 컨트롤과 여러 그룹으로 구성된다.
- **❺ 그룹** : 각 탭마다 관련된 하위 메뉴와 여러 가지의 명령 단추로 구성된다.
- **❻ 대화 상자 관리자** : 해당 그룹에서 다양한 옵션이 있는 대화 상자 또는 작업창을 불러온다.
- **❼ 열 머리글** : 워크시트의 세로 열을 나타낸다(최대 16,384개의 열).
- **❽ 행 머리글** : 워크시트의 가로 행을 나타낸다(최대 1,048,576개의 행).
- **❾ 셀 포인터** : 워크시트에서 이동되는 사각형으로 작업 중인 현재 셀을 나타낸다.
- **❿ 워크시트** : 데이터의 모든 작업이 이루어지는 작업 공간으로 여러 개의 셀로 구성된다.

- **⓫ 탭 이동 단추** : 시트 탭이 여러 개일 경우 다른 시트 탭을 표시한다.
- **⓬ 시트 탭** : 현재 통합 문서에 포함된 워크시트의 이름을 표시한다.
- **⓭ 보기 단추** : 워크시트 화면을 기본, 페이지 레이아웃, 페이지 나누기 미리 보기의 형태로 나타낸다.
- **⓮ 상태 표시줄** : 현재의 작업 상태나 선택 명령에 대한 기본 정보를 표시한다.

> **한 걸음 더** 빠른 실행 도구 모음
>
> - 빠른 실행 도구 모음에 원하는 도구를 추가하려면 **빠른 실행 도구 모음 사용자 지정(▾)** 단추를 클릭하고, 추가할 도구를 선택 또는 리본 메뉴의 원하는 도구에서 마우스 오른쪽 버튼을 클릭하고, [빠른 실행 도구 모음에 추가]를 선택
> - 빠른 실행 도구 모음에서 도구를 제거하려면 삭제할 도구에서 마우스 오른쪽 버튼을 클릭하고, [빠른 실행 도구 모음에서 제거]를 선택

제목 표시줄

- 제목 표시줄을 마우스로 드래그하면 작업중인 창의 위치를 원하는 곳으로 이동시킬 수 있다.
- 제목 표시줄을 더블 클릭하면 창이 최대화되거나 이전 크기로 바꿀 수 있다.

창 조절 단추	기능
최소화(-)	• 현재 실행중인 창을 최소화하여 작업 표시줄에 등록 • 작업 표시줄에서 아이콘을 클릭하면 창이 활성화됨
최대화(□)	• 작업 창이 바탕 화면의 크기에 맞게 최대로 확대 • 창이 최대화되면 아이콘에서 화면 복원(▫)의 단추 모양으로 변경
닫기(✖)	현재 작업 창을 종료

수식 입력줄

- **이름 상자(A1 ▾)** : 현재 선택한 셀의 이름이나 그리기 개체 등이 표시된다.
- **취소(✕)** : 셀에 데이터를 입력할 때 입력 작업을 취소한다(=ESC 키).

- **입력(✓)** : 셀에 입력한 내용을 표시한다(=Enter 키).
- **함수 삽입(fx)** : 수식 입력에 필요한 함수 마법사를 실행한다.

상태 표시줄

- 현재 작업중인 상태나 선택한 명령의 기본 정보가 표시된다.
- 준비, 입력, 접근성과 Scroll Lock 키의 선택 유무가 표시된다.
- 수치가 입력된 특정 영역을 범위 지정하면 평균, 개수, 합계 등이 표시된다.

> **한 걸음 더** 탭 이동 단추
>
> < > ···
> ❶ ❷ ❸
>
> - ❶ Ctrl+마우스 왼쪽 단추 클릭 : 첫 번째 시트로 스크롤 / 오른쪽 단추 클릭 : 모든 시트를 활성화
> - ❷ Ctrl+마우스 왼쪽 단추 클릭 : 마지막 시트로 스크롤 / 오른쪽 단추 클릭 : 모든 시트를 활성화
> - ❸ 현재 선택된 시트에서 이전 시트 또는 활성화된 첫 번째 시트로 이동

각종 리본 및 메뉴의 활용

- 엑셀 화면에서 Alt 키를 누르면 각 리본 메뉴의 바로 가기 키가 나타난다.
- 리본 메뉴를 숨기려면 리본 메뉴에서 마우스 오른쪽 버튼을 클릭하고, [리본 메뉴 최소화]를 선택하거나 Ctrl+F1 키를 누른다.

탭	설명
[홈]	클립보드, 글꼴, 맞춤, 표시 형식, 스타일, 셀, 편집 등을 작업
[삽입]	표, 일러스트레이션, 추가 기능, 차트, 투어, 스파크라인, 필터, 링크, 텍스트, 기호 등을 작업
[페이지 레이아웃]	테마, 페이지 설정, 크기 조정, 시트 옵션, 정렬 등을 작업
[수식]	함수 라이브러리, 정의된 이름, 수식 분석, 계산 등을 작업
[데이터]	쿼리 및 데이터 가져오기 및 변환, 연결, 정렬 및 필터, 데이터 도구, 예측, 개요 등을 작업
[검토]	언어 교정, 접근성, 정보 활용, 언어, 메모, 보호, 잉크 등을 작업

[보기]	통합 문서 보기, 표시, 확대/축소, 창, 매크로 등을 작업
[개발 도구]	코드, 추가 기능, 컨트롤, XML, 수정 등을 작업

② 프로그램 옵션 설정

[Excel 옵션]–[일반] 탭

- **다중 디스플레이를 사용하는 경우** : 텍스트와 이미지가 화면에 선명하게 표시되도록 화면을 자동으로 조정한다.
- **선택 영역에 미니 도구 모음 표시** : 텍스트를 선택할 때 미니 도구 모음을 표시하여 서식 도구에 빠르게 액세스할 수 있다.
- **실시간 미리 보기 사용** : 다른 선택 사항을 커서로 가리키면 기능이 문서에 어떻게 영향을 주는지 미리 보여준다(워크시트에서 선택한 옵션의 효과를 미리 볼 수 있음).
- **자동으로 리본 축소** : 창을 축소하면 탭 이름만 표시된다.
- **화면 설명 스타일** : 프로그램 단추 이름이 있는 스크린 팁과 기능 설명의 표시 여부를 제어할 수 있도록 스타일(화면 설명에 기능 설명 표시, 화면 설명에 기능 설명 표시 안 함, 화면 설명 표시 안 함)을 선택할 수 있다.
- **다음을 기본 글꼴로 사용** : 새 워크시트 및 통합 문서의 기본 글꼴로 사용할 글꼴을 선택한다.
- **글꼴 크기** : 기본 글꼴의 크기를 설정한다.
- **새 시트의 기본 보기** : Excel을 시작할 때 기본적으로 표시할 보기(기본 보기, 페이지 나누기 미리 보기, 페이지 레이아웃 보기)를 선택한다.
- **포함할 시트 수** : 통합 문서를 새로 만들 때 사용할 워크시트 수를 설정한다(최대 255개까지 지정).

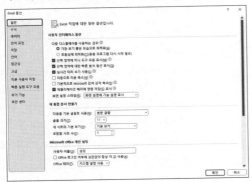

[Excel 옵션]–[수식] 탭

- **자동** : 기본 계산 설정으로 값, 수식, 이름을 변경할 때마다 수식을 모두 계산한다.
- **데이터 표만 수동** : 데이터 표를 제외하고, 수식을 모두 계산한다.
- **수동** : 계산 탭에서 계산을 클릭할 때만 열려 있는 통합 문서를 계산한다.
- **반복 계산 사용** : 순환 참조라고도 하는 반복 수식 계산이 허용된다.
- **R1C1 참조 스타일** : 셀 참조와 행 및 열 머리글의 참조 스타일을 A1 스타일에서 R1C1 스타일로 변경한다.
- **수식 자동 완성 사용** : 사용자가 수식을 쉽게 만들어 편집하고, 입력/구문 오류를 최소화할 수 있다(셀 수식을 작성할 때 정의된 이름 및 관련 함수 목록을 표시).
- **수식에 표 이름 사용** : 표의 일부나 전체를 참조하는 수식을 사용할 때 보다 쉽고 직관적으로 표 데이터 작업을 할 수 있다.
- **다른 작업을 수행하면서 오류 검사** : 유휴 상태일 때 셀에 오류가 있는지 검사한다(셀에 오류가 있을 경우 셀 왼쪽 위 모서리에 오류 표지가 표시).
- **오류를 반환하는 수식이 있는 셀** : 오류값(#VALUE!, #DIV/0! 등)을 반환하는 수식에 대해 오류 표시기를 나타내고 오류를 수정한다.
- **잘못된 숫자 형식** : 오류 표시기를 표시하고 잘못된 숫자 형식의 오류를 정정할 수 있다.

> **한 걸음 더** 자동 고침 옵션
> - [Excel 옵션] 대화 상자의 [언어 교정] 탭에서 [자동 고침 옵션] 단추를 클릭하면 텍스트를 수정하거나 서식을 지정하는 방법을 선택
> - 입력할 때 자동으로 텍스트를 수정하는 옵션이나 자주 사용하는 텍스트와 기타 항목을 저장하여 다시 사용하는 옵션을 선택

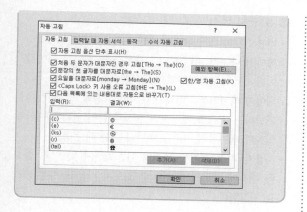

[Excel 옵션]–[저장] 탭

- **다음 형식으로 파일 저장** : 통합 문서를 저장할 때 사용되는 기본 파일 형식을 설정한다.
- **자동 복구 정보 저장 간격** : 통합 문서 복구 파일이 분 단위 상자에 입력하는 간격(1~120)에 따라 자동으로 저장된다.
- **자동 복구 파일 위치** : 기본적인 자동 복구 파일의 위치가 표시된다.
- **기본 로컬 파일 위치** : 기본적인 파일 위치가 표시된다.
- **자동 복구 예외 항목** : 자동 복구를 사용하거나 사용하지 않을 통합 문서를 지정하는 것으로 목록 상자에서 원하는 통합 문서를 선택한다.

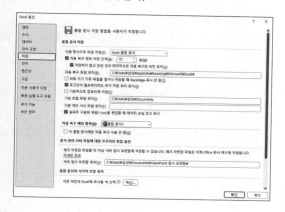

[Excel 옵션]–[고급] 탭

- **⟨Enter⟩ 키를 누른 후 다음 셀로 이동** : 셀에서 [Enter] 키를 눌렀을 때 셀 포인터의 이동 방향(위쪽/아래쪽/왼쪽/오른쪽)을 지정한다.

- **소수점 자동 삽입** : 숫자에 자동으로 소수점을 지정할 경우 소수점 위치 상자에 소수 자릿수를 입력한다(양수는 소수점 이하, 음수는 소수점 이상).
- **채우기 핸들 및 셀 끌어서 놓기 사용** : 마우스 끌기로 데이터의 이동/복사와 채우기 핸들의 사용 유무를 지정한다.
- **셀에서 직접 편집 허용** : 해당 셀을 더블 클릭하여 데이터를 직접 편집할 수 있도록 지정한다.
- **데이터 범위의 서식과 수식을 확장** : 목록 끝에 추가하는 새 항목에 목록 나머지 부분의 서식을 자동으로 적용한다.
- **셀 내용을 자동 완성** : 열에서 데이터를 입력할 때 자동 완성 기능의 사용 유무를 지정한다.
- **시스템 구분 기호 사용** : 해당 확인란을 선택하면 기본 소수 구분 기호와 1000 단위 구분 기호를 사용한다(다른 구분 기호를 사용하려면 확인란의 선택을 취소).
- **표시할 최근 통합 문서 수** : 최근에 사용한 문서 목록이 표시되도록 통합 문서 수(0~50)를 입력한다.
- **눈금자 단위** : 레이아웃 보기 눈금자에 표시할 단위를 선택할 수 있다.
- **수식 입력줄 표시** : 화면에서 수식 입력줄의 표시 여부를 지정한다.
- **함수 화면 설명 표시** : 수식 자동 완성을 사용할 경우 표시되는 함수 목록에서 선택 함수에 대한 간단한 설명을 표시한다.
- **메모가 있는 셀 표시** : 워크시트에 메모가 표시되는 방법을 지정한다.
- **이 워크시트의 표시 옵션** : 행/열 머리글, 수식, 페이지 나누기, 윤곽 기호, 눈금선 등의 표시 여부를 지정한다.
- **이 통합 문서의 계산 대상** : 해당 목록 상자에서 주어진 옵션의 영향을 받을 통합 문서를 선택한다.

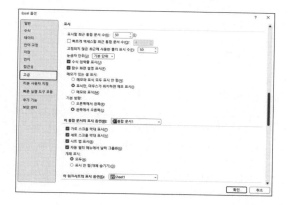

- **메모와 표식 모두 표시 안 함** : 메모가 첨부된 셀에서 메모와 메모 표식을 숨김
- **표식만, 마우스가 위치하면 메모 표시** : 셀에 메모가 첨부된 경우 셀의 오른쪽 위 모서리에 작은 삼각형을 표시(메모가 있는 셀 위에 포인터를 둘 때만 메모가 표시)
- **메모와 표식** : 셀에 메모가 첨부된 경우 메모와 메모 표식을 표시(메모 표식은 셀의 오른쪽 위 모서리에 표시되는 작은 삼각형)

③ 창 제어

확대/축소

- 배율은 10%~400%까지 지정할 수 있으며, 선택한 시트에만 배율이 적용된다.
- 시트 보기를 확대/축소하여도 인쇄에는 영향을 미치지 않는다.
- 워크시트의 일부분을 범위 지정한 후 '선택 영역에 맞춤'을 선택하면 해당 부분만 최대한 크게 보여지도록 자동으로 배율이 설정된다.
- 사용자 지정에서 사용자가 직접 확대/축소 배율(%)을 입력할 수 있다.
- 확대/축소 비율을 세밀하게 조정하려면 상태 표시줄의 컨트롤을 사용한다.
- [보기] 탭의 [확대/축소] 그룹에서 확대/축소(확대축소/) 아이콘을 클릭한다.

- 선택한 셀 범위로 전체 창을 채우도록 시트를 확대(시트의 특정 영역에 초점을 맞춤)
- [보기] 탭의 [확대/축소] 그룹에서 선택 영역 확대/축소 () 아이콘을 클릭
- 화면을 원위치하려면 [보기] 탭의 [확대/축소] 그룹에서 100%() 아이콘을 클릭

통합 문서 보기

- **기본** : 기본 보기 상태로 엑셀 문서를 표시한다.
- **페이지 나누기 미리 보기** : 문서가 인쇄될 때 페이지가 어디에서 나누어지는지를 표시한다.
- **페이지 레이아웃** : 인쇄된 문서가 어떻게 나타나는지를 확인하는 것으로 페이지의 시작과 끝이 어디인지를 확인한다(페이지의 머리글/바닥글을 볼 때 유용).
- **사용자 지정 보기** : 현재의 디스플레이 및 인쇄 설정을 이후에 빠르게 적용할 수 있도록 사용자 지정 보기로 저장한다.

틀 고정

집중강좌 2-51

- 데이터 양이 많은 경우 특정 범위의 행/열을 고정시켜 셀 포인터의 이동과 상관없이 화면에 항상 표시할 수 있도록 하는 기능이다(첫 행 고정과 첫 열 고정이 있음).
- 틀 고정을 수행하면 셀 포인터의 왼쪽과 위쪽으로 틀 고정선이 표시된다.
- 제목 행/열로 설정된 행/열은 셀 포인터를 아래쪽/오른쪽으로 이동시켜도 항상 화면에 표시된다.
- 셀 편집 모드에 있거나 워크시트가 보호된 경우에는 틀 고정 명령을 사용할 수 없다.
- 화면에 틀이 고정되어 있어도 인쇄에는 적용되지 않는다.
- 고정시킬 행의 아래쪽 또는 열의 오른쪽 셀을 선택한 후 [보기] 탭의 [창] 그룹에서 틀 고정(틀 고정) 아이콘을 클릭하고, [틀 고정]을 선택한다.
- 틀 고정을 취소하려면 다시 틀 고정(틀 고정) 아이콘을 클릭하고, [틀 고정 취소]를 선택한다.

창 나누기

- 워크시트를 여러 개의 창으로 분리하는 기능으로 최대 4개까지 분할할 수 있다.
- 특정 셀에서 창 나누기를 실행하면 선택된 셀의 왼쪽과 위쪽을 기준으로 분할된다.
- 창 경계선을 드래그하면 분할된 창의 크기를 변경할 수 있다.
- [보기] 탭의 [창] 그룹에서 나누기(나누기) 아이콘을 클릭한다.

- 창 나누기를 해제하려면 다시 나누기(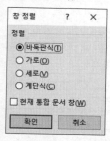나누기) 아이콘을 클릭하거나 분할된 가로와 세로줄을 더블 클릭한다.

창 정렬

- 여러 개의 통합 문서를 배열한 후 서로 비교하면서 작업할 수 있다.
- 열려 있는 모든 창들을 화면에 나타내어 해당 파일로 쉽게 이동할 수 있다.
- [보기] 탭의 [창] 그룹에서 모두 정렬(▦ 모두 정렬) 아이콘을 클릭한 후 [창 정렬] 대화 상자에서 정렬 방식(바둑판식, 가로, 세로, 계단식)을 선택한다.
- 현재 통합 문서의 창만을 표시하려면 '현재 통합 문서 창'을 선택한다.

> **한 걸음 더 기타 [창] 그룹**
>
> - **새 창** : 현재 문서 보기가 있는 새 창을 열 수 있음(현재 활성화되어 있는 문서를 새 창에 하나 더 열어 두 개 이상의 창을 통해 볼 수 있음)
> - **모두 정렬** : 화면에 열려 있는 모든 프로그램 창이나 통합 문서들을 정렬하여 나란히 배열(선택 옵션에 따라 나란히 배열)
> - **숨기기** : 현재 창을 보이지 않도록 숨김
> - **나란히 보기** : 내용을 비교할 수 있도록 두 워크시트를 위와 아래로 나란히 표시
> - **동시 스크롤** : 두 문서를 함께 스크롤 할 수 있도록 스크롤을 동기화함
> - **창 위치 다시 정렬** : 화면을 동일하게 공유할 수 있도록 나란히 비교할 문서의 창 위치를 다시 설정

❹ 통합 문서 관리

새 통합 문서

- 새 통합 문서 제목은 사용자가 지정하기 전까지 '통합 문서1', '통합 문서2', …로 자동 지정된다.

- [파일] 탭을 클릭하고, [새로 만들기]-[새 통합 문서]를 선택하거나 Ctrl+N 키를 누르면 새로운 통합 문서가 나타난다.
- 현재 통합 문서 창을 닫으려면 Ctrl+W 키나 Ctrl+F4 키를 누른다.

> **한 걸음 더 서식 파일**
>
> - 자주 사용하는 특정 양식의 폼을 미리 수록해 놓은 서식 파일을 의미
> - 행/열, 시트 등을 숨기거나 통합 문서를 보호하는 서식 파일을 작성할 수 있음
> - 서식 파일의 확장자는 .xltx이며, 기존에 제공된 서식 파일을 불러와 사용하거나 직접 작성한 내용을 서식 파일로 저장할 수 있음
> - 서식 파일에 데이터 및 서식을 포함할 수 있으며, 매크로 사용 서식 파일(.xltm)의 경우 매크로까지 포함할 수 있음
> - 기본 서식 파일을 새로 만들 경우 워크시트는 Sheet. xltx, 통합 문서는 Book.xltx 파일로 지정하여 XLSTART 폴더에 저장
> - 서식 파일은 서식 폴더(Templates)에 자동으로 저장되므로 언제든지 새 통합 문서를 만드는데 사용

통합 문서 열기

- [파일]-[열기]-[찾아보기]를 선택하거나 Ctrl+O 키를 누른다.
- [열기] 대화 상자에서 해당 파일을 선택한 후 [열기] 단추를 누른다.
- Ctrl, Shift 키를 이용하여 여러 개의 파일을 동시에 열 수 있다.
- 엑셀에서 열 수 있는 통합 문서의 개수는 사용 가능한 메모리와 시스템 리소스에 의해 제한된다.
- [파일] 탭을 클릭하면 오른쪽에 최근 작업한 문서 파일이 등록되어 있는데 여기에서 원하는 문서 파일을 선택하면 바로 열린다.

통합 문서 저장

- 이전에 저장된 파일을 다시 저장하면 동일한 이름으로 저장되므로 [다른 이름으로 저장] 대화 상자는 나타나지 않는다.
- 문서가 기본적으로 저장되는 위치는 '내 문서(My Documents)' 폴더이다.
- [파일] 탭을 클릭하고, [저장]을 선택하거나 빠른 실행 도구 모음에서 저장(💾) 단추를 클릭한다(Ctrl+S 키).

저장 옵션

- [다른 이름으로 저장] 대화 상자에서 [도구] 단추를 클릭하고, [일반 옵션]을 선택한다.
- 통합 문서를 저장할 때 백업 파일을 위한 옵션을 설정하거나 열기/쓰기 암호를 설정할 수 있다.
- '백업 파일 항상 만들기' 옵션은 통합 문서를 저장할 때마다 백업용 복사본을 저장한다.
- '열기 암호' 옵션은 파일을 보다 안전하게 보호하기 위해 사용되는 방법으로 통합 문서를 열 때마다 암호를 확인한다.
- '쓰기 암호' 옵션은 암호를 모를 경우 읽기 전용으로 열어 수정할 수 있으나 기존 문서에는 저장할 수 없도록 암호를 지정한다.
- '읽기 전용 권장' 옵션은 통합 문서를 수정하지 않도록 읽기 전용으로만 열 수 있으며, 읽기 전용으로 열어 내용을 변경할 경우에는 다른 이름으로 저장해야 한다.

일반 옵션	?	×
☐ 백업 파일 항상 만들기(B)		
파일 공유		
열기 암호(O):		
쓰기 암호(M):		
	☐ 읽기 전용 권장(R)	
확인	취소	

한 걸음 더 ─ 암호 지정

- 열기 암호는 대소문자가 구분되며 문자, 숫자, 기호 등을 포함하여 255자까지 지정 가능
- 암호를 모르면 통합 문서를 불러올 수 없음

다른 이름으로 저장

- 기존의 저장 문서와는 별도로 새로운 파일 이름의 통합 문서를 저장할 때 사용한다.
- [파일] 탭을 클릭하고, [다른 이름으로 저장]을 선택한다.

파일 형식	설명
Excel 통합 문서	Excel 2021의 기본 파일로 저장 (**확장자** : xlsx)
Excel 매크로 사용 통합 문서	매크로가 포함된 통합 문서로 저장 (**확장자** : xlam)
Excel 97 - 2003 통합 문서	이전 버전의 엑셀에서 저장 (**확장자** : xlsm)
웹 페이지	• 웹(WWW) 페이지에서 볼 수 있도록 저장(**확장자** : htm, html) • 전체 통합 문서 또는 선택한 시트만 웹 페이지로 저장할 수 있음
Excel 서식 파일	자주 사용하는 특정 양식의 폼으로 저장(**확장자** : xltx)
텍스트 (탭으로 분리)	탭으로 분리된 텍스트 파일로 저장 (**확장자** : txt)
유니코드 텍스트	유니코드 텍스트 파일로 저장 (**확장자** : txt)
CSV (쉼표로 분리)	현재 워크시트만 쉼표로 분리된 텍스트 파일로 저장(**확장자** : csv)
텍스트 (공백으로 분리)	공백으로 분리된 텍스트 파일로 저장 (**확장자** : prn)
DIF(Data Interchange Format)	현재 워크시트의 텍스트, 값, 수식만 저장(**확장자** : dif)
Excel 추가 기능	매크로를 사용하는 추가 기능 파일로 저장(**확장자** : xlam)

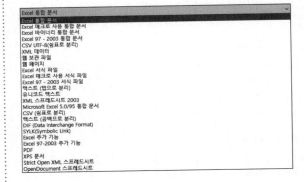

통합 문서 정보

- 현재 통합 문서에 대한 정보(통합 문서 보호, 통합 문서 검사, 통합 문서 관리, 브라우저 보기 옵션)를 확인한다.
- 통합 문서 보호(항상 읽기 전용으로 열기, 암호 설정, 현재 시트 보호, 통합 문서 구조 보호, 액세스 제한, 디지털 서명 추가, 최종본으로 표시), 문제 확인(문서 검사, 접근성 검사, 호환성 검사), 통합 문서 관리(저장되지 않은 통합 문서 복구, 저장되지 않은 모든 통합 문서 삭제)를 설정한다.
- [파일] 탭을 클릭하고, [정보]를 선택한다.

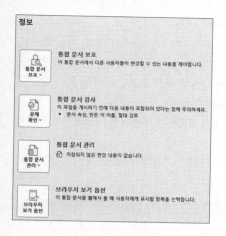

통합 문서 보내기와 게시

- 작업 중인 통합 문서나 워크시트를 PDF/XPS 문서로 만들거나 파일 형식을 변경하여 저장한다.
- PDF/XPS 문서 만들기에서는 레이아웃, 서식, 글꼴, 이미지를 유지하지만 내용을 쉽게 변경할 수 없다.
- 파일 형식 변경에서는 통합 문서 파일 유형과 기타 파일 형식을 선택하여 저장한다.
- Power BI를 사용하여 시각적 효과의 보고서 및 대시보드를 만들고 공유한다.
- [파일] 탭을 클릭하고, [내보내기]/[게시]를 선택한다.

⑤ 통합 문서 공유와 보호

통합 문서 공유 집중강좌 2-52

- 하나의 통합 문서를 네트워크상에서 여러 사용자가 동시에 사용할 수 있다.
- 여러 사용자가 동시에 같은 셀을 변경할 경우는 충돌이 발생하며, 공유 통합 문서에서 사용자 연결을 끊을 수 있다.
- 공유 통합 문서를 열어 작업한 후 저장하면 다른 사용자가 변경된 내용을 확인할 수 있다.
- 공유 통합 문서의 변경 내용을 추적하여 변경 내용을 새 시트에 작성할 수 있다.
- 공유 통합 문서를 네트워크 위치에 복사하면 다른 통합 문서나 문서의 연결이 유지된다.

- 공유 통합 문서의 워크시트에서 전체 행과 열은 삽입하거나 삭제할 수 있다.
- 공유 통합 문서를 열면 창의 제목 표시줄에 [공유됨]이 표시된다.
- 공유 통합 문서에서는 조건부 서식을 추가하거나 변경할 수 없다.
- 통합 문서를 공유하기 위해서는 빠른 실행 도구 모음에서 [기타 명령]을 이용하여 통합 문서 공유(레거시)( ) 단추를 추가한다.
- [통합 문서 공유] 대화 상자의 [편집] 탭에서 '새로운 공동 작성 환경 대신 기존의 공유 통합 문서 기능을 사용합니다.' 확인란을 선택하고, [확인] 단추를 누른다.

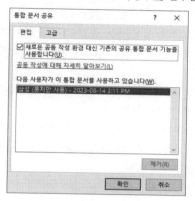

공유 통합 문서의 보호

- 다른 사용자가 변경된 내용을 제거할 수 없도록 통합 문서를 보호한다.
- 공유 통합 문서를 보호하려면 통합 문서 공유를 해제한 후 빠른 실행 도구 모음에서 [기타 명령]을 이용하여 '공유 보호(레거시)'를 추가하고, 통합 문서 보호 및 공유(레거시)( ) 단추를 클릭한다.
- 암호를 지정하려면 통합 문서의 공유 상태를 해제한다.
- '바꾼 내용 추적과 함께 공유' 확인란 및 암호를 입력하고, [확인] 단추를 누르면 통합 문서로 저장할 것인지를 묻는 메시지가 나타난다.

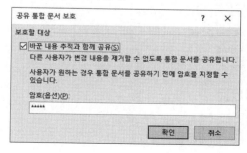

⑥ 시트 보호 및 통합 문서 보호

시트 보호

- 입력한 데이터나 차트, 시나리오, 그래픽 개체 등이 변경되지 않도록 보호한다(기본 속성은 잠금).
- 행과 열의 삽입/삭제, 서식 지정, 잠긴 셀 내용 변경, 커서를 잠긴 셀 또는 잠기지 않은 셀로 이동하는 것을 막을 수 있다.
- 시트 보호를 설정하면 셀에 데이터를 입력하거나 수정할 경우 경고 메시지가 나타난다.
- 시트의 이름 바꾸기 및 숨기기 작업을 수행할 수 있다.
- 특정 시트만 보호하는 것으로 지정된 범위에서는 사용자 수정을 허용할 수도 있다.
- 암호 지정 시 대소문자가 구분되며, 255자까지 지정할 수 있다.
- [셀 서식] 대화 상자의 [보호] 탭에서 '잠금'의 확인란이 해제되면 셀은 보호되지 않는다.
- 새 워크시트의 모든 셀은 기본적으로 '잠금' 속성이 설정되어 있다.
- 셀의 '잠금' 속성과 '숨김' 속성은 시트를 보호하기 전까지는 아무런 효과를 내지 못한다.
- [홈] 탭의 [셀] 그룹에서 서식(📋) 아이콘을 클릭하고, [시트 보호]를 선택하거나 [검토] 탭의 [보호] 그룹에서 시트 보호(📋) 아이콘을 클릭한다.

통합 문서 보호

- 시트의 이동, 삭제, 숨기기, 숨기기 해제, 이름 바꾸기, 창 이동, 창 크기 조절, 새 창, 창 나누기, 틀 고정 등을 할 수 없도록 통합 문서를 보호한다(통합 문서 창을 같은 크기와 위치에 유지).
- 암호 지정 시 대소문자가 구분되며, 255자까지 지정할 수 있다.
- [검토] 탭의 [보호] 그룹에서 통합 문서 보호(📋) 아이콘을 클릭한다.

항목	설명
구조	통합 문서의 구조와 함께 시트의 이동, 삭제, 숨기기, 숨기기 해제, 이름 바꾸기, 새로운 시트 삽입 등을 할 수 없도록 보호
창	통합 문서의 창과 함께 창 이동, 창 크기 조정, 창 숨기기, 창 닫기 등을 할 수 없도록 보호

⑦ 워크시트 편집 및 관리

시트 선택

- **하나의 시트 선택** : 해당 시트 탭을 클릭한다.
- **떨어진 시트 선택** : 첫 번째 시트 탭을 클릭한 후 Ctrl 키를 누른 상태에서 떨어진 시트 탭을 클릭한다.
- **연속된 시트 선택** : 첫 번째 시트 탭을 클릭한 후 Shift 키를 누른 상태에서 마지막 시트 탭을 클릭한다.
- **모든 시트 선택** : 임의의 시트 탭 바로 가기 메뉴에서 [모든 시트 선택]을 선택한다.

- 여러 개의 워크시트를 그룹으로 설정하면 제목 표시줄에 [그룹]이라고 표시
- 그룹 상태에서 도형이나 차트 등의 그래픽 개체는 삽입되지 않음
- 시트 탭을 색으로 구분하여 알아보기 쉽게 만들 수 있음
- 시트 그룹을 취소하려면 시트 탭의 바로 가기 메뉴에서 [시트 그룹 해제]를 선택하거나 임의의 시트를 클릭

시트 삽입

- 하나의 통합 문서에는 기본적으로 1개의 워크시트가 있으며, 최대 255개까지 시트를 삽입할 수 있다.
- 여러 개의 시트를 한꺼번에 삽입할 수도 있다.
- 선택한 시트 왼쪽에 새로운 시트가 삽입되며, 시트 이름은 자동적으로 Sheet4, Sheet5, … 순으로 지정된다.
- [홈] 탭의 [셀] 그룹에서 삽입(삽입) 아이콘을 클릭하고, [시트 삽입]을 선택하거나 시트 탭의 바로 가기 메뉴에서 [삽입]을 선택한다(= Shift + F11 키).

시트 숨기기

- [홈] 탭의 [셀] 그룹에서 서식(서식) 아이콘을 클릭하고, [숨기기 및 숨기기 취소]-[시트 숨기기]를 선택한다.
- 해당 시트의 바로 가기 메뉴에서 [숨기기]를 선택한다.
- 숨기기를 취소하려면 [홈] 탭의 [셀] 그룹에서 서식(서식) 아이콘을 클릭하고, [숨기기 및 숨기기 취소]-[시트 숨기기 취소]를 선택하거나 숨겨진 시트의 바로 가기 메뉴에서 [숨기기 취소]를 선택한다.

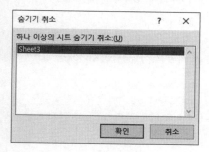

시트 삭제

- 여러 개의 시트를 선택하여 동시에 삭제할 수 있다.
- 시트를 삭제하면 실행 취소 명령(Ctrl + Z 키)으로 되살릴 수 없다.
- [홈] 탭의 [셀] 그룹에서 삭제(삭제) 아이콘을 클릭하고, [시트 삭제]를 선택하거나 시트 탭의 바로 가기 메뉴에서 [삭제]를 선택한다.

시트 이동

- [이동/복사] 대화 상자에서 이동 위치를 선택하고, [확인] 단추를 누른다.
- 이동할 시트 탭을 원하는 시트 위치로 드래그한다.
- [홈] 탭의 [셀] 그룹에서 서식(서식) 아이콘을 클릭하고, [시트 이동/복사]를 선택하거나 시트 탭의 바로 가기 메뉴에서 [이동/복사]를 선택한다.

시트 복사

- [이동/복사] 대화 상자에서 복사 위치와 '복사본 만들기' 확인란을 선택하고, [확인] 단추를 누른다.
- 복사할 시트 탭을 Ctrl 키를 이용하여 원하는 시트 위치로 드래그한다.
- 시트를 복사하면 원본 시트의 이름 뒤에 (2), (3), … 등과 같은 숫자가 자동적으로 붙는다.
- [홈] 탭의 [셀] 그룹에서 서식(서식) 아이콘을 클릭하고, [시트 이동/복사]를 선택하거나 시트 탭의 바로 가기 메뉴에서 [이동/복사]를 선택한다.

시트 이름 바꾸기

- 시트 이름은 기본적으로 'Sheet1', 'Sheet2', …로 지정되어 있다.
- 시트 이름은 공백을 포함하여 최대 31자까지 지정할 수 있지만 [, ?, *, /, ₩, : 등은 사용할 수 없다.
- 통합 문서에서는 동일한 이름의 시트를 만들 수 없다.
- [홈] 탭의 [셀] 그룹에서 서식(서식) 아이콘을 클릭하고, [시트 이름 바꾸기]를 선택하거나 시트 탭의 바로 가기 메뉴에서 [이름 바꾸기]를 선택한다.
- 시트 탭을 마우스로 더블 클릭한 후 새로운 시트 이름을 입력한다.

한 걸음 더 시트 색상

- 시트 탭의 바로 가기 메뉴에서 [탭 색]을 선택한 후 원하는 색상을 선택
- 각 시트의 색은 같은 색상으로 설정해도 됨

실력 체크 문제

01 다음 중 프로그램 메뉴와 도구 모음을 모아놓은 곳으로 작업에 필요한 명령을 빠르게 사용할 수 있는 엑셀의 화면 구성 요소는?

① 그룹
② 빠른 실행 도구 모음
③ 리본 메뉴
④ 제목 표시줄

> 해설 • ① 각 탭마다 관련된 하위 메뉴와 여러 가지의 명령 단추로 구성된다.
> • ② 사용자가 자주 사용하거나 원하는 기능에 해당하는 명령들을 버튼으로 표시하며, 리본 메뉴의 위쪽이나 아래쪽에 표시한다.
> • ④ 현재 열려 있는 통합 문서의 제목, 파일명 등을 표시한다.

02 다음 중 엑셀 창의 오른쪽 하단에서 선택할 수 없는 페이지 보기 방식은?

① 기본
② 확대/축소
③ 전체 화면
④ 페이지 나누기 미리 보기

> 해설 엑셀 창의 오른쪽 하단에서는 워크시트 화면을 기본, 페이지 레이아웃, 페이지 나누기 미리 보기의 세 가지 형태와 확대/축소로 구성된다.

03 다음 중 엑셀의 통합 문서와 워크시트에 대한 설명으로 옳지 않은 것은?

① 워크시트의 복사는 [Alt] 키를 누르면서 원본 워크시트 탭을 마우스로 이동시키면 된다.
② 통합 문서는 여러 개의 시트를 포함할 수 있고, 최소 한 개 이상의 시트를 포함해야 한다.
③ 열려 있는 모든 통합 문서의 위치와 창의 크기, 화면 위치 등의 정보를 저장하는 파일을 작업 영역 파일이라고 한다.
④ 통합 문서 보호 기능을 통해 시트의 삽입, 삭제, 이름 변경, 이동, 숨기기, 숨기기 해제 등과 같은 작업을 할 수 없도록 할 수 있다.

> 해설 워크시트의 복사는 [Ctrl] 키를 누르면서 원본 워크시트 탭을 마우스로 이동시키면 된다.

04 다음 중 워크시트에 대한 설명으로 옳지 않은 것은?

① 워크시트의 일부분을 범위 지정한 후 '선택 영역에 맞춤'을 선택하면 해당 부분만 최대한 크게 보여지도록 자동으로 배율이 설정된다.
② 행과 열이 만나는 지점을 셀이라 한다.
③ 통합 문서 내의 워크시트를 모두 숨기기 할 수 있다.
④ 여러 워크시트에 동시에 같은 자료를 입력할 수 있다.

> 해설 통합 문서에는 화면에 보이는 시트가 적어도 하나는 있어야 하므로 워크시트를 모두 숨기기 할 수는 없다.

05 엑셀에서 새 통합 문서를 열면 1개의 워크시트가 나타난다. 이것을 10개로 조정하려고 할 때 옳은 것은?

① [Excel 옵션] 대화 상자의 [일반] 탭에서 '포함할 시트 수'를 10으로 고친다.
② [보기]−[통합 문서 보기]−[사용자 지정 보기]에서 '새 통합 문서의 시트 수'를 10으로 고친다.
③ [보기]−[창]−[새 창]에서 새 창을 추가로 7개 만든다.
④ [시트] 탭을 오른쪽 마우스로 눌러 [코드 보기]를 선택하고, ThisWorkbook을 10번 복사한다.

> 해설 [파일]−[옵션]을 선택한 후 [Excel 옵션] 대화 상자의 [일반] 탭에서 '포함할 시트 수'를 10으로 수정한다. 이때, '포함할 시트 수'는 최대 255개까지 지정할 수 있다.

06 다음 중 엑셀의 작업 환경 설정을 위한 [Excel 옵션] 대화 상자의 각 메뉴에 대한 설명으로 옳지 않은 것은?

① [일반] 탭의 '실시간 미리 보기 사용'을 선택하면 워크시트에서 선택한 옵션의 효과를 미리 볼 수 있다.

② [수식] 탭의 '수식 자동 완성 사용'을 선택하면 사용자가 수식을 쉽게 만들어 편집하고, 입력 및 구문 오류를 최소화할 수 있다.

③ [고급] 탭의 '셀에서 직접 편집 허용'을 선택하면 해당 셀을 더블 클릭하여 데이터를 직접 편집할 수 있도록 지정한다.

④ [고급] 탭의 '셀 내용을 자동 완성'을 선택하면 행에서 데이터를 입력할 때 셀 내용을 자동으로 입력할 수 있다.

해설 셀 내용을 자동 완성 : 열에서 데이터를 입력할 때 자동 완성 기능의 사용 유무를 지정한다.

07 다음 중 [보기] 탭의 [창] 그룹에서 '틀 고정'에 대한 설명으로 옳지 않은 것은?

① 셀 포인터의 이동에 상관없이 항상 제목 행이나 제목 열을 표시하고자 할 때 설정한다.

② 제목 행으로 설정된 행은 셀 포인터를 화면 아래쪽으로 이동시켜도 항상 화면에 표시된다.

③ 제목 열로 설정된 열은 셀 포인터를 화면 오른쪽으로 이동시켜도 항상 화면에 표시된다.

④ 틀 고정을 취소할 때는 반드시 셀 포인터를 틀 고정된 우측 하단에 위치시키고, [창]-[틀 고정 취소]를 선택해야 한다.

해설 틀 고정을 취소할 때는 셀 포인터의 위치에 상관없이 [보기] 탭의 [창] 그룹에서 [틀 고정] 아이콘을 클릭하고, [틀 고정 취소]를 선택한다.

08 리본 메뉴 중 [보기] 탭의 [창] 그룹에서 수행하는 작업에 대한 설명으로 옳지 않은 것은?

① 새 창 : 새 통합 문서를 만들어 손쉽게 새로운 작업을 할 수 있도록 한다.

② 나누기 : 현재 작업 중인 워크시트를 나눠서 보는 기능으로 구분선을 드래그하여 크기 조정을 할 수 있다.

③ 모두 정렬 : 현재 실행 중인 통합 문서들을 한 화면에 정렬하여 표시한다.

④ 틀 고정 : 데이터의 양이 많은 경우 특정 행이나 열을 고정시켜 시트를 스크롤 하는 동안 항상 표시되도록 한다.

해설 새 창 : 동시에 여러 곳에서 작업할 수 있도록 문서를 다른 창에서 연다.

09 다음 중 창 정렬과 창 나누기에 대한 설명으로 옳지 않은 것은?

① 창을 정렬하는 방식은 4가지가 있다.

② 창 정렬은 여러 개의 통합 문서를 배열하여 비교하면서 작업할 수 있는 기능이다.

③ 창이 나누어진 상태에서는 분할선을 마우스로 끌어 분할된 지점을 변경할 수 있다.

④ 창 나누기는 현재 셀 포인터의 우측과 위쪽을 기준으로 설정된다.

해설 창 나누기를 수행하면 셀 포인터의 왼쪽과 위쪽으로 창 구분선이 표시된다.

10 다음 중 창 나누기 기능에 대한 설명으로 옳지 않은 것은?

① 화면에 표시되는 창 나누기 형태는 인쇄 시에는 적용되지 않는다.

② 셀 포인터의 위치에 따라 수직, 수평, 수직/수평 분할이 가능하다.

③ 창 나누기를 수행하여 나누기 한 각 구역의 확대/축소 비율을 다르게 설정할 수 있다.

④ 나누기를 취소하려면 창을 나누고 있는 분할 줄을 아무 곳이나 두 번 클릭한다.

해설 ③ 다르게 설정할 수 있다. → 다르게 설정할 수 없다.

11 다음 중 엑셀 통합 문서를 다른 이름으로 저장하는 것으로 옳지 않은 것은?

① Excel 97 – 2003 통합 문서로 저장하면 확장자는 xls이며, 이전 버전의 엑셀에서 사용할 수 있다.

② 매크로가 포함된 이전 버전의 통합 문서를 Excel 2021에서 사용하기 위해 매크로가 포함된 통합 문서로 저장한 경우 확장자는 xlsm이다.

③ Excel 서식 파일로 저장하면 다른 통합 문서를 만드는데 사용할 수 있으며, 확장자는 xltm이다.

④ CSV(쉼표로 분리) 파일로 저장하면 현재 워크시트만 쉼표로 분리된 텍스트 파일로 저장된다.

해설 Excel 서식 파일 : 자주 사용하는 특정 양식의 폼으로 저장하며, 확장자는 xltx이다.

12 다음 중 엑셀에서 저장할 수 있는 파일 형식에 해당하지 않는 것은?

① Excel 매크로 사용 통합 문서(*.xlsm)

② Excel 바이너리 통합 문서(*.xlsb)

③ dBASE 파일(*.dbf)

④ XML 데이터(*.xml)

해설 보기 ③은 dBASE 프로그램에서 저장할 수 있는 파일 형식이다.

13 다음 중 공유 통합 문서에 대한 설명으로 옳지 않은 것은?

① 워크시트의 데이터를 html 문서나 텍스트 파일로 변환하여 저장할 수 있다.

② 공유 통합 문서에서 변경 내용이 충돌할 경우는 변경 내용이 적용되지 않는다.

③ 공유 통합 문서의 복사본을 원본과 합쳐 하나로 만드는 작업이 가능하다.

④ 문서의 형식이나 스타일 정보는 *.xltx 파일에 따로 저장하여 사용할 수 있다.

해설 [통합 문서 공유] 대화 상자의 [고급] 탭에 있는 '충돌 해결' 항목에서 공유된 통합 문서를 저장할 때 충돌하는 변경 내용을 처리하는 방법을 지정할 수 있다(적용할 내용 확인, 저장하는 변경 내용 무조건 적용).

14 다음 중 공유 통합 문서에 대한 설명으로 옳지 않은 것은?

① 여러 사용자가 동시에 동일한 셀을 변경하려 하면 충돌이 발생한다.

② 공유된 통합 문서의 워크시트에서 전체 행이나 열은 삽입하거나 삭제할 수 있다.

③ 워크시트나 차트 시트를 삭제할 수 있다.

④ 공유 통합 문서를 열면 창의 제목 표시줄에 [공유됨]이 표시된다.

해설 공유 통합 문서에서 병합된 셀, 조건부 서식, 데이터 유효성, 차트, 그림, 그리기 개체가 포함된 개체, 하이퍼링크, 시나리오, 윤곽, 부분합, 데이터 테이블, 피벗 테이블 보고서, 통합 문서 및 워크시트 보호, 매크로 등은 추가하거나 변경할 수 없다.

15 다음 중 시트 보호에 대한 설명으로 옳지 않은 것은?

① 사용자가 행과 열을 삽입 혹은 삭제하거나, 서식을 지정하거나, 잠긴 셀 내용을 변경하거나, 커서를 잠긴 셀 또는 잠기지 않은 셀로 이동하는 것을 막을 수 있다.

② 시트 보호 설정은 [홈] 탭의 [셀] 그룹에서 [서식] 단추를 클릭한 후 [시트 보호] 대화 상자에서 해당 항목을 체크한다.

③ 시트의 내용이나 개체, 시나리오를 보호하도록 설정하는 기능이다.

④ 차트 시트의 경우에 차트 내용을 변경하지 못하도록 보호할 수 없다.

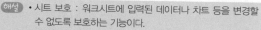 • 시트 보호 : 워크시트에 입력된 데이터나 차트 등을 변경할 수 없도록 보호하는 기능이다.
• ④ 없다. → 있다.

16 다음 중 워크시트 작업 및 관리에 대한 설명으로 옳지 않은 것은?

① 시트 삭제 작업은 실행을 취소할 수 없다.

② Shift + F10 키를 누르면 현재 시트의 뒤에 새 워크시트가 삽입된다.

③ 그룹화된 시트에서 데이터 입력 및 편집 등의 작업을 실행하면 그룹 내 시트에 동일한 작업이 실행된다.

④ 워크시트를 삭제할 때 한 번에 여러 개의 시트를 대상으로 작업할 수 있다.

해설 Shift + F11 키를 누르면 현재 시트의 앞에 새 워크시트가 삽입된다.

17 다음 중 시트관리에 대한 설명으로 옳지 않은 것은?

① Shift 키를 이용하여 시트 그룹을 설정할 수 있다.

② 여러 개의 워크시트를 선택한 후 Ctrl 키를 누른 채 시트 탭을 드래그하면 선택된 시트들이 복사된다.

③ 시트 이름에는 공백을 사용할 수 없으며, 최대 31자까지 지정할 수 있다.

④ 시트 보호를 설정해도 시트의 이름 바꾸기 및 숨기기 작업을 수행할 수 있다.

해설 시트 이름은 공백을 포함하여 최대 31자까지 지정할 수 있지만 [, ?, *, /, ₩, : 등은 사용할 수 없다.

18 다음 중에서 시트 탭에 대한 설명으로 옳지 않은 것은?

① 시트 탭의 색을 변경할 수 있으나 각 시트의 색은 반드시 다른 색으로 설정해야 한다.

② 시트 탭을 더블 클릭하여 시트 이름을 변경할 수 있다.

③ 시트 탭의 바로 가기 메뉴에서 [모든 시트 선택]을 선택하여 전체 시트를 그룹으로 설정할 수 있다.

④ 시트 탭의 바로 가기 메뉴에서 [삭제]를 선택하여 시트를 삭제할 수 있다.

해설 시트 탭의 색을 변경할 경우 각 시트의 색은 같은 색으로 설정해도 된다.

정답 15 ④ 16 ② 17 ③ 18 ①

❖**세부 항목** ▶ 데이터 입력 / 데이터 편집 / 서식 설정

출제
포인트
> • 워크시트에서 데이터를 입력하는 여러 가지 방법에 대해 학습합니다.
> • 워크시트에 입력한 데이터를 다양한 방법으로 편집하고, 설정하는 방법에 대해 학습합니다.
> • 워크시트 형식을 지정하기 위한 셀 서식, 표시 형식, 기타 서식 등 기본적인 서식 설정 방법에 대해 학습합니다.

❶ 각종 데이터 입력

문자 입력

 집중강좌 2-53

- 한글, 영문, 숫자, 특수 문자 등이 혼합된 데이터로 셀의 왼쪽에 정렬된다.
- 셀에는 최대 255자까지 입력할 수 있으며, 두 줄로 데이터를 입력하려면 Alt+Enter 키를 누른다.
- 수치 데이터를 문자 데이터로 인식하려면 수치 데이터 앞에 접두어(')를 입력한다.
- 문자 데이터가 셀 폭보다 긴 경우 오른쪽 셀이 비어 있으면 오른쪽 셀까지 표시된다.
- 문자 데이터가 셀 폭보다 긴 경우 오른쪽 셀에 데이터가 있으면 일부 데이터만 셀에 표시되고, 나머지는 셀에 가려 표시되지 않는다.

	A	B	C
1	성안당		
2	Cyber		
3	Vision IT 기획사		
4			

수치(숫자) 입력

- 숫자, 소수점(.), 쉼표(,), 통화 스타일(₩, $), 지수(E) 등의 데이터로 셀의 오른쪽에 정렬된다.
- 데이터 중간에 공백이나 특수 문자는 사용할 수 없다.
- 입력한 수치 데이터가 셀 폭보다 긴 경우 지수로 표현된다.
- 음수 데이터는 직접 입력하거나 데이터를 괄호로 묶어 표시한다.
- 분수는 먼저 0을 입력한 후 한 칸의 공백을 삽입하고, 나머지 분수를 입력한다.

- 분수 입력 시 0 1/3과 같이 입력할 경우 0을 빼고 1/3만 입력하면 날짜 데이터("01월 03일")로 간주한다.

	A	B	C	D
1	12345	77%	₩55,000	
2	12,345	-379	₩ 47,000	
3	1.E+00	1/5		
4				

날짜 및 시간 입력

- 날짜는 '년, 월, 일' 또는 '월, 일' 형태로 입력하고, '년, 월, 일' 사이는 '/'나 '−'로 구분한다.
- 시간은 '시, 분, 초' 또는 '시, 분' 형태로 입력하고, '시, 분, 초' 사이는 콜론(:)으로 구분한다.
- 시간은 24시각제로 표시하되, 12시각제로 표시할 경우는 시간 뒤에 PM(P)이나 AM(A)을 입력한다.
- 동일 셀에서는 날짜와 시간을 공백으로 구분한다.
- 수식에 날짜와 시간을 사용할 때는 큰 따옴표(" ")로 묶어준다.
- 현재 날짜 입력은 Ctrl+[:] 키를, 현재 시간 입력은 Ctrl+Shift+[:] 키를 누른다.

	A	B	C
1	2020-07-15	15:33:11	
2	2020년 7월 16일	4:33 PM	
3	20年 7月 17日	오후 5:33:11	
4			

한자 입력

- 한글을 입력한 후 한자 키 또는 오른쪽 Ctrl 키를 누르면 해당 한자 목록이 나타난다.
- 단어를 한자로 변경할 때는 해당 단어 앞이나 뒤에 커서를 놓고, 한자 키 또는 오른쪽 Ctrl 키를 누르면 [한글/한자 변환] 대화 상자가 나타난다.

특수 문자 입력

- 특수 문자를 입력할 곳에서 한글 자음(ㄱ, ㄴ, ㄷ, …)을 입력한 후 한자 키 또는 오른쪽 Ctrl 키를 누르면 해당 특수 문자 목록이 나타난다.
- 각각의 한글 자음에 따라서 화면 하단에 표시되는 특수 문자가 다르다.

② 데이터 수정과 삭제

데이터 수정

- 입력된 데이터 전체를 수정하거나 일부분을 수정할 수 있다.
- 셀에서 직접 수정하거나 셀을 선택한 후 수식 입력줄을 이용해 수정할 수 있다.

방법	설명
셀에서 수정	• 수정할 셀을 선택한 후 새로운 데이터를 입력하면 기존에 입력된 데이터가 지워지면서 새로운 데이터가 입력됨 • 데이터 일부를 수정하려면 해당 셀을 더블 클릭하거나 F2 키를 눌러 수정
수식 입력줄에서 수정	수식 입력줄을 클릭하여 커서가 나타나면 데이터를 수정

여러 데이터 동시 수정	변경할 데이터를 범위 지정한 후 활성 셀에서 데이터를 수정하고, Ctrl+Enter 키를 누름

동일한 데이터가 입력될 셀을 범위 지정한 후 해당 데이터를 입력하고, Ctrl+Enter 키를 누름

데이터 삭제

- 데이터의 해당 범위를 지정하고, Delete 키를 누르면 지정된 모든 데이터가 삭제된다.
- 데이터의 해당 범위를 지정하고, BackSpace 키를 누르면 활성 셀의 데이터만 삭제된다.
- [홈] 탭의 [편집] 그룹에서 지우기(지우기) 아이콘을 클릭한다.

메뉴	설명
모두 지우기	입력된 데이터, 서식, 메모 등을 모두 삭제
서식 지우기	입력 데이터에 지정된 서식만 삭제
내용 지우기	• 지정된 서식, 메모 등은 변함이 없고, 데이터만 삭제 • 데이터 삭제 후 다른 데이터를 입력하면 지정된 서식이 그대로 적용
메모 지우기	셀에 입력된 메모만 삭제

③ 데이터 편집

자동 채우기

 집중강좌 2-54

- 일정하게 증가하거나 감소하는 데이터(숫자, 날짜, 시간)를 연속적으로 입력하는 기능이다.
- 채우기 핸들은 셀 포인터 우측 아래에 있는 작은 사각형으로 마우스 포인터를 채우기 핸들에 위치시키면 십자가(+) 모양으로 변경된다.
- 채우기 핸들을 오른쪽이나 아래쪽으로 드래그하면 숫자가 증가되면서 입력되지만 반대로 왼쪽이나 위쪽으로 드래그하면 감소되면서 입력된다.

문자 데이터 채우기

- 문자나 숫자 데이터를 자동 채우기하면 다른 셀에 그대로 복사된다.
- 문자와 숫자가 혼합된 데이터의 경우 문자 데이터는 복사되고, 숫자 데이터는 증가 또는 감소된다.
- 숫자가 두 군데 이상 있는 데이터의 경우 뒤에 있는 숫자만 증가 또는 감소된다.

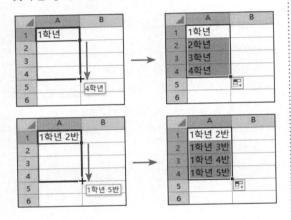

수치 데이터 채우기

- 두 개의 셀에 수치 데이터가 입력되어 있을 경우 두 셀을 범위 지정하여 채우기 핸들을 드래그하면 두 값의 차이만큼 증가 또는 감소한다.
- 수치 데이터가 입력된 셀에서 Ctrl 키를 누른 상태로 채우기 핸들을 드래그하면 1씩 증가 또는 감소된다.

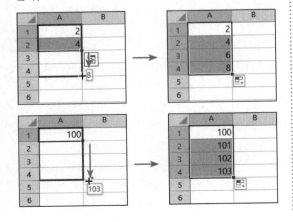

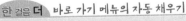

한 걸음 더 │ 바로 가기 메뉴의 자동 채우기

셀 범위를 지정한 후 마우스 오른쪽 버튼으로 채우기 핸들을 드래그하면 [셀 복사], [연속 데이터 채우기], [서식만 채우기], [서식 없이 채우기] 등의 바로 가기 메뉴가 나타남

날짜 및 시간 채우기

- 날짜 및 시간 데이터를 자동 채우기하면 '일'과 '시' 단위로 데이터가 채워진다.
- 마우스 오른쪽 버튼으로 날짜 데이터를 드래그하면 일 단위 채우기, 평일 단위 채우기, 월 단위 채우기, 연 단위 채우기를 선택할 수 있다.

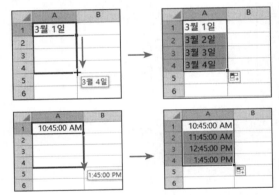

사용자 지정 목록 채우기

- [파일] 탭에서 [옵션]을 선택한 후 [Excel 옵션] 대화 상자의 [고급] 탭에서 [사용자 지정 목록 편집] 단추를 클릭한다.
- [사용자 지정 목록] 대화 상자에서 연속 데이터를 확인할 수 있으며, 사용자가 필요에 따라 새로운 목록을 추가하거나 삭제할 수 있다.
- 사용자 지정 목록을 추가하기 위하여 목록 항목에 "한국, 미국, 영국, 중국, 독일"을 하나씩 입력하고, [추가] 단추를 클릭한다.
- 데이터를 입력할 셀에서 "한국"을 입력한 후 채우기 핸들을 드래그하면 입력 순서대로 나타난다.

- 처음 셀에 입력한 문자가 동일한 열에서 기존 데이터와 같으면 자동적으로 해당 데이터가 채워지는 기능으로 문자나 문자/숫자가 결합된 데이터에서만 적용
- 동일한 열에 목록이 많을 경우 사용자 임의로 자동 완성 목록에서 데이터를 선택
- 데이터를 입력할 셀의 바로 가기 메뉴에서 [드롭다운 목록에서 선택]을 선택하거나 Alt + ↓ 키를 눌러 나타난 목록에서 원하는 데이터를 선택

	A	B	C
1		영업부	
2		홍보부	
3		경리부	
4			
5		경리부	
6		영업부	
7		홍보부	

[연속 데이터] 대화 상자

[홈] 탭의 [편집] 그룹에서 채우기(⬇채우기 ⌄) 아이콘을 클릭하고, [계열]을 선택한다.

옵션	기능
방향	• 연속 데이터를 실행할 행 방향이나 열 방향을 지정 • 선택 영역에서 각 행/열의 첫 셀 내용은 연속 데이터의 시작 값으로 사용
유형	• **선형** : 해당 값만큼 더해서 입력 • **급수** : 해당 값만큼 곱해서 입력 • **날짜** : 날짜에서 지정한 값만큼 증가해서 입력 • **자동 채우기** : 자동 채우기를 실행하여 결과를 입력

추세	추세 반영을 위한 단계 값은 선택 영역의 위쪽이나 왼쪽에 있는 값부터 계산
단계 값	연속 데이터의 증가 또는 감소 크기를 지정하는 양수나 음수를 입력
종료 값	연속 데이터가 끝나는 값을 지정하는 양수나 음수를 입력

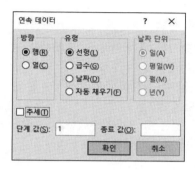

④ 셀 범위 선택과 이동

하나의 셀 선택

- 선택할 셀을 마우스로 클릭한다.
- 현재 셀에서 다른 셀로 이동하려면 방향키를 이용한다.

연속된 셀 범위 선택

- 첫 번째 셀을 클릭한 후 마지막 셀까지 마우스로 드래그한다.
- 첫 번째 셀을 클릭한 후 마지막 셀을 Shift 키를 누른 상태로 클릭한다.
- 첫 번째 셀을 클릭한 후 Shift 키를 누른 상태에서 해당 셀까지 방향키를 누른다.
- 첫 번째 셀을 클릭한 후 F8 키를 누르고, 해당 셀까지 방향키를 누른다.

떨어진 셀 범위 선택

- 첫 번째 셀을 클릭한 후 Ctrl 키를 누른 상태에서 마우스를 클릭하거나 드래그한다.
- 첫 번째 셀을 클릭한 후 Shift + F8 키를 누르고, 범위 설정할 셀로 이동한 다음 Shift 키를 누른 상태에서 방향키를 누른다.

<table>
<tr><td colspan="2">한 걸음 더   셀 범위 선택 해제</td></tr>
<tr><td colspan="2">• 선택된 셀 중 일부만 해제하려면 해제할 셀을 (Ctrl) 키를 누른 상태로 클릭
• 선택된 셀 전체를 해제하려면 화살표 키를 누르거나 다른 셀을 클릭</td></tr>
</table>

행/열 전체 셀 범위 선택

- 행 전체를 선택할 때는 행 머리글을, 열 전체를 선택할 때는 열 머리글을 클릭한다.
- (Shift)나 (Ctrl) 키를 누른 상태에서 여러 행이나 열 전체를 범위 지정할 수 있다.
- (Shift)+(SpaceBar) 키는 행 전체를 선택하고, (Ctrl) + (SpaceBar) 키는 열 전체를 선택한다.

워크시트 전체 범위 지정

- 행 머리글과 열 머리글의 교차 부분에 있는 [모두 선택] 단추를 클릭한다.
- 하나의 열이 선택되어 있는 상태에서 (Shift)+(SpaceBar) 키를 누른다.
- (Ctrl)+(A) 키 또는 (Ctrl)+(Shift)+(SpaceBar) 키를 누른다.

셀 포인터 이동

- 수식 입력줄의 이름 상자에 이동할 셀 주소를 입력하고, (Enter) 키를 누른다.
- [홈] 탭의 [편집] 그룹에서 찾기 및 선택(찾기 및 선택▾) 아이콘을 클릭하고, [이동]을 선택하거나 (F5) 또는 (Ctrl)+(G) 키를 누른다.
- [이동] 대화 상자에서 '참조' 입력란에 이동할 셀 주소를 입력하고, [확인] 단추를 누른다.

셀 포인터 이동 관련 키

바로 가기 키	기능
(↑),(↓),(←),(→)	현재 위치에서 상, 하, 좌, 우로 이동
(Ctrl)+(Home)	첫 번째 셀(A1)로 이동
(Ctrl)+(End)	데이터의 가장 오른쪽 아래 셀로 이동
(Tab)/(Shift)+(Tab)	한 셀씩 오른쪽으로/왼쪽으로 이동
(Shift)+(Enter)	한 셀씩 위쪽으로 이동
(Home)	현재 행에서 첫 번째 열로 이동
(Ctrl)+(→)	• 현재 행의 마지막 열로 이동 • 데이터가 입력된 경우 가장 오른쪽 셀로 이동
(Ctrl)+(←)	• 현재 행의 첫 번째 열로 이동 • 데이터가 입력된 경우 가장 왼쪽 셀로 이동
(Ctrl)+(↑)	• 현재 열의 첫 번째 행으로 이동 • 데이터가 입력된 경우 가장 위쪽 셀로 이동
(Ctrl)+(↓)	• 해당 열의 마지막 행으로 이동 • 데이터가 입력된 경우 가장 아래쪽 셀로 이동
(Page Up) (Page Down)	한 화면 위 또는 아래로 이동
(Alt)+(Page Up) ((Page Down))	한 화면 왼쪽(오른쪽)으로 이동

⑤ 일러스트레이션 활용

일러스트레이션의 종류

- **그림** : 그림 파일을 이용하여 워크시트에 그림을 삽입할 수 있다.
- **도형** : 사각형, 원, 화살표, 선, 순서도, 설명선 등 기본적으로 제공되는 도형을 삽입할 수 있다.
- **SmartArt** : 정보를 시각적으로 표현할 수 있으며, SmartArt 그래픽의 범위는 그래픽 목록과 프로세스 다이어그램에서부터 벤다이어그램이나 조직도와 같은 복잡한 그래픽까지 다양하다.
- **스크린샷** : 작업 표시줄로 최소화되지 않은 프로그램을 캡처하여 삽입한다([화면 캡처]를 선택하여 화면 일부에 해당하는 그림을 삽입).

도형 작성

- Shift 키를 누른 상태에서 도형을 그리면 정원, 정사각형이 그려지고, Ctrl 키를 누른 상태에서 도형을 그리면 중심에서 바깥쪽으로 그려진다.
- Shift 키를 누른 상태에서 도형을 회전시키면 15도 간격으로 회전한다.
- Alt 키를 누른 상태에서 도형을 드래그하면 셀 눈금선에 정확히 맞춘다.
- Ctrl 키를 누른 상태에서 도형 크기를 조절하면 가운데가 고정된 상태에서 크기가 조절된다.
- Shift 키를 누른 상태에서 도형을 드래그하면 수평/수직 방향으로 이동하고, Ctrl 키를 누른 상태에서 도형을 드래그하면 도형이 복사된다.

SmartArt 그래픽

- **목록형** : 비순차적이거나 그룹화된 블록 정보를 표시한다.
- **프로세스형** : 작업, 프로세스, 워크플로의 순차적 단계를 표시한다.
- **주기형** : 단계, 작업, 이벤트의 이어지는 순서를 원형 순서도에 표시한다.
- **계층 구조형** : 조직의 계층 정보나 보고 관계를 표시한다.
- **관계형** : 두 가지 내용 사이의 관계를 다양하게 비교하거나 표시한다.
- **행렬형** : 전체에 대한 사분면 관계를 표시한다.
- **피라미드형** : 비례 관계, 상호 연결 관계, 계층 관계를 표시한다.
- **그림** : 다양한 SmartArt 그래픽에 그림 파일을 삽입하여 표시한다.

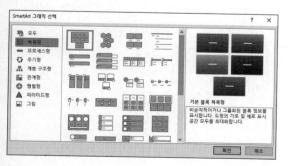

텍스트와 기호

- **텍스트 상자** : 워크시트에 가로 텍스트 상자와 세로 텍스트 상자를 삽입할 수 있다.
- **머리글/바닥글** : 워크시트에 머리글/바닥글을 삽입하는 것으로 각 페이지 위쪽/아래쪽에 나타난다.
- **WordArt** : 워크시트에 장식 텍스트를 삽입할 수 있다.
- **서명란** : 서명해야 하는 사용자를 지정하는 서명란을 삽입할 수 있다.
- **개체** : 포함 개체를 삽입할 수 있다.
- **수식** : 일반 수학 수식이나 수학 기호 라이브러리를 사용하여 수식을 작성한다.
- **기호** : 저작권 기호, 상표 기호, 단락 기호, 유니코드 문자 등 키보드에 없는 문자를 삽입할 수 있다.

하이퍼링크

- 셀의 값이나 그래픽 개체에 다른 파일 또는 웹 페이지로 연결하는 기능이다.
- 웹 페이지, 그림, 전자 메일 주소, 프로그램에 대한 링크를 지정한다.
- 현재 사용 중인 통합 문서의 다른 시트나 다른 통합 문서에 있는 특정 시트의 셀로 지정할 수 있다.
- E-mail에 하이퍼링크를 설정하면 하이퍼링크 클릭 시 E-mail 프로그램이 자동으로 실행된다.
- [삽입] 탭의 [링크] 그룹에서 링크(링크) 아이콘을 클릭하거나 바로 가기 메뉴에서 [링크]를 선택한다(= Ctrl + K).

항목	설명
연결 대상	삽입하려는 하이퍼링크의 종류를 표시
표시할 텍스트	하이퍼링크를 설정하는 셀에 항상 표시되는 문자열
화면 설명	하이퍼링크 위에 마우스 포인터를 놓았을 때 표시되는 문자열
책갈피	하이퍼링크를 만들 수 있는 파일 내의 특정 위치

⑥ 메모와 윗주

메모 입력

- 메모란 입력 데이터에 보충 설명이나 참고 사항을 추가하는 기능으로 문자, 숫자, 특수 문자도 표현이 가능하다(텍스트 서식 지정).
- 메모는 수정, 삭제, 편집(크기 조절)할 수 있으며, 해당 데이터를 지우더라도 메모는 삭제되지 않는다.
- 메모가 입력된 셀 데이터를 다른 곳으로 복사하면 메모도 같이 복사된다.
- 메모가 입력된 셀 데이터를 다른 곳으로 이동하면 메모의 위치도 셀과 함께 변경된다.
- 통합 문서에 포함된 메모를 시트에 표시한 대로 인쇄하거나 시트 끝에 인쇄할 수 있다.

메모 삽입

- [검토] 탭의 [메모] 그룹에서 새 메모(새 메모) 아이콘을 클릭한다.
- 해당 셀의 바로 가기 메뉴에서 [메모 삽입]을 선택하거나 Shift+F2 키를 누른다.

메모 표시

- 메모를 삽입하면 셀의 우측 상단에 빨간색 삼각형이 나타난다.
- 마우스 포인터를 메모가 입력된 셀에 위치시키면 해당 메모가 표시된다.
- [검토] 탭의 [메모] 그룹에서 메모 표시/숨기기 (메모 표시/숨기기) 아이콘을 클릭하거나 바로 가기 메뉴에서 [메모 표시/숨기기]를 선택하면 메모 내용이 항상 표시된다.
- 모든 메모를 표시하려면 [검토] 탭의 [메모] 그룹에서 메모 모두 표시(메모 모두 표시) 아이콘을 클릭한다.

▲	A	B	C	D	E	F
1						
2	지역	판매량	재고량	재고량이 가장 많음		
3	강남	1203	145			
4	강북	1470	50			
5	강동	2145	110			
6	강서	3210	95			
7						

한 걸음 더 메모 표시

[파일] 탭-[옵션]을 선택한 후 [Excel 옵션] 대화 상자의 [고급] 탭에서 표시에 있는 '메모와 표식'을 선택하면 메모를 삽입하자마자 화면에 바로 표시

메모의 편집과 삭제

- 편집은 또는 수정은 [검토] 탭의 [메모] 그룹에서 메모 편집(메모 편집) 아이콘을 클릭하거나 바로 가기 메뉴에서 [메모 편집]을 선택한다.
- 삭제는 [검토] 탭의 [메모] 그룹에서 삭제(삭제) 아이콘을 클릭하거나 바로 가기 메뉴에서 [메모 삭제]를 선택한다.

윗주 달기

- 윗주란 입력 데이터 위쪽에 주석문을 추가하는 기능으로 문자열 데이터에서만 가능하다.
- 해당 셀의 데이터를 지우면 윗주도 함께 삭제된다.

윗주 삽입

- [홈] 탭의 [글꼴] 그룹에서 윗주 필드 표시/숨기기 (내천 가 ▾) 아이콘을 클릭하고, [윗주 편집]을 선택하면 윗주 입력 상자가 나타난다.
- 메모와 달리 윗주를 입력한 후에는 아무런 표시가 나타나지 않는다.

윗주 표시/숨기기

- [홈] 탭의 [글꼴] 그룹에서 윗주 필드 표시/숨기기 (내천 가 ▾) 아이콘을 클릭하고, [윗주 필드 표시]를 선택하면 입력된 윗주가 나타난다.
- 삽입한 윗주의 높이만큼 행 높이가 자동으로 변경된다.

▲	A	B	C	D
1				
2	지역	판매량	재고량	
3	강남	1203	145	
4	우수 지역 강북	1470	50	
5	강동	2145	110	
6	강서	3210	95	
7				

윗주 서식 설정

- [홈] 탭의 [글꼴] 그룹에서 윗주 필드 표시/숨기기 (내천 가 ▾) 단추를 클릭하고, [윗주 설정]을 선택한다.

- 데이터와는 별도로 윗주 자체의 맞춤, 글꼴, 글꼴 스타일, 크기 등을 설정할 수 있다.

⑦ 찾기 및 바꾸기

찾기

- 워크시트에 입력한 데이터나 수식, 값, 메모에서 찾으려는 단어의 위치를 검색한다.
- 워크시트 전체를 대상으로 검색할 수 있고, 사용자가 지정한 범위 내에서 검색할 수도 있다.
- 대표 문자(?, *)를 이용하여 검색할 수 있으며 +, −, = 등과 같은 특수 문자도 찾을 수 있다.
- 기본적으로 아래쪽과 오른쪽으로 검색하지만 Shift 키를 누른 채 [다음 찾기] 단추를 클릭하면 위쪽과 왼쪽으로 검색한다.
- [홈] 탭의 [편집] 그룹에서 찾기 및 선택(찾기 및 선택 ▾) 단추를 클릭하고, [찾기]를 선택하거나 Ctrl+F 키를 누른다.

항목	설명
찾을 내용	찾고자 하는 내용을 입력
범위	찾을 범위(시트, 통합 문서)를 선택
검색	찾을 방향(행, 열)을 지정
찾는 위치	찾을 내용이 있는 워크시트 요소(수식, 값, 메모)를 선택
대/소문자 구분	대문자와 소문자를 구분하여 검색
전체 셀 내용 일치	입력한 텍스트와 정확히 일치하는 셀을 검색
전자/반자 구분	전각 문자와 반각 문자로 구분하여 검색

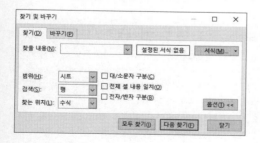

바꾸기

- 해당 텍스트를 원하는 텍스트로 변경할 때 사용한다.
- 입력한 텍스트를 하나씩 확인하면서 바꾸거나 한꺼번에 바꿀 수 있다.
- [홈] 탭의 [편집] 그룹에서 찾기 및 선택(찾기 및 선택 ▾) 단추를 클릭하고, [바꾸기]를 선택하거나 Ctrl+H 키를 누른다.

항목	설명
찾을 내용	검색할 텍스트를 입력
바꿀 내용	바꾸고자 하는 텍스트를 입력
모두 바꾸기	변경할 텍스트를 한꺼번에 모두 바꿈
바꾸기	변경할 텍스트를 하나씩 확인하면서 바꿈
모두 찾기	현재 셀 포인터가 위치한 셀부터 입력한 텍스트를 모두 검색
다음 찾기	현재 셀 포인터가 위치한 다음 셀부터 입력한 텍스트를 검색

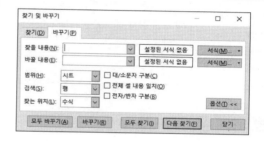

⑧ 셀 편집

셀 삽입

- 기존의 셀을 오른쪽이나 아래쪽으로 밀어내고, 지정된 셀 범위만큼 새로운 셀을 삽입한다.
- [홈] 탭의 [셀] 그룹에서 삽입(삽입) 아이콘을 클릭하고, [셀 삽입]을 선택한다.
- 해당 셀의 바로 가기 메뉴에서 [삽입]을 선택하거나 Ctrl+Shift++ 키를 누른다.

항목	설명
셀을 오른쪽으로 밀기	셀 삽입 후 기존 데이터를 오른쪽으로 이동
셀을 아래로 밀기	셀 삽입 후 기존 데이터를 아래쪽으로 이동
행 전체	행 전체 삽입 후 기존 데이터를 아래쪽으로 이동
열 전체	열 전체 삽입 후 기존 데이터를 오른쪽으로 이동

셀 삭제

- 지정된 셀 범위를 삭제하고, 아래쪽이나 오른쪽에 있는 셀을 해당 자리로 끌어온다.
- [홈] 탭의 [셀] 그룹에서 삭제(삭제) 아이콘을 클릭하고, [셀 삭제]를 선택한다.
- 해당 셀의 바로 가기 메뉴에서 [삭제]를 선택하거나 Ctrl+- 키를 누른다.

항목	설명
셀을 왼쪽으로 밀기	셀 삭제 후 기존 데이터를 왼쪽으로 이동
셀을 위로 밀기	셀 삭제 후 기존 데이터를 위쪽으로 이동
행 전체	행 전체 삭제 후 기존 데이터를 위쪽으로 이동
열 전체	열 전체 삭제 후 기존 데이터를 왼쪽으로 이동

행/열 삽입

- 삽입할 행이나 열 머리글을 선택한 후 [홈] 탭의 [셀] 그룹에서 삽입(삽입) 아이콘을 클릭하고, [시트 행/열 삽입]을 선택한다.
- 바로 가기 메뉴에서 [삽입]을 선택하거나 Ctrl+ + 키를 누른다.
- 한번에 여러 개의 행/열을 삽입할 수도 있다.

행/열 삭제

- 삭제할 행이나 열 머리글을 선택한 후 [홈] 탭의 [셀] 그룹에서 삭제(삭제) 아이콘을 클릭하고, [시트 행/열 삭제]를 선택한다.
- 바로 가기 메뉴에서 [삭제]를 선택하거나 Ctrl+- 키를 누른다.
- 한번에 여러 개의 행/열을 삭제할 수도 있다.

행 높이 조절

- [홈] 탭의 [셀] 그룹에서 서식(서식) 아이콘을 클릭하고, [행 높이]를 선택하거나 행 머리글의 바로 가기 메뉴에서 [행 높이]를 선택한다.
- 행 머리글과 머리글 사이의 경계선을 드래그한다.
- 여러 개의 행을 선택하고 높이를 조절하면 범위 지정된 행의 높이가 동일하게 조절된다.
- [행 높이] 대화 상자에서 행 높이는 0~409까지 지정할 수 있으며, 행 높이를 0으로 지정하면 행을 숨긴 것과 동일하다.

열 너비 조절

- [홈] 탭의 [셀] 그룹에서 서식(서식) 아이콘을 클릭하고, [열 너비]를 선택하거나 열 머리글의 바로 가기 메뉴에서 [열 너비]를 선택한다.
- 열 머리글과 머리글 사이의 경계선을 드래그한다.
- 여러 개의 열을 선택하고 너비를 조절하면 범위 지정된 열의 너비가 동일하게 조절된다.
- [열 너비] 대화 상자에서 열 너비는 0~255까지 지정할 수 있으며, 열 너비를 0으로 지정하면 열을 숨긴 것과 동일하다.
- [홈] 탭의 [셀] 그룹에서 서식(서식) 아이콘을 클릭하고, [기본 너비]를 선택하면 [표준 너비] 대화 상자에서 표준 열 너비(8.38)를 확인할 수 있다.

행/열 숨기기

- 행/열을 숨기면 화면뿐만 아니라 인쇄 시에도 용지에 나타나지 않는다.
- 숨겨진 행/열의 셀 범위를 복사하거나 잘라내어 다른 셀에 붙여넣기 하면 숨겨진 행/열의 데이터가 나타난다.
- [홈] 탭의 [셀] 그룹에서 서식(🖩 서식) 아이콘을 클릭하고, [숨기기 및 숨기기 취소]-[행/열 숨기기]를 선택한다.
- 숨길 행/열의 머리글 선택한 후 바로 가기 메뉴에서 [숨기기]를 선택한다.

행/열 숨기기 취소

- 숨겨진 행의 위/아래 행을 범위 지정한 후 서식(🖩 서식) 아이콘을 클릭하고, [숨기기 및 숨기기 취소]-[행 숨기기 취소]를 선택하거나 바로 가기 메뉴에서 [숨기기 취소]를 선택한다.
- 숨겨진 열의 왼쪽/오른쪽 열을 범위 지정한 후 서식(🖩 서식) 아이콘을 클릭하고, [숨기기 및 숨기기 취소]-[열 숨기기 취소]를 선택하거나 바로 가기 메뉴에서 [숨기기 취소]를 선택한다.
- 첫 번째 행/열을 숨긴 경우는 워크시트 전체를 범위 지정한 후 서식(🖩 서식) 아이콘을 클릭하고, [숨기기 및 숨기기 취소]-[행/열 숨기기 취소]를 선택한다.

9 데이터 복사와 이동

데이터 복사

- [홈] 탭의 [클립보드] 그룹에서 복사(🗐복사) 아이콘 클릭한 후 붙여넣기(🗋) 아이콘을 클릭한다.
- 바로 가기 메뉴에서 [복사]를 선택한 후 [붙여넣기]를 선택한다.
- Ctrl+C 키를 누른 후 Ctrl+V 키를 누른다.
- 범위 지정된 데이터의 가장 자리를 Ctrl+드래그하여 복사한다.

> **한 걸음 더** 데이터 복사
> - 데이터를 복사하면 수식과 결과값, 메모, 셀 서식 등과 함께 셀 전체가 복사
> - 선택한 복사 영역에 숨긴 셀이 있으면 숨긴 셀도 복사

> - 클립보드에는 최대 24개 항목을 저장할 수 있으므로 여러 데이터를 클립보드에 복사해 두었다가 다른 곳에 한 번에 붙여 넣을 수 있음

데이터 이동

- [홈] 탭의 [클립보드] 그룹에서 잘라내기(✂ 잘라내기) 아이콘을 클릭한 후 붙여넣기(🗋) 아이콘을 클릭한다.
- 바로 가기 메뉴에서 [잘라내기]를 선택한 후 [붙여넣기]를 선택한다.
- Ctrl+X 키를 누른 후 Ctrl+V 키를 누른다.
- 범위 지정된 데이터의 가장 자리를 드래그하여 이동한다.

선택하여 붙여넣기

- 복사 내용의 전체를 붙여넣는 것이 아니라 수식, 값, 서식, 메모 등의 특정 내용만 붙여넣을 수 있다.
- 복사는 '선택하여 붙여넣기'를 수행할 수 있지만 잘라내기는 수행할 수 없다.

항목	설명
모두	일반 데이터 내용을 모두 복사하여 붙여넣기
수식	데이터와 수식 내용만 복사하여 붙여넣기
값	데이터의 값만 복사하여 붙여넣기
서식	셀 서식만 복사하여 붙여넣기
메모	셀에 삽입된 메모만 복사하여 붙여넣기
유효성 검사	유효성 검사만 복사하여 붙여넣기
원본 테마 사용	복사한 데이터에 적용된 문서 테마 서식의 셀 내용을 모두 붙여넣기
테두리만 제외	테두리 서식만 제외하고 모든 내용을 복사하여 붙여넣기
열 너비	열 너비만 복사하여 붙여넣기
수식 및 숫자 서식	수식 및 숫자 서식만 복사하여 붙여넣기
값 및 숫자 서식	수식 결과값 및 숫자 서식만 복사하여 붙여넣기
연산	수치 데이터에 연산식(사칙 연산)을 이용하여 붙여넣기
내용 있는 셀만 붙여넣기	데데이터(내용)가 있는 셀만 복사하여 붙여넣기(복사할 영역에 빈 셀이 있는 경우 붙여 넣을 영역의 값을 바꾸지 않음)

행/열 바꿈	행/열의 위치를 바꾸어 붙여넣기
연결하여 붙여넣기	복사 셀과 붙여넣기 셀을 연결하여 복사 셀 내용을 수정하면 붙여넣기 셀도 자동 수정

선택하여 붙여넣기 대화 상자

붙여넣기
- ◉ 모두(A)
- ○ 수식(F)
- ○ 값(V)
- ○ 서식(T)
- ○ 메모(C)
- ○ 유효성 검사(N)
- ○ 원본 테마 사용(H)
- ○ 테두리만 제외(X)
- ○ 열 너비(W)
- ○ 수식 및 숫자 서식(R)
- ○ 값 및 숫자 서식(U)
- ○ 조건부 서식 모두 병합(G)

연산
- ◉ 없음(O)
- ○ 더하기(D)
- ○ 빼기(S)
- ○ 곱하기(M)
- ○ 나누기(I)

☐ 내용 있는 셀만 붙여넣기(B)   ☐ 행/열 바꿈(E)

[연결하여 붙여넣기(L)]   [확인]   [취소]

실행 취소

- 최근(이전)에 작업한 내용을 최대 100개까지 취소할 수 있다.
- 실행 취소 목록(▼) 단추를 누르고 취소할 내용을 드래그하여 선택하면 해당 내용이 한꺼번에 취소된다.
- 빠른 실행 도구 모음에서 실행 취소(↺) 단추를 클릭한다(=Ctrl+Z).

> **한 걸음 더 실행 취소가 불가능한 작업**
> - 시트의 이름 변경
> - 문서의 저장과 인쇄
> - 시트 숨기기 또는 창 숨기기
> - 매크로(Macro)에서 작업한 내용
> - 시트의 삽입/삭제
> - 틀 고정

다시 실행

- 실행 취소한 작업을 다시 실행할 수 있다.
- 다시 실행 목록(▼) 단추를 누르고 다시 실행할 내용을 드래그하여 선택하면 해당 내용이 한꺼번에 다시 실행된다.
- 빠른 실행 도구 모음에서 다시 실행(↻) 단추를 클릭한다(=Ctrl+Y 키).

⑩ 셀 서식(기본 서식)

글꼴 서식

- [홈] 탭의 [글꼴] 그룹을 이용하여 글꼴, 글꼴 크기, 글꼴 스타일, 글꼴 색 등을 설정할 수 있다.
- [홈] 탭의 [글꼴] 그룹에서 ⬚ 단추를 클릭한다.
- [셀 서식] 대화 상자의 [글꼴] 탭에서는 밑줄, 효과(취소선, 위 첨자, 아래 첨자)까지 설정할 수 있다.
- 엑셀 2021은 기본적으로 맑은 고딕, 11 포인트로 설정되어 있으며, 설정된 표준 글꼴을 변경하려면 [파일]-[옵션]을 선택한 후 [Excel 옵션] 대화 상자의 [일반] 탭에서 기본 글꼴을 바꾼 후 엑셀을 다시 시작한다.

맞춤 서식

- 입력된 텍스트에 가로, 세로 맞춤을 설정하거나 텍스트의 조정과 방향을 지정할 수 있다.
- [홈] 탭의 [맞춤] 그룹에서 ⬚ 단추를 클릭한다.

① 텍스트 맞춤 – 가로

항목	설명
일반	문자는 왼쪽으로 나머지는 오른쪽으로 정렬
왼쪽(들여쓰기)	데이터를 왼쪽에 맞추고 들여쓰기 지정
가운데	데이터를 가운데 맞춤
오른쪽(들여쓰기)	데이터를 오른쪽에 맞추고 들여쓰기 지정
채우기	선택한 문자를 해당 범위의 빈 공간에 채움
양쪽 맞춤	입력 데이터를 셀 너비와 동일하게 맞춤
선택 영역의 가운데로	데이터를 선택 영역의 가운데로 맞춤
균등 분할(들여쓰기)	데이터를 셀 크기에 맞게 수평으로 배분

② 텍스트 맞춤 – 세로

항목	설명
위쪽, 가운데, 아래쪽	데이터를 위쪽, 가운데, 아래쪽으로 맞춤

양쪽 맞춤	데이터를 셀 높이와 같게 정렬
균등 분할	데이터를 셀 크기에 맞게 수직으로 배분

③ 텍스트 조정

항목	설명
자동 줄 바꿈	데이터가 열 너비를 넘으면 열 너비에 맞게 다음 줄로 표시
셀에 맞춤	데이터가 열 너비를 넘으면 글꼴 크기가 작아지면서 셀 안에 모두 표시
셀 병합	• 범위 지정한 셀을 하나로 합쳐서 표시 • 여러 셀에 셀 병합을 실행하면 가장 위쪽 또는 왼쪽의 셀 데이터만 남고, 나머지는 모두 삭제
텍스트 방향	• 텍스트 방향을 −90~90도 사이 또는 세로 방향으로 설정 • 양수는 오른쪽 끝의 위쪽으로 음수는 오른쪽 끝의 아래쪽으로 회전

테두리 서식

• 선택한 셀 영역에 테두리를 표시하거나 선 스타일과 선 색을 설정할 수 있다.
• [홈] 탭의 [글꼴] 그룹에서 🔽 단추를 클릭한다.

채우기 서식

• 선택한 셀 영역에 배경색이나 무늬 색, 무늬 스타일 등을 설정할 수 있다.
• [홈] 탭의 [글꼴] 그룹에서 🔽 단추를 클릭한다.

⑪ 표시 형식

표시 형식의 설정

• 수치 데이터가 표시되는 원하는 형식을 다양하게 설정할 수 있다.
• [홈] 탭의 [표시 형식] 그룹에서 🔽 단추를 클릭하거나 해당 셀의 바로 가기 메뉴에서 [셀 서식]을 선택한다(=Ctrl+1 키).

[표시 형식] 그룹

• **회계 표시 형식(🖳)** : 수치 데이터에 다양한 통화 스타일(₩)을 설정한다.
• **백분율 스타일(%)** : 수치 데이터에 100을 곱한 후 % 기호를 표시한다.
• **쉼표 스타일(،)** : 수치 데이터의 천 단위마다 쉼표를 표시한다.
• **자릿수 늘림(🔢)** : 수치 데이터의 소수 이하 자릿수를 늘린다.
• **자릿수 줄임(🔢)** : 수치 데이터의 소수 이하 자릿수를 반올림해서 줄인다.

[셀 서식]-[표시 형식] 탭

범주	설명
일반	설정된 모든 표시 형식을 기본값으로 복원
숫자	소수점 자릿수, 1000 단위 구분 기호(,) 사용, 음수 표기 형식을 설정
통화	소수점 자릿수, 통화 기호(₩, $ 등), 음수 표시 형식 등을 설정
회계	소수점 자릿수, 통화 기호(₩, $ 등)를 설정 (입력값이 0일 경우 '−'으로 표시)
날짜	날짜 표시 형식을 설정
시간	시간 표시 형식을 설정
백분율	셀 값에 100을 곱한 후 백분율 기호와 함께 표시(소수점 이하 자릿수 지정 가능)
분수	소수를 분수 형식으로 표시
지수	숫자를 지수 형식으로 표시(소수점 이하 자릿수 지정 가능)
텍스트	수치 데이터를 문자 데이터 형태로 표시(셀의 왼쪽 정렬)
기타	숫자를 우편번호, 전화번호, 주민등록번호 형식으로 표시
사용자 지정	사용자가 직접 필요한 표시 형식을 설정

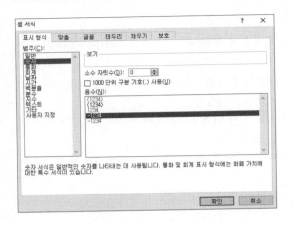

사용자 지정 표시 형식   집중강좌 2-55

- 서식 코드에서는 4개의 구역까지 지정할 수 있다.
- 각 구역은 세미콜론(;)으로 구분하며, 구역을 생략할 경우 해당 구역에 세미콜론만 입력한다.
- 조건이 없을 경우 양수, 음수, 0 서식, 텍스트 순으로 서식을 정의하지만 조건이 있을 경우는 지정된 순서대로 나타낸다.
- 조건이나 글꼴 색을 지정할 경우 대괄호([ ]) 안에 입력한다.

#,### ; [파랑](#,###) ; 0.00 ; @"님"
양수 서식 ; 음수 서식 ; 0 서식 ; @"텍스트"

주요 서식 코드

서식 코드	의미
#	유효 자릿수만 표시하며, 무효의 0은 표시하지 않음

?	무효의 0 대신 공백을 추가하여 소수점을 맞춤 (소수점 정렬)
0	무효의 0을 포함하여 숫자의 자릿수를 표시
,	천 단위 구분자로 콤마를 삽입
;;;	셀에 입력한 자료를 숨길 때 사용
[색상]	서식 구역의 첫 부분에 색을 지정
[조건]	조건에 일치하는 경우에만 해당 서식을 적용
연도(yy)	• yy : 연도를 2자리로 표시(00~99년) • yyyy : 연도를 4자리로 표시(1900~9999년)
월(m)	• m : 월을 1~12로 표시 • mm : 월을 01~12로 표시 • mmm : 월을 Jan~Dec로 표시 • mmmm : 월을 January~December로 표시
일/요일(d)	• d : 일을 1~31로 표시 • dd : 일을 01~31로 표시 • ddd : 요일을 Sun~Sat로 표시 • dddd : 요일을 Sunday~Saturday로 표시
시간(h)	• h : 시간을 0~23으로 표시 • hh : 시간을 00~23으로 표시
분(m)	• m : 분을 0~59로 표시 • mm : 분을 00에서 59로 표시
초(s)	• s : 초를 0~59로 표시 • ss : 초를 00에서 59로 표시
오전/오후	AM/PM, A/P로 표시
@	문자 데이터의 위치를 표시
*	특정 문자를 셀의 너비만큼 반복하여 표시
(_)	데이터의 오른쪽 끝에 공백 표시(기호 뒤에 하나의 문자(-)가 있어야 함)
[DBNum]	숫자를 한자, 한자+숫자, 한글 등으로 표시 ([DBNum1]~[DBNum4])

서식 코드의 사용

입력 데이터	지정 서식	결과 데이터
24-03-10	dd-mmm	10-Mar
24-03-10	mmm-yy	Mar-24
08:15	hh:mm:ss AM/PM	08:15:00 AM
08:15	h:mm:ss	8:15:00
2468	##,###	2,468
2468	#,	2
45.37	# ?/?	45 3/8
45.37	0.00E+000	4.54E+001
우리나라	@화이팅	우리나라화이팅

246	[DBNum1]G/표준	二百四十六
	[DBNum2]G/표준	貳百四拾六
	[DBNum3]G/표준	2百4十6
	[DBNum4]G/표준	이백사십육

한 걸음 더 **표시 형식 사용 예**

[문제] 숫자 24600을 입력한 후 다음의 표시 형식을 적용했을 때 표시되는 결과는?

#0.0,"천원";(#0.0,"천원");0.0;@"님"

[풀이] 콤마(,)는 천 단위마다 구분 기호를 넣기 위하여 사용하는데 '0,'을 마지막에 삽입하면 숫자 뒤에 3자리를 생략한다. 이때, '#0.0,"천원"'을 표시 형식으로 지정하면 24600의 뒤 3자리를 생략하고, 소수점 첫째 자리까지 표시하므로 24.6이 되면서 "천원"을 붙이면 "24.6천원"이 표시

---

⑫ 기타 서식

자동 서식

- 표 서식을 미리 만들어 놓고 사용자가 원하는 서식을 선택하면 데이터에 자동으로 적용된다.
- 입력된 셀에서 빠른 실행 도구 모음에 추가한 자동 서식(田) 단추를 클릭하면 해당 데이터 범위가 자동적으로 지정된다.
- 시트가 보호되어 있으면 자동 서식을 사용할 수 없다.
- [파일]−[옵션]을 선택한 후 [빠른 실행 도구 모음] 탭에서 '모든 명령'을 선택하고, 자동 서식을 찾아 [추가] 단추를 클릭한다.

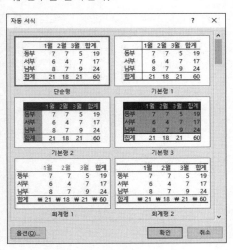

조건부 서식

 집중강좌 2−56

- 조건에 따라 데이터의 막대, 색조, 아이콘 집합을 사용하여 주요 셀이나 예외적인 값을 강조하고, 데이터를 시각적으로 표시한다.
- 특정 조건이나 기준에 따라 셀 범위의 모양을 변경하며, 범위 지정한 셀에서 특정 조건을 만족할 경우 설정된 서식을 적용한다.
- 기존의 셀 서식에 우선하며, 규칙에는 제한이 없다.
- 규칙 유형을 '수식을 사용하여 서식을 지정할 셀 결정'으로 선택하면 함수를 사용할 수 있다.
- 조건을 수식으로 입력할 경우 수식 앞에 반드시 등호(=)를 입력한다.
- 여러 조건 중에서 참인 조건이 여러 개일 경우 첫 번째 참 조건의 서식만 적용된다.
- 규칙별로 서로 다른 서식을 적용하거나 고유 및 중복 값에 대해서만 서식을 지정할 수 있다.
- 조건으로 설정된 해당 셀 값들이 변경되어 조건을 만족하지 않을 경우 적용된 서식이 해제된다.
- 통합 문서를 공유하기 전에 적용된 조건부 서식은 공유 통합 문서에 적용되지만 기존의 조건부 서식을 고치거나 새로운 서식을 적용할 수는 없다.
- 조건부 서식을 만들 때 동일한 워크시트의 다른 셀은 참조할 수 있으나 동일한 통합 문서의 다른 워크시트에 있는 셀 참조나 다른 통합 문서에 대한 외부 참조는 사용할 수 없다.
- [홈] 탭의 [스타일] 그룹에서 조건부 서식(조건부 서식) 아이콘을 클릭하고, [새 규칙]을 선택한다.

규칙 유형	설명
셀 값을 기준으로 모든 셀의 서식 지정	셀 값에 따라 색이나 길이가 다른 데이터 막대를 모든 셀에 지정
다음을 포함하는 셀만 서식 지정	셀 값에 따라 범위와 조건을 지정하여 서식을 설정
상위 또는 하위 값만 서식 지정	셀 값 중 상위/하위 몇 % 이내로 서식을 설정
평균보다 크거나 작은 값만 서식 지정	셀 값 중 선택한 범위의 평균에 따라 서식을 설정
고유 또는 중복 값만 서식 지정	셀 값 중 중복 또는 고유 값에 따라 서식을 설정
수식을 사용하여 서식을 지정할 셀 결정	수식이나 함수로 조건을 지정하여 서식을 설정

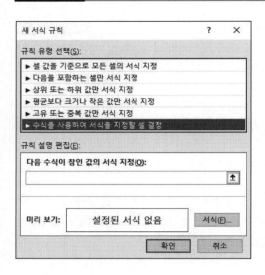

- [홈] 탭의 [스타일] 그룹에서 [조건부 서식] 아이콘을 클릭하고, [규칙 관리]를 선택하면 [조건부 서식 규칙 관리자] 대화 상자가 나타남
- 규칙에 맞는 셀 범위는 해당 규칙에 따라 서식이 지정되고, 그렇지 않은 셀 범위는 서식이 지정되지 않음
- 셀에 2개의 규칙이 모두 적용될 경우 'True일 경우 중지'를 체크하지 않으면 2개의 규칙이 모두 적용
- 새로운 규칙을 작성할 때, 작성한 규칙을 편집할 때, 작성한 규칙 중 특정 규칙을 삭제할 때, 규칙 순서를 변경할 때 사용
- 조건부 서식을 지우려면 [홈] 탭의 [스타일] 그룹에서 [조건부 서식] 아이콘을 클릭한 후 [규칙 지우기]–[시트 전체에서 규칙 지우기]를 선택

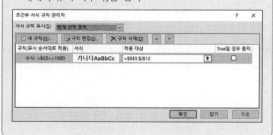

스타일

- 서식의 종류를 미리 정의하여 놓은 것으로 범위 지정한 셀에 다양한 스타일(Style) 서식을 빠르게 적용할 수 있다.
- [홈] 탭의 [스타일] 그룹에서 셀 스타일(⯆) 단추를 클릭하고, [새 셀 스타일]을 선택하여 사용자가 직접 셀 스타일을 지정할 수도 있다.

- 다른 통합 문서에 정의된 스타일을 사용할 수 있다.
- 특정 셀에 지정한 서식을 다른 셀에 복사할 수 있다.

항목	설명
스타일 이름	스타일 서식을 정의할 때 스타일 이름을 입력
스타일에 포함할 항목	스타일에 포함할 항목을 선택

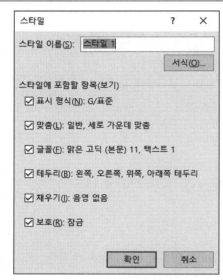

- 서식이 지정된 셀을 다른 위치에 있는 셀이나 셀 범위에 복사
- [홈] 탭의 [클립보드] 그룹에서 서식 복사(◈ 서식 복사) 아이콘을 한 번 누르면 복사된 셀 서식을 한 곳에만 적용하고, 두 번 누르면(더블 클릭) 여러 위치의 셀에 반복적으로 복사
- (ESC) 키를 누르거나 [서식 복사] 아이콘을 다시 클릭하면 종료
- 복사할 서식 셀을 선택한 후 [홈] 탭의 [클립보드] 그룹에서 서식 복사(◈ 서식 복사) 아이콘을 클릭하면 마우스 포인터가 붓(➕🖌) 모양으로 변경되고, 서식을 복사할 셀을 클릭하거나 범위를 지정하면 됨

01 다음 중 워크시트의 데이터 입력에 관한 설명으로 옳지 않은 것은?

① 문자열 데이터는 셀의 왼쪽에 정렬된다.
② 수치 데이터는 셀의 오른쪽으로 정렬되며, 공백과 '&' 특수 문자를 사용할 수 있다.
③ 기본적으로 수식 데이터는 워크시트상에 수식 결과값이 표시된다.
④ 특수 문자는 한글 자음(ㄱ, ㄴ, ㄷ 등)을 입력한 후 [한자] 키를 눌러 나타나는 목록 상자에서 원하는 문자를 선택하여 입력할 수 있다.

해설 수치 데이터는 셀의 오른쪽으로 정렬되지만 공백과 '&' 특수 문자는 사용할 수 없다.

02 다음과 같이 하나의 셀에 두 줄 이상의 데이터를 입력할 경우 '컴퓨터'를 입력한 후 줄을 바꾸기 위하여 사용하는 키로 옳은 것은?

	A	B
1	컴퓨터 활용능력	
2		

① [Ctrl]+[Enter]
② [Ctrl]+[Shift]+[Enter]
③ [Alt]+[Enter]
④ [Shift]+[Enter]

해설 한 셀에서 두 줄로 데이터를 입력하려면 [Alt]+[Enter] 키를 누른다.

03 다음 중 새 워크시트에서 보기의 내용을 그대로 입력하였을 때 입력한 내용이 텍스트로 인식되지 않는 것은?

① 01:02AM
② 0 1/4
③ '1234
④ 1월30일

해설 분수는 먼저 0을 입력한 후 한 칸의 공백을 삽입하고, 나머지 분수를 입력하므로 보기 ②번은 1/4의 분수로 인식된다.

04 다음 중 날짜 및 시간 데이터 입력에 대한 설명으로 옳지 않은 것은?

① 날짜 입력에는 '/'(Slash)나 '–'(Hyphen)을 이용하여 연, 월, 일을 구분한다.
② 날짜와 시간을 같은 셀에 입력할 때는 날짜 뒤에 한 칸 띄우고 시간을 입력한다.
③ 현재 시간 입력은 [Shift]+[Ctrl]+[:] 키를, 오늘 날짜 입력은 [Ctrl]+[:] 키를 누른다.
④ 시간 입력은 24시간 기준으로만 시간이 입력되어 오전(am)/오후(pm)로 표시할 수 없다.

해설 시간은 24시각제로 표시되지만 12시각제로 표시할 경우는 시간 뒤에 PM(또는 P)이나 AM(또는 A)을 입력한다.

05 다음 중 셀에서 직접 셀의 내용을 편집하거나 수식 입력줄에서 셀의 내용을 편집할 수 있도록 셀을 편집 모드로 전환하는 과정으로 옳지 않은 것은?

① 편집하려는 데이터가 들어 있는 셀을 두 번 클릭한다.
② 편집하려는 데이터가 들어 있는 셀을 클릭하고, 수식 입력줄을 클릭한다.
③ 편집하려는 데이터가 들어 있는 셀을 클릭하고, [F5] 키를 누른다.
④ 편집하려는 데이터가 들어 있는 셀을 클릭하고, [F2] 키를 누른다.

해설 보기 ③번의 경우 [이동] 대화 상자가 나타난다.

06 다음 중 데이터 입력에 대한 설명으로 옳지 않은 것은?

① 데이터를 입력하는 도중에 입력을 취소하려면 [ESC] 키를 누른다.

② 한 행을 블록 설정한 상태에서 [Enter] 키를 누르면 블록 내의 셀이 오른쪽 방향으로 순차적으로 선택되어 행 단위로 데이터를 쉽게 입력할 수 있다.

③ 여러 셀에 숫자나 문자 데이터를 한 번에 입력하려면 여러 셀이 선택된 상태에서 데이터를 입력한 후 바로 [Shift]+[Enter] 키를 누른다.

④ 열의 너비가 좁아 입력된 날짜 데이터 전체를 표시하지 못하는 경우 셀의 너비에 맞춰 '#'이 반복 표시된다.

(해설) 여러 셀에 숫자나 문자 데이터를 한 번에 입력하려면 여러 셀이 선택된 상태에서 데이터를 입력한 후 바로 [Ctrl]+[Enter] 키를 누른다.

07 다음의 시트에서 [A1] 셀을 선택하고 채우기 핸들을 [A4] 셀까지 드래그 했을 때 [A4] 셀에 입력되는 값은?

	A	B
1	1학년 1반 001번	
2		

① 1학년 1반 001번

② 1학년 1반 004번

③ 1학년 4반 001번

④ 4학년 4반 004번

(해설) 문자와 숫자가 혼합된 데이터의 경우 채우기 핸들을 드래그하면 문자 데이터는 복사되고, 숫자 데이터는 증가된다. 이때, 숫자가 두 군데 이상 있는 데이터의 경우 뒤에 있는 숫자만 증가된다.

08 다음처럼 [A1] 셀에 숫자 1을 입력하고, [A1] 셀에서 채우기 핸들을 아래로 드래그하려고 한다. 이때, 숫자가 증가하여 입력되기 위해 함께 눌러줘야 하는 키로 옳은 것은?

	A	B
1	1	
2	2	
3	3	
4	4	
5	5	
6	6	
7	7	
8		

① [Alt]

② [Ctrl]

③ [Shift]

④ [Tab]

(해설) 수치 데이터가 입력된 셀에서 [Ctrl] 키를 누른 상태로 채우기 핸들을 드래그하면 1씩 증가 또는 감소된다.

09 다음은 채우기를 이용하여 데이터를 입력한 결과이다. [연속 데이터] 대화 상자에서 방향은 '열', 유형은 '급수'일 때 단계 값으로 옳은 것은?

	A	B
1	2	
2	-6	
3	18	
4	-54	
5	162	
6	-486	
7	1458	
8	-4374	
9		

① 2

② −3

③ 3

④ −6

(해설) 유형의 '급수'는 해당 값만큼 곱해서 입력하는 것으로 단계 값에 −3을 입력하면 된다.

10 다음의 워크시트에서 설정된 영역을 해제하지 않고, 셀 포인터를 [A1] 셀로 이동시키기 위한 것으로 옳은 것은?

▲	A	B	C
1	A	E	I
2	B	F	J
3	C	G	K
4	D	H	L
5			

① Home   ② Ctrl + Home
③ Enter   ④ Ctrl + Enter

해설 • ① 영역이 해제되면서 [A4] 셀로 이동한다.
• ② 영역이 해제되면서 [A1] 셀로 이동한다.
• ④ 아무런 변화가 없다.

11 다음 중 [A1:D1] 영역을 선택한 후 채우기 핸들을 이용하여 아래쪽으로 드래그 하였을 때 데이터가 변하지 않고 같은 데이터로 채워지는 것은?

▲	A	B	C	D
1	가	갑	월	자
2				
3				

① 가   ② 갑
③ 월   ④ 자

해설 [Excel 옵션] 대화 상자의 [고급] 탭에서 [사용자 지정 목록 편집] 버튼을 클릭하면 사용자 지정 목록에 등록된 항목에 따라 자동으로 채워진다(갑→을, 월→화, 자→축).

12 다음 중 [시트 보호] 기능에 대한 설명으로 옳지 않은 것은?

① 새 워크시트의 모든 셀은 기본적으로 '잠금' 속성이 설정되어 있다.
② 워크시트에 있는 셀을 보호하기 위해서는 먼저 셀의 '잠금' 속성을 해제해야 한다.
③ 시트 보호를 설정하면 셀에 데이터를 입력하거나 수정하려고 했을 때 경고 메시지가 나타난다.
④ 셀의 '잠금' 속성과 '숨김' 속성은 시트를 보호하기 전까지는 아무런 효과를 내지 못한다.

해설 [셀 서식] 대화 상자의 [보호] 탭에서 '잠금'의 확인란이 해제되면 셀은 보호되지 않는다.

13 다음 중 하이퍼링크를 삽입할 때 연결 대상이 될 수 없는 것은?

① 매크로 바로 가기 키
② 인터넷 웹 페이지 주소
③ 현재 통합 문서 시트의 특정 셀 위치
④ 전자 메일 주소

해설 연결 대상 : 삽입하려는 하이퍼링크의 종류를 표시하는 것으로 기존 파일/웹 페이지(보기 ②), 현재 문서(보기 ③), 새 문서 만들기, 전자 메일 주소가 있다.

14 다음 중 메모에 대한 설명으로 옳지 않은 것은?

① 통합 문서에 포함된 메모를 시트에 표시된 대로 인쇄하거나 시트 끝에 인쇄할 수 있다.
② 메모에는 어떠한 문자나 숫자, 특수 문자도 지정하여 표현할 수 있다.
③ 모든 메모를 표시하려면 [검토] 탭의 [메모] 그룹에서 '메모 모두 표시'를 클릭한다.
④ 셀에 입력된 데이터를 지우면 메모도 자동으로 삭제된다.

해설 메모는 수정, 삭제, 편집할 수 있으며, 해당 데이터를 지우더라도 메모는 삭제되지 않는다.

15 다음 중 윗주에 대한 설명으로 옳지 않은 것은?

① 윗주는 셀에 대한 주석을 설정하는 것으로 문자열 데이터가 입력되어 있는 셀에만 표시할 수 있다.
② 윗주는 삽입해도 바로 표시되지 않고 [홈] 탭의 [글꼴] 그룹에서 [윗주 필드 표시/숨기기] 아이콘을 클릭하고, [윗주 필드 표시]를 선택해야만 표시된다.
③ 윗주에 입력된 텍스트 중 일부분의 서식을 별도로 변경할 수 있다.
④ 셀의 데이터를 삭제하면 윗주도 함께 삭제된다.

정답   **10** ③   **11** ①   **12** ②   **13** ①   **14** ④   **15** ③

해설 • 데이터와는 별도로 윗주 자체의 맞춤, 글꼴, 크기 등을 설정할 수 있다.
• 일부분의 서식을 별도로 변경할 수는 없다.

16 다음 중 워크시트에 입력된 데이터 중 특정한 내용을 찾거나 바꾸는 [찾기 및 바꾸기] 기능에 대한 설명으로 옳지 않은 것은?

① 와일드 카드 문자(?, *)를 사용할 수 있다.

② +, − 와 같은 특수 문자를 찾을 수 있다.

③ 와일드 카드 문자(?, *) 자체를 찾을 경우 % 기호를 와일드 카드 문자 앞에 사용하면 된다.

④ 행 방향으로 먼저 검색할지, 열 방향으로 먼저 검색할지를 사용자가 설정할 수 있다.

해설 와일드 카드 문자 자체를 찾을 경우 와일드 카드 문자를 그대로 사용한다.

17 다음 중 열 너비에 대한 설명으로 옳지 않은 것은?

① [셀]−[서식]−[열 너비 자동 맞춤]을 실행하면 현재 선택한 셀에 입력된 길이의 문자열에 맞추어 현재 열의 너비를 조절할 수 있다.

② 열 너비를 조정하려면 열 머리글의 너비 경계선에서 원하는 너비가 될 때까지 마우스를 이용하여 조절할 수 있다.

③ 열 너비를 조정하려면 [셀]−[서식]−[열 너비]를 선택한 후 [열 너비] 대화 상자에 원하는 값을 입력한다.

④ 해당 열 너비를 크게 하면 글자의 크기도 같이 조정된다.

해설 해당 열 너비를 크게 조절해도 글자 크기는 그대로이다.

18 다음 중 워크시트에서 숨겨져 있는 [C] 열과 [D] 열을 다시 보이도록 하기 위한 작업 과정으로 옳은 것은?

① [B] 열을 선택한 다음 마우스 오른쪽 단추를 눌러 [숨기기 취소]를 선택한다.

② [B] 열부터 [E] 열까지 드래그한 다음 [보기] 탭 [창] 그룹에서 [숨기기 취소] 명령을 선택한다.

③ [E] 열을 선택한 다음 마우스 오른쪽 단추를 눌러 [숨기기 취소]를 선택한다.

④ [B] 열부터 [E] 열까지 드래그한 다음 마우스 오른쪽 단추를 눌러 [숨기기 취소]를 선택한다.

해설 숨겨진 열을 나타내려면 숨겨진 열의 왼쪽과 오른쪽 열을 범위 지정한 후 [서식] 아이콘을 클릭하고, [숨기기 및 숨기기 취소]−[열 숨기기 취소] 또는 바로 가기 메뉴에서 [숨기기 취소]를 선택한다.

19 다음 중 워크시트에 대한 설명으로 옳지 않은 것은?

① 여러 개의 시트를 한 번에 선택하면 제목 표시줄의 파일명 뒤에 [그룹]이 표시된다.

② 선택된 시트의 왼쪽에 새로운 시트를 삽입하려면 Shift + F11 키를 누른다.

③ 마지막 작업이 시트 삭제인 경우 빠른 실행도구 모음의 '실행 취소(↺)' 명령을 클릭하여 되살릴 수 있다.

④ 동일한 통합 문서 내에서 시트를 복사하면 원래의 시트 이름에 '(일련번호)' 형식이 추가되어 시트 이름이 만들어진다.

해설 시트를 삭제하면 실행 취소 명령으로 되살릴 수 없다.

20 [셀 서식]–[맞춤] 탭에서 다음의 내용에 적용된 셀 서식 지정 방식으로 옳지 않은 것은?

	A	B	C	D	E
1	제품종류	코드번호	판매지역		제품별 순위
2			서울	수원	
3					

① 자동 줄 바꿈을 선택했다.
② 셀 병합을 선택했다.
③ 텍스트 방향을 '세로'로 선택했다.
④ 텍스트 맞춤을 가로 '가운데', 세로 '가운데'로 선택했다.

해설 텍스트 방향은 지정하지 않았다.

21 다음 중 [셀 서식] 대화 상자에서 '표시 형식'의 각 범주에 대한 설명으로 옳지 않은 것은?

① '일반' 서식은 각 자료형에 대한 특정 서식을 지정하는데 사용된다.
② '숫자' 서식은 일반적인 숫자를 나타나는데 사용된다.
③ '회계' 서식은 통화 기호와 소수점에 맞추어 열을 정렬하는데 사용된다.
④ '기타' 서식은 우편번호, 전화번호, 주민등록번호 등의 형식을 설정하는데 사용된다.

해설 '일반' 서식은 설정된 모든 표시 형식을 기본값으로 복원한다.

22 다음 중 셀 서식의 사용자 지정 표시 형식 중 코드와 설명이 옳지 않은 것은?

① # : 유효한 자릿수만 표시하고, 유효하지 않은 0은 표시하지 않는다.
② ? : 유효하지 않은 자릿수에 0 대신 공백을 표시하고, 소수점을 기준으로 정렬한다.
③ ss : 초 단위의 숫자를 00~59로 표시한다.
④ dddd : 요일을 Sun~Sat로 표시한다.

해설 • ddd : 요일을 Sun~Sat로 표시한다.
• dddd : 요일을 Sunday~Saturday로 표시한다.

23 다음 중 원본 데이터를 지정된 서식으로 설정하였을 때 결과가 옳지 않은 것은?

	입력 데이터	서식	결과 데이터
①	314826	#,##0,	314,826,
②	281476	#,##0.0	281,476.0
③	12:00:00 AM	0	0
④	2018–03–25	yyyy–mmmm	2018–March

해설 • #,##0, : 천 단위로 표시하되 천의 배수만큼 나타낸다.
• 천 단위 구분 기호를 적용하면 314,826이고, 뒤에서 3자리가 사라지는데 8에서 반올림되므로 결과 데이터는 315이다.

24 다음 워크시트와 같이 평점이 3.0 미만인 행 전체에 셀 배경색을 지정하고자 한다. 다음 중 이를 위해 조건부 서식 설정에서 사용할 수식으로 옳은 것은?

	A	B	C	D
1	학번	학년	이름	평점
2	20959446	2	강혜민	3.38
3	21159458	1	김경식	2.60
4	21059466	2	김병찬	3.67
5	21159514	1	장현정	1.29
6	20959476	2	박동현	3.50
7	21159467	1	이승현	3.75
8	20859447	4	이병훈	2.93
9	20859461	3	강수빈	3.84
10				

① =$D2<3
② =$D&2<3
③ =D2<3
④ =D$2<3

해설 [새 서식 규칙] 대화 상자에서 '수식을 사용하여 서식을 지정할 셀 결정'을 선택한 후 규칙 설명 입력란에 =$D2<3을 입력한다. 즉, 원하는 행 전체에 설정 서식을 적용하려면 '열 고정' 상태로 지정해야 하므로 '$D2'가 된다.

25 다음 중 조건부 서식 설정을 위한 [새 서식 규칙] 대화 상자의 '규칙 유형 선택' 항목에 해당하지 않는 것은?

① 임의의 날짜를 기준으로 셀의 서식 지정
② 셀 값을 기준으로 모든 셀의 서식 지정
③ 다음을 포함하는 셀만 서식 지정
④ 고유 또는 중복 값만 서식 지정

해설 규칙 유형 선택 : 셀 값을 기준으로 모든 셀의 서식 지정, 다음을 포함하는 셀만 서식 지정, 상위 또는 하위 값만 서식 지정, 평균보다 크거나 작은 값만 서식 지정, 고유 또는 중복 값만 서식 지정, 수식을 사용하여 서식을 지정할 셀 결정

정답 **20** ③ **21** ① **22** ④ **23** ① **24** ① **25** ①

Chapter 03 | 데이터 계산

❖세부 항목 ▶ 기본 계산식 / 다양한 함수 / 고급 계산식

출제 포인트
- 수식과 함수의 기본적인 사용 방법을 바탕으로 셀 참조와 이름 정의에 대해 학습합니다.
- 통계 함수, 수학/삼각 함수, 논리 함수, 날짜/시간 함수, 텍스트 함수, 찾기/참조 함수, 데이터베이스 함수에 대해 학습합니다.

① 수식과 함수

수식의 기본

- 수식은 등호(=)나 플러스(+) 기호로 시작하며, 수식 입력 시 수식 입력 상자에 계산 결과가 나타난다.
- 수식은 수식 기호, 함수, 셀 참조, 연산자, 상수, 괄호 등으로 구성된다.
- 상수로 텍스트가 사용될 때는 따옴표(" ")로 묶어 주어야 한다.
- 피연산자의 셀 주소는 마우스를 이용하여 셀 범위를 선택하면 자동으로 셀 주소가 나타난다.
- 셀에 결과값이 아닌 입력한 수식을 그대로 표시하기 위해서는 Ctrl+`~` 키를 누른다.

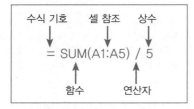

산술 연산자

연산자	의미	수식	연산자	의미	수식
+	덧셈	=A1+C3	/	나눗셈	=B3/2
–	뺄셈	=D7−A1	%	백분율	=A4*5%
*	곱셈	=B1*C1	^	지수	=A2^2

비교 연산자

연산자	의미	수식	연산자	의미	수식
〉	크다	=A1〉B1	〉=	크거나 같다	=A2〉=5
〈	작다	=B1〈C2	〈=	작거나 같다	=B2〈=10
=	같다	=A1=D1	〈 〉	같지 않다	=A1〈〉C3

참조 연산자

연산자	수식	참조 범위
:(콜론)	=A1:D2	[A1] 셀에서 [D2] 셀까지 참조
,(콤마)	=A1,D2	[A1] 셀과 [D2] 셀만 참조
공백	=A1:D2 B1:E2	셀 범위 중 공통되는 셀 참조([B1] 셀에서 [D2] 셀까지 참조)

텍스트 연산자

연산자	의미	수식
&	텍스트를 서로 연결하여 하나로 만듦	="성안당"&"화이팅" → 성안당화이팅

한 걸음 더 ▶ 연산자의 우선 순위
- 괄호가 있을 경우 항상 괄호부터 연산하며, 우선 순위가 동일할 경우는 왼쪽에서 오른쪽으로 연산을 실행
- 참조 연산자 → 음수 부호 → 백분율(%) → 지수(^) → 곱하기(*), 나누기(/) → 더하기(+), 빼기(−) → 텍스트 결합(&) → 비교 연산자

함수의 기본

- 함수 이름 앞에는 항상 등호(=)를 먼저 입력한다.
- 숫자, 텍스트, 논리값, 배열, 셀 참조 등을 인수로 지정할 수 있다.

- 인수 범위는 콜론(:)으로 표시하고, 구분은 쉼표(,)로 한다.
- 텍스트를 인수로 사용할 경우 인용 부호(" ")로 묶는다.
- 인수는 255개까지 사용할 수 있으며, 함수에 따라 생략할 수 있지만 괄호는 생략할 수 없다.

= AVERAGE(A1:A10, 50)

등호   함수명   인수

함수 마법사 이용

① [수식] 탭의 [함수 라이브러리] 그룹에서 함수 삽입 (fx 함수 삽입) 아이콘을 클릭한다.
② [함수 마법사] 대화 상자에서 사용할 함수를 선택하고, [확인] 단추를 누른다.

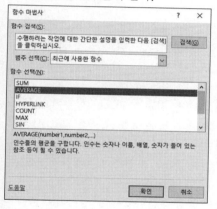

③ [함수 인수] 대화 상자에서 각각의 인수를 설정하고, [확인] 단추를 누른다.

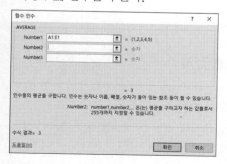

<한 걸음 더> **자동 합계**

- 합계를 빠르고 간단하게 구하는 방법으로 [홈] 탭의 [편집] 그룹 또는 [수식] 탭의 [함수 라이브러리] 그룹에서 자동 합계(Σ 자동 합계) 아이콘을 클릭
- 범위 지정에 따라 결과가 입력되는 위치가 달라짐

② 셀 참조

동일한 워크시트의 셀 참조

- 현재 작업중인 워크시트의 특정 셀을 참조하는 것이다.
- 해당 셀의 주소를 직접 입력하거나 키보드나 마우스를 이용해 참조할 셀의 범위를 지정한다.

보기	설명
=SUM(A1:C2)	[A1] 셀부터 [C2] 셀까지의 합계를 구함
=SUM(A:A)	A열 전체의 합계를 구함
=SUM(1:1)	1행 전체의 합계를 구함
=A1*5	[A1] 셀 값에 5를 곱하여 구함

다른 워크시트의 셀 참조

- 다른 워크시트에 있는 특정 셀을 참조하는 경우 "시트 이름!셀 주소" 형식으로 사용한다.
- 참조하는 워크시트 이름 뒤에 느낌표(!) 표시를 한 후 셀 범위를 지정한다.
- 참조하는 워크시트 이름에 공백이 포함되어 있을 경우 시트 이름을 따옴표(' ')로 묶는다.

보기	설명
=Sheet2!A1*4	Sheet2의 [A1] 셀 값에 4를 곱한 결과를 구함
=성적!A1/3	'성적' 시트의 [A1] 셀 값을 3으로 나눈 결과를 구함
='평균'!A1/3	'평균' 시트의 [A1] 셀 값을 3으로 나눈 결과를 구함

외부 참조

- 다른 통합 문서를 열어 특정 셀을 현재 작업중인 시트에 참조한다.
- 외부 참조일 경우에는 통합 문서의 이름을 대괄호([ ])로 묶는다.
- 참조하는 통합 문서 이름에 공백이 있으면 통합 문서와 워크시트 이름 전체를 따옴표(' ')로 묶는다.

보기	설명
=[실적현황.xlsx] Sheet1!A1*2	'실적현황.xlsx'의 Sheet1에서 [A1] 셀 값에 2를 곱한 결과를 구함

	=´[실적현황.xlsx]3월´!A1/2	´실적현황.xlsx´의 ´3월´ 시트에서 [A1] 셀 값을 2로 나눈 결과를 구함

	A	B	C	D
1	짝수곱	2	4	6
2	2	4	8	12
3	4	8	16	24
4	6	12	24	36
5				

상대 참조

- 기본적인 참조 방식으로 ´$´ 표시 없이 행 머리글과 열 머리글로만 셀 주소가 구성된다(예 : A2).
- 상대 참조 주소를 복사하면 현재 셀 위치에 맞게 자동으로 참조되는 셀 주소가 변경된다.

	A	B	C	D	E
1	성명	워드	엑셀	액세스	총점
2	서창호	75	85	80	240
3	김진아	80	65	90	235
4	한송희	90	95	100	285
5					

한 걸음 더 · 셀 주소 형식(A1 형식/R1C1 형식)

- A1 형식은 열 머리글(알파벳)과 행 머리글(번호)로 셀 주소가 구성
- R1C1 형식은 R 다음에 행 번호를, C 다음에 열 번호를 지정하며, 수식에 포함될 셀 주소를 숫자로 나타낼 수 있어 매크로에서 많이 사용
- R1C1 형식을 설정하면 행 머리글이 알파벳에서 숫자로 변경

절대 참조

- 행 머리글과 열 머리글 앞에 ´$´ 표시가 적용된다 (예 : $A$2).
- 절대 참조 주소를 복사하면 참조되는 셀 주소는 항상 고정된다.

	A	B	C	D
1	보험사	원금	이자	상환액
2	행복생명	14,700		₩515
3	사랑화재	25,800	3.5%	₩903
4	기쁨보험	36,900		₩1,292
5				

혼합 참조

- 상대 참조와 절대 참조가 혼합된 것이다.
- 행이나 열 머리글 중 한쪽에만 ´$´ 표시가 붙는다 (예 : $A2, A$2).
- 혼합 참조 주소를 복사하면 현재 셀 위치에 맞게 상대 참조 주소만 변경된다.

한 걸음 더 · 참조 주소 전환

참조 주소의 변경 셀을 클릭한 후 F4 키를 누르면 참조 주소 형식이 ´절대 참조($A$1) → 행 고정 혼합 참조(A$1) → 열 고정 혼합 참조($A1) → 상대 참조(A1)´로 자동적으로 변경

오류 메시지

- #DIV/0! : 수식에서 특정 값을 0 또는 빈 셀로 나눌 경우 발생한다.
- #VALUE! : 잘못된 인수나 피연산자를 사용했을 경우 발생한다.
- #NAME? : 함수명을 잘못 사용하거나 수식에 인용 부호 없이 텍스트를 입력한 경우 발생한다.
- #N/A : 부적당한 인수를 사용하거나 사용할 수 없는 값을 지정할 경우 발생한다.
- #NUM! : 숫자 인수가 필요한 함수에 다른 인수를 지정한 경우 또는 잘못된 숫자 값을 사용한 경우 발생한다.
- #REF! : 수식에서 셀 참조가 유효하지 않았을 때 발생한다.
- #NULL! : 공통 부분이 없는 두 영역의 부분을 지정했을 경우 발생한다.
- ###### : 숫자 데이터의 길이가 셀보다 클 경우 발생한다.

❸ 이름 정의

이름 정의의 기본

- 셀 주소 대신에 직접 셀 이름을 입력하여 수식에 적용할 수 있다.
- 이름 정의는 기본적으로 절대 참조로 대상 범위를 참조한다.
- 이름을 삭제하려면 [이름 관리자] 대화 상자에서 삭제할 이름을 선택하고, [삭제] 단추를 누른다.

- 수식에 사용된 이름을 삭제하면 '#NAME!'의 오류가 발생한다.

이름 만들기에서 작성

- 이름표가 숫자로 시작되거나 중간에 공백이 있으면 밑줄(_)로 표시된다(공백 문자는 포함할 수 없음).
- 수치 데이터인 경우는 이름을 만들 수 없지만 날짜 데이터인 경우에는 이름을 만들 수 있다.
- [수식] 탭의 [정의된 이름] 그룹에서 선택 영역에서 만들기(㉾ 선택 영역에서 만들기) 아이콘을 클릭하거나 Ctrl +Shift+F3 키를 누른다.
- [선택 영역에서 이름 만들기] 대화 상자에서 이름을 만들 위치를 선택하고, [확인] 단추를 누른다.

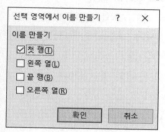

이름 관리자에서 작성

- 이름표가 없거나 이름표 사용에 적당하지 않은 경우 [이름 관리자] 대화 상자에서 이름을 정의한다.
- [수식] 탭의 [정의된 이름] 그룹에서 이름 관리자(🔖 이름 관리자) 아이콘을 클릭하거나 Ctrl+F3 키를 누른다.
- [이름 관리자] 대화 상자에서 [새로 만들기] 단추를 클릭한 후 [새 이름] 대화 상자에서 이름을 입력하고, [확인] 단추를 누른다.

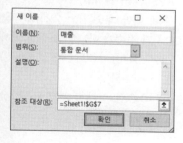

이름 상자에서 작성

- 해당 셀 범위를 지정하고, 이름 상자에 이름을 정의한다.

- 이름을 정의하면 이름 상자에 정의된 이름 목록이 나타난다.
- 셀 이름을 가장 간단하고, 빠르게 정의할 수 있다.

> **한 걸음 더** 이름 작성 규칙
>
> - 최대 255자까지 지정할 수 있으며, 대소문자는 구별하지 않음
> - 문자나 밑줄(_) 또는 역슬래시(₩)로 시작해야 하며, 이를 제외한 특수 문자는 사용할 수 없음
> - 상수나 수식을 이름으로 지정할 수 있음(공백 문자는 포함할 수 없음)
> - 통합 문서에 동일한 이름을 2개 이상 지정할 수 없음
> - [A1] 셀이나 [B1] 셀과 같은 엑셀의 일반 주소 형식으로는 지정할 수 없음

❹ 통계 함수

통계 함수의 종류

 집중강좌 2-58

- AVERAGE(인수1, 인수2, …, 인수30) : 범위 지정한 인수의 평균을 구하고, 인수로는 숫자, 이름, 배열, 참조 영역 등을 지정할 수 있다.
- AVERAGEA(인수1, 인수 2, …) : 수치가 아닌 셀을 포함하는 인수의 평균을 구한다.
- AVERAGEIF(셀 범위, 조건, 평균 범위) : 범위 지정 목록에서 조건에 맞는 셀들의 평균을 구한다.
- AVERAGEIFS(평균을 구할 범위, 조건1 범위, 조건1, 조건2 범위, 조건2, …) : 하나의 조건을 만족하면서 또 다른 조건을 만족하는 셀 범위의 평균을 구한다.
- COUNT(인수1, 인수2, …) : 범위 지정 목록에서 숫자 데이터가 있는 셀의 개수를 구하며, 날짜와 숫자 텍스트는 개수에 포함되지만 논리값, 오류값은 제외된다.
- COUNTA(인수1, 인수2, …) : 범위 지정 목록에서 공백이 아닌 데이터가 입력된 모든 셀의 개수를 구하며 논리값, 오류값, 텍스트 등의 모든 값이 개수에 포함된다.
- COUNTBLANK(셀 범위) : 범위 지정 목록에서 데이터가 입력되지 않은 빈 셀의 개수를 구한다.
- COUNTIF(셀 범위, 찾을 조건) : 범위 지정 목록에서 찾을 조건과 일치하는 셀의 개수를 구하며, 비교 연산자를 사용할 경우에 큰 따옴표(" ")로 묶는다.

- **COUNTIFS(셀 범위, 조건, 셀 범위, 조건)** : 범위 내에서 주어진 조건에 맞는 셀의 개수나 여러 조건에 맞는 셀의 개수를 구한다.
- **=RANK.EQ(인수, 수 목록, 순위 결정)** : 지정한 목록에서 인수의 순위를 구하되 동점을 같은 순위로 표시하고 다음 순위는 표시하지 않으며, 순위를 구할 때 수 목록은 절대 참조로 지정한다(0을 입력하거나 생략하면 내림차순이고, 그 외에는 오름차순으로 구함).
- **=RANK.AVG(인수, 수 목록, 순위 결정)** : 지정한 목록에서 인수의 순위를 구하되 동점 수에 따라 평균 순위를 표시하며, 순위를 구할 때 수 목록은 절대 참조로 지정한다(0을 입력하거나 생략하면 내림차순이고, 그 외에는 오름차순으로 구함).
- **MAX(인수1, 인수2, …)** : 범위 지정 목록에서 논리값과 텍스트를 제외한 최대값을 구한다.
- **MAXA(인수1, 인수2, …)** : 논리값, 숫자, 빈 셀, 숫자로 표시된 텍스트 등을 포함한 인수 중 가장 큰 값을 구한다.
- **MIN(인수1, 인수2, …)** : 범위 지정 목록에서 논리값과 텍스트를 제외한 최소값을 구한다.
- **MINA(인수1, 인수2, …)** : 논리값, 숫자, 빈 셀, 숫자로 표시된 텍스트 등을 포함한 인수 중 가장 작은 값을 구한다.
- **LARGE(셀 범위, k)** : 범위 지정 목록에서 k번째로 큰 값을 구하며, 범위를 입력하지 않거나 k가 0 이하이면 오류값(#NUM!)이 나타난다.
- **SMALL(셀 범위, k)** : 범위 지정 목록에서 k번째로 작은 값을 구하며, 범위를 입력하지 않거나 k가 0 이하이면 오류값(#NUM!)이 나타난다.
- **MEDIAN(셀 범위)** : 범위 지정 목록에서 중간값을 구하며, 수의 개수가 짝수이면 가운데에 있는 두 수의 평균을 구한다(텍스트, 논리값, 빈 셀 등은 무시하지만 0값을 가진 셀은 포함).
- **MODE.SNGL(인수1, 인수2, …)** : 데이터 범위에서 가장 빈도수가 높은 값(최빈수)을 구하며, 중복되는 데이터가 없으면 #N/A 오류값이 나타난다.
- **STDEV.S(인수1, 인수2, …)** : 인수의 표준 편차를 구한다(표본의 평균값에서 벗어나는 정도).
- **VAR(인수1, 인수2, …)** : 인수의 분산을 구하며, 통계값과 평균값과의 차이인 편차를 제곱하여 산술 평균을 낸다.

통계 함수의 예제

A	B	C	D	E	F	G	H
1			학생별 시험 현황				
2							
3	성명	성별	워드	엑셀	액세스	평균	순위
4	정수리	여	67	74	80	73.67	4
5	오전중	남	95	85	98	92.67	1
6	박수처	남	80	95	55	76.67	3
7	전기세	여	88	83	77	82.67	2
8	남원역	남	75	44	60	59.67	5
9	최고 점수		95	95	98	여학생 수	전체 수
10	최저 점수		67	44	55		
11	중간 점수		80	83	77	2	5
12	두 번째로 큰 점수		88	85	80	평균이 80 이상인 수	
13	두 번째로 작은 점수		75	74	60	2	
14	평균이 80 이상인 과목들의 평균		91.5	84	87.5		
15							

- **평균(G4)** : =AVERAGE(D4:F4)
- **순위(H4)** : =RANK(G4, $G$4:$G$8)
- **최고 점수(D9)** : =MAX(D4:D8)
- **최하 점수(D10)** : =MIN(D4:D8)
- **중간 점수(D11)** : =MEDIAN(D4:D8)
- **두 번째로 큰 점수(D12)** : =LARGE(D4:D8, 2)
- **두 번째로 작은 점수(D13)** : =SMALL(D4:D8, 2)
- **평균이 80 이상인 과목들의 평균(D14)** : =AVERAGEIF($G$4:$G$8, ">=80", D4:D8)
- **여학생 인원수(G11)** : =COUNTIF(C4:C8, "여")
- **전체 인원수(H11)** : =COUNT(G4:G8)
- **평균이 80 이상인 (인원)수(G13)** : =COUNTIF(G4: G8, ">=80")

⑤ 수학/삼각 함수

수학/삼각 함수의 종류

집중강좌 2-59

- **ABS(인수)** : 인수에 대한 절대값(부호가 없는 숫자)을 구한다(예 : =ABS(-45) → 45).
- **FACT(인수)** : 인수에 대한 계승값(1×2×3×…×인수)을 구하며, 수치가 정수가 아니면 소수점 이하는 무시한다(예 : =FACT(4) → 24, =FACT(3.2) → 6, =FACT(-4) → #NUM!).
- **INT(인수)** : 인수의 소수점 아래를 버리고, 가장 가까운 정수로 내림한다(예 : =INT(9.5) → 9, =INT(-6.2) → -7).
- **MOD(인수, 나눌 값)** : 나눗셈의 나머지 값을 구하며, 결과는 나눌 값과 동일한 부호를 갖는다. 이때, 나눌 값이 0이면 오류값(#DIV/0!)이 나타난다(예 : =MOD(7, 2) → 1, =MOD(5, -2) → -1).

- **ROUND(인수, 자릿수)** : 인수를 지정한 자릿수로 반올림한다. 이때, 자릿수가 0보다 크면 지정한 소수 자릿수로 반올림, 자릿수가 0이면 가장 가까운 정수로 반올림, 자릿수가 0보다 작으면 소수점 왼쪽에서 반올림한다(예 : =ROUND(145.235, 2) → 145.24, =ROUND(123.456, 0) → 123, =ROUND(975.325, −1) → 980).
- **ROUNDDOWN(인수, 자릿수)** : 인수를 지정한 자릿수로 내림한다. 이때, 자릿수가 양수이면 지정한 소수점 아래 자리에서 내림, 자릿수가 0이거나 생략되면 소수점 아래를 버리고 정수, 자릿수가 음수이면 지정한 소수점 왼쪽에서 내림한다(예 : =ROUNDDOWN(246.427, 2) → 246.42, =ROUNDDOWN(864.318, 0) → 864, =ROUNDDOWN(357.225, −1) → 350).
- **ROUNDUP(인수, 자릿수)** : 인수를 지정한 자릿수로 올림한다. 이때, 자릿수가 양수이면 지정한 소수점 아래 자리에서 올림, 자릿수가 0이거나 생략되면 소수점 아래를 올림하여 정수, 자릿수가 음수이면 지정한 소수점 왼쪽에서 올림한다(예 : =ROUNDUP(246.427, 2) → 246.43, =ROUNDUP(864.318, 0) → 865, =ROUNDUP(357.225, −1) → 360).
- **TRUNC(인수, 자릿수)** : 지정한 자릿수만을 소수점 아래에 남기고, 나머지 자리는 버린다(예 : =TRUNC(564.231, 1) → 564.2, =TRUNC(564.231, 0) → 564).
- **SIGN(인수)** : 인수의 부호를 구하며, 인수가 양수면 1, 0이면 0, 음수면 −1을 표시한다(예 : =SIGN(257) → 1, =SIGN(0) → 0, =SIGN(−435) → −1).
- **POWER(인수, 제곱값)** : 인수에 거듭 제곱한 결과를 구한다(예 : =POWER(3, 2) → 9, =POWER(2, −2) → 0.25).
- **PRODUCT(인수1, 인수2, …)** : 수치나 범위 지정된 인수를 모두 곱한다(예 : =PRODUCT(3, 2) → 6, =PRODUCT(2, −2, 3) → −12).
- **RAND( )** : 0과 같거나 크고 1보다 작은 난수를 구한다.
- **RANDBETWEEN(인수1, 인수2)** : 지정한 두 수 사이에서 난수를 구한다.
- **SUM(인수1, 인수2, …)** : 범위를 지정한 목록에서 인수의 합을 구한다.

- **SUMIF(셀 범위, 찾을 조건, 합을 구할 셀 범위)** : 조건에 맞는 셀들의 합을 구하며, 합을 구할 셀 범위를 생략하면 처음 지정한 셀 범위의 합을 구한다.
- **SUMIFS(셀 범위, 조건1 범위, 조건1, 조건2 범위, 조건2, …)** : 여러 조건에 맞는 셀들의 합을 구한다.

수학/삼각 함수의 예제

	B	C	D	E	F	G	H	I
1	신입 사원별 입사 점수 현황							
2								
3	성명	성별	나이	필기	실기	면접	총점	평균
4	구수해	여	27세	78	54	77	209	69.667
5	방학동	남	30세	89	99	80	268	89.333
6	장조림	남	24세	65	74	90	229	76.333
7	하지마	남	28세	56	85	60	201	67.000
8	김말이	여	25세	87	96	50	233	77.667
9	이대로	남	31세	98	100	91	289	96.333
10	남자 사원의 전체 합계						758	
11	필기가 80 이상이고 실기가 90 이상인 사원의 총점 합계						790	
12	장조림의 평균을 소수 첫째 자리에서 반올림						76.3	
13	김말이의 평균을 소수 둘째 자리에서 내림						77.66	
14	이대로의 평균을 정수값만 표시						96	
15								

- **총점(H4)** : =SUM(E4:G4) / **평균(I4)** : =AVERAGE(E4:G4)
- **남자 사원의 전체 합계(G10)** : =SUMIF(C4:C9, "남", H4:H9)
- **필기가 80 이상이고 실기가 90 이상인 사원의 총점 합계(G11)** : =SUMIFS(H4:H9, E4:E9, "〉=80", F4:F9, "〉=90")
- **장조림의 평균을 소수 첫째 자리에서 반올림(G12)** : =ROUND(I6, 1)
- **김말이의 평균을 소수 둘째 자리에서 내림(G13)** : =ROUNDDOWN(I8, 2)
- **이대로의 평균을 정수값만 표시(G14)** : =INT(I9)

⑥ 논리 함수

논리 함수의 종류

집중강좌 2-60

- **NOT(인수)** : 인수의 반대 값(FALSE → TRUE, TRUE → FALSE)을 표시하며, 값이 특정 값과 같지 않은지 확인할 때 사용한다(예 : =NOT(1) → FALSE, =NOT(1〉2) → TRUE).
- **AND(인수1, 인수2)** : 인수가 참일 경우에만 'TRUE'를 표시하고, 그렇지 않으면 'FALSE'를 표시한다. 이때, 참조 영역 인수에 텍스트나 빈 셀이 있으면 그 값은 무시된다(예 : =AND(1, TRUE) → TRUE, =AND(1, 10〈7) → FALSE).

- **OR(인수1, 인수2)** : 인수가 하나라도 참이면 'TRUE'를 표시하고, 그렇지 않으면 'FLASE'를 표시한다. 이때, 참조 영역 인수에 텍스트나 빈 셀이 있으면 그 값은 무시된다(예 : =OR(1, FALSE) → TRUE, =OR(4⟨2, 10⟨7) → FALSE).
- **TRUE( )/FALSE( )** : 논리값 TRUE/FALSE를 구한다.
- **IF(조건식, 인수1, 인수2)** : 조건식이 참이면 인수1을 표시하고, 그렇지 않으면 인수2를 표시한다(인수와 함께 최대 7개까지 중첩하여 사용).
- **IFERROR(인수1, 인수2)** : 인수1이 오류이면 인수2를 표시하고, 그렇지 않으면 인수1을 표시한다.

논리 함수의 예제

	A	B	C	D	E	F	G	H	I	J
1			사원별 인사고과 점수 현황							
2										
3		사원명	주민등록번호	직위	업무력	추진력	해결력	총점	평균	결과
4		홍당무	841212-1*****	대리	97	90	79	266	88.7	보류
5		가보자	780527-2*****	과장	87	99	100	286	95.3	승진
6		우주선	770405-2*****	과장	75	60	88	223	74.3	보류
7		천ول만	871005-1*****	사원	69	71	65	205	68.3	보류
8		허술해	900824-2*****	사원	98	92	87	277	92.3	승진
9		오태양	860714-1*****	대리	89	80	81	250	83.3	보류
10		홍당무의 평점								B
11		우주선의 재평가 유무						재평가		
12		직위가 대리인 사원의 총점						516		
13		오태양 사원의 성별						남자		
14										

- **총점(H4)** : =SUM(E4:G4) / **평균(I4)** : =AVERAGE(E4:G4)
- **결과(J4)** : =IF(AND(E4>=80, F4>=85, G4>=85), "승진", "보류")
- **홍당무의 평점(H10)** : =IF(H4>=270, "A", IF(H4>=260, "B", "C"))
- **우주선의 재평가 유무(H11)** : =IF(I6>=80, "통과", "재평가")
- **직위가 대리인 사람의 총점(H12)** : =SUMIF(D4:D9, "대리", H4:H9)
- **오태양 사원의 성별(H13)** : =IF(MID(C9, 8, 1)="1", "남자", "여자")

⑦ 날짜/시간 함수

날짜/시간 함수의 종류

- **NOW( )** : 현재 컴퓨터에 지정된 날짜와 시간을 표시한다(예 : =NOW( ) → 2020-03-10 11:00).
- **TODAY( )** : 현재 컴퓨터에 지정된 날짜를 표시한다(예 : =TODAY( ) → 2020-03-10).
- **DATE(년, 월, 일)** : 지정한 년, 월, 일을 사용하여 날짜를 표시한다(예 : =DATE(2020, 11, 6) → 2020-11-06).
- **TIME(시, 분, 초)** : 지정한 시, 분, 초를 사용하여 시간을 표시한다(예 : =TIME(10, 23, 25) → 10:23 AM)
- **YEAR(날짜)** : 날짜 일련 번호로부터 년 단위(1900년부터 9999까지)를 구한다(예 : =YEAR("2020-11-09") → 2020)
- **MONTH(날짜)** : 날짜 일련 번호로부터 월 단위(1월부터 12월까지)를 구한다(예 : =MONTH("2020-11-09") → 11).
- **DAY(날짜)** : 날짜 일련 번호로부터 일 단위(1일부터 31일까지)를 구한다(예 : =DAY("2020-11-09") → 9)
- **DAYS(종료 날짜, 시작 날짜)** : 두 날짜 사이의 일수를 구한다(예 : =DAYS(2020-11-1, 2020-11-15) → 14).
- **DAYS360(날짜1, 날짜2)** : 1년을 360일(30일 기준의 12개월)로 두 날짜 사이의 날짜 수를 구하며, 회계 체계가 12달 30일을 기준으로 할 때 임금을 계산할 수 있다(예 : =DAYS360("20-03-29", "20-05-28") → 59).
- **HOUR(시간)** : 날짜 일련 번호로부터 시 단위(0시부터 23시까지)를 구한다(예 : =HOUR("6:30:12 PM") → 18).
- **MINUTE(시간)** : 날짜 일련 번호로부터 분 단위(0분부터 59분까지)를 구한다(예 : =MINUTE("6:30:24 PM") → 30).
- **SECOND(시간)** : 날짜 일련 번호로부터 초 단위(0초부터 59초까지)를 구한다(예 : =SECOND("6:30:24") → 24).
- **EDATE(날짜, 월수)** : 지정한 날짜를 기준으로 몇 개월 이전 또는 이후 날짜의 일련번호를 구한다. 이때, 월수가 양수이면 이후 날짜, 음수이면 이전 날짜를 구한다(예 : =EDATE("2020-03-10", 5) → 44053 또는 2020-08-10).
- **EOMONTH(날짜, 월수)** : 지정한 날짜를 기준으로 몇 개월 이전 또는 이후 달의 마지막 날짜의 일련번호를

구한다. 월수가 양수이면 이후 날짜, 음수이면 이전 날짜를 구한다(예 : =EOMONTH("2020-3-10", 5) → 44074 또는 2020-08-31).

- **WEEKDAY(날짜, 반환값)** : 날짜 일련번호로부터 요일 번호(1~7까지)를 구한다. 이때, 반환값이 1이거나 생략할 경우 1(일요일)에서 7(토요일)까지의 정수로, 반환값이 2일 경우 1(월요일)에서 7(일요일)까지의 정수로, 반환값이 3일 경우 0(월요일)에서 6(일요일)까지의 정수로 나타낸다(예 : =WEEKDAY("2020-04-28") → 3, =WEEKDAY("2020-07-18", 2) → 6).
- **WORKDAY(날짜, 날짜 수, 휴일 날짜)** : 날짜에서 토요일, 일요일, 지정한 휴일 날짜를 제외하고, 지정한 날짜 수만큼 지난 날짜의 일련번호를 구한다(예 : =WORKDAY("2020-03-10", 5) → 43907 또는 2020-03-17).

> **한 걸음 더 두 자리 연도**
> - 00~29 사이의 숫자를 입력 : 2000년~2029년 사이의 연도
> - 30~99 사이의 숫자를 입력 : 1930년~1999년 사이의 연도

날짜/시간 함수의 예제

▲A	B	C	D	E	F	G	H	I
1	한국문화센터 회원 현황							
2								
3						현재일	2020-08-15	
4	회원명	생일	성별	종목	수강료	수강일	마감일	수강기간
5	반도체	1982-04-03	남	수영	₩ 58,000	2020-02-03	2020-04-07	64
6	손절가	1990-11-22	여	에어로빅	₩ 45,000	2020-01-06	2020-05-15	130
7	엄밀히	1977-06-28	여	요가	₩ 60,000	2020-03-03	2020-07-30	149
8	표주박	1979-03-10	남	헬스	₩ 50,000	2020-03-02	2020-09-20	171
9	변절자	1988-05-07	여	필라테스	₩ 75,000	2020-02-11	2020-05-25	104
10	현수막	1985-12-15	남	배드민턴	₩ 35,000	2020-05-07	2020-10-14	160
11	손절가가 수강한 달(月)						1월	
12	표주박의 마감일(日)						20일	
13	현수막의 수강일과 마감일 사이의 일 수(수강 기간)						157일	
14	반도체의 현재 나이						38세	
15	엄밀히가 수강 후 2달이 되는 날						2020-05-03	
16								

※ 날짜 함수는 오늘 날짜를 기준으로 사용하기 때문에 실습 날짜에 따라 결과가 다릅니다.

- **현재일(H3)** : =TODAY( )
- **수강기간(I5)** : =H5-G5
- **손절가가 수강한 달月)(H11)** : =MONTH(G6)&"월"
- **표주박의 마감일일(日)(H12)** : =DAY(H8)&"일"
- **현수막의 수강일과 마감일 사이의 일 수(수강 기간)(H13)** : =DAYS360(G10, H10)&"일"
- **반도체의 현재 나이(H14)** : =YEAR(TODAY( ))-YEAR (C5)&"세"
- **엄밀히가 수강 후 2달이 되는 날(H15)** : =EDATE (G7, 2)

⑧ 텍스트 함수

텍스트 함수의 종류

- **CONCATENATE(텍스트1, 텍스트2)** : 여러 텍스트를 하나의 텍스트로 조인하여 표시하거나 텍스트를 서로 결합하여 나열한다(예 : =CONCATENATE ("대한", "민국") → 대한민국).
- **EXACT(텍스트1, 텍스트2)** : 두 텍스트를 비교하여 값이 일치하면 'TRUE'를 그렇지 않으면 'FALSE'를 표시한다. 이때, 영문의 대소문자는 구별된다(예 : =EXACT("Excel", "EXCEL") → FALSE).
- **FIXED(인수, 자릿수)** : 수를 고정 소수점 형식의 텍스트로 변경하며, 자릿수를 생략할 경우 소수점 2자리로 간주하여 반올림, 자릿수가 양수인 경우 소수점 오른쪽에서 반올림, 자릿수가 음수인 경우 소수점 왼쪽에서 반올림한다(예 : =FIXED(342.625, 1) → 342.6, =FIXED(342.625, -1) → 340).
- **LEFT(텍스트, 수치)** : 텍스트의 왼쪽부터 지정한 개수만큼의 문자를 표시하며, 텍스트 길이보다 수치가 크면 모두 표시된다(예 : =LEFT("KOREA Baseball", 8) → KOREA Ba).
- **RIGHT(텍스트, 수치)** : 텍스트의 오른쪽으로부터 지정한 개수만큼의 문자를 표시하며, 텍스트 길이보다 수치가 크면 모두 표시된다(예 : =RIGHT("KOREA Baseball", 4) → ball).
- **MID(텍스트, 수치1, 수치2)** : 문자열의 지정 위치에서 문자를 지정한 개수만큼 구하며, 수치의 위치가 전체 텍스트의 길이보다 길면 빈 텍스트(' ')를 표시한다(예 : =MID("KOREA Baseball", 4, 8) → EA Baseb).
- **LEN(텍스트)** : 텍스트 문자열 내의 문자 개수를 구하며, 공백을 포함한 텍스트를 대상으로 한다(예 : =LEN("KOREA Baseball") → 14).
- **PROPER(텍스트)** : 텍스트에 있는 각 단어의 첫 글자만 대문자로 변환하고, 나머지는 소문자로 변환한다(예 : =PROPER("korea BASEBALL") → Korea Baseball).
- **TRIM(텍스트)** : 텍스트의 양쪽 끝 공백을 삭제한다. 이때, 텍스트 사이에 한 칸의 공백을 제외하고, 모든 공백을 삭제한다(예 : =TRIM("KOREA B a s E B a L L") → KOREA B a s E B a L L).

- **LOWER(텍스트)** : 텍스트에 있는 대문자를 모두 소문자로 변환한다(예 : =LOWER("Korea Baseball") → korea baseball).
- **UPPER(텍스트)** : 텍스트에 있는 소문자를 모두 대문자로 변환한다(예 : =UPPER("Korea Baseball") → KOREA BASEBALL).
- **TEXT(인수, 형식)** : 인수를 지정된 형식의 텍스트로 바꾼다(예 : =TEXT("2014−05−08", "mmmm dd") → May 08).
- **REPT(텍스트, 개수)** : 텍스트를 개수만큼 표시한다(예 : =REPT("#", 3) → ###).
- **VALUE(텍스트)** : 텍스트를 숫자로 변환한다(예 : =VALUE("$1,000") → 1000).
- **REPLACE(텍스트1, 변경할 위치, 텍스트 수, 텍스트2)** : 지정한 위치에서 텍스트 수만큼 텍스트1의 일부를 텍스트2로 바꾼다(예 : =REPLACE("KOREA", 2, 4, "Baseball") → KBaseball).
- **SUBSTITUTE(텍스트1, 바꿀 문자, 텍스트2, 바꿀 문자 위치)** : 텍스트1을 텍스트2로 바꾼다(예 =SUBSTITUTE("HOHO", "O", "A") → HAHA).
- **FIND(텍스트1, 텍스트2, 시작 위치)** : 텍스트2의 시작 위치부터 텍스트1을 찾아 위치를 표시하되 각각의 문자를 한 글자로 계산하고, 대소문자를 구분한다(예 : =FIND("v", "가족@45Love") → 8).
- **FINDB(텍스트1, 텍스트2, 시작 위치)** : 텍스트2의 시작 위치부터 텍스트1을 찾아 위치를 표시하되 숫자/영어는 한 글자, 한글/특수 문자는 두 글자로 계산하고, 대소문자를 구분한다(예 : =FINDB("v", "가족@45Love") → 11).
- **SEARCH(텍스트1, 텍스트2, 시작 위치)** : 텍스트2에서 시작 위치부터 텍스트1을 찾아 위치를 표시하되 각 문자를 한 글자로 계산하고, 대소문자를 구분하지 않는다(예 : =SEARCH("v", "가족@45Veve") → 6).
- **SEARCHB(텍스트1, 텍스트2, 시작 위치)** : 텍스트2에서 시작 위치부터 텍스트1을 찾아 위치를 표시하되 숫자/영어는 한 글자, 한글/특수 문자는 두 글자로 계산하고, 대소문자를 구분하지 않는다(예 : =SEARCHB("v", "가족@45Veve") → 9).

텍스트 함수의 예제

			사원별 인적 관리 현황				
	이름		주민등록번호	성별	입사코드	부서	입사년도
	한글	영문					
	가지마	Hope	910406-2******	여	S-19202	홍보과	19년
	마장동	Love	790711-1******	남	S-13775	인사과	13년
	조용히	Happy	841123-2******	여	S-14006	전산과	14년
	한살림	Smile	800916-2******	여	S-11864	기획과	11년
	공항점	Pleasure	770628-1******	남	S-10135	총무과	10년
	가지마의 영문 이름을 모두 대문자로 변환					HOPE	
	마장동의 영문 이름을 모두 소문자로 변환					love	
	조용히 영문 이름의 문자수					5개	
	공항점의 한글 이름에서 '항'을 '주'로 변환					공주점	
	Hope의 영문 이름에서 'H'만 Love와 결합해서 변환					HLove	

- **성별(E5)** : =IF(MID(D5, 8, 1)="1", "남", "여")
- **입사년도(H5)** : =MID(F5, 3, 2)&"년"
- **가지마의 영문 이름을 모두 대문자로 변환(G10)** : =UPPER(C5)
- **마장동의 영문 이름을 모두 소문자로 변환(G11)** : =LOWER(C6)
- **조용히 영문 이름의 문자수(G12)**: =LEN(C7)& "개"
- **공항점의 한글 이름에서 '항'을 '주'로 변환(G13)** : =SUBSTITUTE(B9, "항", "주")
- **Hope의 영문 이름에서 'H'만 Love와 결합해서 변환 (G14)** : =REPLACE(C5, 2, 3, C6)

⑨ 찾기/참조 함수

찾기/참조 함수의 종류

- **CHOOSE(번호, 인수1, 인수2)** : 인수 목록 중 번호에 해당하는 인수를 구한다(목록 중 하나를 골라 선택).
- **INDEX(배열, 행 번호, 열 번호)** : 표 또는 범위에서 지정된 행이나 열에 해당하는 값을 구하며, 해당 범위 내에 값이나 참조 영역을 구한다.
- **MATCH(검색값, 배열 또는 범위, 검색 방법)** : 지정한 순서와 조건에 맞는 배열에서 항목의 상대 위치 값을 찾는다. 이때, 검색 방법이 '1'이면 검색값보다 작거나 같은 값 중 최대값을 찾고(오름차순 정렬), 검색 방법이 '0'이면 검색값보다 크거나 같은 값 중 최소값을 찾는다(내림차순 정렬).

- OFFSET(영역, 행 수, 열 수, 행 높이, 열 너비) : 기본 참조 영역으로부터 지정한 만큼 떨어진 위치의 참조 영역을 구하며, 특정 높이와 너비의 참조 영역을 표시한다.
- COLUMN(셀) : 주어진 셀의 열 번호를 구한다.
- COLUMNS(셀 범위) : 주어진 셀 범위의 열 개수를 구한다.
- ROW(셀) : 주어진 셀의 행 번호를 구한다.
- ROWS(셀 범위): 주어진 셀 범위의 행 개수를 구한다.
- VLOOKUP(찾을 값, 범위, 열 번호, 찾는 방법) : 배열 첫 열에서 값을 검색한 후 지정한 열의 같은 행에서 데이터를 추출하며, 첫 번째 열 값은 항상 오름차순으로 정렬되어야 한다. 이때, 찾는 방법이 TRUE이거나 생략된 경우 첫째 열에서 정확하게 일치하는 값이 없으면 찾을 값보다 작은 값 중에서 최대값을 찾고, 찾는 방법이 FALSE인 경우 첫째 열에서 정확하게 일치하는 값을 찾는다(값이 없을 경우 오류값(#N/A) 표시).
- HLOOKUP(찾을 값, 범위, 행 번호, 찾는 방법) : 배열 첫 행에서 값을 검색한 후 지정한 행의 같은 열에서 데이터를 추출하며, 첫 번째 행 값은 항상 오름차순으로 정렬되어야 한다. 이때, 찾는 방법이 TRUE이거나 생략된 경우 첫째 행에서 정확하게 일치하는 값이 없으면 찾을 값보다 작은 값 중에서 가장 큰 값을 찾고, 찾는 방법이 FALSE인 경우 첫째 행에서 정확하게 일치하는 값을 찾는다(값이 없을 경우 오류값(#N/A) 표시).

한 걸음 더 HLOOKUP/VLOOKUP 함수

- 찾을 값 : 첫 번째 행/열에 있는 값으로 참조 영역이나 문자열 등을 지정
- 범위 : 데이터를 찾을 범위로 셀 범위나 범위 이름 등을 사용
- 행/열 번호 : 구하려는 값이 있는 범위의 행/열 번호
- 찾는 방법 : 정확하게 일치하는 값을 찾을 것인지, 근사값을 찾을 것인지를 결정
- 절대 참조 : 셀 범위를 지정할 때는 반드시 절대 참조로 지정해야 하는데, 이는 해당 수식을 입력한 후 채우기 핸들로 복사할 경우 범위가 변경되지 않는 고정 값이기 때문

찾기/참조 함수의 예제

관리번호	사원명	직급	부서	관리번호 세 번째
B-111	오대산	대리	인사부	1 : 인사부
B-246	지겨운	과장	기획부	2 : 기획부
B-357	공부해	부장	홍보부	3 : 홍보부

사원별 부서 현황

- 부서(E4) : =CHOOSE(MID(B4, 3, 1), "인사부", "기획부", "홍보부")

종목	현재가	목표가	매도가
우리케어	₩ 25,000	₩ 31,000	₩ 27,500
대한전력	₩ 47,000	₩ 65,000	₩ 60,000
최고악품	₩ 35,700	₩ 55,000	₩ 43,000

종목별 주식 매도 현황 / 대한전력 매도가 : 60,000

- 대한전력 매도가(G6) : =INDEX(B3:E6, 3, 4)

도서코드	도서명	대출기간
SB-123	딥러닝 트렌드	15일
SB-987	개인정보관리	7일
SB-675	보안의 기본	20일
SB-007	오픈 소스	10일

도서 대출 현황 / 보안의 기본 위치 : 3

- 보안의 기본 위치(F7) : =MATCH("보안의 기본", C4:C7, 0)

부서명	2018년	2019년	2020년
영업부	1,250	4,560	7,410
관리부	3,570	7,890	3,120
홍보부	1,590	8,520	6,520

부서별 3년간 실적 현황 / 관리부의 2020년 실적 : 3,120

- 관리부의 2020년 실적(G6) : =OFFSET(B4, 1, 3, 1, 1)

성명	본봉	부서	상여금	부서	상여율(%)
하늘색	₩ 1,850,000	기획부	₩ 1,110,000	기획부	60
신설동	₩ 2,500,000	영업부	₩ 2,500,000	영업부	100
편입생	₩ 2,750,000	기획부	₩ 1,650,000	총무부	80
국정원	₩ 1,650,000	총무부	₩ 1,320,000		

부서별 상여금 현황

- 상여금(E4) : =VLOOKUP($D4, G$4:H$6, 2, 0)*C4/100

	A	B	C	D	E	F
1		등급별 총 상여금 현황				
2						
3		성명	등급	기본 상여금	총 상여금	
4		주마등	3	₩ 1,200,000	₩ 1,400,000	
5		황당해	1	₩ 950,000	₩ 1,350,000	
6		양수리	4	₩ 1,400,000	₩ 1,500,000	
7		유동적	2	₩ 1,650,000	₩ 1,950,000	
8						
9		등급	1	2	3	4
10		차등 상여금	₩ 400,000	₩ 300,000	₩ 200,000	₩ 100,000
11						

- 총 상여금(E4) : =D4+HLOOKUP(C4, $B$9:$F$10, 2, 0)

⑩ 데이터베이스 함수

데이터베이스 함수의 종류 집중강좌 2-64

- DSUM(범위, 열 번호, 찾을 조건) : 지정한 조건에 맞는 데이터베이스에서 필드(열)의 합을 구한다.
- DAVERAGE(범위, 열 번호, 찾을 조건) : 지정한 조건에 맞는 데이터베이스에서 필드(열)의 평균을 구한다.
- DCOUNT(범위, 열 번호, 찾을 조건) : 지정한 조건에 맞는 데이터베이스에서 숫자를 포함한 셀의 개수를 구한다.
- DCOUNTA(범위, 열 번호, 찾을 조건) : 지정한 조건에 맞는 데이터베이스에서 비어 있지 않은 셀의 개수를 구한다.
- DMAX(범위, 열 번호, 찾을 조건) : 지정한 조건에 맞는 데이터베이스의 필드(열) 값 중에서 가장 큰 값을 구한다.
- DMIN(범위, 열 번호, 찾을 조건) : 지정한 조건에 맞는 데이터베이스의 필드(열) 값 중에서 가장 작은 값을 구한다.
- DPRODUCT(범위, 열 번호, 찾을 조건) : 지정한 조건에 맞는 데이터베이스의 필드(열)에서 데이터들을 모두 곱한 값을 구한다.
- DGET(범위, 열 번호, 찾을 조건) : 지정한 조건에 맞는 데이터베이스의 필드(열)에서 하나의 값을 추출한다.

데이터베이스 함수의 예제

	A	B	C	D	E	F	G	H	I
1		사원별 제품 판매 현황							
2									
3		사원명	나이	지역	냉장고	에어컨	세탁기		나이
4		감나무	46	부산	350	175	295		>=35
5		나침반	36	서울	230	355	380		지역
6		송두리	43	광주	370	280	195		서울
7		문제집	34	부산	275	410	250		사원명
8		최대어	29	서울	205	530	285		나침반
9		서울 지역의 냉장고 판매 합계					435		
10		서울 지역의 세탁기 판매 평균					332.5		
11		나이가 35세 이상인 사원 수					3명		
12		에어컨의 최대 판매 실적					530		
13		세탁기의 최소 판매 실적					195		
14		나침반의 냉장고 판매 실적					230		
15									

- 서울 지역의 냉장고 판매 합계(G9) : =DSUM(B3:G8, E3, I5:I6)
- 서울 지역의 세탁기 판매 평균(G10) : =DAVERAGE(B3:G8, G3, I5:I6)
- 나이가 35세 이상인 사원 수(G11) : =DCOUNT(B3:G8, C3, I3:I4)&"명"
- 에어컨의 최대 판매 실적(G12) : =DMAX(B3:G8, F3, D3:D8)
- 세탁기의 최소 판매 실적(G13) : =DMIN(B3:G8, G3, C3:C8)
- 나침반의 냉장고 판매 실적(G14) : =DGET(B3:G8, 4, I7:I8)

01 다음의 워크시트에서 [D2] 셀에 그림과 같이 수식을 입력할 때 발생하는 문제는?

	A	B	C	D
1	컴퓨터일반	스프레드시트	데이터베이스	합계
2	65	85	80	=SUM(A2:D2)
3				

① ##### 오류 ② #NUM! 오류
③ #REF! 오류 ④ 순환 참조 경고

해설 수식이 직접 또는 간접적으로 자신이 포함된 셀을 참조하는 경우 순환 참조가 만들어지므로 [D2] 셀에는 =SUM(A2:C2) 수식이 입력되어야 한다.

02 다음 중 수식의 결과 값이 다른 것은?

① = "20" − "10"

② = 20 − 10

③ = "12/20" − "12/10"

④ = 12/20 − 12/10

해설 보기 ①, ②, ③의 결과 값은 10이고, 보기 ④의 결과 값은 −0.60이다.

03 다음 중 '1학년 1반' 파일의 '기말고사' 시트에서 [A5] 셀을 참조하고자 하는 표현으로 옳은 것은?

① =1학년 1반.XLSX.기말고사!A5

② ='〈1학년 1반.XLSX〉기말고사'!A5

③ ='[1학년 1반.XLSX]기말고사'!A5

④ =(1학년 1반.XLSX.기말고사)!A5

해설 • 외부 참조일 경우에는 통합 문서의 이름을 대괄호([ ])로 묶는다.
• 참조하는 통합 문서 이름에 공백이 있으면 통합 문서와 워크시트 이름 전체를 따옴표(' ')로 묶는다.

04 다음 중 오류 값의 표시 내용에 대한 설명으로 옳지 않은 것은?

① #NUM! : 수식이나 함수에 잘못된 숫자 값을 사용할 때 발생한다.

② #VALUE : 셀에 입력된 숫자 값이 너무 커서 셀 안에 나타낼 수 없음을 의미한다.

③ #REF! : 유효하지 않은 셀 참조를 지정할 때 발생한다.

④ #NAME : 수식의 텍스트를 인식하지 못할 때 발생한다.

해설 • #VALUE! : 잘못된 인수나 피연산자를 사용했을 경우 발생한다.
• ###### : 숫자 데이터의 길이가 셀보다 클 경우 발생한다.

05 다음 중 참조의 대상 범위로 사용하는 이름에 대한 설명으로 옳은 것은?

① 이름 정의 시 첫 글자는 반드시 숫자로 시작해야 한다.

② 시트가 다른 경우에는 이름 상자를 이용하여 동일한 이름을 지정할 수 있다.

③ 이름 정의 시 영문자는 대소문자를 구분하므로 주의하여야 한다.

④ 이름은 기본적으로 절대 참조로 대상 범위를 참조한다.

해설 • ① 이름 정의 시 첫 글자는 문자나 밑줄(_) 또는 역슬래시(₩)로 시작해야 한다.
• ② 시트가 다른 경우 이름 상자를 이용하여 동일한 이름을 지정할 수 없다.
• ③ 이름 정의 시 영문자는 대소문자를 구분하지 않는다.

정답 01 ④ 02 ④ 03 ③ 04 ② 05 ④

06 다음 시트에서 [A1:A2] 영역은 '범위1', [B1:B2] 영역은 '범위2'로 이름을 정의하였다. 시트를 이용하여 연산을 수행하였을 때 수식과 결과가 옳지 않은 것은?

▲	A	B	C
1	1	2	
2	3	4	
3			

① =COUNT(범위1, 범위2) → 4

② =AVERAGE(범위1, 범위2) → 2.5

③ =범위1+범위2 → 10

④ =SUMPRODUCT(범위1, 범위2) → 14

해설 =범위1+범위2의 결과는 잘못된 인수나 피연산자를 사용하므로 #VALUE!가 나타난다.

07 다음 중 함수식에 대한 결과가 옳은 것은?

① =COUNT(1, "참", TRUE, "1") → 1

② =COUNTA(1, "거짓", TRUE, "1") → 2

③ =MAX(TRUE, "10", 8, 3) → 10

④ =ROUND(215.143, −2) → 215.14

해설
• COUNT(인수1, 인수2, …) : 범위 지정 목록에서 숫자 데이터가 있는 셀의 개수를 구한다.
• COUNTA(인수1, 인수2, …) : 범위 지정 목록에서 공백이 아닌 데이터가 입력된 모든 셀의 개수를 구한다.
• ROUND(인수, 자릿수) : 인수를 지정한 자릿수로 반올림한다.
• =COUNT(1, "참", TRUE, "1") → 2
• =COUNTA(1, "거짓", TRUE, "1") → 4
• =ROUND(215.143, −2) → 200

08 다음의 워크시트를 이용한 수식 결과로 옳지 않은 것은?

▲	A	B
1	수량	
2	10	
3	20	
4	30	
5	TRUE	
6	40	
7		

① =AVERAGE(A2:A6) → 25

② =AVERAGEA(A2:A6) → 20

③ =AVERAGE(A2:A4, A6) → 25

④ =AVERAGEIF(A2:A6, "〈40") → 20

해설 =AVERAGEA(인수1, 인수 2, …) : 수치가 아닌 셀을 포함하는 인수의 평균을 구하므로 =AVERAGEA(A2:A6)의 결과값은 20.20|다.

09 다음과 같이 '기록(초)' 열을 이용하여 순위 [C2:C5]를 계산하였다. [C2] 셀의 수식으로 옳은 것은?

▲	A	B	C	D
1	선수명	기록(초)	순위	
2	홍길동	12	3	
3	이기자	15	4	
4	금나래	10	1	
5	나도국	11	2	
6				

① =RANK.EQ(B1, $C$2:$C$5)

② =RANK.EQ(B2, $A$2:$A$5)

③ =RANK.EQ(B2, $B$2:$B$5, 1)

④ =RANK.EQ(B2, $B$2:$B$5, 0)

해설 =RANK.EQ(인수, 수 목록, 순위 결정) : 지정한 목록에서 인수의 순위를 구하되 동점을 같은 순위로 표시하고 다음 순위는 표시하지 않으며, 순위를 구할 때 수 목록은 절대 참조로 지정한다 (0을 입력하거나 생략하면 내림차순이고, 그 외에는 오름차순으로 구함).

10 다음의 시트를 이용한 수식의 실행 결과가 나머지와 다르게 나타나는 것은?

▲	A	B
1	3	
2	7	
3	5	
4	3	
5	0	
6	2	
7		

① =MOD(A3, A6)　　② =MODE(A1:A6)

③ =MEDIAN(A1:A6)　④ =SMALL(A1:A6, 3)

해설 · 보기 ②, ③, ④의 결과값은 3이고, 보기 ①의 결과값은 1이다.
· MOD(인수, 나눌 값) : 나눗셈의 나머지 값을 구하는 함수로 [A3] 셀(5)을 [A6] 셀(2)로 나누면 나머지는 1이다.

11 다음 시트에서 [B10] 셀에 [B3:D9] 영역의 평균을 계산하고, 자리올림을 하여 천의 자리까지 표시하는 함수식으로 옳은 것은?

A	B	C	D	E
1				
2	1사분기	2사분기	3사분기	
3	91000	91000	91000	
4	81000	82000	83000	
5	71000	72000	73000	
6	61000	62000	63000	
7	51000	52000	53000	
8	41000	42000	43000	
9	91000	91000	91000	
10				
11				

① =ROUNDUP(AVERAGE(B3:D9), −3)

② =ROUND(AVERAGE(B3:D9), −3)

③ =ROUNDUP(AVERAGE(B3:D9), 3)

④ =ROUND(AVERAGE(B3:D9), 3)

해설 · ROUNDUP(인수, 자릿수) : 인수를 지정한 자릿수로 올림한 값을 구하는 함수로 자릿수가 음수일 경우는 지정한 소수점 왼쪽에서 올림하고, 양수일 경우는 지정한 소수점 아래 자리에서 올림한다.
· 보기 ①의 결과는 71000이고, 보기 ③의 결과는 70285.72이다.

12 다음 중 함수식의 실행 결과가 옳지 않은 것은?

① =MOD(17, −5) ⇒ 2

② =PRODUCT(7, 2, 2) ⇒ 28

③ =INT(−5.2) ⇒ −6

④ =ROUND(6.29, 0) ⇒ 6

해설 · =MOD(17, −5) ⇒ −3
· MOD(인수, 나눌 값) : 나눗셈의 나머지 값을 구하며, 결과는 나눌 값과 동일한 부호를 갖는다.

13 다음 중 학점[B3:B10]을 이용하여 [E3:E7] 영역에 학점별 학생수만큼 '♣' 기호를 표시하고자 할 때 [E3] 셀에 입력해야 할 수식으로 옳은 것은?

▲	A	B	C	D	E
1		엑셀 성적 분포			
2	이름	학점		학점	성적그래프
3	김현미	A		A	♣
4	조미림	B		B	♣♣♣♣
5	심기훈	F		C	♣
6	박원석	C		D	
7	이영준	B		F	♣♣
8	최세종	F			
9	김수현	B			
10	이미도	B			
11					

① =REPT("♣", COUNTIF(D3, $B$3:$B$10))

② =REPT(COUNTIF(D3, $B$3:$B$10), "♣")

③ =REPT("♣", COUNTIF($B$3:$B$10, D3))

④ =REPT(COUNTIF($B$3:$B$10, D3), "♣")

해설 · REPT(텍스트, 개수) : 텍스트를 개수만큼 표시한다.
· COUNTIF(셀 범위, 찾을 조건) : 범위 지정 목록에서 찾을 조건과 일치하는 셀의 개수를 구한다.
· REPT("♣", COUNTIF($B$3:$B$10, D3)) : [B3:B10] 영역에서 'A'의 개수(1)를 구한 후 '♣'를 1번 표시한다.

14 다음 중 [D9] 셀에서 사과나무의 평균 수확량을 구하는 경우 나머지 셋과 다른 결과를 표시하는 수식은?

	A	B	C	D	E	F
1	나무번호	종류	높이	나이	수확량	수익
2	001	사과	18	20	18	105000
3	002	배	12	12	10	96000
4	003	체리	13	14	9	105000
5	004	사과	14	15	10	75000
6	005	배	9	8	8	77000
7	006	사과	8	9	10	45000
8						
9	사과나무의 평균 수확량					
10						

① =INT(DAVERAGE(A1:F7, 5, B1:B2))

② =TRUNC(DAVERAGE(A1:F7, 5, B1:B2))

③ =ROUND(DAVERAGE(A1:F7, 5, B1:B2), 0)

④ =ROUNDDOWN(DAVERAGE(A1:F7, 5, B1:B2), 0)

• ROUND(인수, 자릿수) : 인수를 지정한 자릿수로 반올림한다. 이때, 자릿수가 0보다 크면 지정한 소수 자릿수로 반올림, 자릿수가 0이면 가장 가까운 정수로 반올림. 자릿수가 0보다 작으면 소수점 왼쪽에서 반올림한다.
• DAVERAGE(범위, 열 번호, 찾을 조건) : 지정한 조건에 맞는 데이터베이스에서 필드(열)의 평균을 구한다.
• 보기 ①, ②, ④번의 결과값은 12이고, 보기 ③번의 결과값은 13이다.

15 다음 중에서 함수식의 결과값이 옳지 않은 것은?

① =RIGHT("Computer", 5) → puter

② =SQRT(25) → 5

③ =TRUNC(5.96) → 5

④ =AND(6<5, 7>5) → TRUE

AND(인수1, 인수2) : 인수가 참일 경우에만 'TRUE'를 표시하고, 그렇지 않으면 'FALSE'를 표시한다. 그러므로 =AND(6<5, 7>5)의 결과값은 FALSE이다.

16 다음의 시트에서 중간고사와 기말고사 점수를 이용하여 기말고사가 큰 경우에만 증가된 점수의 20%를 가산점으로 주려고 한다. [D2] 셀의 가산점 계산 방법에 대한 함수식으로 옳지 않은 것은?

	A	B	C	D
1	이름	중간고사	기말고사	가산점
2	홍길동	80	90	2
3	성춘향	60	90	6
4	이몽룡	90	70	0
5	변학도	70	80	2
6				

① =IF(C2>B2, (C2−B2)*20%, 0)

② =IF(B2−C2>0, (C2−B2)*20%, 0)

③ =IF(C2−B2>0, (C2−B2)*0.2, 0)

④ =IF(B2>=C2, 0, ABS(B2−C2)*0.2)

• IIF(조건식, 참값, 거짓값) : 조건식이 참이면 참에 해당하는 값을, 그렇지 않으면 거짓에 해당하는 값을 표시한다.
• 보기 ②는 기말고사가 큰 경우가 아니라 중간고사가 큰 경우이므로 문제의 조건과 맞지 않다.

17 다음 중 입사일이 1989년 6월 1일인 직원의 오늘 현재까지의 근속 일수를 구하려고 할 때 가장 적당한 함수 사용법은?

① =TODAY( )−DAY(1989, 6, 1)

② =TODAY( )−DATE(1989, 6, 1)

③ =DATE(1989, 6, 1)−TODAY( )

④ =DAY(1989, 6, 1)−TODAY( )

• TODAY( ) : 현재 컴퓨터에 지정된 날짜를 표시한다.
• DATE(년, 월, 일) : 인수에 해당하는 날짜 데이터를 표시한다.

정답 **14** ③ **15** ④ **16** ② **17** ②

18 다음 시트에서 주민등록번호의 첫 두 글자를 이용하여 출생년도를 계산하고자 한다. [C3] 셀에 입력해야 할 수식으로 옳은 것은?

▲	A	B	C
1			
2	이름	주민등록번호	출생년도
3	김유신	020805-3123456	2002
4	사하라	010301-4123456	2001
5	홍길동	991231-1123456	1999
6			

① =YEAR(LEFT(B3, 2))+LEFT(B3, 2)

② =YEAR(LEFT(B3, 2)&"/"&MID(B3, 3, 2)& "/"&MID(B3, 5, 2))

③ =YEAR(LEFT(B3, 2))

④ =YEAR(LEFT(B3, 2)&LEFT(B3, 2))

해설 • YEAR : 날짜 일련 번호로부터 년 단위(1900년부터 9999까지)를 구한다.
• LEFT : 텍스트의 왼쪽부터 지정한 개수만큼의 문자를 표시한다.
• MID : 문자열의 지정 위치에서 문자를 지정한 개수만큼 구한다.

19 어떤 시트의 [D2] 셀에 문자열 '123456-1234567'이 입력되어 있을 때 수식 결과가 다른 하나는?

① =IF(MOD(MID(D2, 8, 1), 2)=1, "남", "여")

② =IF(OR(MID(D2, 8, 1)="2", MID(D2, 8, 1)="4"), "여", "남")

③ =IF(AND(MID(D2, 8, 1)=1, MID(D2, 8, 1)=3), "남", "여")

④ =CHOOSE(MID(D2, 8, 1), "남", "여", "남", "여")

해설 보기 ①, ②, ④의 결과는 '남'이고, 보기 ③의 결과는 '여'이다.

20 다음의 시트에서 [D2] 셀에 수식 =UPPER (TRIM(A2))&"-kr"를 입력했을 경우 결과값으로 옳은 것은?

▲	A	B	C	D
1	도서코드	출판사	출판년도	변환도서코드
2	mng-002	대한도서	2008	
3	psy-523	믿음사	2009	
4	mng-091	정일도서	2007	
5				

① MNG-002-kr

② MNG-KR

③ MNG 002-KR

④ MNG-002-KR

해설 • UPPER : 텍스트에 있는 소문자를 모두 대문자로 변환한다.
• TRIM(텍스트) : 텍스트의 양쪽 끝 공백을 삭제한다.
• =UPPER(TRIM(A2))&"-kr" : [A2] 셀의 텍스트에서 양쪽 공백을 제거한 후 소문자를 모두 대문자로 변환하고, 문자열 "-kr"을 삽입한다.

21 다음의 시트에서 [B7] 셀에 수식 =SUM(B2: CHOOSE(2, B3, B4, B5))를 입력하였을 때 표시되는 결과값으로 옳은 것은?

▲	A	B	C
1	성명	점수	
2	김진아	23	
3	이은경	45	
4	장영주	12	
5	김시내	10	
6			
7	부분합계		
8			

① 23   ② 68

③ 80   ④ 90

해설 • CHOOSE(번호, 인수1, 인수2) : 인수 목록 중 번호에 해당하는 인수를 구한다.
• =SUM(B2:CHOOSE(2, B3, B4, B5)) : 인수 목록 중 2번째에 해당하는 [B4] 셀을 구하므로 [B2:B4] 영역의 합계를 구한다.

정답 18 ②   19 ③   20 ①   21 ③

22 다음의 워크시트를 이용한 수식과 그 결과가 옳지 않은 것은?

▲	A	B	C
1	지역코드	1사분기	2사분기
2	A1	10	30
3	B3	20	40
4	A1	30	50
5	B3	40	60
6	A2	50	70
7			
8	홍	길동	
9			

① =A8& B8 → 홍길동

② =DSUM($A$1:$C$6, 2, A1:A2) → 40

③ =VLOOKUP("A2", A1:C6, 3) → 70

④ =SUM(B5:INDEX(A1:C6, 6, 2)) → 90

> **해설** VLOOKUP(찾을 값, 범위, 열 번호, 찾는 방법) : 배열 첫 열에 서 값을 검색하여 지정한 열의 같은 행에서 데이터를 추출하는 함 수로 =VLOOKUP("A2", A1:C6, 3) → 30이다.

23 다음 중 환자번호[C2:C5]를 이용하여 성별 [D2:D5]을 표시하기 위해 [D2] 셀에 입력할 수식으로 옳지 않은 것은? (단, 환자번호의 4 번째 문자가 'M'이면 '남', 'F'이면 '여'임)

▲	A	B	C	D
1	번호	이름	환자번호	성별
2	1	박상훈	01-M0001	
3	2	서윤희	07-F1002	
4	3	김소민	02-F5111	
5	4	이진	03-M0224	
6				
7	코드	성별		
8	M	남		
9	F	여		
10				

① =IF(MID(C2, 4, 1)="M", "남", "여")

② =INDEX($A$8:$B$9, MATCH(MID(C2, 4, 1), $A$8:$A$9, 0), 2)

③ =VLOOKUP(MID(C2, 4, 1), $A$8:$B$9, 2, FALSE)

④ =IFERROR(IF(SEARCH(C2, "M"), "남"), "여")

> **해설**
> • IFERROR(인수1, 인수2) : 인수1이 오류이면 인수2를 표시 하고, 그렇지 않으면 인수1을 표시한다.
> • SEARCH(텍스트1, 텍스트2, 시작 위치) : 텍스트2에서 시 작 위치부터 텍스트1을 찾아 위치를 표시하되 대소문자를 구분하지 않는다.
> • 보기 ④번의 결과는 '여'이다.

24 다음과 같이 [C9] 셀에 =DSUM(A1:C7, C1, A9:A10) 함수식을 입력했을 때 결과값으로 옳은 것은?

▲	A	B	C
1	이름	직급	상여금
2	장기동	과장	1,200,000
3	이승연	대리	900,000
4	김영신	차장	1,300,000
5	공경호	대리	850,000
6	한나리	사원	750,000
7	이미연	과장	950,000
8			
9	상여금		
10	>=1000000		
11			

① 5,950,000　　② 2,500,000

③ 1,000,000　　④ 3,450,000

> **해설** DSUM(데이터베이스, 계산할 열 제목 셀(번호), 조건 범위)은 데이터베이스에서 조건에 맞는 셀들의 합계를 구하는 함수이다. 문 제의 경우 상여금이 1000000원 이상인 상여금의 합계를 구하는 것이다.

25 다음의 워크시트에서 엑셀이 80 이상인 인원 수를 구하는 수식으로 옳은 것은?

▲	A	B	C	D	E
1	성명	엑셀	상식	총점	순위
2	홍길동	60	78	138	4
3	임꺽정	89	70	159	3
4	장보고	90	90	180	1
5	강감찬	79	87	166	2
6					
7		엑셀			
8		>=80	2		
9					

① =COUNT(A2:E5, 2, B7:B8)

② =DCOUNT(A2:E5, 2, B7:B8)

③ =COUNTIF(A1:E5, 2, B7:B8)

④ =DCOUNT(A1:E5, 2, B7:B8)

> **해설** =DCOUNT(범위, 열 번호, 찾을 조건) : 지정한 조건에 맞는 데이터베이스에서 숫자를 포함한 셀의 개수를 구하므로 [A1:E5] 영역에서 2번째 열의 점수 중 엑셀이 80 이상인 셀의 개수(89, 90) 를 구한다.

정답 22 ③　23 ④　24 ②　25 ④

26 다음 중 워크시트에서 '직무'가 90 이상이거나 '국사'와 '상식'이 모두 80 이상이면 '평가'에 "통과"를 표시하고 그렇지 않으면 공백을 표시하는 [E2] 셀의 함수식으로 옳은 것은?

	A	B	C	D	E
1	이름	직무	국사	상식	평가
2	이몽룡	87	92	84	
3	성춘향	91	86	77	
4	조방자	78	80	75	
5					

① =IF(AND(B2>=90, OR(C2>=80, D2>=80)), "통과", " ")

② =IF(OR(AND(B2>=90, C2>=80), D2>=80)), "통과", " ")

③ =IF(OR(B2>=90, AND(C2>=80, D2>=80)), "통과", " ")

④ =IF(AND(OR(B2>=90, C2>=80), D2>=80)), "통과", " ")

 •IF(조건식, 인수1, 인수2) : 조건식이 참이면 인수1을 표시하고, 그렇지 않으면 인수2를 표시한다.
•OR(인수1, 인수2) : 인수가 하나라도 참이면 TRUE를 표시하고, 그렇지 않으면 FLASE를 표시한다.
•AND(인수1, 인수2) : 인수가 참일 경우에만 TRUE를 표시하고, 그렇지 않으면 FALSE를 표시한다.
•'직무'가 90 이상이거나(OR 조건) '국사'와 '상식'이 모두 80 이상이면(AND 조건)이므로 OR(B2>=90, AND(C2>=80, D2>=80))으로 표현한다.

27 다음 중 찾기/참조 함수에 대한 설명으로 옳지 않은 것은?

① VLOOKUP 함수의 네 번째 인수를 'FALSE'로 사용하는 경우 참조 표에서 첫 열의 값은 반드시 오름차순 정렬되어 있어야 한다.

② HLOOKUP 함수는 참조 표의 첫 행에서 값을 찾을 때 대/소문자를 구분하지 않는다.

③ INDEX 함수는 표나 범위에서 값 또는 값에 대한 참조를 반환한다.

④ CHOOSE 함수의 첫 번째 인수는 1에서 254 사이의 숫자를 나타내는 숫자나 수식, 셀 참조 등을 사용한다.

 •VLOOKUP(찾을 값 범위, 열 번호, 찾는 방법) : 배열 첫 열에서 값을 검색한 후 지정한 열의 같은 행에서 데이터를 추출하며, 첫 번째 열 값은 항상 오름차순으로 정렬되어야 한다.
•VLOOKUP 함수의 네 번째 인수를 'FALSE'로 사용하는 경우는 정확하게 일치하는 값을 찾을 때 사용하며, 반드시 오름차순으로 정렬되어 있지 않아도 된다.

28 다음 중 시스템의 현재 날짜에서 년도를 구하는 수식으로 옳은 것은?

① =DAYS360(YEAR( ))

② =DAY(YEAR( ))

③ =YEAR(TODAY( ))

④ =YEAR(DATE( ))

 •YEAR(날짜) : 날짜 일련번호로부터 년 단위(1900년부터 9999까지)를 구한다.
•TODAY( ) : 현재 컴퓨터에 지정된 날짜를 표시한다.

29 다음의 워크시트에서 '부산' 대리점의 판매수량 합계를 [D11] 셀에 구하기 위한 수식으로 옳지 않은 것은?

	A	B	C	D
1	대리점	단가	공급단가	판매수량
2	부산	500	450	120
3	인천	500	420	150
4	부산	500	450	170
5	서울	500	410	250
6	광주	500	440	300
7	이천	500	420	260
8	광주	500	440	310
9	부산	500	450	290
10				
11	부산 판매수량 합계			
12				

① =SUM(D2, D4, D9)

② =SUMIF(A2:A9, "부산", D2:D9)

③ =DSUM(A1:D9, D1, A2)

④ =SUMIF(A2:D9, A2, D2:D9)

 •보기 ①, ②, ④의 결과값은 580이고, 보기 ③의 결과값은 #VALUE!이다.
•보기 ③의 =DSUM(A1:D9, D1, A2)에서는 잘못된 인수 사용으로 오류값이 발생한다.

❖**세부 항목** ▶ 기본 데이터 관리 / 데이터 분석

- 데이터 정렬, 레코드 관리, 자동/고급 필터, 유효성 검사, 텍스트 나누기 등 기본적인 데이터 관리 방법에 대해 학습합니다.
- 부분합, 그룹 및 윤곽 설정, 피벗 테이블, 데이터 통합, 데이터 표, 목표값 찾기, 시나리오 등 데이터 분석 방법에 대해 학습합니다.

❶ 데이터 정렬

정렬의 특징

- 워크시트에 입력된 자료들을 특정한 순서에 따라 재배열하는 기능이다.
- 하나 이상의 열에서 텍스트, 숫자, 날짜 및 시간을 기준으로 데이터를 정렬할 수 있다.
- 정렬 방식에는 오름차순, 내림차순, 사용자 지정 목록 등이 있다.
- 오름차순은 데이터를 가·나·다 … 또는 1·2·3 …과 같은 순으로 정렬한다.
- 내림차순은 데이터를 다·나·가 … 또는 3·2·1 …과 같은 순으로 정렬한다.

정렬 방법

- 정렬 기준은 최대 64개까지 지정할 수 있으며, 기본적으로 위에서 아래로 행 단위로 정렬한다.
- 숨겨진 행/열은 정렬 시 이동되지 않으므로 데이터를 정렬하기 전에 표시한다.
- 색상별 정렬이 가능하여 글꼴 색 또는 셀 색, 셀 아이콘을 기준으로 정렬할 수도 있다.
- 특정 글꼴 색이 적용된 셀을 포함한 행이 위에 표시되도록 정렬할 수 있다.
- 입력 데이터 중 특정 범위만 정렬하고자 할 때는 해당 부분을 범위 지정한 후 정렬한다.
- 선택한 데이터 범위의 첫 행을 머리글 행으로 지정할 수 있다.
- 열 단위 정렬은 데이터 목록에 있는 행 머리글을 인식하지 못하기 때문에 행 머리글을 제외한 데이터 목록을 범위로 지정한다.

- 정렬하려는 임의의 셀에서 [데이터] 탭의 [정렬 및 필터] 그룹에 있는 텍스트 오름차순 정렬(⬇) 아이콘과 텍스트 내림차순 정렬(⬇) 아이콘을 클릭한다.
- 정렬하려는 셀에서 [데이터] 탭의 [정렬 및 필터] 그룹에 있는 정렬(정렬) 아이콘을 클릭한다.
- [정렬] 대화 상자에서 원하는 정렬 기준과 정렬 방법을 선택한 후 [확인] 단추를 누른다.

정렬 순서

- **오름차순 정렬** : 숫자 → 공백 문자 → 특수 문자 → 영문자(소문자→대문자) → 한글 → 논리값(False→True) → 오류값 → 빈 셀의 순이다.
- **내림차순 정렬** : 오류값 → 논리값(True→False) → 한글 → 영문자(대문자→소문자) → 특수 문자 → 공백 문자 → 숫자 → 빈 셀의 순이다.

	A
1	원본
2	2
3	
4	한
5	B
6	c
7	FALSE
8	TRUE
9	-5
10	$
11	#NAME?
12	

	A
1	오름차순
2	-5
3	2
4	$
5	B
6	c
7	한
8	FALSE
9	TRUE
10	#NAME?
11	
12	

	A
1	내림차순
2	#NAME?
3	TRUE
4	FALSE
5	한
6	c
7	B
8	$
9	2
10	-5
11	
12	

정렬 옵션

- [정렬] 대화 상자에서 [옵션] 단추를 누른다.
- 대소문자를 구분하여 정렬하거나 위쪽에서 아래쪽 또는 왼쪽에서 오른쪽으로 정렬 방향을 바꿀 수 있다.

항목	설명
대/소문자 구분	대소문자를 구분하여 정렬
위쪽에서 아래쪽	하나 이상의 열 값을 기준으로 행을 정렬
왼쪽에서 오른쪽	하나 이상의 행 값을 기준으로 열을 정렬

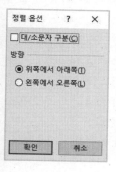

한 걸음 더 텍스트/숫자/날짜 또는 시간 정렬

- **텍스트 정렬** : 셀 범위에서 영숫자 데이터 열을 선택하거나 현재 셀이 영숫자 데이터를 포함하는 표 열 안에 있는지 확인
- **숫자 정렬** : 셀 범위에서 숫자 데이터 열을 선택하거나 현재 셀이 숫자 데이터를 포함하는 표 열 안에 있는지 확인
- **날짜 또는 시간 정렬** : 셀 범위에서 날짜 또는 시간 열을 선택하거나 현재 셀이 날짜 또는 시간을 포함하는 표 열 안에 있는지 확인

---

❷ 레코드 관리

레코드 관리의 특징

- 기존 데이터에 레코드 관리 대화 상자를 이용하여 데이터를 검색, 추가, 삭제, 수정할 수 있다.
- 데이터 목록이 작성되어야 해당 기능을 수행하며, 데이터를 레코드 단위로 표시한다.
- 빠른 실행 도구 모음에서 추가한 레코드 관리(📧) 단추를 클릭한다.

[레코드 관리] 대화 상자

단추	설명
새로 만들기	새 데이터를 입력할 때 [새로 만들기] 단추를 클릭한 후 Enter 키를 누름
삭제	목록에 나타난 레코드를 완전히 삭제
복원	레코드 관리의 변경 내용을 취소(이미 삭제된 레코드는 복구되지 않음)
이전 찾기	목록의 이전 레코드를 표시
다음 찾기	목록의 다음 레코드를 표시
조건	지정한 조건에 따라 레코드를 찾음
닫기	[정렬] 대화 상자를 닫음

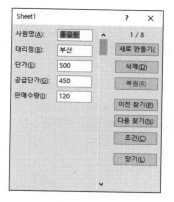

레코드 검색

- 대화 상자에서 [이전 찾기]와 [다음 찾기] 단추를 누르거나 [조건] 단추를 누른다.
- 레코드의 데이터를 입력하고, Enter 키를 누른다.

한 걸음 더 레코드 검색 조건 입력

- 두 개 이상의 조건을 입력하면 지정한 조건에 만족하는 데이터가 검색(AND 조건)
- 만능 문자(?, *)와 비교 연산자(〉, 〈, 〉=, 〈=, =, 〈 〉)를 조건으로 사용

레코드 추가

- 레코드를 추가하기 위해서는 레코드 목록의 각 첫 행에 레이블이 있어야 한다.
- [닫기] 단추를 누르면 입력된 데이터의 가장 아래 부분에 추가한 데이터가 나타난다.
- 데이터의 목록 중간에는 레코드를 삽입할 수 없다.

③ 자동 필터

자동 필터의 특징

- 필터는 목록에서 사용자가 지정한 조건에 맞는 레코드만을 추출하는 기능이다.
- 자동 필터를 사용하려면 목록에 반드시 열 레이블이 있어야 한다.
- 필터를 이용하여 추출한 데이터는 항상 레코드(행 단위)로 표시된다.
- 두 개 이상의 필드(열)로 필터링 할 수 있으며, 필터는 누적 적용되므로 추가하는 각 필터는 현재 필터 위에 적용된다.
- 필터는 필요한 데이터 추출을 위해 조건을 만족하지 않는 데이터를 잠시 숨기는 것이므로 목록 자체의 내용은 변경되지 않는다.
- 필터를 적용할 임의의 셀에서 [데이터] 탭의 [정렬 및 필터] 그룹에 있는 필터( ) 아이콘을 클릭하면 데이터 필드명에 자동 필터 목록( ) 단추를 나타난다.

필터 단추 사용

- 자동 필터 목록 단추에서 선택된 값을 포함하지 않는 모든 행은 숨기고, 조건에 맞는 데이터만 표시된다.
- 하나의 조건에 해당되는 데이터를 검색한 후 다른 필터의 목록 단추를 이용하여 다른 조건을 선택하면 두 개의 조건에 해당하는 데이터만 표시된다.
- 찾을 조건에 만족하는 데이터가 자동 필터 되면 필드 목록에는 단추가 표시된다.
- 목록 전체에 적용된 필터 결과를 해제하려면 [데이터] 탭의 [정렬 및 필터] 그룹에서 지우기(지우기) 아이콘을 클릭한다.

상위 10 자동 필터

- 항목이나 퍼센트(%)로 지정한 범위에 있는 행을 표시하며, 숫자 필드에서만 사용할 수 있다.
- 필터 목록 단추를 클릭한 후 [숫자 필터]-[상위 10]을 선택한다.
- '상위'나 '하위'를 선택하여 나타낼 항목 개수나 전체 목록의 퍼센트를 지정한다.

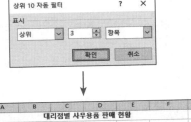

['단가'에서 상위 3개의 레코드를 필터링]

사용자 지정 자동 필터

- 두 개의 찾을 조건을 AND(그리고)와 OR(또는)로 지정할 수 있다.
- 만능 문자(*, ?)나 비교 연산자(=, >, >=, <, <=)를 이용하여 데이터를 추출할 수 있다.
- 찾을 조건에 비교 연산자와 만능 문자를 사용할 수 있다.
- 필터 목록 단추를 클릭한 후 [숫자 필터]-[사용자 지정 필터]를 선택한다.

['단가'에서 가격이 5000 이상이고, 10000 이하인 레코드를 필터링]

한 걸음 더   사용자 지정 조건

조건	예	설명
=		같다
〈 〉		같지 않다

연산자/조건	입력	설명
〉/ 〈		크다(초과) / 작다 (미만)
〉= / 〈=		크거나 같다(이상) / 작거나 같다(이하)
시작 문자	김*	'김'으로 시작하는 모든 문자
제외할 시작 문자	〈〉김*	'김'으로 시작하지 않는 모든 문자
끝 문자	*나	마지막 문자가 '나'인 문자
제외할 끝 문자	〈〉*나	마지막 문자가 '나'로 끝나지 않는 문자
포함	*박*	'박'이라는 문자열을 포함하는 문자
포함하지 않음	〈〉*박*	'박'이라는 문자열을 포함하지 않는 문자
한 문자	???	세 글자 이내의 문자

④ 고급 필터

고급 필터의 특징

🎙️ 집중강좌 2-65

- 복잡한 조건이나 여러 조건을 만족하는 레코드를 추출할 때 사용한다.
- 지정한 조건 범위에 일치하는 행만 나타내며, 필터 결과를 다른 위치에 표시할 수 있다.
- 워크시트의 목록에는 찾을 조건으로 사용할 수 있는 열 레이블이 있어야 한다.
- 특정 문자나 만능 문자를 사용하여 레코드를 검색할 수 있다.
- 목록 범위, 조건 범위, 복사 위치를 지정해주어야 한다.
- 고급 필터를 적용할 임의의 셀에서 [데이터] 탭의 [정렬 및 필터] 그룹에 있는 고급(🔽고급) 아이콘을 클릭한다.

찾을 조건 지정

- 열 제목을 입력한 후 필터링할 조건을 열 제목 아래에 입력한다.
- 필터링 조건을 하나의 행에 입력하면 입력한 조건에 모두 만족(AND 조건)하는 데이터가 필터링되고, 조건을 서로 다른 행에 입력하면 입력한 조건 중 하나라도 만족(OR 조건)하는 데이터가 필터링된다.

1사분기	2사분기	평균
〉=50	〉=70	〉=60

1사분기 50 이상, 2사분기 70 이상, 평균 60 이상인 조건을 모두 만족하는 데이터만 필터링(AND 조건)

제품	판매사원	수량
블루투스		
	한성희	
		〉=100

제품은 '블루투스', 판매사원은 '한성희', 수량은 100 이상인 조건 중 하나라도 만족하는 데이터를 필터링(OR 조건)

부서	실적	컴퓨터
홍보부	〉=90	
영업부	〉=90	
		=〉70

부서는 '홍보부'이고 실적은 90 이상이거나 부서는 '영업부'이고 실적은 80 이상이거나 컴퓨터가 70 이상인 조건을 만족하는 데이터를 필터링(AND, OR 조건)

[고급 필터] 대화 상자

항목	설명
현재 위치에 필터	필터링한 결과를 현재 목록 위치에 표시
다른 장소에 복사	필터링한 결과를 사용자가 지정한 다른 위치에 표시
목록 범위	필터링할 원본 데이터의 목록 범위를 지정
조건 범위	찾을 조건이 입력된 셀 범위를 지정(조건 범위와 원본 데이터 사이에는 하나 이상의 빈 행이 있어야 하며, 조건 범위 내에 빈 행이 존재할 경우 모든 레코드를 표시)
복사 위치	추출된 결과가 표시되는 셀 주소를 지정
동일한 레코드는 하나만	추출된 결과 중에서 동일한 레코드는 하나만 표시

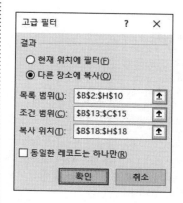

- 함수나 식의 계산값을 고급 필터의 찾을 조건으로 지정하는 방식으로 다양한 함수와 식을 혼합하여 조건을 지정할 수 있음
- 함수나 식으로 조건을 입력하면 셀에 비교되는 현재의 값에 따라 TRUE나 FALSE가 표시됨
- 조건 범위의 첫 행에 입력될 조건 필드명은 원본 필드명과 다른 필드명을 입력하거나 생략하며, 바로 아래 행에 조건을 입력

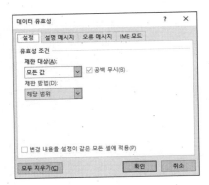

⑤ 데이터 유효성

데이터 유효성의 특징

- 데이터를 정확하게 입력할 수 있도록 적용되는 제한 사항을 정의하는 기능이다.
- 유효하지 않은 데이터를 사용자가 입력할 수 없도록 데이터 유효성 검사를 구성할 수 있다.
- 사용자가 데이터를 입력할 때 경고 메시지가 표시되도록 할 수 있다.
- 워크시트의 열 단위로 데이터 입력 모드(한글/영문)를 다르게 지정할 수 있다.
- 목록의 원본으로 정의된 이름 범위를 사용하려면 등호(=)와 범위 이름을 입력한다.
- 드롭다운 목록의 너비는 데이터 유효성 설정이 있는 셀 너비에 의해 결정된다.
- 목록 값을 입력하여 원본을 설정하려면 쉼표(,)로 구분하여 입력한다.
- [데이터] 탭의 [데이터 도구] 그룹에서 데이터 유효성 검사(▦) 아이콘을 클릭한다.

[데이터 유효성] 대화 상자

탭	설명
[설정]	유효성 조건의 제한 대상(모든 값, 정수, 소수점, 목록, 날짜, 시간, 텍스트 길이, 사용자 지정)과 제한 방법 등을 설정
[설명 메시지]	셀을 선택하면 나타나는 설명 메시지를 입력
[오류 메시지]	유효하지 않은 데이터를 입력하면 나타나는 오류 메시지를 입력(오류 메시지의 유형 : 중지, 경고, 정보)
[IME 모드]	입력기의 모드를 선택

⑥ 데이터 가져오기

텍스트 마법사

- 다른 프로그램에서 작성한 텍스트 파일을 엑셀에서 불러올 때 사용한다.
- [텍스트 마법사] 대화 상자에서 워크시트에 있는 텍스트를 열로 분리할 수 있다.

단계	설명
텍스트 마법사 1단계	- 원본 데이터 형식을 선택 - 각 필드가 쉼표나 탭과 같은 문자로 나뉠 때 '구분 기호로 분리됨'을 선택 - 각 필드가 일정한 너비로 정렬되어 있을 때 '너비가 일정함'을 선택
텍스트 마법사 2단계	- 구분 기호와 텍스트 한정자를 설정 - 구분 기호에는 '탭', '세미콜론', '쉼표', '공백', '기타'가 있음 - 문자 데이터를 구분하기 위해 텍스트 한정자 기호를 지정
텍스트 마법사 3단계	- 각 열을 선택하여 데이터 서식을 지정 - 열 데이터 서식에서 '일반', '텍스트', '날짜', '열 가져오지 않음'을 선택하여 각 필드별로 다르게 지정

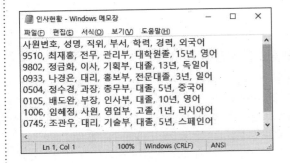

텍스트 마법사 실행

① [파일]-[옵션]을 선택한 후 [Excel 옵션] 대화 상자의 [데이터] 탭에서 '텍스트에서(레거시)'를 선택하고, [확인] 단추를 누른다.

② [데이터] 탭의 [데이터 가져오기 및 변환] 그룹에서 데이터 가져오기( ) 아이콘을 클릭하고, [레거시 마법사]-[텍스트에서(레거시)]를 선택한다.

③ [텍스트 파일 가져오기] 대화 상자에서 텍스트 파일(인사현황.txt)을 선택하고, [가져오기] 단추를 누른다(가져올 수 있는 파일 형식 : *.txt, *.prn, *.csv 등).

④ [텍스트 마법사 - 3단계 중 1단계] 대화 상자에서 원본 데이터 형식을 '구분 기호로 분리됨'으로 선택하고, [다음] 단추를 누른다(구분 시작 행 : 가져오는 데이터의 첫 행 위치를 지정).

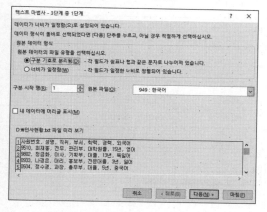

⑤ [텍스트 마법사 - 3단계 중 2단계] 대화 상자에서 구분 기호는 '쉼표'만을 선택하고, [다음] 단추를 누른다(연속된 구분 기호를 하나로 처리 : 동일한 구분 기호가 중복된 경우 하나로 취급).

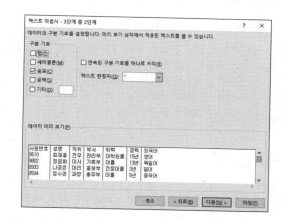

⑥ [텍스트 마법사 - 3단계 중 3단계] 대화 상자에서 열 데이터 서식을 '일반'으로 선택하고, [마침] 단추를 누른다.

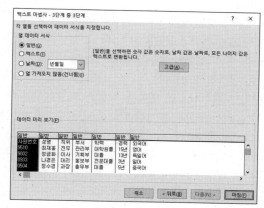

⑦ [데이터 가져오기] 대화 상자에서 기존 워크시트의 해당 셀을 지정하고, [확인] 단추를 누른다.

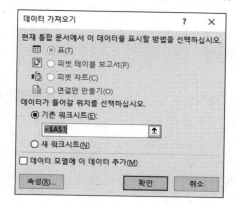

- **일반** : 숫자 값은 숫자로, 날짜 값은 날짜로, 모든 나머지값은 텍스트로 변환
- **텍스트** : 열 데이터를 텍스트 형식으로 변환
- **날짜** : 열 데이터를 날짜 형식으로 변환
- **열 가져오지 않음** : 선택한 열을 가져오지 않고, 제외

텍스트 나누기

- 워크시트의 한 열에 입력된 텍스트를 구분 기호(탭, 세미콜론, 쉼표, 공백 등)를 사용하여 여러 개의 열로 분리한다(사용자가 원하는 구분 기호를 지정할 수도 있음).
- 각 필드가 일정 너비로 정렬되어 있는 경우 사용자가 열 구분선 위치를 지정하여 데이터를 분리할 수 있다.
- 데이터 필드 사이에 두 가지 이상의 문자 구분 기호가 있는 경우도 실행할 수 있다.
- 텍스트 나누기를 실행할 때 데이터 형식이나 셀 서식은 변경이 가능하다.
- 텍스트를 나눌 열 범위를 지정한 후 [데이터] 탭의 [데이터 도구] 그룹에서 텍스트 나누기(📊) 아이콘을 클릭한다.
- [텍스트 마법사 - 3단계 중 1단계] 대화 상자가 나타나면 텍스트 파일 가져오기와 동일한 방법으로 지정한다(단, 구분 기호는 입력한 데이터에 따라 다름).

	A	B	C
1	사번 부서 성명		
2	2020004 홍보부 김사려		
3	2018123 영업부 이상해		
4	2016987 인사부 박사님		
5	2014852 관리부 최정예		
6			

→

	A	B	C
1	사번	부서	성명
2	2020004	홍보부	김사려
3	2018123	영업부	이상해
4	2016987	인사부	박사님
5	2014852	관리부	최정예
6			

❼ 부분합

부분합의 특징

집중강좌 2-66

- 데이터 열에 대한 요약 함수(합계, 개수, 평균, 최대값, 최소값, 곱, 표준 편차, 표본 분산 등)를 계산하는 기능이다.
- 계산에 사용할 요약 함수를 두 개 이상 사용하려면 함수의 종류 수만큼 부분합을 반복 실행한다.
- 특정 영역에 대해서만 부분합을 실행할 경우 해당 영역을 셀 범위로 설정한다.

- 첫 행에는 열 이름표가 있어야 하며, 부분합을 구하려는 항목을 기준으로 먼저 정렬한다.
- 특정 데이터만 표시된 상태에서 차트를 작성하면 표시된 데이터에 대해서만 차트가 작성된다.
- 데이터 아래에 요약을 표시할 수 있으며, 그룹 사이에 페이지를 나눌 수도 있다.
- 부분합을 제거하면 부분합과 함께 표에 삽입된 윤곽 및 페이지 나누기도 제거된다.

부분합 실행 과정

① 그룹화할 항목을 정렬한 후 [데이터] 탭의 [개요] 그룹에서 부분합(📟) 아이콘을 클릭한다.
② [부분합] 대화 상자에서 각 항목을 설정한다.
③ 부분합에 필요한 각 옵션을 선택하고, [확인] 단추를 누른다(두 가지 이상의 함수로 부분합을 계산할 경우 '새로운 값으로 대치' 항목은 반드시 해제).

[부분합] 대화 상자

항목	설명
그룹화할 항목	부분합의 기준이 되는 그룹이 있는 열 레이블을 지정
사용할 함수	부분합을 구할 함수를 선택
부분합 계산 항목	계산에 사용할 값이 있는 열 레이블을 지정
새로운 값으로 대치	부분합을 모두 새로운 값으로 변경
그룹 사이에서 페이지 나누기	그룹과 그룹 사이에 페이지를 나눔
데이터 아래에 요약 표시	데이터 아래에 부분합 결과를 삽입할지, 위에 삽입할지를 결정
모두 제거	부분합을 해제하고, 처음 목록을 표시

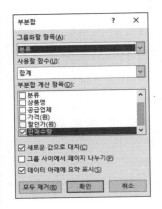

부분합 윤곽 기호

- 윤곽 기호를 사용하여 워크시트의 요약 부분에 머리글을 나타내는 행/열을 표시하거나 요약 행 또는 열과 인접한 하위 수준 데이터 등을 표시할 수 있다.
- 부분합이 실행되면 윤곽 기호가 표시되므로 각 수준의 데이터를 편리하게 볼 수 있다.
- [Excel 옵션] 대화 상자의 [고급] 탭에서 '윤곽을 설정한 경우 윤곽 기호 표시'를 선택하여 화면에 표시하거나 숨길 수 있다.

기호	설명
+	숨겨진 하위 수준의 데이터를 표시
-	하위 수준 데이터를 숨김
1	전체 부분합만 표시
2	하나의 그룹별 부분합과 전체 부분합을 표시
3	그룹별 부분합과 전체 부분합을 표시
4	전체 데이터를 표시

그룹 및 윤곽 설정

- 그룹 및 윤곽 설정 기능을 사용하려면 그룹으로 묶고자 하는 데이터를 기준으로 먼저 정렬해야 한다.
- 그룹으로 묶기 위해 데이터를 정렬할 경우 오름차순이나 내림차순으로 정렬한다.
- 윤곽 수준에는 하위 수준이 여덟 개까지 있을 수 있으며, 안쪽 수준은 상위 바깥 수준의 하위 수준을 나타낸다.
- 그룹 및 윤곽 설정 기능을 사용하려면 각 그룹별 계산 항목은 사용자가 직접 입력해 주어야 한다.

⑧ 피벗 테이블 및 피벗 차트

피벗 테이블의 특징

- 원본 데이터의 행이나 열 위치를 사용자 임의로 변경하여 데이터를 표시할 수 있는 기능으로 많은 양의 데이터를 손쉽게 요약할 수 있다.
- 각 필드에 다양한 조건을 지정할 수 있으며, 일정한 그룹별로 데이터 집계가 가능하다.

- 사용할 수 있는 함수로는 합계, 개수, 평균, 최대값, 최소값, 곱, 수치 개수, 표본 표준 편차, 표준 편차, 표본 분산, 분산 등이 있다.
- 피벗 테이블의 보고서 필터, 행 레이블, 열 레이블, 값을 추가 또는 삭제할 수 있다.
- 피벗 테이블 작성 후 사용자가 새로운 수식을 추가로 표시할 수 있다.
- 원본 데이터가 변경되면 데이터 새로 고침 기능을 이용하여 피벗 테이블 데이터도 변경할 수 있다.

> **한 걸음 더** 피벗 테이블 보고서
>
> - 피벗 테이블 보고서를 작성한 후 사용자가 새로운 수식을 추가하여 표시할 수 있음
> - 현재 작업 중인 워크시트나 새로운 워크시트에 작성할 수 있음
> - 값 영역에 표시된 데이터를 삭제하거나 수정할 수 없음
> - 피벗 테이블을 삭제하더라도 피벗 테이블과 연결된 피벗 차트는 삭제되지 않고 일반 차트로 변경

피벗 차트의 특징

- 피벗 테이블의 데이터를 이용하여 작성하는 차트로 피벗 테이블을 만든 후 작성할 수 있다.
- 피벗 테이블의 항목이나 필드가 변경되면 피벗 차트도 같이 변경된다.
- 피벗 테이블을 삭제하면 피벗 테이블과 연결된 피벗 차트는 삭제되지 않고, 일반 차트로 변경된다.
- 피벗 테이블의 임의의 셀을 선택한 후 [피벗 테이블 분석] 탭의 [도구] 그룹에서 피벗 차트(피벗 차트) 아이콘을 클릭한다.

피벗 테이블 작성 과정

① 데이터를 범위 지정한 후 [삽입] 탭의 [표] 그룹에서 피벗 테이블( ) 아이콘을 클릭한다.
② [표 또는 범위의 피벗 테이블] 대화 상자에서 표/범위를 지정하고, 기존 워크시트의 위치를 선택한 후 [확인] 단추를 누른다(현재 작업중인 워크시트나 새로운 워크시트에 작성).
③ 피벗 테이블 필드 목록 창에서 해당 필드를 드래그하여 다음과 같이 각각 배치한다.

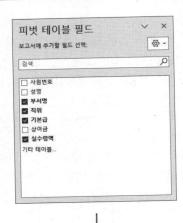

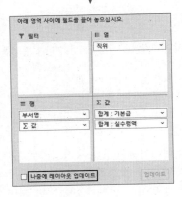

④ [합계 : 기본급]의 목록(∨) 단추를 클릭하고, [값 필드 설정]을 선택한다.

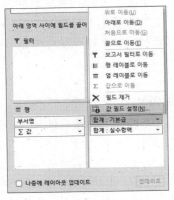

⑤ [값 필드 설정] 대화 상자의 [값 요약 기준] 탭에서 '평균'을 선택하고, [확인] 단추를 누른다(다양한 계산을 적용하거나 특정 값/다른 값 필드를 비교하려면 [값 표시 형식] 탭에서 설정).

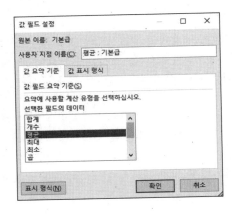

⑥ 임의의 피벗 테이블 영역을 선택한 후 [피벗 테이블 분석] 탭의 [피벗 테이블] 그룹에서 옵션(옵션) 아이콘을 클릭한다.

⑦ [피벗 테이블 옵션] 대화 상자의 [요약 및 필터] 탭에서 '행 총합계 표시'의 체크를 해제하고, [확인] 단추를 누른다(데이터의 빈 셀에 '∗∗' 기호를 표시할 경우 [레이아웃 및 서식] 탭에서 빈 셀 표시 입력란에 "∗∗"를 입력, 하위 수준의 확장/축소에 사용하는 [+], [−] 단추의 인쇄 여부는 [인쇄] 탭에서 설정).

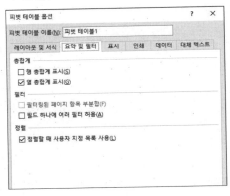

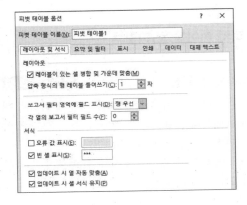

⑧ [디자인] 탭의 [레이아웃] 그룹에서 보고서 레이아웃(보고서 레이아웃▾) 아이콘을 클릭하고, [개요 형식으로 표시]를 선택하면 원하는 피벗 테이블이 나타난다(행 필드를 열 필드로 편집 가능).

피벗 테이블 레이아웃

집중강좌 2-68

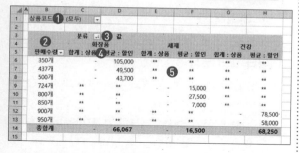

• **❶ 필터 필드** : 피벗 테이블을 보고서별로 구분하는 곳으로 모두 나타내거나 특정 필드만 표시할 수 있다.
• **❷ 행 레이블** : 피벗 테이블에서 행(가로) 방향으로 지정된 레이블이다.
• **❸ 열 레이블** : 피벗 테이블에서 열(세로) 방향으로 지정된 레이블이다.
• **❹ 값 필드** : 데이터가 있는 원본 목록으로 분석 대상을 나타낸다(숫자 형식을 사용하므로 평균, 개수, 최대값 등을 구함).
• **❺ 값 영역** : 분석한 데이터가 나타나는 곳으로 지정된 함수가 표시된다(표시된 데이터의 일부를 삭제하거나 추가할 수 없음).

피벗 테이블 계산 필드

• 원본 데이터를 기준으로 피벗 테이블에 새로운 필드를 추가하여 수식을 작성한다.
• 수식에는 데이터, 연산자, 상수 등을 사용하며, 셀 참조나 이름 정의 등은 사용할 수 없다.
• 피벗 테이블 영역으로 이동한 후 [피벗 테이블 분석] 탭의 [계산] 그룹에서 필드, 항목 및 집합(필드 항목 및 집합▾) 아이콘을 클릭하고, [계산 필드]를 선택한다.
• [계산 필드 삽입] 대화 상자에서 계산 필드의 이름과 수식을 지정해야 한다.

피벗 테이블 항목 그룹화

• 특정 필드(행, 열)를 일정 단위의 그룹으로 묶는 기능이다.
• 항목을 그룹화할 경우 숫자, 시간, 날짜 단위의 필드에서만 사용할 수 있다.
• [데이터] 탭의 [윤곽선] 그룹에서 그룹(그룹▾) 아이콘을클릭하고, [그룹]을 선택한다(해당 필드의 바로 가기 메뉴에서 [그룹]을 선택해도 됨).
• [그룹화] 대화 상자에서 시작, 끝, 묶을 단위를 지정한다.

- **데이터 원본 변경** : 피벗 테이블의 원본 데이터를 변경
- **지우기** : 피벗 테이블에 설정된 필드, 서식, 필터 등을 제거
- **선택** : 피벗 테이블의 요소를 선택
- **피벗 테이블 이동** : 피벗 테이블을 통합 문서의 다른 위치로 이동
- **필드, 항목 및 집합** : 계산된 필드와 항목을 만들고, 수정
- **피벗 차트** : 피벗 테이블을 이용하여 피벗 차트를 삽입(반드시 피벗 테이블을 만든 후 작성)
- **필드 목록** : 필드 목록을 표시하거나 숨김
- **필드 머리글** : 행과 열의 필드 머리글을 표시

사용할 레이블	• 원본 영역에 있는 행/열 레이블을 결과 화면에 표시(레이블 복사의 여부) • 첫 행은 참조 영역의 첫 행을 데이터의 첫 행으로 사용(열 이름) • 왼쪽 열은 참조 영역의 왼쪽 열을 데이터의 첫 열로 사용(행 이름)
원본 데이터에 연결	원본 데이터에 연결하여 원본 데이터가 변경되면 통합 데이터도 변경

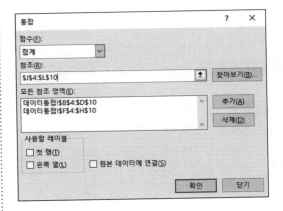

⑨ 데이터 통합

데이터 통합의 특징

- 여러 개의 데이터를 하나의 데이터 파일로 합치는 기능이다.
- 여러 시트에 있는 데이터나 다른 통합 문서에 입력된 데이터를 통합할 수 있다.
- 각 워크시트에 입력된 데이터의 위치나 항목에 의해서 이루어진다.
- 원본 영역에 있는 항목 레이블이 워크시트마다 다른 경우에도 가능하다.
- 위치를 기준으로 통합할 수도 있고, 영역 이름을 정의하여 통합할 수도 있다.
- 다른 원본 영역의 레이블과 일치하지 않는 레이블이 있는 경우 통합하면 별도의 행/열이 만들어진다.
- 통합에 사용할 수 있는 함수는 합계, 개수, 평균, 최대값, 최소값, 곱, 숫자 개수, 표본 표준 편차, 표준 편차, 표본 분산, 분산 등이 있다.
- [데이터] 탭의 [데이터 도구] 그룹에서 통합( ) 아이콘을 클릭한다.

[통합] 대화 상자

항목	설명
함수	데이터 통합에 사용할 함수를 선택
참조	통합할 데이터 영역을 지정
모든 참조 영역	지정한 모든 참조 영역이 표시(다른 통합 문서의 워크시트를 추가하여 통합 가능)

⑩ 데이터 표

데이터 표의 특징

- 특정 값의 변화에 따른 결과 값의 변화 과정을 표 형태로 표시하는 기능이다.
- 입력 값과 설정 수식으로부터 표를 만들어 수식 값의 변경한 결과를 확인할 수 있다.
- 워크시트에서 특정 값을 변경할 경우 수식 결과의 변화 내용을 볼 수 있다.
- [데이터] 탭의 [예측] 그룹에서 가상 분석( ) 아이콘을 클릭하고, [데이터 표]를 선택한다.

[데이터 테이블] 대화 상자

항목	설명
행 입력 셀	변하는 값이 행에 있을 경우 변화되는 셀 주소를 지정
열 입력 셀	변하는 값이 열에 있을 경우 변화되는 셀 주소를 지정

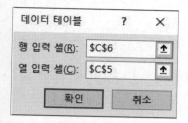

⑪ 목표값 찾기

목표값 찾기의 특징

- 수식 결과만 알고 결과를 계산하기 위한 입력값을 모르는 경우 사용하는 기능이다.
- 특정 결과를 얻기 위해 데이터가 어떻게 변하는지 확인할 수 있다.
- 사용자가 원하는 데이터를 입력해야 하지만 데이터의 셀 주소를 입력할 필요는 없다.
- 특정 셀을 참조하는 수식이 원하는 값을 찾을 때까지 셀 값을 계속 변경한다.
- [데이터] 탭의 [예측] 그룹에서 가상 분석(🔳) 아이콘을 클릭하고, [목표값 찾기]를 선택한다.

[목표값 찾기] 대화 상자

항목	설명
수식 셀	결과 값을 얻기 위한 셀 주소로 해당 셀에는 '값을 바꿀 셀'의 주소를 사용하는 수식이 필요(절대 참조 이용)
찾는 값	찾고자 하는 수식의 결과 값을 입력
값을 바꿀 셀	변경되는 값이 들어 있는 셀 주소

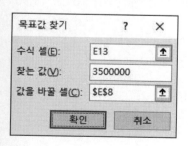

⑫ 시나리오 분석

시나리오의 특징

- 결과를 예측하기 어려운 경우 다양한 가상 상황에 따른 결과값을 비교 분석할 수 있는 기능이다.
- 워크시트 데이터를 자동으로 바꿀 수 있는 값의 집합으로 워크시트 모델의 결과를 예측할 수 있다.
- 값의 서로 다른 그룹을 만들어 워크시트에 저장한 후 다른 결과를 얻기 위해 새로운 시나리오로 전환할 수 있다.
- 여러 시나리오를 비교하기 위해 시나리오를 한 페이지의 피벗 테이블로 요약할 수 있다.
- 보고서 관리자 추가 기능을 사용하여 시나리오 등을 보고서에 결합하여 인쇄할 수 있다.
- 시나리오, 요약 보고서를 만들 때는 결과 셀이 없어도 되지만 시나리오 피벗 테이블 보고서에는 결과 셀을 반드시 지정해야 한다.
- [데이터] 탭의 [예측] 그룹에서 가상 분석(🔳) 아이콘을 클릭하고, [시나리오 관리자]를 선택한다.

[시나리오 추가] 대화 상자

항목	설명
시나리오 이름	시나리오 이름을 정의
변경 셀	워크시트에서 값이 변경되는 셀(변경 셀 자체에는 수식이 없음)로 최대 32개까지 지정 가능
변경 금지	시나리오를 변경할 수 없도록 보호
숨기기	시나리오를 숨기거나 표시

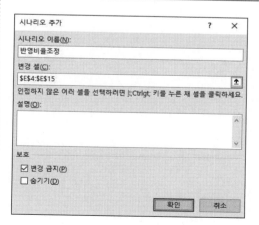

[시나리오 관리자] 대화 상자

단추	설명
[추가]	새로운 시나리오를 작성
[삭제]	선택한 시나리오를 삭제
[편집]	선택한 시나리오를 변경
[병합]	다른 워크시트에 등록(저장)되어 있는 시나리오를 가져옴
[요약]	시나리오에 대한 요약 보고서나 피벗 테이블을 작성
[표시]	선택한 시나리오에 대해 결과를 표시
[닫기]	[시나리오 관리자] 대화 상자를 닫음

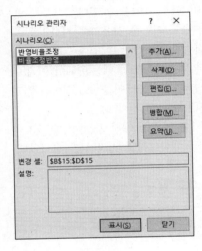

한 걸음 더 보고서 종류

- **시나리오 요약** : 시나리오를 입력 값과 결과 셀을 함께 나열하는 보고서
- **시나리오 피벗 테이블 보고서** : 시나리오의 가상 분석을 제공하는 보고서

실력 체크 문제

01 다음 중 정렬 기능에 대한 설명으로 옳지 않은 것은?

① 머리글의 값이 정렬 작업에 포함되거나 제외되도록 설정할 수 있다.

② 날짜가 입력된 필드의 정렬에서 내림차순을 선택하면 이전 날짜에서 최근 날짜 순서로 정렬할 수 있다.

③ 사용자 지정 목록을 사용하여 사용자가 정의한 순서대로 정렬할 수 있다.

④ 셀 범위나 표 열의 서식을 직접 또는 조건부 서식으로 설정한 경우 셀 색 또는 글꼴 색을 기준으로 정렬할 수 있다.

> **해설** 날짜가 입력된 필드 정렬에서 내림차순을 선택하면 최근 날짜에서 이전 날짜 순서로 정렬된다.

02 다음 중 엑셀에서 기본 오름차순 정렬 순서에 대한 설명으로 옳지 않은 것은?

① 날짜는 가장 이전 날짜에서 가장 최근 날짜의 순서로 정렬된다.

② 논리값의 경우 TRUE 다음 FALSE의 순서로 정렬된다.

③ 숫자는 가장 작은 음수에서 가장 큰 양수의 순서로 정렬된다.

④ 빈 셀은 오름차순과 내림차순 정렬에서 항상 마지막에 정렬된다.

> **해설** 논리값의 경우 FALSE 다음 TRUE의 순서로 정렬된다.

03 다음 중 레코드 관리에 대한 설명으로 옳지 않은 것은?

① 데이터를 검색할 때 와일드 카드 문자를 사용할 수 있으며, 각종 관계 연산자도 사용할 수 있다.

② 레코드를 추가할 때 수식으로 작성되어 있는 열은 사용자가 별도로 입력하지 않아도 자동으로 입력된다.

③ 수식으로 입력된 데이터에 대해서는 수정할 수 없다.

④ 레코드에서 새로운 레코드를 추가하면 표시된 레코드의 다음 행에 데이터가 추가된다.

> **해설** [레코드 관리] 대화 상자에서 새로운 레코드를 추가하면 이미 입력되어 있던 데이터의 가장 아래 부분에 추가한 데이터가 나타난다.

04 다음 중 필터링에 대한 설명으로 옳지 않은 것은?

① 자동 필터를 사용하여 데이터를 필터링하면 셀 범위나 표 열에서 원하는 데이터를 쉽고 빠르게 찾아 작업할 수 있다.

② 데이터에 필터를 적용하면 지정한 조건에 맞는 행만 표시되고, 나머지 행은 숨겨진다.

③ 자동 필터에서는 여러 열에 동시에 '또는(OR)' 조건으로 결합시킬 수 없다.

④ 필터를 사용하려면 기준이 되는 필드를 반드시 오름차순이나 내림차순으로 정렬해야 한다.

> **해설** 필터를 사용할 경우 오름차순이나 내림차순으로 정렬할 필요는 없다.

정답 01 ② 02 ② 03 ④ 04 ④

05 다음 중 데이터 관리 기능인 자동 필터에 대한 설명으로 옳지 않은 것은?

① 필터는 데이터 목록에서 설정된 조건에 맞는 데이터만을 추출하여 나타내기 위한 기능으로 워크시트의 다른 영역으로 결과 테이블을 자동 생성할 수 있다.

② 두 개 이상의 필드(열)로 필터링 할 수 있으며, 필터는 누적 적용되므로 추가하는 각 필터는 현재 필터 위에 적용된다.

③ 필터는 필요한 데이터 추출을 위해 조건을 만족하지 않는 데이터를 잠시 숨기는 것이므로 목록 자체의 내용은 변경되지 않는다.

④ 자동 필터를 사용하여 추출한 데이터는 레코드(행) 단위로 표시된다.

해설 필터는 목록에서 사용자가 지정한 조건에 맞는 레코드만을 추출하는 기능으로 워크시트의 다른 영역으로 결과 테이블을 자동 생성할 수 없다.

06 다음 중 성명이 '정'으로 시작하거나 출신지역이 '서울'인 데이터를 추출하기 위한 고급 필터 조건으로 옳은 것은?

①
성명	출신지역
정*	서울

②
성명	출신지역
정*	
	서울

③
성명	정*
출신지역	서울

④
성명	정*
출신지역		서울

해설
• 동일한 행 : 두 개의 조건이 모두 만족하는 값을 검색한다 (AND 조건).
• 다른 행 : 두 개의 조건 중 하나라도 만족하는 값을 검색한다(OR 조건).

07 다음 중 시트의 [A1:C8] 영역에 고급 필터 기능을 이용하여 판매수량이 전체 판매수량의 평균 이상인 데이터를 추출하기 위한 조건으로 옳은 것은?

	A	B	C
1	지역	판매수량	판매금액
2	서울	140	938,000
3	경기	380	406,000
4	인천	240	729,000
5	광주	390	362,600
6	부산	130	470,300
7	대전	120	852,000
8	대구	170	534,000
9			

①
판매금액
=B2>=AVERAGE($B$2:$B$8)

②
평균이상
=B2>=AVERAGE(B2:B8)

③
판매금액
=B2>=AVERAGE(B2:B8)

④
평균이상
=B2>=AVERAGE($B$2:$B$8)

해설
• 지역, 판매수량, 판매금액은 식의 제목으로 사용할 수 없고, 데이터 셀의 필드명과 동일하면 문제가 발생한다.
• AVERAGE 함수를 이용할 경우 [B2:B8] 영역을 이용하므로 절대 주소를 적용한다.

08 다음 중 데이터 유효성 검사에서 유효성 조건의 제한 대상으로 '목록'을 설정하였을 때의 설명으로 옳지 않은 것은?

① 목록의 원본으로 정의된 이름 범위를 사용하려면 등호(=)와 범위 이름을 입력한다.

② 유효하지 않은 데이터를 입력할 때 표시할 메시지 창의 내용은 [오류 메시지] 탭에서 설정한다.

③ 드롭다운 목록의 너비는 데이터 유효성 설정이 있는 셀의 너비에 의해 결정된다.

④ 목록 값을 입력하여 원본을 설정하려면 세미콜론(;)으로 구분하여 입력한다.

해설 목록 값을 입력하여 원본을 설정하려면 쉼표(,)로 구분하여 입력한다.

09 다음 중 [데이터 가져오기]에서 구분 기호를 설정할 때 기타 부분을 제외하고, 기본으로 지정할 수 있는 구분 기호가 아닌 것은?

① 마침표(.) ② 세미콜론(;)
③ 탭(Tab) ④ 쉼표(,)

 기본적으로 지정할 수 있는 구분 기호에는 탭(Tab), 세미콜론 (;), 쉼표(,), 공백( ), 기타 등이 있다.

10 다음 중 텍스트 나누기에 대한 설명으로 옳지 않은 것은?

① 각 필드가 일정한 너비로 정렬되어 있는 경우 사용자가 열 구분선 위치를 지정하여 데이터를 분리할 수 있다.
② 텍스트 마법사에서는 탭, 세미콜론, 쉼표, 공백 등의 구분 기호가 기본으로 제공되며, 사용자가 원하는 구분 기호를 지정할 수도 있다.
③ 데이터의 필드 사이에 두 가지 이상의 문자 구분 기호가 있는 경우에는 텍스트 나누기를 실행할 수 없다.
④ 텍스트 마법사 3단계에서 분리된 데이터가 입력될 각 열의 데이터 서식을 설정할 수 있다.

 • 텍스트 나누기는 워크시트의 한 열에 입력된 텍스트를 탭, 공백과 같은 구분 기호를 사용하여 여러 개의 열로 분리하는 것이다.
• 데이터 필드 사이에 두 가지 이상의 문자 구분 기호가 있는 경우도 텍스트 나누기를 실행할 수 있다.

11 다음 중 부분합의 계산 항목에서 사용할 수 있는 함수의 종류로 옳지 않은 것은?

① 최대값 ② 표준 편차
③ 중앙값 ④ 수치 개수

 부분합의 함수 : 합계, 개수, 평균, 최대값, 최소값, 곱, 표준 편차, 표본 분산 등이 있다.

12 다음 중 [부분합]에 대한 설명으로 옳지 않은 것은?

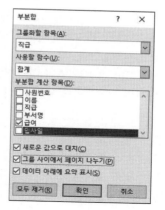

① 부분합을 실행하기 전에 직급 항목으로 정렬되어 있어야 올바른 결과를 얻을 수 있다.
② 부분합의 실행 결과는 직급별로 급여 항목에 대한 합계가 표시된다.
③ 인쇄 시 직급별로 다른 페이지에 인쇄된다.
④ 계산 결과는 그룹별로 각 그룹의 위쪽에 표시된다.

 • 데이터 아래에 요약 표시 : 데이터 아래에 부분합 결과를 삽입할지를 결정한다.
• '데이터 아래에 요약 표시'가 선택되어 있으므로 계산 결과는 각 그룹의 아래쪽에 표시된다.

13 다음 중 피벗 테이블에 대한 설명으로 옳지 않은 것은?

① 피벗 테이블 결과가 표시되는 장소는 동일한 시트 내에만 지정된다.
② 피벗 테이블로 작성된 목록에서 행 필드를 열 필드로 편집할 수 있다.
③ 피벗 테이블 작성 후에도 사용자가 새로운 수식을 추가하여 표시할 수 있다.
④ 피벗 테이블은 많은 양의 데이터를 손쉽게 요약하기 위해 사용되는 기능이다.

 피벗 테이블 결과가 표시되는 위치는 새 워크시트와 기존 워크시트에서 가능하다.

14 다음 중 부분합에 대한 설명으로 옳지 않은 것은?

① 부분합의 첫 행에는 열 이름표가 있어야 하며, 그룹으로 사용할 데이터는 반드시 오름 차순으로 정렬되어야 한다.

② 부분합이 실행되면 윤곽 기호가 표시되므로 각 수준의 데이터를 편리하게 볼 수 있다.

③ 부분합이 적용된 각 그룹을 페이지로 분리할 수 있다.

④ 부분합을 해제하고 원래의 목록으로 표시할 때는 [부분합] 대화 상자에서 [모두 제거] 단추를 클릭한다.

해설 부분합을 구하기 위해서는 그룹화할 필드의 항목들을 오름차순이나 내림차순으로 정렬시킨 후 사용해야 올바른 결과를 얻을 수 있다.

15 다음 중 피벗 테이블 보고서에 대한 설명으로 옳지 않은 것은?

① 피벗 테이블 보고서는 대량의 데이터를 빠르게 요약하는데 사용할 수 있는 대화형 테이블이다.

② 보고서 필터 필드에서 하위 데이터 집합에 대한 정렬 및 필터 기능을 설정할 수 있다.

③ [피벗 테이블 옵션]에서 하위 수준 데이터의 확장/축소에 사용하는 [+], [−] 단추의 인쇄 여부를 설정할 수 있다.

④ 피벗 테이블은 행/열 레이블, 보고서 필터 필드, 값 필드로 구성된다.

해설 ② 설정할 수 있다. → 설정할 수 없다.

16 다음 중 피벗 테이블 보고서 만들기에 대한 설명으로 옳지 않은 것은?

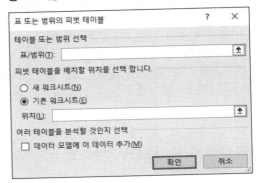

① 표/범위 상자에 셀 범위나 표 이름 참조를 입력한다.

② 새 워크시트를 클릭하면 피벗 테이블 보고서가 위치할 셀의 시작 위치를 지정할 수 있다.

③ 기존 워크시트를 선택하면 피벗 테이블 보고서를 배치할 셀 범위의 첫 번째 셀을 지정하여 작성할 수 있다.

④ 피벗 테이블 보고서는 각 필드에 다양한 조건을 지정할 수 있으며, 일정한 그룹별로 데이터 집계가 가능하다.

해설 ② 있다. → 없다.

17 다음 중 데이터 통합에 관한 설명으로 옳지 않은 것은?

① 데이터 통합은 위치를 기준으로 통합할 수도 있고, 영역의 이름을 정의하여 통합할 수도 있다.

② 원본 데이터에 연결 기능은 통합할 데이터가 있는 워크시트와 통합 결과가 작성될 워크시트가 같은 통합 문서에 있는 경우에만 적용할 수 있다.

③ 다른 원본 영역의 레이블과 일치하지 않는 레이블이 있는 경우에 통합하면 별도의 행이나 열이 만들어진다.

④ 여러 시트에 있는 데이터나 다른 통합 문서에 입력되어 있는 데이터를 통합할 수 있다.

18 다음 중 데이터 통합에 대한 설명으로 틀린 것은?

① 여러 시트에 있는 데이터나 다른 통합 문서에 입력되어 있는 데이터를 통합할 수 있다.

② 통합은 위치를 기준으로 통합할 수도 있고, 영역 이름을 정의하여 통합할 수도 있다.

③ [데이터] 탭의 [데이터 도구] 그룹에서 [통합] 아이콘을 이용한다.

④ 위치를 기준으로 데이터를 통합하면 원본 영역의 항목 레이블과 데이터가 대상 영역으로 복사된다.

19 다음의 그림과 같이 연 이율과 월 적금액이 고정되어 있고, 적금기간이 1년, 2년, 3년, 4년 5년인 경우 각 만기 후의 금액을 확인하기 위한 도구로 적합한 것은?

	A	B	C	D	E	F
1						
2		연 이율	3%		적금기간(연)	만기 후 금액
3		적금기간(연)	1			6,083,191
4		월 적금액	500,000		1	
5		만기 후 금액	₩6,083,191		2	
6					3	
7					4	
8					5	
9						

① 고급 필터   ② 데이터 통합

③ 목표값 찾기   ④ 데이터 표

20 다음 중 데이터 표에 대한 설명으로 옳지 않은 것은?

① 표 기능은 특정한 값이나 수식을 입력한 후 이를 이용하여 표를 자동으로 만들어 주는 기능이다.

② 표 기능은 수식이 입력될 범위를 설정한 후 표 기능을 실행해야 한다.

③ 표 기능을 이용하여 수식을 입력하는 방법에는 [열 입력 셀]만 지정하는 경우, [행 입력 셀]만 지정하는 경우, [행 입력 셀]과 [열 입력 셀]을 모두 지정하는 경우가 있다.

④ 표 기능을 통해 입력된 셀 중에서 표 범위의 일부분만 수정할 수 있다.

21 다음 시트에서 할인율을 변경하여 "판매가격"의 목표값을 150000으로 변경하려고 할 때 [목표값 찾기] 대화 상자의 수식 셀에 입력할 값으로 옳은 것은?

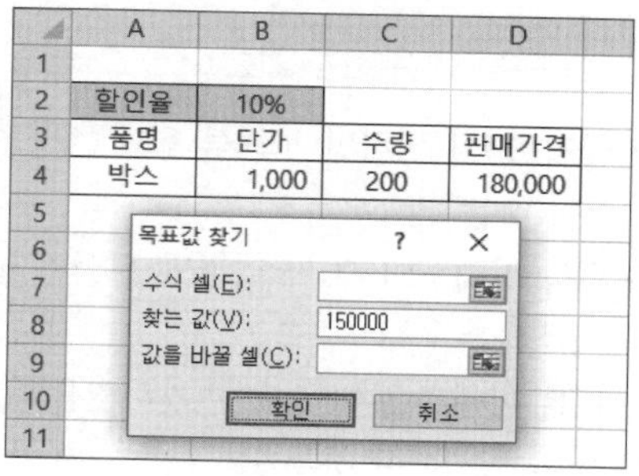

	A	B	C	D
1				
2	할인율	10%		
3	품명	단가	수량	판매가격
4	박스	1,000	200	180,000
5				

목표값 찾기   ?   ×

수식 셀(E): [   ]

찾을 값(V): [150000]

값을 바꿀 셀(C): [   ]

확인   취소

① [D4]   ② [C4]

③ [B2]   ④ [B4]

22 다음 중 수식으로 계산된 결과 값은 알고 있지만 그 결과 값을 계산하기 위해 수식에 사용된 입력 값을 모를 경우 사용하는 기능으로 옳은 것은?

① 목표값 찾기   ② 피벗 테이블
③ 시나리오   ④ 레코드 관리

- ② 원본 데이터의 행이나 열 위치를 사용자 임의로 변경하여 데이터를 표시할 수 있는 기능이다.
- ③ 결과를 예측하기 어려운 경우 다양한 가상 상황에 따른 결과값을 비교 분석할 수 있는 기능이다.
- ④ 데이터를 검색, 추가, 삭제, 수정할 수 있는 데이터베이스 관리 기능이다.

23 다음의 그림과 같이 목표값 찾기를 설정했을 때 이에 대한 의미로 옳은 것은?

	A	B	C	D	E	F
1			제품별 판매현황			
3	품목	노트북	프린트	스캐너	평균	
4	판매량	60	35	15	36.67	

목표값 찾기   ?   ✕
수식 셀(E): $E$4
찾는 값(V):   40
값을 바꿀 셀(C): $B$4
확인   취소

① 평균이 40이 되려면 노트북 판매량이 얼마가 되어야 하는가?
② 노트북 판매량이 40이 되려면 평균이 얼마가 되어야 하는가?
③ 노트북 판매량을 40으로 변경하였을 때 평균은 얼마가 되어야 하는가?
④ 평균이 40이 되려면 노트북을 제외한 나머지 제품의 판매량이 얼마가 되어야 하는가?

해설
- 수식 셀 : 결과 값을 얻기 위한 셀 주소로 해당 셀에는 '값을 바꿀 셀'의 주소를 사용하는 수식이 필요하다(절대 참조 이용).
- 찾는 값 : 찾고자 하는 수식의 결과 값을 입력한다.
- 값을 바꿀 셀 : 변경되는 값이 들어 있는 셀 주소이다.

23 다음 중 시나리오에 관한 설명으로 옳지 않은 것은?

① 하나의 시나리오에 최대 32개까지 변경 셀을 지정할 수 있다.
② 시나리오의 결과는 요약 보고서나 피벗 테이블 보고서로 작성할 수 있다.
③ 시나리오 병합을 통하여 다른 통합 문서나 다른 워크시트에 저장된 시나리오를 가져올 수 있다.
④ 시나리오는 입력된 자료들을 그룹별로 분류하고, 해당 그룹별로 특정한 계산을 수행하는 기능이다.

해설
- 시나리오 : 결과를 예측하기 어려운 경우 다양한 가상 상황에 따른 결과값을 비교 분석할 수 있는 기능으로 워크시트 모델의 결과를 예측할 수 있다.
- 보기 ④번에서 해당 그룹별로 원하는 함수를 이용한 계산 결과를 볼 수는 없다.

25 다음 중 정렬에 대한 설명으로 옳은 것은?

① 최대 24개의 열을 기준으로 정렬할 수 있다.
② 글꼴 색을 기준으로 정렬할 수 있다.
③ 정렬 대상 범위에 병합된 셀이 포함되어 있어도 정렬할 수 있다.
④ 숨겨진 행은 정렬 결과에 포함되나 숨겨진 열은 정렬 결과에 포함되지 않는다.

해설
- 보기 ①번 정렬은 최대 64개까지 지정할 수 있다.
- 보기 ③번 정렬 대상 범위에 병합된 셀이 포함되어 있으면 정렬할 수 없다.
- 보기 ④번 숨겨진 행이나 숨겨진 열은 정렬 결과에 포함되지 않는다.

26 다음 중 [텍스트 나누기] 기능에 대한 설명으로 옳지 않은 것은?

① 영역을 선택한 후 [데이터] 탭의 [데이터 도구] 그룹에서 [텍스트 나누기]를 클릭하면 [텍스트 마법사] 대화 상자가 실행된다.
② [데이터 미리 보기]에서 나누어진 열을 선택한 후 드래그하면 열의 순서를 변경할 수 있다.
③ 각 열을 선택하여 데이터 서식을 지정할 수 있다.

④ 일정한 열 너비 또는 구분 기호로 구분하여 데이터를 나눌 수 있다.

> (해설) [데이터 미리 보기]에서 나누어진 열을 선택한 후 드래그하면 열의 순서를 변경할 수 없다.

27 다음 중 [시나리오 추가] 대화 상자에 대한 설명으로 옳지 않은 것은?

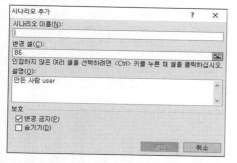

① [데이터]-[예측]-[가상 분석]-[시나리오 관리자] 대화 상자에서 [추가] 단추를 클릭하면 표시되는 대화 상자이다.
② '변경 셀'은 변경 요소가 되는 값의 그룹이며, 하나의 시나리오에 최대 32개까지 지정할 수 있다.
③ '설명'은 시나리오에 대한 추가적인 설명으로반드시 입력해야 한다.
④ '보호'의 체크 박스 내용들은 [검토]-[보호]-[시트 보호]를 설정한 경우에만 적용되는 항목들이다.

> (해설) '설명'은 시나리오에 대한 추가적인 설명이지만 반드시 입력할 필요는 없다.

28 다음 중 그림의 시나리오 요약 보고서에 대한 설명으로 옳지 않은 것은?

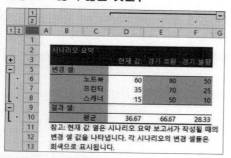

① 노트북, 프린터, 스캐너 값의 변화에 따른 평균값을 확인할 수 있다.
② '경기 호황'과 '경기 불황' 시나리오에 대한 시나리오 요약 보고서이다.
③ 시나리오의 값을 변경하면 해당 변경 내용이 기존 요약 보고서에 자동으로 다시 계산되어 표시된다.
④ 시나리오 요약 보고서를 실행하기 전에 변경 셀과 결과 셀에 대해 이름을 정의하였다.

> (해설) 시나리오의 값을 변경하면 해당 시나리오 요약 보고서를 다시 작성해야 한다.

29 다음 중 [통합] 데이터 도구에 대한 설명으로 옳지 않은 것은?

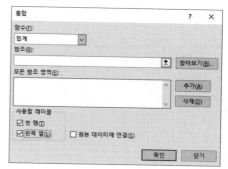

① '모든 참조 영역'에 다른 통합 문서의 워크시트를 추가하여 통합할 수 있다.
② '사용할 레이블'을 모두 선택한 경우 각 참조 영역에 결과표의 레이블과 일치하지 않은 레이블이 있으면 통합 결과표에 별도의 행이나 열이 만들어진다.
③ 지정한 영역에 계산될 요약 함수는 '함수'에서 선택하며 요약 함수로는 합계, 개수, 평균, 최대값, 최소값 등이 있다.
④ '원본 데이터에 연결' 확인란을 선택하여 통합한 경우 통합에 참조된 영역에서의 행 또는 열이 변경될 때 통합된 데이터 결과도 자동으로 업데이트 된다.

> (해설) 원본 데이터에 연결 : 원본 데이터에 연결하여 원본 데이터가 변경되면 통합 데이터도 같이 변경된다.

Chapter 05 | 차트 활용

❖세부 항목 ▶ 차트 작성 / 차트 편집

출제 포인트
- 차트의 기본적인 특징을 살펴본 후 차트를 작성하는 방법과 차트의 구성 요소에 대해 학습합니다.
- 차트를 다양한 방법으로 편집한 후 여러 가지 차트의 종류와 특징에 대해 학습합니다.

① 차트의 기본

차트의 특징

- 워크시트의 데이터를 막대, 선, 도형 등을 이용하여 시각적으로 표현한 것이다.
- 작성된 차트를 이용해 데이터를 비교, 분석, 예측할 수 있다.
- 워크시트 데이터와 연결되어 있어 원본 데이터를 바꾸면 자동적으로 차트 모양도 변경된다.
- 2차원 차트와 3차원 차트로 구분할 수 있으며, 엑셀의 기본 차트는 2차원 세로 막대형 차트이다.
- 차트만 별도로 표시할 수 있는 차트 시트를 만들 수 있다.

차트의 사용 목적

- 데이터의 경향이나 추세를 쉽게 분석하기 위해서 사용한다.
- 특정 항목의 구성 비율을 살펴보고자 할 때 사용한다.
- 데이터의 상호 관계를 살펴보고자 할 때 사용한다.

한 걸음 더 차트를 만들 수 있는 데이터
- 현재 워크시트 내의 데이터
- 다른 워크시트나 통합 문서 내의 데이터
- 피벗 테이블 또는 부분합 등으로 요약된 데이터

차트의 구성 요소

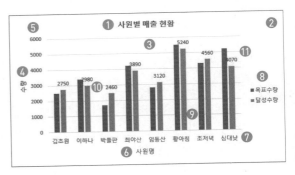

- ❶ **차트 제목** : 차트의 제목을 나타낸다.
- ❷ **차트 영역** : 차트의 모든 항목이 포함된 영역으로 그림이나 배경 무늬를 삽입할 수 있다.
- ❸ **그림 영역** : 가로(X)와 세로(Y) 축으로 구성된 것으로 데이터 계열을 표시한다.
- ❹ **세로 (값) 축 제목** : 세로 축의 제목을 나타낸다.
- ❺ **세로 (값) 축** : 데이터 계열의 크기(단위)를 나타낸다.
- ❻ **가로 (항목) 축 제목** : 가로 축의 제목을 나타낸다.
- ❼ **가로 (항목) 축** : 데이터 항목을 나타낸다.
- ❽ **범례** : 데이터 계열이나 항목에 지정된 무늬 및 색상을 표시한다.
- ❾ **데이터 계열** : 데이터 값을 표현하는 선이나 막대로 각 계열마다 다른 색과 무늬를 지정할 수 있다.
- ❿ **데이터 레이블** : 데이터 계열에 대한 값이나 항목을 표시한다.
- ⓫ **눈금선** : 단위를 나타내는 축의 간격으로 주 눈금선과 보조 눈금선이 있다.

❷ 차트의 작성

차트의 작성 방법

 집중강좌 2-71

① 데이터 범위를 지정한 후 [삽입] 탭의 [차트] 그룹에서 원하는 차트(세로 막대형, 꺾은선형, 원형, 가로 막대형, 영역형, 분산형, 기타)를 선택한다(데이터 범위를 지정한 후 F11 키를 누르면 엑셀의 기본 차트인 세로 막대형 차트가 빠르게 작성).

② 차트 제목을 삽입하기 위하여 [차트 디자인] 탭의 [차트 레이아웃] 그룹에서 차트 요소 추가() 아이콘을 클릭하고, [차트 제목]-[차트 위]를 선택한다(워크시트의 셀과 차트의 제목을 연결하려면 차트에 제목이 입력되어야 함).

③ 차트 제목을 입력한 후 [홈] 탭의 [글꼴] 그룹에서 임의의 글꼴 서식을 지정한다.

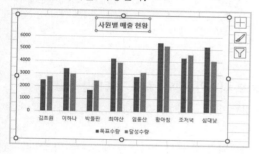

④ 범례를 이동시키기 위하여 [차트 디자인] 탭의 [차트 레이아웃] 그룹에서 차트 요소 추가() 아이콘을 클릭하고, [범례]-[오른쪽]을 선택한다.

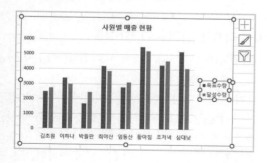

⑤ 가로 (항목) 축 제목을 입력하기 위하여 [차트 디자인] 탭의 [차트 레이아웃] 그룹에서 차트 요소 추가 () 아이콘을 클릭하고, [축 제목]-[기본 가로]를 선택한 후 제목을 입력한다.

⑥ 세로 (값) 축 제목을 입력하기 위하여 [차트 디자인] 탭의 [차트 레이아웃] 그룹에서 차트 요소 추가() 아이콘을 클릭하고, [축 제목]-[기본 세로]를 선택한 후 제목을 입력한다.

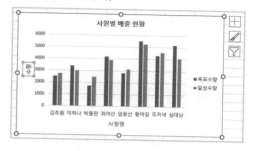

⑦ 하나의 데이터 계열에 값을 표시하기 위하여 [차트 디자인] 탭의 [차트 레이아웃] 그룹에서 차트 요소 추가() 아이콘을 클릭하고, [데이터 레이블]-[바깥쪽 끝에]를 선택한다.

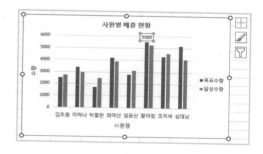

> **한 걸음 더 · 차트 메뉴**
> • 워크시트에 차트가 삽입되면 [차트 디자인] 탭이 나타남
> • [차트 디자인] 탭에는 [차트 레이아웃], [차트 스타일], [데이터], [종류], [위치] 그룹으로 구성

차트의 크기 조절 및 이동

• 차트 영역을 클릭한 후 차트의 조절점을 상하좌우로 드래그한다.
• 차트 전체를 다른 곳으로 이동하려면 차트 영역을 이동할 곳으로 드래그한다.
• Alt 키를 누른 상태에서 차트 크기를 조절하면 차트가 셀에 맞춰서 크기가 조절된다.
• 그림 영역이나 범례도 조절점을 이용하여 크기를 조절할 수 있다.
• 차트 제목이나 가로/세로 축 제목의 경우 이동은 가능하지만 크기 조절은 할 수 없다.

차트의 삭제

- 차트 영역을 클릭한 후 Delete 키를 누른다.
- 차트 시트는 시트 탭의 바로 가기 메뉴에서 [삭제]를 선택한다.
- 특정 데이터 계열만 삭제할 때는 해당 계열을 선택하고, Delete 키를 누른다.

③ 차트의 편집

[차트 디자인] 탭의 [차트 레이아웃] 그룹

- 차트의 구성 요소를 추가하거나 편집한다.
- 차트의 전체 레이아웃을 총 11가지의 레이아웃 중에서 원하는 레이아웃으로 한번에 변경한다.
- **축** : 각 축을 표시하거나 축 옵션, 눈금, 레이블, 표시 형식 등을 지정한다.
- **축 제목** : 각 축의 제목을 입력하거나 제목 옵션, 채우기, 테두리 등을 지정한다.
- **차트 제목** : 차트 제목을 추가하거나 제거할 수 있으며, 위치를 지정할 수도 있다.
- **데이터 레이블** : 차트의 데이터 레이블을 추가하거나 제거할 수 있으며, 위치를 지정할 수도 있다(차트 요소의 레이블을 실제 데이터 값으로 지정).
- **데이터 테이블** : 차트에 데이터 표를 추가하거나 제거할 수 있다.
- **오차 막대** : 차트에 오류 표시줄을 추가할 수 있다.
- **눈금선** : 차트의 눈금선(주 가로/세로, 보조 가로/세로)을 설정하거나 해제한다.
- **범례** : 범례를 추가하거나 제거할 수 있으며, 위치를 지정할 수도 있다(차트와 겹치지 않게 표시).
- **선** : 차트에 하강선이나 최고/최저값 연결선 등 다른 선을 추가한다(영역형 또는 꺾은선형 차트에서만 가능).
- **추세선** : 차트에 추세선을 추가하거나 제거할 수 있다.
- **양선/음선** : 차트에 양선/음선을 추가하거나 제거할 수 있다(영역형 또는 꺾은선형 차트에서만 가능).

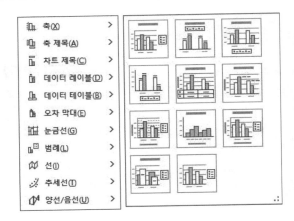

한 걸음 더 축/눈금선

- **축** : 차트에서 데이터를 비교하기 위한 참조 영역으로 데이터 값은 세로 값(Y) 축에 나타내고, 항목은 가로 항목(X) 축에 나타남
- **눈금선** : 차트에 데이터를 추가하는 선으로 눈금값은 차트 항목, 값, 계열 등을 정의하며, 차트 작성 시 워크시트 원본에서 생성

[차트 디자인] 탭의 [차트 스타일] 그룹

- 차트의 색(색상형, 단색형)과 스타일을 빠르게 변경한다.
- 차트의 전체 표시 스타일을 총 14가지의 스타일 중에서 원하는 스타일로 변경한다.

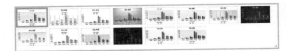

[차트 디자인] 탭의 [데이터] 그룹

- **행/열 전환** : 축의 데이터를 서로 변경한다(X축 → Y축, Y축 → X축).
- **데이터 선택** : 차트에 포함된 데이터 범위를 변경한다(데이터를 시트에 입력하지 않고, 데이터 범위를 추가할 수 있음).
- 범례 항목(계열)에서 [제거] 단추를 클릭하면 기존 계열을 모두 삭제하고, 새로운 데이터 계열을 추가한다.
- 숨겨진 셀을 차트에 표시할 경우 [숨겨진 셀/빈 셀] 단추를 클릭하고, '숨겨진 행 및 열에 데이터 표시'를 선택한다.

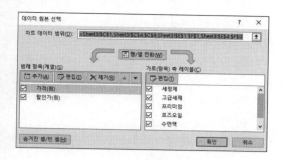

[차트 디자인] 탭의 [종류] 그룹

- 현재 워크시트에 삽입된 차트의 종류를 변경할 수 있다.
- 차트 종류 중에서 원하는 차트를 선택하거나 특정 계열의 차트 종류를 변경하여 혼합형 차트를 작성할 수도 있다.

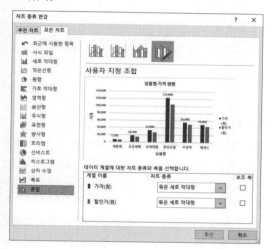

한 걸음 더 특정 계열의 차트 종류 변경

- 데이터 계열 중에서 특정 계열만 차트 종류를 변경할 수 있음
- 차트 종류를 변경하려는 계열의 바로 가기 메뉴에서 [계열 차트 종류 변경]을 선택해도 됨

[차트 디자인] 탭의 [위치] 그룹

- 차트를 통합 문서의 다른 시트나 탭으로 이동한다.
- **새 시트** : 'Chart1'이라는 차트 시트에 차트를 삽입한다.
- **워크시트에 삽입** : 현재 작업중인 워크시트에 차트를 삽입한다.

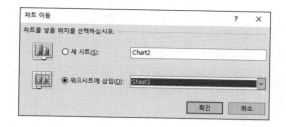

[서식] 탭의 [현재 선택 영역] 그룹

- **차트 요소** : 특정 서식을 지정할 수 있도록 차트 요소를 선택한다.
- **선택 영역 서식** : 선택한 차트 요소의 서식을 조정할 수 있도록 서식 작업 창을 표시한다.
- **스타일에 맞게 다시 설정** : 선택한 차트 요소의 사용자 지정 서식을 지우고, 차트에 적용된 전체 표시 스타일로 되돌린다(선택한 차트 요소가 문서의 전체 테마와 일치).

[서식] 탭의 [도형 삽입]/[도형 스타일] 그룹

- 차트에 다양한 도형을 삽입하거나 도형의 모양을 변경한다.
- 도형에 다양한 테마를 설정하거나 도형 채우기, 도형 윤곽선, 도형 효과 등을 지정한다.

④ 차트의 서식 설정

차트 서식

- 서식을 설정할 차트의 구성 요소를 더블 클릭한다.
- 차트 구성 요소의 바로 가기 메뉴에서 [서식]을 선택한다.

- 차트 구성 요소를 선택한 후 [서식] 탭의 [현재 선택 영역] 그룹에서 선택 영역 서식 (✦ 선택 영역 서식) 아이콘을 클릭한다.
- 차트 서식은 차트의 구성 요소마다 작업 창이 다르게 나타난다.

차트 영역 서식 작업 창

- 차트 영역에 대하여 채우기, 테두리, 그림자, 네온, 부드러운 가장자리, 3차원 서식 등을 지정한다.
- 테두리에서 '둥근 모서리'를 선택하면 차트의 테두리를 둥글게 변경할 수 있다.
- 차트 영역을 더블 클릭하거나 바로 가기 메뉴에서 [차트 영역 서식]을 선택한다.

그림 영역 서식 작업 창

- 차트의 그림 영역에 대하여 채우기, 테두리, 그림자, 네온, 부드러운 가장자리, 3차원 서식 등을 지정한다.
- 그림 영역을 더블 클릭하거나 바로 가기 메뉴에서 [그림 영역 서식]을 선택한다.

차트 제목 서식 작업 창

- 차트 제목에 대하여 채우기, 테두리, 그림자, 네온, 부드러운 가장자리, 3차원 서식, 맞춤 등을 지정한다.
- 차트 영역, 그림 영역, 차트 제목, 범례에 대하여 그림자를 설정할 경우 그림자에서 [미리 설정] 단추를 클릭한다.
- 차트 제목을 더블 클릭하거나 바로 가기 메뉴에서 [차트 제목 서식]을 선택한다.

범례 서식 작업 창

- 차트의 범례에 대하여 채우기, 테두리, 그림자, 네온, 부드러운 가장자리, 범례 옵션(위치) 등을 지정한다.
- 워크시트에서 상응하는 데이터를 편집하여 개별 범례 항목을 수정할 수 있다.
- 범례를 더블 클릭하거나 바로 가기 메뉴에서 [범례 서식]을 선택한다.

데이터 계열 서식 작업 창

- 차트의 데이터 계열에 대하여 채우기, 테두리, 그림자, 네온, 부드러운 가장자리, 3차원 서식, 계열 옵션 등을 지정한다.

- 막대형 차트에서 막대에 채울 그림은 저장된 파일, 클립보드에 복사되어 있는 파일, 클립아트에서 선택할 수 있다.
- '쌓기'는 원본 그림의 크기에 따라 단위/그림이 달라진다.
- '다음 배율에 맞게 쌓기'는 계열 간의 원본 그림 크기가 달라도 단위/그림을 같게 설정하면 같은 크기로 표시된다.
- '계열 겹치기'에서 수치를 음수로 지정하면 데이터 계열 사이가 벌어지고, 양수로 지정하면 데이터 계열이 서로 겹쳐진다.
- '간격 너비'에서 숫자를 늘리면 막대 너비는 좁아지고, 숫자를 줄이면 막대 너비는 넓어진다(차트에서 데이터 계열의 간격을 넓게 또는 좁게 지정).
- 데이터 계열을 더블 클릭하거나 바로 가기 메뉴에서 [데이터 계열 서식]을 선택한다.

- 데이터 계열 서식에서 꺾은선형 차트의 경우는 '선'과 '표식'이 나타남
- 선에서 '완만한 선'을 선택하면 데이터 계열의 선을 완만한 굴곡으로 지정
- 표식의 '표식 옵션'에서는 꺾은선형 표식의 형식(모양)과 크기를 지정

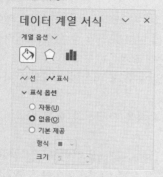

데이터 레이블 서식 작업 창

- 차트의 데이터 레이블에 대하여 채우기, 테두리, 그림자, 네온, 부드러운 가장자리, 3차원 서식, 크기, 맞춤, 레이블 옵션 등을 지정한다.
- 각각의 데이터 요소나 데이터 계열 전체에 적용할 수 있다.
- 데이터 요소는 하나의 값을 나타내며, 관련 데이터 요소가 모여 하나의 데이터 계열을 이룬다.
- 데이터 레이블을 더블 클릭하거나 바로 가기 메뉴에서 [데이터 레이블 서식]을 선택한다.

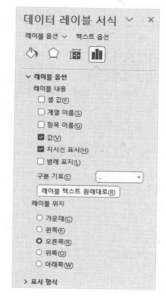

축 서식 작업 창

- 차트의 세로 (값) 축과 가로 (항목) 축에 대하여 채우기, 선, 그림자, 네온, 부드러운 가장자리, 3차원 서식, 맞춤, 축 옵션, 눈금, 레이블, 표시 형식 등을 지정한다.
- 주 단위는 세로 (값) 축의 주 눈금선 간격이고, 보조 단위는 세로 (값) 축의 보조 눈금선 간격이다.
- 세로 (값) 축과 가로 (항목) 축을 더블 클릭하거나 바로 가기 메뉴에서 [축 서식]을 선택한다.

한 걸음 더 ▶ 데이터 표 서식 작업 창

- 차트의 데이터 표에 대하여 채우기, 테두리, 그림자, 네온, 부드러운 가장자리, 3차원 서식, 데이터 표 옵션 등을 지정
- 원형, 분산형, 도넛형, 거품형, 방사형, 표면형 차트 등은 지정할 수 없음
- 데이터 표를 더블 클릭하거나 바로 가기 메뉴에서 [데이터 표 서식]을 선택

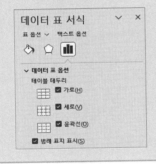

⑤ 차트의 배경과 분석

3차원 회전

- 3차원 차트는 3차원 세로 막대, 3차원 꺾은선과 같이 축이 3개로 구성된 차트이다.
- 3차원 차트의 차트 영역, 그림 영역, 차트 측면/밑면 등 선택한 요소의 방향과 원근감을 변경할 수 있다.
- 원형이나 도넛형 차트는 각 데이터 계열을 드래그하여 조각마다 서로 다른 색상을 지정할 수 있다.
- 원형 차트의 조각은 0도에서 360도 범위 내에서 회전시킬 수 있다.

- 차트에서 옆면 또는 뒷면을 더블 클릭하거나 바로 가기 메뉴에서 [옆면 서식] 또는 [뒷면 서식]을 선택한다.

항목	설명
미리 설정	기본 제공 회전 또는 원근감 효과를 선택하여 원하는 옵션을 클릭
X 회전/Y 회전	가로 축/세로 축의 방향을 변경하기 위해 숫자를 입력
원근감	도형에 적용되는 단축량(깊이에 따른 확대 및 축소)으로 깊이 모양을 변경하기 위해 숫자를 입력
직각으로 축 고정	차트의 옆면과 밑면을 직각(정면)으로 고정
크기 자동 조정	선택한 차트 요소에 기본 배율 옵션이 적용 (기본적으로 선택되어 있음)
깊이	선택한 차트 요소의 깊이를 지정(0~2000)하며, 기본 깊이는 100
높이	선택한 차트 요소의 높이를 지정(0~500)하며, 기본 높이는 100

추세선 설정

집중강좌 2-73

- 데이터의 추세를 그래픽으로 나타내는 선으로 데이터 예상이나 표본을 미리 확인할 수 있다(데이터를 분석하고 예측하는데 사용).
- 하나의 데이터 계열에 두 개 이상의 추세선을 사용할 수 있다.
- 추세선에 사용된 수식을 추세선과 함께 나타나게 할 수 있다.
- 차트를 선택한 후 [차트 디자인] 탭의 [차트 레이아웃] 그룹에서 차트 요소 추가(📊) 아이콘을 클릭하고, 추세선 유형을 선택한다.

- 추세선을 더블 클릭하거나 바로 가기 메뉴에서 [추세선 서식]을 선택하면 추세선 서식 작업 창이 나타난다(추세선 옵션에서 추세/회귀 유형, 추세선 이름, 예측 등을 설정).

- **추세선을 추가할 수 있는 차트** : 누적되지 않은 2차원 영역형, 가로 막대형, 세로 막대형, 꺾은선형, 주식형, 분산형, 거품형 차트 등이 있음
- **추세선을 추가할 수 없는 차트** : 3차원, 방사형, 원형, 표면형, 도넛형 차트 등이 있음

오차 막대 설정

- 데이터 계열에 있는 각 데이터 요소의 잠재 오차량이나 불확실도를 나타낸 것이다.
- 3차원 차트의 데이터 계열에는 오차 막대를 추가할 수 없다.
- 분산형과 거품형 차트에는 X 값, Y 값, XY 값 모두에 대한 오차 막대를 나타낼 수 있다.
- 차트를 작성하고 난 후에는 차트 제목이나 축 제목을 삽입할 수 있다.
- 차트를 선택한 후 [차트 디자인] 탭의 [차트 레이아웃] 그룹에서 차트 요소 추가(아이콘)를 클릭하고, 오차 막대 유형을 선택한다.
- 오차 막대를 더블 클릭하거나 바로 가기 메뉴에서 [오차 막대 서식]을 선택하면 오차 막대 서식 작업 창이 나타난다(세로 오차 막대에서 방향, 끝 스타일, 오차량(고정값, 백분율, 표준 편차/오차, 사용자 지정) 등을 설정).

❻ 차트의 데이터 변경

원본 데이터 변경

- 데이터 수정, 데이터 범위 변경, 데이터 계열 추가/제거 등을 수행할 때 사용한다.
- 원본 데이터의 값이나 요소(계열) 이름이 변경되면 차트에 자동으로 적용된다.
- 원본 데이터 범위 내에서 새로운 요소나 데이터 계열이 삽입되면 차트에 자동으로 적용되며, 삭제되면 차트에서도 삭제된다.
- [차트 디자인] 탭의 [데이터] 그룹에서 데이터 선택(아이콘) 아이콘을 클릭한다.

범례의 이동과 삭제

- 마우스로 범례를 이동하거나 크기를 변경하는 경우 그림 영역의 크기나 위치는 변경되지 않는다.
- 차트에서 범례 또는 범례 항목을 클릭한 후 (Delete) 키를 누르면 범례가 삭제된다.

데이터 계열의 복사와 붙여넣기

① 원본 데이터에서 추가할 데이터 범위를 지정한 후 (Ctrl)+(C) 키를 누른다.
② 차트 영역을 선택한 후 (Ctrl)+(V) 키를 누른다.

색 범위로 데이터 계열 추가

① 차트 영역을 선택한다.
② 원본 데이터에 나타난 파란색 범위 조절점을 추가할 데이터로 드래그하여 범위를 확장한다.

⑦ 차트의 종류 및 특징

집중강좌 2-75

세로 막대형

- 여러 항목간의 값을 비교하고 분석할 수 있다.
- 일정 기간의 데이터 변화와 시간에 따른 변화를 강조한다.

종류	특징
묶은 세로 막대형	전체 항목의 값을 비교하여 값을 표시
누적 세로 막대형	전체 항목의 합계를 기준으로 각 값의 기여도를 비교하여 전체와 개별 항목간의 관계를 표시
100% 기준 누적 세로 막대형	전체 항목의 합계를 기준으로 각 값의 백분율을 비교
3차원 세로 막대형	사용자가 수정할 수 있는 가로 축, 세로 축, 깊이 축이 사용되며, 가로 축 및 깊이 축을 따라 데이터 요소를 비교

꺾은선형

- 월, 분기, 회계 연도 등과 같은 일정 기간 동안 변화되는 데이터 추세를 나타내며, 시간 흐름에 따른 데이터의 변화율을 강조한다.
- 차트를 작성한 원본 데이터 값 중 빈 셀(Null 값)이 있을 경우 해당 부분은 단절되어 나타난다.
- 항목 데이터는 가로 축을 따라 일정 간격으로 표시되고, 모든 값 데이터는 세로 축을 따라 일정 간격으로 표시된다.

종류	특징
꺾은선형	시간의 흐름이나 순서별 항목에 따른 추세를 표시
누적 꺾은선형	시간의 흐름이나 순서별 항목에 따른 각 값의 기여도 추세를 표시
100% 기준 누적 꺾은선형	시간의 흐름이나 순서별 항목에 따른 각 값의 기여도 백분율 추세를 표시
3차원 꺾은선형	각 데이터의 행이나 열을 3차원 표식으로 표시

원형

- 하나의 데이터 계열로 중요 요소를 강조할 때 사용한다.
- 전체 항목에 대한 각 항목의 크기 비율을 나타낸다.

- 항상 한 개의 데이터 계열만을 가지고 있으므로 축이 없다.
- 각각의 원형 조각을 차트 중심에서 분리하거나 결합할 수 있다.

종류	특징
원형	전체에 대한 각 값의 기여도를 보여줌
3차원 원형	각 값이 합계에서 차지하는 부분을 3차원 형식으로 표시
원형 대 원형	원하는 값을 추출하여 다시 원형 차트로 나타냄
원형 대 가로 막대형	기본 원형 차트의 작은 원형 조각을 보다 쉽게 구분할 수 있음

한 걸음 더 원형 차트를 사용하는 경우

- 차트에 그릴 데이터 계열이 하나만 있는 경우
- 차트에 그릴 값이 모두 음수가 아닌 경우
- 차트에 그릴 값이 대부분 0이 아닌 경우
- 항목이 원형 전체의 일부를 나타내는 경우

가로 막대형

- 특정 기간 값의 변화를 강조하거나 특정 시점의 항목 간 크기를 비교할 때 사용한다.
- 항목은 수직으로 값은 수평으로 구성된다.

종류	특징
묶은 가로 막대형	항목간의 값을 비교
누적 가로 막대형	각 항목과 전체 항목간의 관계를 비교
100% 기준 누적 가로 막대형	전체 항목의 합계를 기준으로 각 값의 백분율을 비교

영역형

- 시간에 따른 변동의 크기를 강조하며, 합계 값을 추세와 함께 표시할 수 있다.
- 누적 가로 막대형이나 누적 세로 막대형과 같이 전체에 대한 각 항목의 관계도 볼 수 있다.

종류	특징
영역형	시간이나 항목에 따른 값의 추세를 보여줌
누적 영역형	시간이나 항목에 따른 각 값의 기여도 추세를 보여줌
100% 기준 누적 영역형	시간이나 항목에 따른 각 값의 백분율 추세를 보여줌

분산형

- 값을 점으로 비교하며, 데이터의 불규칙한 간격이나 묶음을 보여준다.
- 두 개의 숫자 그룹을 XY 좌표로 이루어진 하나의 계열로 나타낸다.
- 주로 과학 데이터나 공학용 데이터 분석에 많이 사용된다.

종류	특징
분산형	값을 점으로 비교
곡선이 있는 분산형	데이터 요소를 연결하는 곡선이 표시
직선이 있는 분산형	데이터 요소를 연결하는 직선이 표시

한 걸음 더 │ 분산형 차트를 사용하는 경우

- 가로 축의 눈금 간격을 변경하려는 경우
- 축에 로그 눈금 간격을 표시하려는 경우
- 가로 축의 값이 일정한 간격이 아닌 경우
- 가로 축의 데이터 요소 수가 많은 경우
- 분산형 차트의 개별 눈금을 조정하여 그룹화된 값에 대한 자세한 정보를 표시하는 경우
- 데이터 요소간의 차이점보다 큰 데이터 집합간의 유사점을 표시하는 경우

주식형

- 주식의 가격 동향을 나타내거나 온도 변화와 같은 과학 데이터를 표현하는데 사용한다.
- 주식형 차트를 작성하기 위해서는 먼저 데이터가 정확한 순서로 구성되어야 한다.
- 두 개의 값 축 중 하나는 거래량을 측정하는 열을 나타내고, 다른 하나는 주식 가격을 나타낸다.

종류	특징
고가-저가-종가	고가, 저가, 종가의 순서에 따라 세 개의 값 계열이 필요
시가-고가-저가-종가	시가, 고가, 저가, 종가의 순서에 따라 네 개의 값 계열이 필요
거래량-고가-저가-종가	거래량, 고가, 저가, 종가의 순서에 따라 네 개의 값 계열이 필요하며, 두 개의 값 축을 사용하여 거래량을 표시
거래량-시가-고가-저가-종가	거래량, 시가, 고가, 저가, 종가의 순서에 따라 다섯 개의 값 계열이 필요

표면형

- 데이터 양이 많거나 두 개의 데이터 집합에서 최적의 조합을 찾을 때 사용한다.
- 차트에 표현된 색과 무늬는 동일한 범위에 있는 항목을 나타낸다.

종류	특징
3차원 표면형	2차원을 교차하는 값의 추세를 연속되는 곡선으로 나타냄
3차원 표면형(골격형)	색으로 채워져 있지 않은 3차원 표면형 차트(선만 표시)
표면형(조감도)	위에서 내려다 본 표면형 차트(띠무늬는 특정 값 범위를 표시)
표면형(골격형 조감도)	위에서 내려다 본 표면형 차트(표면에 띠무늬가 표시되지 않음)

도넛형

- 원형 차트를 개선한 것으로 전체 항목에 대한 각 항목의 비율을 나타낸다.
- 다중 계열을 가질 수 있으며, 3차원 차트로는 나타낼 수 없다.
- 바깥쪽에 위치한 데이터 계열의 모든 조각을 한번에 분리하거나 개별적으로 조각을 선택하여 분리할 수도 있다(차트를 이루는 각각의 원은 하나의 데이터 계열을 표시).
- 데이터 요소 서식 작업 창의 '계열 옵션'에서 첫째 조각의 각, 쪼개진 요소, 도넛 구멍 크기를 지정하는 회전각을 변경할 수 있다.
- 데이터 계열이 많아 알아보기가 쉽지 않은 경우 누적 세로 막대형 차트나 누적 가로 막대형 차트로 변경하는 것이 좋다.

종류	특징
도넛형	데이터가 고리로 표시되며, 각 고리는 데이터 계열을 표시
쪼개진 도넛형	전체에 대한 각 값의 기여도를 보여 주면서 개별 값을 강조

거품형

- 분산형 차트의 종류로 세 값의 집합을 비교할 때 사용한다.
- 다른 차트와 혼합할 수 없으며, 데이터 표식의 크기를 통해 계열간 항목을 비교할 수 있다.

- 데이터 표식의 크기는 원본 데이터의 세 번째 열 값을 나타낸다.
- 데이터를 배열하려면 X값을 한 열/행에 놓고, 대응하는 Y값과 거품 크기를 인접한 행/열에 입력한다.

종류	특징
거품형	2개의 값 집합 대신 3개의 값 집합을 비교하며, 세 번째 값에 따라 거품 크기가 결정

방사형

- 많은 데이터 계열의 집계 값을 비교할 때 사용한다.
- 데이터 계열이 중심점에서 외곽선으로 나오는 축을 갖는다.
- 각 항목마다 자체의 값 축을 갖고 있으며, 같은 계열은 하나의 선으로 연결된다.

종류	특징
방사형	중간 지점에 대한 값의 변화를 보여줌
표식이 있는 방사형	각 데이터 요소에 대한 표식과 함께 표시
채워진 방사형	데이터 계열에 해당하는 영역이 색으로 채워짐

혼합형 차트

- 여러 개의 데이터 계열로 이루어진 차트에서 특정 데이터 계열만 선택하여 다른 차트로 나타낼 때 사용한다.
- 두 개 이상의 차트를 사용하여 차트에 포함된 특정 데이터 계열을 강조할 수 있다.
- 특정 데이터 계열의 값이 다른 데이터 계열 값과 차이가 많을 경우 이중 축 차트와 함께 사용한다.
- 서로 다른 단위의 데이터를 사용할 경우에도 이중 축 혼합형 차트로 나타낼 수 있다.
- 2차원 차트끼리는 혼합형 차트를 만들 수 있지만 2차원과 3차원 차트를 혼합할 수는 없다.
- 3차원 효과의 가로 막대형, 3차원 효과의 세로 막대형, 꺾은선형, 원형, 영역형, 표면형, 거품형, 주식형은 서로 혼합할 수 없다.
- 다른 차트로 변경할 데이터 계열을 선택한 후 [차트 디자인] 탭의 [종류] 그룹에서 차트 종류 변경(📊) 아이콘을 클릭한다.

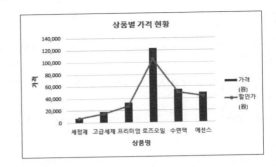

이중 축 차트

- 작성된 차트에 또 하나의 값 축을 추가하여 이중으로 값을 표시할 때 사용한다.
- 특정 데이터 계열 값의 범위가 다른 데이터 계열과 현저하게 차이가 날 때 사용한다.
- 이중 축으로 만들 데이터 계열을 선택한 후 바로 가기 메뉴에서 [데이터 계열 서식]을 선택한다.
- 데이터 계열 서식 작업 창의 '계열 옵션'에서 데이터 계열 지정 항목에 있는 '보조 축'을 선택한다.

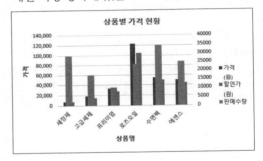

한 걸음 더 새로운 차트의 종류

- **트리맵** : 색과 근접성을 기준으로 범주를 표시하며, 다른 차트 유형으로 표시하기 어려운 많은 양의 데이터를 쉽게 표시(계층 구조 안에 빈(공백) 셀이 있는 경우에만 가능하며, 계층 안에서 비율을 비교하는데 유용)
- **선버스트** : 계층적 데이터를 표시하며, 하나의 고리가 어떤 요소로 구성되는가를 보여주는데 가장 효과적(계층 구조 내 빈 셀이 있는 경우 그릴 수 있고, 하나의 고리나 원이 계층 구조의 각 수준을 나타내면서 가장 안쪽에 있는 원이 구조의 가장 높은 수준을 나타냄)
- **히스토그램** : 차트에 그려진 데이터는 분포 내의 빈도와 빈도 계급 구간으로 그룹화된 데이터 분포를 보여줌(계급 구간에서 차트의 각 열을 변경하여 데이터를 세부적으로 분석) → 파레토는 내림차순으로 정렬된 결과 총누적 백분율로 나타내는 선을 모두 포함
- **상자 수염** : 데이터 분포를 사분위수로 나타내고, 평균 및 이상값을 강조하므로 서로 특정 방식의 관계가 있는 여러 데이터 집합에서 사용
- **폭포** : 값을 더하거나 뺄 때 재무 데이터의 누계 합계가 표시되는데 이는 초기값이 양의 양수 및 음수 값에 영향을 주는 방식을 이해하는데 유용

실력 체크 문제

01 다음에서 설명하는 엑셀의 기능으로 옳은 것은?

> 특정 항목의 구성 비율을 살펴보기 위하여 워크시트에 입력된 수치 값들을 막대나 선, 도형, 그림 등을 사용하여 시각적으로 표현한 것으로 데이터의 상호 관계나 경향 또는 추세를 쉽게 분석할 수 있다.

① 피벗 테이블　　② 시나리오
③ 차트　　　　　④ 매크로

 • ① 원본 데이터의 행이나 열 위치를 사용자 임의로 변경하여 데이터를 표시할 수 있는 기능이다.
• ② 결과를 예측하기 어려운 경우 다양한 가상 상황에 따른 결과값을 비교 분석할 수 있는 기능이다.
• ④ 특정 작업 내용을 바로 가기 키나 명령 단추로 기록하여 작업을 빠르게 실행할 수 있는 기능이다.

02 다음 중 차트의 기본 구성 요소에 대한 설명으로 옳지 않은 것은?

① 범례 : 차트를 구성하는 데이터 계열의 무늬 및 색상과 계열의 이름을 표시한 것이다.
② 데이터 요소 : 데이터 계열을 포함하는 값을 숫자로 나타낸다.
③ 데이터 레이블 : 그려진 막대나 선이 나타내는 표식에 대한 데이터 요소 또는 값 등의 추가 정보를 표시한다.
④ 가로 (항목) 축 : 차트를 구성하는 데이터 항목으로 일반적으로 X축이라 한다.

해설 데이터 요소 : 워크시트에서 하나의 값을 나타내는 차트 표식으로 관련 데이터 요소가 모여 하나의 데이터 계열을 이룬다.

03 다음 중 차트에 대한 설명으로 옳지 않은 것은?

① 기본적으로 워크시트의 행과 열에서 숨겨진 데이터는 차트에 표시되지 않는다.
② 차트 제목, 가로/세로 축 제목, 범례, 그림 영역 등은 마우스로 드래그하여 이동할 수 있다.
③ [Ctrl] 키를 누른 상태에서 차트 크기를 조절하면 차트의 크기가 셀에 맞춰 조절된다.
④ 워크시트의 셀과 차트의 제목을 연결하려면 차트에 제목이 입력되어 있어야 한다.

해설 [Alt] 키를 누른 상태에서 차트 크기를 조절하면 차트의 크기가 셀에 맞춰 조절된다.

04 다음 중 차트에 설정되어 있지 않은 차트의 구성 요소는?

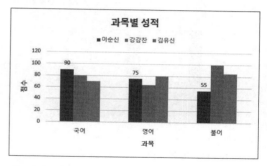

① 차트 제목
② X (항목) 축 보조 눈금선
③ 데이터 레이블
④ 범례

해설 차트 제목 : 과목별 성적, 데이터 레이블 : 90, 75, 55, 범례 : 이순신, 강감찬, 김유신

05 다음 중 차트의 크기 조절 및 이동에 대한 설명으로 옳지 않은 것은?

① 차트 영역을 클릭한 후 차트의 조절점을 드래그한다.

② 그림 영역이나 범례도 조절점을 이용하여 크기를 조절할 수 있다.

③ Shift 키를 누른 상태에서 차트 크기를 조절하면 차트가 셀에 맞춰서 크기가 조절된다.

④ 차트 전체를 다른 곳으로 이동하려면 차트 영역을 이동할 곳으로 드래그한다.

해설 ③ Shift 키 → Alt 키

06 다음 차트에서 무, 배추, 시금치 순서를 시금치, 배추, 무 순서로 변경할 때 사용할 서식으로 옳은 것은?

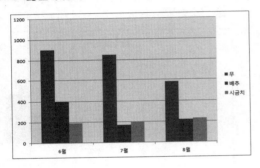

① 차트 영역 서식

② 그림 영역 서식

③ 데이터 선택

④ 축 서식

해설 [차트 디자인] 탭에서 [데이터 선택] 아이콘을 클릭한 후 [데이터 원본 선택] 대화 상자의 '범례 항목(계열)'에서 [위로 이동] 단추와 [아래로 이동] 단추를 클릭하여 데이터 계열 순서를 변경한다.

07 다음 중 차트에 대한 설명으로 옳지 않은 것은?

① 차트를 작성한 후 원본 데이터 셀에 입력된 값이 변경되면 자동으로 차트 값이 변경된다.

② 차트에 표시되는 데이터 레이블은 차트의 원본 데이터를 표시한다.

③ 차트로 작성할 데이터를 시트에 입력하지 않고, 차트 종류를 먼저 선택한 후 [차트 디자인] 탭의 [데이터] 그룹에서 [데이터선택] 아이콘을 클릭하여 데이터 범위를 추가할 수 있다.

④ 숨겨진 셀도 차트에 표시하려면 [데이터 원본 선택] 대화 상자에서 [숨겨진 셀/빈 셀] 단추를 클릭하고, '숨겨진 행 및 열에 데이터 표시'를 선택한다.

해설 데이터 레이블에서는 계열 이름, 항목 이름, 값, 백분율, 구분 기호 등을 표시한다.

08 다음과 같이 차트의 막대 그래프 위에 데이터 값을 표시하려고 한다. 이를 실행하기 위한 방법으로 옳지 않은 것은?

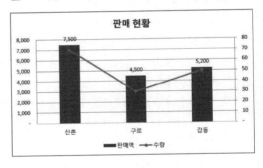

① 데이터 레이블 추가

② 데이터 레이블 서식

③ 레이블 옵션

④ 차트 영역 서식

해설 차트 영역 서식의 경우 차트의 배경에 관한 부분으로 막대 그래프에 값을 표시할 수 없다.

09 다음 중 범례에 대한 설명으로 옳지 않은 것은?

① 차트에 범례가 표시되어 있으면 워크시트에서 상응하는 데이터를 편집하여 개별 범례 항목을 수정할 수 있다.

② 차트에서 범례 또는 범례 항목을 클릭한 다음 (Delete) 키를 누르면 범례를 쉽게 제거할 수 있다.

③ 범례는 기본적으로 차트와 겹치지 않게 표시된다.

④ 마우스로 범례를 이동하거나 크기를 변경하는 경우에 그림 영역의 크기나 위치는 자동으로 조정된다.

해설 마우스로 범례를 이동하거나 크기를 변경하는 경우 그림 영역의 크기나 위치는 조정되지 않는다.

10 다음과 같이 차트에서 '전기난로' 계열의 직선을 부드러운 선으로 나타내는 방법은?

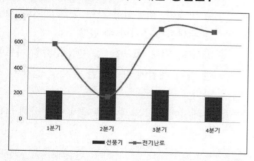

① 데이터 계열 서식 작업 창의 '채우기 및 선'에서 [완만한 선]을 설정한다.

② 데이터 계열 서식 작업 창의 '효과'에서 [완만한 선]을 설정한다.

③ 데이터 계열 서식 작업 창의 '선 색'의 선 종류에서 [곡선]을 설정한다.

④ 데이터 계열 서식 작업 창의 '표식 채우기'의 선에서 [곡선]을 설정한다.

해설 '전기난로' 계열의 바로 가기 메뉴에서 [데이터 계열 서식]을 선택한 후 '채우기 및 선'에서 [완만한 선]을 선택한다.

11 다음의 원본 데이터와 이에 대한 차트의 설명으로 옳은 것은?

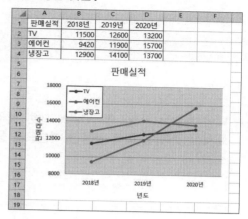

① 차트 제목인 '판매실적'은 [A1] 셀 데이터 값이 자동으로 설정된 것이다.

② 가로 (항목) 축 제목은 '2018년, 2019년, 2020년'이다.

③ 세로 (값) 축의 최소값인 8000은 [축 서식]-[축 옵션] 탭에서 수동으로 설정한 것이다.

④ 차트 위치 옵션을 '새 시트'로 선택한 결과이다.

해설 • ① 차트 제목은 직접 입력한 것이다.
• ② 가로 (항목) 축 제목은 '년도'이다.
• ④ 차트 위치 옵션을 '워크시트에 삽입'으로 선택한 결과이다.

12 다음의 차트에서 계열을 클릭하여 데이터 계열 서식에서 변경할 수 없는 것은?

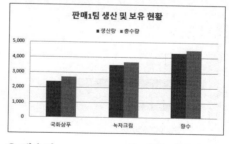

① 채우기   ② 계열 겹치기
③ 테두리 색   ④ 표시 형식

해설 표시 형식은 [축 서식]과 [데이터 레이블 서식] 등에서 변경한다.

13 다음 중 3차원 차트에서 조절할 수 없는 것은?

① 폭(5~500%)   ② 상하 회전(−90~90)

③ 차트 높이(0~500)   ④ 원근감(0~100)

해설 3차원 차트 : 차트의 높이, 원근감, 상하좌우 회전 등을 변경할 때 사용한다.

14 다음 차트는 기대수명 20년에 대한 예측을 표시한 것이다. 이때 사용한 기능으로 옳은 것은?

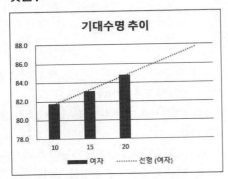

① 자동 합계   ② 추세선

③ 오차 막대   ④ 평균 구하기

해설 보기 ②는 데이터의 추세를 나타내는 선으로 데이터 예상이나 표본을 미리 확인할 수 있다.

15 다음의 차트에 대한 설명으로 옳지 않은 것은?

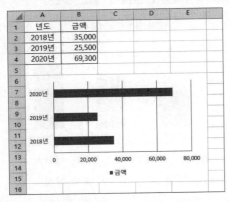

① 표의 데이터를 수정하면 차트도 자동으로 수정된다.

② 차트에서 주 눈금선을 선택하여 삭제하면 주 눈금선이 사라진다.

③ 표의 [A5:B5] 영역에 새로운 데이터를 추가하면 차트에도 자동으로 추가된다.

④ 표의 [A3:B3] 영역과 [A4:B4] 영역 사이에 새로운 데이터를 삽입하면 차트에도 자동으로 삽입된다.

해설 보기 ③의 경우 차트에는 아무런 변화가 없으며, 표 안에서 데이터를 수정하면 차트도 자동으로 수정된다.

16 다음 중 차트에서 추세선에 대한 설명으로 옳지 않은 것은?

① 추세선은 데이터의 추세를 그래픽으로 표시하여 데이터를 분석하고 예측하는데 사용된다.

② 누적되지 않은 2차원 영역형, 가로 막대형, 세로 막대형, 꺾은선형 차트 등의 데이터 계열에는 추세선을 추가할 수 있다.

③ 방사형, 원형, 표면형, 도넛형, 3차원 차트에는 한 가지 계열에 대해서만 추세선 설정이 가능하다.

④ 추세선에 사용된 수식을 추세선과 함께 나타나게 할 수 있다.

해설
• 추세선을 추가할 수 있는 차트 : 누적되지 않은 2차원 영역형, 가로 막대형, 세로 막대형, 꺾은선형, 주식형, 분산형, 거품형 차트 등이 있다.
• 추세선을 추가할 수 없는 차트 : 3차원, 방사형, 원형, 표면형, 도넛형 차트 등이 있다.

17 다음은 차트의 오차 막대에 관한 설명이다. 옳지 않은 것은?

① 차트를 작성하고 난 후에는 차트 제목이나 축 제목을 삽입할 수 있다.

② 고정값, 백분율, 표준 편차, 표준 오차 등으로 설정할 수 있다.

③ 분산형과 거품형 차트에는 X 값, Y 값, XY 값 모두에 대한 오차 막대를 나타낼 수 있다.

④ 2차원 영역형, 가로 막대형, 세로 막대형에는 오차 막대를 추가할 수 없다.

> 해설 2차원 영역형, 가로 막대형, 세로 막대형, 꺾은선형, 분산형, 거품형 차트의 데이터 계열에는 오차 막대를 추가할 수 있지만 3차원 차트에는 추가할 수 없다.

18 다음 차트와 같이 '배'의 꺾은선 중간(2월) 부분이 단절되어 있는 이유로 옳은 것은?

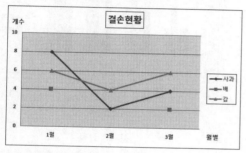

① 원본 테이블의 해당 셀이 '0'값이다.

② 원본 테이블의 해당 셀이 Null 값이다.

③ 원본 테이블의 해당 셀 값이 '50%'와 같이 백분율(50%)로 표시되어 있다.

④ 원본 테이블의 셀 값이 '없음'과 같이 문자열로 표시되어 있다.

> 해설 꺾은선형 차트를 작성한 원본 데이터 값 중 빈 셀(Null 값)이 있을 경우 해당 부분은 단절되어 나타난다.

19 다음 중 막대형 차트에서 각 데이터 계열을 그림으로 표시하는 방법으로 옳지 않은 것은?

① 막대에 채워질 그림은 저장된 파일, 클립보드에 복사되어 있는 파일, 클립아트에서 선택할 수 있다.

② 늘이기는 값에 비례하여 그림의 너비와 높이가 증가한다.

③ 쌓기는 원본 그림의 크기에 따라 단위/그림이 달라진다.

④ '다음 배율에 맞게 쌓기'는 계열 간의 원본 그림 크기가 달라도 단위/그림 같게 설정하면 같은 크기로 표시된다.

> 해설 늘이기는 오프셋 왼쪽/오른쪽/위쪽/아래쪽의 값에 따라 데이터 계열 안에서 그림의 너비와 높이가 증가하거나 감소한다.

20 다음 시트를 이용하여 차트를 작성할 때 데이터를 제대로 표현할 수 없는 차트는 어느 것인가?

▲	A	B	C	D	E
1	분기	강남	강동	강서	강북
2	1사분기	1,340	2,045	1,900	2,040
3	2사분기	2,100	3,200	2,400	1,950
4	3사분기	2,300	2,790	2,500	2,300
5	4사분기	1,800	2,800	2,100	3,299
6					

① 세로 막대 그래프

② 꺾은선형 그래프

③ 원형 차트

④ 도넛형 차트

> 해설 원형 차트는 전체 항목에 대한 각 항목의 크기 비율을 나타내는 차트로 하나의 데이터 계열을 갖는다.

21 다음 괄호에 알맞은 엑셀 차트의 종류는?

> • 원형 차트를 개선한 것으로 원형 차트는 하나의 계열을 가지는데 비해 (　　) 차트는 다중 계열을 가질 수 있다.
> • 3차원 차트로 작성할 수 없다.

① 3차원 원형 차트

② 원형 대 원형 차트

③ 도넛형 차트

④ 원형 대 가로 막대 차트

해설 • ① 각 값이 합계에서 차지하는 부분을 3차원 형식으로 표시한다.
• ② 원하는 값을 추출하여 다시 원형 차트로 나타낸다.
• ④ 기본 원형 차트의 작은 원형 조각을 보다 쉽게 구분할 수 있다.

22 다음의 차트에 대한 설명으로 옳지 않은 것은?

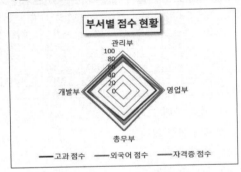

① 데이터 계열이 중심점에서 외곽선으로 나오는 축을 갖는다.

② 여러 데이터 계열의 집계 값을 비교할 때 사용한다.

③ 같은 계열에 있는 모든 값들이 선으로 연결되며, 각 계열마다 축을 갖는다.

④ 두 데이터 계열에서 최적의 조합을 찾는데 유용하다.

해설 문제의 차트는 방사형 차트이고, 보기 ④는 표면형 차트에 대한 설명이다.

23 다음 중 시간의 흐름에 따른 각 항목의 변화나 경향을 파악하고자 할 때 적합한 차트는?

① 원형　　　　② 꺾은선형

③ 영역형　　　④ 가로 막대형

해설 • ① 하나의 데이터 계열로 중요 요소를 강조할 때 사용한다.
• ③ 시간에 따른 변동의 크기를 강조하며, 합계 값을 추세와 함께 표시할 수 있다.
• ④ 특정 기간 값의 변화를 강조하거나 특정 시점의 항목간 크기를 비교할 때 사용한다.

24 다음 중 〈변경 전〉 차트를 〈변경 후〉 차트로 수정하기 위해 적용한 기능으로 옳지 않은 것은?

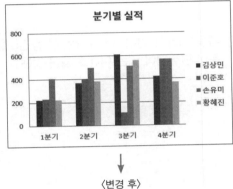

① 누적 세로 막대형으로 차트 종류 변경

② 데이터의 행과 열을 전환

③ 세로 축 보조 눈금을 추가

④ 범례의 위치를 위쪽으로 변경

해설 보기 ③번에서 세로 축 보조 눈금을 추가 → 눈금선에서 기본 보조 가로 눈금선이 적용되었다.

정답 **21** ③　**22** ④　**23** ②　**24** ③

25 다음 중 차트의 데이터 계열 서식에 대한 설명으로 옳지 않은 것은?

① 계열 겹치기 수치를 양수로 지정하면 데이터 계열 사이가 벌어진다.

② 차트에서 데이터 계열의 간격을 넓게 또는 좁게 지정할 수 있다.

③ 특정 데이터 계열의 값이 다른 데이터 계열의 값과 차이가 많이 나거나 데이터 형식이 혼합되어 있는 경우 보조 세로 (값) 축에 하나 이상의 데이터 계열을 나타낼 수 있다.

④ 보조 축에 해당되는 데이터 계열을 구분하기 위하여 보조 축의 데이터 계열만 선택하여 차트 종류를 변경할 수 있다.

해설 계열 겹치기 : 수치를 음수로 지정하면 데이터 계열 사이가 벌어지고, 양수로 지정하면 데이터 계열이 서로 겹쳐진다.

26 다음 차트에 관한 설명으로 옳지 않은 것은?

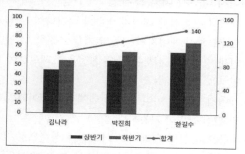

① '합계' 계열이 보조 축으로 설정된 이중 축 차트이다.

② 범례 위치는 '아래쪽'으로 설정되어 있다.

③ '하반기' 계열의 '한길수' 요소에 데이터 레이블이 표시되어 있다.

④ 보조 세로 (값) 축의 주 단위는 '40'으로 설정되어 있다.

해설 데이터 레이블은 데이터 계열에 대한 값이나 항목을 표시하는 것으로 문제의 차트에는 '합계' 계열의 '한길수' 요소에 데이터 레이블이 표시되어 있다.

27 다음 중 차트 편집에 대한 내용으로 옳지 않은 것은?

① 차트의 데이터 범위에서 일부 데이터를 차트에 표시하지 않으려면 행이나 열을 '숨기기'로 지정한다.

② 3차원 차트는 혼합형 차트로 만들 수 없다.

③ F11 키를 눌러 차트 시트를 만들 수 있다.

④ 여러 데이터 계열을 선택하여 한 번에 차트 종류를 변경할 수 있다.

해설 차트 편집 시 한 개의 데이터 계열을 선택하여 차트 종류를 변경할 수 있다.

28 엑셀의 차트 기능에서 두 종류의 차트를 혼합하여 혼합형 차트를 만들려고 한다. 다음 중 혼합형 차트를 만들 수 없는 차트로 구성된 것은?

① 가로 막대형 차트와 세로 막대형 차트

② 세로 막대형 차트와 3차원 원형 차트

③ 세로 막대형 차트와 도넛형 차트

④ 꺾은선형 차트와 원형 차트

해설 2차원 차트끼리는 혼합형 차트를 만들 수 있지만 2차원과 3차원 차트를 혼합할 수는 없다.

Chapter 06 | 출력 작업

❖**세부 항목** ▶ 페이지 레이아웃 설정 / 인쇄 작업

출제 포인트
• 페이지 레이아웃에 관련된 [페이지 설정] 대화 상자의 각 탭에 대해 상세히 학습합니다.
• 워크시트를 인쇄하기 위한 미리 보기와 인쇄 및 프린트 설정에 대해 학습합니다.

① 페이지 나누기/페이지 나누기 미리 보기

페이지 나누기

• 페이지 나누기는 워크시트를 인쇄할 수 있도록 페이지 단위로 나누는 구분선이다.
• 워크시트가 한 페이지를 넘으면 자동으로 페이지 나누기 선이 삽입되어 여러 페이지로 인쇄된다.
• 페이지 나누기는 용지 크기, 여백 설정, 설정한 배율 옵션을 바탕으로 만들어진다.
• 페이지 구분선을 마우스로 드래그하여 구분선의 위치를 변경할 수 있다.
• 수동 페이지 나누기 선은 셀 포인터를 기준으로 위쪽과 왼쪽에 삽입된다.
• 수동으로 삽입된 페이지 나누기는 실선으로 표시되고, 자동으로 추가된 페이지 나누기는 파선으로 표시된다.
• 행 높이와 열 너비를 변경하면 자동 페이지 나누기의 위치도 변경된다.
• 용지 크기, 여백 설정, 배율 옵션 등에 따라 자동 페이지 나누기가 삽입된다.
• 강제로 페이지를 구분하려면 페이지를 구분할 셀을 클릭한 후 [페이지 레이아웃] 탭의 [페이지 설정] 그룹에서 나누기(⊞) 아이콘을 클릭하고, [페이지 나누기 삽입]을 선택한다.
• 수동 페이지 나누기 선을 제거하기 위해서는 페이지 나누기가 설정된 셀에서 나누기(⊞) 아이콘을 클릭하고, [페이지 나누기 제거]를 선택한다.

	A	B	C	D	E	F	G	H
1			사무용품 관리 현황					
2								
3	제품코드	제품명	입고일	입고량	판매가	할인율	판매량	총판매액
4	GI495	가위	2020-06-29	100	3,500	10%	57	179,550
5	PE672	형광펜	2020-06-29	200	2,500	15%	168	357,000
6	TM891	투명테이프	2020-06-29	180	1,500	5%	162	230,850
7	AH938	A3 용지	2020-06-29	50	8,500	10%	26	198,900
8	QZ349	볼펜	2020-06-29	300	1,200	5%	268	305,520
9	AH128	A4 용지	2020-06-30	100	8,000	5%	68	516,800
10	TM234	양면테이프	2020-06-30	250	1,800	15%	245	374,850
11	BB384	포스트잇	2020-06-30	150	2,000	15%	128	217,600
12	TM511	박스테이프	2020-06-30	200	1,000	5%	133	126,350
13	DO933	칼	2020-06-30	150	1,600	10%	144	207,360
14								

페이지 나누기 미리 보기

• 페이지 구분선과 페이지 번호가 나타나며, 구분선을 드래그하여 페이지의 나눌 위치를 조정할 수 있다.
• 인쇄 영역을 표시하는 굵은 실선을 드래그하여 인쇄 영역을 조정할 수 있다.
• 페이지 나누기 미리 보기 상태에서도 데이터의 입력 및 편집 작업이 가능하다.
• 수동으로 삽입된 페이지 나누기는 실선으로 표시되고, 자동으로 추가된 페이지 나누기는 파선으로 표시된다.
• 워크시트의 인쇄 모양을 보여 주기 위하여 [보기] 탭의 [통합 문서 보기] 그룹에서 페이지 나누기 미리 보기(⊞) 아이콘을 클릭한다.
• [보기] 탭의 [통합 문서 보기] 그룹에서 기본(⊞) 아이콘을 클릭하면 처음 페이지 나누기 전의 상태로 돌아간다.

	A	B	C	D	E	F	G	H
1			사무용품 관리 현황					
2								
3	제품코드	제품명	입고일	입고량	판매가	할인율	판매량	총판매액
4	GI495	가위	2017-06-29	100	3,500	10%	57	179,550
5	PE672	형광펜	2017-06-29	200	2,500	15%	168	357,000
6	TM891	투명테이프	2017-06-29	180	1,500	5%	162	230,850
7	AH938	A3 용지	2017-06-29	50	8,500	10%	26	198,900
8	QZ349	볼펜	2017-06-29	300	1,200	5%	268	305,520
9	AH128	A4 용지	2017-06-30	100	8,000	5%	68	516,800
10	TM234	양면테이프	2017-06-30	250	1,800	15%	245	374,850
11	BB384	포스트잇	2017-06-30	150	2,000	15%	128	217,600
12	TM511	박스테이프	2017-06-30	200	1,000	5%	133	126,350
13	DO933	칼	2017-06-30	150	1,600	10%	144	207,360
14								

페이지 레이아웃

- 워크시트 문서가 어떤 형태로 출력되는지를 페이지 단위로 확인할 수 있다(페이지의 시작과 끝이 어디인지를 확인할 수 있음).
- 워크시트에 머리글/바닥글 영역이 표시되어 머리글이나 바닥글 내용을 바로 입력하거나 수정할 수 있다.
- 행 높이, 열 너비, 페이지 여백, 머리글/바닥글 여백 등을 마우스로 드래그하여 조절할 수 있다(페이지 구분선은 조절할 수 없음).
- [보기] 탭의 [통합 문서 보기] 그룹에서 페이지 레이아웃( ) 아이콘을 클릭한다.

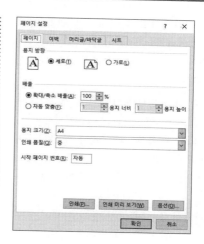

❷ [페이지 설정] 대화 상자

[페이지] 탭

집중강좌 2-77

항목	설명
용지 방향	용지의 인쇄 방향(세로, 가로)을 설정
배율	워크시트의 확대/축소 배율(10~400%)을 설정하거나 데이터 양에 관계없이 지정 페이지 수(한 장)에 맞게 인쇄하도록 자동 설정(용지 너비 : 1, 용지 높이 : 1)
용지 크기	인쇄할 용지의 크기를 설정
인쇄 품질	프린터의 해상도를 설정(해상도가 높을수록 선명)
시작 페이지 번호	인쇄를 시작할 페이지를 설정(기본값은 1페이지부터 인쇄)
옵션	[프린터 등록 정보] 대화 상자를 표시

[여백] 탭

항목	설명
여백	위쪽, 아래쪽, 왼쪽, 오른쪽, 머리글, 바닥글의 여백을 지정(머리글이 데이터와 겹치지 않으려면 머리글 값이 위쪽 값보다 작아야 함)
페이지 가운데 맞춤	워크시트에서 작업한 내용이 인쇄 용지의 가운데에 위치하도록 맞춤

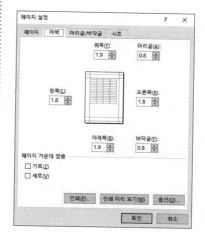

[머리글/바닥글] 탭

- 워크시트에서 작업한 내용을 인쇄할 때 매 페이지의 상단과 하단에 특정 텍스트(페이지 번호, 문서의 제목, 작성자, 작성 날짜 등)를 표시할 수 있다.
- 머리글과 바닥글은 다시 입력하기 전까지 계속 유지되며, 인쇄 시 용지에만 나타난다.

- 머리글/바닥글은 워크시트 페이지마다 위쪽/아래쪽에 고정적으로 인쇄되는 내용이다.
- 머리말과 꼬리말이 짝수와 홀수 페이지에 다르게 표시되도록 설정할 수 있다.
- 머리글/바닥글의 편집 상태에서 문자열은 " " 따옴표를 사용하지 않으며, 연결 기호는 &를 사용한다.
- 머리글 또는 바닥글 내용에 '&' 문자를 포함시키려면 '&&'를 사용해야 한다.
- -&[페이지 번호]&- : -1- 형태의 페이지 번호를 입력한다.
- &[페이지 번호]페이지 : 1페이지 형태의 페이지 수를 입력한다.

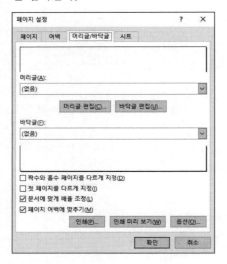

[시트] 탭

항목	설명
인쇄 영역	특정 부분만 인쇄할 수 있도록 범위를 설정
인쇄 제목	인쇄할 매 페이지마다 반복할 행/열을 제목으로 설정(특정 행을 각 페이지의 수평 제목으로 인쇄하려면 '반복할 행', 수직 제목으로 인쇄하려면 '반복할 열'에 해당 범위를 지정)
눈금선	워크시트에서 셀 눈금선의 인쇄 여부를 설정
흑백으로	컬러로 지정된 데이터를 흑백으로 출력
간단하게 인쇄	워크시트에 삽입된 그래픽 개체(도형, 차트, 일러스트레이션 등)를 제외하고, 텍스트만 빠르게 인쇄
행/열 머리글	행/열의 위치를 나타내는 머리글을 문서에 포함하여 인쇄
메모	해당 시트에 입력된 메모의 인쇄 위치를 설정('없음'을 선택하면 셀에 메모가 있더라도 인쇄되지 않음)
셀 오류 표시	셀 오류의 표시 방법을 지정
페이지 순서	• 한 페이지에 문서 전체를 인쇄할 수 없을 때 인쇄 방향(행/열)을 설정 • 행 우선은 행(아래) 방향으로 인쇄를 한 후 열 방향으로 진행 • 열 우선은 열(오른쪽) 방향으로 인쇄를 한 후 행 방향으로 진행

한 걸음 더 머리글/바닥글 편집 도구 모음

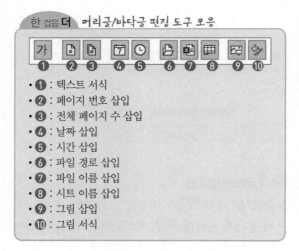

- ❶ : 텍스트 서식
- ❷ : 페이지 번호 삽입
- ❸ : 전체 페이지 수 삽입
- ❹ : 날짜 삽입
- ❺ : 시간 삽입
- ❻ : 파일 경로 삽입
- ❼ : 파일 이름 삽입
- ❽ : 시트 이름 삽입
- ❾ : 그림 삽입
- ❿ : 그림 서식

③ 인쇄 미리 보기와 인쇄 설정

인쇄 미리 보기

- 작업 내용을 프린터로 인쇄하기 전에 여백이나 서식 등을 미리 확인할 수 있다.
- [파일] 탭에서 [인쇄]를 선택하거나 Ctrl+F2 키를 누른다.
- 인쇄 미리 보기 창의 오른쪽 하단에 있는 여백 표시 (⬚) 단추를 클릭하면 셀 너비를 상하좌우로 조절할 수 있다(셀 너비를 조절하면 워크시트에도 변경된 너비가 적용).
- 인쇄 미리 보기 창을 종료하려면 ESC 키를 누른다.
- 여러 개의 인쇄 영역을 설정한 후 인쇄하면 설정한 순서대로 각각 다른 페이지에 인쇄된다.
- 차트를 선택한 후 [파일] 탭을 클릭하고, [인쇄]를 선택하면 차트만 미리 볼 수 있다.

인쇄 설정

- [인쇄] 메뉴에서는 인쇄 매수, 프린터의 상태 및 종류, 프린터 속성, 페이지 설정 등을 지정할 수 있다.
- [인쇄] 메뉴의 설정에서는 인쇄 범위, 인쇄 대상, 단면/양면 인쇄, 인쇄 방향, 인쇄 규격, 사용자 지정 여백, 용지 설정 등을 지정할 수 있다.

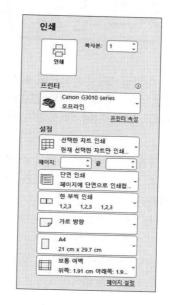

한 걸음 **더** 특정 부분만 인쇄

- 인쇄할 범위를 지정한 후 '설정'에서 인쇄 대상을 '선택 영역 인쇄'로 선택
- 인쇄할 범위를 지정한 후 [페이지 레이아웃] 탭의 [페이지 설정] 그룹에서 인쇄 영역(🖼️) 아이콘을 클릭하고, [인쇄 영역 설정]을 선택
- [페이지 설정] 대화 상자의 [시트] 탭에서 '인쇄 영역'에 인쇄할 범위를 지정
- 인쇄 영역으로 설정되면 인쇄 미리 보기에서는 설정된 부분만 표시됨

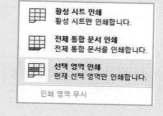

01 워크시트 출력시 머리글 또는 바닥글에 페이지 번호가 포함된 경우 시작 페이지 번호를 100으로 지정하려고 한다. 다음 중 설명이 옳은 것은?

① [페이지 설정]-[머리글/바닥글]-[바닥글 편집]-[시작 페이지 번호]에 표시될 페이지 번호 '100'을 입력한다.

② [페이지 설정]-[페이지]-[자동 맞춤]-[용지 번호]에 표시될 페이지 번호 '100'을 입력한다.

③ [페이지 설정]-[페이지]-[시작 페이지 번호]에 표시될 페이지 번호 '100'을 입력한다.

④ [페이지 설정]-[설정]-[페이지 번호]에 표시될 페이지 번호 '100'을 입력한다.

해설 시작 페이지를 임의로 지정하는 경우 [페이지 설정] 대화 상자의 [페이지] 탭에 있는 '시작 페이지 번호'에 페이지 번호(100)를 입력해야 한다.

02 여러 페이지 분량의 시트를 인쇄하고자 한다. 다음 중 각 페이지 상단에 작성자의 이름을 넣기 위해 [페이지 설정] 대화 상자에서 설정해야 할 옵션은?

① 메모   ② 머리글

③ 페이지 이름   ④ 인쇄 영역

해설 [머리글/바닥글] 탭 : 워크시트에서 작업한 내용을 인쇄할 때 매 페이지의 상단/하단에 특정 텍스트(페이지 번호, 문서의 제목, 작성자, 작성 날짜 등)를 표시할 수 있다.

03 페이지 번호를 삽입하여 인쇄하려고 한다. 다음 중 입력 내용으로 옳은 것은?

① ![페이지 번호]   ② &[PAGE]

③ &[페이지 번호]   ④ ![PAGE]

해설 페이지 번호를 삽입하는 경우 머리글/바닥글에서 삽입하는데 &[페이지 번호]의 형태로 삽입된다.

04 다음 중 [페이지 설정] 대화 상자의 머리글/바닥글 편집에 대한 설명으로 옳지 않은 것은?

① 서식을 지정할 텍스트를 블록 설정하고, 가 단추를 클릭하여 글꼴 서식을 지정할 수 있다.

② 그림이 있는 구역에 커서를 놓고, 단추를 클릭하여 그림 서식을 지정할 수 있다.

③ 페이지 번호를 '- 1 -'처럼 표시하려면 '& - [페이지 번호] -'를 입력한다.

④ 머리글 또는 바닥글 내용에 '&' 문자를 포함시키려면 '&&'를 사용해야 한다.

해설 -&[페이지 번호]&- : -1- 형태의 페이지 번호를 입력한다.

05 다음 중 머리글 또는 바닥글에 인쇄할 '전체 페이지 수'를 표시하려고 할 때 사용하는 것으로 옳은 것은?

① 🔢   ② 🔢

③ 📄   ④ 🖼

해설 ① 페이지 번호 삽입. ③ 파일 이름 삽입. ④ 시트 이름 삽입

06 다음 중 [페이지 설정] 대화 상자의 [시트] 탭에 대한 설명으로 옳지 않은 것은?

① [행/열 머리글] 항목은 행/열 머리글이 인쇄되도록 설정하는 기능이다.

② [인쇄 제목] 항목을 이용하면 특정 부분을 매 페이지마다 반복적으로 인쇄할 수 있다.

③ [눈금선] 항목을 선택하여 체크 표시하면 작업 시트의 셀 구분선은 인쇄되지 않는다.

④ [메모] 항목에서 '(없음)'을 선택하면 셀에 메모가 있더라도 인쇄되지 않는다.

해설 [눈금선] 항목을 선택하여 체크 표시하면 작업 시트의 셀 구분은 인쇄된다.

정답   **01** ③   **02** ②   **03** ③   **04** ③   **05** ②   **06** ③

07 [페이지 설정] 대화 상자의 [시트] 탭에서 '반복할 행'에 [$4:$4]를 지정하고, 워크시트 문서를 출력하였다. 다음 중 출력 결과에 대한 설명으로 옳은 것은?

① 첫 페이지만 1행부터 4행의 내용이 반복되어 인쇄된다.

② 모든 페이지에 4행의 내용이 반복되어 인쇄된다.

③ 모든 페이지에 4열의 내용이 반복되어 인쇄된다.

④ 모든 페이지에 4행과 4열의 내용이 반복되어 인쇄된다.

해설 특정 행을 각 페이지의 수평 제목으로 인쇄하려면 '반복할 행', 수직 제목을 각 페이지에 인쇄하려면 '반복할 열'에 해당 범위를 지정한다. 즉, 반복할 행에서 설정된 영역은 모든 페이지에 반복하여 인쇄된다.

08 다음 중 [페이지 설정] 대화 상자에서 실행 가능한 작업이 아닌 것은?

① [페이지] 탭에서 '자동 맞춤' 옵션을 이용하여 한 장에 모아서 인쇄할 수 있다.

② [여백] 탭에서 '페이지 나누기' 옵션을 이용하여 새 페이지가 시작되는 위치를 설정할 수 있다.

③ [머리글/바닥글] 탭에서 머리말과 꼬리말이 짝수와 홀수 페이지에 다르게 표시되도록 설정할 수 있다.

④ [시트] 탭에서 '간단하게 인쇄' 옵션을 이용하여 워크시트에 삽입된 차트나 일러스트레이션 개체 등이 인쇄되지 않도록 설정할 수 있다.

해설 [여백] 탭 : 위쪽, 아래쪽, 왼쪽, 오른쪽, 머리글, 바닥글의 여백을 지정하거나 워크시트에서 작업한 내용이 인쇄 용지의 가운데에 위치하도록 맞출 수 있다.

09 다음 중 [페이지 설정] 대화 상자에 대한 설명으로 옳지 않은 것은?

① '셀 오류 표시' 옵션을 이용하여 오류 값이 인쇄되지 않도록 할 수 있다.

② 인쇄할 내용이 페이지의 가로/세로 가운데에 위치하도록 설정할 수 있다.

③ '시작 페이지 번호' 옵션을 이용하여 인쇄할 페이지의 시작 페이지 번호를 지정할 수 있다.

④ 설치된 여러 대의 프린터 중에서 인쇄할 프린터를 선택할 수 있다.

해설 보기 ④의 경우는 [인쇄] 대화 상자에서 가능하다.

10 다음 중 워크시트의 인쇄에 대한 설명으로 옳지 않은 것은?

① 작업 중인 워크시트 화면의 축소/확대 비율은 10%에서 400%까지 설정할 수 있지만 인쇄 시에는 적용되지 않는다.

② 창 나누기와 틀 고정의 결과는 화면에서만 영향을 줄 뿐 인쇄 시에는 적용되지 않는다.

③ [페이지 설정]-[시트] 탭에서 [메모] 항목 중에 '시트 끝'을 선택하면 메모가 시트 끝에 모아서 인쇄된다.

④ [페이지 설정]-[시트] 탭에서 [눈금선] 항목을 선택하면 워크시트의 셀 눈금선을 인쇄할 수 없다.

해설 눈금선 : 워크시트에서 셀 눈금선의 인쇄 여부를 설정한다.

11 다음 중 '페이지 나누기'에 대한 설명으로 옳지 않은 것은?

① [페이지 나누기 미리 보기]에서 행 높이와 열 너비를 변경하면 '자동 페이지 나누기'의 위치도 변경된다.

② [페이지 나누기 미리 보기]에서 수동으로 삽입된 페이지 나누기는 점선으로 표시된다.

③ 수동으로 삽입한 페이지 나누기를 제거하려면 페이지 나누기 선 아래 셀의 바로 가기 메뉴에서 [페이지 나누기 제거]를 선택한다.

④ 용지 크기, 여백 설정, 배율 옵션 등에 따라 자동 페이지 나누기가 삽입된다.

해설 [페이지 나누기 미리 보기]에서 자동으로 표시된 페이지 구분선은 점선, 사용자가 삽입한 페이지 구분선은 실선으로 표시된다.

12 다음 중 페이지 나누기에 대한 설명으로 옳지 않은 것은?

① 페이지 나누기는 워크시트를 인쇄할 수 있도록 페이지 단위로 나누는 구분선이다.

② [페이지 나누기 미리 보기] 상태에서 마우스로 페이지 나누기 구분선을 클릭하여 끌면 페이지를 나눌 위치를 조정할 수 있다.

③ 행 높이와 열 너비를 변경해도 자동 페이지 나누기 구분선의 위치는 변경되지 않는다.

④ [페이지 나누기 미리 보기] 상태에서 파선은 자동 페이지 나누기를 나타내고 실선은 사용자 지정 페이지 나누기를 나타낸다.

해설 행 높이와 열 너비를 변경하면 자동 페이지 나누기 구분선의 위치가 변경되어 페이지 수가 바뀌게 된다.

13 다음 중 [인쇄 미리 보기]에 관한 설명으로 옳지 않은 것은?

① [인쇄 미리 보기]에서 셀 너비를 조절할 수 있으나 워크시트에는 변경된 너비가 적용되지 않는다.

② [인쇄 미리 보기]를 실행한 상태에서 [페이지 설정]을 클릭하여 [여백] 탭에서 여백을 조절할 수 있다.

③ [인쇄 미리 보기] 상태에서 '페이지 확대/축소'를 클릭하면 화면에는 적용되지만 실제 인쇄 시에는 적용되지 않는다.

④ [인쇄 미리 보기]를 실행한 상태에서 '여백 표시'를 클릭한 후 마우스 끌기를 통하여 여백을 조절할 수 있다.

해설 • 인쇄 미리 보기를 실행한 상태에서 마우스 끌기로 여백과 열의 너비를 조절할 수 있다.
• ① 적용되지 않는다. → 적용된다.

14 다음의 그림과 같이 눈금선과 행/열 머리글을 포함하여 인쇄하기 위한 방법은?

	A	B	C	D	E
2					
3	개강 날짜	단계 및 대상	기간	시간	
4	2018-01-02	초급, 중급	3개월 수금	17:00-18:00	
5	2018-01-10	중학생	4개월 토일	11:00-12:00	
6	2018-02-01	일반인	1개월 화수	09:00-10:30	
7	2018-02-15	초중급	5주간 토일	18:00-19:20	
8	2018-03-02	초등(1-3학년)	1개월 매주	10:00-10:50	
9	2018-02-20	성인	2개월 화목	10:00-12:00	
10	2018-03-10	초중급	1개월 월수	17:00-18:00	
11					

① [페이지 레이아웃] 탭의 [시트 옵션] 그룹에서 '눈금선'과 '제목'에서 보기를 선택한다.

② [페이지 설정] 대화 상자의 [시트] 탭에서 '눈금선'과 '행/열 머리글'을 선택한다.

③ [보기] 탭의 [표시] 그룹에서 '눈금선'과 '머리글'을 선택한다.

④ [Excel 옵션] 대화 상자의 [고급] 탭에 있는 '이 워크시트의 표시 옵션'에서 '행 및 열 머리글 표시'와 '눈금선 표시'를 선택한다.

해설 • 눈금선 : 워크시트에서 셀 눈금선의 인쇄 여부를 설정한다.
• 행/열 머리글 : 행/열의 위치를 나타내는 머리글을 문서에 포함하여 인쇄한다.

❖세부 항목 ▶ 매크로 작성과 실행 / 매크로 편집과 제어문

• 매크로의 특징과 기록을 살펴본 후 매크로를 작성하고, 실행하는 방법에 대해 학습합니다.
• 매크로 편집을 기본으로 가장 기초적인 프로그래밍과 VBA 제어문에 대해 학습합니다.

① 매크로의 특징과 기록

매크로의 특징

• 매크로는 해당 작업이 필요할 때마다 실행할 수 있도록 일련의 명령과 함수를 Microsoft Visual Basic 모듈로 저장해 놓은 것이다.
• 반복적인 작업이나 시간이 많이 걸리는 작업을 보다 신속하게 처리하기 위해 사용된다.
• 특정 작업 내용을 바로 가기 키나 명령 단추로 기록하여 작업을 보다 빠르게 실행할 수 있다.
• 선택된 셀 위치에서 매크로가 실행되도록 하려면 상대 참조로 기록해야 한다.
• 엑셀에서 기본적으로 사용하는 통합 문서(.xlsx)는 매크로 제외 통합 문서이다.
• 매크로 작성의 프로그래밍 언어는 Visual Basic이다.
• 새 매크로 기록을 이용하거나 VBA(Visual Basic for Application)을 이용하여 작성할 수 있다.
• 작성된 매크로는 비주얼 베이직 편집기(Visual Basic Editor)를 이용해 수정하거나 편집할 수 있다.

매크로 기록 작성

• 리본 메뉴에 [개발 도구] 탭을 표시하기 위하여 [파일]-[옵션]을 선택한다(매크로 기록 시 리본 메뉴의 탐색은 기록 단계에 포함되지 않음).
• [Excel 옵션] 대화 상자의 [리본 사용자 지정] 탭에서 리본 메뉴 사용자 지정에 있는 '개발 도구'를 체크하고, [확인] 단추를 누른다.
• [개발 도구] 탭의 [코드] 그룹에서 매크로 기록 (🔴 매크로 기록) 아이콘을 클릭한다(사용자의 마우스 동작뿐만 아니라 키보드 동작도 그대로 기록).

• [매크로 기록] 대화 상자에서 매크로 이름, 바로 가기 키, 매크로 저장 위치 등을 설정한 후 [확인] 단추를 누른다.

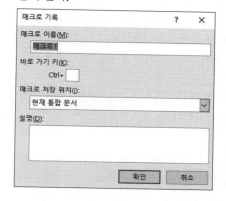

• 매크로 기록 과정이 끝나면 [개발 도구] 탭의 [코드] 그룹에서 기록 중지(□ 기록 중지) 단추를 클릭하여 매크로를 종료한다.
• 매크로로 작성한 내용은 필요에 따라 삭제, 편집이 가능하다.

매크로 이름

• 자동으로 부여되므로 설정된 이름을 이용하거나 새로운 이름을 사용자가 직접 입력할 수 있다.
• 첫 글자는 반드시 문자로 시작되어야 하며, 특수 문자(+, −, ?, $, & 등)는 사용할 수 없다.
• 이름 중간에 공백을 삽입할 수 없으며, 단어를 구분할 때는 밑줄(_)을 사용한다.
• Auto_Open으로 이름을 지정하면 통합 문서를 열 때마다 자동으로 실행된다.

바로 가기 키

- 매크로를 해당 바로 가기 키로 실행할 수 있도록 문자를 입력한다.
- 기본적으로 Ctrl+영문 소문자로 지정되지만 바로 가기 키 입력란에 대문자를 입력하면 Ctrl+Shift+영문 대문자로 지정된다.
- @나 #과 같은 특수 문자는 사용할 수 없다.
- 매크로가 작성된 통합 문서가 열린 경우 기억되어 있는 기본 바로 가기 키보다 매크로 실행 바로 가기 키가 우선한다.

매크로 저장 위치

- **개인용 매크로 통합 문서** : PERSONAL.XLSB에 저장되어 엑셀을 실행할 때마다 기록된 매크로를 자동으로 사용할 수 있도록 저장한다.
- **새 통합 문서** : 새로운 통합 문서에 기록된 매크로를 저장한다.
- **현재 통합 문서** : 현재 작업중인 통합 문서에 기록된 매크로를 저장한다.

한 걸음 더 매크로의 보안 경고

▶ 매크로가 포함된 문서를 불러올 경우

① 매크로 파일을 불러오면 다음과 같이 '보안 경고'가 나타나는데 이때, [콘텐츠 사용] 단추를 클릭

> ⚠ 보안 경고 매크로를 사용할 수 없도록 설정했습니다. [콘텐츠 사용]

▶ '보안 경고' 없이 통합 문서에 포함된 모든 콘텐츠를 사용할 경우

① [개발 도구] 탭의 [코드] 그룹에서 매크로 보안 (⚠ 매크로 보안) 아이콘을 클릭

② [보안 센터] 대화 상자의 [매크로 설정] 탭에서 'VBA 매크로 사용'을 선택하고, [확인] 단추를 누름

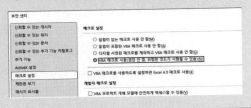

매크로 삭제

- [개발 도구] 탭의 [코드] 그룹에서 매크로(📋) 아이콘을 클릭하거나 [보기] 탭의 [매크로] 그룹에서 매크로(📋) 아이콘을 클릭하고, [매크로 보기]를 선택한다.
- Visual Basic Editor의 프로시저에서 직접 지우거나 모듈을 삭제한다.
- 매크로 기능이 연결된 도형이나 버튼(단추)을 삭제해도 작성된 매크로는 삭제되지 않는다.

---

② 매크로 실행

매크로 실행 과정

- 기록한 매크로를 실행할 경우 [개발 도구] 탭의 [코드] 그룹에서 매크로(📋) 단추를 클릭하거나 Alt+F8 키를 누른다.
- 매크로 기록 시 설정한 바로 가기 키를 누른다.
- 매크로를 실행하는 동안 셀을 선택하면 매크로가 절대 참조를 기록하므로 처음 선택한 셀은 무시하고 현재 셀을 선택한다.

실행 방법 1

① 매크로를 실행할 셀에서 [개발 도구] 탭의 [코드] 그룹에 있는 매크로(📋) 아이콘을 클릭한다.

② [매크로] 대화 상자에서 실행할 매크로 이름을 선택하고, [실행] 단추를 누른다.

단추	설명
[실행]	선택한 매크로를 실행
[한 단계씩 코드 실행]	• 선택한 매크로를 한 줄씩 실행(디버깅) • Visual Basic Editor가 실행되고, F8 키를 눌러 한 단계씩 실행
[편집]	Visual Basic Editor를 이용하여 매크로 이름, 키, 명령 내용 등을 편집
[만들기]	Visual Basic Editor를 이용하여 매크로를 작성
[삭제]	선택한 매크로를 삭제
[옵션]	선택한 매크로에 바로 가기 키나 설명을 수정

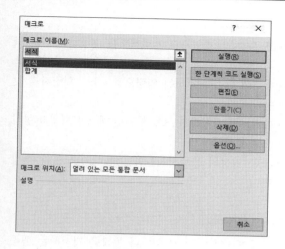

실행 방법 2

① 매크로를 실행할 셀에서 [매크로 기록] 대화 상자의 설정한 바로 가기 키를 누른다.

② [매크로 기록] 대화 상자에서 바로 가기 키를 소문자로 지정했을 경우에는 Ctrl+영문자를, 대문자로 지정했을 경우에는 Ctrl+Shift+영문자를 누른다.

기타 실행 방법

- [개발 도구] 탭의 [컨트롤] 그룹에서 삽입( ) 아이콘의 양식 컨트롤에서 단추( ) 단추를 눌러 개체를 만들고, 매크로 이름과 연결한 후 해당 개체를 클릭한다.
- [삽입] 탭의 [일러스트레이션] 그룹에 있는 도형( ) 아이콘을 이용하여 매크로의 실행 단추를 만든다(도형, 그림 등과 같은 개체에 매크로를 지정하여 실행).

한 걸음 더 양식 컨트롤

- 단추, 콤보 상자, 확인란, 스핀 단추, 목록 상자, 옵션 단추, 그룹 상자, 레이블, 스크롤 막대, 텍스트 필드, 콤보 목록-편집, 콤보 드롭다운-편집
- 양식 컨트롤인 [단추] 도구를 이용하여 명령 단추를 그린 후 실행할 매크로를 지정하면 해당 단추를 클릭하여 실행할 수 있음

---

③ 매크로 편집과 제어문

Visual Basic 편집기

- VBE는 프로젝트 탐색기, 속성 창, 모듈 시트 등으로 구성되어 있으며, VBA 프로그래밍 작업과 프로젝트를 관리한다.
- 사용자가 기록한 매크로의 내용을 수정하거나 편집할 수 있다.
- 사용자가 직접 명령어를 입력하여 매크로를 작성할 수도 있다.
- 작성된 매크로는 VBE(Visual Basic Editor)에서 해당하는 코드를 제거하면 매크로가 삭제된다.
- 실행하고자 하는 매크로 구문에 커서를 위치시키고, F5 키를 누르면 매크로가 바로 실행된다.
- [개발 도구] 탭의 [코드] 그룹에서 Visual Basic ( ) 아이콘을 클릭하거나 [매크로] 대화 상자에서 [편집] 단추를 누른다.
- Alt+F11 키를 누르거나 [시트] 탭의 바로 가기 메뉴에서 [코드 보기]를 선택한다.

한 걸음 더 [개발 도구] 탭

- **Visual Basic** : Visual Basic Editor를 시작
- **매크로** : 매크로 목록을 표시
- **매크로 기록** : 매크로를 기록
- **상대 참조로 기록** : 상대 참조를 사용하여 선택한 셀에 따라 다른 동작으로 매크로를 기록
- **매크로 보안** : 매크로 보안 설정을 지정
- **삽입** : 워크시트에 컨트롤을 삽입
- **디자인 모드** : 디자인 모드를 설정하거나 해제
- **속성** : 선택한 컨트롤의 속성을 보거나 수정
- **코드 보기** : 컨트롤의 Visual Basic 코드를 편집
- **대화 상자 실행** : 사용자 지정 대화 상자를 실행

프로시저(Procedure)의 작성

- 프로시저는 한 단위로 실행되는 구문으로 이름은 모듈 수준에서 정의한다.
- 프로시저 이름은 매크로 이름과 같이 동일한 방법으로 사용자가 직접 입력한다.
- 프로시저를 실행할 경우 도구 모음에서 매크로 실행(▶) 단추를 클릭하거나 F5 키를 누른다.
- 프로시저의 범위는 Public 또는 Private로 설정하며, 해당 범위를 생략하면 Public이 설정된다.

프로시저의 호출

- Call문을 이용하여 호출하며, 다른 프로시저에서 호출할 경우 프로시저의 이름을 입력한다.
- 매개 변수가 있을 경우 '프로시저 이름 변수 1, 매개 변수 2' 또는 'Call 프로시저 이름'의 형식을 사용한다.

프로시저의 형식

- Sub 프로시저는 프로그램에서 설정된 작업을 수행하면서 결과 값은 반환하지 않는다(Sub~End Sub).
- Function 프로시저는 사용자 정의 함수를 이용하여 작업을 수행한다(Function~End Function).
- Property 프로시저는 사용자 정의 속성을 작성할 경우 사용한다.

한 걸음 더 코드 작성

- 한 줄에 명령문 하나를 입력하며, 두 개 이상의 명령문을 입력할 때는 콜론(:)으로 구분
- 명령문의 길이가 길면 밑줄(_)을 이용하여 두 줄 이상으로 나눌 수 있음
- 예약어는 자동으로 첫 글자가 대문자로 입력되며, 대소문자를 구분하지 않음
- 주석문은 REM 또는 따옴표(')로 시작하는데 이는 매크로 실행에 아무런 영향을 주지 않음
- 구문을 입력할 때 행에 문법적 오류가 발생하면 이를 자동으로 검사
- Ctrl + Enter 키를 누르면 입력할 수 있는 개체, 메서드, 속성 목록이 표시
- 예약어는 파란색으로 표시되지만 상수, 변수, 수식 등은 검정색으로 표시(오류는 빨간색)

모듈(Module)

- 프로시저의 집합으로 프로젝트를 구성하는 기본 단위이다.
- 하나의 일을 처리하는 명령으로 *.bas 확장자를 갖는다.
- 매크로를 설정하면 모듈에 'sub 매크로명( )'의 형식으로 저장되어 있다.
- 하나 이상의 프로시저들을 이용하여 모듈을 구성한다.

메서드(Method)

- 개체에 대하여 특정 일이나 동작을 지시하는 행동이다.
- 특정 개체에서만 실행할 수 있는 프로시저를 의미한다.
- 각 개체가 가지고 있는 메서드는 서로 다르며, '개체명.메서드' 형태로 표시한다.

변수

- 수시로 변하는 수로 항상 영문자로 시작해야 한다.
- 한글, 숫자, 밑줄 등을 사용하며, 영문의 경우 대소문자를 구분하지 않는다.
- 상수 값을 대입할 경우 등호(=)를 입력하며, 빈칸이나 마침표(.)를 사용할 수 없다.
- 변수명의 길이는 영문 최대 255자, 한글 최대 127자 이어야 한다.
- 엑셀에서 지정된 예약어는 변수명으로 사용할 수 없다.
- 사용 범위 내에서 유일하게 구별될 수 있는 이름을 가지며, VBA에서는 변수를 선언하지 않아도 사용할 수 있다.

종류	설명
Dim	변수를 선언할 때 사용
Public	모든 모듈에서 사용하는 변수를 선언할 때 사용
Static	정적 변수를 선언할 때 사용
Private	모듈에서 사용하는 변수를 선언할 때 사용

상수

- 변하는 않는 고정된 값으로 수정하거나 새로운 값으로 지정할 수 없다.
- 내부(시스템 정의) 상수, 기호(사용자 정의) 상수, 조건부 컴파일러 상수가 있다.

④ VBA 제어문

조건문

- **If … Then … End If문** : 조건을 만족할 경우에만 해당 문장을 실행하며, 실행문이 Then과 같은 줄에 있는 경우는 End If문을 생략할 수 있다.
- **If … Then … Else … End If문** : 조건을 만족할 경우 첫 번째 실행문을 실행하고, 그렇지 않으면 다음 실행문을 실행한다.
- **If … Then … ElseIf … Else … End If문** : 조건을 만족할 경우 첫 번째 실행문을 실행하고, 다음 조건을 만족할 경우 두 번째 실행문을 실행하고, 두 조건을 모두 만족하지 않을 경우 마지막 실행문을 실행한다.
- **Select Case문** : 비교 값을 여러 종류의 값과 비교하여 해당 문장을 실행한다.
- **With … End With문** : 단일 개체에 대한 메소드나 속성을 변경하고, 프로그램의 길이를 줄일 수 있다 (실행 속도 빠름).

반복문

- **Do While … Loop문** : 조건을 만족할 때까지 실행문을 반복적으로 실행한다.
- **Do … Loop While문** : 먼저 실행문를 실행한 후 조건을 만족할 때까지 계속적으로 해당 실행문을 반복 실행한다.

- **Do Until … Loop문** : 조건을 비교한 후 조건이 만족하지 않을 경우에만 반복적으로 실행문을 실행하고, 만족하면 반복을 중지한다.
- **Do … Loop Until문** : 먼저 실행문를 실행한 후 조건이 만족하지 않을 동안 반복적으로 실행문을 실행하고, 만족하면 반복을 중지한다.
- **For … Next문** : 지정한 횟수만큼 실행문을 반복 실행한다.
- **Exit문** : For … Next문, Do … Loop문, Sub 프로시저, Function 프로시저 등의 작업을 중지할 때 사용한다.
- **While … Wend** : 주어진 조건을 만족하는 동안 처리문을 반복 수행하며, 어떤 수준에서든 중첩하여 사용한다.

01 다음 중 매크로의 특징에 대한 설명으로 옳지 않은 것은?

① 매크로를 기록할 때 리본 메뉴에서의 탐색은 기록된 단계에 포함되지 않는다.

② 매크로로 작성한 내용은 필요에 따라 삭제, 편집이 가능하다.

③ 절대 참조를 이용하면 현재 셀의 위치에 따라 작업의 대상이 되는 영역을 달리할 수 있다.

④ 매크로는 반복적인 작업이나 시간이 많이 걸리는 작업을 보다 신속하게 처리하기 위해 사용된다.

> 해설 • 매크로를 실행하는 동안 셀을 선택하면 매크로가 절대 참조를 기록하므로 처음 선택한 셀은 무시하고 현재 선택한 셀을 선택한다.
> • 절대 참조를 이용하면 현재 셀의 위치에 따라 작업 대상이 되는 영역을 달리할 수는 없다.

02 다음 중 매크로 기록에 대한 설명으로 옳은 것은?

① 매크로 이름의 첫 글자는 반드시 문자여야 하며, 나머지는 문자, 숫자, 공백 문자 등을 사용할 수 있다.

② 매크로의 바로 가기 키는 숫자 0~9 중에서 선택하여 사용해야 한다.

③ 선택된 셀의 위치에서 매크로가 실행되도록 하려면 상대 참조로 기록해야 한다.

④ 매크로를 기록 중 [개발 도구] 탭의 [코드] 그룹에서 [매크로 기록] 버튼을 클릭하면 매크로 기록이 완료된다.

> 해설 • ① 매크로 이름 중간에 공백을 삽입할 수 없다.
> • ② 매크로를 해당 바로 가기 키로 실행할 수 있도록 문자를 입력한다.
> • ④ [개발 도구] 탭의 [코드] 그룹에서 [기록 중지] 버튼을 클릭하면 매크로 기록이 완료된다.

03 다음 중 매크로와 관련된 바로 가기 키에 대한 설명으로 옳지 않은 것은?

① Alt+M 키를 누르면 [매크로 기록] 대화 상자가 표시되어 매크로를 기록할 수 있다.

② Alt+F11 키를 누르면 Visual Basic Editor가 실행되며, 매크로를 수정할 수 있다.

③ Alt+F8 키를 누르면 [매크로] 대화 상자가 표시되어 매크로 목록에서 매크로를 선택하여 실행할 수 있다.

④ 매크로 기록 시 Ctrl 키와 영문 문자를 조합하여 해당 매크로의 바로 가기 키를 지정할 수 있다.

> 해설 Alt+M 키를 누르면 [수식] 탭으로 이동하며, [매크로 기록] 대화 상자를 호출하는 바로 가기 키는 없다.

04 다음 중 매크로에 관한 설명으로 옳지 않은 것은?

① 매크로에서 지정한 바로 가기 키와 엑셀의 바로 가기 키가 같은 경우 매크로에서 지정한 바로 가기 키가 적용된다.

② 매크로에 지정된 바로 가기 키를 변경한 경우 도구 모음이나 단추에 연결된 매크로는 다시 연결해야 한다.

③ 매크로의 바로 가기 키는 Ctrl+<영문 소문자> 또는 Ctrl+Shift+<영문 대문자>의 결합으로 구성해야 한다.

④ 작성된 매크로는 VBE(Visual Basic Editor)에서 해당하는 코드를 제거하면 매크로가 삭제된다.

> 해설 ② 다시 연결해야 한다. → 다시 연결할 필요는 없다.

05 다음 중 매크로 작성 절차에 대한 설명으로 옳지 않은 것은?

① [Excel 옵션]-[리본 사용자 지정]에서 리본 메뉴 사용자 지정에 있는 '개발 도구'를 선택한다.

② 매크로를 기록하기 위해 [매크로 기록] 아이콘을 클릭한다.

③ 매크로 본문을 위한 작업을 한다.

④ [개발 도구] 탭의 [코드] 그룹에서 [기록 저장] 단추를 클릭하여 매크로 기록을 종료한다.

> **해설** 매크로 기록을 종료하려면 [개발 도구] 탭의 [코드] 그룹에서 [기록 중지] 단추를 클릭한다.

06 다음 중 매크로 이름으로 적합한 것은?

① 합계_생성　　② 2020년_합계
③ Chart-1　　④ 1사분기실적

> **해설** • 첫 글자는 반드시 문자로 시작되어야 하며, 특수 문자(+, -, ?, $, & 등)는 사용할 수 없다.
> • 이름 중간에 공백을 삽입할 수 없으며, 단어를 구분할 때는 밑줄(_)을 사용한다.

07 다음 중 매크로에 관한 기본적인 설명으로 옳지 않은 것은?

① 서로 다른 매크로에 동일한 이름을 부여하면 안 된다.

② 매크로는 해당 작업에 대한 일련의 명령과 함수를 Microsoft Visual Basic 모듈로 저장한 것이다.

③ 사용자의 키보드 동작 및 마우스 동작을 그대로 기록할 수 있다.

④ 매크로 기록 기능으로 기록한 매크로는 편집할 수 없다.

> **해설** 매크로 기록 기능으로 기록한 매크로도 편집할 수 있다.

08 다음 중 [매크로 기록] 대화 상자의 각 항목에 입력하는 내용으로 옳지 않은 것은?

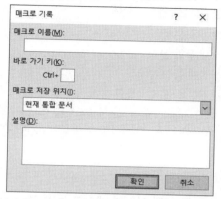

① 매크로 이름을 '매크로 연습'으로 입력하였다.

② 바로 가기 키 값을 'm'으로 입력하였다.

③ 매크로 저장 위치를 '새 통합 문서'로 지정하였다.

④ 설명에 매크로 기록자의 이름, 기록한 날짜, 간단한 설명 등을 기록하였다.

> **해설** 매크로 이름 중간에 공백을 삽입할 수 없으며, 단어를 구분할 때는 밑줄(_)을 사용한다.

09 다음 중 매크로 작성 시 [매크로 기록] 대화 상자에서 지정할 수 있는 매크로의 저장 위치로 옳지 않은 것은?

① 개인용 매크로 통합 문서

② 새 통합 문서

③ 현재 통합 문서

④ 작업 통합 문서

> **해설** 매크로 저장 위치 : 개인용 매크로 통합 문서, 새 통합 문서, 현재 통합 문서

정답　**05** ④　**06** ①　**07** ④　**08** ①　**09** ④

10 다음 중 엑셀이 시작될 때 매크로가 자동으로 열리도록 하기 위해서 저장되는 매크로의 저장 위치로 옳은 것은?

① 공유 문서
② 새 통합 문서
③ 현재 통합 문서
④ 개인용 매크로 통합 문서

해설 • 새 통합 문서 : 새로운 통합 문서에 매크로를 저장한다.
• 현재 통합 문서 : 현재 통합 문서에 새로운 매크로를 저장한다.

11 다음 중 선택 가능한 매크로 보안 설정으로 옳지 않은 것은?

① 알림이 없는 매크로 사용 안 함
② 알림이 포함된 VBA 매크로 사용 안 함
③ 디지털 서명된 매크로를 제외하고 VBA 매크로 사용 안 함
④ 모든 매크로 사용(권장 안 함)

해설 보기 ④번은 VBA 매크로 사용(권장 안 함, 위험한 코드가 시행될 수 있음)

12 다음 [매크로] 대화 상자에 대한 설명으로 옳지 않은 것은?

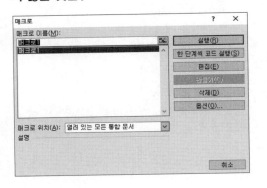

13 다음 중 워크시트상에서 매크로를 연결할 수 없는 양식 컨트롤의 유형은?

① 레이블   ② 텍스트 필드
③ 단추   ④ 확인란

해설 매크로를 연결할 수 있는 양식 컨트롤 유형 : 단추, 콤보 상자, 확인란, 스핀 단추, 목록 상자, 옵션 단추, 그룹 상자, 레이블, 스크롤 막대 등이 있다.

① 매크로 이름을 선택한 후 [실행] 단추를 누르면 매크로가 실행된다.
② [한 단계씩 코드 실행] 단추를 클릭하면 VBE가 실행되어 매크로 실행 과정을 확인할 수 있다.
③ [매크로] 대화 상자에서는 새 매크로를 작성할 수 없다.
④ [옵션] 단추를 클릭하면 매크로 바로 가기 키를 수정할 수 있다.

해설 [만들기] 단추를 클릭하면 Visual Basic Editor를 이용하여 새 매크로를 작성할 수 있다.

14 다음 중 매크로 실행 방법에 대한 설명으로 옳지 않은 것은?

① 도형, 그림 등과 같은 개체에 매크로를 지정하여 실행할 수 있다.
② 양식 컨트롤인 [단추] 도구를 이용하여 명령 단추를 그린 후 실행할 매크로를 지정하면 해당 단추를 클릭하여 실행할 수 있다.
③ 등록된 매크로 바로 가기 키를 이용해서 매크로를 실행할 수 있다.
④ 셀에서 오른쪽 마우스를 클릭하여 바로 가기 메뉴를 이용하여 실행할 수 있다.

해설 바로 가기 메뉴(마우스 오른쪽 버튼 클릭)를 이용하여 매크로를 실행할 수는 없다.

15 다음 중 새 매크로를 기록할 때의 과정에 대한 설명으로 가장 옳지 않은 것은?

① Alt+F8 키를 눌러 매크로 기록 대화 상자를 실행시켰다.

② 매크로 이름을 '서식변경'으로 지정하였다.

③ 바로 가기 키를 Ctrl+Shift+C로 지정하였다.

④ 매크로 저장 위치를 '새 통합 문서'로 지정하였다.

해설 Alt+F8 키를 누르면 매크로를 실행할 수 있는 [매크로] 대화 상자가 나타난다.

16 다음 중 매크로에 관한 설명으로 옳지 않은 것은?

① 같은 통합 문서 내에서 시트가 다르면 동일한 매크로 이름으로 기록할 수 있다.

② [매크로 기록] 대화 상자에서 바로 가기 키 지정 시 영문 대문자를 사용하면 Shift 키가 자동으로 덧붙는다.

③ 엑셀을 실행할 때마다 매크로를 사용할 수 있게 하려면 [매크로 기록] 대화 상자에서 매크로 저장 위치를 '개인용 매크로 통합 문서'로 선택한다.

④ 통합 문서를 열 때 어떤 상황에서 어떤 매크로를 실행할지 매크로 보안 설정을 변경하여 제어할 수 있다.

해설 같은 통합 문서 내에서는 동일한 매크로 이름을 기록할 수 없다.

17 다음 중 Visual Basic 편집기에 대한 설명으로 옳지 않은 것은?

① 단축키 Alt+F11을 클릭하면 Visual Basic Editor가 실행된다.

② 작성된 매크로를 삭제할 수 없다.

③ 실행하고자 하는 매크로 구문 내에 커서를 위치시키고, F5 키를 누르면 매크로가 바로 실행된다.

④ 작성된 매크로를 한 단계씩 실행할 수 있다.

해설 VBE는 VBA 언어를 사용하여 매크로를 직접 작성하거나 작성된 매크로를 수정, 삭제하거나 개체의 속성을 편집할 때 사용하는 편집기로 실행 단축키는 Alt+F11 키이고, VBE 편집기에서 매크로를 실행하는 경우 F5 키를 사용한다.

18 다음 중 매크로의 구성 설명으로 옳지 않은 것은?

① 매크로는 통합 문서에 첨부된 모듈 시트로 하나의 Sub 프로시저로 기록된다.

② 프로시저는 하나의 작업 단위로 이루어져 있다.

③ 매크로는 Sub로 시작하여 End Sub로 종료된다.

④ 매크로는 개체의 방법을 실행하는 것으로 기록된 내용은 변경할 수 없다.

해설 매크로의 기록된 내용은 추후 변경하거나 편집할 수 있다.

19 다음의 매크로 명령 중 반복 회수가 일정하지 않을 때 사용할 수 있는 명령문으로 옳은 것은?

① Select ~ End Select

② Do ~ Loop

③ Sub ~ End Sub

④ If ~ End If

해설 반복문에는 For~Next, Do~Loop, Do Until~Loop, While~Wend 등이 있다. 이중 반복 회수가 일정한 것은 For~Next 이며 Do 문을 이용한 경우에는 조건을 만족하는 동안 또는 조건을 만족할 때까지 반복하기 때문에 반복 회수가 일정하지 않다.

교재로 채택하여 강의 중인 컴퓨터학원입니다.

[서울특별시]

한양IT전문학원(서대문구 홍제동 330-54)
유림컴퓨터학원(성동구 성수1가 1동 656-251)
아이콘컴퓨터학원(은평구 갈현동 390-8)
송파컴퓨터회계학원(송파구 송파동 195-6)
강북정보처리학원(은평구 대조동 6-9호)
아이탑컴퓨터학원(구로구 개봉1동 65-5)
신영진컴퓨터학원(구로구 신도림동 437-1)
방학컴퓨터학원(도봉구 방학3동 670)
아람컴퓨터학원(동작구 사당동 우성2차 09상가)
국제컴퓨터학원(서초구 서초대로73길54 디오빌 209호)
백상컴퓨터학원(구로구 구로1동 314-1 극동상가 4층)
엔젤컴퓨터학원(도봉구 창2동 581-28)
독립문컴퓨터학원(종로구 무악동 47-4)
문성컴퓨터학원(동작구 대방동 335-16 대방빌딩 2층)
대건정보처리학원(강동구 명일동 347-3)
제6세대컴퓨터학원(송파구 석촌동 252-5)
명문컴퓨터학원(도봉구 쌍문2동 56)
영우컴퓨터학원(도봉구 방학1동 680-8)
바로컴퓨터학원(강북구 수유2동 245-4)
뚝섬컴퓨터학원(성동구 성수1가2동)
오성컴퓨터학원(광진구 자양3동 553-41)
해인컴퓨터학원(광진구 구의2동 30-15)
푸른솔컴퓨터학원(광진구 자양2동 645-5)
희망컴퓨터학원(광진구 구의동)
경일웹컴퓨터학원(중량구 신내동 665)
현대정보컴퓨터학원(양천구 신정5동 940-38)
보노컴퓨터학원(관악구 서림동 96-48)
스마트컴퓨터학원(도봉구 창동 9-1)
모드산업디자인학원(노원구 상계동 724)
미주컴퓨터학원(구로구 구로5동 528-7)
미래컴퓨터학원(구로구 개봉2동 403-217)
중앙컴퓨터학원(구로구 구로동 437-1 성보빌딩 3층)
고려아트컴퓨터학원(송파구 거여동 554-3)
노노스창업교육학원(서초구 양재동 16-6)
우신컴퓨터학원(성동구 홍익동 210)
무궁화컴퓨터학원(성동구 행당동 245번지 3층)
영일컴퓨터학원(금천구 시흥1동 838-33호)
셀파컴퓨터회계학원(송파구 송파동 97-43 3층)
지현컴퓨터학원(구로구 구로3동 188-5)

[인천광역시]

이컴IT.회계전문학원(남구 도화2동 87-1)
대성정보처리학원(계양구 효성1동 295-1 3층)
상아컴퓨터학원(경명대로 1124 명인프라자1, 501호)
명진컴퓨터학원(계양구 계산동 946-10 덕수빌딩 6층)
한나래컴퓨터디자인학원(계양구 임학동 6-1 4층)
효성한맥컴퓨터학원(계양구 효성1동 77-5 신한뉴프라자 4층)
시대컴퓨터학원(남동구 구월동 1225-36 롯데프라자 301-1)
피엘컴퓨터학원(남동구 구월동 1249)

하이미디어아카데미(부평구 부평동 199-24 2층)
부평IT멀티캠퍼스학원(부평구 부평5동 199-24 4, 5층)
돌고래컴퓨터아트학원(부평구 산곡동 281-53 풍성프라자 402, 502호)
미래컴퓨터학원(부평구 산곡1동 180-390)
가인정보처리학원(부평구 삼산동 391-3)
서부연세컴퓨터학원(서구 가좌동 140-42 2층)
이컴학원(서구 석남1동 513-3 4층)
연희컴퓨터학원(서구 심곡동 303-1 새터빌딩 4층)
검단컴퓨터회계학원(서구 당하동 5블럭 5롯트 대한빌딩 4층)
진성컴퓨터학원(연수구 선학동 407 대영빌딩 6층)
길정보처리회계학원(중구 인현동 27-7 창대빌딩 4층)
대화컴퓨터학원(남동구 만수5동 925-11)
new중앙컴퓨터학원(계양구 임학동 6-23번지 3층)

[대전광역시]

학사컴퓨터학원(동구 판암동 203번지 리라빌딩 401호)
대승컴퓨터학원(대덕구 법동 287-2)
열린컴퓨터학원(대덕구 오정동 65-10 2층)
국민컴퓨터학원(동구 가양1동 579-11 2층)
용운컴퓨터학원(동구 용운동 304-1번지 3층)
굿아이컴퓨터학원(서구 가수원동 656-47번지 3층)
경성컴퓨터학원(서구 갈마2동 1408번지 2층)
경남컴퓨터학원(서구 도마동 경남(아)상가 301호)
둔산컴퓨터학원(서구 탄방동 734 3층)
로얄컴퓨터학원(유성구 반석동 639-4번지 웰빙타운 602호)
자운컴퓨터학원(유성구 신성동 138-8번지)
오원컴퓨터학원(중구 대흥동 205-2 4층)
계룡컴퓨터학원(중구 문화동 374-5)
제일정보처리학원(중구 은행동 139-5번지 3층)

[광주광역시]

태봉컴퓨터전산학원(북구 운암동 117-13)
광주서강컴퓨터학원(북구 동림동 1310)
다음정보처리학원(광산구 신창동 1125-3 건도빌딩 4층)
광주중앙컴퓨터학원(북구 문흥동 999-3)
국제정보처리학원(북구 중흥동 279-60)
굿아이컴퓨터학원(북구 용봉동 1425-2)
나라정보처리학원(남구 진월동 438-3 4층)
두암컴퓨터학원(북구 두암동 602-9)
디지털국제컴퓨터학원(동구 서석동 25-7)
매곡컴퓨터학원(북구 매곡동 190-4)
사이버컴퓨터학원(광산구 운남동 387-37)
상일컴퓨터학원(서구 상무1동 147번지 3층)
세종컴퓨터전산학원(남구 봉선동 155-6 5층)
송정중앙컴퓨터학원(광산구 송정2동 793-7 3층)
신한국컴퓨터학원(광산구 월계동 899-10번지)
에디슨컴퓨터학원(동구 계림동 85-169)
엔터컴퓨터학원(광산구 신가동1012번지 우미아파트상가 2층 201호)

염주컴퓨터학원(서구 화정동 1035 2층)
영진정보처리학원(서구 화정2동 신동아아파트 상가 3층 302호)
이지컴퓨터학원(서구 금호동 838번지)
일류정보처리학원(서구 금호동 741-1 시영1차아파트 상가 2층)
조이컴정보처리학원(서구 치평동 1184-2번지 골든타워 304호)
중앙컴퓨터학원(서구 화정2동 834-4번지 3층)
풍암넷피아정보처리학원(서구 풍암 1123 풍암빌딩 6층)
하나정보처리학원(북구 일곡동 830-6)
양산컴퓨터학원(북구 양산동 283-48)
한성컴퓨터학원(광산구 월곡1동 56-2)

[부산광역시]

신흥정보처리학원(사하구 당리동 131번지)
경원전산학원(동래구 사직동 45-37)
동명정보처리학원(남구 용호동 408-1)
메인컴퓨터학원(사하구 괴정4동 1119-3 희망빌딩 7층)
미래컴퓨터학원(사상구 삼락동 418-36)
미래컴퓨터학원(부산진구 가야3동 301-8)
보성정보처리학원(사하구 장림2동 1052번지 삼일빌딩 2층)
영남컴퓨터학원(기장군 기장읍 대라리 97-14)
우성컴퓨터학원(사하구 괴정동 496-5 대원스포츠 2층)
중앙IT컴퓨터학원(북구 만덕2동 282-5번지)
하남컴퓨터학원(사하구 신평동 590-4)
다인컴퓨터학원(사하구 다대1동 933-19)
자유컴퓨터학원(동래구 온천3동 1468-6)
영도컴퓨터전산회계학원(영도구 봉래동3가 24번지 3층)
동아컴퓨터학원(사하구 당리동 303-11 5층)
동원컴퓨터학원(해운대구 재송동)
문현컴퓨터학원(남구 문현동 253-11)
삼성컴퓨터학원(북구 화명동 2316-1)

[대구광역시]

새빛캐드컴퓨터학원(달서구 달구벌대로 1704 삼정빌딩)
해인컴퓨터학원(북구 동천동 878-3 2층)
셈틀컴퓨터학원(북구 동천동 896-3 3층)
대구컴퓨터캐드회계학원(북구 국우동 1099-1 5층)
동화컴퓨터학원(수성구 범물동 1275-1)
동화회계캐드컴퓨터학원(수성구 달구벌대로 3179 3층)
세방컴퓨터학원(수성구 범어1동 371번지 7동 301호)
네트컴퓨터학원(북구 태전동 409-21번지 3층)
배움컴퓨터학원(북구 복현2동 340-42번지 2층)
윤성컴퓨터학원(북구 복현2동 200-1번지)
명성탑컴퓨터학원(북구 침산2동 295-18번지)
911컴퓨터학원(달서구 달구벌대로 1657 4층)
메가컴퓨터학원(수성구 신매동 267-13 3층)
테라컴퓨터학원(수성구 달구벌대로 3090)

[광역시]

정보처리세무회계(중구 성남동 청송빌딩 2층~6층)

컴퓨터학원(남구 신정 2동 명성음악사3,4층)

컴퓨터학원(중구 다운동 776-4번지 2층)

컴퓨터학원(동구 대송동 174-11번지 방어진농협 대송
2층)

컴퓨터학원(중구 태화동 명정초등 BUS 정류장 옆)

컴퓨터학원(남구 울산병원근처-신정푸르지오 모델하
앞)

컴퓨터학원(남구 옥동 260-6번지)

컴퓨터학원(북구 봉화로 58 신화프라자 301호)

화컴퓨터학원(북구 양정동 523번지 현대자동차문화
3층)

컴퓨터학원(울주군 범서면 굴화리 49-5 1층)

컴퓨터학원(남구 신정4동 949-28 2층)

보컴퓨터학원(울산시 남구 울산대학교앞 바보사거
GS25 5층)

컴퓨터학원(울산시 남구 달동 1331-13 2층)

컴퓨터학원(동구 방어동 281-1 우성현대 아파트상가
층)

컴퓨터학원(북구 천곡동 410-6 아진복합상가 310호)

컴퓨터학원(남구 무거동 1536-11번지 4층)

컴퓨터학원(남구 무거동(삼호동)1203-3번지)

터학원(동구 화정동 855-2번지)

보처리컴퓨터(울산시 남구 무거동 아이컨셉안경원
층)

LASS컴퓨터학원(울산시 동구 전하1동 301-17번지

기도]

컴퓨터학원(여주군 여주읍 상리 331-19)

컴퓨터디자인학원(안양시 동안구 관양2동 1488-
골드빌딩 1201호)

지털컴퓨터학원(부천시 원미구 춘의동 116-8 광
라자 3층)

스컴퓨터학원(부천시 원미구 상동 533-11 부건프
602호)

컴퓨터학원(부천시 소사구 송내동 523-3)

컴퓨터학원(부천시 원미구 심곡동 344-12)

컴퓨터학원(부천시 소사구 송내2동 433-25)

컴퓨터학원(부천시 소사구 괴안동 125-5 인광빌딩

퓨터전산회계디자인학원(부천시 원미구 심곡동
11)

컴퓨터학원(부천시 소사구 소사본3동 277-38)

컴퓨터학원(부천시 원미구 중1동 1170 포도마을 삼
가 3층)

컴퓨터학원(용인시 기흥구 구갈동 383-3)

퓨터학원(안양시 만안구 안양1동 674-249 삼양빌
층)

나래컴퓨터학원(안양시 만안구 안양5동 627-35 5층)

고색정보컴퓨터학원(수원시 권선구 고색동 890-169)

셀파컴퓨터회계학원(성남시 중원구 금광2동 4359 3층)

탑에듀컴퓨터학원(수원시 팔달구 팔달로2가 130-3 2층)

새빛컴퓨터학원(부천시 오정구 삼정동 318-10 3층)

부천컴퓨터학원(부천시 원미구 중1동 1141-5 다운타운
빌딩 403호)

경원컴퓨터학원(수원시 영통구 매탄4동 성일아파트상가
3층)

하나탑컴퓨터학원(광명시 광명6동 374-10)

정수천컴퓨터학원(가평군 석봉로 139-1)

평택비트컴퓨터학원(평택시 비전동 756-14 2층)

[전라북도]

전주컴퓨터학원(전주시 완산구 삼천동1가 666-6)

세라컴퓨터학원(전주시 덕진구 우아동)

비트컴퓨터학원(전북 남원시 왕정동 45-15)

문화컴퓨터학원(전주시 덕진구 송천동 1가 480번지 비사벌
빌딩 6층)

등용문컴퓨터학원(전주시 완산구 풍남동1가 15-6번지)

미르컴퓨터학원(전주시 덕진구 인후동1가 857-1 새마을금
고 3층)

거성컴퓨터학원(군산시 명산동 14-17 반석신협 3층)

동양컴퓨터학원(군산시 나운동 487-9 SK5층)

문화컴퓨터학원(군산시 문화동 917-9)

하나컴퓨터학원(전주시 완산구 효자동1가 518-59번지 3층)

동양인터넷컴퓨터학원(전주시 완산구 삼천동1가 288-9번
203호)

골든벨컴퓨터학원(전주시 완산구 평화2동 893-1)

명성컴퓨터학원(군산시 나운1동792-4)

다울컴퓨터학원(군산시 나운동 667-7번지)

제일컴퓨터학원(남원시 도통동 583-4번지)

뉴월드컴퓨터학원(익산시 부송동 762-1 번지 1001안경원
3층)

젬컴퓨터학원(군산시 문화동 920-11)

문경컴퓨터학원(정읍시 연지동 32-11)

유일컴퓨터학원(전주시 덕진구 인후동 안골사거리 태평양
약국 2층)

빛컴퓨터학원(군산시 나운동 809-1번지 라파빌딩 4층)

김상미컴퓨터학원(군산시 조촌동 903-1 시영아파트상가
2층)

아성컴퓨터학원(익산시 어양동 부영1차아파트 상가동
202호)

민컴퓨터학원(전주시 완산구 서신동 797-2번지 청담빌딩
5층)

제일컴퓨터학원(익산시 어양동 643-4번지 2층)

현대컴퓨터학원(익산시 동산동 1045-3번지 2층)

이지컴퓨터학원(군산시 동흥남동 404-8 1층)

비전컴퓨터학원(익산시 동산동 607-4)

청어람컴퓨터학원(전주시 완산구 평화동2가 890-5 5층)

정컴퓨터학원(전주시 완산구 삼천동1가 592-1)

영재컴퓨터학원(전라북도 완주군 삼례읍 삼례리 923-23)

탑스터디컴퓨터학원(군산시 수송로 119 은하빌딩 3층)

[전라남도]

한성컴퓨터학원(여수시 문수동 82-1번지 3층)

[경상북도]

현대컴퓨터학원(경북 칠곡군 북삼읍 인평리 1078-6번지)

조은컴퓨터학원(경북 구미시 형곡동 197-2번지)

옥동컴퓨터학원(경북 안동시 옥동 765-7)

청어람컴퓨터학원(경북 영주시 영주2동 528-1)

21세기정보처리학원(경북 영주시 휴천2동 463-4 2층)

이지컴퓨터학원(경북 경주시 황성동 472-44)

한국컴퓨터학원(경북 상주시 무양동 246-5)

예일컴퓨터학원(경북 의성군 의성읍 중리리 714-2)

김복남컴퓨터학원(경북 울진군 울진읍 읍내4리 520-4)

유성정보처리학원(경북 예천군 예천읍 노하리 72-6)

제일컴퓨터학원(경북 군위군 군위읍 서부리 32-19)

미림-엠아이티컴퓨터학원(경북 포항시 북구 장성동
1355-4)

가나컴퓨터학원(경북 구미시 옥계동 631-10)

엘리트컴퓨터외국어스쿨학원(경북 경주시 동천동 826-11
번지)

송현컴퓨터학원(안동시 송현동 295-1)

[경상남도]

송기웅전산학원(창원시 진해구 석동 654-3번지 세븐코
아 6층 602호)

빌게이츠컴퓨터학원(창원시 성산구 안민동 163-5번지
풍전상가 302호)

예일학원(창원시 의창구 봉곡동 144-1 401~2호)

정우컴퓨터전산회계학원(창원시 성산구 중앙동 89-3)

우리컴퓨터학원(창원시 의창구 도계동 353-13 3층)

웰컴퓨터학원(김해시 장유면 대청리 대청프라자 8동
412호)

이지컴스쿨학원(밀양시 내이동 북성로 71 3층)

비사벌컴퓨터학원(창녕군 창녕읍 말흘리 287-1 1층)

늘샘컴퓨터학원(함양군 함양읍 용평리 694-5 신협 3층)

도울컴퓨터학원(김해시 삼계동 1416-4 2층)

[제주도]

하나컴퓨터학원(제주시 이도동)

탐라컴퓨터학원(제주시 연동)

클릭컴퓨터학원(제주시 이도동)

[강원도]

엘리트컴퓨터학원(강릉시 교1동 927-15)

권정미컴퓨터교습소(춘천시 춘천로 316 2층)

형제컴퓨터학원(속초시 조양동 부영아파트 3동 주상가
305-2호)

강릉컴퓨터교육학원(강릉시 임명로 180 3층 301호)

컴퓨터
활용능력 2급 필기

2015. 1. 5. 초 판 1쇄 발행
2025. 1. 8. 개정증보 11판 1쇄 발행(통산 16쇄)

저자와의
협의하에
검인생략

지은이 | Vision IT
펴낸이 | 이종춘
펴낸곳 | BM (주)도서출판 성안당
주소 | 04032 서울시 마포구 양화로 127 첨단빌딩 3층(출판기획 R&D 센터)
      | 10881 경기도 파주시 문발로 112 파주 출판 문화도시(제작 및 물류)
전화 | 02) 3142-0036
     | 031) 950-6300
팩스 | 031) 955-0510
등록 | 1973. 2. 1. 제406-2005-000046호
출판사 홈페이지 | www.cyber.co.kr
도서 내용 문의 | leo45@hanmail.net
ISBN | 978-89-315-8661-9 (13000)
정가 | 23,000원

이 책을 만든 사람들
책임 | 최옥현
진행 | 최창동
교정 · 교열 | Vision IT
본문 디자인 | Vision IT
표지 디자인 | 박원석
홍보 | 김계향, 임진성, 김주승, 최정민
국제부 | 이선민, 조혜란
마케팅 | 구본철, 차정욱, 오영일, 나진호, 강호묵
마케팅 지원 | 장상범
제작 | 김유석

백발백중
2025

추천
도서

전국컴퓨터
교육협의회

무료 MP3 강의와 CBT 모의고사 무료 응시권 제공

컴퓨터 활용능력 2급 필기

Vision IT 지음

IT연구회

해당 분야의 IT 전문 컴퓨터학원과 전문가 선생님들이 최선의 책을 출간하고자 만든 집필/감수 전문연구회로서, 수년간의 강의 경험과 노하우를 수험생 여러분에게 전달하고자 최선을 다하고 있습니다. IT연구회에 참여를 원하시는 선생님이나 교육기관은 ccd770@hanmail.net으로 언제든지 연락주십시오. 좋은 교재를 만들기 위해 많은 선생님들의 참여를 부탁드립니다.

권경철_IT 전문강사
김수현_IT 전문강사
김현숙_IT 전문강사
류은순_IT 전문강사
박봉기_IT 전문강사
문현철_IT 전문강사
송기웅_IT 및 SW전문강사
신영진_신영진컴퓨터학원장
이은미_IT 및 SW전문강사
장명희_IT 전문강사
전미정_IT 전문강사
조정례_IT 전문강사
최은영_IT 전문강사
김미애_강릉컴퓨터교육학원장
엄영숙_권선구청 IT 전문강사
조은숙_동안여성회관 IT 전문강사

김경화_IT 전문강사
김 숙_IT 전문강사
남궁명주_IT 전문강사
민지희_IT 전문강사
박상휘_IT 전문강사
백천식_IT 전문강사
송희원_IT 전문강사
윤정아_IT 전문강사
이천직_IT 전문강사
장은경_ITQ 전문강사
조영식_IT 전문강사
차영란_IT 전문강사
황선애_IT 전문강사
은일신_충주열린학교 IT 전문강사
옥향미_인천여성의광장 IT 전문강사
최윤석_용인직업전문교육원장

김선숙_IT 전문강사
김시령_IT 전문강사
노란주_IT 전문강사
문경순_IT 전문강사
박은주_IT 전문강사
변진숙_IT 전문강사
신동수_IT 전문강사
이강용_IT 전문강사
임선자_IT 전문강사
장은주_IT 전문강사
조완희_IT 전문강사
최갑인_IT 전문강사
김건석_교육공학박사
양은숙_경남도립남해대학 IT 전문강사
이은직_인천대학교 IT 전문강사
홍효미_다산직업전문학교

BM (주)도서출판 성안당

• 이 책의 목차 •

최신기출문제

최신
기출문제

Computer Efficiency Test

점

1과목 컴퓨터 일반

01 다음 중 사용자의 기본 설정을 사이트가 인식하도록 하거나 사용자가 웹 사이트로 이동할 때마다 로그인해야 하는 번거로움을 생략할 수 있도록 사용자 환경을 향상시키는 것은?

① 쿠키(Cookie)

② 즐겨찾기(Favorites)

③ 웹 서비스(Web Service)

④ 히스토리(History)

> **해설** • ② 자주 방문하는 웹 사이트를 쉽게 찾아갈 수 있도록 해당 웹 사이트 주소를 목록 형태로 저장하는 것이다.
> • ③ 네트워크에서 서로 다른 종류의 컴퓨터들 간에 상호 작용을 하기 위한 소프트웨어 시스템이다.
> • ④ 인터넷 브라우저를 이용하여 사용자가 열어 본 웹 사이트 주소들을 순서대로 보관하는 기능이다.

02 다음 중 멀티미디어 기법에 대한 설명으로 옳지 않은 것은?

① 안티앨리어싱(Anti-Aliasing)은 2차원 그래픽에서 개체 색상과 배경 색상을 혼합하여 경계면 픽셀을 표현함으로써 경계면을 부드럽게 보이도록 하는 기법이다.

② 모델링(Modeling)은 컴퓨터 그래픽에서 명암, 색상, 농도의 변화 등과 같은 3차원 질감을 넣음으로써 사실감을 더하는 기법을 말한다.

③ 디더링(Dithering)은 제한된 색을 조합하여 음영이나 색을 나타내는 것으로 여러 컬러의 색을 최대한 나타내는 기법을 말한다.

④ 모핑(Morphing)은 한 이미지가 다른 이미지로 서서히 변화하는 과정을 나타내는 기법이다.

> **해설** • 모델링(Modeling) : 렌더링 작업을 하기 전에 수행되는 기법으로 물체의 형상을 3차원 그래픽으로 어떻게 표현할 것인지를 결정한다.
> • 보기 ②번은 렌더링(Rendering)에 대한 설명이다.

03 한글 Windows 7에서 디스크에 저장된 파일의 위치를 재정렬하는 단편화 제거 과정을 통해 디스크에서의 파일 읽기/쓰기 성능을 향상시키는 기능은?

① 디스크 검사　　② 디스크 정리

③ 디스크 포맷　　④ 디스크 조각 모음

> **해설** • ① 디스크의 논리적/물리적 오류를 점검한 후 손상 영역을 복구한다.
> • ② 시스템에 있는 불필요한 파일이나 프로그램을 삭제하여 디스크의 여유 공간을 확보한다.
> • ③ 하드 디스크나 외장 디스크의 트랙(Track) 및 섹터(Sector)를 초기화하는 작업이다.

04 다음 중 정보의 기밀성을 저해하는 데이터 보안 침해 형태는?

① 가로막기(Interruption)

② 가로채기(Interception)

③ 위조(Fabrication)

④ 수정(Modification)

> **해설** • ① 데이터의 전달 정보를 가로막는 행위로 가용성을 위협한다.
> • ③ 다른 송신자로 정보를 전송한 것처럼 위조하는 행위로 인증성을 위협한다.
> • ④ 데이터의 전달 정보를 다른 내용으로 바꾸는 행위로 무결성을 위협한다.

05 한글 Windows 7의 제어판 기능 중 [디스플레이]에서 설정할 수 없는 것은?

① 테마 기능을 이용하여 바탕 화면의 배경, 창 색, 소리 및 화면 보호기 등을 한 번에 변경할 수 있다.

② 연결되어 있는 모니터의 개수를 감지하고, 모니터의 방향과 화면 해상도를 설정할 수 있다.

③ 화면에 표시되는 텍스트를 읽기 쉽도록 사용자 지정 텍스트 크기(DPI)를 설정할 수 있다.

정답 **01** ①　**02** ②　**03** ④　**04** ②　**05** ①

④ ClearType 텍스트 조정을 이용하여 텍스트의 가독성을 향상시킬 수 있다.

06 다음 중에서 네트워크 장비인 게이트웨이(Gateway)에 관한 설명으로 옳은 것은?

① 1:1 통신을 통하여 리피터(Repeater)와 동일한 역할을 하는 장비이다.
② 데이터의 효율적인 전송 속도를 제어하는 장비이다.
③ 컴퓨터와 네트워크를 연결하는 장비이다.
④ 서로 다른 네트워크 간에 데이터를 주고받기 위한 장비이다.

07 다음 중 Wi-Fi나 3G망, LTE망 등 무선 통신망을 통해 음성을 전송하는 인터넷 전화 방식은?

① IPTV   ② m-VoIP
③ TCP/IP   ④ IPv6

08 다음 중 EPROM에 관한 설명으로 옳은 것은?

① 제조 과정에서 한 번만 기록이 가능하며, 수정할 수 없다.
② 자외선을 이용하여 기록된 내용을 여러 번 수정할 수 있다.
③ 특수 프로그램을 이용하여 한 번만 기록할 수 있다.

④ 전기적 방법으로 기록된 내용을 여러 번 수정할 수 있다.

09 다음 중 멀티미디어 데이터의 표현 방식에 관한 설명으로 옳지 않은 것은?

① PNG는 최대 256색으로 구성된 사진을 품질 저하 없이 압축한 정지 화상 압축 방법이다.
② MP3는 MPEG-1 동영상의 음성 부분으로 개발되었으나 높은 압축률과 음반 CD 수준의 음질로 호평을 받아 음성 전용 코덱으로 발전하였다.
③ AC-3는 돌비 연구소에서 개발한 음성 코덱으로 입체 음향 구현에 최적화되어 DVD 등에 주로 사용된다.
④ DivX는 MPEG-4 코덱에 기반하여 개발된 동영상 코덱으로 용량 대비 화질이 높아 영화 파일 압축에 많이 사용된다.

10 다음 중 버전에 따른 소프트웨어에 대한 설명으로 옳지 않은 것은?

① 트라이얼 버전(Trial Version)은 특정한 하드웨어나 소프트웨어를 구매하였을 때 무료로 주는 프로그램이다.
② 베타 버전(Beta Version)은 소프트웨어의 정식 발표 전 테스트를 위하여 사용자들에게 무료로 배포하는 시험용 프로그램이다.
③ 데모 버전(Demo Version)은 정식 프로그램을 홍보하기 위해 사용 기간이나 기능을 제한하여 배포하는 프로그램이다.

④ 패치 버전(Patch Version)은 이미 제작하여 배포된 프로그램의 오류 수정이나 성능 향상을 위해 프로그램의 일부 파일을 변경해 주는 프로그램이다.

> **해설** • 트라이얼 버전 : 소프트웨어 개발사가 사용자의 제품 구매 전에 해당 프로그램을 미리 사용해 볼 수 있도록 제작한 소프트웨어로 상업적으로 이용할 수 없다.
> • 보기 ①번은 번들 프로그램(Bundle Program)에 대한 설명이다.

11 다음 중 정보 통신과 관련하여 분산 처리 환경에 가장 적합한 네트워크 운영 방식은?

① 중앙 집중 방식
② 클라이언트/서버 방식
③ 피어 투 피어 방식
④ 반이중 방식

> **해설** 클라이언트/서버(Client/Server) 방식 : 정보를 제공하는 컴퓨터와 정보 자원을 활용하는 다수의 컴퓨터를 연결하여 독자적인 데이터를 처리하는 분산 처리 방식이다.

12 다음 중 컴퓨터의 발전 과정에 관한 설명으로 옳지 않은 것은?

① 파스칼의 계산기는 사칙연산이 가능한 최초의 기계식 계산기이다.
② 천공 카드 시스템은 홀러리스가 개발한 것으로 인구 통계 및 국세 조사에 이용되었다.
③ EDSAC은 최초로 프로그램 내장 방식을 도입하였다.
④ UNIVAC-1은 최초의 상업용 전자계산기이다.

> **해설** • 파스칼 계산기 : 톱니바퀴 원리를 이용한 최초의 기계식 계산기로 덧셈과 뺄셈만 가능하다.
> • 사칙연산이 가능한 것은 라이프니츠 계산기이다.

13 다음 중 플래시 메모리에 대한 설명으로 옳은 것은?

① 중앙 처리 장치와 주기억 장치 사이에 위치하여 컴퓨터의 처리 속도를 향상시키는 역할을 한다.
② 보조 기억 장치의 일부를 주기억 장치처럼 사용하는 메모리 관리 기법으로 주기억 장치보다 큰 프로그램을 불러와 실행해야 할 때 유용하다.
③ 주기억 장치에 저장된 정보에 접근할 때 주소 대신 기억된 정보의 내용 일부를 이용하여 직접 접근하는 장치이다.
④ 전기적인 방법으로 수정이 가능한 EEPROM을 개선한 메모리 칩으로 MP3 플레이어, 휴대 전화, 디지털 카메라 등에 널리 사용된다.

> **해설** 보기 ①번은 캐시 메모리, 보기 ②번은 가상 메모리, 보기 ③번은 연관 메모리에 대한 설명이다.

14 한글 Windows 7에서 기본으로 제공되어 설치된 게임 프로그램을 삭제하기 위한 방법으로 가장 적절한 것은?

① 제어판 – 프로그램 및 기능 – 프로그램 제거 또는 변경
② 제어판 – 프로그램 및 기능 – 설치된 업데이트 보기
③ 제어판 – 프로그램 및 기능 – Windows 기능 사용/사용 안 함
④ 제어판 – 기본 프로그램 – 기본 프로그램 설정

> **해설** Windows 기능 사용/사용 안 함 : Windows 기능을 사용하거나 사용하지 않도록 선택하는 기능으로 Windows 기능을 설정하려면 해당 기능 옆에 있는 확인란을 선택하고, 기능을 해제하려면 확인란의 선택을 취소한다.

15 다음 중 W3C에서 제안한 표준안으로 문서 작성 중심으로 구성된 기존 표준에 비디오, 오디오 등 다양한 부가 기능과 최신 멀티미디어 콘텐츠를 액티브X 없이 브라우저에서 쉽게 볼 수 있도록 한 웹의 표준 언어는?

① XML　　　　　② VRML

③ HTML 5　　　　④ JSP

- ① 구조화된 문서 제작용 언어로 HTML의 단점을 보완하고, 웹에서 구조화된 여러 문서들을 상호 교환한다.
- ② 3차원 가상 공간을 표현하기 위한 언어로 웹에서 3차원 입체 이미지를 묘사한다.
- ④ 자바를 이용한 서버 측 스크립트로 다양한 운영 체제에서 사용이 가능하다.

16 한글 Windows 7의 [작업 표시줄 및 시작 메뉴 속성] 대화 상자에 대한 설명으로 옳지 않은 것은?

① 작업 표시줄이 꽉 차면 작업 표시줄 단추의 크기가 자동 조정되도록 선택할 수 있다.

② [시작] 메뉴의 링크, 아이콘, 메뉴 모양 및 동작을 사용자 지정할 수 있다.

③ 알림 영역에서 표시할 아이콘과 알림을 선택할 수 있다.

④ 전원 단추를 눌렀을 때의 동작을 선택할 수 있다.

- ① 작업 표시줄이 차면 작업 표시줄에 단추 하나로 표시된다.
- ② [시작 메뉴] 탭의 '사용자 지정'에서 가능하다.
- ③ [작업 표시줄] 탭의 '알림 영역'에서 가능하다.
- ④ [시작 메뉴] 탭의 '전원 단추 동작'에서 가능하다.

17 한글 Window 7에서 유해한 프로그램이나 불법 사용자가 컴퓨터 설정을 임의로 변경하려는 경우 이를 사용자에게 알려 컴퓨터를 제어할 수 있도록 도와주는 기능은?

① 사용자 계정 컨트롤

② Windows Defender

③ BitLocker

④ 시스템 복원

- ② 시스템을 감시하여 외부 접근 시 사용자에게 알림 기능을 제공한다(스파이웨어 방지 프로그램).
- ③ Windows와 데이터가 있는 드라이브를 암호화하여 다른 사람이 드라이브를 볼 수 없게 한다.
- ④ 시스템에 문제가 발생할 경우 데이터 파일의 손실 없이 컴퓨터를 이전 상태로 복원한다.

18 다음 중 네트워크 주변을 지나다니는 패킷을 엿보면서 계정(ID)과 비밀번호를 알아내는 보안 위협 행위는?

① 스니핑(Sniffing)

② 스푸핑(Spoofing)

③ 백 도어(Back Door)

④ 키 로거(Key Logger)

- ② 신뢰성 있는 사람이 네트워크를 통해 데이터를 보낸 것처럼 허가받지 않은 사용자가 네트워크상의 데이터를 변조하여 접속하는 행위이다.
- ③ 컴퓨터 시스템의 보안 예방책에 침입하여 시스템에 무단 접근하기 위해 사용되는 일종의 비상구이다.
- ④ 사용자의 키보드 움직임을 탐지해 ID나 패스워드, 계좌 번호, 카드 번호 등의 개인 정보를 몰래 빼내어 악용하는 수법이다.

19 다음 중 컴퓨터의 연산 속도 단위로 가장 빠른 것은?

① 1ms　　　　　② $1\mu s$

③ 1ns　　　　　④ 1ps

연산 속도 단위(느림 → 빠름) : ms(10^{-3}sec) → μs(10^{-6}sec) → ns(10^{-9}sec) → ps(10^{-12}sec) → fs(10^{-15}sec) → as(10^{-18}sec)

20 다음 중 프린터 인쇄 시 발생할 수 있는 문제의 해결 방안으로 가장 적절하지 않은 것은?

① 인쇄가 되지 않을 경우 먼저 프린터의 전원이나 케이블 연결 상태를 확인한다.

② 프린터의 스풀 에러가 발생한 경우 프린트 스풀러 서비스를 중지하고, 수동으로 다시 인쇄한다.

③ 글자가 이상하게 인쇄될 경우 시스템을 재부팅한 후 인쇄해 보고, 같은 결과가 나타나면 프린터 드라이버를 다시 설치한다.

④ 인쇄물의 상태가 좋지 않은 경우 헤드를 청소하거나 카트리지를 교환한다.

프린터의 스풀 에러가 발생한 경우 스풀 공간이 부족하므로 하드 디스크의 공간을 확보한다.

21 다음 중 데이터 유효성 검사에 관한 설명으로 옳지 않은 것은?

① 유효성 조건에 대한 제한 대상과 제한 방법을 설정할 수 있다.
② 이미 입력된 데이터에 유효성 검사를 설정하는 경우 잘못된 데이터는 삭제된다.
③ 워크시트의 열 단위로 데이터 입력 모드(한글/영문)를 다르게 지정할 수 있다.
④ 유효성 검사에 위배되는 잘못된 데이터가 입력되는 경우 표시할 오류 메시지를 설정할 수 있다.

해설 이미 입력된 데이터에 유효성 검사를 설정하는 경우 값은 지워지지 않고 그대로 남아 있다.

22 다음 그림과 같이 연 이율과 월 적금액이 고정되어 있고, 적금기간이 1년, 2년, 3년, 4년, 5년인 경우 각 만기 후의 금액을 확인하기 위한 도구로 적합한 것은?

	A	B	C	D	E	F
1						
2		연 이율	3%		적금기간(연)	만기 후 금액
3		적금기간(연)	1			6,083,191
4		월 적금액	500,000		1	
5		만기 후 금액	₩6,083,191		2	
6					3	
7					4	
8					5	

① 고급 필터　② 데이터 통합
③ 목표값 찾기　④ 데이터 표

해설 데이터 표 : 특정 값의 변화에 따른 결과 값의 변화 과정을 표 형태로 표시하는 기능으로 입력 값과 설정 수식으로부터 표를 만들어 수식 값의 변경한 결과를 확인할 수 있다.

23 다음 중 데이터 통합에 관한 설명으로 옳지 않은 것은?

① 데이터 통합은 위치를 기준으로 통합할 수도 있고, 영역의 이름을 정의하여 통합할 수도 있다.
② '원본 데이터에 연결' 기능은 통합할 데이터가 있는 워크시트와 통합 결과가 작성될 워크시트가 같은 통합 문서에 있는 경우에만 적용할 수 있다.
③ 다른 원본 영역의 레이블과 일치하지 않는 레이블이 있는 경우에 통합하면 별도의 행이나 열이 만들어진다.
④ 여러 시트에 있는 데이터나 다른 통합 문서에 입력되어 있는 데이터를 통합할 수 있다.

해설 원본 데이터에 연결 : 원본 데이터에 연결하여 원본 데이터가 변경되면 통합 데이터도 변경되는 기능이다.

24 다음 중 고급 필터를 이용하여 전기세가 '3만원 이하'이거나 가스비가 '2만원 이하'인 데이터 행을 추출하기 위한 조건으로 옳은 것은?

①
전기세	가스비
<=30000	<=20000

②
전기세	가스비
<=30000	
	<=20000

③
전기세	<=30000
가스비	<=20000

④
전기세	<=30000	
가스비		<=20000

해설 • 동일한 행 : 두 개의 조건이 모두 만족하는 값을 검색한다(AND 조건).
• 다른 행 : 두 개의 조건 중 하나라도 만족하는 값을 검색한다(OR 조건).

25 다음 그림과 같이 [A1:A2] 영역을 선택한 후 채우기 핸들을 아래쪽으로 드래그 했을 때 [A5] 셀에 입력될 값으로 옳은 것은?

	A	B	C	D
1	월요일			
2	수요일			
3				
4				
5				
6				

정답　21 ②　22 ④　23 ②　24 ②　25 ②

① 월요일   ② 화요일
③ 수요일   ④ 금요일

해설 채우기 핸들을 아래쪽으로 드래그하면 사용자 지정 목록에 있는 항목을 기준으로 두 요일의 간격만큼 증가된다. 즉, [A3] 셀에 '금요일', [A4] 셀에 '일요일', [A5] 셀에 '화요일'이 입력된다.

26 다음 중 셀에 데이터를 입력하는 방법에 대한 설명으로 옳지 않은 것은?

① [A1] 셀에 값을 입력하고, [ESC] 키를 누르면 [A1] 셀에 입력한 값이 취소된다.

② [A1] 셀에 값을 입력하고, 오른쪽 방향키([→])를 누르면 [A1] 셀에 값이 입력된 후 [B1] 셀로 셀 포인터가 이동한다.

③ [A1] 셀에 값을 입력하고, [Enter] 키를 누르면 [A1] 셀에 값이 입력된 후 [A2] 셀로 셀 포인터가 이동한다.

④ [C5] 셀에 값을 입력하고, [Home] 키를 누르면 [C5] 셀에 값이 입력된 후 [C1] 셀로 셀 포인터가 이동한다.

해설 워크시트에서 [Home] 키를 누르면 현재 행에서 첫 번째 열로 이동하므로 [C5] 셀에 값을 입력하고, [Home] 키를 누르면 [C5] 셀에 값이 입력된 후 [A5] 셀로 셀 포인터가 이동한다.

27 다음 중 메모에 관한 설명으로 옳지 않은 것은?

① 메모를 삭제하려면 메모가 삽입된 셀을 선택한 후 [검토] 탭의 [메모] 그룹에서 [삭제]를 선택한다.

② [서식 지우기] 기능을 이용하여 셀의 서식을 지우면 설정된 메모도 함께 삭제된다.

③ 메모가 삽입된 셀을 이동하면 메모의 위치도 셀과 함께 변경된다.

④ 작성된 메모의 내용을 수정하려면 메모가 삽입된 셀의 바로 가기 메뉴에서 [메모 편집]을 선택한다.

해설 • 서식 지우기는 입력 데이터에 지정된 서식만 삭제하는 기능으로 [홈] 탭의 [편집] 그룹에서 [지우기] 단추를 이용한다.
• ② 설정된 메모도 함께 삭제된다. → 설정된 메모는 삭제되지 않는다.

28 다음 중 [보안 센터] 대화 상자의 [매크로 설정]에서 [신뢰할 수 없는 위치에 있는 문서의 매크로]에 대한 선택 항목으로 옳지 않은 것은?

① 모든 매크로 제외(알림 표시 없음)
② 모든 매크로 제외(알림 표시)
③ 디지털 서명된 매크로만 포함
④ 모든 매크로 포함(기본 설정, 알림 표시)

해설 ④ 모든 매크로 포함(기본 설정, 알림 표시) → 모든 매크로 포함(위험성 있는 코드가 실행될 수 있으므로 권장하지 않음)

29 다음 중 셀의 이동과 복사에 대한 설명으로 옳지 않은 것은?

① 이동하고자 하는 셀 영역을 선택한 후 잘라내기 바로 가기 키인 [Ctrl]+[X]를 누르면 선택 영역 주위에 점선이 표시된다.

② 클립보드에는 최대 24개 항목이 저장 가능하므로 여러 데이터를 클립보드에 복사해 두었다가 다른 곳에 한 번에 붙여 넣을 수 있다.

③ 선택된 셀 영역을 이동할 위치로 드래그하는 동안에는 선택된 셀 영역의 테두리만 표시된다.

④ [Shift] 키를 누른 채 선택 영역의 테두리를 클릭하여 원하는 위치로 드래그하면 선택 영역이 복사된다.

해설 • [Ctrl] 키를 누른 채 선택 영역의 테두리를 클릭하여 원하는 위치로 드래그하면 선택 영역이 복사된다.
• ④ 선택 영역이 복사된다. → 선택 영역이 이동된다.

30 다음 중 매크로에 관한 설명으로 옳지 않은 것은?

① 매크로 이름은 자동으로 부여되며, 사용자가 변경할 수 있다.

② 매크로의 바로 가기 키는 [Ctrl]과 영문자 또는 숫자를 조합하여 사용할 수 있다.

③ 매크로는 해당 작업에 대한 일련의 명령과 함수를 비주얼 베이직 모듈로 저장한 것이다.

정답 26 ④   27 ②   28 ④   29 ④   30 ②

④ 매크로가 저장되는 위치는 '개인용 매크로 통합 문서', '새 통합 문서', '현재 통합 문서' 중에서 선택할 수 있다.

해설
- 매크로의 바로 가기 키는 기본적으로 Ctrl+영문 소문자로 지정되지만 바로 가기 키 입력란에 대문자를 입력하면 Ctrl+Shift+영문 대문자로 지정된다.
- 매크로의 바로 가기 키에는 숫자를 조합하여 사용할 수 없다.

31 다음의 워크시트에서 [B2:D5] 영역은 '점수'로 이름이 정의되어 있다. 다음 중 [A6] 셀에 수식 '=AVERAGE(INDEX(점수, 2, 1), MAX(점수))'을 입력하는 경우 결과 값으로 옳은 것은?

	A	B	C	D
1	성명	중간	기말	실기
2	오금희	85	60	85
3	백나영	90	80	95
4	김장선	100	80	76
5	한승호	80	80	85
6				
7				

① 85 ② 90
③ 95 ④ 100

해설
- AVERAGE(인수1, 인수2, …, 인수30) : 범위 지정한 인수의 평균을 구한다.
- INDEX(배열, 행 번호, 열 번호) : 표 또는 범위에서 지정된 행이나 열에 해당하는 값을 구한다.
- MAX(인수1, 인수2, …) : 범위 지정 목록에서 논리값과 텍스트를 제외한 최대값을 구한다.
- =AVERAGE(INDEX(점수, 2, 1), MAX(점수)) : 점수 영역에서 2행 1열에 있는 값은 '90'이고, 점수 영역에서 최대값은 '100'이므로 두 점수의 평균은 '95'이다.

32 [A1] 셀에 '851010-1234567'과 같이 주민등록번호가 입력되어 있을 때 이 셀의 값을 이용하여 [B1] 셀에 성별을 '남' 또는 '여'로 표시하고자 한다. 다음 중 이를 위한 수식으로 옳은 것은? (단, 주민등록번호의 8번째 글자가 1이면 남자, 2이면 여자임)

① =CHOOSE(MID(A1, 8, 1), "남", "여")
② =HLOOKUP(A1, 8, B1)
③ =INDEX(A1, B1, 8)
④ =IF(RIGHT(A1, 8)="1", "남", "여")

해설
- CHOOSE(번호, 인수1, 인수2) : 인수 목록 중 번호에 해당하는 인수를 구한다.
- MID(텍스트, 수치1, 수치2) : 문자열의 지정 위치에서 문자를 지정한 개수만큼 구한다.
- =CHOOSE(MID(A1, 8, 1), "남", "여") : [A1] 셀에서 8번째에 위치한 첫 글자는 '1'이므로 인수 목록 중 '1'에 해당하는 인수는 '남'이다.

33 다음 중 워크시트의 [머리글/바닥글] 설정에 대한 설명으로 옳지 않은 것은?

① '페이지 레이아웃' 보기 상태에서는 워크시트 페이지 위쪽이나 아래쪽을 클릭하여 머리글/바닥글을 추가할 수 있다.
② 첫 페이지, 홀수 페이지, 짝수 페이지의 머리글/바닥글 내용을 다르게 지정할 수 있다.
③ 머리글/바닥글에 그림을 삽입하고, 그림 서식을 지정할 수 있다.
④ '페이지 나누기 미리 보기' 상태에서는 미리 정의된 머리글이나 바닥글을 선택하여 쉽게 추가할 수 있다.

해설
- 페이지 나누기 미리 보기에서는 페이지 구분선과 페이지 번호가 나타나며, 페이지 구분선을 드래그하여 페이지의 나눌 위치를 조정할 수 있다.
- 페이지 나누기 미리 보기에서 보기 ④번의 작업은 할 수 없다.

34 다음 그림과 같이 짝수 행에만 배경색과 글꼴 스타일 '굵게'를 설정하는 조건부 서식을 지정하고자 한다. 다음 중 이를 위해 [새 서식 규칙] 대화 상자에 입력할 수식으로 옳은 것은?

	A	B	C
1	사원번호	성명	직함
2	**101**	**구민정**	**과장**
3	102	강수영	부사장
4	**103**	**김진수**	**사원**
5	104	박영수	사원
6	**105**	**이민호**	**과장**
7			

정답 31 ③ 32 ① 33 ④ 34 ②

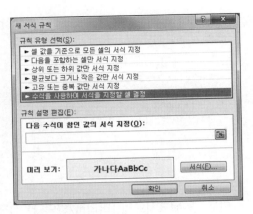

① =MOD(ROW( ), 2)=1
② =MOD(ROW( ), 2)=0
③ =MOD(COLUMN( ), 2)=1
④ =MOD(COLUMN( ), 2)=0

해설
· MOD(인수, 나눌 값) : 나눗셈의 나머지 값을 구하며, 결과는 나눌 값과 동일한 부호를 갖는다.
· ROW(셀) : 주어진 셀의 행 번호를 구하되 인수를 생략하는 경우 현재 셀 포인터가 위치한 곳의 행 번호를 구한다.
· MOD(숫자, 2)=1은 '홀수'이고, MOD(숫자, 2)=0은 '짝수'이므로 =MOD(ROW( ), 2)=1은 홀수 행이고, =MOD(ROW( ), 2)=0은 짝수 행이다. 즉, 짝수 행의 조건이 맞을 경우 2행, 4행, 6행에 배경색(노랑)과 글꼴 스타일(굵게)이 적용된다.

35 다음 중 함수의 결과가 옳은 것은?
① =COUNT(1, "참", TRUE, "1") → 1
② =COUNTA(1, "거짓", TRUE, "1") → 2
③ =MAX(TRUE, "10", 8, ,3) → 10
④ =ROUND(215.143, −2) → 215.14

해설
· MAX(인수1, 인수2, …) : 범위 지정 목록에서 논리값과 텍스트를 제외한 최대값을 구하므로 보기의 인수 중 가장 큰 값은 10이다.
· 보기 ①번의 결과값은 3, 보기 ②번의 결과값은 4, 보기 ④번의 결과값은 200이다.

36 다음 중 통합 문서와 관련된 바로 가기 키에 대한 설명으로 옳지 않은 것은?
① Ctrl+N 키를 누르면 새 통합 문서를 만든다.
② Shift+F11 키를 누르면 새 통합 문서를 만든다.
③ Ctrl+W 키를 누르면 현재 통합 문서 창을 닫는다.
④ Ctrl+F4 키를 누르면 현재 통합 문서 창을 닫는다.

해설 Shift+F11 키를 누르면 현재 시트 앞에 새 워크시트가 삽입된다.

37 다음 중 [보기] 탭의 [창] 그룹에서 각 기능에 대한 설명으로 옳지 않은 것은?

① [새 창]은 현재 활성화되어 있는 문서를 새 창에 하나 더 열어서 두 개 이상의 창을 통해 볼 수 있게 해 준다.
② [틀 고정] 기능으로 열을 고정하려면 고정하려는 열의 왼쪽 열을 선택한 후 틀 고정을 실행한다.
③ [나누기]는 워크시트를 여러 개의 창으로 분리하는 기능으로 최대 4개까지 분할할 수 있다.
④ [모두 정렬]은 [창 정렬] 창을 표시하여 화면에 열려 있는 통합 문서 창들을 선택 옵션에 따라 나란히 배열한다.

해설 [틀 고정] 기능으로 열을 고정하려면 고정하려는 열의 오른쪽 열을 선택한다.

38 다음 중 차트에 대한 설명으로 옳지 않은 것은?

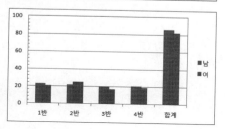

	A	B	C	D
1	구분	남	여	합계
2	1반	23	21	44
3	2반	22	25	47
4	3반	20	17	37
5	4반	21	19	40
6	합계	86	82	168
7				

① 차트의 종류는 묶은 세로 막대형으로 계열 옵션의 '계열 겹치기'가 적용되었다.
② 세로 (값) 축의 [축 서식]에는 주 눈금과 보조 눈금이 '안쪽'으로 표시되도록 설정되었다.
③ 데이터 계열로 '남'과 '여'가 사용되고 있다.
④ 표 전체 영역을 데이터 원본으로 차트를 작성하였다.

39 다음 중 차트에 설정된 차트의 구성 요소로 옳지 않은 것은?

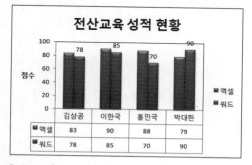

① 눈금선
② 데이터 표
③ '워드' 계열의 데이터 레이블
④ 세로 (값) 축 제목

40 다음 중 특정한 데이터 계열에 대한 변화 추세를 파악하기 위한 추세선을 표시할 수 있는 차트는?]

①   ②

③   ④

1과목 컴퓨터 일반

01 다음 중 JPEG 표준에 대한 설명으로 옳지 않은 것은?

① JPEG는 정지 화상을 위해서 만들어진 손실 압축 방식의 표준이며, 비손실 압축 방식도 규정되어 있으나 이 방식은 특허 문제나 압축률 등의 이유로 잘 쓰이지 않는다.

② JPEG 표준을 사용하는 파일 형식에는 jpg, jpeg, jpe 등의 확장자를 사용한다.

③ JPEG는 웹상에서 사진 등의 화상을 보관하고 전송하는데 가장 널리 사용되는 파일 형식이다.

④ 문자, 선, 세밀한 격자 등 고주파 성분이 많은 이미지의 변환에서는 GIF나 PNG에 비해 품질이 매우 우수하다.

> **해설** JPEG는 화질에 따라 파일 크기가 다르며 문자, 선, 세밀한 격자 등 고주파 성분이 많은 이미지의 변환에서는 GIF나 PNG에 비해 품질이 떨어진다.

02 다음 중 영상의 표현과 압축 방식들에 대해서는 관여하지 않으며, 특징 추출을 통해 디지털 방송과 전자 도서관, 전자상거래 등에서 멀티미디어 데이터를 효과적으로 검색할 수 있는 영상 압축 기술은?

① MPEG 1   ② MPEG 4
③ MPEG 7   ④ MPEG 21

> **해설** • ① 비디오 CD, CD-I에서와 같이 CD 매체에 VHS 테이프의 동영상과 음향을 최대 1.5Mbps로 압축 저장하는 기술이다.
> • ② MPEG-2를 개선한 것으로 동영상 데이터의 전송이나 화상 회의 시스템의 양방향 전송을 사용하기 위해 개발된 기술이다.
> • ④ 디지털 콘텐츠의 제작, 유통, 보안 등 전 과정을 포괄적으로 관리할 수 있는 기술이다.

03 다음 중 정보 사회에서 정보 보안을 위협하기 위해 웜(Worm)의 형태를 이용하는 것에 해당하지 않는 것은?

① 분산 서비스 거부 공격
② 버퍼 오버플로 공격
③ 슬래머
④ 트로이 목마

> **해설** 트로이 목마 : 자기 복제 기능은 없지만 정상적인 프로그램으로 위장하고 있다가 프로그램이 실행되면 시스템에 손상을 주는 악의적인 루틴이다.

04 다음 중 마이크로소프트사의 엑셀이나 워드와 같은 파일을 매개로 하고, 특정 응용 프로그램으로 매크로가 사용되면 감염이 확산되는 형태의 바이러스는?

① 부트(Boot) 바이러스
② 파일(File) 바이러스
③ 부트(Boot) & 파일(File) 바이러스
④ 매크로(Macro) 바이러스

> **해설** • ① 부트 섹터(Boot Sector)를 손상시키는 바이러스이다.
> • ② 실행 파일(EXE, COM)을 손상시키는 바이러스이다.

05 다음 중 인터넷 기술을 적용한 인트라넷에 관한 설명으로 옳은 것은?

① 핸드폰, 노트북 등과 같은 단말 장치의 근거리 무선 접속을 지원하기 위한 통신 기술이다.

② 인터넷 기술을 기업 내의 전자 우편, 전자 결재 등과 같은 정보 시스템에 적용한 것이다.

③ 납품 업체나 고객 업체 등 관련 있는 기업들 간의 원활한 통신을 위한 시스템이다.

④ 분야별 공통의 관심사를 가진 인터넷 사용자들이 서로의 의견을 주고받을 수 있게 하는 서비스이다.

정답   **01** ④   **02** ③   **03** ④   **04** ④   **05** ②

해설 인트라넷(Intranet) : 기업 내 네트워크를 인터넷의 정보망에 연결하여 저렴한 비용으로 회사 업무 네트워크를 구축하는 시스템이다(인터넷 기술을 기업 내 정보 시스템에 적용).

06 다음 중 인터넷 서비스를 위한 프로토콜로 웹 페이지와 웹 브라우저 사이에서 하이퍼텍스트 문서를 전송하기 위한 것은?

① TCP/IP ② HTTP
③ FTP ④ WAP

해설 HTTP : WWW를 이용할 때 서버와 클라이언트간의 정보 교환 프로토콜로 웹 서버와 클라이언트가 상호 통신을 하기 위해 사용한다.

07 다음 중 인터넷상에서 동시 접속자 수가 너무 많아 과부하가 걸리거나 너무 먼 원격지일 경우 발생하는 속도 저하를 막기 위해 동일한 사이트를 허가 하에 여러 곳으로 복사해 놓는 것은?

① 링크 사이트(Link Site)
② 미러 사이트(Mirror Site)
③ 인터커넥트(Interconnect)
④ 엑스트라넷(Extranet)

해설 미러 사이트(Mirror Site) : 다수의 이용자들이 동시에 접속할 경우 액세스 분산화와 네트워크 부하를 방지할 목적으로 같은 내용을 복사한다.

08 다음 중 정보 통신에서 네트워크 관련 장비에 대한 설명으로 옳지 않은 것은?

① 라우터 : 네트워크를 구성하기 위해 반드시 필요한 장비로 정보 전송을 위한 최적의 경로를 찾아 통신망에 연결하는 장치
② 허브 : 네트워크를 구성할 때 여러 대의 컴퓨터를 연결하고, 각 회선들을 통합 관리하는 장치

③ 브리지 : 네트워크를 구성할 때 디지털 신호를 아날로그 신호로 변환하여 전송하고, 다시 수신된 신호를 원래대로 변환하기 위한 전송 장치
④ 게이트웨이 : 한 네트워크에서 다른 네트워크로 들어가는 입구 역할을 하는 장치로 근거리 통신망(LAN)과 같은 하나의 네트워크를 다른 네트워크와 연결할 때 사용되는 장치

해설 브리지(Bridge) : 동일한 프로토콜을 쓰고 있는 다른 랜과 상호 접속시키기 위한 장치로 네트워크 분할로 트래픽을 감소시키고, 양쪽 방향으로 데이터를 전송한다.

09 다음 중 유틸리티 프로그램에 대한 설명으로 적절하지 않은 것은?

① 다수의 작업이나 목적에 대하여 적용되는 편리한 서비스 프로그램이나 루틴을 말한다.
② 컴퓨터 동작에 필수적이고, 컴퓨터를 이용하는 주 목적에 대한 일부 특정 작업을 수행하는 소프트웨어들을 가리킨다.
③ 컴퓨터 하드웨어, 운영 체제, 응용 소프트웨어를 관리하는데 도움을 주도록 설계된 프로그램을 의미한다.
④ Windows에서 제공하는 유틸리티 프로그램으로는 디스크 조각 모음, 화면 보호기, 스파이웨어 방지 소프트웨어인 Windows Defender 등을 예로 들 수 있다.

해설 • 유틸리티(Utility) : 사용자가 컴퓨터를 보다 쉽게 사용할 수 있도록 도와주는 프로그램으로 시스템에 있는 기존 프로그램을 지원하거나 기능을 향상시킨다.
• 보기 ②번에서 컴퓨터 동작에 필수적인 것은 아니다.

10 다음 중 HTML의 단점을 보완하여 이미지의 애니메이션을 지원하며, 사용자와의 상호 작용에 따른 동적인 웹 페이지 제작이 가능한 언어는?

① JAVA   ② DHTML
③ VRML   ④ WML

 • ① 웹상에서 멀티미디어 데이터를 유용하게 처리할 수 있는 객체 지향(Object-oriented) 언어이다.
• ③ 3차원 가상 공간을 표현하기 위한 언어로 웹에서 3차원 입체 이미지를 묘사한다.
• ④ XML에 기초를 둔 언어로 태그를 이용하여 데이터, 텍스트, 이미지 등을 지원한다.

11 다음 중 컴퓨터의 롬(ROM)에 기록되어 하드웨어를 제어하며, 하드웨어의 성능 향상을 위해 업그레이드 할 수 있는 마이크로프로그램의 집합을 의미하는 것은?

① 프리웨어(Freeware)
② 셰어웨어(Shareware)
③ 미들웨어(Middleware)
④ 펌웨어(Firmware)

 • ① 사용 기간과 기능에 제한 없이 무료로 사용할 수 있으며, 저작권자의 동의 없이 자유롭게 복사, 배포할 수 있는 소프트웨어이다.
• ② 일정 기간이나 기능에 제한을 두고 프로그램을 사용한 후 구입 여부를 판단하는 소프트웨어이다.
• ③ 복잡한 여러 기종의 컴퓨팅 환경에서 응용 프로그램과 운영 체제의 차이를 보완해 주고, 서버와 클라이언트들을 중간에서 연결해 주는 소프트웨어이다.

12 다음 중 4비트로 나타낼 수 있는 정보 단위는?

① Character   ② Nibble
③ Word   ④ Octet

해설 • ② 하나의 니블로 표현할 수 있는 데이터 수는 16(2⁴)이다.
• ③ 정보 및 연산의 기본 단위로 주기억 장치의 주소를 할당한다.
• ④ 1옥텟 = 8Bit = 1Byte

13 다음 중 컴퓨터 보조 기억 장치로 사용되는 플래시 메모리에 관한 설명으로 옳지 않은 것은?

① EEPROM의 일종이다.
② 비휘발성 메모리이다.
③ 트랙 단위로 저장된다.
④ 전력 소모가 적고, 데이터 전송 속도가 빠르다.

해설 플래시 메모리(Flash Memory) : EEPROM의 일종으로 전원이 끊어져도 저장된 정보가 지워지지 않는 비휘발성 메모리로 ROM과 RAM의 기능을 모두 가지고 있다(디지털 카메라, MP3, 개인용 정보 단말기, 휴대용 컴퓨터 등에 사용).

14 다음 중 컴퓨터의 연산 장치에 있는 누산기(Accumulator)에 관한 설명으로 옳은 것은?

① 연산 결과를 일시적으로 기억하는 장치이다.
② 명령의 순서를 기억하는 장치이다.
③ 명령어를 기억하는 장치이다.
④ 명령을 해독하는 장치이다.

해설 누산기(Accumulator) : 산술 및 논리 연산의 결과를 일시적으로 기억하는 장치이다.

15 한글 Windows 7의 시스템 복원 기능에 대한 설명으로 옳지 않은 것은?

① 컴퓨터 시스템에 문제가 생겼을 경우 복원 지점을 이용하여 정상적인 상태로 만드는 기능이다.
② 복원 지점은 시스템에 의해 자동으로 설정되지만 사용자가 임의로 복원 지점을 설정할 수도 있다.
③ 시스템 복원은 개인 파일을 백업하지 않으므로 삭제되었거나 손상된 개인 파일을 복구할 수 없다.
④ 시스템 복원 시 Windows Update에 의한 변경 사항은 복원되지 않는다.

해설 Windows Update를 할 때도 복원 시점을 만들어 놓고 진행하므로 업데이트를 할 때나 적용 후에도 이전 시점(업데이트 전)으로 복원이 가능하다.

16 한글 Windows 7의 에어로 피크(Aero Peek) 기능에 대한 설명으로 옳은 것은?

① 파일이나 폴더의 저장된 위치에 상관없이 종류별로 파일을 구성하고 파일에 액세스할 수 있게 한다.

② 모든 창을 최소화할 필요 없이 바탕 화면을 빠르게 미리 보거나 작업 표시줄의 해당 아이콘을 가리켜서 열린 창을 미리 볼 수 있게 한다.

③ 바탕 화면의 배경으로 여러 장의 사진을 선택하여 슬라이드 쇼 효과를 주면서 번갈아 표시할 수 있게 한다.

④ 작업 표시줄에서 프로그램 아이콘을 마우스 오른쪽 단추로 클릭하여 최근에 열린 파일 목록을 확인할 수 있게 한다.

> **해설** 에어로 피크(Aero Peek) : 현재 작업 중인 창 외의 다른 창을 클릭하지 않고도 열린 다른 창을 빠르게 볼 수 있는 기능으로 열린 창의 내용을 미리 보고 원하는 창으로 전환할 수도 있다.

17 한글 Windows 7의 [제어판]-[접근성 센터]에서 설정할 수 있는 기능으로 옳지 않은 것은?

① [돋보기]를 실행하여 화면의 항목을 더 크게 표시할 수 있다.

② [자녀 보호 설정]은 자녀가 컴퓨터를 사용할 수 있는 시간, 실행할 수 있는 게임 유형 및 실행할 수 있는 프로그램을 제한할 수 있다.

③ [화상 키보드]를 실행하여 실제 키보드를 사용하는 대신 화상 키보드를 사용하여 데이터를 입력할 수 있다.

④ [고대비 설정]으로 화면에서 텍스트와 이미지가 보다 뚜렷하고 쉽게 식별되도록 할 수 있다.

> **해설** • 접근성 센터는 신체에 장애가 있는 사람들이 컴퓨터를 편리하게 사용할 수 있도록 다양한 옵션을 설정한다.
> • 보기 ②번은 [제어판]-[자녀 보호]에서 설정한다.

18 다음 중 하드웨어 장치의 설치나 드라이버 확장 시 사용자의 편의를 돕기 위해 사용자가 직접 설정할 필요 없이 운영 체제가 자동으로 인식하게 하는 기능은?

① 원격 지원   ② 플러그 앤 플레이

③ 핫 플러그인   ④ 멀티스레딩

> **해설** 플러그 앤 플레이(PnP ; Plug & Play) : 새로운 하드웨어를 설치할 때 이를 자동으로 감지하여 하드웨어 구성 및 충돌을 방지하는 기능으로 장치를 연결하면 필요한 드라이버를 설치하기 때문에 하드웨어 추가가 쉽다(Windows의 전원 옵션과 작동하여 필요한 전원 기능을 관리).

19 다음 중 컴퓨터에서 사용하는 일반 하드 디스크에 비하여 속도가 빠르고, 기계적 지연이나 에러의 확률 및 발열 소음이 적으며 소형화, 경량화할 수 있는 하드 디스크 대체 저장 장치는?

① DVD   ② HDD

③ SSD   ④ ZIP

> **해설** • ① 단면에 4.7GB, 양면에 9.4GB 정도의 데이터를 저장하는 차세대 저장 매체이다.
> • ② 컴퓨터 내부에 고정되어 유동성이 없으므로 고정 디스크라고도 한다.
> • ④ PC 백업용의 외장형 디스크 드라이브로 100~250MB의 용량을 기록한다.

20 다음 중 올바른 PC 관리에 대한 설명으로 가장 적절하지 않은 것은?

① 데스크 톱 PC는 평평하고 흔들림이 없는 곳에 설치하는 것이 바람직하다.

② 컴퓨터를 이동하거나 부품을 교체할 때에는 전원을 끄고 작업한다.

③ 바이러스 감염 방지를 위해 중요한 데이터는 자주 사용하는 하드 디스크에 백업한다.

④ 먼지가 많은 환경의 경우 메인보드 내에 먼지가 쌓이지 않도록 주의하고, 자주 확인하여 청소한다.

> **해설** • 바이러스 감염 방지를 위해 중요한 데이터는 외장 디스크에 백업한다.
> • 자주 사용하는 하드 디스크는 바이러스 감염의 가능성이 높다.

정답 16 ② 17 ② 18 ② 19 ③ 20 ③

21 다음 중 데이터 관리 기능인 자동 필터에 대한 설명으로 옳지 않은 것은?

① 필터는 데이터 목록에서 설정된 조건에 맞는 데이터만을 추출하여 나타내기 위한 기능으로 워크시트의 다른 영역으로 결과 테이블을 자동 생성할 수 있다.

② 두 개 이상의 필드(열)로 필터링 할 수 있으며, 필터는 누적 적용되므로 추가하는 각 필터는 현재 필터 위에 적용된다.

③ 필터는 필요한 데이터 추출을 위해 조건을 만족하지 않는 데이터를 잠시 숨기는 것이므로 목록 자체의 내용은 변경되지 않는다.

④ 자동 필터를 사용하여 추출한 데이터는 레코드(행) 단위로 표시된다.

> **해설** 필터는 목록에서 사용자가 지정한 조건에 맞는 레코드만을 추출하는 기능으로 워크시트의 다른 영역으로 결과 테이블을 자동 생성할 수 없다.

22 다음 중 워크시트의 부분합 실행 결과에 대한 설명으로 옳지 않은 것은?

1 2 3 4		A	B	C	D
	1	성　명	소　속	직무	1차성적
	2	여종택	교통행정.	건축	93
	3	장성태	교통행정.	행정	98
	4	곽배동	교통행정.	행정	86
	5	박난초	교통행정.	환경	88
	6		교통행정과 평균		91.25
	7		교통행정과 최대값		98
	13		보건사업과 평균		85.6
	14		보건사업과 최대값		95
	19		사회복지과 평균		86.25
	20		사회복지과 최대값		95
	21		전체 평균		87.538462
	22		전체 최대값		98

① [부분합] 대화 상자에서 그룹화할 항목을 '소속'으로 설정하였다.

② 그룹의 모든 정보 데이터를 표시하려면 윤곽 기호에서 3 을 클릭하면 된다.

③ 부분합 실행 시 [데이터 아래 요약 표시]를 선택 해제하면 데이터 위에 요약을 표시할 수 있다.

④ [부분합 계산 항목]으로 선택된 항목에는 SUBTOTAL 함수가 자동으로 입력되어 최대값과 평균이 계산되었다.

> **해설**
> • [1] : 전체 부분합만 표시한다.
> • [2] : 하나의 그룹별 부분합과 전체 부분합을 표시한다.
> • [3] : 그룹별 부분합과 전체 부분합을 표시한다.
> • [4] : 전체 데이터를 표시한다.

23 다음 중 워크시트에서 [A4] 셀의 메모가 지워지는 작업에 해당하는 것은?

⬜	A	B	C	D
1		성적 관리		
2	성 명	영어	국어	총점
3	배순용	장학생	89	170
4	이길순		98	186
5	하길주	87	88	175
6	이선호	67	78	145

① [A3] 셀의 채우기 핸들을 아래쪽으로 드래그하였다.

② [A4] 셀의 바로 가기 메뉴에서 [메모 숨기기]를 선택하였다.

③ [A4] 셀을 선택하고, [홈] 탭 [편집] 그룹의 [지우기]에서 [모두 지우기]를 선택하였다.

④ [A4] 셀을 선택하고, 키보드의 (BackSpace) 키를 눌렀다.

> **해설** [홈] 탭 [편집] 그룹에서 [지우기] 단추를 클릭하고, [모두 지우기]를 선택하면 입력된 데이터, 서식, 메모 등을 모두 삭제할 수 있다.

24 다음 중 보기의 괄호 안에 들어갈 단추명이 바르게 연결된 것은?

> 매크로 대화 상자의 (㉮) 단추는 바로 가기 키나 설명을 변경할 수 있고, (㉯) 단추는 매크로 이름이나 명령 코드를 수정할 수 있다.

① ㉮ – 옵션, ㉯ – 편집

② ㉮ – 편집, ㉯ – 옵션

③ ㉮ – 매크로, ㉯ – 보기 편집

④ ㉮ – 편집, ㉯ – 매크로 보기

25 다음 중 원본 데이터를 지정된 서식으로 설정하였을 때 결과가 옳지 않은 것은?

① 원본 데이터 : 5054.2, 서식 : ### → 결과
데이터 : 5054

② 원본 데이터 : 대한민국, 서식 : @"화이팅"
→ 결과 데이터 : 대한민국화이팅

③ 원본 데이터 : 15:30:22, 서식 : hh:mm:ss
AM/PM → 결과 데이터 : 3:30:22 PM

④ 원본 데이터 : 2013-02-01, 서식 : yyyy-
mm-ddd → 결과 데이터 : 2013-02-Fri

26 다음 중 틀 고정과 창 나누기에 대한 설명으로 옳지 않은 것은?

① 틀 고정은 기본적으로 워크시트의 아래쪽에
있는 행과 오른쪽에 있는 열이 고정되지만
워크시트의 중간에 있는 행과 열도 고정할
수 있다.

② 셀 편집 모드에 있거나 워크시트가 보호된
경우에는 틀 고정 명령을 사용할 수 없다.

③ 틀 고정 구분선은 마우스를 이용하여 위치를
변경할 수 없으나 창 나누기 구분선은 위치
변경이 가능하다.

④ 두 개의 스크롤 가능한 영역으로 나뉜 창을
복원하려면 두 창을 나누고 있는 분할줄을
아무 곳이나 두 번 클릭한다.

27 다음 중 채우기 핸들을 이용하여 데이터를 입력하는 방법으로 옳지 않은 것은?

① 인접한 셀의 내용으로 현재 셀을 빠르게 입
력하려면 위쪽 셀의 내용은 Ctrl+D, 왼쪽
셀의 내용은 Ctrl+R 키를 누른다.

② 숫자와 문자가 혼합된 문자열이 입력된 셀의
채우기 핸들을 아래쪽으로 끌면 문자는 복사
되고 숫자는 1씩 증가한다.

③ 숫자가 입력된 셀의 채우기 핸들을 Ctrl 키
를 누른 채 아래쪽으로 끌면 똑같은 내용이
복사되어 입력된다.

④ 날짜가 입력된 셀의 채우기 핸들을 아래쪽으
로 끌면 기본적으로 1일 단위로 증가하여 자
동 채우기가 된다.

28 다음 중 페이지 나누기 기능에 관한 설명으로 옳지 않은 것은?

① 페이지 나누기 미리 보기 상태에서는 데이터
의 입력이나 편집을 할 수 없다.

② 페이지 구분선을 마우스로 드래그하여 구분
선의 위치를 변경할 수 있다.

③ 수동으로 삽입된 페이지 나누기는 실선으로
표시되고, 자동으로 추가된 페이지 나누기는
파선으로 표시된다.

④ 인쇄할 데이터가 많아 한 페이지가 넘어가면
자동으로 페이지 구분선이 삽입된다.

29 다음 중 워크시트에서 [D4] 셀에 입력한 수식의 실행 결과로 옳은 것은? (단, [D4] 셀에 설정되어 있는 표시 형식은 '날짜'임)

SUM	▼	⊗	✗ ✓ ƒx	=EOMONTH(D2,1)	
	A	B	C	D	E
1	사원번호	성명	직함	생년월일	
2	101	구민정	영업과장	1980-12-08	
3					
4				=EOMONTH(D2,1)	

① 1980-11-30 ② 1980-11-08
③ 1981-01-31 ④ 1981-01-08

> **해설** • EOMONTH(날짜, 월수) : 지정된 달 수 이전/이후 달의 마지막 날 날짜 일련번호를 구하되 월수가 양수이면 이후 날짜, 음수이면 이전 날짜를 구한다.
> • =EOMONTH(D2, 1) : 1980년 12월 8일에서 한 달 뒤의 마지막 날짜는 12월이기 때문에 1월로 바뀌면서 1981년 01월 31일이 된다.

30 다음 중 매크로에 대한 설명으로 옳지 않은 것은?

① 매크로 이름은 대소문자를 구분하지 않으며, 공백이나 마침표를 포함하여 매크로 이름을 설정할 수 있다.

② 매크로를 실행할 Ctrl 키 조합 바로 가기 키는 매크로가 포함된 통합 문서가 열려 있는 동안 이와 동일한 기본 엑셀 바로 가기 키를 무시한다.

③ 매크로를 기록하는 경우 실행하려는 작업을 완료하는데 필요한 모든 단계가 매크로 레코더에 기록되며, 리본에서의 탐색은 기록에 포함되지 않는다.

④ 엑셀을 사용할 때마다 매크로를 사용할 수 있게 하려면 매크로 기록 시 매크로 저장 위치 목록에서 '개인용 매크로 통합 문서'를 선택한다.

> **해설** 매크로 이름 : 첫 글자는 반드시 문자로 시작되어야 하며, 특수 문자(+, −, ?, $, & 등)는 사용할 수 없다. 또한, 이름 중간에 공백을 삽입할 수 없으며, 단어를 구분할 때는 밑줄(_)을 사용한다.

31 다음 중 함수식과 그 결과로 옳지 않은 것은?

① =ODD(4) → 5
② =EVEN(5) → 6
③ =MOD(18, −4) → −2
④ =POWER(5, 3) → 15

> **해설** POWER(인수, 제곱값) : 인수에 거듭 제곱한 결과를 구한다. 그러므로 =POWER(5, 3)의 결과는 125이다.

32 다음 중 '=SUM(A3:A9)' 수식이 '=SUM(A3A9)'와 같이 범위 참조의 콜론(:)이 생략된 경우 나타나는 오류 메시지로 옳은 것은?

① #N/A ② #NULL!
③ #REF! ④ #NAME?

> **해설** • ① 부적당한 인수를 사용하거나 사용할 수 없는 값을 지정할 경우 발생한다.
> • ② 공통 부분이 없는 두 영역의 부분을 지정했을 경우 발생한다.
> • ③ 수식에서 셀 참조가 유효하지 않았을 때 발생한다.

33 다음 중 도넛형 차트에 대한 설명으로 옳지 않은 것은?

① 전체에 대한 각 데이터 계열의 관계를 보여주며, 하나의 고리에 여러 데이터 계열을 색상으로 구분하여 표시한다.

② 도넛의 바깥쪽에 위치한 데이터 계열의 모든 조각을 한 번에 분리하거나 개별적으로 조각을 선택하여 분리할 수도 있다.

③ [데이터 계열 서식] 대화 상자의 [계열 옵션]에서 첫째 조각의 위치를 지정하는 회전각을 변경할 수 있다.

④ 데이터 계열이 많아 알아보기가 쉽지 않은 경우 누적 세로 막대형 차트나 누적 가로 막대형 차트로 변경하는 것이 좋다.

> **해설** 도넛형 : 원형 차트를 개선한 것으로 전체 항목에 대한 각 항목의 비율을 나타내며, 차트를 이루는 각각의 원은 하나의 데이터 계열을 표시한다.

정답 **30** ① **31** ④ **32** ④ **33** ①

34 다음 중 피벗 테이블 보고서에 대한 설명으로 옳지 않은 것은?

① 피벗 테이블 보고서를 작성한 후에 사용자가 새로운 수식을 추가하여 표시할 수 있다.

② 원본 데이터가 변경되면 피벗 테이블 보고서의 데이터도 자동으로 변경된다.

③ 피벗 테이블 보고서는 현재 작업 중인 워크시트나 새로운 워크시트에 작성할 수 있다.

④ 피벗 테이블을 삭제하더라도 피벗 테이블과 연결된 피벗 차트는 삭제되지 않고 일반 차트로 변경된다.

해설 • 원본 데이터가 변경되어도 피벗 테이블 보고서의 데이터는 변경되지 않는다.
• [피벗 테이블 도구]-[옵션] 탭의 [데이터] 그룹에서 [새로 고침] 단추를 클릭해야 변경된다.

35 다음 중 성명이 '정'으로 시작하거나 출신지역이 '서울'인 데이터를 추출하기 위한 고급 필터 조건은?

①
성명	출신지역
정*	서울

②
성명	출신지역
정*	
	서울

③
성명	정*
출신지역	서울

④
성명	정*	
출신지역		서울

해설 • 동일한 행 : 두 개의 조건이 모두 만족하는 값을 검색한다(AND 조건).
• 다른 행 : 두 개의 조건 중 하나라도 만족하는 값을 검색한다(OR 조건).

36 다음 중 셀 참조에 관한 설명으로 옳은 것은?

① 수식 작성 중 마우스로 셀을 클릭하면 기본적으로 해당 셀이 절대 참조로 처리된다.

② 수식에 셀 참조를 입력한 후 셀 참조의 이름을 정의한 경우에는 참조 에러가 발생하므로 기존 셀 참조를 정의된 이름으로 수정한다.

③ 셀 참조 앞에 워크시트 이름과 마침표(.)를 차례로 넣어서 다른 워크시트에 있는 셀을 참조할 수 있다.

④ 셀을 복사하여 붙여 넣은 다음 [붙여넣기 옵션]의 [셀 연결] 명령을 사용하여 셀 참조를 만들 수도 있다.

해설 • 동일한 워크시트의 셀 참조 : 해당 셀의 주소를 직접 입력하거나 키보드나 마우스를 이용해 참조할 셀의 범위를 지정한다.
• 다른 워크시트의 셀 참조 : 참조하는 워크시트 이름 뒤에 느낌표(!) 표시를 한 후 셀 범위를 지정한다.
• 외부 참조 : 통합 문서의 이름을 대괄호([ ])로 묶는다.

37 다음 중 차트에 대한 설명으로 옳지 않은 것은?

① 기본적으로 워크시트의 행과 열에서 숨겨진 데이터는 차트에 표시되지 않는다.

② 차트 제목, 가로/세로 축 제목, 범례, 그림 영역 등은 마우스로 드래그하여 이동할 수 있다.

③ (Ctrl) 키를 누른 상태에서 차트 크기를 조절하면 차트의 크기가 셀에 맞춰 조절된다.

④ 사용자가 자주 사용하는 차트 종류를 차트 서식 파일로 저장할 수 있다.

해설 (Alt) 키를 누른 상태에서 차트 크기를 조절하면 차트가 셀에 맞춰서 크기가 조절된다.

38 다음 중 [페이지 설정] 대화 상자의 [시트] 탭에 대한 설명으로 옳지 않은 것은?

① 셀에 삽입된 메모를 시트 끝에 인쇄되도록 설정할 수 있다.

② 셀 구분선이나 그림 개체 등은 제외하고 셀에 입력된 데이터만 인쇄되도록 설정할 수 있다.

③ 워크시트의 행/열 머리글과 눈금선이 인쇄되도록 설정할 수 있다.

④ 페이지를 기준으로 가운데에 인쇄되도록 '페이지 가운데 맞춤'을 설정할 수 있다.

해설 보기 ④번은 [여백] 탭에서 가능하다.

39 다음 중 [홈]-[클립보드] 그룹의 [붙여넣기]에서 선택 가능한 붙여넣기 옵션으로 옳지 않은 것은?

① 하이퍼링크로 붙여넣기

② 선택하여 붙여넣기

③ 테두리만 붙여넣기

④ 연결하여 붙여넣기

해설 [홈] 탭의 [클립보드] 그룹에서 [붙여넣기] 단추를 클릭하면 붙여넣기, 수식, 값 붙여넣기, 테두리 없음, 바꾸기, 연결하여 붙여넣기, 선택하여 붙여넣기, 하이퍼링크로 붙여넣기, 그림 형식의 메뉴가 있다.

40 다음 중 차트에 대한 설명으로 옳지 않은 것은?

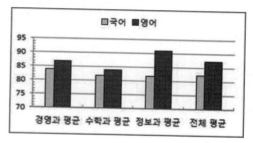

① 세로 (값) 축의 축 서식에서 주 눈금선 표시는 '바깥쪽', 보조 눈금 표시는 '안쪽'으로 설정하였다.

② 세로 (값) 축의 축 서식에서 주 단위 간격을 '5'로 설정하였다.

③ 데이터 계열 서식의 '계열 겹치기' 값을 0보다 작은 값으로 설정하였다.

④ 윤곽 기호를 이용하여 워크시트와 차트에 수준 3의 정보 행이 표시되지 않도록 설정하였다.

해설 데이터 계열 서식에서 계열 겹치기 값을 0보다 큰 값으로 입력하면 국어와 영어의 막대(계열)가 겹쳐지고, 반대로 0보다 작은 값을 입력하면 막대(계열) 사이의 간격이 넓어진다.

1과목 컴퓨터 일반

01 다음 중 멀티미디어에 대한 설명으로 옳지 않은 것은?

① 멀티미디어 데이터는 다양한 하드웨어 및 소프트웨어 환경에서 생성, 처리, 전송, 이용 되므로 상호 호환되기 위한 표준이 필요하다.

② 정보 사회의 멀티미디어는 텍스트, 이미지, 사운드, 애니메이션, 동영상 등을 아날로그화 시킨 복합 구성 매체이다.

③ 가상 현실, 전자 출판, 화상 회의, 방송, 교육, 의료 등 사회 전 분야에 응용 가능하다.

④ 사용자는 정보 제공자와의 상호 작용을 통해 어떤 정보를 언제 어떠한 형태로 얻을 것인지 결정하여 데이터를 전달 받을 수도 있다.

> **해설** 정보 사회의 멀티미디어는 텍스트, 이미지, 사운드, 애니메이션, 동영상 등을 디지털화 시킨 복합 매체이다.

02 다음 중 소프트웨어에 대한 설명으로 옳지 않은 것은?

① 소프트웨어란 컴퓨터를 이용하기 위해 필요한 일련의 명령어들 집합이다.

② 오라클과 같은 데이터베이스 관리 시스템은 응용 소프트웨어에 해당된다.

③ 시스템 소프트웨어는 응용 소프트웨어가 실행될 때 컴퓨터 하드웨어를 효율적으로 사용하도록 인터페이스 역할을 한다.

④ 시스템 소프트웨어는 기능에 따라 제어 프로그램과 번역 프로그램으로 구분한다.

> **해설** 시스템 소프트웨어는 기능에 따라 제어 프로그램(Control Program)과 처리 프로그램(Processing Program)으로 구분한다.

03 다음 중 인터넷에서 사용하는 IPv6 주소 체계에 대한 설명으로 옳지 않은 것은?

① 16비트씩 8부분으로 총 128비트로 구성 된다.

② 각 부분은 16진수로 표현하고, 세미콜론(;)으로 구분한다.

③ 유니 캐스트, 멀티 캐스트, 애니 캐스트 등의 3가지 주소 체계로 나누어진다.

④ IPv4의 주소 부족 문제를 해결해 줄 수 있다.

> **해설** IPv6 : IPv4의 주소 공간을 4배 확장한 것으로 128비트를 16비트씩 8개로 나누어 표시하며, IP는 콜론(:)으로 구분한다.

04 다음 중 정보 사회의 문제점으로 옳지 않은 것은?

① 정보 기술을 이용한 컴퓨터 범죄가 증가할 수 있다.

② VDT 증후군 같은 컴퓨터 관련 직업병이 발생할 수 있다.

③ 정보의 편중으로 계층간의 정보 차이가 감소할 수 있다.

④ 정보 처리 기술로 인간 관계의 유대감이 약화될 가능성도 있다.

> **해설** 정보의 편중으로 계층간의 정보 차이가 증가할 수 있다.

05 다음 중 정당한 사용자가 정상적으로 시스템을 종료하지 않고 자리를 떠났을 때 비인가된 사용자가 바로 그 자리에서 계속 작업을 수행하여 불법적 접근을 행하는 범죄 행위에 해당하는 것은?

① 스패밍(Spamming)

② 스푸핑(Spoofing)

③ 스니핑(Sniffing)

④ 피기배킹(Piggybacking)

정답 01 ② 02 ④ 03 ② 04 ③ 05 ④

① ㉮ – ⓑ, ㉯ – ⓒ, ㉰ – ⓐ

② ㉮ – ⓒ, ㉯ – ⓐ, ㉰ – ⓑ

③ ㉮ – ⓑ, ㉯ – ⓐ, ㉰ – ⓒ

④ ㉮ – ⓐ, ㉯ – ⓑ, ㉰ – ⓒ

해설
- 블루투스(Bluetooth) : 근거리 무선 접속을 지원하기 위해 사용되는 대표적인 통신 기술로 주파수 대역에서 송수신할 수 있는 마이크로 칩을 장착한다.
- 와이파이(Wi-Fi) : 무선 접속 장치(AP)가 설치된 일정 거리 안에서 무선 인터넷을 사용할 수 있는 근거리 통신망 기술이다.

해설
- ② 신뢰성 있는 사람이 네트워크를 통해 데이터를 보낸 것처럼 허가받지 않은 사용자가 네트워크상의 데이터를 변조하여 접속하는 행위이다.
- ③ 네트워크 주변의 모든 패킷을 엿보면서 계정(Account, ID)과 암호(Password)를 알아내기 위한 행위이다.

06 다음 중 중앙의 주 컴퓨터에 이상이 발생하면 시스템 전체의 기능이 마비되는 통신망 형태는?

① 버스(Bus)형　　② 트리(Tree)형

③ 성(Star)형　　④ 메시(Mesh)형

해설
- 버스형 : 하나의 통신 회선에 여러 대의 단말기가 연결된 형태로 CATV 망에 적합하다.
- 트리형 : 하나의 회선에 여러 대의 단말기가 연결된 형태로 이웃한 노드에는 회선을 연장하여 연결한다.
- 메시형 : 모든 단말기들이 그물 모양의 회선으로 연결된 형태로 장거리 전송에 적합하다.

07 다음 중 인터넷 환경에서 파일을 송수신 할 때 사용되는 원격 파일 전송 프로토콜로 옳은 것은?

① DHCP　　② HTTP

③ FTP　　④ TCP

해설 FTP(File Transfer Protocol) : 인터넷을 통하여 한 컴퓨터에서 다른 컴퓨터로 파일 전송을 지원하는 프로토콜로 클라이언트에 FTP 유틸리티(WS-FTP, Cute FTP, ALFTP, ACEFTP 등)를 설치하면 보다 효율적으로 사용할 수 있다.

09 다음 중 컴퓨터에서 사용하는 자료 표현 형식에 관한 설명으로 옳지 않은 것은?

① 비트(Bit)는 자료 표현의 최소 단위이며, 8Bit가 모여 니블(Nibble)이 된다.

② 워드(Word)는 바이트 모임으로 하프 워드, 풀 워드, 더블 워드로 분류된다.

③ 필드(Filed)는 자료 처리의 최소 단위이며, 여러 개의 필드가 모여 레코드(Record)가 된다.

④ 데이터베이스(Database)는 레코드 모임인 파일(File)들의 집합을 말한다.

해설
- 비트(Bit) : 0 또는 1을 나타내는 정보 표현의 최소 단위이다.
- 니블(Nibble) : 4개의 비트(Bit)로 구성된다.

10 한글 Windows 7의 라이브러리 기능에 대한 설명으로 옳은 것은?

① [시작] 메뉴의 검색 입력 상자가 포함되어 프로그램이나 문서, 그림 등 파일을 신속하게 검색할 수 있다.

② 폴더와 달리 실제로 항목을 저장하지 않고, 여러 위치에 저장된 파일 및 폴더의 모음을 표시함으로써 보다 신속하고 편리하게 파일을 관리할 수 있도록 한다.

③ 작업 표시줄 프로그램 단추에 마우스 오른쪽 단추를 클릭하면 최근 작업한 프로그램 내용을 보여준다.

08 다음 중 네트워크 구성에 대한 설명과 해당 프로토콜이 바르게 연결된 것은?

구성	네트워킹 프로토콜
㉮ 노트북을 무선 핫스팟(Hotspot)에 연결	ⓐ 블루투스
㉯ 무선 마우스를 PC에 연결	ⓑ Wi-Fi
㉰ 비즈니스 네트워크나 유선 홈 네트워크 구성	ⓒ Ethernet

정답　06 ③　07 ③　08 ③　09 ①　10 ②

④ 자녀들이 컴퓨터를 사용하는 시간뿐만 아니라 프로그램 사용 여부 등을 제한하여 안전한 컴퓨터 사용을 유도한다.

> **해설** 라이브러리 : 흩어져 있는 자료를 정리하며, 모든 라이브러리에서 검색한다.

11 다음 중 운영 체제의 성능을 평가하는 항목에 대한 설명으로 옳지 않은 것은?

① 시스템이 일정한 시간 내에 일을 처리하는 능력
② 주어진 문제를 정확하게 처리하는 신뢰할 수 있는 정도
③ 처리할 데이터를 일정 시간 동안 모아 일괄 처리할 수 있는 능력
④ 시스템의 즉시 사용 가능한 정도

> **해설** 운영 체제의 성능 평가 요인 : 처리 능력(Throughput) 향상, 응답 시간(Turnaround Time) 단축, 신뢰도(Reliability) 향상, 사용 가능도(Availability) 향상

12 한글 Windows 7의 인쇄 기능에 대한 설명으로 옳지 않은 것은?

① 기본 프린터란 인쇄 시 특정 프린터를 지정하지 않아도 자동으로 인쇄되는 프린터를 말한다.
② 프린터 속성 창에서 공급 용지의 종류, 공유, 포트 등을 설정할 수 있다.
③ 인쇄 대기 중인 작업은 취소시킬 수 있다.
④ 인쇄 중인 작업은 취소할 수는 없으나 잠시 중단시킬 수 있다.

> **해설** 인쇄 중인 작업은 취소할 수 없고, 잠시 중단시킬 수도 없다.

13 다음 중 컴퓨터 소프트웨어 배포와 관련하여 셰어웨어(Shareware)에 관한 설명으로 옳은 것은?

① 특정 기능 또는 기간을 제한하여 공개하고, 사용한 후에 사용자의 구매를 유도하는 소프트웨어이다.
② 개발 회사의 1차 테스트 버전으로 제작 회사 내에서 테스트할 목적으로 배포하는 소프트웨어이다.
③ 정식 버전이 나오기 전에 프로그램에 대해 일반인에게 테스트할 목적으로 공개하는 소프트웨어이다.
④ 사용 기간 및 기능에 제한 없이 무료로 사용할 수 있는 공개용 소프트웨어이다.

> **해설** 셰어웨어(Shareware) : 일정 기간이나 기능에 제한을 두고 프로그램을 사용한 후 구입 여부를 판단하는 소프트웨어이다.

14 다음 중 애니메이션에서의 모핑(Morphing) 기법에 대한 설명으로 옳은 것은?

① 종이에 그린 그림을 셀룰로이드에 그대로 옮긴 뒤 채색하고 촬영하는 기법이다.
② 2개의 이미지나 3차원 모델 간에 부드럽게 연결하여 서서히 변하는 모습을 보여주는 기법이다.
③ 키 프레임을 이용하여 애니메이션을 만드는 기법이다.
④ 점토를 사용하여 애니메이션을 만드는 기법이다.

> **해설** 모핑(Morphing) : 두 이미지를 자연스럽게 연결하고, 어떤 모습을 서서히 다른 형상으로 변화시키는 기법이다(한 이미지가 다른 이미지로 서서히 변화하는 과정을 표현).

15 한글 Windows 7의 [보조프로그램]-[시스템 도구]-[시스템 정보]에서 확인이 가능한 각 범주에 대한 설명으로 옳지 않은 것은?

① 시스템 요약 : 컴퓨터 이름 및 제조업체, 컴퓨터에서 사용하는 BIOS 유형, 설치된 메모리 용량 등 컴퓨터 및 운영 체제에 대한 일반 정보가 표시된다.

정답 **11** ③ **12** ④ **13** ① **14** ② **15** ③

② 하드웨어 리소스 : 컴퓨터 하드웨어에 대한 IT 전문가용 고급 정보가 표시된다.

③ 구성 요소 : CPU와 저장 장치를 제외한 입출력 장치의 구성에 대한 정보가 표시된다.

④ 소프트웨어 환경 : 드라이버, 네트워크 연결 및 기타 프로그램 관련 정보가 표시된다.

> **해설** 구성 요소 : 시스템 구성 요소에 관련된 정보를 표시한다.

16 다음 중 USB 인터페이스에 대한 설명으로 옳지 않은 것은?

① 직렬 포트보다 USB 포트의 데이터 전송 속도가 더 빠르다.

② USB는 컨트롤러당 최대 127개까지 포트의 확장이 가능하다.

③ 핫 플러그인(Hot Plug In)과 플러그 앤 플레이(Plug & Play)를 지원한다.

④ USB 커넥터를 색상으로 구분하는 경우 USB 3.0은 빨간색, USB 2.0은 파란색을 사용한다.

> **해설** USB 커넥터를 색상으로 구분하는 경우 USB 3.0은 파란색, USB 2.0은 검은색을 사용한다.

17 다음 중 컴퓨터의 CPU에 있는 레지스터(Register)에 관한 설명으로 옳지 않은 것은?

① 계산 결과의 임시 저장, 주소 색인 등 여러 가지 목적으로 사용될 수 있는 레지스터들을 범용 레지스터라고 한다.

② 주기억 장치보다 저장 용량이 적고, 속도가 느리다.

③ ALU(산술/논리 장치)에서 연산된 자료를 일시적으로 저장한다.

④ 프로그램 카운터는 다음에 수행할 명령어의 주소를 저장하는 레지스터이다.

> **해설** 레지스터(Register) : CPU 내부에서 처리할 명령어나 연산의 결과 값을 일시적으로 기억하는 고속의 기억 장치이다.

18 한글 Windows 7의 디스크 포맷에 관한 설명으로 적절하지 않은 것은?

① 하드 디스크의 트랙 및 섹터를 초기화하는 작업이다.

② 포맷 요소 중 파일 시스템은 문자 파일, 영상 파일, 데이터 파일 등을 관리하기 위한 기능이다.

③ 포맷을 실행하면 디스크의 모든 데이터가 지워진다.

④ 빠른 포맷은 하드 디스크에 새 파일 테이블을 만들지만 디스크를 완전히 덮어쓰거나 지우지 않는 포맷 옵션이다.

> **해설** 파일 시스템 : 디스크의 파일 정보가 저장된 섹터들을 찾아볼 수 있도록 정보를 저장하는 특수 영역으로 파일 시스템(FAT, FAT32, NTFS 등)을 선택하여 포맷을 실행한다.

19 한글 Windows 7에서 하드 디스크의 파일을 삭제할 경우 시스템에 영향을 미칠 수 있는 파일로 주의해야 하는 파일 확장자에 해당하지 않는 것은?

① .exe　　　　② .ini
③ .sys　　　　④ .tmp

> **해설** tmp 파일 : temp의 약자로 Windows에서 임시로 저장되는 파일이다(주기적으로 삭제하여 시스템을 관리).

20 다음 중 모니터의 전원은 정상적으로 들어와 있음에도 화면이 하얗게 나오는 백화 현상의 원인으로 가장 적절한 것은?

① 전원 코드의 문제
② 그래픽 카드 드라이버 문제
③ 모니터 해상도의 문제
④ 모니터의 액정 패널이나 보드상의 문제

> **해설** 모니터의 백화 현상은 LED 패널이 불량이거나 AD 보드 불량으로 발생한다.

정답　16 ④　17 ②　18 ②　19 ④　20 ④

21 다음 중 정렬 기능에 대한 설명으로 옳지 않은 것은?

① 머리글의 값이 정렬 작업에 포함되거나 제외되도록 설정할 수 있다.

② 날짜가 입력된 필드의 정렬에서 내림차순을 선택하면 이전 날짜에서 최근 날짜 순서로 정렬할 수 있다.

③ 사용자 지정 목록을 사용하여 사용자가 정의한 순서대로 정렬할 수 있다.

④ 셀 범위나 표 열의 서식을 직접 또는 조건부 서식으로 설정한 경우 셀 색 또는 글꼴 색을 기준으로 정렬할 수 있다.

해설 날짜가 입력된 필드 정렬에서 내림차순을 선택하면 최근 날짜에서 이전 날짜 순서로 정렬된다.

22 다음 중 [D9] 셀에서 사과나무의 평균 수확량을 구하고자 하는 경우 나머지 셋과 다른 결과를 표시하는 수식은?

	A	B	C	D	E	F
1	나무번호	종류	높이	나이	수확량	수익
2	001	사과	18	20	18	105000
3	002	배	12	12	10	96000
4	003	체리	13	14	9	105000
5	004	사과	14	15	10	75000
6	005	배	9	8	8	77000
7	006	사과	8	9	10	45000
8						
9	사과나무의 평균 수확량					
10						

① =INT(DAVERAGE(A1:F7, 5, B1:B2))

② =TRUNC(DAVERAGE(A1:F7, 5, B1:B2))

③ =ROUND(DAVERAGE(A1:F7, 5, B1:B2), 0)

④ =ROUNDDOWN(DAVERAGE(A1:F7, 5, B1:B2), 0)

해설 • ROUND(인수, 자릿수) : 인수를 지정한 자릿수로 반올림한다. 이때, 자릿수가 0보다 크면 지정한 소수 자릿수로 반올림, 자릿수가 0이면 가장 가까운 정수로 반올림, 자릿수가 0보다 작으면 소수점 왼쪽에서 반올림한다.
• DAVERAGE(범위, 열 번호, 찾을 조건) : 지정한 조건에 맞는 데이터베이스에서 필드(열)의 평균을 구한다.
• 보기 ①, ②, ④번의 결과값은 12이고, 보기 ③번의 결과값은 13이다.

23 다음 중 [삽입] 탭의 [일러스트레이션] 그룹에서 삽입 가능한 개체에 해당하지 않는 것은?

① 도형 ② 클립 아트
③ WordArt ④ SmartArt

해설 • [삽입] 탭의 [일러스트레이션] 그룹 : 그림, 클립 아트, 도형, SmartArt
• WordArt는 [삽입] 탭의 [텍스트] 그룹에 있다.

24 다음 중 근무기간이 15년 이상이면서 나이가 50세 이상인 직원의 데이터를 조회하기 위한 고급필터의 조건으로 옳은 것은?

①
근무기간	나이
>=15	>=50

②
근무기간	나이
>=15	
	>=50

③
근무기간	>=15
나이	>=50

④
근무기간	>=15	
나이		>=50

해설 • 동일한 행 : 두 개의 조건이 모두 만족하는 값을 검색한다(AND 조건).
• 다른 행 : 두 개의 조건 중 하나라도 만족하는 값을 검색한다(OR 조건).

정답 **21** ② **22** ③ **23** ③ **24** ①

25 다음 중 [A2:C9] 영역에 다음과 같은 규칙의 조건부 서식을 적용하는 경우 지정된 서식이 적용되는 셀의 개수는?

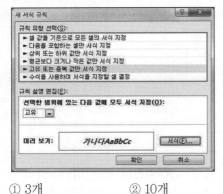

① 3개   ② 10개
③ 14개   ④ 24개

해설 고유 또는 중복 값만 서식 지정 : 셀 값 중 중복 또는 고유 값에 따라 서식을 설정하는 것으로 조건부 서식이 적용되는 셀의 개수는 10개([A2:A9]와 [B2:C2] 영역)이다.

26 다음 중 [찾기 및 바꾸기] 대화 상자에서 설정 가능한 기능으로 옳지 않은 것은?

① 대/소문자를 구분하여 찾을 수 있다.
② 수식이나 값을 찾을 수 있지만 메모 안의 텍스트는 찾을 수 없다.
③ 이전 항목을 찾으려면 [Shift] 키를 누른 상태에서 [다음 찾기] 단추를 클릭한다.
④ 와일드 카드 문자인 '*' 기호를 이용하여 특정 글자로 시작하는 텍스트를 찾을 수 있다.

해설 찾는 위치는 수식, 값, 메모에서 선택할 수 있다.

27 다음 중 매크로의 바로 가기 키에 대한 설명으로 옳지 않은 것은?

① 바로 가기 키는 수정할 수 있다.
② 기본적으로 [Ctrl] 키와 조합하여 사용하지만 대문자로 지정하면 [Shift] 키가 자동으로 덧붙는다.
③ 바로 가기 키의 조합 문자는 영문자만 가능하고, 바로 가기 키를 설정하지 않아도 매크로를 생성할 수 있다.
④ 엑셀에서 기본적으로 지정되어 있는 바로 가기 키는 매크로의 바로 가기 키로 지정할 수 없다.

해설 매크로가 작성된 통합 문서가 열린 경우 기억되어 있는 기본 바로 가기 키보다 매크로 실행 바로 가기 키가 우선한다.

28 다음 중 차트에서 계열의 순서를 변경할 때 선택해야할 바로 가기 메뉴는?

① 차트 이동   ② 데이터 선택
③ 차트 영역 서식   ④ 그림 영역 서식

해설 계열의 바로 가기 메뉴에서 [데이터 선택]을 선택한 후 [데이터 원본 선택] 대화 상자가 나타나면 '범례 항목(계열)'에서 [위로 이동] 단추와 [아래로 이동] 단추를 클릭하여 데이터 계열 순서를 변경할 수 있다.

29 다음 중 그림과 같이 [A2:D5] 영역을 선택하여 이름을 정의한 경우에 대한 설명으로 옳지 않은 것은?

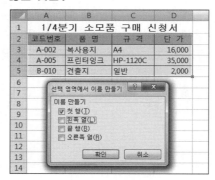

① 정의된 이름은 모든 시트에서 사용할 수 있으며, 이름 정의 후 참조 대상을 편집할 수도 있다.
② 현재 통합 문서에 이미 사용 중인 이름이 있는 경우 기존 정의를 바꿀 것인지 묻는 메시지 창이 표시된다.
③ 워크시트의 이름 상자에서 '코드번호'를 선택하면 [A3:A5] 영역이 선택된다.
④ [B3:B5] 영역을 선택하면 워크시트의 이름 상자에 '품명'이라는 이름이 표시된다.

해설 [B3:B5] 영역을 선택하면 워크시트의 이름 상자에 '품_명'이라는 이름이 표시된다.

---

30 다음 중 차트에 대한 설명으로 옳지 않은 것은?

① 기본적으로 워크시트의 행과 열에서 숨겨진 데이터는 차트에 표시되지 않으며, 빈 셀은 간격으로 표시된다.
② 표에서 특정 셀 한 개를 선택하여 차트를 생성하면 해당 셀을 직접 둘러싸는 표의 데이터 영역이 모두 차트에 표시된다.
③ 차트를 만들 데이터를 선택한 후 [Alt]+[F1] 키를 누르면 별도의 차트 시트가 생성된다.
④ 차트에 두 개 이상의 차트 종류를 사용하여 혼합형 차트를 만들 수도 있다.

해설 차트를 만들 데이터를 선택한 후 [Alt]+[F1] 키를 누르면 현재 시트에 세로 막대형 차트가 생성된다.

---

31 다음 중 차트에 대한 설명으로 옳지 않은 것은?

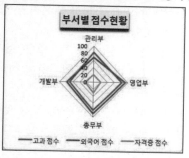

① 데이터 계열이 중심점에서 외곽선으로 나오는 축을 갖는다.
② 여러 데이터 계열의 집계 값을 비교할 때 사용한다.
③ 같은 계열에 있는 모든 값들이 선으로 연결되며, 각 계열마다 축을 갖는다.
④ 여러 데이터 계열에 있는 숫자 값 사이의 관계를 보여 주거나 두 개의 숫자 그룹을 XY 좌표로 이루어진 하나의 계열로 표시한다.

해설 문제의 차트는 방사형 차트이고, 보기 ④번은 분산형 차트에 대한 설명이다.

---

32 새 워크시트에서 [A1] 셀에 셀 포인터를 두고, [개발 도구] 탭의 [상대 참조로 기록]을 선택한 후 [매크로 기록]을 클릭하여 [그림1]과 같이 데이터를 입력하는 '매크로1'을 작성하였다. 다음 중 [그림2]와 같이 [C3] 셀에 셀 포인터를 두고 '매크로1'을 실행한 경우 '성적 현황'이 입력되는 셀의 위치는?

[그림1]

	A	B	C
1		성적 현황	
2	학과	학번	이름
3			

[그림2]

	A	B	C	D
1				
2				
3				
4				

① [B1]　　　　　　② [C3]
③ [C4]　　　　　　④ [D3]

해설 선택된 셀의 위치에서 매크로가 실행되도록 하려면 상대 참조로 기록해야 한다. 그러므로 [C3] 셀에 셀 포인터를 두고 '매크로1'을 실행하면 셀 포인터 오른쪽([D3] 셀)에 '성적 현황'이 입력된다.

33 다음의 워크시트에서 [A2:B8] 영역을 참조하여 [E3:E7] 영역에 학점별 학생 수를 표시하고자 한다. 다음 중 [E3] 셀에 수식을 입력한 후 채우기 핸들을 이용하여 [E7] 셀까지 계산하려고 할 때 [E3] 셀에 입력해야 할 수식으로 옳은 것은?

	A	B	C	D	E
1	엑셀 성적 분포				
2	이름	학점		학점	학생수
3	김현미	B		A	2
4	조미림	C		B	1
5	심기훈	A		C	2
6	박원석	A		D	1
7	이영준	D		F	0
8	최세종	C			

① =COUNTIF(B3:B8, D3)
② =COUNTIF($B$3:$B$8, D3)
③ =SUMIF(B3:B8, D3)
④ =SUMIF($B$3:$B$8, D3)

> **해설** COUNTIF(셀 범위, 찾을 조건) : 범위 지정 목록에서 찾을 조건과 일치하는 셀의 개수를 구하며, 비교 연산자를 사용할 경우에는 큰 따옴표(" ")로 묶는다.

34 다음 중 [인쇄 미리 보기] 상태에서의 [페이지 설정] 대화 상자에 대한 설명으로 옳은 것은?

① 눈금선이나 행/열 머리글의 인쇄 여부를 설정할 수 없다.
② 셀에 설정된 메모를 시트에 표시된 대로 인쇄하거나 시트 양끝에 인쇄할 수 있도록 설정할 수 있다.
③ 인쇄 배율을 수동으로 설정할 수 있고, 배율은 워크시트 표준 크기의 10%에서 200%까지 가능하다.
④ [페이지] 탭에서 [배율]을 '자동 맞춤'으로 선택하고, 용지 너비와 용지 높이를 1로 지정하는 경우 여러 페이지가 한 페이지에 출력되도록 확대/축소 배율이 자동으로 조정된다.

> **해설**
> • 보기 ①번에서 눈금선이나 행/열 머리글의 인쇄 여부를 설정할 수 있다.
> • 보기 ②번에서 셀에 설정된 메모는 (없음), 시트 끝, 시트에 표시된 대로 중에서 선택할 수 있다.
> • 보기 ③번에서 워크시트의 확대/축소 배율은 10%에서 400%까지 가능하다.

35 다음 중 각 워크시트에서 채우기 핸들을 [A3] 셀로 드래그 한 경우 [A3] 셀에 입력되는 값으로 옳지 않은 것은?

①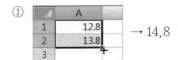
②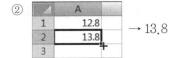
③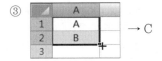
④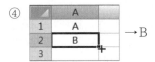

> **해설** 보기 ③번의 결과값은 A이다.

36 다음 중 엑셀의 화면 구성에 대한 설명으로 옳지 않은 것은?

① 화면 상단의 '제목 표시줄'은 현재의 작업 상태나 선택한 명령에 대한 기본적인 정보가 표시되는 곳이다.
② '리본 메뉴'는 엑셀의 다양한 명령들을 용도에 맞게 탭과 그룹으로 분류하여 아이콘으로 표시되는 곳이다.
③ 자주 사용하는 도구들을 모아 두는 곳이 '빠른 실행 도구 모음'이며, 원하는 도구를 추가하거나 제거할 수 있다.

④ '이름 상자'는 현재 작업 중인 셀의 이름이나 주소를 표시하는 부분으로 차트 항목이나 그리기 개체를 선택하면 개체의 이름이 표시된다.

해설 제목 표시줄 : 현재 열려 있는 통합 문서의 제목, 파일명 등을 표시한다.

37 다음 중 판매관리 표에서 수식으로 작성된 판매액의 총합계가 원하는 값이 되기 위한 판매수량을 예측하는데 가장 적절한 데이터 분석 도구는? (단, 판매액의 총합계를 구하는 수식은 판매수량을 참조하여 계산된다.)

① 시나리오 관리자　　② 데이터 표
③ 피벗 테이블　　　　④ 목표값 찾기

해설 목표값 찾기 : 수식 결과만 알고 결과를 계산하기 위한 입력 값을 모르는 경우 사용하는 기능으로 특정 결과를 얻기 위해 데이터가 어떻게 변하는지 확인할 수 있다.

38 다음의 워크시트에서 [A2:B6] 영역을 선택한 후 그림과 같이 중복된 항목을 제거하였다. 다음 중 유지되는 행의 개수로 옳은 것은?

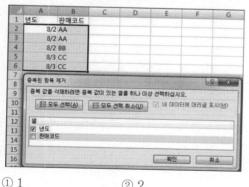

① 1　　　　　　　　② 2
③ 3　　　　　　　　④ 4

해설 중복된 항목을 제거하면 유지되는 행은 2개이다. 즉, 3개의 중복된 값이 검색되어 제거되고, 2개의 고유한 값은 그대로 유지된다.

39 다음의 워크시트를 참조하여 작성한 수식 =VLOOKUP(LARGE(A2:A9, 4), A2:F9, 5, 0)의 결과 옳은 것은?

	A	B	C	D	E	F
1	번호	이름	국어	영어	수학	합계
2	1	이대한	90	88	77	255
3	2	한민국	50	60	80	190
4	3	이효리	10	50	90	150
5	4	김애리	88	74	95	257
6	5	한공주	78	80	88	246
7	6	박초아	33	45	35	113
8	7	박예원	84	57	96	237
9	8	김윤이	64	90	68	222

① 90　　　　　　　　② 95
③ 88　　　　　　　　④ 74

해설 • VLOOKUP(찾을 값, 범위, 열 번호, 찾는 방법) : 배열 첫 열에서 값을 검색한 후 지정한 열의 같은 행에서 데이터를 추출하며, 첫 번째 열 값은 항상 오름차순으로 정렬되어야 한다.
• LARGE(셀 범위, k) : 범위 지정 목록에서 k번째로 큰 값을 구하며, 범위를 입력하지 않거나 k가 0 이하이면 오류값 (#NUM!)이 나타난다.

40 다음 중 [보기] 탭의 [창]–[틀 고정] 기능에 대한 설명으로 옳지 않은 것은?

① 워크시트를 스크롤 할 때 특정 행이나 열이 한 자리에 계속 표시되도록 선택할 수 있는 기능이다.
② 첫 행과 첫 열을 고정하여 표시되도록 한 번에 설정할 수 있다.
③ 틀 고정 선의 아무 곳이나 더블 클릭하여 틀 고정을 취소할 수 있다.
④ 화면에 표시되는 틀 고정 형태는 인쇄 시 적용되지 않는다.

해설 • 틀 고정 선의 아무 곳이나 더블 클릭하여 틀 고정을 취소할 수 없다.
• 틀 고정을 취소하려면 [틀 고정] 단추를 클릭하고, [틀 고정 취소]를 선택한다.

정답　**37** ④　　**38** ②　　**39** ③　　**40** ③

1과목 컴퓨터 일반

01 다음 중 오디오 데이터와 관련된 용어에 해당하지 않는 것은?

① 시퀀싱(Sequencing)

② 인터레이싱(Interlacing)

③ PCM(Pulse Code Modulation)

④ 샘플링(Sampling)

> **해설** 인터레이싱(Interlacing) : 이미지의 대략적인 모습을 먼저 보여준 다음 점차 자세한 모습을 보여주는 기법이다.

02 다음 중 지하철이나 버스 정류장에서 지역과 관련된 지도나 주변 상가 정보 또는 특정 정보를 인터넷과 연결하여 효과적으로 전달하는 입간판 형태의 정보 안내 기기는?

① 주문형 비디오(VOD)

② CAI(Computer Assisted Instruction)

③ 키오스크(Kiosk)

④ 화상 회의 시스템(VCS)

> **해설**
> • ① 뉴스, 영화, 게임 등의 멀티미디어 데이터베이스를 구축하여 사용자의 요구에 따라 영상 정보를 원하는 시간에 볼 수 있도록 전송하는 양방향 서비스이다.
> • ② 컴퓨터를 수업 매체로 활용하여 학습자에게 필요한 지식, 정보, 기술 등을 학습하는 시스템이다.
> • ④ 초고속 정보 통신망을 이용하여 원거리에 있는 사람들과 비디오와 오디오를 통해 회의할 수 있도록 하는 시스템이다.

03 다음 중 컴퓨터 바이러스에 대한 설명으로 가장 적절하지 않은 것은?

① 사용자가 인지하지 못한 사이 자가 복제를 통해 다른 정상적인 프로그램을 감염시켜 해당 프로그램이나 다른 데이터 파일 등을 파괴한다.

② 보통 소프트웨어 형태로 감염되나 메일이나 첨부 파일은 감염의 확률이 매우 적다.

③ 인터넷의 공개 자료실에 있는 파일을 다운로드하여 설치할 때 감염될 수 있다.

④ 온라인 채팅이나 인스턴트 메신저 프로그램을 통해서 전파되기도 한다.

> **해설** 바이러스는 감염된 전자 우편(E-mail)의 첨부 파일을 열어 보는 경우에도 확률이 매우 높다.

04 다음 중 여러 대의 컴퓨터를 일제히 동작시켜 대량의 데이터를 한 곳의 서버 컴퓨터에 집중적으로 전송시킴으로써 특정 서버가 정상적으로 동작하지 못하게 하는 공격 방식은?

① 스니핑(Sniffing)

② 분산 서비스 거부(DDoS)

③ 백도어(Back Door)

④ 해킹(Hacking)

> **해설**
> • ① 네트워크 주변의 모든 패킷을 엿보면서 계정과 암호를 알아내기 위한 행위이다.
> • ③ 컴퓨터 시스템의 보안 예방책에 침입하여 시스템에 무단 접근하기 위해 사용되는 일종의 비상구이다.
> • ④ 컴퓨터 시스템에 불법적으로 침투하여 자료와 시스템을 파괴 또는 변조하거나 불법적으로 데이터를 가져오는 행위이다.

05 다음 중 인터넷에서 사용하는 IPv6에 관한 설명으로 옳은 것은?

① IPv4의 주소 부족 문제를 해결하기 위하여 개발되었다.

② 64비트의 주소 체계를 가진다.

③ IPv4와는 호환성이 낮아 상호 전환이 어렵다.

④ IPv4에 비해 자료 전송 속도가 느리다.

> **해설** IPv6 : IPv4의 주소 공간을 4배 확장한 것으로 128비트를 16비트씩 8개로 나누어 표시하며, IP는 콜론(:)으로 구분한다.

정답 01 ② 02 ③ 03 ② 04 ② 05 ①

06 다음 중 무선 랜(WLAN) 시스템을 구성하기 위한 주요 구성 요소에 해당하지 않는 것은?

① 무선 랜 카드　　② AP(Access Point)
③ 안테나(Antenna)　④ 리피터(Repeater)

해설 리피터는 광학 전송 매체에서 신호를 재생하여 매체의 다음 구간으로 전송시키는 장치로 인터넷 신호를 증폭하여 장거리로 정보를 전달할 때 사용한다.

07 다음 중 ISP(Internet Service Provider) 업체에서 각 컴퓨터의 IP 주소를 동적으로 할당해 주는 프로토콜은?

① HTTP　　② TCP/IP
③ SMTP　　④ DHCP

해설 · ① WWW를 이용할 때 서버와 클라이언트간의 정보 교환 프로토콜이다.
· ② 인터넷에서 가장 기본적인 프로토콜로 네트워크로 연결된 시스템간의 데이터를 전송한다.
· ③ 전자 우편의 송신을 담당하는 프로토콜이다.

08 다음 중 운영 체제를 구성하는 제어 프로그램의 종류에 해당하지 않는 것은?

① 감시 프로그램
② 언어 번역 프로그램
③ 작업 관리 프로그램
④ 데이터 관리 프로그램

해설 · 제어 프로그램 : 감시 프로그램, 자료 관리 프로그램, 작업 관리 프로그램
· 처리 프로그램 : 언어 번역 프로그램, 서비스 프로그램

09 다음 중 컴퓨터를 이용한 자료 처리 방식을 발달 과정 순서대로 옳게 나열한 것은?

① 실시간 처리 시스템 - 일괄 처리 시스템 - 분산 처리 시스템

② 일괄 처리 시스템 - 실시간 처리 시스템 - 분산 처리 시스템

③ 분산 처리 시스템 - 실시간 처리 시스템 - 일괄 처리 시스템

④ 실시간 처리 시스템 - 분산 처리 시스템 - 일괄 처리 시스템

해설 일괄 처리 시스템(1세대) → 다중 프로그래밍과 실시간 처리 시스템(2세대) → 다중 모드 시스템과 시분할 처리 시스템(3세대) → 분산 처리 시스템(4세대) → 인공 지능(5세대)

10 다음 중 디지털 컴퓨터와 아날로그 컴퓨터의 차이점에 관한 설명으로 옳은 것은?

① 디지털 컴퓨터는 전류, 전압, 온도 등 다양한 입력 값을 처리하며, 아날로그 컴퓨터는 숫자 데이터만을 처리한다.
② 디지털 컴퓨터는 증폭 회로로 구성되며, 아날로그 컴퓨터는 논리 회로로 구성된다.
③ 아날로그 컴퓨터는 미분이나 적분 연산을 주로 하며, 디지털 컴퓨터는 산술이나 논리 연산을 주로 한다.
④ 아날로그 컴퓨터는 범용이며, 디지털 컴퓨터는 특수 목적용으로 많이 사용된다.

해설 · 디지털 컴퓨터 : 문자, 숫자와 같은 이산적인 데이터를 취급하며, 논리 회로를 사용한다(범용성).
· 아날로그 컴퓨터 : 전압, 전류와 같은 연속적인 데이터를 취급하며, 증폭 회로를 사용한다(특수성).

11 다음 중 소형화, 경량화를 비롯해 음성과 동작 인식 등 다양한 기술이 적용되어 장소에 구애받지 않고 컴퓨터를 활용할 수 있도록 몸에 착용하는 컴퓨터를 의미하는 것은?

① 웨어러블 컴퓨터　② 마이크로 컴퓨터
③ 인공지능 컴퓨터　④ 서버 컴퓨터

해설 웨어러블(Wearable) : 스마트폰이나 태블릿을 무선으로 연결하여 안경, 손목 시계, 밴드형 기기 등에서 사용하는 것으로 항상 신체에 착용할 수 있어 실시간으로 작업이 가능하다.

정답　**06** ④　**07** ④　**08** ②　**09** ②　**10** ③　**11** ①

12 다음 중 프로세서 레지스터에 대한 설명으로 옳은 것은?

① 하드 디스크의 부트 레코드에 위치한다.

② 하드웨어 입출력을 전담하는 장치로 속도가 빠르다.

③ 주기억 장치보다 큰 프로그램을 실행시켜야 할 때 유용한 메모리이다.

④ 중앙 처리 장치에서 사용하는 임시 기억 장치로 메모리 중 가장 빠른 속도로 접근이 가능하다.

> **해설** 레지스터(Register) : CPU 내부에서 처리할 명령어나 연산의 결과 값을 일시적으로 기억하는 고속의 기억 장치로 ALU(산술/논리 장치)에서 연산된 자료를 일시적으로 저장한다.

13 다음 중 인터넷을 이용한 전자 우편에 관한 설명으로 옳지 않은 것은?

① 기본적으로 8비트의 유니 코드를 사용하여 메시지를 전달한다.

② 전자 우편 주소는 '사용자ID@호스트 주소'의 형식으로 이루어진다.

③ SMTP, POP3, MIME 등의 프로토콜을 사용한다.

④ 보내기, 회신, 첨부, 전달, 답장 등의 기능이 있다.

> **해설** 전자 우편 : 인터넷에서 다양한 데이터(문서, 그림, 동영상 등)를 편지로 주고받을 수 있는 것으로 수신자만 명시하면 내용을 쓰지 않아도 전송되며, 여러 명의 수신자에게 동일한 메일을 한꺼번에 송신할 수 있다.

14 다음 중 HD급 고화질 비디오를 저장할 수 있는 차세대 광학 장치로 디스크 한 장에 25GB 이상을 저장할 수 있는 것은?

① CD-RW

② DVD

③ Blu-ray 디스크

④ ZIP 디스크

> **해설** • ① 데이터를 반복적으로 쓰고 지울 수 있는 장치로 주로 백업용으로 사용한다.
> • ② 단면에 4.7GB, 양면에 9.4GB 정도의 데이터를 저장하는 차세대 저장 매체이다.
> • ④ PC 백업용의 외장형 디스크 드라이브로 100∼250MB의 용량을 기록한다.

15 다음 중 컴퓨터 시스템을 안정적으로 사용하기 위한 관리 방법으로 적절하지 않은 것은?

① 컴퓨터를 이동하거나 부품을 교체할 때에는 반드시 전원을 끄고 작업하는 것이 좋다.

② 직사광선을 피하고 습기가 적으며, 통풍이 잘되고 먼지 발생이 적은 곳에 설치한다.

③ 시스템 백업 기능을 자주 사용하면 시스템 바이러스 감염 가능성이 높아진다.

④ 디스크 조각 모음에 대해 예약 실행을 설정하여 정기적으로 최적화 시킨다.

> **해설** • 중요한 프로그램이나 자료는 미리 백업하고, 실행 파일의 속성을 읽기 전용으로 한다.
> • ③ 높아진다. → 낮아진다.

16 한글 Windows 7의 홈 그룹에 대한 설명으로 옳지 않은 것은?

① 홈 그룹은 라이브러리 및 프린터를 공유할 수 있게 하는 홈 네트워크의 PC 그룹으로 자신이 공유하고 있는 파일은 해당 권한을 부여하지 않은 한 다른 사람이 변경할 수 없다.

② 홈 그룹이 이미 네트워크에 있는 경우 홈 그룹을 새로 만드는 대신 기존 홈 그룹에 연결하라는 메시지가 표시 된다.

③ 전원이 꺼져 있거나 최대 절전 모드 또는 절전 모드인 PC는 홈 그룹에 표시되지 않는다.

④ [제어판]-[네트워크 및 공유 센터]의 [고급 공유 설정]에서 '파일 및 프린터 공유 끄기'를 설정하면 자동으로 [홈 그룹에서 나가기] 마법사가 실행된다.

> **해설** 고급 공유 설정 변경에서는 세부적인 공유 옵션을 설정하거나 변경한다.

정답 **12** ④ **13** ① **14** ③ **15** ③ **16** ④

17 다음 중 Windows 원격 지원에 관한 설명으로 옳지 않은 것은?

① 다른 사용자에게 도움을 주기 위해서는 먼저 원격 지원을 시작한 후 도움 받을 사용자가 들어오는 연결을 기다려야 한다.

② 다른 사용자의 도움을 요청할 때에는 '간단한 연결'을 사용하거나 '도움 요청 파일'을 사용할 수 있다.

③ '간단한 연결'은 두 컴퓨터 모두 Windows 7을 실행하고, 인터넷에 연결되어 있는 경우에 좋은 방법이다.

④ '도움 요청 파일'은 다른 사용자의 컴퓨터에 연결할 때 사용할 수 있는 특수한 유형의 원격 지원 파일이다.

> 해설 Windows 원격은 다른 컴퓨터에서 해당 컴퓨터를 사용할 수 있도록 원격 지원 연결을 허용한다.

18 한글 Windows 7의 제어판에서 시각 장애가 있는 사용자가 컴퓨터를 사용하기에 편리하도록 설정할 수 있는 기능은?

① 동기화 센터
② 사용자 정의 문자 편집기
③ 접근성 센터
④ 프로그램 호환성 마법사

> 해설 접근성 센터 : 신체에 장애가 있는 사람들이 컴퓨터를 편리하게 사용할 수 있도록 다양한 옵션을 설정하고, 관리 설정을 변경하려면 컴퓨터를 다시 시작해야 한다.

19 한글 Windows 7에서 [표준 사용자 계정]의 사용자가할 수 있는 작업으로 옳지 않은 것은?

① 사용자 자신의 암호를 변경할 수 있다.
② 마우스 포인터의 모양을 변경할 수 있다.
③ 관리자가 설정해 놓은 프린터를 프린터 목록에서 제거할 수 있다.
④ 사용자의 사진으로 자신만의 바탕 화면을 설정할 수 있다.

> 해설 관리자가 설정해 놓은 프린터를 프린터 목록에서 제거할 수는 없다.

20 한글 Windows 7에서 32비트 운영 체제인지 64비트 운영 체제인지 확인하는 방법으로 옳은 것은?

① [시작] 단추의 바로 가기 메뉴 – [속성]
② [시작] 단추 – [컴퓨터]의 바로 가기 메뉴 – [속성]
③ [시작] 단추 – [제어판]의 바로 가기 메뉴 – [시스템]
④ [시작] 단추 – [기본 프로그램]의 바로 가기 메뉴 – [열기]

> 해설 [시작] 단추 – [컴퓨터]의 바로 가기 메뉴 – [속성]을 선택하면 시스템 창이 나타나므로 컴퓨터에 대한 중요한 요약 정보와 기본 하드웨어 정보를 확인할 수 있다.

2과목 **스프레드시트 일반**

21 다음 중 데이터 유효성 검사에 대한 설명으로 옳지 않은 것은?

① 목록의 값들을 미리 지정하여 데이터 입력을 제한할 수 있다.

② 입력할 수 있는 정수의 범위를 제한할 수 있다.

③ 목록으로 값을 제한하는 경우 드롭다운 목록의 너비를 지정할 수 있다.

④ 유효성 조건 변경 시 변경 내용을 범위로 지정된 모든 셀에 적용할 수 있다.

> 해설 • 드롭다운 목록의 너비는 데이터 유효성 설정이 있는 셀 너비에 의해 결정된다.
> • 목록의 원본으로 정의된 이름 범위를 사용하려면 등호(=)와 범위 이름을 입력한다.

정답 17 ① 18 ③ 19 ③ 20 ② 21 ③

22 다음 중 워크시트의 [A1:E9] 영역에서 고급 필터를 실행하여 영어 점수가 영어 평균 점수를 초과하거나 성명의 두 번째 문자가 '영'인 데이터를 추출하고자 할 때 조건으로 ㉮와 ㉯에 입력할 내용으로 옳은 것은?

	A	B	C	D	E	F	G	H
1	성명	반	국어	영어	수학		영어평균	성명
2	강동식	1	81	89	99		㉮	
3	남궁영	2	88	75	85			㉯
4	강영주	2	90	88	92			
5	이동수	1	86	93	90			
6	박영민	2	75	91	84			
7	윤영미래	1	88	80	73			
8	이순영	1	100	84	96			
9	영지오	2	95	75	88			

① ㉮ =D2>AVERAGE(D2:D9) ㉯ ="=?영*"

② ㉮ =D2>AVERAGE(D2:D9) ㉯ ="=*영?"

③ ㉮ =D2>AVERAGE($D$2:$D$9) ㉯ ="=?영*"

④ ㉮ =D2>AVERAGE($D$2:$D$9) ㉯ ="=*영?"

해설 [D2:D9] 영역의 평균이 [D2] 셀 보다 크거나 두 번째 문자가 '영'인 데이터는 하나의 문자를 나타내는 ?와 함께 사용해서 '?영*'으로 표현한다(함수에서는 절대 참조로 지정).

23 다음의 왼쪽 워크시트에서 성명 데이터를 오른쪽 워크시트와 같이 성과 이름 두 개의 열로 분리하기 위해 [텍스트 나누기] 기능을 사용하고자 한다. 다음 중 [텍스트 나누기]의 분리 방법으로 가장 적절한 것은?

	A
1	김철수
2	박선영
3	최영희
4	한국인

→

	A	B
1	김	철수
2	박	선영
3	최	영희
4	한	국인

① 열 구분선을 기준으로 내용 나누기

② 구분 기호를 기준으로 내용 나누기

③ 공백을 기준으로 내용 나누기

④ 탭을 기준으로 내용 나누기

해설 텍스트 나누기에서 두 개의 열인 성과 이름으로 분리하므로 열 구분선을 기준으로 내용 나누기를 실행한다.

24 다음 중 다양한 상황과 변수에 따른 여러 가지 결과 값의 변화를 가상의 상황을 통해 예측하여 분석할 수 있는 도구는?

① 시나리오 관리자 ② 목표값 찾기

③ 부분합 ④ 통합

해설 시나리오 : 워크시트 데이터를 자동으로 바꿀 수 있는 값의 집합으로 워크시트 모델의 결과를 예측할 수 있는 기능으로 값의 서로 다른 그룹을 만들어 워크시트에 저장한 후 다른 결과를 얻기 위해 새로운 시나리오로 전환할 수 있다.

25 다음 중 데이터 입력에 대한 설명으로 옳지 않은 것은?

① 셀 안에서 줄 바꿈을 하려면 Alt + Enter 키를 누른다.

② 한 행을 블록 설정한 상태에서 Enter 키를 누르면 블록 내의 셀이 오른쪽 방향으로 순차적으로 선택되어 행 단위로 데이터를 쉽게 입력할 수 있다.

③ 여러 셀에 숫자나 문자 데이터를 한 번에 입력하려면 여러 셀이 선택된 상태에서 데이터를 입력한 후 바로 Shift + Enter 키를 누른다.

④ 열의 너비가 좁아 입력된 날짜 데이터 전체를 표시하지 못하는 경우 셀의 너비에 맞춰 '#'이 반복 표시된다.

해설 여러 셀에 숫자나 문자 데이터를 한 번에 입력하려면 여러 셀이 선택된 상태에서 데이터를 입력한 후 바로 Ctrl + Enter 키를 누른다.

26 다음 중 워크시트에서 [A1:B1] 영역을 선택한 후 채우기 핸들을 이용하여 [B3] 셀까지 드래그 했을 때 [A3] 셀, [B3] 셀의 값으로 옳은 것은?

	A	B
1	가-011	01월15일
2		
3		
4		

① 다-011, 01월17일
② 가-013, 01월17일
③ 가-013, 03월15일
④ 다-011, 03월15일

> **해설** 문자와 숫자가 혼합된 경우 채우기 핸들을 이용하면 숫자가 하나씩 증가한다. 그러므로 [A2] 셀에는 '가-012', [A3] 셀에는 '가-013', [B2] 셀에는 '01월16일', [B3] 셀에는 '01월17일'이 입력된다.

27 다음 중 입력 자료에 주어진 표시 형식으로 지정한 경우 그 결과가 옳지 않은 것은?

① 표시 형식 : #,##0,

입력 자료 : 12345

표시 결과 : 12

② 표시 형식 : 0.00

입력 자료 : 12345

표시 결과 : 12345.00

③ 표시 형식 : dd-mmm-yy

입력 자료 : 2015/06/25

표시 결과 : 25-June-15

④ 표시 형식 : @@"＊＊"

입력 자료 : 컴활

표시 결과 : 컴활컴활＊＊

> **해설** • 입력 자료 '2015/06/25'에 'dd-mmm-yy' 표시 형식을 지정하면 '25-Jun-15'가 표시된다.
> • dd : 일을 01~31일로 표시, mmm : 월을 Jan~Dec로 표시, yy : 연도를 2자리로 표시

28 다음 워크시트와 같이 평점이 3.0 미만인 행 전체에 셀 배경색을 지정하고자 한다. 다음 중 이를 위해 조건부 서식 설정에서 사용할 수식으로 옳은 것은?

	A	B	C	D
1	학번	학년	이름	평점
2	20959446	2	강혜민	3.38
3	21159458	1	김경식	2.60
4	21059466	2	김병찬	3.67
5	21159514	1	장현정	1.29
6	20959476	2	박동현	3.50
7	21159467	1	이승현	3.75
8	20859447	4	이병훈	2.93
9	20859461	3	강수빈	3.84

① =$D2<3   ② =$D&2<3

③ =D2<3   ④ =D$2<3

> **해설** [새 서식 규칙] 대화 상자에서 '수식을 사용하여 서식을 지정할 셀 결정'을 선택한 후 규칙 설명 입력란에 =$D2<3을 입력한다. 즉, 원하는 행 전체에 설정 서식을 적용하려면 '열 고정' 상태로 지정해야 하므로 '$D2'가 된다.

29 다음 중 각 함수식과 그 결과가 옳지 않은 것은?

① =TRIM(" 1/4분기 수익") → 1/4분기 수익

② =SEARCH("세","세금 명세서", 3) → 5

③ =PROPER("republic of korea") → REPUBLIC OF KOREA

④ =LOWER("Republic of Korea") → republic of korea

> **해설** PROPER(텍스트) 함수는 텍스트에 있는 각 단어의 첫 글자만 대문자로 변환하고, 나머지는 소문자로 변환하므로 ③의 결과는 'Republic Of Korea'이다.

30 다음 중 매크로의 바로 가기 키에 관한 설명으로 옳지 않은 것은?

① 기본적으로 조합키 Ctrl과 함께 사용할 영문자를 지정 한다.

② 바로 가기 키 지정 시 영문자를 대문자로 입력하면 조합키는 Ctrl+Shift로 변경된다.

③ 바로 가기 키로 영문자와 숫자를 함께 지정할 때에는 조합키로 Alt를 함께 사용해야 한다.

④ 바로 가기 키를 지정하지 않아도 매크로를 기록할 수 있다.

> **해설** 매크로의 바로 가기 키는 영문자로만 지정하며 숫자, 한글, 특수 문자는 지정할 수 없다.

31 다음 중 매크로의 특징에 대한 설명으로 옳지 않은 것은?

정답   27 ③   28 ①   29 ③   30 ③   31 ②

① 매크로 기록을 시작한 후의 키보드나 마우스 동작은 VBA 언어로 작성된 매크로 프로그램으로 자동 생성된다.

② 기록한 매크로는 편집할 수 없으므로 기능과 조작을 추가 또는 삭제할 수 없다.

③ 매크로 실행의 바로 가기 키가 엑셀의 바로 가기 키보다 우선한다.

④ 도형을 이용하여 작성된 텍스트 상자에 매크로를 지정한 후 매크로를 실행할 수 있다.

해설 기록한 매크로의 편집은 VBE(Visual Basic Editor)에서 가능하다.

---

32 다음 중 [A7] 셀에 수식 =SUMIFS(D2:D6, A2:A6, "연필", B2:B6, "서울")을 입력한 경우 그 결과 값은?

▲	A	B	C	D
1	품목	대리점	판매계획	판매실적
2	연필	경기	150	100
3	볼펜	서울	150	200
4	연필	서울	300	300
5	볼펜	경기	300	400
6	연필	서울	300	200
7	=SUMIFS(D			

① 100   ② 500

③ 600   ④ 750

해설 SUMIFS(셀 범위, 조건1 범위, 조건1, 조건2 범위, 조건2, …) 함수는 여러 조건에 맞는 셀들의 합을 구한다. 그러므로 [A2:A6] 영역에서 '연필', [B2:B6] 영역에서 '서울'은 4행과 6행이므로 300 + 200 = 500이다.

---

33 다음 중 차트의 데이터 계열 서식에 대한 설명으로 옳지 않은 것은?

① 계열 겹치기 수치를 양수로 지정하면 데이터 계열 사이가 벌어진다.

② 차트에서 데이터 계열의 간격을 넓게 또는 좁게 지정할 수 있다.

③ 특정 데이터 계열의 값이 다른 데이터 계열 값과 차이가 많이 나거나 데이터 형식이 혼합되어 있는 경우 하나 이상의 데이터 계열을 보조 세로 (값) 축에 표시할 수 있다.

④ 보조 축에 그려지는 데이터 계열을 구분하기 위하여 보조 축의 데이터 계열만 선택하여 차트 종류를 변경할 수 있다.

해설 계열 겹치기 : 수치를 음수로 지정하면 데이터 계열 사이가 벌어지고, 양수로 지정하면 데이터 계열이 서로 겹쳐진다.

---

34 다음의 워크시트를 참조하여 작성한 수식 '=INDEX(B2:D9,2,3)'의 결과는?

▲	A	B	C	D
1	코드	정가	판매수량	판매가격
2	L-001	25,400	503	12,776,000
3	D-001	23,200	1,000	23,200,000
4	D-002	19,500	805	15,698,000
5	C-001	28,000	3,500	98,000,000
6	C-002	20,000	6,000	96,000,000
7	L-002	24,000	750	18,000,000
8	L-003	26,500	935	24,778,000
9	D-003	22,000	850	18,700,000

① 19,500   ② 23,200,000

③ 1,000   ④ 805

해설 INDEX(배열, 행 번호, 열 번호) 함수는 표 또는 범위에서 지정된 행이나 열에 해당하는 값을 구하며, 해당 범위 내에 값이나 참조 영역을 구하므로 [B2:D9] 영역에서 2행 3열을 찾으면 '23,200,000'이다.

---

35 다음의 워크시트에서 '박지성'의 결석 값을 찾기 위한 함수식은?

▲	A	B	C	D
1	성적표			
2	이름	중간	기말	결석
3	김남일	86	90	4
4	이천수	70	80	2
5	박지성	95	85	5

① =VLOOKUP("박지성", $A$3:$D$5, 4, 1)

② =VLOOKUP("박지성", $A$3:$D$5, 4, 0)

③ =HLOOKUP("박지성", $A$3:$D$5, 4, 0)

④ =HLOOKUP("박지성", $A$3:$D$5, 4, 1)

해설 VLOOKUP(찾을 값, 범위, 열 번호, 찾는 방법) 함수는 배열 첫 열에서 값을 검색한 후 지정한 열의 같은 행에서 데이터를 추출하며, 첫 번째 열 값은 항상 오름차순으로 정렬되어야 한다. 이때, 찾는 방법이 TRUE이거나 생략된 경우 첫째 열에서 정확하게 일치하는 값이 없으면 찾을 값보다 작은 값 중에서 최대값을 찾고, 찾는 방법이 FALSE인 경우 첫째 열에서 정확하게 일치하는 값을 찾는다.

36 다음 중 통합 문서 저장 시 설정할 수 있는 [일반 옵션]에 대한 설명으로 옳지 않은 것은?

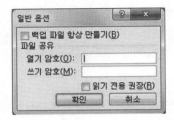

① '백업 파일 항상 만들기'에 체크 표시한 경우에는 파일 저장 시 자동으로 백업 파일이 만들어진다.
② '열기 암호'를 지정한 경우에는 열기 암호를 입력해야 파일을 열 수 있고, 암호를 모르면 파일을 열 수 없다.
③ '쓰기 암호'가 지정된 경우에는 파일을 수정하고, 다른 이름으로 저장 시 '쓰기 암호'를 입력해야 한다.
④ '읽기 전용 권장'에 체크 표시한 경우에는 파일을 열 때 읽기 전용으로 열지 여부를 묻는 메시지가 표시 된다.

해설 쓰기 암호는 암호를 모르더라도 읽기 전용으로 열어 수정할 수 있으나 원래 문서에 저장은 불가능하다.

37 다음 중 차트에 설정되어 있지 않은 차트 요소는?

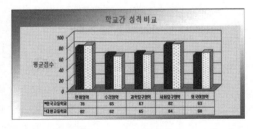

① 차트 제목　　　② 데이터 표
③ 데이터 레이블　④ 세로 (값) 축 제목

해설 • 차트 제목 : 학교간 성적 비교
• 데이터 표 : 차트 하단에 표시된 표 형태의 데이터
• 세로 (값) 축 제목 : 평균점수

38 다음 중 틀 고정 및 창 나누기에 대한 설명으로 옳지 않은 것은?

① 화면에 나타나는 창 나누기 형태는 인쇄 시 적용되지 않는다.
② 창 나누기를 수행하면 셀 포인트의 오른쪽과 아래쪽으로 창 구분선이 표시된다.
③ 창 나누기는 셀 포인트의 위치에 따라 수직, 수평, 수직/수평 분할이 가능하다.
④ 첫 행을 고정하려면 셀 포인트의 위치에 상관없이 [틀 고정]-[첫 행 고정]을 선택한다.

해설 특정 셀에서 창 나누기를 실행하면 선택된 셀의 왼쪽과 위쪽을 기준으로 분할된다.

39 다음 중 워크시트의 인쇄에 대한 설명으로 옳지 않은 것은?

① 인쇄 영역에 포함된 도형은 기본적으로 인쇄가 되지 않으므로 인쇄를 하려면 도형의 [크기 및 속성] 대화 상자에서 '개체 인쇄' 옵션을 선택해야 한다.
② 인쇄하기 전에 워크시트를 미리 보려면 Ctrl+F2 키를 누른다.
③ 기본적으로 화면에 표시되는 열 머리글(A, B, C 등)이나 행 머리글(1, 2, 3 등)은 인쇄되지 않는다.
④ 워크시트의 내용 중 특정 부분만을 인쇄 영역으로 설정하여 인쇄할 수 있다.

해설 인쇄 영역에 포함된 도형은 기본적으로 인쇄가 되므로 따로 설정할 필요는 없다.

40 다음 중 추세선을 추가할 수 있는 차트 종류는?

① 방사형　　　② 분산형
③ 원형　　　　④ 표면형

해설 • 추세선을 추가할 수 있는 차트 : 누적되지 않은 2차원 영역형, 가로 막대형, 세로 막대형, 꺾은선형, 주식형, 분산형, 거품형 차트 등이 있다.
• 추세선을 추가할 수 없는 차트 : 3차원, 방사형, 원형, 표면형, 도넛형 차트 등이 있다.

정답　36 ③　37 ③　38 ②　39 ①　40 ②

1과목 컴퓨터 일반

01 다음 중 모바일 멀티미디어 커뮤니케이션 서비스와 가장 거리가 먼 것은?

① 모바일 화상 전화　② LBS
③ DMB　④ MMS

> **해설** DMB(Digital Multimedia Broadcasting) : 영상이나 음성을 디지털로 변환하는 기술로 언제 어디서나 다양한 콘텐츠(문자, 음악, 동영상 등)를 접할 수 있는 서비스이다(디지털 멀티미디어 방송).

02 다음 중 멀티미디어 하드웨어에 대한 설명으로 옳지 않은 것은?

① 사운드 카드의 샘플링이란 아날로그 소리 파형을 일정 시간 간격으로 연속적인 측정을 통해 얻어진 각각의 소리 진폭을 숫자로 표현하여 디지털 데이터로 생성하는 것을 말한다.
② MPEG 보드란 압축된 동영상 파일을 빠른 속도로 복원시켜 재생해 주는 장치이다.
③ 비디오 오버레이 보드란 TV나 비디오를 보면서 컴퓨터 작업을 동시에 할 수 있도록 동영상 데이터를 비디오 카드의 데이터와 합성시켜 표현하는 장치이다.
④ 그래픽 카드는 CPU에 의해 처리된 아날로그 데이터를 디지털로 변환하여 모니터로 보내는 장치이다.

> **해설** 그래픽 카드는 컴퓨터와 모니터를 연결하는 장치로 중앙 처리 장치의 그래픽 정보를 디지털 신호로 변환하여 모니터로 출력한다.

03 다음 중 정보 사회의 컴퓨터 범죄 예방과 대책으로 적절하지 않은 것은?

① 보호하고자 하는 컴퓨터나 정보에 비밀번호를 설정하고 주기적으로 변경한다.
② 바이러스 백신 프로그램을 설치하고, 자동 업데이트로 설정한다.
③ 정크 메일로 의심이 가는 이메일은 본문을 확인한 후 즉시 삭제한다.
④ Windows Update는 자동 설치를 기본으로 설정한다.

> **해설** 정크 메일은 스펨 메일(Spam Mail)로 본문 내용을 확인하지 않고 즉시 삭제한다.

04 다음 중 근거리 통신망(LAN)에 관한 설명으로 옳지 않은 것은?

① 비교적 전송 거리가 짧아 에러 발생률이 낮다.
② 반이중 방식의 통신을 한다.
③ 자원 공유를 목적으로 컴퓨터들을 상호 연결한다.
④ 프린터, 보조 기억 장치 등 주변 장치들을 쉽게 공유할 수 있다.

> **해설** 근거리 통신망 : 건물, 기업, 학교 등 가까운 거리에 있는 컴퓨터끼리 연결하는 통신망으로 파일 전송, 전자 우편 등의 데이터를 공유하며, 분산 처리가 가능하다(전송 거리가 짧아 고속 전송이 가능하며, 전송 오류가 적음).

05 다음 중 전자 우편에서 사용하는 POP3 프로토콜에 관한 설명으로 옳은 것은?

① 이메일을 전송할 때 필요로 하는 프로토콜이다.
② 원격 서버에 접속하여 이메일을 사용자 컴퓨터로 가져 오기 위한 프로토콜이다.
③ 멀티미디어 이메일을 주고받기 위한 프로토콜이다.

④ 이메일의 회신과 전체 회신을 가능하게 하는 프로토콜이다.

> **해설** POP3을 이용하면 전자 메일 클라이언트를 통해 전자 메일을 받아 볼 수 있다(전자 우편의 수신을 담당).

06 다음 중 정보 보안을 위협하는 형태에 대한 설명으로 옳은 것은?

① 스니핑(Sniffing) : 검증된 사람이 네트워크를 통해 데이터를 보낸 것처럼 데이터를 변조하여 접속을 시도 한다.

② 피싱(Phishing) : 적절한 사용자 동의 없이 사용자 정보를 수집하는 프로그램을 설치하여 사생활을 침해한다.

③ 스푸핑(Spoofing) : 실제로는 악성 코드로 행동하지 않으면서 겉으로는 악성 코드인 것처럼 가장한다.

④ 키로거(Key Logger) : 키보드 상의 키 입력 캐치 프로그램을 이용하여 개인 정보를 빼낸다.

> **해설**
> • 스니핑 : 네트워크 주변의 모든 패킷을 엿보면서 계정과 암호를 알아내기 위한 행위이다.
> • 피싱 : 불특정 다수에게 메일을 발송해 위장된 홈 페이지로 접속하도록 한 후 인터넷 이용자들의 금융 정보 등을 빼내는 신종 사기 수법
> • 스푸핑 : 신뢰성 있는 사람이 네트워크를 통해 데이터를 보낸 것처럼 허가받지 않은 사용자가 네트워크상의 데이터를 변조하여 접속하는 행위이다.

07 다음 중 정보 통신 장비와 관련하여 리피터 (Repeater)에 관한 설명으로 옳은 것은?

① 적절한 전송 경로를 선택하여 데이터를 전달하는 장비이다.

② 프로토콜이 다른 네트워크를 결합하는 장비이다.

③ 감쇠된 전송 신호를 증폭하여 다음 구간으로 전달하는 장비이다.

④ 같은 프로토콜을 사용하는 독립적인 2개의 근거리 통신망에 상호 접속하는 장비이다.

> **해설** 리피터 : 광학 전송 매체에서 신호를 재생하여 매체의 다음 구간으로 전송시키는 장치로 인터넷 신호를 증폭하여 장거리로 정보를 전달할 때 사용한다.

08 다음 중 인터넷에서 사용하는 도메인 네임에 관한 설명으로 옳은 것은?

① IP 주소를 사람이 이해하기 쉬운 숫자 형태로 표현한 것이다.

② 소속 국가명, 소속 기관명, 소속 기관 종류, 호스트 컴퓨터명의 순으로 구성된다.

③ 퀵돔(Quick Dom)은 2단계 체제와 같이 도메인을 짧은 형태로 줄여 쓰는 것을 말한다.

④ 국가가 다른 경우에는 중복된 도메인 네임을 사용할 수 있다.

> **해설** 도메인 네임 : 숫자로 구성된 IP 주소를 이해하기 쉽도록 문자로 표기하며, 영문은 대소문자를 구별하지 않는다. 도메인 네임을 IP 주소와 대응시키기 위해 DNS라는 계층적 시스템을 사용한다.

09 다음 중 추상화, 캡슐화, 상속성, 다형성 등의 특징을 지니고 있으며, 크고 복잡한 프로그램 구축이 어려운 절차형 언어의 문제점을 해결하기 위해 개발된 프로그래밍 기법은?

① 구조적 프로그래밍

② 객체 지향 프로그래밍

③ 하향식 프로그래밍

④ 비주얼 프로그래밍

> **해설** 객체 지향 프로그래밍 : 절차적 프로그램 개발에 적합한 기법으로 동작보다는 객체, 논리보다는 자료를 기준으로 구성되며, 소프트웨어 재사용성으로 프로그램 개발 시간을 단축할 수 있다.

10 다음 중 상용 소프트웨어가 출시되기 전에 미리 고객들에게 프로그램에 대한 평가를 수행하고자 제작한 소프트웨어로 옳은 것은?

정답 06 ④ 07 ③ 08 ③ 09 ② 10 ②

① 알파(Alpha) 버전   ② 베타(Beta) 버전

③ 패치(Patch) 버전   ④ 데모(Demo) 버전

• ① 프로그램 오류(결점)을 찾아내기 위해 개발사 내에서 테스트를 목적으로 제작한 소프트웨어이다.
• ③ 이미 출시된 프로그램에 존재하는 프로그램의 오류 수정 및 기능 향상을 위해 프로그램의 일부 파일을 변경하는 소프트웨어이다.
• ④ 상용 소프트웨어의 기능을 알리기 위해 사용 기간이나 기능에 제한을 두고, 무료로 배포하는 소프트웨어이다.

11 다음 중 컴퓨터를 이용한 가상 현실(Virtual Reality)에 관한 설명으로 옳은 것은?

① 고화질 영상을 제작하여 텔레비전에 나타내는 기술이다.

② 고도의 컴퓨터 그래픽 기술과 3차원 기법을 통하여 현실의 세계처럼 구현하는 기술이다.

③ 여러 영상을 통합하여 2차원 그래픽으로 표현하는 기술이다.

④ 복잡한 데이터를 단순화시켜 컴퓨터 화면에 나타내는 기술이다.

가상 현실(VR) : 컴퓨터 그래픽과 시뮬레이션을 이용하여 가상 세계를 현실처럼 체험할 수 있는 기술이다.

12 다음 중 컴퓨터에서 사용하는 ASCII 코드에 관한 설명으로 옳은 것은?

① 패리티 비트를 이용하여 오류 검출과 오류 교정이 가능하다.

② 표준 ASCII 코드는 3개의 존 비트와 4개의 디지트 비트로 구성되며, 주로 대형 컴퓨터의 범용 코드로 사용된다.

③ 표준 ASCII 코드는 7비트를 사용하여 영문 대소문자, 숫자, 문장 부호, 특수 제어 문자 등을 표현한다.

④ 확장 ASCII 코드는 8비트를 사용하며 멀티미디어 데이터 표현에 적합하도록 확장된 코드표이다.

ASCII 코드 : 데이터 통신을 위한 정보 교환 코드로 PC에서 문자를 표현하기 위해 사용하며, 텍스트 기반 데이터에 사용하는 표준 싱글 바이트 문자 인코딩 구성표를 갖는다(7비트로 구성).

13 다음 중 컴퓨터의 주기억 장치인 RAM에 관한 설명으로 옳은 것은?

① 전원이 공급되지 않더라도 기억된 내용이 지워지지 않는다.

② 시스템에서 사용하는 BIOS, POST 등이 저장된다.

③ 현재 사용 중인 응용 프로그램이나 데이터가 저장된다.

④ 주로 하드 디스크에서 사용되는 기억 장치이다.

RAM(Random Access Memory) : 전원이 꺼지면 기억된 내용이 지워지는 휘발성 메모리로 읽고 쓰기가 가능하며, 부팅 시 시스템 내부에서 가장 먼저 자체 검사가 시작된다.

14 다음 중 컴퓨터의 저장 매체 관리 방법으로 옳지 않은 것은?

① 주기적으로 디스크 정리, 검사, 조각 모음을 수행한다.

② 강한 자성 물체를 외장 하드 디스크 주위에 놓지 않는다.

③ 오랜 기간 동안 저장된 데이터는 재 저장한다.

④ 예상치 않은 상황에 대비하여 주기적으로 백업하여 둔다.

오랜 기간 동안 저장된 데이터는 상황에 따라 불필요한 경우 삭제하여 관리하는 것이 좋다.

15 한글 Windows 7의 사용자 계정을 통해 사용할 수 있는 기능으로 옳지 않은 것은?

① 관리자 계정의 사용자는 다른 계정의 컴퓨터 사용 시간을 제어할 수 있다.

② 관리자 계정의 사용자는 다른 계정의 등급 및 콘텐츠, 제목별로 게임을 제어할 수 있다.

③ 표준 계정의 사용자는 컴퓨터 보안에 영향을 주는 설정을 변경할 수 있다.

④ 표준 계정의 사용자는 컴퓨터에 설치된 대부분의 프로그램을 사용할 수 있고, 자신의 계정에 대한 암호 등을 설정할 수 있다.

> **해설** • 표준 계정의 사용자는 컴퓨터 보안에 영향을 주는 설정을 변경할 수 없다.
> • 사용자 계정은 컴퓨터를 여러 사용자가 공유하되 각 사용자는 고유한 파일 및 설정을 가질 수 있다.
> • 관리자 계정은 컴퓨터에 대한 제어 권한이 가장 많고, 필요한 경우에만 사용한다.

16 다음 중 바로 가기 아이콘에 대한 설명으로 옳지 않은 것은?

① 바로 가기 아이콘을 삭제해도 해당 프로그램은 지워지지 않는다.

② 바로 가기 아이콘은 폴더, 디스크 드라이버, 프린터 등 모든 항목에 대해 만들 수 있다.

③ 바로 가기 아이콘은 실제 프로그램이 아니라 응용 프로그램의 경로를 기억하고 있는 아이콘이다.

④ 바로 가기 아이콘의 확장자는 '*.exe'이다.

> **해설** 바로 가기 아이콘은 파일이나 폴더의 위치 정보를 가지며, 확장자는 'LNK'이다.

17 한글 Windows 7에서 작업 표시줄의 바로 가기 메뉴에서 설정할 수 있는 항목으로 옳지 않은 것은?

① 계단식 창 배열　② 창 가로 정렬 보기

③ 작업 표시줄 잠금　④ 아이콘 자동 정렬

> **해설** • 작업 표시줄의 바로 가기 메뉴 : 도구 모음, 계단식 창 배열, 창 가로/세로 정렬 보기, 바탕 화면 보기, 작업 관리자 시작, 작업 표시줄 잠금, 속성
> • 작업 표시줄의 바로 가기 메뉴에서 아이콘의 대한 자동 정렬은 실행할 수 없다.

18 한글 Windows 7의 [Windows 탐색기]에 대한 설명으로 옳지 않은 것은?

① 컴퓨터에 설치된 디스크 드라이브, 파일 및 폴더 등을 관리하는 기능을 가진다.

② 폴더와 파일을 계층 구조로 표시하며, 폴더 앞의 기호는 하위 폴더가 있음을 의미한다.

③ 현재 폴더에서 상위 폴더로 이동하려면 바로 가기 키인 [Home] 키를 누른다.

④ 검색 상자를 사용하여 파일이나 폴더를 찾을 수 있으며, 검색은 입력을 시작함과 동시에 시작된다.

> **해설** 현재 폴더에서 상위 폴더로 이동하려면 ⊟ 키를 누른다.

19 한글 Windows 7에서 제어판의 프로그램 및 기능에 대한 설명으로 옳지 않은 것은?

① Windows에 포함되어 있는 일부 프로그램 및 기능을 해제할 수 있으며, 기능 해제 시 하드 디스크 공간의 크기도 줄어든다.

② 설치된 응용 프로그램의 제거, 변경 또는 복구 등의 작업을 할 수 있다.

③ 컴퓨터에 설치된 업데이트 목록을 확인할 수 있으며, 제거도 가능하다.

④ [프로그램 및 기능]을 이용하여 프로그램을 제거하면 Windows가 작동하는데 영향을 미치지 않도록 프로그램이 정상적으로 삭제된다.

> **해설** 프로그램 및 기능에서는 현재 컴퓨터에서 사용하는 프로그램과 각각의 구성 요소를 관리할 수 있다(프로그램 제거 또는 변경, 설치된 업데이트 보기, Windows 기능 사용/사용 안 함).

20 다음 중 플래시 메모리에 대한 설명으로 옳지 않은 것은?

① 소비전력이 작다.

② 휘발성 메모리이다.

③ 정보의 입출력이 자유롭다.

④ 휴대 전화, 디지털 카메라, 게임기, USB 메모리 등에 널리 이용된다.

> **해설** 플래시 메모리(Flash Memory) : EEPROM의 일종으로 전원이 끊어져도 저장된 정보가 지워지지 않는 비휘발성 메모리이다 (ROM과 RAM의 기능을 모두 가짐).

2과목 스프레드시트 일반

21 다음의 워크시트에서 총이익[G12]이 500000이 되려면 4분기 판매수량[G3]이 얼마가 되어야 하는지 목표값 찾기를 이용하여 계산하고자 한다. 다음 중 [목표값 찾기] 대화 상자에 입력할 내용이 순서대로 바르게 나열된 것은?

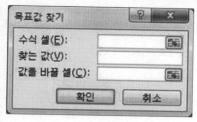

① $G$12, 500000, $G$3

② $G$3, 500000, $G$12

③ $G$3, $G$12, 500000

④ $G$12, $G$3, 500000

> **해설**
> • 수식 셀 : 결과 값을 얻기 위한 셀 주소로 해당 셀에는 '값을 바꿀 셀'의 주소를 사용하는 수식이 필요하다(절대 참조 이용).
> • 찾는 값 : 찾고자 하는 수식의 결과 값을 입력한다.
> • 값을 바꿀 셀 : 변경되는 값이 들어 있는 셀 주소이다.

22 다음 중 가상 분석 도구인 [데이터 표]에 대한 설명으로 옳지 않은 것은?

① 테스트 할 변수의 수에 따라 변수가 한 개이거나 두 개인 데이터 표를 만들 수 있다.

② 데이터 표를 이용하여 입력된 데이터는 부분적으로 수정 또는 삭제할 수 있다.

③ 워크시트가 다시 계산될 때마다 데이터 표도 변경 여부에 관계없이 다시 계산된다.

④ 데이터 표의 결과값은 반드시 변화하는 변수를 포함한 수식으로 작성해야 한다.

> **해설**
> • 데이터 표는 특정 값의 변화에 따른 결과 값의 변화 과정을 표 형태로 표시하는 기능으로 입력 값과 설정 수식으로부터 표를 만들어 수식 값의 변경한 결과를 확인할 수 있다.
> • 데이터 표를 이용하여 입력된 데이터는 부분적으로 수정 또는 삭제할 수는 없다.

23 다음 중 [데이터 유효성] 대화 상자의 [설정] 탭에서 '제한 대상' 목록에 해당하지 않는 것은?

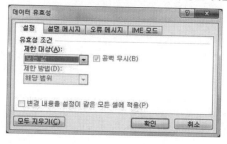

① 정수

② 소수점

③ 목록

④ 텍스트

> **해설** 제한 대상에는 모든 값, 정수, 소수점, 목록, 날짜, 시간, 텍스트 길이, 사용자 지정이 있다.

24 다음 중 그림의 표에서 조건 범위로 [A9:B11] 영역을 선택하여 고급 필터를 실행한 결과의 레코드 수는 얼마인가?

	A	B	C	D
1	성명	이론	실기	합계
2	김진아	47	45	92
3	이은경	38	47	85
4	잘영주	46	48	94
5	김시내	40	42	65
6	홍길동	49	48	97
7	박승수	37	43	80
8				
9	합계	합계		
10	<95	>90		
11		<70		

① 0   ② 3

③ 4   ④ 6

해설
• 동일한 행 : 두 개의 조건이 모두 만족하는 값을 검색한다
(AND 조건).
• 다른 행 : 두 개의 조건 중 하나라도 만족하는 값을 검색
한다(OR 조건).

25 다음 중 워크시트에서 [A1:B1] 영역을 선택한 후 채우기 핸들을 이용하여 [B3] 셀까지 드래그 했을 때 [A3] 셀, [B3] 셀의 값으로 옳은 것은?

	A	B
1	가-011	01월15일
2		
3		
4		

① 다-011, 01월17일   ② 가-013, 01월17일

③ 가-013, 03월15일   ④ 다-011, 03월15일

해설 문자와 숫자가 혼합된 경우 채우기 핸들을 이용하면 숫자가 하나씩 증가한다. 그러므로 [A2] 셀에는 '가-012', [A3] 셀에는 '가-013', [B2] 셀에는 '01월16일', [B3] 셀에는 '01월17일'이 입력된다.

26 다음 중 데이터 입력에 대한 설명으로 옳지 않은 것은?

① 데이터를 입력하는 도중에 입력을 취소하려면 (ESC) 키를 누른다.

② 셀 안에서 줄을 바꾸어 데이터를 입력하려면 (Alt)+(Enter) 키를 누른다.

③ 텍스트, 텍스트/숫자 조합, 날짜, 시간 데이터는 셀에 입력하는 처음 몇 자가 해당 열의 기존 내용과 일치하면 자동으로 입력된다.

④ 여러 셀에 동일한 데이터를 입력하려면 해당 셀을 범위로 지정하여 데이터를 입력한 후 (Ctrl)+(Enter) 키를 누른다.

해설 자동 완성 기능은 처음 셀에 입력한 문자가 동일한 열에서 기존 데이터와 같으면 자동적으로 해당 데이터가 채워지는 기능으로 문자나 문자/숫자가 결합된 데이터에서만 적용된다.

27 다음 중 매크로 작성 시 [매크로 기록] 대화 상자에서 선택할 수 있는 매크로의 저장 위치로 옳지 않은 것은?

① 새 통합 문서

② 개인용 매크로 통합 문서

③ 현재 통합 문서

④ 작업 통합 문서

해설
• 개인용 매크로 통합 문서 : PERSONAL.XLSB에 저장되어 엑셀을 실행할 때마다 기록된 매크로를 자동으로 사용할 수 있도록 저장한다(Excel Startup 폴더에 저장).
• 새 통합 문서 : 새로운 통합 문서에 기록된 매크로를 저장한다.
• 현재 통합 문서 : 현재 작업중인 통합 문서에 기록된 매크로를 저장한다.

28 다음 중 참조의 대상 범위로 사용하는 이름 정의 시 이름의 지정 방법에 대한 설명으로 옳지 않은 것은?

① 이름의 첫 글자로 밑줄(_)을 사용할 수 있다.

② 이름에 공백 문자는 포함할 수 없다.

③ 'A1'과 같은 셀 참조 주소 이름은 사용할 수 없다.

④ 여러 시트에서 동일한 이름으로 정의할 수 있다.

해설 여러 시트에서 동일한 이름으로 정의할 수는 없다.

정답   **25** ②   **26** ③   **27** ④   **28** ④

29 다음 중 조건부 서식을 이용하여 [A2:C5] 영역에 EXCEL과 ACCESS 점수의 합계가 170 이하인 행 전체에 셀 배경색을 지정하기 위한 수식으로 옳은 것은?

① =B$2+C$2<=170

② =$B2+$C2<=170

③ =$B$2+$C$2<=170

④ =B2+C2<=170

30 다음 중 매크로를 실행하는 방법으로 옳지 않은 것은?

① 매크로 기록 시 [Alt] 키 조합 바로 가기 키를 지정하여 매크로를 실행한다.

② 빠른 실행 도구 모음에 매크로 아이콘을 추가하여 매크로를 실행한다.

③ [Alt]+[F8] 키를 눌러 매크로 대화상자를 표시한 후 매크로를 선택하고, [실행] 단추를 클릭하여 실행한다.

④ 그림, 클립아트, 도형 등의 그래픽 개체에 매크로 이름을 연결한 후 그래픽 개체 영역을 클릭하여 실행한다.

31 다음 중 워크시트의 [A2] 셀에 수식을 작성하는 경우 수식의 결과가 다른 하나는?

	A
1	대한상공대학교
2	

① =MID(A1,SEARCH("대",A1)+2,5)

② =RIGHT(A1,LEN(A1)-2)

③ =RIGHT(A1,FIND("대",A1)+5)

④ =MID(A1,FIND("대",A1)+2,5)

32 다음 중 엑셀의 날짜 및 시간 데이터 관련 함수에 대한 설명으로 옳지 않은 것은?

① 날짜 데이터는 순차적인 일련번호로 저장되기 때문에 날짜 데이터를 이용한 수식을 작성할 수 있다.

② 시간 데이터는 날짜의 일부로 인식하여 소수로 저장되며, 낮 12시는 0.5로 계산된다.

③ TODAY 함수는 셀이 활성화 되거나 워크시트가 계산될 때 또는 함수가 포함된 매크로가 실행될 때마다 시스템으로부터 현재 날짜를 업데이트한다.

④ WEEKDAY 함수는 날짜에 해당하는 요일을 구하는 함수로 Return_type 인수를 생략하는 경우 '일월화수목금토' 중 해당하는 한 자리 요일이 텍스트 값으로 반환된다.

33 다음 중 시트 보호에 관한 설명으로 옳지 않은 것은?

① 차트 시트의 경우 차트 내용만 변경하지 못하도록 보호할 수 있다.

② [셀 서식] 대화 상자의 [보호] 탭에서 '잠금'이 해제된 셀은 보호되지 않는다.

③ 시트 보호 설정 시 암호의 설정은 필수 사항
이다.
④ 시트 보호가 설정된 상태에서 데이터를 수정
하면 경고 메시지가 나타난다.

해설 시트 보호는 입력한 데이터나 차트, 시나리오, 그래픽 개체 등이 변경되지 않도록 보호하는 기능으로 암호 설정은 필수 사항이 아니다. 다만, 암호 지정 시 대소문자가 구분되며, 255자까지 지정할 수 있다.

34 다음 중 [페이지 설정] 대화 상자의 [머리글/바닥글] 탭에 대한 설명으로 옳지 않은 것은?

① 홀수 페이지의 머리글 및 바닥글을 짝수 페이지와 다르게 지정하려면 '짝수와 홀수 페이지를 다르게 지정'을 선택한다.
② 인쇄되는 첫 번째 페이지에서 머리글과 바닥글을 표시하지 않으려면 '첫 페이지를 다르게 지정'을 선택한 후 머리글과 바닥글 편집에서 첫 페이지 머리글과 첫 페이지 바닥글에 아무것도 설정하지 않는다.
③ 인쇄될 워크시트를 워크시트의 실제 크기의 백분율에 따라 확대/축소하려면 '문서에 맞게 배율 조정'을 선택한다.
④ 머리글 또는 바닥글을 표시하기에 충분한 머리글 또는 바닥글 여백을 확보하려면 '페이지 여백에 맞추기'를 선택한다.

해설 문서에 맞게 배율 조정은 머리글이나 바닥글에서 워크시트와 동일한 글꼴 크기와 배율을 사용하도록 지정할 때 선택한다.

35 다음 중 [인쇄 미리 보기]에 관한 설명으로 옳지 않은 것은?

① [인쇄 미리 보기] 창에서 셀 너비를 조절할 수 있으나 워크시트에는 변경된 너비가 적용되지 않는다.
② [인쇄 미리 보기]를 실행한 상태에서 [페이지 설정]을 클릭하여 [여백] 탭에서 여백을 조절할 수 있다.

③ [인쇄 미리 보기] 상태에서 '확대/축소'를 누르면 화면에는 적용되지만 실제 인쇄 시에는 적용되지 않는다.
④ [인쇄 미리 보기]를 실행한 상태에서 [여백 표시]를 체크한 후 마우스 끌기를 통하여 여백을 조절할 수 있다.

해설 인쇄 미리 보기 창에서 셀 너비를 조절하면 워크시트에도 변경된 너비가 적용된다.

36 다음 중 [A7] 셀에 수식 =SUMIFS(D2:D6, A2:A6, "연필", B2:B6, "서울")을 입력한 경우 결과값으로 옳은 것은?

	A	B	C	D
1	품목	대리점	판매계획	판매실적
2	연필	경기	150	100
3	볼펜	서울	150	200
4	연필	서울	300	300
5	볼펜	경기	300	400
6	연필	서울	300	200
7	=SUMIFS(D			

① 100   ② 500
③ 600   ④ 750

해설 SUMIFS(셀 범위, 조건1 범위, 조건1, 조건2 범위, 조건2, …) 함수는 여러 조건에 맞는 셀들의 합을 구한다. 그러므로 [A2:A6] 영역에서 '연필', [B2:B6] 영역에서 '서울'은 4행과 6행이므로 300 + 200 = 500이다.

37 다음 중 차트 편집에 대한 내용으로 옳지 않은 것은?

① 차트의 데이터 범위에서 일부 데이터를 차트에 표시하지 않으려면 행이나 열을 '숨기기'로 지정한다.
② 3차원 차트는 혼합형 차트로 만들 수 없다.
③ F11 키를 눌러 차트 시트를 만들 수 있다.
④ 여러 데이터 계열을 선택하여 한 번에 차트 종류를 변경할 수 있다.

해설 차트 편집 시 한 개의 데이터 계열을 선택하여 차트 종류를 변경할 수 있다.

38 다음 중 차트의 데이터 계열 서식에 대한 설명으로 옳지 않은 것은?

① 계열 겹치기 수치를 양수로 지정하면 데이터 계열 사이가 벌어진다.

② 차트에서 데이터 계열의 간격을 넓게 또는 좁게 지정할 수 있다.

③ 특정 데이터 계열의 값이 다른 데이터 계열의 값과 차이가 많이 나거나 데이터 형식이 혼합되어 있는 경우 보조 세로(값) 축에 하나 이상의 데이터 계열을 나타낼 수 있다.

④ 보조 축에 해당되는 데이터 계열을 구분하기 위하여 보조 축의 데이터 계열만 선택하여 차트 종류를 변경할 수 있다.

해설 계열 겹치기 : 수치를 음수로 지정하면 데이터 계열 사이가 벌어지고, 양수로 지정하면 데이터 계열이 서로 겹쳐진다.

39 다음 중 차트에 설정되어 있지 않은 차트 구성 요소는?

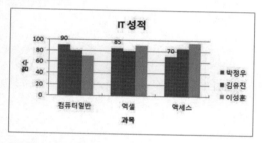

① 차트 제목

② 가로 (항목) 축 보조 눈금선

③ 데이터 레이블

④ 범례

해설 • 차트 제목 : IT성적
• 데이터 레이블 : 90, 85, 70
• 범례 : 박정우, 김유진, 이성훈

40 다음 중 워크시트에서 C열의 수식을 실행했을 때 화면에 표시되는 결과로 옳지 않은 것은?

▲	A	B	C
1	2017	1	=A1/A2
2	워드	2	=A1*2
3	엑셀	3	=LEFT(A3)
4	파워포인트	4	=VLOOKUP("워",A1:B4,2,FALSE)

① [C1] 셀 : #VALUE!

② [C2] 셀 : 4034

③ [C3] 셀 : #VALUE!

④ [C4] 셀 : #N/A

해설 LEFT(텍스트, 수치) : 텍스트의 왼쪽부터 지정한 개수만큼의 문자를 표시하며, 텍스트 길이보다 수치가 크면 모두 표시된다. 그러므로 =LEFT(A3)의 결과는 '엑'이다.

점

01 다음 중 멀티미디어에 대한 설명으로 옳지 않은 것은?

① 멀티미디어 데이터는 다양한 하드웨어와 소프트웨어 환경에서 생성, 처리, 전송, 이용되므로 상호 호환되기 위한 표준이 필요하다.

② 멀티미디어는 텍스트, 이미지, 사운드, 애니메이션, 동영상 등의 데이터를 아날로그화시킨 복합 구성 매체이다.

③ 가상현실, 전자 출판, 화상 회의, 방송, 교육, 의료 등 사회 전 분야에서 활용되고 있다.

④ 사용자는 정보 제공자와의 상호 작용을 통해 어떤 정보를 언제 어떠한 형태로 얻을 것인지 결정하여 데이터를 전달 받을 수도 있다.

해설 멀티미디어 : 컴퓨터나 디지털 기기에서 문자(Text), 그림(Image), 오디오(Audio), 비디오(Video), 애니메이션(Animation) 등의 정보를 통합하여 하나의 디지털 데이터 정보로 전달된다.

02 다음 중 비트맵 이미지를 확대하였을 때 이미지의 경계선이 매끄럽지 않고 계단 형태로 나타나는 현상을 의미하는 용어는?

① 디더링(Dithering)
② 앨리어싱(Aliasing)
③ 모델링(Modeling)
④ 렌더링(Rendering)

해설 • 디더링(Dithering) : 여러 컬러의 색을 최대한 나타내며, 팔레트에 없는 컬러를 컬러 패턴으로 대체하여 가장 유사한 컬러로 표현하는 기법이다.
• 모델링(Modeling) : 렌더링 작업을 하기 전에 수행되는 기법이다.
• 렌더링(Rendering) : 3차원 화면의 각 면에 색깔과 음영 효과를 주어 입체감과 사실감을 나타내는 기법이다.

03 다음 중 정보 사회의 문제점으로 적절하지 않은 것은?

① 정보 기술을 이용한 컴퓨터 범죄가 증가할 수 있다.

② VDT 증후군과 같은 컴퓨터 관련 직업병이 발생할 수 있다.

③ 정보의 편중으로 계층 간의 정보 수준 차이가 감소할 수 있다.

④ 정보 처리 기술로 인간관계의 유대감이 약화될 가능성도 있다.

해설 정보의 편중으로 계층 간의 정보 차이가 증가할 수 있다.

04 다음 중 모든 사물을 네트워크로 연결하여 인간과 사물, 사물과 사물 간에 언제 어디서나 서로 소통할 수 있게 하는 새로운 정보 통신 환경을 의미하는 것은?

① 클라우드 컴퓨팅(Cloud Computing)
② RSS(Rich Site Summary)
③ IoT(Internet of Things)
④ 빅 데이터(Big Data)

해설 • 클라우드 컴퓨팅 : 무형의 형태로 존재하는 하드웨어/소프트웨어 등의 컴퓨팅 자원을 자신이 필요한 만큼 빌려 쓰고 이에 대한 사용 요금을 지급하는 방식의 컴퓨팅 서비스이다.
• RSS : 포털 사이트나 블로그 등의 콘텐츠 업데이트가 자주 발생하는 웹 사이트에서 업데이트 된 정보를 자동적으로 사용자들에게 제공하는 서비스이다.
• 빅 데이터(Big Data) : 인터넷 및 스마트 IT의 혁명으로 휴대폰 통화량, 카드 결제, 기상 정보, 소셜 네트워크 서비스(SNS), 도로 교통량 등이 해당된다.

정답 **01** ② **02** ② **03** ③ **04** ③

05 다음 중 언어 번역 프로그램인 컴파일러와 인터프리터의 차이점에 대한 설명으로 옳지 않은 것은?

① 컴파일러는 프로그램 전체를 번역하고, 인터프리터는 한 줄씩 번역한다.
② 컴파일러는 목적 프로그램을 생성하고, 인터프리터는 생성하지 않는다.
③ 컴파일러는 실행 속도가 빠르고, 인터프리터는 실행 속도가 느리다.
④ 컴파일러는 번역 속도가 빠르고, 인터프리터는 번역 속도가 느리다.

해설 • 컴파일러 : 한꺼번에 번역하므로 번역 속도는 느리지만 실행 속도가 빠르다.
• 인터프리터 : 줄 단위로 번역하므로 번역 속도는 빠르지만 실행 속도가 느리다.

06 다음 중 인터넷에서 사용하는 FTP 프로토콜에 관한 설명으로 옳지 않은 것은?

① FTP 서비스를 사용하기 위해서는 일반적으로 해당 사이트의 계정을 가지고 있어야 한다.
② 파일의 업로드, 다운로드, 삭제, 이름 변경 등의 작업을 할 수 있다.
③ FTP 서버에 있는 응용 프로그램들을 실행할 수 있다.
④ 데이터 전송을 위하여 Binary 모드와 ASCII 모드를 제공한다.

해설 FTP 서버에 있는 응용 프로그램들을 실행할 수 없다.

07 다음 중 인터넷을 이용할 때 자주 방문하게 되는 웹 사이트로 전자 우편, 뉴스, 쇼핑, 게시판 등 다양한 서비스를 통합하여 제공하는 사이트를 의미하는 것은?

① 미러 사이트   ② 포털 사이트
③ 커뮤니티 사이트   ④ 멀티미디어 사이트

해설 미러 사이트(Mirror Site) : 다수의 이용자들이 동시에 접속할 경우 액세스 분산화와 네트워크 부하를 방지할 목적으로 같은 내용을 복사한다.

08 다음 중 인터넷에 대한 설명으로 적절하지 않은 것은?

① URL은 인터넷상에 있는 각종 자원의 위치를 나타내는 표준 주소 체계이다.
② 인터넷은 TCP/IP 프로토콜을 통해 연결된 상업용 네트워크로 중앙 통제 기구인 InterNIC에 의해 운영된다.
③ IP 주소는 인터넷에 연결된 모든 컴퓨터 자원을 구분하기 위한 고유의 주소이다.
④ www는 웹 브라우저를 통해 인터넷을 효과적으로 사용할 수 있게 하는 서비스이다.

해설 • 인터넷은 유닉스(UNIX) 운영 체제를 기반으로 전 세계 컴퓨터를 연결해 놓은 글로벌 네트워크(Global Network)이다.
• 인터넷 주소는 각 국의 NIC(Network Information Center)에서 관리하되 미국과 NIC가 없는 국가는 InterNIC에서, 우리나라는 KRNIC에서 관리한다.

09 다음 중 컴퓨터 범죄의 유형에 해당하지 않는 것은?

① 전산망을 이용한 개인 정보의 유출과 공개
② 컴퓨터 바이러스 백신의 제작과 유포
③ 저작권이 있는 웹 콘텐츠의 복사와 사용
④ 해킹에 의한 정보의 위/변조 및 유출

해설 컴퓨터 바이러스 백신을 제작해서 유포하는 것은 컴퓨터 범죄의 예방책이다.

10 다음 중 시스템 소프트웨어에 대한 설명으로 옳지 않은 것은?

① 컴퓨터와 사용자 사이에서 중계자 역할을 하는 소프트웨어이다.

정답 05 ④   06 ③   07 ②   08 ②   09 ②   10 ②

② 운영 체제의 도움을 받아 컴퓨터를 사용할 수 있게 하는 소프트웨어이다.

③ 컴퓨터 시스템을 효율적으로 운영해 주는 소프트웨어이다.

④ 시스템 소프트웨어는 제어 프로그램과 처리 프로그램으로 구분된다.

해설 시스템 소프트웨어는 컴퓨터를 효율적으로 사용하기 위해 필요한 소프트웨어로 응용 소프트웨어가 실행될 때 컴퓨터 하드웨어를 효율적으로 사용하도록 인터페이스 역할을 한다.

11 다음 중 컴퓨터의 문자 표현 코드인 ASCII 코드의 특징으로 옳은 것은?

① BCD 코드를 확장한 코드로 대형 컴퓨터에서 사용한다.

② 확장 ASCII 코드는 8비트를 사용하여 256가지의 문자를 표현한다.

③ 2진화 10진 코드라고도 하며, 하나의 문자를 4개의 Zone 비트와 4개의 Digit 비트로 표현한다.

④ 에러 검출 및 교정이 가능한 코드로 2비트의 에러 검출 코드가 포함되어 있다.

해설 ASCII 코드는 데이터 통신을 고려한 코드로 7비트로 구성되어 있으나 실제 사용은 패리티 체크 비트를 포함하여 8비트로 사용하며, 128개의 문자를 표현할 수 있다.

12 다음 중 컴퓨터의 연산 속도 단위로 가장 빠른 것은?

① 1ms
② 1μs
③ 1ns
④ 1ps

해설 연산 속도 단위(느림 → 빠름) : ms(10^{-3}sec) → μs(10^{-6}sec) → ns(10^{-9}sec) → ps(10^{-12}sec) → fs(10^{-15}sec) → as(10^{-18}sec)

13 다음 중 레지스터에 관한 설명으로 옳지 않은 것은?

① 명령 레지스터는 현재 수행 중인 명령어를 가지고 있다.

② 메모리 중에서 가장 빠른 속도로 접근이 가능하다.

③ 프로그램 카운터는 다음번에 실행할 명령어의 주소를 가지고 있다.

④ 운영 체제의 시스템 정보를 기억하고 관리한다.

해설 레지스터(Register) : CPU 내부에서 처리할 명령어나 연산의 결과 값을 일시적으로 기억하는 고속의 기억 장치로 ALU(산술/논리 장치)에서 연산된 자료를 일시적으로 저장한다.

14 다음 중 컴퓨터를 업그레이드 하는 경우 수치가 클수록 좋은 것에 해당하지 않는 것은?

① 하드 디스크의 용량
② RAM의 접근 속도
③ CPU의 클럭 속도
④ DVD의 배속

해설 램(RAM)의 속도 단위인 ns(nano second)의 수치가 작을수록 실행 속도가 빠르다.

15 다음 중 Windows의 네트워크 및 공유 센터에서 고급 공유 설정 옵션에 해당하지 않는 것은?

① 네트워크 검색
② 파일 및 프린터 공유
③ 공용 폴더 공유
④ 이더넷 공유

해설 • 개인, 게스트 또는 공용 항목 : 네트워크 검색, 파일 및 프린터 공유
• 모든 네트워크 항목 : 공용 폴더 공유, 미디어 스트리밍, 파일 공유 연결, 암호로 보호된 공유

16 다음 중 중앙 처리 장치의 구성 요소에 해당하지 않는 것은?

① ALU(Arithmetic Logic Unit)
② CU(Control Unit)
③ 레지스터(Register)

④ SSD(Solid State Drive)

17 다음 중 Windows의 [제어판]-[프로그램 및 기능]에서 설정할 수 없는 것은?

① 설치된 업데이트를 제거할 수 있다.

② Windows 기능을 설정(켜기)하거나 해제(끄기)할 수 있다.

③ Windows 업데이트가 자동 수행되도록 설정할 수 있다.

④ Windows에 설치된 응용 프로그램을 변경하거나 제거할 수 있다.

18 다음 중 Windows에서 디스크에 저장된 파일의 위치를 재정렬하는 단편화 제거 과정을 통해 디스크에서의 파일 읽기/쓰기 성능을 향상시키는 기능은?

① 리소스 모니터

② 디스크 정리

③ 디스크 포맷

④ 디스크(드라이브) 조각 모음

19 다음 중 Windows 바탕 화면에서 그림과 같이 열려 있는 모든 창들을 미리 보기로 보면서 활성 창을 전환할 수 있는 바로 가기 키는?

① Alt + Tab　　② ⊞ + Tab

③ Ctrl + ESC　　④ Alt + ESC

20 다음 중 Windows 폴더의 [속성] 대화 상자에 대한 설명으로 옳지 않은 것은?

① 해당 폴더의 크기를 알 수 있다.

② 해당 폴더의 바로 가기 아이콘을 만들 수 있다.

③ 해당 폴더의 읽기 전용 특성을 설정할 수 있다.

④ 해당 폴더의 만든 날짜를 알 수 있다.

2과목 **스프레드시트 일반**

21 다음 중 부분합을 실행했다가 부분합을 실행하지 않은 상태로 다시 되돌리려고 할 때의 방법으로 옳은 것은?

① [부분합] 대화 상자에서 [그룹화할 항목]을 '없음'으로 선택하고 [확인]을 누른다.

② [데이터] 탭의 [윤곽선] 그룹에서 [그룹 해제]를 선택하여 부분합에서 설정된 그룹을 모두 해제한다.

③ [부분합] 대화 상자에서 '새로운 값으로 대치'를 선택하고 [확인]을 누른다.

④ [부분합] 대화 상자에서 [모두 제거]를 누른다.

정답　**17** ③　**18** ④　**19** ①　**20** ②　**21** ④

22 다음 중 피벗 테이블에 대한 설명으로 옳지 않은 것은?

① 값 영역의 특정 항목을 마우스로 더블 클릭하면 해당 데이터에 대한 세부적인 데이터가 새로운 시트에 표시된다.

② 데이터 그룹 수준을 확장하거나 축소해서 요약 정보만 표시할 수도 있고, 요약된 내용의 세부 데이터를 표시할 수도 있다.

③ 행을 열로 또는 열을 행으로 이동하여 원본 데이터를 다양한 방식으로 요약하여 표시할 수 있다.

④ 피벗 테이블과 피벗 차트를 함께 만든 후에 피벗 테이블을 삭제하면 피벗 차트도 자동으로 삭제된다.

> **해설** 피벗 테이블을 삭제하더라도 피벗 테이블과 연결된 피벗 차트는 삭제되지 않고 일반 차트로 변경된다.

23 다음의 견적서에서 총합계 [F2] 셀을 1,170,000원으로 맞추기 위해서 [D6] 셀의 할인율을 어느 정도로 조정해야 하는지 그 목표값을 찾고자 한다. 다음 중 [목표값 찾기] 대화상자의 각 항목에 들어갈 내용으로 옳은 것은?

▲	A	B	C	D	E	F
1						
2				총합계(공급가액 + 세액):		**1,177,441**
3						
4	품명	수량	단가	할인율	공급가액	세액
5	USB	10	25,000	5.00%	237,500	23,750
6	HDD	14	43,800	2.50%	597,870	59,787
7	KeyBoard	10	14,900	3.10%	144,381	14,438
8	마우스	5	18,500	2.00%	90,650	9,065
9			계		1,070,401	107,040

목표값 찾기 ? ×
수식 셀(E): ［ ］
찾는 값(V):
값을 바꿀 셀(C):
［ 확인 ］ ［ 취소 ］

① 수식 셀 : $F$2, 찾는 값 : 1170000, 값을 바꿀 셀 : $D$6

② 수식 셀 : $D$6, 찾는 값 : $F$2, 값을 바꿀 셀 : 1170000

③ 수식 셀 : $D$6, 찾는 값 : 1170000, 값을 바꿀 셀 : $F$2

④ 수식 셀 : $F$2, 찾는 값 : $D$6, 값을 바꿀 셀 : 1170000

> **해설** • 수식 셀 : 결과 값을 얻기 위한 셀 주소로 해당 셀에는 '값을 바꿀 셀'의 주소를 사용하는 수식이 필요하다(절대 참조 이용).
> • 찾는 값 : 찾고자 하는 수식의 결과 값을 입력한다.
> • 값을 바꿀 셀 : 변경되는 값이 들어 있는 셀 주소이다.

24 다음 중 엑셀에서 기본 오름차순 정렬 순서에 대한 설명으로 옳지 않은 것은?

① 날짜는 가장 이전 날짜에서 가장 최근 날짜의 순서로 정렬된다.

② 논리값의 경우 TRUE 다음 FALSE의 순서로 정렬된다.

③ 숫자는 가장 작은 음수에서 가장 큰 양수의 순서로 정렬된다.

④ 빈 셀은 오름차순과 내림차순 정렬에서 항상 마지막에 정렬된다.

> **해설** 논리값의 경우 FALSE 다음 TRUE의 순서로 정렬된다.

25 다음 중 아래 워크시트에서 [A1:A2] 영역을 선택한 후 Ctrl 키를 누른 채 채우기 핸들을 아래쪽으로 드래그하는 경우 [A5] 셀에 입력되는 값은?

▲	A
1	10
2	8
3	
4	
5	

① 2 　　　　② 16

③ 8 　　　　④ 10

> **해설** 두 개의 셀에 수치 데이터가 입력된 경우 두 셀을 범위 지정한 후 Ctrl 키를 누른 채 채우기 핸들을 아래쪽으로 드래그하면 복사되므로 [A3] 셀에는 '10', [A4] 셀에는 '8', [A5] 셀에는 '10'이 입력된다.

26 다음 중 셀 서식의 표시 형식에 대한 설명으로 옳지 않은 것은?

① 일반 형식으로 지정된 셀에 열 너비 보다 긴 소수가 '0.123456789'와 같이 입력될 경우 셀의 너비에 맞춰 반올림한 값으로 표시된다.

② 통화 형식은 숫자와 함께 기본 통화 기호가 셀의 왼쪽 끝에 표시되며, 통화 기호의 표시 여부를 선택할 수 있다.

③ 회계 형식은 음수의 표시 형식을 별도로 지정할 수 없고, 입력된 값이 0일 경우 하이픈 (−)으로 표시된다.

④ 숫자 형식은 음수의 표시 형식을 빨강색으로 지정할 수 있다.

해설 통화 형식은 소수점 자릿수, 통화 기호(₩, $ 등), 음수 표시 형식 등을 설정한다.

27 다음 중 [찾기 및 바꾸기] 대화 상자의 각 항목에 대한 설명으로 옳지 않은 것은?

① 찾을 내용 : 검색할 내용을 입력하는 곳으로 와일드카드 문자를 검색 문자열에 사용할 수 있다.

② 서식 : 숫자 셀을 제외한 특정 서식이 있는 텍스트 셀을 찾을 수 있다.

③ 범위 : 현재 워크시트에서만 검색하는 '시트'와 현재 통합 문서의 모든 시트를 검색하는 '통합 문서' 중 선택할 수 있다.

④ 모두 찾기 : 검색 조건에 맞는 모든 항목이 나열된다.

해설 서식 : 특정 서식이 있는 텍스트나 숫자를 찾을 수 있다.

28 다음의 시트에서 [C2:G3] 영역을 참조하여 [C5] 셀의 점수 값에 해당하는 학점을 [C6] 셀에 구하기 위한 함수식으로 옳은 것은?

⊿	A	B	C	D	E	F	G
1							
2		점수	0	60	70	80	90
3		학점	F	D	C	B	A
4							
5		점수	76				
6		학점					
7							

① =VLOOKUP(C5, C2:G3, 2, TRUE)

② =VLOOKUP(C5, C2:G3, 2, FALSE)

③ =HLOOKUP(C5, C2:G3, 2, TRUE)

④ =HLOOKUP(C5, C2:G3, 2, FALSE)

해설 HLOOKUP(찾을 값, 범위, 행 번호, 찾는 방법) : 배열 첫 행에서 값을 검색한 후 지정한 행의 같은 열에서 데이터를 추출하며, 첫 번째 행 값은 항상 오름차순으로 정렬되어야 한다. 이때, 찾는 방법이 TRUE이거나 생략된 경우 첫째 행에서 정확하게 일치하는 값이 없으면 찾을 값보다 작은 값 중에서 가장 큰 값을 찾고, 찾는 방법이 FALSE인 경우 첫째 행에서 정확하게 일치하는 값을 찾는다.

29 다음 중 조건부 서식 설정을 위한 [새 서식 규칙] 대화 상자의 '규칙 유형 선택' 항목에 해당하지 않는 것은?

① 임의의 날짜를 기준으로 셀의 서식 지정

② 셀 값을 기준으로 모든 셀의 서식 지정

③ 다음을 포함하는 셀만 서식 지정

④ 고유 또는 중복 값만 서식 지정

해설 규칙 유형 선택 : 셀 값을 기준으로 모든 셀의 서식 지정, 다음을 포함하는 셀만 서식 지정, 상위 또는 하위 값만 서식 지정, 평균보다 크거나 작은 값만 서식 지정, 고유 또는 중복 값만 서식 지정, 수식을 사용하여 서식을 지정할 셀 결정

30 다음 중 [매크로 기록] 대화 상자의 각 항목에 입력하는 내용으로 옳지 않은 것은?

① 매크로 이름 : 공백을 사용할 수 없으므로 단어 구분 기호로 밑줄을 사용한다.

② 바로 가기 키 : 영문자만 사용할 수 있으며, 대문자 입력 시에는 Ctrl + Shift 키가 조합 키로 사용된다.

③ 매크로 저장 위치 : '현재 통합 문서'를 선택하면 모든 Excel 문서에서 해당 매크로를 사용할 수 있다.

④ 설명 : 매크로에 대한 설명을 기록할 때 사용하며, 매크로 실행에 영향을 미치지 않는다.

> **해설** 매크로 저장 위치
> • 개인용 매크로 통합 문서 : 엑셀을 실행할 때마다 매크로를 사용할 수 있도록 하며, XLStart 디렉토리에'Personal. XLSB'라는 파일로 저장된다(워크시트가 열리지 않은 상태에서도 실행 가능).
> • 새 통합 문서 : 새로운 통합 문서에 매크로를 저장한다.
> • 현재 통합 문서 : 현재 통합 문서에 새로운 매크로를 저장한다.

31 다음 중 [매크로] 대화 상자에 대한 설명으로 옳지 않은 것은?

① 매크로 이름을 선택한 후 [실행] 단추를 클릭하면 매크로가 실행된다.

② [한 단계씩 코드 실행] 단추를 클릭하면 Visual Basic Editor에서 매크로 실행 과정을 단계별로 확인할 수 있다.

③ [만들기] 단추를 클릭하면 빠른 실행 도구 모음에 매크로 실행 명령을 추가할 수 있다.

④ [옵션] 단추를 클릭하면 매크로 바로 가기 키를 수정할 수 있다.

> **해설** [만들기] 단추를 클릭하면 Visual Basic Editor를 이용하여 새 매크로를 작성할 수 있다.

32 다음의 워크시트에서 [E2] 셀의 함수식이 '=CHOOSE(RANK(D2, $D$2:$D$5), "천하", "대한", "영광", "기쁨")'일 때 결과로 옳은 것은?

▲	A	B	C	D	E
1	성명	이론	실기	합계	수상
2	김나래	47	45	92	
3	이석주	38	47	85	
4	박명호	46	48	94	
5	장영민	49	48	97	
6					

① 천하　　　　　　② 대한

③ 영광　　　　　　④ 기쁨

> **해설**
> • CHOOSE(번호, 인수1, 인수2) : 인수 목록 중 번호에 해당하는 인수를 구한다(목록 중 하나를 선택).
> • RANK(순위를 구하려는 수, 대상 범위, 순위 결정) : 범위 지정 목록에서 인수의 순위를 구하며, 순위를 구할 때는 해당 범위를 절대 참조로 지정한다(0을 입력하거나 생략하면 내림차순이고, 그 외에는 오름차순).
> • =CHOOSE(RANK(D2, $D$2:$D$5), "천하", "대한", "영광", "기쁨") : [D2:D5] 영역에서 [D2] 셀의 순위를 구하면 '3'이므로 CHOOSE 함수에서 3번째에 해당하는 '영광'이 표시된다.

33 다음 중 [차트 도구]–[레이아웃] 탭의 [레이블] 그룹에서 삽입할 수 없는 항목은?

① 범례　　　　　　② 축 제목

③ 차트 제목　　　　④ 텍스트 상자

> **해설** [차트 도구]–[레이아웃] 탭의 [레이블] 그룹 : 차트 제목, 축 제목, 범례, 데이터 레이블, 데이터 표

34 다음 중 수식에 잘못된 인수나 피연산자를 사용한 경우 표시되는 오류 메시지는?

① #DIV/0!　　　　② #NUM!

③ #NAME?　　　　④ #VALUE!

> **해설**
> • ① 수식에서 특정 값을 0 또는 빈 셀로 나눌 경우 발생한다.
> • ② 숫자 인수가 필요한 함수에 다른 인수를 지정한 경우 또는 잘못된 숫자 값을 사용한 경우 발생한다.
> • ③ 함수명을 잘못 사용하거나 수식에 인용 부호 없이 텍스트를 입력한 경우 발생한다.

35 다음의 워크시트에서 수식 '=DAVERAGE(A4:E10, "수확량", A1:C2)'의 결과값으로 옳은 것은?

	A	B	C	D	E
1	나무	높이	높이		
2	배	>10	<20		
3					
4	나무	높이	나이	수확량	수익
5	배	18	17	14	105
6	배	12	20	10	96
7	체리	13	14	9	105
8	사과	14	15	10	75
9	배	9	8	8	76.8
10	사과	8	9	6	45
11					

① 15　　　　　　② 12
③ 14　　　　　　④ 18

> 해설 ・DAVERAGE(범위, 열 번호, 찾을 조건) : 지정한 조건에 맞는 데이터베이스에서 필드(열)의 평균을 구한다.
> ・[A4:E10] 영역에서 배나무의 높이가 10보다 크고, 20보다 작은 행(5행, 6행)의 수확량 평균을 구하므로 (14+10)/2=12가 된다.

36 다음 중 엑셀의 화면 제어에 관한 설명으로 옳지 않은 것은?

① 화면의 확대/축소는 화면에서 워크시트를 더 크게 또는 작게 표시하는 것으로 실제 인쇄할 때에도 설정된 화면의 크기로 인쇄된다.

② 리본 메뉴는 화면 해상도와 엑셀 창의 크기에 따라 다른 형태로 표시될 수 있다.

③ 워크시트에서 특정 영역을 마우스로 드래그하여 블록을 설정한 후 '선택 영역 확대/축소'를 클릭하면 워크시트가 확대/축소되어 블록으로 지정한 영역이 전체 창에 맞게 보여진다.

④ 리본 메뉴가 차지하는 공간 때문에 작업이 불편한 경우 리본 메뉴의 활성 탭 이름을 더블클릭하여 리본 메뉴를 최소화할 수 있다.

> 해설 화면의 확대/축소는 워크시트 화면을 확대하거나 축소하는 것으로 인쇄에는 영향을 미치지 않는다.

37 다음 중 아래 차트에 대한 설명으로 옳지 않은 것은?

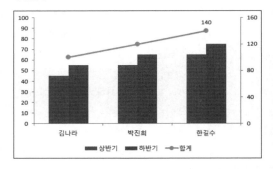

① '합계' 계열이 보조 축으로 설정된 이중 축 차트이다.

② 범례 위치는 '아래쪽'으로 설정되어 있다.

③ '하반기' 계열의 '한길수' 요소에 데이터 레이블이 표시되어 있다.

④ 보조 세로 (값) 축의 주 단위는 '40'으로 설정되어 있다.

> 해설 데이터 레이블은 데이터 계열에 대한 값이나 항목을 표시하는 것으로 문제의 차트에는 '합계' 계열의 '한길수' 요소에 데이터 레이블이 표시되어 있다.

38 다음 중 [페이지 레이아웃] 보기 상태에서의 머리글/바닥글 작업에 대한 설명으로 옳지 않은 것은?

① 머리글/바닥글 여백을 충분히 확보하려면 [머리글/바닥글 도구]-[디자인] 탭의 [옵션] 그룹에서 '문서에 맞게 배율 조정'을 선택한다.

② [머리글/바닥글 도구]-[디자인] 탭의 [머리글/바닥글] 그룹에서 미리 정의된 머리글이나 바닥글을 선택할 수 있다.

③ 워크시트 페이지 위쪽의 머리글 영역을 클릭하면 리본 메뉴에 [머리글/바닥글 도구]가 표시된다.

④ 머리글 또는 바닥글의 입력을 마치려면 워크시트에서 아무 곳이나 클릭한다.

39 다음 중 [페이지 설정] 대화 상자의 [시트] 탭에 관한 설명으로 옳지 않은 것은?

① '메모'는 시트에 포함된 메모의 인쇄 여부와 인쇄 위치를 지정한다.

② '눈금선'은 시트에 회색으로 표시된 셀 눈금선의 인쇄 여부를 지정한다.

③ '인쇄 영역'은 특정 부분만 인쇄하기 위해 범위를 지정하며, 인쇄 영역 내에 포함된 숨겨진 행과 열도 인쇄된다.

④ '간단하게 인쇄'는 워크시트에 입력된 차트, 도형, 그림 등 모든 그래픽 요소를 제외하고 텍스트만 인쇄한다.

40 다음 중 차트에 대한 설명으로 옳지 않은 것은?

① 표면형 차트는 두 개의 데이터 집합에서 최적의 조합을 찾을 때 사용한다.

② 방사형 차트는 분산형 차트의 한 종류로 데이터 계열 간의 항목 비교에 사용된다.

③ 분산형 차트는 데이터의 불규칙한 간격이나 묶음을 보여주는 것으로 주로 과학이나 공학용 데이터 분석에 사용된다.

④ 이중 축 차트는 특정 데이터 계열의 값이 다른 데이터 계열의 값과 현저하게 차이가 나거나 데이터의 단위가 다른 경우 주로 사용한다.

1과목 컴퓨터 일반

01 다음 중 그래픽 데이터의 표현에서 벡터 (Vector) 방식에 관한 설명으로 옳은 것은?

① 점과 점을 연결하는 직선 또는 곡선을 이용하여 이미지를 표현한다.

② 이미지를 확대하면 테두리에 계단 현상과 같은 앨리어싱이 발생한다.

③ 래스터 방식이라고도 하며, 화면 표시 속도가 빠르다.

④ 많은 픽셀로 정교하고, 다양한 색상을 표시할 수 있다.

> **해설** 벡터 : 그림 크기와 상관없이 원형을 그대로 유지하며, 점들의 좌표 값으로 구성하므로 특정 부분을 확대 또는 축소시켜도 화질의 손상이 없고, 매끄럽게 표현된다.

02 다음 중 멀티미디어와 관련된 용어에 대한 설명으로 옳지 않은 것은?

① VR이란 컴퓨터가 만들어 낸 가상 세계의 다양한 경험을 체험할 수 있도록 하는 컴퓨터 그래픽 기술과 시뮬레이션 기능 등 관련 기술을 통틀어 말한다.

② LBS란 멀티미디어 기능 강화 실시간 TV와 생활 정보, 교육 등의 방송 서비스를 말한다.

③ VCS란 화상 회의 시스템으로 초고속 정보 통신망을 이용하여 멀리 떨어져 있는 사람들과 비디오와 오디오를 통해 회의할 수 있도록 하는 멀티미디어 시스템이다.

④ VOD란 주문형 비디오로 보고 싶은 영화나 스포츠 뉴스, 홈 쇼핑 등 가입자가 원하는 시간에 원하는 프로그램을 선택하여 시청할 수 있도록 하는 멀티미디어 서비스이다.

> **해설** 위치 기반 서비스(LBS) : 이동 통신망이나 위성 항법 장치(GPS) 등을 통해 얻은 위치 정보를 바탕으로 이용자에게 여러 가지 서비스를 제공하는 시스템이다.

03 다음 중 Windows에서 그림의 [오류 검사]에 관한 설명으로 옳지 않은 것은?

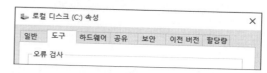

① 폴더와 파일의 오류를 검사하여 발견된 오류를 복구한다.

② 디스크의 물리적 손상 영역인 불량 섹터를 검출한다.

③ 네트워크 드라이브를 선택하여 오류 검사를 할 수 있다.

④ 시스템 성능 향상을 위해 정기적으로 수행하는 것이 좋다.

> **해설** CD-ROM 드라이브, 네트워크 드라이브 등은 오류 검사를 수행할 수 없다.

04 다음 중 Windows 사용 시 메모리(RAM) 용량 부족 문제의 해결 방법으로 가장 적절하지 않은 것은?

① 불필요한 프로그램을 종료한다.

② 불필요한 자동 시작 프로그램을 삭제한다.

③ 시스템 속성 창에서 가상 메모리의 크기를 적절히 설정한다.

④ 휴지통에 있는 파일을 삭제한다.

> **해설** 보기 ④번은 디스크 공간이 부족한 경우의 해결 방법이다.

정답 **01** ① **02** ② **03** ③ **04** ④

05 다음 중 Windows에서 바로 가기 아이콘에 대한 설명으로 옳지 않은 것은?

① 원본 파일이 있는 위치와 다른 위치에 만들 수 있다.

② 원본 파일을 삭제하여도 바로 가기 아이콘을 실행할 수 있다.

③ 바로 가기 아이콘의 확장자는 LNK이다.

④ 하나의 원본 파일에 대하여 여러 개의 바로 가기 아이콘을 만들 수 있다.

해설 바로 가기 아이콘을 삭제해도 원본 파일에는 영향을 주지 않지만 원본 파일을 삭제하면 바로 가기 아이콘을 실행할 수 없다.

06 다음 중 Windows에 포함되어 있는 백신 프로그램으로 스파이웨어 및 그 밖의 원치 않는 소프트웨어로부터 컴퓨터를 보호할 수 있는 것은?

① Windows Defender

② BitLocker

③ Archive

④ Malware

해설 • Windows Defender : 스파이웨어 및 사용자 동의 없이 설치된 소프트웨어로부터 보호하는 기능으로 자동으로 실행되는 스파이웨어를 방지한다.
• BitLocker 드라이브 암호화 : Windows와 데이터가 있는 드라이브를 암호화하여 다른 사람이 드라이브를 볼 수 없게 한다.

07 다음 중 Windows의 작업 표시줄에 대한 설명으로 옳지 않은 것은?

① 작업 표시줄 잠금을 설정하여 작업 표시줄의 위치나 크기를 변경하지 못하도록 할 수 있다.

② 마우스 포인터 위치에 따라 작업 표시줄이 표시되지 않도록 작업 표시줄 자동 숨기기를 설정할 수 있다.

③ 작업 표시줄의 오른쪽 끝에 있는 [바탕 화면 보기] 단추를 클릭하여 바탕 화면이 표시되도록 할 수 있다.

④ [작업 표시줄 아이콘 만들기] 기능을 이용하여 작업 표시줄의 바로 가기 아이콘을 바탕 화면에 설정할 수 있다.

해설 보기 ④번의 내용은 작업 표시줄의 기능에 해당하지 않는다.

08 다음 중 컴퓨터의 보조 기억 장치로 사용하는 SSD(Solid State Drive)의 특징으로 옳지 않은 것은?

① HDD보다 빠른 속도로 데이터의 읽기나 쓰기가 가능하다.

② 물리적인 외부 충격에 약하며 불량 섹터가 발생할 수 있다.

③ 작동 소음이 없으며 전력 소모가 적다.

④ 자기 디스크가 아닌 반도체를 이용하여 데이터를 저장한다.

해설 SSD : HDD와 비슷하게 동작하지만 기계적 장치인 HDD와는 달리 반도체를 이용하여 정보를 저장하며, 데이터를 메모리에 저장하므로 불량 섹터가 없고, 외부 충격에 강하다.

09 다음 중 PC의 BIOS(Basic Input Output System)에 관한 설명으로 옳지 않은 것은?

① 기본 입출력 장치나 메모리 등 하드웨어 작동에 필요한 명령을 모아 놓은 프로그램이다.

② 전원이 켜지면 POST(Power On Self Test)를 통해 컴퓨터를 점검하고 사용 가능한 장치를 초기화한다.

③ RAM에 저장되며, 펌웨어라고도 한다.

④ 칩을 교환하지 않고도 업그레이드를 할 수 있다.

해설 바이오스(BIOS) : 메인보드의 ROM에 저장되어 있어 ROM-BIOS라고도 한다.

정답 **05** ② **06** ① **07** ④ **08** ② **09** ③

10 다음 중 제어 장치에서 사용되는 레지스터로 다음번에 실행할 명령어의 번지를 기억하는 것은?

① 프로그램 카운터(PC)
② 누산기(AC)
③ 메모리 주소 레지스터(MAR)
④ 메모리 버퍼 레지스터(MBR)

해설
• ② 산술 및 논리 연산의 결과를 일시적으로 기억한다.
• ③ 기억 장치에서 메모리 주소를 기억한다.
• ④ 기억 장치에서 읽거나 저장할 데이터를 일시적으로 기억한다.

11 다음 중 컴퓨터 운영 체제에 관한 설명으로 옳지 않은 것은?

① 운영 체제는 컴퓨터가 작동하는 동안 하드 디스크에 위치하여 실행된다.
② 프로세스, 기억 장치, 주변 장치, 파일 등의 관리가 주요 기능이다.
③ 운영 체제의 평가 항목으로 처리 능력, 응답 시간, 사용 가능도, 신뢰도 등이 있다.
④ 사용자들 간의 하드웨어 공동 사용 및 자원의 스케줄링을 수행한다.

해설 운영 체제 : 시스템의 메모리를 관리하고, 응용 프로그램이 제대로 실행될 수 있도록 제어하는 역할을 하며, 소프트웨어나 펌웨어로 구현한다.

12 다음 중 보기의 ㉠, ㉡, ㉢에 해당하는 소프트웨어의 종류를 올바르게 짝지어 나열한 것은?

홍길동은 어떤 프로그램이 좋은지 알아보기 위해 ㉠누구나 임의의 용도로 사용할 수 있는 프로그램과 ㉡주로 일정 기간 동안 일부 기능을 제한한 상태로 사용하는 프로그램을 먼저 사용해 보고, 가장 적합한 ㉢프로그램을 구입하여 사용하려고 한다.

① ㉠ 프리웨어, ㉡ 셰어웨어, ㉢ 상용 소프트웨어
② ㉠ 셰어웨어, ㉡ 프리웨어, ㉢ 상용 소프트웨어

③ ㉠ 상용 소프트웨어, ㉡ 셰어웨어, ㉢ 프리웨어
④ ㉠ 셰어웨어, ㉡ 상용 소프트웨어, ㉢ 프리웨어

해설
• 프리웨어 : 사용 기간과 기능에 제한 없이 무료로 사용할 수 있으며, 저작권자의 동의 없이 자유롭게 복사, 배포할 수 있는 소프트웨어이다.
• 셰어웨어 : 일정 기간이나 기능에 제한을 두고 프로그램을 사용한 후 구입 여부를 판단하는 소프트웨어이다.
• 상용 소프트웨어 : 일정 금액을 지불하여 구입한 후 사용하는 소프트웨어이다.

13 다음 중 1GB(Giga Byte)에 해당하는 것은?

① 1024 Bytes
② 1024 × 1024 Bytes
③ 1024 × 1024 × 1024 Bytes
④ 1024 × 1024 × 1024 × 1024 Bytes

해설 1KB=1,024Byte(2^{10}Byte)→1MB=1,024KB(2^{20}Byte)→1GB=1,024MB(2^{30}Byte)→1TB=1,024GB(2^{40}Byte)→1PB=1,024TB(2^{50}Byte)→1EB=1,024PB(2^{60}Byte)

14 다음 중 처리하는 데이터에 따라 분류되는 디지털 컴퓨터의 특징으로 옳은 것은?

① 산술이나 논리 연산을 한다.
② 증폭 회로를 사용한다.
③ 프로그래밍이 필요 없다.
④ 기억 기능이 없다.

해설
• 디지털 컴퓨터 : 문자, 숫자와 같은 이산적인 데이터를 취급하며, 논리 회로를 사용한다(범용성).
• 아날로그 컴퓨터 : 전압, 전류와 같은 연속적인 데이터를 취급하며, 증폭 회로를 사용한다(특수성).

15 다음 중 컴퓨터 사용 시 발생할 수 있는 바이러스 감염에 대한 예방법으로 적절하지 않은 것은?

① 방화벽을 설정하여 사용한다.
② 의심이 가는 메일은 열지 않고 삭제한다.

정답 **10** ① **11** ① **12** ① **13** ③ **14** ① **15** ④

③ 백신 프로그램을 최신 버전으로 업데이트하여 실행한다.

④ 정기적으로 Windows의 [디스크 정리]를 실행한다.

> **해설** 디스크 정리 : 시스템에 있는 불필요한 파일이나 프로그램을 삭제하여 디스크의 여유 공간을 확보하는 기능으로 바이러스 감염과는 관계가 없다.

16 다음 중 유명 기업이나 금융 기관을 사칭한 가짜 웹 사이트나 이메일 등으로 개인의 금융 정보와 비밀번호를 입력하도록 유도하여 예금 인출 및 다른 범죄에 이용하는 컴퓨터 범죄 유형은?

① 웜(Worm) ② 해킹(Hacking)
③ 피싱(Phishing) ④ 스니핑(Sniffing)

> **해설**
> • ① 네트워크에서 연속적으로 자신을 복제하여 시스템 부하를 높이는 바이러스의 일종이다.
> • ② 컴퓨터 시스템에 불법적으로 침투하여 자료와 시스템을 파괴 또는 변조하거나 불법적으로 데이터를 가져오는 행위이다.
> • ④ 네트워크 주변의 모든 패킷을 엿보면서 계정(Account, ID)과 암호(Password)를 알아내기 위한 행위이다.

17 다음 중 [제어판]에서 [인터넷 옵션] 대화 상자의 [일반] 탭을 이용하여 설정할 수 있는 작업으로 옳지 않은 것은?

① 마지막 세션 또는 기본 홈페이지로 웹 브라우저의 시작 여부를 설정할 수 있다.

② 임시 파일, 열어본 페이지 목록, 쿠키 등을 삭제할 수 있다.

③ 웹 페이지의 색, 언어, 글꼴, 접근성 등을 설정할 수 있다.

④ 기본 웹 브라우저와 HTML 편집 프로그램을 설정할 수 있다.

> **해설** 보기 ④번은 [인터넷 옵션] 대화 상자의 [프로그램] 탭에서 가능하다.

18 다음 중 사물에 전자 태그를 부착하고 무선 통신을 이용하여 사물의 정보 및 주변 상황 정보를 감지하는 센서 기술은?

① 텔레매틱스 ② DMB
③ W-CDMA ④ RFID

> **해설**
> • ① 원격 통신(Telecommunication)과 정보 과학(Informatics)의 합성어로 통신과 방송망을 이용하여 자동차 안에서 위치 추적, 인터넷 접속, 차량 진단, 사고 감지, 교통 정보 등을 제공하는 서비스이다.
> • ② 영상이나 음성을 디지털로 변환하는 기술로 언제 어디서나 다양한 콘텐츠(문자, 음악, 동영상 등)를 접할 수 있는 서비스이다.

19 다음 중 Windows의 [명령 프롬프트] 창에서 사용하는 PING 서비스에 대한 설명으로 옳은 것은?

① 원격으로 다른 컴퓨터를 사용할 수 있는 서비스이다.

② 인터넷이 정상적으로 연결되었는지 확인하는 서비스이다.

③ 인터넷 서버까지의 경로를 추적하는 서비스이다.

④ 특정 시스템을 사용하고 있는 사용자 정보를 알아보는 서비스이다.

> **해설** PING 서비스는 원격 장비의 네트워크 연결 상태 및 작동 여부를 확인할 때 사용한다.

20 다음 중 정보 통신에서 네트워크 관련 장비에 대한 설명으로 옳지 않은 것은?

① 라우터(Router) : 네트워크를 구성하기 위해 반드시 필요한 장비로 정보 전송을 위한 최적의 경로를 찾아 통신망에 연결하는 장치

② 허브(Hub) : 네트워크를 구성할 때 여러 대의 컴퓨터를 연결하고, 각 회선들을 통합 관리하는 장치

 정답 16 ③ 17 ④ 18 ④ 19 ② 20 ③

③ 브리지(Bridge) : 네트워크를 구성할 때 디지털 신호를 아날로그 신호로 변환하여 전송하고 다시 수신된 신호를 원래대로 변환하기 위한 전송 장치

④ 게이트웨이(Gateway) : 한 네트워크에서 다른 네트워크로 들어가는 입구 역할을 하는 장치로 근거리 통신망(LAN)과 같은 하나의 네트워크를 다른 네트워크와 연결할 때 사용되는 장치

> **해설** 브리지 : 동일한 프로토콜을 쓰고 있는 다른 랜과 상호 접속시키기 위한 장치로 네트워크 분할로 트래픽을 감소시키고, 양쪽 방향으로 데이터를 전송한다.

2과목 스프레드시트 일반

21 다음 중 조건부 서식의 서식 스타일에 해당하지 않는 것은?

① 데이터 막대 　　② 색조
③ 아이콘 집합 　　④ 그림

> **해설** 조건부 서식은 조건에 따라 데이터 막대, 색조, 아이콘 집합을 사용하여 주요 셀이나 예외적인 값을 강조하고, 데이터를 시각적으로 표시한다.

22 다음 중 [찾기 및 바꾸기] 대화 상자에서 [찾기] 탭의 기능에 대한 설명으로 옳지 않은 것은?

① 대/소문자를 구분하여 찾을 수 있다.
② 수식이나 값에서 찾을 수 있지만 메모 안의 텍스트는 찾을 수 없다.
③ 이전 항목을 찾으려면 (Shift) 키를 누른 상태에서 [다음 찾기] 단추를 클릭한다.
④ 와일드카드 문자인 '*' 기호를 이용하여 특정 글자로 시작하는 텍스트를 찾을 수 있다.

> **해설** 찾기는 워크시트에 입력한 데이터나 수식, 값, 메모에서 찾으려는 단어의 위치를 검색한다.

23 다음 중 데이터 편집에 대한 설명으로 옳지 않은 것은?

① [홈] 탭 [셀] 그룹의 [삭제]를 클릭하면 현재 선택되어 있는 셀 자체를 삭제하는 것이다.
② 셀을 선택하고 (Delete) 키를 누르면 셀에 입력된 데이터 내용만 지워진다.
③ 클립보드는 임시 저장소로 한 번에 하나의 데이터만 저장할 수 있기 때문에 추가로 다른 데이터가 저장되면 이전에 저장된 데이터는 사라진다.
④ [선택하여 붙여넣기] 기능을 이용하면 데이터가 입력되어 있는 표의 행과 열을 바꾸어 붙여 넣을 수 있다.

> **해설** 클립보드에는 최대 24개 항목을 저장할 수 있으므로 여러 데이터를 클립보드에 복사해 두었다가 다른 곳에 한 번에 붙여넣을 수 있다.

24 다음의 보기는 입력 데이터, 표시 형식, 결과 순으로 표시한 것이다. 입력 데이터에 주어진 표시 형식으로 지정한 경우 그 결과가 옳지 않은 것은?

① 10　##0.0　10.0
② 2123500　#,###,"천원"　2,123.5천원
③ 홍길동　@"귀하"　홍길동귀하
④ 123.1　0.00　123.10

> **해설**
> • 입력 데이터 : 2123500, 표시 형식 : #,###,"천원", 결과 : 2,124천원
> • # : 유효 자릿수만 표시하며, 무효의 0은 표시하지 않는다.

25 다음 중 작성된 매크로를 실행하는 방법으로 옳지 않은 것은?

① 매크로를 지정한 도형을 클릭하여 실행한다.
② 매크로 대화 상자에서 매크로를 선택하여 실행한다.
③ 매크로를 기록할 때 지정한 바로 가기 키를 이용하여 실행한다.

④ 매크로를 지정한 워크시트의 셀 자체를 클릭하여 실행한다.

26 다음 중 매크로에 대한 설명으로 옳지 않은 것은?

① 매크로 이름은 대소문자를 구분하지 않으며, 공백이나 마침표를 포함하여 매크로 이름을 설정할 수 있다.
② 매크로를 실행할 Ctrl 키 조합 바로 가기 키는 매크로가 포함된 통합 문서가 열려 있는 동안 이와 동일한 기본 엑셀 바로 가기 키를 무시한다.
③ 매크로를 기록하는 경우 실행하려는 작업을 완료하는데 필요한 모든 단계가 매크로 레코더에 기록되며, 리본에서의 탐색은 기록에 포함되지 않는다.
④ 엑셀을 사용할 때마다 매크로를 사용할 수 있게 하려면 매크로 기록 시 매크로 저장 위치 목록에서 '개인용 매크로 통합 문서'를 선택한다.

27 다음 중 입력한 수식에서 발생한 오류 메시지와 그 발생 원인으로 옳지 않은 것은?

① #VALUE! : 잘못된 인수나 피연산자를 사용했을 때
② #DIV/0! : 특정 값(셀)을 0 또는 빈 셀로 나누었을 때
③ #NAME? : 함수 이름을 잘못 입력하거나 인식할 수 없는 텍스트를 수식에 사용했을 때

④ #REF! : 숫자 인수가 필요한 함수에 다른 인수를 지정했을 때

28 다음 중 함수식에 대한 결과가 옳지 않은 것은?

① =MOD(9, 2) → 1
② =COLUMN(C5) → 3
③ =TRUNC(8.73) → 8
④ =POWER(5, 3) → 15

29 다음의 차트에 관한 설명으로 옳지 않은 것은?

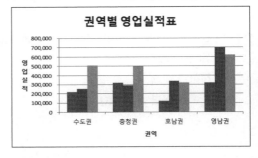

권역별 영업실적표

① 범례가 표시되어 있다.
② 차트 제목이 표시되어 있다.
③ 차트 종류는 묶은 세로 막대형이다.
④ 기본 세로 축 제목이 표시되어 있다.

30 다음의 워크시트에서 [표1]을 이용하여 [F3:F5] 영역에 소속별 매출액의 합계를 구하고자 한다. 다음 중 [F3] 셀에 수식을 입력한 후 채우기 핸들을 이용하여 [F5] 셀까지 계산하려고 할 때 [F3] 셀에 입력할 수식으로 옳은 것은?

	A	B	C	D	E	F	G
1	[표1]						
2	성명	소속	매출액		소속	총매출액	평균매출액
3	이민우	영업2부	8,819		영업1부	24,634	6,159
4	차소라	영업3부	8,010		영업2부	42,300	7,050
5	진희경	영업2부	6,985		영업3부	30,128	7,532
6	장용	영업1부	7,580				
7	최병철	영업1부	7,321				
8	김철수	영업2부	4,850				
9	정진수	영업3부	7,623				
10	고희수	영업1부	3,455				
11	조민희	영업2부	4,215				
12	추소영	영업2부	8,521				
13	홍수아	영업3부	6,741				
14	이강식	영업1부	6,278				
15	유동근	영업3부	7,754				
16	이현재	영업2부	8,910				
17							

① =SUMIF(B3:B16, E3, C3:C16)

② =SUMIF(B$3:B$16, E$3, C$3:C$16)

③ =SUMIF($B$3:$B$16, E3, $C$3:$C$16)

④ =SUMIF(B$3:B$16, $E3, $C3:$C16)

해설 SUMIF(셀 범위, 찾을 조건, 합을 구할 셀 범위) : 조건에 맞는 셀들의 합을 구하며, 합을 구할 셀 범위를 생략하면 처음 지정한 셀 범위의 합을 구한다.

31 다음 중 함수식에 대한 결과가 옳은 것은?

① =COUNT(1, "참", TRUE, "1") → 1

② =COUNTA(1, "거짓", TRUE, "1") → 2

③ =MAX(TRUE, "10", 8, 3) → 10

④ =ROUND(215.143, −2) → 215.14

해설
• COUNT(인수1, 인수2, …) : 범위 지정 목록에서 숫자 데이터가 있는 셀의 개수를 구한다.
• COUNTA(인수1, 인수2, …) : 범위 지정 목록에서 공백이 아닌 데이터가 입력된 모든 셀의 개수를 구한다.
• ROUND(인수, 자릿수) : 인수를 지정한 자릿수로 반올림한다.
• =COUNT(1, "참", TRUE, "1") → 2
• =COUNTA(1, "거짓", TRUE, "1") → 4
• =ROUND(215.143, −2) → 200

32 다음 중 워크시트 사용 방법에 대한 설명으로 옳은 것은?

① 다음 워크시트로 전환하려면 시트 탭에서 Shift+Page Down 키를 누르고, 이전 워크시트로 전환하려면 Shift+Page Up 키를 누른다.

② 시트를 복사하려면 Shift 키를 누른 채 해당 시트의 시트 탭을 마우스로 드래그 앤 드롭한다.

③ 현재의 워크시트 앞에 새로운 워크시트를 삽입하려면 Shift+F11 키를 누른다.

④ 인접하지 않은 둘 이상의 시트를 선택할 때는 Shift 키를 누른 채 원하는 시트 탭을 순서대로 클릭한다.

해설
• 현재의 셀에서 Shift+Page Down 키를 누르면 아래쪽으로 블록 지정이 되고, Shift+Page Up 키를 누르면 위쪽으로 블록 지정된다.
• ②, ④ : Shift 키 → Ctrl 키

33 다음 중 차트 작업에 대한 설명으로 옳지 않은 것은?

① 차트에 표시되는 계열의 순서는 차트 생성 후에도 변경할 수 있다.

② 데이터 계열 값으로 참조되는 셀 영역에서 표시 형식을 변경하는 경우 차트에 표시되는 값에도 적용된다.

③ 사용자가 차트 요소에 지정한 서식은 해당 요소를 선택한 후 [홈]-[편집]-[지우기]-[서식 지우기]를 이용하여 원래 스타일로 되돌릴 수 있다.

④ 데이터 계열 값으로 참조되는 셀 영역에서 값을 변경하는 경우 차트에 표시되는 값도 함께 변경된다.

해설 서식 지우기는 입력 데이터에 지정된 서식만 삭제하는 기능으로 [홈] 탭의 [편집] 그룹에서 [지우기] 단추를 이용한다.

34 다음 중 원형 차트에 대한 설명으로 옳지 않은 것은?

① 차트 계열 요소의 값들을 '데이터 표'로 나타낼 수 있다.

② 항상 한 개의 데이터 계열만을 가지고 있으므로 축이 없다.

정답 31 ③ 32 ③ 33 ③ 34 ①

③ 차트의 각 조각을 분리하거나 첫째 조각의 각을 조정할 수 있다.

④ 전체 항목의 합에 대한 각 항목의 비율을 표시할 수 있다.

35 다음 중 [페이지 나누기 미리 보기] 기능에 대한 설명으로 옳지 않은 것은?

① 수동으로 삽입한 페이지 나누기는 실선으로 표시되고, 자동으로 추가된 페이지 나누기는 파선으로 표시된다.

② 자동 페이지 나누기 구분선을 이동하면 수동 페이지 나누기로 바뀐다.

③ 수동으로 삽입한 페이지 나누기를 제거하려면 페이지 나누기를 페이지 나누기 미리 보기 영역 밖으로 끌어 놓는다.

④ 행 높이와 열 너비를 변경하여도 자동 페이지 나누기는 영향을 받지 않고 원래대로 유지된다.

36 다음 중 창 나누기에 대한 설명으로 옳지 않은 것은?

① 창 나누기를 실행하면 하나의 작업 창은 최대 4개 부분으로 나눌 수 있다.

② 첫 행과 첫 열을 제외한 나머지 셀에서 창 나누기를 수행하면 현재 셀의 위쪽과 왼쪽에 창 분할선이 생긴다.

③ 현재의 창 나누기 상태를 유지하면서 추가로 창 나누기를 지정할 수 있다.

④ 화면에 표시되는 창 나누기 형태는 인쇄 시 적용되지 않는다.

37 다음 중 그림과 같이 조건을 설정한 고급 필터의 실행 결과에 대한 설명으로 옳은 것은?

소속	근무경력
〈〉영업팀	〉=30

① 소속이 '영업팀'이 아니면서 근무경력이 30년 이상인 사원 정보

② 소속이 '영업팀'이면서 근무경력이 30년 이상인 사원 정보

③ 소속이 '영업팀'이 아니거나 근무경력이 30년 이상인 사원 정보

④ 소속이 '영업팀'이거나 근무경력이 30년 이상인 사원 정보

38 다음 중 시나리오에 관한 설명으로 옳지 않은 것은?

① 하나의 시나리오에 변경 셀을 최대 32개까지 지정할 수 있다.

② 요약 보고서나 피벗 테이블 보고서로 시나리오 결과를 작성할 수 있다.

③ 시나리오 병합을 통하여 다른 통합 문서나 다른 워크시트에 저장된 시나리오를 가져올 수 있다.

④ 입력된 자료들을 그룹별로 분류하고, 해당 그룹별로 원하는 함수를 이용한 계산 결과를 볼 수 있다.

39 다음 중 피벗 테이블에 대한 설명으로 옳지 않은 것은?

① 원본의 자료가 변경되면 [모두 새로 고침] 기능을 이용하여 일괄 피벗 테이블에 반영할 수 있다.

② 작성된 피벗 테이블을 삭제하는 경우 함께 작성한 피벗 차트는 자동으로 삭제된다.

③ 피벗 테이블을 삭제하려면 피벗 테이블 전체를 범위로 지정한 후 Delete 키를 누른다.

④ 피벗 테이블의 삽입 위치는 새 워크시트뿐만 아니라 기존 워크시트에서 시작 위치를 선택할 수도 있다.

40 다음 중 그림과 같이 [목표값 찾기]를 실행했을 때 이에 대한 의미로 옳은 것은?

▲	A	B	C	D	E
1	2017년 판매현황				
2	품목	컴퓨터	프린터	캠코더	평균
3	판매량	60	65	55	60.0
4					

목표값 찾기 ? ✕
수식 셀(E): $E$3
찾는 값(V): 65
값을 바꿀 셀(C): $B$3
확인   취소

① 평균이 65가 되려면 컴퓨터의 판매량이 얼마가 되어야 하는가?

② 컴퓨터 판매량이 65가 되려면 평균은 얼마가 되어야 하는가?

③ 평균이 65가 되려면 프린터의 판매량은 얼마가 되어야 하는가?

④ 컴퓨터 판매량이 65가 되려면 캠코더의 판매량은 얼마가 되어야 하는가?

1과목 컴퓨터 일반

01 다음 중 폴더의 [속성] 대화 상자에 대한 설명으로 옳지 않은 것은?

① 폴더가 포함하고 있는 하위 폴더 및 파일의 개수를 알 수 있다.

② 폴더의 특정 하위 폴더를 삭제할 수 있다.

③ 폴더를 네트워크와 연결되어 있는 다른 컴퓨터에서 접근할 수 있도록 공유시킬 수 있다.

④ 폴더에 '읽기 전용' 속성을 설정하거나 해제할 수 있다.

> **해설** • 보기 ①, ④는 [일반] 탭, 보기 ③은 [공유] 탭에서 설정할 수 있다.
> • 폴더의 [속성] 대화 상자에서 삭제 작업은 할 수 없다.

02 다음 중 Windows에서 [디스크 정리]를 수행할 때 정리 대상 파일에 해당하지 않는 것은?

① 임시 인터넷 파일

② 사용하지 않은 폰트(*.TTF) 파일

③ 휴지통에 있는 파일

④ 다운로드한 프로그램 파일

> **해설** 디스크 정리는 다운로드한 프로그램 파일, 임시 인터넷 파일, 휴지통 파일, 임시 폴더 내의 불필요한 파일을 삭제하여 디스크 공간을 확보한다.

03 다음 중 추상화, 캡슐화, 상속성, 다형성 등의 특징을 지니고 있으며, 크고 복잡한 프로그램 구축이 어려운 절차형 언어의 문제점을 해결하기 위해 개발된 프로그래밍 기법은?

① 구조적 프로그래밍

② 객체 지향 프로그래밍

③ 하향식 프로그래밍

④ 비주얼 프로그래밍

> **해설** 객체 지향 프로그래밍 : 절차적 프로그램 개발에 적합한 기법으로 동작보다는 객체, 논리보다는 자료를 기준으로 구성되며, 소프트웨어 재사용성으로 프로그램 개발 시간을 단축할 수 있다.

04 다음 중 컴퓨터에서 사용되는 바이트(Byte)에 대한 설명으로 옳지 않은 것은?

① 1바이트는 8비트로 구성된다.

② 일반적으로 영문자나 숫자는 1Byte로 한 글자를 표현하고, 한글 및 한자는 2Byte로 한 글자를 표현한다.

③ 1바이트는 컴퓨터에서 각종 명령을 처리하는 기본 단위이다.

④ 1바이트로는 256가지의 정보를 표현할 수 있다.

> **해설** 바이트(Byte)는 문자 표현의 최소 단위이다.

05 다음 중 인터넷 서비스를 위한 프로토콜로 웹 페이지와 웹 브라우저 사이에서 하이퍼텍스트 문서를 전송하기 위한 것은?

① TCP/IP

② HTTP

③ FTP

④ WAP

> **해설** HTTP : WWW를 이용할 때 서버와 클라이언트간의 정보 교환 프로토콜로 웹 서버와 클라이언트가 상호 통신을 하기 위해 사용한다.

06 다음 중 인터넷을 이용한 전자 우편(E-mail)에 관한 설명으로 옳지 않은 것은?

① 전자 우편에서는 SMTP, MIME, POP3 프로토콜 등이 사용된다.

정답 01 ② 02 ② 03 ② 04 ③ 05 ② 06 ④

② 전자 우편 주소는 "아이디@도메인 네임"으로 구성된다.

③ 한 사람이 동시에 여러 사람에게 동일한 전자 우편을 보낼 수 있다.

④ 받은 메일에 대해 작성한 답장만 발송자에게 전송하는 기능을 전달(Forward)이라 한다.

해설 전달(Forward) : 받은 메일과 첨부 자료를 다른 사람에게 그대로 전송하는 기능이다.

07 다음 중 컴퓨터에서 문자 데이터를 표현하는 방법으로 옳지 않은 것은?

① EBCDIC ② Unicode
③ ASCII ④ Parity Bit

해설 패리티 비트(Parity Bit) : 데이터 전송 시 에러 검출을 위해 데이터 비트에 붙여서 보내는 비트이다.

08 다음 중 컴퓨터에서 그래픽 데이터의 표현 방식인 비트맵(Bitmap) 방식에 관한 설명으로 옳지 않은 것은?

① 점과 점을 연결하는 직선이나 곡선을 이용하여 이미지를 표현한다.

② 이미지를 확대하면 테두리가 거칠어진다.

③ 파일 형식에는 BMP, GIF, JPEG 등이 있다.

④ 다양한 색상을 사용하여 사실적 이미지를 표현할 수 있다.

해설 보기 ①은 벡터(Vector) 방식에 대한 설명이다.

09 다음 중 Windows의 [작업 관리자]에서 설정할 수 있는 작업으로 옳지 않은 것은?

① 실행 중인 응용 프로그램을 [작업 끝내기]로 종료할 수 있다.

② 현재 실행 중인 프로세스와 프로세스에서 실행되는 서비스를 볼 수 있다.

③ CPU 사용 정도와 CPU 사용 현황을 확인할 수 있다.

④ 실행 중인 응용 프로그램의 실행 순서를 변경할 수 있다.

해설 • 보기 ①은 [응용 프로그램] 탭, 보기 ②번은 [프로세스] 탭, 보기 ③은 [성능] 탭에서 설정할 수 있다.
• 실행중인 응용 프로그램의 실행 순서를 변경할 수는 없다.

10 다음 중 프로그램이 실행될 때 발생하는 메인 메모리의 부족 문제를 보완하기 위해 하드 디스크의 일부를 메인 메모리처럼 사용하게 하는 메모리 관리 기법을 의미하는 것은?

① 캐시 메모리 ② 디스크 캐시
③ 연관 메모리 ④ 가상 메모리

해설 • ① CPU와 주기억 장치 사이의 속도 차이를 줄이기 위한 고속 메모리이다.
• ③ 내용에 따라 값을 읽거나 변경시키는 메모리로 접근 속도가 빠르다.

11 다음 중 멀티미디어와 관련하여 동영상 전문가 그룹에 의해서 제안된 비디오 또는 오디오 압축에 관한 일련의 표준으로 옳은 것은?

① XML ② SVG
③ JPEG ④ MPEG

해설 MPEG : 동영상 전문가 그룹에서 제정한 동영상 압축 기술에 대한 국제 표준으로 동영상뿐만 아니라 오디오 데이터도 압축하며, 압축 시에는 데이터가 손실되지만 사용 목적에는 지장이 없다.

12 다음 중 인터넷 주소 체계인 IPv6에 대한 설명으로 옳은 것은?

① 주소는 8비트씩 16개 부분으로 총 128비트로 구성되어 있다.

② 주소를 네트워크 부분의 길이에 따라 A클래스에서 E클래스까지 총 5단계로 구분한다.

③ IPv4와의 호환성은 낮으나 IPv4에 비해 품질 보장은 용이하다.

④ 주소 단축을 위해 각 블록에서 선행되는 0은 생략할 수 있다.

> 해설 IPv6 : 현재 사용되고 있는 IPv4를 개선하여 설계된 차세대 IP 주소로 32비트 주소 체계인 IPv4를 128비트 체계(8개의 16진수 4자리)로 주소 공간을 4배 확장한 IP 주소와 대역폭 확장 기술이다.

13 다음 중 컴퓨터에서 사용하는 일반 하드 디스크에 비하여 속도가 빠르고 기계적 지연이나 에러의 확률 및 발열 소음이 적으며 소형화, 경량화할 수 있는 하드 디스크 대체 저장 장치는?

① DVD   ② HDD

③ SSD   ④ ZIP

> 해설 SSD(Solid State Drive) : HDD와 비슷하게 동작하지만 기계적 장치인 HDD와는 달리 반도체를 이용하여 정보를 저장하며, 데이터를 메모리에 저장하므로 불량 섹터가 없고, 외부 충격에 강하다.

14 다음 중 Windows에서 하드 디스크를 포맷하기 위한 [포맷] 대화 상자에서 설정 가능한 항목으로 옳지 않은 것은?

① 볼륨 레이블 입력   ② 파티션 제거

③ 파일 시스템 선택   ④ 빠른 포맷 선택

> 해설 [포맷] 대화 상자의 설정 가능 항목 : 용량, 파일 시스템, 할당 단위 크기, 볼륨 레이블, 빠른 포맷, MS-DOS 시동 디스크 만들기

15 다음 중 컴퓨터 범죄 예방과 대책에 관한 설명으로 옳지 않은 것은?

① 해킹 여부를 정기적으로 검사한다.

② 의심이 가는 이메일은 열어서 내용을 확인하고 삭제한다.

③ 백신 프로그램을 설치하고 자동 업데이트 기능을 설정한다.

④ 회원 가입한 사이트의 패스워드를 주기적으로 변경한다.

> 해설 의심이 가는 이메일은 열지 않고 바로 삭제한다.

16 다음 중 인터넷 익스플로러의 [인터넷 옵션]-[프로그램] 탭에서 설정 가능한 기능으로 옳지 않은 것은?

① HTML 파일을 편집하는데 사용할 프로그램을 지정할 수 있다.

② 시스템에 설치된 브라우저의 추가 기능을 사용하도록 설정할 수 있다.

③ 웹 사이트를 열 때 사용할 기본 웹 브라우저를 지정할 수 있다.

④ 수정된 홈 페이지를 업로드하기 위한 FTP 서버를 지정할 수 있다.

> 해설 [인터넷 옵션]-[프로그램] 탭 : 기본 웹 브라우저, 브라우저 추가 기능, HTML 편집, 인터넷 프로그램, 전자 메일, 뉴스 그룹 등을 지정한다.

17 다음 중 Windows의 [메모장]에 대한 설명으로 옳지 않은 것은?

① 작성한 문서를 저장할 때 확장자는 기본적으로 .txt가 부여된다.

② 특정한 문자열을 찾을 수 있는 찾기 기능이 있다.

③ 그림, 차트 등의 OLE 개체를 삽입할 수 있다.

④ 현재 시간/날짜를 삽입하는 기능이 있다.

> 해설 메모장은 OLE 기능을 사용할 수 없으므로 그림판에서 그린 개체 등을 연결할 수 없다.

18 다음 중 Windows의 [키보드 속성] 대화 상자에서 설정할 수 있는 내용으로 옳지 않은 것은?

① 문자 반복을 위한 재입력 시간

정답   **13** ③   **14** ②   **15** ②   **16** ④   **17** ③   **18** ②

② 포인터 자국 표시

③ 커서 깜박임 속도

④ 문자 반복을 위한 반복 속도

해설 보기 ②는 [마우스 속성] 대화 상자의 [포인터 옵션] 탭에서 가능하다.

19 다음 중 Windows의 바로 가기 키에 대한 설명으로 옳지 않은 것은?

① Ctrl + ESC 키를 누르면 Windows [시작] 메뉴를 열 수 있다.

② 바탕 화면에서 아이콘을 선택한 후 Alt + Enter 키를 누르면 선택된 항목의 속성 대화 상자를 표시한다.

③ 바탕 화면에서 폴더나 파일을 선택한 후 F2 키를 누르면 이름을 변경할 수 있다.

④ 폴더 창에서 Alt + SpaceBar 키를 누르면 특정 폴더 내의 모든 파일이나 폴더를 선택할 수 있다.

해설 특정 폴더 내의 모든 파일이나 폴더를 선택하려면 Ctrl + A 키를 누른다.

20 다음 중 Windows에서 프린터 설치에 관한 설명으로 옳지 않은 것은?

① 새로운 프린터를 설치하기 위하여 [장치 및 프린터] 대화 상자에서 [프린터 추가]를 클릭하여 [프린터 추가 마법사]를 이용한다.

② 설치할 프린터 유형은 로컬 프린터와 네트워크, 무선 또는 Bluetooth 프린터 중에서 하나를 선택할 수 있다.

③ 네트워크 프린터를 선택한 경우에는 연결할 프린터의 포트를 지정한다.

④ 컴퓨터에 설치된 여러 대의 프린터 중에 현재 설치 중인 프린터를 기본 프린터로 설정할 것인지 선택한다.

해설 네트워크 프린터 : 네트워크상에서 다른 컴퓨터와 연결된 프린터로 여러 사용자가 사용할 수 있으며, 네트워크 프린터를 사용할 때는 프린터의 공유 이름과 프린터가 연결되어 있는 컴퓨터 이름을 알아야 한다.

2과목 **스프레드시트 일반**

21 다음 중 셀 범위를 선택한 후 그 범위에 이름을 정의하여 사용하는 것에 대한 설명으로 옳지 않은 것은?

① 이름은 기본적으로 상대 참조를 사용한다.

② 이름에는 공백이 없어야 한다.

③ 이름은 대소문자를 구별하지 않는다.

④ 정의된 이름은 다른 시트에서도 사용할 수 있다.

해설 이름은 기본적으로 절대 참조로 대상 범위를 참조한다.

22 다음 중 그림과 같이 설정된 [매크로 기록] 대화 상자에 대한 설명으로 옳지 않은 것은?

매크로 기록
매크로 이름(M):
Macro1
바로 가기 키(K):
Ctrl + a
매크로 저장 위치(I):
개인용 매크로 통합 문서
설명(D):
매크로 기록에 관한 문제

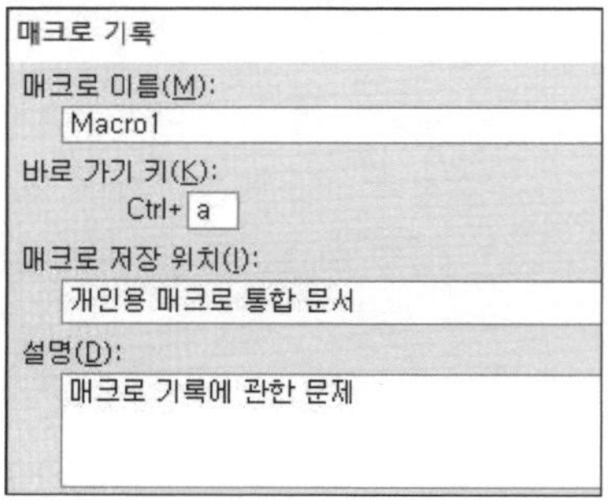

① 매크로 이름은 Macro1이며, 변경하고자 할 경우 [매크로] 대화 상자에서만 변경할 수 있다.

② 작성된 Macro1 매크로는 Personal.xlsb에 저장된다.

③ 설명은 일종의 주석으로 반드시 지정해 주지 않아도 된다.

④ 작성된 Macro1 매크로는 Ctrl + a 키를 눌러 실행할 수 있다.

23 다음 중 워크시트에 숫자 '2234543'을 입력한 후 사용자 지정 표시 형식을 설정하였을 때 화면에 표시되는 결과로 옳지 않은 것은?

① 형식 : #,##0.00   결과 : 2,234,543.00
② 형식 : 0.00   결과 : 2234543.00
③ 형식 : #,###."천원" 결과 : 2,234천원
④ 형식 : #%   결과 : 223454300%

24 다음 중 채우기 핸들에 대한 설명으로 옳은 것은?

① 문자와 숫자가 혼합된 셀의 채우기 핸들을 Ctrl 키를 누른 채 드래그하면 동일한 내용으로 복사된다.
② 숫자가 입력된 첫 번째 셀과 두 번째 셀을 범위 설정한 후 채우기 핸들을 드래그하면 두 번째 셀의 값이 복사된다.
③ 숫자가 입력된 셀에서 Ctrl 키를 누른 채 채우기 핸들을 오른쪽으로 드래그하면 숫자가 1씩 감소한다.
④ 사용자 정의 목록에 정의된 목록 데이터의 첫 번째 항목을 입력하고, Ctrl 키를 누른 채 채우기 핸들을 드래그하면 목록 데이터가 입력된다.

25 다음 중 이미 부분합이 계산되어 있는 상태에서 새로운 부분합을 추가하고자 할 때 수행해야 할 작업으로 옳은 것은?

① [모두 제거] 단추를 클릭
② '새로운 값으로 대치' 설정을 해제
③ '그룹 사이에 페이지 나누기'를 설정
④ '데이터 아래에 요약 표시' 설정을 해제

26 다음 중 [페이지 설정] 대화 상자에서 워크시트에 포함된 메모의 인쇄 여부 및 인쇄 위치를 지정하기 위해 선택해야 할 탭은?

① [페이지] 탭
② [여백] 탭
③ [머리글/바닥글] 탭
④ [시트] 탭

27 다음 중 날짜 및 시간 데이터에 관한 설명으로 옳지 않은 것은?

① 날짜 데이터를 입력할 때 년도와 월만 입력하면 일자는 자동으로 해당 월의 1일로 입력된다.

② 셀에 '4/9'를 입력하고 (Enter) 키를 누르면 셀에는 '04월 09일'로 표시된다.

③ 날짜 및 시간 데이터의 텍스트 맞춤은 기본 왼쪽 맞춤으로 표시된다.

④ (Ctrl)+(;) 키를 누르면 시스템의 오늘 날짜, (Ctrl)+(Shift)+(;) 키를 누르면 현재 시간이 입력된다.

> 해설 날짜 및 시간 데이터의 텍스트 맞춤은 기본적으로 오른쪽 맞춤으로 표시된다.

28 다음 중 그림의 데이터를 이용하여 각 데이터 간 값을 비교하는 차트를 작성하려고 할 때 가장 적절하지 않은 차트는?

	A	B	C	D	E
1	성명	1사분기	2사분기	3사분기	4사분기
2	홍길동	83	90	95	70
3	성춘향	91	70	70	88
4	이몽룡	93	98	91	93
5					

① 세로 막대형 ② 꺾은선형
③ 원형 ④ 방사형

> 해설 원형 차트 : 하나의 데이터 계열로 중요 요소를 강조할 때 사용하며, 전체 항목에 대한 각 항목의 크기 비율을 나타낸다.

29 다음 중 판정[G2:G5] 영역에 총점이 160 이상이면 '우수', 100 이상 160 미만이면 '보통', 100 미만이면 '노력'으로 입력하려고 할 경우 [G2] 셀에 입력할 수식으로 옳은 것은?

	A	B	C	D	E	F	G
1		번호	이름	영어	상식	총점	판정
2		1	원빈	97	80	177	우수
3		2	장동신	87	72	159	보통
4		3	현자	60	40	100	보통
5		4	한길	40	50	90	노력
6							

① =IF(F2>=160, IF(F2>=100, "우수", "보통", "노력"))

② =IF(F2>=160, "우수", IF(F2>=100, "보통", "노력"))

③ =IF(OR(F2>=160, "우수", IF(F2>=100, "보통", "노력"))

④ =IF(F2>=160, "우수", IF(F2>=100, "보통", IF(F2=100, "노력"))

> 해설 • IF(조건식, 인수1, 인수2) : 조건식이 참이면 인수1을 표시하고, 그렇지 않으면 인수2를 표시한다(인수와 함께 최대 7개까지 중첩하여 사용).
> • =IF(F2>=160, "우수", IF(F2>=100, "보통", "노력")) : 총점([F2]) 셀이 160 이상이면 '우수'를 반환하고, 그렇지 않으면 두 번째 IF 문을 실행하는데 총점([F2]) 셀이 100 이상이면 '보통'을 반환하고, 그렇지 않으면 '노력'을 반환한다.

30 다음 중 [텍스트 나누기] 기능에 대한 설명으로 옳지 않은 것은?

① 영역을 선택한 후 [데이터] 탭의 [데이터 도구] 그룹에서 [텍스트 나누기]를 클릭하면 [텍스트 마법사] 대화 상자가 실행된다.

② [데이터 미리 보기]에서 나누어진 열을 선택한 후 드래그하면 열의 순서를 변경할 수 있다.

③ 각 열을 선택하여 데이터 서식을 지정할 수 있다.

④ 일정한 열 너비 또는 구분 기호로 구분하여 데이터를 나눌 수 있다.

> 해설 [데이터 미리 보기]에서 나누어진 열을 선택한 후 드래그하면 열의 순서를 변경할 수 없다.

31 다음 중 매크로에 대한 설명으로 옳은 것은?

① 매크로의 이름은 문자로 시작하여야 하고, 공백을 포함할 수 있다.

② 한 번 작성된 매크로는 삭제할 수 없다.

③ 매크로 작성을 위해 Visual Basic 언어를 따로 설치해야 한다.

④ 매크로란 반복적인 작업을 단순화하기 위해 작업 과정을 자동화하는 기능이다.

> 해설 • ① 매크로 이름에는 공백을 삽입할 수 없다.
> • ② 한 번 작성된 매크로는 삭제할 수 있다.
> • ③ Visual Basic 언어는 액셀에 기본적으로 포함되어 있다.

32 다음 중 워크시트에서 '부산' 대리점의 판매수량 합계를 [D11] 셀에 구하기 위한 수식으로 옳지 않은 것은?

	A	B	C	D
1	대리점	단가	공급단가	판매수량
2	부산	500	450	120
3	인천	500	420	150
4	부산	500	450	170
5	서울	500	410	250
6	광주	500	440	300
7	이천	500	420	260
8	광주	500	440	310
9	부산	500	450	290
10				
11	부산 판매수량 합계			
12				

① =SUM(D2, D4, D9)

② =SUMIF(A2:A9, "부산", D2:D9)

③ =DSUM(A1:D9, D1, A2)

④ =SUMIF(A2:D9, A2, D2:D9)

 해설 • 보기 ①, ②, ④의 결과값은 5800이고, 보기 ③의 결과값은 #VALUE!이다.
• 보기 ③의 =DSUM(A1:D9, D1, A2)에서는 잘못된 인수 사용으로 오류값이 발생한다.

33 다음 중 [A8] 셀에 주어진 함수식을 입력했을 때 나타나는 결과로 옳은 것은?

	A
1	민영호
2	
3	이민정
4	노치국
5	6
6	2019-09-09
7	
8	

=COUNTBLANK(A1:A7)+COUNT(A1:A7)

① 4 ② 5

③ 6 ④ 7

해설 • COUNTBLANK(셀 범위) : 범위 지정 목록에서 데이터가 입력되지 않은 빈 셀의 개수를 구한다.
• COUNT(인수1, 인수2, …) : 범위 지정 목록에서 숫자 데이터가 있는 셀의 개수를 구한다.
• COUNTBLANK(A1:A7) = 2(A2, A7), COUNT(A1:A7) = 2(A5, A6)이므로 4가 된다.

34 다음 중 그림과 같이 소수점 자동 삽입의 소수점 위치를 '3'으로 설정한 상태에서 숫자 5를 입력하였을 때 화면에 표시되는 결과로 옳은 것은?

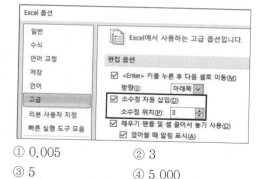

① 0.005 ② 3

③ 5 ④ 5.000

해설 • 소수점 자동 삽입 : 숫자에 자동으로 소수점을 지정할 경우 소수점 위치 상자에 소수 자릿수를 입력한다.
• 소수점 위치가 '3'이므로 소수점 세 자리가 지정되어 0.005로 표시된다.

35 다음 중 시스템의 현재 날짜에서 년도를 구하는 수식으로 옳은 것은?

① =DAYS360(YEAR( ))

② =DAY(YEAR( ))

③ =YEAR(TODAY( ))

④ =YEAR(DATE( ))

해설 • YEAR(날짜) : 날짜 일련번호로부터 년 단위(1900년부터 9999까지)를 구한다.
• TODAY( ) : 현재 컴퓨터에 지정된 날짜를 표시한다.

36 다음 중 [보기] 탭의 [창] 그룹에 대한 설명으로 옳지 않은 것은?

① [나란히 보기]를 클릭하면 2개의 통합 문서를 동시에 비교 보기할 수 있다.

정답 **32** ③ **33** ① **34** ① **35** ③ **36** ②

② [숨기기]를 클릭하면 선택되어 있는 현재 워크시트를 숨긴다.
③ [나누기]를 취소하려면 창을 나누고 있는 창 구분선을 더블 클릭한다.
④ [모두 정렬]은 현재 열려진 여러 개의 통합 문서를 한 화면에 모두 표시할 때 사용한다.

해설 [숨기기] 단추를 클릭하면 현재 창을 보이지 않도록 숨긴다.

37 다음 중 데이터 정렬에 대한 설명으로 옳지 않은 것은?

① 사용자 지정 목록을 사용하면 사용자가 정의한 순서대로 정렬할 수 있다.
② 색상별 정렬이 가능하여 글꼴 색 또는 셀 색을 기준으로 정렬할 수도 있다.
③ 정렬 옵션을 이용하면 데이터를 열 방향 또는 행 방향으로 선택하여 정렬할 수 있다.
④ 표에 병합된 셀들이 포함되어 있는 경우 병합된 셀들은 맨 아래쪽으로 정렬된다.

해설 표에 병합된 셀이 포함된 범위를 정렬할 경우 오류 메시지가 나타날 수 있다.

38 다음 중 [시나리오 추가] 대화 상자에 대한 설명으로 옳지 않은 것은?

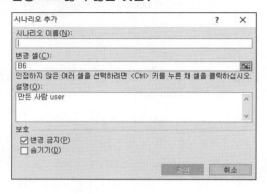

① [데이터]-[데이터 도구]-[가상 분석]-[시나리오 관리자] 대화 상자에서 [추가] 단추를 클릭하면 표시되는 대화 상자이다.
② '변경 셀'은 변경 요소가 되는 값의 그룹이며, 하나의 시나리오에 최대 32개까지 지정할 수 있다.
③ '설명'은 시나리오에 대한 추가적인 설명으로 반드시 입력해야 한다.
④ '보호'의 체크 박스들은 [검토]-[변경 내용]-[시트 보호]를 설정한 경우에만 적용되는 항목들이다.

해설 '설명'은 시나리오에 대한 추가적인 설명이지만 반드시 입력할 필요는 없다.

39 다음 중 차트에 대한 설명으로 옳은 것은?

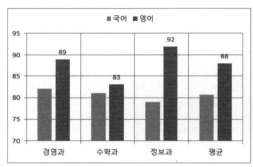

① 세로 (값) 축의 축 서식에서 주 단위 간격을 '95'로 설정하였다.
② 데이터 계열 서식의 '계열 겹치기' 값을 0보다 작은 음수 값으로 설정하였다.
③ '영어'의 데이터 레이블은 안쪽 끝에 표시되고 있다.
④ 가로 (항목) 축의 주 눈금선과 보조 눈금선이 함께 표시되고 있다.

해설 계열 겹치기 : 수치를 음수로 지정하면 데이터 계열 사이가 벌어지고, 양수로 지정하면 데이터 계열이 서로 겹쳐진다.

40 다음 중 차트의 범례 설정에 대한 설명으로 옳지 않은 것은?

① 범례 위치는 [범례 서식] 대화 상자나 [레이아웃] 탭의 [레이블] 그룹에서 쉽게 변경할 수 있다.

② 차트에서 범례 또는 범례 항목을 클릭한 후 [Delete] 키를 누르면 범례를 쉽게 제거할 수 있다.

③ 기본적으로 범례 위치는 차트의 다른 구성 요소와 겹치지 않게 표시된다.

④ 마우스로 범례를 이동하거나 크기를 변경하면 그림 영역의 크기 및 위치는 자동으로 조정된다.

해설 마우스로 범례를 이동하거나 크기를 변경하는 경우 그림 영역의 크기나 위치는 조정되지 않는다.

점

01 다음 중 멀티미디어 기법에 대한 설명으로 옳지 않은 것은?

① 안티앨리어싱(Anti-Aliasing)은 2차원 그래픽에서 개체 색상과 배경 색상을 혼합하여 경계면 픽셀을 표현함으로써 경계면을 부드럽게 보이도록 하는 기법이다.

② 모델링(Modeling)은 컴퓨터 그래픽에서 명암, 색상, 농도의 변화 등과 같은 3차원 질감을 넣음으로써 사실감을 더하는 기법을 말한다.

③ 디더링(Dithering)은 제한된 색을 조합하여 음영이나 색을 나타내는 것으로 여러 컬러의 색을 최대한 나타내는 기법을 말한다.

④ 모핑(Morphing)은 한 이미지가 다른 이미지로 서서히 변화하는 과정을 나타내는 기법이다.

해설
• 모델링은 렌더링 작업을 하기 전에 수행되는 기법으로 물체의 형상을 3차원 그래픽으로 어떻게 표현할 것인지를 결정한다.
• 보기 ②번은 렌더링에 대한 설명이다.

02 다음 중 초고속 인터넷을 이용하여 동영상 콘텐츠, 정보 서비스 등 기본 텔레비전 기능에 인터넷 검색이 가능하게 한 서비스는?

① VoIP   ② IPTV
③ IPv6   ④ TCP/IP

해설 IPTV : 초고속 인터넷 망을 통해 영화, 드라마 등 시청자가 원하는 콘텐츠를 양방향으로 제공하는 방송 및 통신 융합 방식의 TV이다.

03 다음 중 컴퓨터 보안과 관련된 기술에 해당하지 않는 것은?

① 인증(Authentication)
② 암호화(Encryption)
③ 방화벽(Firewall)
④ 브리지(Bridge)

해설 브리지는 동일한 프로토콜을 쓰고 있는 다른 랜과 상호 접속시키기 위한 장치이다.

04 다음 중 정보 사회의 특징으로 적절하지 않은 것은?

① 처리하고자 하는 정보의 종류와 양이 증가하였다.
② 정보 처리 기술의 발달로 사회의 변화 속도가 빨라졌다.
③ 사이버 공간 상에 새로운 인간관계와 문화가 형성되었다.
④ 대중화 현상이 강화되고, 개성과 자유를 경시하게 되었다.

해설 보기 ④번에서 개성과 자유를 중시하게 되었다.

05 다음 중 네트워크 구성 형태에 관한 설명으로 옳지 않은 것은?

① 망(Mesh)형은 응답 시간이 빠르고 노드의 연결성이 우수하다.
② 성형(중앙 집중형)은 통신망의 처리 능력 및 신뢰성이 중앙 노드의 제어 장치에 좌우된다.
③ 버스(Bus)형은 기밀 보장이 우수하고 회선 길이의 제한이 없다.
④ 링(Ring)형은 통신 회선 중 어느 하나라도 고장 나면 전체 통신망에 영향을 미친다.

해설 버스형은 하나의 통신 회선에 여러 대의 단말기가 연결된 형태로 CATV 망에 적합하며, 가장 간단한 형태이지만 신뢰성과 확장성이 편리하다(기밀 보장이 어려움).

정답   **01** ②   **02** ②   **03** ④   **04** ④   **05** ③

06 다음 중 컴퓨터와 같은 정보 기기를 사용하기 위해서 반드시 설치되어야 하는 프로그램으로 가장 대표적인 시스템 소프트웨어는?

① 컴파일러   ② 운영 체제
③ 유틸리티   ④ 라이브러리

> **해설** 운영 체제(OS) : 컴퓨터와 사용자 사이에서 시스템을 효율적으로 운영할 수 있도록 인터페이스 역할을 담당하며, 사용자가 응용 프로그램을 편리하게 사용할 수 있다.

07 다음 중 웹 브라우저의 기능에 관한 설명으로 옳지 않은 것은?

① 인터넷 옵션에서 멀티미디어 편집기를 선택할 수 있다.
② 전자 우편을 보내거나 FTP 서버에 접속할 수 있다.
③ 웹 페이지를 사용자 컴퓨터에 저장하거나 인쇄할 수 있다.
④ 자주 방문하는 웹 사이트 주소를 관리할 수 있다.

> **해설** 인터넷 옵션에서는 보안 설정, 시작 페이지, 비밀번호 저장 등 웹 브라우저의 설정을 할 수 있지만 멀티미디어 편집기를 선택할 수는 없다.

08 다음 중 정보 통신 시스템의 구성 요소에 대한 설명으로 옳지 않은 것은?

① 데이터 전송 방식에는 클라이언트/서버 방식과 동배간 처리 방식이 있다.
② 데이터 전송계는 데이터의 이동을 담당하는 여러 장치들을 포함한다.
③ 데이터 처리계는 데이터 처리에 사용하는 하드웨어와 통신 소프트웨어가 해당된다.
④ 단말 장치는 원격지에서 발생한 데이터의 송수신을 위한 장치로 에러 제어 기능이 있다.

> **해설** 클라이언트/서버 방식과 동배간 처리 방식은 네트워크의 운영 방식에 해당한다.

09 다음 중 컴퓨터 운영 체제의 운영 방식에서 임베디드 시스템에 관한 설명으로 옳지 않은 것은?

① 제어가 필요한 시스템의 두뇌 역할을 하는 전자 시스템으로 TV, 냉장고 등의 가전제품에 많이 사용된다.
② 처리할 데이터를 일정량 또는 일정 시간 동안 모아서 한꺼번에 처리한다.
③ 마이크로프로세서에 특정 기능을 수행하는 응용 프로그램을 탑재하여 컴퓨터 기능을 수행한다.
④ 하드웨어와 소프트웨어가 하나로 결합된 제어 시스템이다.

> **해설** 보기 ②번은 일괄 처리(Batch Processing) 시스템에 대한 설명이다.

10 다음 중 컴퓨터에서 사용하는 유니 코드(Unicode)에 관한 설명으로 옳은 것은?

① 표현 가능한 문자수는 최대 256자이다.
② 에러 검출이나 교정이 가능한 코드이다.
③ 연산을 빠르게 수행하기 위하여 Zone 비트와 Digit 비트로 구성한다.
④ 데이터의 처리나 교환을 위하여 1개 문자를 16비트로 표현한다.

> **해설** 유니 코드 : 전 세계 모든 문자를 표현할 수 있는 16비트 완성형 국제 표준 코드로 완성형에 조합형을 반영하여 현대 한글의 모든 표현이 가능하다.

11 다음 중 자료의 구성 단위에 대한 설명으로 옳지 않은 것은?

① 데이터베이스(Database)는 관련된 데이터 파일들의 집합을 말한다.
② 워드(Word)는 컴퓨터에서 한 번에 처리할 수 있는 명령 단위를 나타낸다.
③ 니블(Nibble)은 4개의 비트가 모여 1개의 니블을 구성한다.

정답   **06** ②   **07** ①   **08** ①   **09** ②   **10** ④   **11** ④

④ 비트(Bit)는 정보의 최소 단위이며, 5비트가 모여 1바이트(Byte)가 된다.

> **해설** 비트는 0 또는 1을 나타내는 정보 표현의 최소 단위이고, 8비트가 모여 1바이트가 된다.

12 다음 중 컴퓨터 하드 디스크의 연결 방식인 SATA(Serial ATA)에 관한 설명으로 옳지 않은 것은?

① 병렬 인터페이스 방식이다.
② 핫 플러그인 기능을 지원한다.
③ CMOS에서 지정하면 자동으로 Master와 Slave가 지정된다.
④ 데이터 전송 속도가 빠르다.

> **해설** SATA는 메인보드와 보조 기억 장치의 데이터 전송을 위해 케이블이 직렬로 연결되어 한 번에 한 비트씩 전송한다.

13 다음 중 컴퓨터의 하드웨어를 업그레이드할 때 수치가 작을수록 좋은 항목은?

① CPU 클럭 속도
② 하드 디스크 용량
③ RAM 접근 속도
④ 모뎀 전송 속도

> **해설** 하드웨어를 업그레이드할 때 RAM의 접근 속도는 수치가 작을수록 좋다.

14 다음 중 플래시 메모리(Flash Memory)에 관한 설명으로 옳지 않은 것은?

① 정보의 입출력이 자유롭고, 전송 속도가 빠르다.
② 비휘발성 기억 장치이다.
③ 트랙 단위로 저장된다.
④ 전력 소모가 적다.

> **해설** 플래시 메모리는 EEPROM의 일종으로 전원이 끊어져도 저장된 정보가 지워지지 않는 비휘발성 메모리로 ROM과 RAM의 기능을 모두 가지며, 블록 단위로 저장된다.

15 다음 중 Windows에서 사용되는 휴지통에 관한 설명으로 옳은 것은?

① 휴지통은 하드 디스크 드라이브마다 한 개씩 만들 수 있다.
② 지정된 휴지통의 용량이 초과되면 새로 삭제된 파일이나 폴더는 보관되지 않는다.
③ 휴지통에 보관된 파일이나 폴더의 이름을 변경할 수 있다.
④ 휴지통에서 원하는 파일이나 폴더를 선택하여 실행할 수 있다.

> **해설**
> • ② 지정된 휴지통의 용량이 초과되면 가장 오래전에 삭제된 파일이나 폴더가 먼저 삭제된다.
> • ③ 휴지통에 보관된 파일이나 폴더의 이름을 변경할 수는 없다.
> • ④ 휴지통에서 원하는 파일이나 폴더를 선택하여 실행할 수는 없다.

16 다음 중 Windows 작업 표시줄의 점프 목록 사용에 대한 설명으로 옳지 않은 것은?

① 프로그램의 점프 목록을 보려면 작업 표시줄의 프로그램 아이콘을 마우스 오른쪽 단추로 클릭한다.
② 점프 목록에서 항목을 열려면 프로그램의 점프 목록에서 해당 항목을 클릭한다.
③ 점프 목록에 항목을 고정하려면 프로그램의 점프 목록에서 항목을 가리킨 다음 압정 아이콘을 클릭한다.
④ 점프 목록에서 항목을 제거하려면 프로그램의 점프 목록에서 항목을 가리킨 다음 (Delete) 키를 누른다.

> **해설** 점프 목록에서 항목을 제거하려면 항목을 가리킨 다음 바로 가기 메뉴에서 [이 목록에서 제거]를 선택한다.

17 다음 중 Windows의 시스템 복원 기능에 대한 설명으로 옳지 않은 것은?

① 컴퓨터 시스템에 문제가 생겼을 경우 복원 지점을 이용하여 정상적인 상태로 만드는 기능이다.

정답 **12** ① **13** ③ **14** ③ **15** ① **16** ④ **17** ④

② 복원 지점은 시스템에 의해 자동으로 설정되지만 사용자가 임의로 복원 지점을 설정할 수도 있다.

③ 시스템 복원은 개인 파일을 백업하지 않으므로 삭제되었거나 손상된 개인 파일은 복구할 수 없다.

④ 시스템 복원 시 Windows Update에 의한 변경 사항은 복원되지 않는다.

> **해설** Windows Update를 할 때도 복원 시점을 만들어 놓고 진행하므로 업데이트를 할 때나 적용 후에도 이전 시점(업데이트 전)으로 복원이 가능하다.

18 다음 중 유틸리티 프로그램에 대한 설명으로 적절하지 않은 것은?

① 다수의 작업이나 목적에 대하여 적용되는 편리한 서비스 프로그램이나 루틴을 말한다.

② 컴퓨터의 동작에 필수적이고, 컴퓨터를 이용하는 주목적에 대한 일부 특정 작업을 수행하는 소프트웨어들을 가리킨다.

③ 컴퓨터 하드웨어, 운영 체제, 응용 소프트웨어를 관리하는데 도움을 주도록 설계된 프로그램을 의미한다.

④ Windows에서 제공하는 유틸리티 프로그램으로는 메모장, 그림판, 계산기 등을 예로 들 수 있다.

> **해설**
> • 유틸리티 프로그램은 사용자가 컴퓨터를 보다 쉽게 사용할 수 있도록 도와주는 프로그램으로 시스템에 있는 기존 프로그램을 지원하거나 기능을 향상시킨다.
> • 보기 ②번에서 컴퓨터의 동작에 필수적이지는 않다.

19 다음 중 Window에서 유해한 프로그램이나 불법 사용자가 컴퓨터 설정을 임의로 변경하려는 경우 이를 사용자에게 알려 컴퓨터를 제어할 수 있도록 도와주는 기능은?

① 사용자 계정 컨트롤
② Windows Defender
③ BitLocker
④ 시스템 복원

> **해설** 사용자 계정 컨트롤 : 사용자가 불필요한 권한을 사용하지 않도록 막는 기능으로 컴퓨터 설정을 변경하거나 다른 사용자 계정에 영향을 줄 때 사용한다(해커와 악성 소프트웨어로부터 보호).

20 다음 중 Windows의 드라이브 최적화(디스크 조각 모음) 기능에 관한 설명으로 옳지 않은 것은?

① 하드 디스크에 단편화되어 조각난 파일들을 모아준다.

② USB 플래시 드라이브와 같은 이동식 저장 장치도 조각화될 수 있다.

③ 수행 후에는 디스크 공간의 최적화가 이루어져 디스크의 용량이 증가한다.

④ 일정을 구성하여 드라이브 최적화(디스크 조각 모음)를 예약 실행할 수 있다.

> **해설**
> • 디스크 조각 모음 : 디스크 단편화를 제거하여 사용중인 디스크의 입출력 속도와 디스크 공간을 최적화시킨다.
> • 디스크의 용량이 증가하는 것은 디스크 정리에 대한 설명이다.

2과목 스프레드시트 일반

21 다음 중 그림과 같이 사원에 대한 근속연수 데이터에 주어진 조건으로 고급 필터를 실행한 경우의 결과값은?

▲	A	B	C	D	E	F	G
1					조건		
2	성명	직위	근속연수		성명	직위	근속연수
3	김일민	부장	20		김*		>=10
4	김유민	사원	4			사원	<5
5	이지연	과장	12				
6	이민석	부장	14				
7	석명희	사원	2				
8	민호성	사원	11				
9							

①

성명	직위	근속연수
김일민	부장	20
김유민	사원	4

②

성명	직위	근속연수
김일민	부장	20
석명희	사원	2

③

성명	직위	근속연수
김일민	부장	20
김유민	사원	4
석명희	사원	2

④

성명	직위	근속연수
김일민	부장	20
김유민	사원	4
석명희	사원	2
민호성	사원	11

해설 • 조건을 하나의 행에 입력하면 모두 만족(AND 조건)하는 데이터가 필터링되고, 조건을 서로 다른 행에 입력하면 하나라도 만족(OR 조건)하는 데이터가 필터링된다.
• 성명이 '김'으로 시작하고 근속연수가 10년 이상이거나 직위가 '사원'이고 근속연수가 5년 미만인 데이터를 추출한다.

22 다음 중 그림과 같은 피벗 테이블을 작성하기 위한 작업으로 옳지 않은 것은?

	L	M	N	O	P
2					
3		직업	(모두)		
4					
5			열 레이블		
6		행 레이블	생명	연금	종신
7		⊞1월			
8		합계 : 월납입액		32,000	115,000
9		합계 : 만기보장금액		1,153,600	3,671,950
10		⊞2월			
11		합계 : 월납입액	150,000		101,000
12		합계 : 만기보장금액	3,708,000		1,792,200
13		⊞3월			
14		합계 : 월납입액	32,000	100,000	
15		합계 : 만기보장금액	758,080	1,236,000	
16		전체 합계 : 월납입액	182,000	132,000	216,000
17		전체 합계 : 만기보장금액	4,466,080	2,389,600	5,464,150

① 피벗 테이블 보고서를 넣을 위치로 기존 워크시트의 [M3] 셀을 선택하였다.
② '직업' 필드를 보고서 필터 영역에 설정하였다.
③ 총합계는 열의 총합계만 표시되도록 설정하였다.
④ 행 레이블의 필드에 그룹화를 설정하였다.

해설 피벗 테이블 보고서를 넣을 위치로 기존 워크시트의 [M5] 셀을 선택하였다.

23 다음 중 정렬에 대한 설명으로 옳은 것은?

① 최대 24개의 열을 기준으로 정렬할 수 있다.
② 글꼴 색을 기준으로 정렬할 수 있다.
③ 정렬 대상 범위에 병합된 셀이 포함되어 있어도 정렬할 수 있다.
④ 숨겨진 행은 정렬 결과에 포함되나 숨겨진 열은 정렬 결과에 포함되지 않는다.

해설 • 보기 ①번 정렬은 최대 64개까지 지정할 수 있다.
• 보기 ③번 정렬 대상 범위에 병합된 셀이 포함되어 있으면 정렬할 수 없다.
• 보기 ④번 숨겨진 행이나 숨겨진 열은 정렬 결과에 포함되지 않는다.

24 다음 중 [데이터 유효성] 기능의 오류 메시지 스타일에 해당하지 않는 것은?

① 경고( ) ② 중지( )
③ 정보( ) ④ 확인( )

해설 [데이터 유효성] 대화 상자의 [오류 메시지] 탭에 있는 스타일은 중지, 경고, 정보이다.

25 다음 중 채우기 핸들을 이용하여 데이터를 입력하는 방법으로 옳지 않은 것은?

① 인접한 셀의 내용으로 현재 셀을 빠르게 입력할 때 위쪽 셀의 내용은 단축키 Ctrl+D, 왼쪽 셀의 내용은 단축키 Ctrl+R을 누른다.
② 숫자와 문자가 혼합된 문자열이 입력된 셀의 채우기 핸들을 아래쪽으로 끌면 문자는 복사되고 마지막 숫자는 1씩 증가한다.
③ 숫자가 입력된 셀의 채우기 핸들을 Ctrl 키를 누른 채 아래쪽으로 끌면 똑같은 내용이 복사되어 입력된다.
④ 날짜가 입력된 셀의 채우기 핸들을 아래쪽으로 끌면 기본적으로 1일 단위로 증가하여 입력된다.

해설 숫자가 입력된 셀의 채우기 핸들을 Ctrl 키를 누른 채 아래쪽으로 끌면 1씩 증가한다.

26 다음 중 원본 데이터를 지정된 서식으로 설정하였을 때 결과가 옳지 않은 것은?

	원본 데이터	서식	결과 데이터
①	314826	#,##0,	314,826,
②	281476	#,##0.0	281,476.0
③	12:00:00 AM	0	0
④	2018-03-25	yyyy-mmmm	2018-March

해설 • #,##0, : 천 단위로 표시하되 천의 배수만큼 나타낸다.
• 천 단위 구분 기호를 적용하면 314,826이고, 뒤에서 3자리가 사라지는데 8에서 반올림되므로 결과 데이터는 315이다.

정답 22 ① 23 ② 24 ④ 25 ③ 26 ①

27 다음 중 [찾기 및 바꾸기] 대화 상자에서 찾을 내용에 만능 문자(와일드카드)인 '?'나 '＊' 문자 자체를 찾는 방법은?

① 찾으려는 만능 문자 앞뒤에 큰 따옴표(" ") 기호를 입력한다.

② 찾으려는 만능 문자 앞에 퍼센트(%) 기호를 입력한다.

③ 찾으려는 만능 문자 앞에 느낌표(!) 기호를 입력한다.

④ 찾으려는 만능 문자 앞에 물결표(~) 기호를 입력한다.

해설 찾을 내용에 만능 문자인 '?'나 '＊' 문자 자체를 찾으려면 찾으려는 만능 문자 앞에 물결표(~) 기호를 입력한다.

28 다음 중 시트에서 셀 포인터를 [D5] 셀에 두고 (Home) 키를 누른 경우 셀 포인터의 위치는?

▲	A	B	C	D	E	F	G
1	학번	성명	출석	중간	기말	총점	석차
2	112473	이준민	15	34	22	75	C
3	112487	정정용	20	33	33	86	B
4	112531	이준섭	15	39	35	89	B
5	212509	김정필	20	40	39	99	A
6	212537	한일규	15	23	17	75	C
7							

① [A1] 셀　　　　　② [A5] 셀
③ [D1] 셀　　　　　④ [D2] 셀

해설 현재 셀에서 (Home) 키를 누르면 선택한 셀의 가장 왼쪽 셀로 이동한다.

29 다음 중 매크로에 관한 설명으로 옳지 않은 것은?

① 같은 통합 문서 내에서 시트가 다르면 동일한 매크로 이름으로 기록할 수 있다.

② [매크로 기록] 대화 상자에서 바로 가기 키 지정 시 영문 대문자를 사용하면 (Shift) 키가 자동으로 덧붙는다.

③ 엑셀을 실행할 때마다 매크로를 사용할 수 있게 하려면 [매크로 기록] 대화 상자에서 매크로 저장 위치를 '개인용 매크로 통합 문서'로 선택한다.

④ 통합 문서를 열 때 어떤 상황에서 어떤 매크로를 실행할지 매크로 보안 설정을 변경하여 제어할 수 있다.

해설 같은 통합 문서 내에서는 동일한 매크로 이름을 기록할 수 없다.

30 새 워크시트에서 [A1] 셀에 셀 포인터를 두고, [개발 도구] 탭의 [상대 참조로 기록]을 선택한 후 [매크로 기록]을 클릭하여 [그림1]과 같이 데이터를 입력하는 '매크로1'을 작성하였다. 다음 중 [그림2]와 같이 [C3] 셀에 셀 포인터를 두고 '매크로1'을 실행한 경우 '성적 현황'이 입력되는 셀의 위치는?

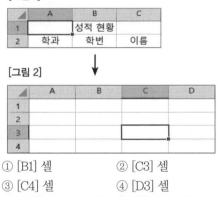

[그림 1]

▲	A	B	C
1		성적 현황	
2	학과	학번	이름

[그림 2]

▲	A	B	C	D
1				
2				
3				
4				

① [B1] 셀　　　　　② [C3] 셀
③ [C4] 셀　　　　　④ [D3] 셀

해설 매크로를 상대 참조로 기록했다면 매크로를 실행하는 위치에 따라 주소가 변경된다. 즉, [그림 1]의 내용이 [A1] 셀을 중심으로 입력했듯이 [그림 2]는 [C3] 셀을 중심으로 [D3] 셀에는 성적 현황, [C4] 셀에는 학과, [D4] 셀에는 학번, [E4] 셀에는 이름이 입력된다.

31 다음의 워크시트와 같이 짝수 행에만 배경색과 글꼴 스타일 '굵게'를 설정하는 조건부 서식을 지정하고자 한다. 다음 중 이를 위해 [새 서식 규칙] 대화 상자에 입력할 수식으로 옳은 것은?

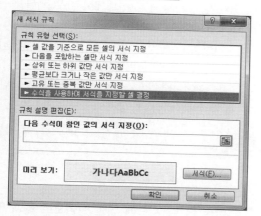

① =MOD(ROW( ), 2)=1
② =MOD(ROW( ), 2)=0
③ =MOD(COLUMN( ), 2)=1
④ =MOD(COLUMN( ), 2)=0

해설 • MOD(인수, 나눌 값) : 나눗셈의 나머지 값을 구하며, 결과
는 나눌 값과 동일한 부호를 갖는다.
• ROW(셀) : 주어진 셀의 행 번호를 구하되 인수를 생략하
는 경우 현재 셀 포인터가 위치한 곳의 행 번호를 구한다.
• MOD(숫자, 2)=1은 '홀수'이고, MOD(숫자, 2)=0은 '짝수'이
므로 =MOD(ROW( ), 2)=1은 홀수 행이고, =MOD(ROW( ),
2)=0은 짝수 행이다. 즉, 짝수 행의 조건이 맞을 경우 2행,
4행, 6행에 배경색(노랑)과 글꼴 스타일(굵게)이 적용된다.

32 다음 중 〈변경 전〉 차트를 〈변경 후〉 차트로 수
정하기 위해 적용한 기능으로 옳지 않은 것은?

〈변경 전〉

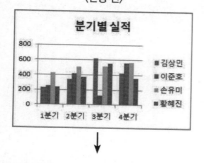

〈변경 후〉

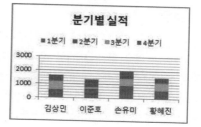

① 누적 세로 막대형으로 차트 종류 변경
② 데이터의 행과 열을 전환
③ 세로 축 보조 눈금을 추가
④ 범례의 위치를 위쪽으로 변경

해설 보기 ③번에서 세로 축 보조 눈금을 추가 → 기본 가로 눈금
선에 대해서 보조 눈금선이 적용되었다.

33 다음 중 시트의 [A1:C8] 영역에 고급 필터 기
능을 이용하여 판매수량이 전체 판매수량의
평균 이상인 데이터를 추출하기 위한 조건으
로 옳은 것은?

	A	B	C
1	지역	판매수량	판매금액
2	서울	140	938,000
3	경기	380	406,000
4	인천	240	729,000
5	광주	390	362,600
6	부산	130	470,300
7	대전	120	852,000
8	대구	170	534,000
9			

①
판매금액
=B2>=AVERAGE($B$2:$B$8)

②
평균이상
=B2>=AVERAGE(B2:B8)

③
판매금액
=B2>=AVERAGE(B2:B8)

④
평균이상
=B2>=AVERAGE($B$2:$B$8)

해설 • 지역, 판매수량, 판매금액은 식의 제목으로 사용할 수 없
고, 데이터 셀의 필드명과 동일하면 문제가 발생한다.
• AVERAGE 함수를 이용할 경우 [B2:B8] 영역을 이용하므
로 절대 주소를 적용한다.

34 다음 중 찾기/참조 함수에 대한 설명으로 옳지 않은 것은?

① VLOOKUP 함수의 네 번째 인수를 'FALSE'로 사용하는 경우 참조 표에서 첫 열의 값은 반드시 오름차순 정렬되어 있어야 한다.
② HLOOKUP 함수는 참조 표의 첫 행에서 값을 찾을 때 대/소문자를 구분하지 않는다.
③ INDEX 함수는 표나 범위에서 값 또는 값에 대한 참조를 반환한다.
④ CHOOSE 함수의 첫 번째 인수는 1에서 254 사이의 숫자를 나타내는 숫자나 수식, 셀 참조 등을 사용한다.

> **해설** • VLOOKUP(찾을 값, 범위, 열 번호, 찾는 방법) : 배열 첫 열에서 값을 검색한 후 지정한 열의 같은 행에서 데이터를 추출하며, 첫 번째 열 값은 항상 오름차순으로 정렬되어야 한다.
> • VLOOKUP 함수의 네 번째 인수를 'FALSE'로 사용하는 경우는 정확하게 일치하는 값을 찾을 때 사용하며, 반드시 오름차순으로 정렬되어 있지 않아도 된다.

35 다음 중 셀 또는 셀 범위에 대한 이름 정의 시 구문 규칙에 대한 설명으로 옳은 것은?

① 이름은 최대 255자까지 지정할 수 있다.
② 이름의 첫 자는 반드시 문자나 밑줄(_) 또는 슬래시(/)로 시작해야 한다.
③ 이름의 일부로 공백을 사용할 수 있다.
④ Excel에서는 이름의 대문자와 소문자를 구별한다.

> **해설** • ② 이름의 첫 자는 반드시 문자나 밑줄(_) 또는 역슬래시(₩)로 시작해야 한다.
> • ③ 이름의 일부로 공백을 사용할 수 없다.
> • ④ Excel에서는 이름의 대문자와 소문자는 구별하지 않는다.

36 다음 중 워크시트의 화면 작업에 대한 설명으로 옳지 않은 것은?

① 범위를 선택한 후 값을 입력하고 [Alt]+[Enter] 키를 누르면 선택된 범위에 같은 값이 입력된다.
② [Ctrl] 키를 누른 상태에서 마우스 휠을 돌리면 화면이 확대/축소된다.
③ [Enter] 방향키가 아래쪽일 때 [Shift]+[Enter] 키를 누르면 셀 포인터가 위쪽 셀로 이동된다.
④ [Scroll Lock] 키를 누른 후 방향키를 누르면 셀 포인터는 고정된 상태로 화면만 이동된다.

> **해설** 범위를 선택한 후 값을 입력하고 [Ctrl]+[Enter] 키를 누르면 선택된 범위에 같은 값이 입력된다.

37 다음 중 각 차트에 대한 설명으로 옳지 않은 것은?

① 꺾은선형 차트 : 일정 간격에 따라 데이터의 추세를 나타내기에 적합하다.
② 원형 차트 : 전체에 대한 각 부분의 관계를 보여주며, 여러 데이터 계열이 각각의 고리로 표시된다.
③ 방사형 차트 : 각 데이터 요소의 중간 지점에 대한 값의 변화를 보여주며, 여러 데이터 계열의 집계 값을 비교하기에도 용이하다.
④ 분산형 차트 : 여러 데이터 계열에 있는 숫자 값 사이의 관계를 보여주거나 두 개의 숫자 그룹을 xy 좌표로 이루어진 하나의 계열로 표시한다.

> **해설** 원형 차트 : 하나의 데이터 계열로 중요 요소를 강조할 때 사용하며, 전체 항목에 대한 각 항목의 크기 비율을 나타낸다.

정답 34 ① 35 ① 36 ① 37 ②

38 다음 중 3차원 차트로 변경이 가능한 차트 유형은?

①   ②

③   ④

39 다음 중 [인쇄 미리 보기 및 인쇄] 상태에서의 [페이지 설정] 대화 상자에 대한 설명으로 옳은 것은?

① 눈금선이나 행/열 머리글의 인쇄 여부를 설정할 수 없다.

② 인쇄 영역이나 인쇄 제목으로 반복할 행 또는 반복할 열을 설정할 수 있다.

③ 인쇄 배율을 수동으로 설정할 수 있고, 배율은 워크시트 표준 크기의 '10%'에서 '200%'까지 가능하다.

④ 배율을 '자동 맞춤'으로 선택하고 용지 너비와 용지 높이를 '1'로 지정하는 경우 여러 페이지가 한 페이지에 출력되도록 확대/축소 배율이 자동으로 조정된다.

40 다음 중 그림과 같이 눈금선과 행/열 머리글을 포함하여 인쇄하기 위한 방법은?

	A	B	C	D	E
2					
3	개강 날짜	단계 및 대상	기간	시간	
4	2018-01-02	초급, 중급	3개월 수금	17:00-18:00	
5	2018-01-10	중학생	4개월 토일	11:00-12:00	
6	2018-02-01	일반인	1개월 화수	09:00-10:30	
7	2018-02-15	초중급	5주간 토일	18:00-19:20	
8	2018-03-02	초등(1-3학년)	1개월 매주	10:00-10:50	
9	2018-02-20	성인	2개월 화목	10:00-12:00	
10	2018-03-10	초중급	1개월 월수	17:00-18:00	
11					

① [페이지 레이아웃] 탭의 [시트 옵션] 그룹에서 '눈금 선'과 '제목'에서 보기를 선택한다.

② [페이지 설정] 대화 상자의 [시트] 탭에서 '눈금선'과 '행/열 머리글'을 선택한다.

③ [보기] 탭의 [표시] 그룹에서 '눈금선'과 '머리글'을 선택한다.

④ [Excel 옵션] 대화 상자의 [고급] 탭 '이 워크시트의 표시 옵션'에서 '행 및 열 머리글 표시'와 '눈금선 표시'를 선택한다.

2020년 02월 29일 시행 기출문제

1과목 컴퓨터 일반

01 다음 중 멀티미디어의 특징에 대한 설명으로 옳지 않은 것은?

① 다양한 아날로그 데이터를 디지털 데이터로 변환하여 통합 처리한다.

② 정보 제공자와 사용자 간의 상호 작용에 의해 데이터가 전달된다.

③ 미디어별 파일 형식이 획일화되어 멀티미디어의 제작이 용이해진다.

④ 텍스트, 그래픽, 사운드, 동영상 등의 여러 미디어를 통합 처리한다.

> **해설** 멀티미디어 데이터는 다양한 하드웨어 및 소프트웨어 환경에서 생성, 처리, 전송, 이용 되므로 상호 호환되기 위한 표준이 필요하다(사용자의 선택에 따라 다양한 방향으로 처리).

02 다음 중 컴퓨터에서 사용하는 오디오 포맷인 웨이브 파일(WAV File)에 관한 설명으로 옳지 않은 것은?

① 파일의 확장자는 'WAV'이다.

② 녹음 조건에 따라 파일의 크기가 가변적이다.

③ Windows Media Player로 파일을 재생할 수 있다.

④ 음 높이, 음 길이, 세기 등 다양한 음악 기호가 정의되어 있다.

> **해설** 웨이브 파일은 음악, 음성, 효과음 등 다양한 형태의 소리를 저장할 수 있으며, 샘플링하여 이를 디지털화한 값으로 저장한다.

03 다음 중 정보 사회에서 발생할 수 있는 문제점으로 적절하지 않은 것은?

① 정보의 편중으로 계층 간의 정보 차이를 줄일 수 있다.

② 중앙 컴퓨터 또는 서버의 장애나 오류로 사회적, 경제적으로 혼란을 초래할 수 있다.

③ 정보 기술을 이용한 새로운 범죄가 증가할 수 있다.

④ VDT 증후군이나 테크노스트레스 같은 직업병이 발생할 수 있다.

> **해설** 정보의 편중으로 계층 간의 정보 차이가 증가할 수 있다.

04 다음 중 데이터 보안 침해 형태 중 하나인 변조에 대한 설명으로 옳은 것은?

① 데이터가 정상적으로 전송되는 것을 방해하는 것이다.

② 데이터가 전송되는 도중에 몰래 엿보거나 정보를 유출하는 것이다.

③ 전송된 데이터를 다른 내용으로 바꾸는 것이다.

④ 데이터를 다른 사람이 송신한 것처럼 꾸미는 것이다.

> **해설** 변조는 데이터의 전달 정보를 다른 내용으로 바꾸는 행위로 무결성을 위협한다.

05 다음 중 인터넷의 표준 주소 체계인 URL (Uniform Resource Locator)의 형식으로 옳은 것은?

① 프로토콜://호스트 서버 주소[:포트 번호][/파일 경로]

② 프로토콜://호스트 서버 주소[/파일 경로][:포트 번호]

③ 호스트 서버 주소://프로토콜[/파일 경로][:포트 번호]

④ 호스트 서버 주소://프로토콜[:포트 번호][/파일 경로]

정답   01 ③   02 ④   03 ①   04 ③   05 ①

06 다음 중 가상 메모리에 관한 설명으로 옳은 것은?

① EEPROM의 일종으로 디지털 기기에서 널리 사용되는 비휘발성 메모리이다.

② 주기억 장치의 크기보다 큰 용량을 필요로 하는 프로그램을 실행해야 할 때 유용하게 사용된다.

③ 주기억 장치와 주기억 장치 사이에 위치하여 컴퓨터의 처리 속도를 향상시킨다.

④ 두 장치 간의 속도 차이를 해결하기 위해 사용되는 임시 저장 공간으로 각 장치 내에 위치한다.

07 다음 중 이기종 단말 간 통신과 호환성 등 모든 네트워크상의 원활한 통신을 위해 최소한의 네트워크 구조를 제공하는 모델로 네트워크 프로토콜 디자인과 통신을 여러 계층으로 나누어 정의한 통신 규약 명칭은?

① ISO 7 계층　　② Network 7 계층

③ TCP/IP 7 계층　　④ OSI 7 계층

08 다음 중 인트라넷(Intranet)에 관한 설명으로 옳은 것은?

① 핸드폰, 노트북 등과 같은 단말 장치의 근거리 무선 접속을 지원하기 위한 통신 기술이다.

② 인터넷 기술과 통신 규약을 기업 내의 전자 우편, 전자 결재 등과 같은 정보 시스템에 적용한 것이다.

③ 납품업체나 고객업체 등 관련 있는 기업들 간의 원활한 통신을 위한 시스템이다.

④ 분야별 공통의 관심사를 가진 인터넷 사용자들이 서로의 의견을 주고받을 수 있게 하는 서비스이다.

09 다음 중 인터넷 전자 우편에 관한 설명으로 옳지 않은 것은?

① 한 사람이 동시에 여러 사람에게 전자 우편을 보낼 수 있다.

② 기본적으로 8비트의 EBCDIC 코드를 사용하여 메시지를 보내고 받는다.

③ SMTP, POP3, MIME 등의 프로토콜이 사용된다.

④ 전자 우편 주소는 '사용자 ID@호스트 주소'의 형식이 사용된다.

10 다음 중 컴퓨터 운영 체제의 주요 기능으로 옳지 않은 것은?

① 자원의 효율적인 관리를 위해 자원의 스케줄링을 제공한다.

② 시스템과 사용자간의 편리한 인터페이스를 제공한다.

③ 데이터 및 자원 공유 기능을 제공한다.

④ 시스템을 실시간으로 감시하여 바이러스 침입을 방지하는 기능을 제공한다.

정답　06 ②　07 ④　08 ②　09 ②　10 ④

11 다음 중 USB 인터페이스에 대한 설명으로 옳지 않은 것은?

① 직렬 포트보다 USB 포트의 데이터 전송 속도가 더 빠르다.

② USB는 컨트롤러 당 최대 127개까지 포트의 확장이 가능하다.

③ 핫 플러그 인(Hot Plug In)과 플러그 앤 플레이(Plug & Play)를 지원한다.

④ USB 커넥터를 색상으로 구분하는 경우 USB 3.0은 빨간색, USB 2.0은 파란색을 사용한다.

해설 USB 커넥터를 색상으로 구분하는 경우 USB 3.0은 파란색, USB 2.0은 흰색 또는 검정색을 사용한다.

---

12 다음 중 빈 칸의 용어를 올바르게 나열한 것은?

(ⓐ)은(는) 생활에서 관찰이나 측정을 통해 얻을 수 있는 문자나 그림, 숫자 등의 값을 의미한다.
이러한 요소들을 모아서 의미 있는 이용 가능한 형태로 바꾸면 (ⓑ)이(가) 된다.
(ⓒ)란 정보 통신 기술의 혁신을 바탕으로 경제와 사회의 중심이 물질이나 에너지로부터 정보로 이동하여 정보가 사회의 전 분야에 널리 확산되는 것을 말한다.

① ⓐ 자료 ⓑ 지식 ⓒ 정보화

② ⓐ 자료 ⓑ 정보 ⓒ 정보화

③ ⓐ 정보 ⓑ DB ⓒ 스마트

④ ⓐ 정보 ⓑ 지식 ⓒ 스마트

해설 • 자료(Date) : 원하는 결과를 얻기 위해 입력하는 문자나 수치로 현실 세계에서 관찰과 측정을 통해 수집한 값이다.
• 정보(Information) : 자료를 더욱 유용한 형태로 가공하여 사용자에게 제공하는 것이다.

---

13 다음 중 사물 인터넷(IoT)에 대한 설명으로 옳지 않은 것은?

① IoT 구성품 가운데 디바이스는 빅 데이터를 수집하며, 클라우드와 AI는 수집된 빅 데이터를 저장하고 분석한다.

② IoT는 인터넷 기반으로 다양한 사물, 사람, 공간을 긴밀하게 연결하고 상황을 분석, 예측, 판단해서 지능화된 서비스를 자율 제공하는 제반 인프라 및 융복합 기술이다.

③ 현재는 사물을 단순히 연결시켜 주는 단계에서 수집된 데이터를 분석해 스스로 사물에 의사 결정을 내리는 단계로 발전하고 있다.

④ IoT 네트워크를 이용할 경우 통신 비용이 절감되는 효과가 있으며, 정보보안 기술의 적용이 용이해진다.

해설 IoT 네트워크를 이용할 경우 구성 비용이 추가되어 통신 비용이 증가하고, 기기간 보안 문제가 커진다.

---

14 다음 중 컴퓨터 소프트웨어에서 셰어웨어(Shareware)에 관한 설명으로 옳은 것은?

① 정상 대가를 지불하고 사용하는 소프트웨어이다.

② 특정 기능이나 사용 기간에 제한을 두고 무료로 배포하는 소프트웨어이다.

③ 개발자가 소스를 공개한 소프트웨어이다.

④ 배포 이전의 테스트 버전의 소프트웨어이다.

해설 • 보기 ①번은 상용 소프트웨어에 대한 설명이다.
• 보기 ③번은 공개 소프트웨어에 대한 설명이다.
• 보기 ④번은 베타 버전에 대한 설명이다.

---

15 다음 중 모니터 화면의 이미지를 얼마나 세밀하게 표시할 수 있는가를 나타내는 정보로 픽셀 수에 따라 결정되는 것은?

① 재생률(Refresh Rate)

② 해상도(Resolution)

③ 색 깊이(Color Depth)

④ 색 공간(Color Space)

해설 해상도(Resolution) : 정밀도를 나타내는 화질 평가의 기준으로 점(Pixel)의 개수가 많을수록 고해상도의 선명한 화면이다(비디오 카드의 성능이나 모니터 크기를 결정).

정답 **11** ④　**12** ②　**13** ④　**14** ②　**15** ②

16 다음 중 Windows 운영 체제에서 시스템의 속도가 느려진 경우 문제 해결 방법으로 가장 적절한 것은?

① [장치 관리자] 창에서 중복 설치된 해당 장치를 제거한다.

② 드라이브 조각 모음 및 최적화를 수행하여 하드 디스크의 단편화를 제거한다.

③ [작업 관리자] 창에서 시스템의 속도를 저해하는 Windows 프로세스를 찾아 '작업 끝내기'를 실행한다.

④ [시스템 관리자] 창에서 하드 디스크의 파티션을 재설정 한다.

> 해설 디스크 조각 모음 : 디스크 단편화를 제거하여 사용중인 디스크의 입출력 속도와 디스크 공간을 최적화시키는 것으로 디스크의 파일 공간과 사용하지 않은 공간을 정렬하여 프로그램을 빠르게 실행한다.

17 다음 중 Windows의 방화벽 기능에 대한 설명으로 옳지 않은 것은?

① 통신을 허용할 프로그램 및 기능을 설정한다.

② 네트워크 및 인터넷 사용과 관련된 문제 해결 방법을 제공한다.

③ 바이러스의 감염을 인지하는 알림을 설정한다.

④ 네트워크 위치에 따른 외부 연결의 차단 여부를 설정한다.

> 해설 방화벽 : 외부의 불법적인 침입으로부터 정보를 보호하기 위한 보안 시스템으로 네트워크 내부에 있는 호스트를 외부로부터 보호하거나 외부의 정보 유출을 막기 위해 사용한다.

18 다음 중 Windows의 사용자 계정에 대한 설명으로 옳지 않은 것은?

① 관리자 계정의 사용자는 다른 계정의 컴퓨터 사용 시간을 제어할 수 있다.

② 관리자 계정의 사용자는 다른 계정의 계정 유형과 계정 이름, 암호를 변경할 수 있다.

③ 표준 계정의 사용자는 컴퓨터 보안에 영향을 주는 설정을 변경할 수 있다.

④ 표준 계정의 사용자는 컴퓨터에 설치된 대부분의 프로그램을 사용할 수 있고, 자신의 계정에 대한 암호 등을 설정할 수 있다.

> 해설 표준 계정 : 시스템 설정을 바꾸거나 컴퓨터에 프로그램을 설치할 수 없으며 암호 지정. 계정 이름 및 사진 변경. 계정 삭제 등의 기능을 제공한다.

19 다음 중 Windows에서 파일을 선택한 후 Ctrl +Shift 키를 누른 채 다른 위치로 끌어다 놓은 결과는?

① 해당 파일의 바로 가기 아이콘이 만들어진다.

② 해당 파일이 복사된다.

③ 해당 파일이 이동된다.

④ 해당 파일이 휴지통을 거치지 않고 영구히 삭제된다.

> 해설 해당 개체(파일)를 선택하고, Ctrl + Shift 키를 누른 상태에서 드래그하면 바로 가기 아이콘이 만들어 진다.

20 다음 중 Windows의 [제어판]에서 [시스템]을 선택했을 때 확인할 수 있는 정보에 해당하지 않는 것은?

① 설치된 Windows 운영 체제의 버전

② CPU의 종류와 설치된 메모리의 용량

③ 설치된 Windows 정품 인증 내용

④ 컴퓨터 이름과 현재 로그인한 사용자 계정

> 해설 보기 ④번에서 현재 로그인한 사용자 계정은 확인할 수 없다.

2과목 **스프레드시트 일반**

21 다음 중 그림의 시나리오 요약 보고서에 대한 설명으로 옳지 않은 것은?

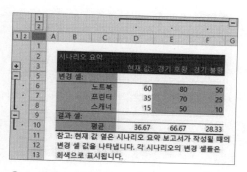

① 노트북, 프린터, 스캐너 값의 변화에 따른 평균값을 확인할 수 있다.
② '경기 호황'과 '경기 불황' 시나리오에 대한 시나리오 요약 보고서이다.
③ 시나리오의 값을 변경하면 해당 변경 내용이 기존 요약 보고서에 자동으로 다시 계산되어 표시된다.
④ 시나리오 요약 보고서를 실행하기 전에 변경 셀과 결과 셀에 대해 이름을 정의하였다.

해설 시나리오의 값을 변경하면 해당 시나리오 요약 보고서를 다시 작성해야 한다.

22 다음 중 고급 필터 조건에 대한 설명으로 옳은 것은?

국사	영어	평균
>=80	>=85	
		>=85

① 국사가 80 이상이거나, 영어가 85 이상이거나, 평균이 85 이상인 경우
② 국사가 80 이상이거나 영어가 85 이상이면서 평균이 85 이상인 경우
③ 국사가 80 이상이면서 영어가 85 이상이거나 평균이 85 이상인 경우
④ 국사가 80 이상이면서 영어가 85 이상이면서 평균이 85 이상인 경우

해설 • 동일한 행 : 두 개의 조건이 모두 만족하는 값을 검색한다 (AND 조건).
• 다른 행 : 두 개의 조건 중 하나라도 만족하는 값을 검색한다(OR 조건).

23 다음 중 데이터 통합에 관한 설명으로 옳지 않은 것은?

① 데이터 통합은 위치를 기준으로 통합할 수도 있고, 영역의 이름을 정의하여 통합할 수도 있다.
② '원본 데이터에 연결' 기능은 통합할 데이터가 있는 워크시트와 통합 결과가 작성될 워크시트가 같은 통합 문서에 있는 경우에만 적용할 수 있다.
③ 다른 원본 영역의 레이블과 일치하지 않는 레이블이 있는 경우에 통합하면 별도의 행이나 열이 만들어진다.
④ 여러 시트에 있는 데이터나 다른 통합 문서에 입력되어 있는 데이터를 통합할 수 있다.

해설 원본 데이터에 연결 : 원본 데이터에 연결하여 원본 데이터가 변경되면 통합 데이터도 변경되는 기능이다.

24 다음 중 [부분합] 대화 상자에 대한 설명으로 옳지 않은 것은?

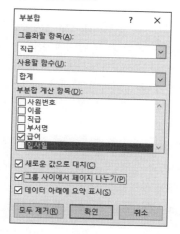

① 부분합을 실행하기 전에 직급 항목으로 정렬되어 있어야 올바른 결과를 얻을 수 있다.
② 부분합의 실행 결과는 직급별로 급여 항목에 대한 합계가 표시된다.
③ 인쇄 시 직급별로 다른 페이지에 인쇄된다.

④ 계산 결과는 그룹별로 각 그룹의 위쪽에 표시된다.

25 다음 중 [매크로] 대화 상자에 대한 설명으로 옳지 않은 것은?

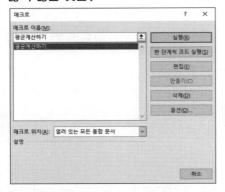

① [실행] 단추를 클릭하면 선택한 매크로를 실행한다.
② [한 단계씩 코드 실행] 단추를 클릭하면 선택한 매크로의 코드를 한 단계씩 실행할 수 있도록 Visual Basic 편집기를 실행한다.
③ [편집] 단추를 클릭하면 선택한 매크로의 명령을 수정할 수 있도록 Visual Basic 편집기를 실행한다.
④ [옵션] 단추를 클릭하면 선택한 매크로의 매크로 이름과 설명을 수정할 수 있는 [매크로 옵션] 대화 상자를 표시한다.

26 다음 중 날짜 데이터를 자동 채우기 옵션 (🔽) 단추를 이용하여 데이터를 채운 경우, 채울 수 있는 값에 해당하지 않는 것은?

① 평일로만 일 단위 증가되는 날짜를 채울 수 있다.
② 주 단위로 증가되는 날짜를 채울 수 있다.
③ 월 단위로 증가되는 날짜를 채울 수 있다.
④ 연 단위로 증가되는 날짜를 채울 수 있다.

27 다음 중 [셀 서식] 대화 상자에서 [맞춤] 탭의 기능으로 옳지 않은 것은?

① '셀 병합'은 선택 영역에서 데이터 값이 여러 개인 경우 마지막 셀의 내용만 남기고 모두 지운다.
② '셀에 맞춤'은 입력 데이터의 길이가 셀의 너비보다 긴 경우 글자 크기를 자동으로 줄인다.
③ '방향'은 데이터를 세로 방향으로 설정하거나 가로의 회전 각도를 지정하여 방향을 설정한다.
④ '텍스트 줄 바꿈'은 텍스트의 길이가 셀의 너비보다 긴 경우 자동으로 줄을 나누어 표시한다.

28 다음 중 셀에 데이터를 입력하는 방법에 대한 설명으로 옳지 않은 것은?

① [C5] 셀에 값을 입력하고 **ESC** 키를 누르면 [C5] 셀에 입력한 값이 취소된다.
② [C5] 셀에 값을 입력하고 오른쪽 방향키를 누르면 [C5] 셀에 값이 입력된 후 [D5] 셀로 셀 포인터가 이동 한다.

③ [C5] 셀에 값을 입력하고 Enter 키를 누르면
[C5] 셀에 값이 입력된 후 [C6] 셀로 셀 포인
터가 이동한다.

④ [C5] 셀에 값을 입력하고 Home 키를 누르
면 [C5] 셀에 값이 입력된 후 [C1] 셀로 셀 포
인터가 이동한다.

해설 [C5] 셀에 값을 입력하고 Home 키를 누르면 [C5] 셀에 값
이 입력된 후 [A5] 셀로 셀 포인터가 이동한다.

29 다음 중 시트에서 [C2:C5] 영역에 수행한 결과가 다르게 나타나는 것은?

	A	B	C	D	E
1	성명	출석	과제	실기	총점
2	박경수	20	20	55	95
3	이정수	15	10	60	85
4	경동식	20	14	50	84
5	김미경	5	11	45	61
6					

① 키보드의 BackSpace 키를 누른다.
② 마우스의 오른쪽 버튼을 눌러서 나온 바로
가기 메뉴에서 [내용 지우기]를 선택한다.
③ [홈]-[편집]-[지우기] 메뉴에서 [내용 지우
기]를 선택한다.
④ 키보드의 Delete 키를 누른다.

해설 보기 ①번의 경우 범위 지정된 영역에서 첫 번째 셀인 [C2]
내용만 지워진다.

30 다음 중 시트 보호와 통합 문서 보호에 대한 설명으로 옳지 않은 것은?

① 시트 보호에서 '잠긴 셀 선택'을 허용하지 않
으려면 시트 보호 설정 전 [셀 서식] 대화 상
자의 [보호] 탭에 '숨김' 항목이 선택되어 있
어야 한다.

② 시트 보호 시 시트 보호 해제 암호를 지정할
수 있으며, 암호를 설정하지 않으면 모든 사
용자가 시트의 보호를 해제하고 보호된 요소
를 변경할 수 있다.

③ 통합 문서 보호는 시트의 삽입, 삭제, 이동,
숨기기, 이름 바꾸기 등의 작업을 할 수 없도
록 보호하는 것이다.

④ 통합 문서 보호에서 보호할 대상으로 창을
선택하면 통합 문서의 창을 옮기거나 크기
조정, 닫기 등을 할 수 없도록 보호한다.

해설 시트 보호에서 '잠긴 셀 선택'을 허용하지 않으려면 시트 보
호 설정 전 [셀 서식] 대화 상자의 [보호] 탭에 '잠금' 항목이 해제되
어 있어야 한다.

31 다음 중 매크로 이름을 정의하는 규칙으로 옳지 않은 것은?

① '?', '/', '−' 등의 문자는 매크로 이름에 사용
할 수 없다.

② 기존의 매크로 이름과 동일한 이름을 사용
하면 기존의 매크로를 새로 기록하려는 매
크로로 바꿀 것인지를 선택할 수 있다.

③ 매크로 이름의 첫 글자는 반드시 문자로 지
정해야 한다.

④ 매크로 이름에 사용되는 영문자는 대소문자
를 구분한다.

해설 • 매크로 이름 중간에 공백을 삽입할 수 없으며, 단어를 구분
할 때는 밑줄(_)을 사용한다.
• 매크로 이름에 사용되는 영문자는 대소문자를 구분하지
않는다.

32 다음 중 워크시트에서 '직무'가 90 이상이거나 '국사'와 '상식'이 모두 80 이상이면 '평가'에 "통과"를 표시하고 그렇지 않으면 공백을 표시하는 [E2] 셀의 함수식으로 옳은 것은?

	A	B	C	D	E
1	이름	직무	국사	상식	평가
2	이몽룡	87	92	84	
3	성춘향	91	86	77	
4	조방자	78	80	75	
5					

① =IF(AND(B2>=90, OR(C2>=80, D2>=80)), "통과", " ")

② =IF(OR(AND(B2>=90, C2>=80), D2>=80)), "통과", " ")

③ =IF(OR(B2>=90, AND(C2>=80, D2>=80)), "통과", " ")

④ =IF(AND(OR(B2>=90, C2>=80), D2>=80)), "통과", " ")

33 다음 시트에서 수강생들의 학점별 학생수를 [E3:E7] 영역에 계산하였다. 다음 중 [E3] 셀에 입력한 수식으로 옳은 것은?

	A	B	C	D	E
1	엑셀 성적 분포				
2	이름	학점		학점	학생수
3	이현미	A		A	2
4	장조림	B		B	3
5	나기훈	B		C	1
6	백원석	C		D	0
7	이영호	A		F	0
8	세종시	B			
9					

① =COUNT(B3:B8, D3)

② =COUNTA($B$3:$B$8, D3)

③ =COUNTIF(D3, $B$3:$B$8)

④ =COUNTIF($B$3:$B$8, D3)

34 다음 중 수식에 따른 실행 결과가 옳은 것은?

① =LEFT(MID("Sound of Music", 5, 6), 3)
→ of

② =MID(RIGHT("Sound of Music", 7), 2, 3)
→ Mu

③ =RIGHT(MID("Sound of Music", 3, 7), 3)
→ fM

④ =MID(LEFT("Sound of Music", 7), 2, 3)
→ und

35 다음 중 차트에 대한 설명으로 옳지 않은 것은?

① 기본적으로 워크시트의 행과 열에서 숨겨진 데이터는 차트에 표시되지 않는다.

② 차트 제목, 가로/세로 축 제목, 범례, 그림 영역 등은 마우스로 드래그하여 이동할 수 있다.

③ Ctrl 키를 누른 상태에서 차트 크기를 조절하면 차트의 크기가 셀에 맞춰 조절된다.

④ 사용자가 자주 사용하는 차트 종류를 차트 서식 파일로 저장할 수 있다.

36 다음 워크시트는 수량과 상품코드별 단가를 이용하여 금액을 산출한 것이다. 다음 중 [D2] 셀에 사용된 수식으로 옳은 것은? (단, 금액 = 수량 × 단가)

	A	B	C	D
1	매장명	상품코드	수량	금액
2	강북	AA-10	15	45,000
3	강남	BB-20	25	125,000
4	강서	AA-10	30	90,000
5	강동	CC-30	35	245,000
6				
7		상품코드	단가	
8		AA-10	3000	
9		BB-20	7000	
10		CC-30	5000	
11				

① = C2 * VLOOKUP(B2, $B$8:$C$10, 2)

② = C2 * VLOOKUP($B$8:$C$10, 2, B2, FALSE)

③ = C2 * VLOOKUP(B2, $B$8:$C$10, 2, FALSE)

④ = C2 * VLOOKUP($B$8:$C$10, 2, B2)

> **해설** • VLOOKUP(찾을 값, 범위, 열 번호, 찾는 방법) : 배열 첫 열에서 값을 검색하여 지정한 열의 같은 행에서 데이터를 추출하는 함수로 =C2 * VLOOKUP(B2, $B$8:$C$10, 2, FALSE)의 결과값은 45000이다.
> • =C2 * VLOOKUP(B2, $B$8:$C$10, 2, FALSE) : [B8:C10] 영역에서 [B2] 셀의 'AA-10'을 찾은 후 두 번째 열(단가)에 있는 값(3000)과 수량(15)을 곱해서 금액을 구한다.

37 다음 중 특정한 데이터 계열에 대한 변화 추세를 파악하기 위한 추세선을 표시할 수 있는 차트 종류는?

①   ②

③   ④

> **해설** • ① 방사형, ② 원형, ③ 도넛형, ④ 거품형
> • 추세선을 추가할 수 있는 차트 : 누적되지 않은 2차원 영역형, 가로 막대형, 세로 막대형, 꺾은선형, 주식형, 분산형, 거품형 차트 등이 있다.
> • 추세선을 추가할 수 없는 차트 : 3차원, 방사형, 원형, 표면형, 도넛형 차트 등이 있다.

38 다음 중 차트에 대한 설명으로 옳은 것은?

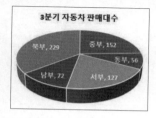

3분기 자동차 판매대수

① 계열 옵션으로 첫째 조각의 각을 90°로 설정하였다.

② 차트 종류는 원형으로 지정하였다.

③ 데이터 레이블 내용으로 항목 이름과 값을 함께 표시하였다.

④ 차트 제목을 그림 영역 안의 위쪽에 표시하였다.

> **해설** • 계열 서식에서 첫째 조각의 각을 조절할 수 있는데 해당 그림에서는 첫째 조각의 각을 설정하지 않았다.
> • 차트 종류는 3차원 원형 차트이다.
> • 차트 제목은 차트 영역 위쪽에 표시하였다.

39 다음 중 페이지 나누기에 대한 설명으로 옳지 않은 것은?

① 페이지 나누기는 워크시트를 인쇄할 수 있도록 페이지 단위로 나누는 구분선이다.

② [페이지 나누기 미리 보기] 상태에서 마우스로 페이지 나누기 구분선을 클릭하여 끌면 페이지를 나눌 위치를 조정할 수 있다.

③ 행 높이와 열 너비를 변경해도 자동 페이지 나누기 구분선의 위치는 변경되지 않는다.

④ [페이지 나누기 미리 보기] 상태에서 파선은 자동 페이지 나누기를 나타내고 실선은 사용자 지정 페이지 나누기를 나타낸다.

> **해설** 행 높이와 열 너비를 변경하면 자동 페이지 나누기 구분선의 위치가 변경되어 페이지 수가 바뀌게 된다.

40 다음 중 머리글 편집과 바닥글 편집에서 명령 단추와 기능의 연결이 옳지 않은 것은?

① ：그림 서식

② ：페이지 번호 삽입

③ ：시간 삽입

④ ：시트 이름 삽입

> **해설** 보기 ④번은 [파일 이름 삽입] 단추이다.

정답   37 ④   38 ③   39 ③   40 ④

1과목 컴퓨터 일반

01 다음 중 아래에서 설명하는 그래픽 기법은?

> 컴퓨터 프로그램을 이용하여 3차원 애니메이션을 만드는 과정으로 사물 모형에 명암과 색상을 추가하여 사실감을 더해주는 작업이다.

① 안티앨리어싱(Anti-Aliasing)
② 렌더링(Rendering)
③ 인터레이싱(Interlacing)
④ 메조틴트(Mezzotint)

 해설 • ① 화면 해상도가 낮아 사선이나 곡선이 매끄럽게 표현되지 않고, 톱니 모양과 같이 거칠게 표시되는 느낌을 감소시키는 기법이다.
• ③ 이미지의 대략적인 모습을 먼저 보여준 다음 점차 자세한 모습을 보여주는 기법이다.
• ④ 이미지에 무수히 많은 점을 찍은 듯한 효과를 나타내는 기법이다.

02 다음 중 JPEG 표준에 대한 설명으로 옳지 않은 것은?

① 손실 압축 기법과 무손실 압축 기법이 있지만 특허 문제나 압축률 등의 이유로 무손실 압축 방식은 잘 쓰이지 않는다.
② JPEG 표준을 사용하는 파일 형식에는 jpg, jpeg, jpe 등의 확장자를 사용한다.
③ 파일 크기가 작아 웹상에서 사진 같은 이미지를 보관하고 전송하는데 사용한다.
④ 문자, 선, 세밀한 격자 등 고주파 성분이 많은 이미지의 변환에서는 GIF나 PNG에 비해 품질이 매우 우수하다.

해설 JPEG는 화질에 따라 파일 크기가 다르며 문자, 선, 세밀한 격자 등 고주파 성분이 많은 이미지의 변환에서는 GIF나 PNG에 비해 품질이 떨어진다.

03 다음 중 컴퓨터 바이러스의 예방법으로 가장 거리가 먼 것은?

① 최신 버전의 백신 프로그램을 사용한다.
② 다운로드 받은 파일은 작업에 사용하기 전에 바이러스 검사 후 사용한다.
③ 전자 우편에 첨부된 파일은 다른 이름으로 저장하고 사용한다.
④ 네트워크 공유 폴더에 있는 파일은 읽기 전용으로 지정한다.

해설 전자 우편에 첨부된 파일은 반드시 백신 프로그램으로 검사한다.

04 다음 중 네트워크 장비와 관련하여 라우터에 관한 설명으로 옳은 것은?

① 네트워크를 구성할 때 여러 대의 컴퓨터를 연결하여 각 회선을 통합 관리하는 장비이다.
② 네트워크상에서 가장 최적의 IP 경로를 설정하여 전송하는 장비이다.
③ 다른 네트워크와 데이터를 보내고 받기 위한 출입구 역할을 하는 장비이다.
④ 인터넷 도메인 네임을 숫자로 된 IP 주소로 바꾸어 주는 장비이다.

해설 라우터 : 네트워크에서 최적의 경로를 배정하면서 패킷에 의해 네트워크 노드를 결정하는 장치로 거리 확장이나 상호 접속을 위해 사용한다.

05 다음 중 인터넷을 수동으로 연결하기 위하여 지정해야할 TCP/IP 구성 요소로 옳지 않은 것은?

① IP 주소
② 서브넷 마스크
③ 어댑터 주소
④ DNS 서버 주소

 해설 • 수동으로 연결할 경우 TCP/IP의 구성 요소에는 IP 주소, 서브넷 마스크, 기본 게이트웨이, DNS 서버 주소 등이 있다.
• 어댑터는 컴퓨터를 물리적으로 네트워크에 연결하는 장치이다.

정답 **01** ② **02** ④ **03** ③ **04** ② **05** ③

06 다음 중 Windows에서 사용하는 바로 가기 키에 관한 설명으로 옳지 않은 것은?

① Ctrl + ESC : [시작] 메뉴를 표시
② Shift + F10 : 선택한 항목의 바로 가기 메뉴를 표시
③ Alt + Enter : 선택한 항목 실행
④ ⊞ + E : 탐색기 실행

> **해설** Alt + Enter : 선택 항목의 속성 대화 상자를 표시한다(= Alt + 더블 클릭).

07 다음 중 라디오와 같이 한쪽은 송신만, 다른 한쪽은 수신만 가능한 정보 전송 방식은?

① 단방향 통신
② 반이중 통신
③ 전이중 통신
④ 양방향 통신

> **해설**
> • ② 양 쪽 방향으로 정보 전송이 가능하지만 동시에는 전송할 수 없는 방식으로 휴대용 무전기 등이 있다.
> • ③ 양 쪽 방향으로 동시에 정보 전송이 가능한 방식으로 전화기 등이 있다.

08 다음 중 Windows Update가 속한 사용권에 따른 소프트웨어의 분류 유형으로 가장 적절한 것은?

① 패치 버전
② 알파 버전
③ 트라이얼 버전
④ 프리웨어

> **해설** 패치 버전은 이미 출시된 프로그램에 존재하는 프로그램의 오류 수정 및 기능 향상을 위해 프로그램의 일부 파일을 변경하는 소프트웨어이다.

09 다음 중 차세대 웹 표준으로 텍스트와 하이퍼링크를 이용한 문서 작성 중심으로 구성된 기존 표준에 비디오, 오디오 등의 다양한 부가 기능을 추가하여 최신 멀티미디어 콘텐츠를 ActiveX 없이도 웹 서비스로 제공할 수 있는 언어는?

① XML
② VRML
③ HTML5
④ JSP

> **해설**
> • ① 구조화된 문서 제작용 언어로 HTML에 태그의 사용자 정의가 가능하다.
> • ② 3차원 가상 공간을 표현하기 위한 언어로 웹에서 3차원 입체 이미지를 묘사한다.
> • ④ 자바를 이용한 서버 측 스크립트로 다양한 운영 체제에서 사용이 가능하다.

10 다음 중 파일이나 폴더를 복사하거나 이동하는 방법으로 옳지 않은 것은?

① 폴더를 마우스로 선택한 후 동일한 드라이브의 다른 폴더로 끌어서 놓으면 이동이 된다.
② USB에 저장되어 있는 파일을 마우스로 선택한 후 바탕 화면으로 끌어서 놓으면 복사가 된다.
③ 파일을 마우스로 선택한 후 Ctrl 키를 누른 채 같은 드라이브의 다른 폴더로 끌어서 놓으면 복사가 된다.
④ 폴더를 마우스로 선택한 후 Alt 키를 누른 채 같은 드라이브의 다른 폴더로 끌어서 놓으면 이동이 된다.

> **해설**
> • 같은 드라이브에서 데이터 이동 : 드래그
> • 같은 드라이브에서 데이터 복사 : Ctrl + 드래그
> • 다른 드라이브에서 데이터 이동 : Shift + 드래그
> • 다른 드라이브에서 데이터 복사 : 드래그

11 다음 중 Windows의 에어로 피크(Aero Peek) 기능에 대한 설명으로 옳은 것은?

① 파일이나 폴더의 저장된 위치에 상관없이 종류별로 파일을 구성하고 액세스할 수 있게 한다.
② 모든 창을 최소화할 필요 없이 바탕 화면을 빠르게 미리 보거나 작업 표시줄의 해당 아이콘을 가리켜서 열린 창을 미리 볼 수 있게 한다.

정답 06 ③ 07 ① 08 ① 09 ③ 10 ④ 11 ②

③ 바탕 화면의 배경으로 여러 장의 사진을 선택하여 슬라이드 쇼 효과를 주면서 번갈아 표시할 수 있게 한다.

④ 작업 표시줄에서 프로그램 아이콘을 마우스 오른쪽 단추로 클릭하여 최근에 열린 파일 목록을 확인할 수 있게 한다.

해설 에어로 피크 : 현재 작업 중인 창 외의 다른 창을 클릭하지 않고도 열린 다른 창을 빠르게 볼 수 있는 기능으로 열린 창의 내용을 미리 보고 원하는 창으로 전환할 수도 있다.

12 다음 중 정보 보안을 위협하는 유형에서 가로채기에 해당하는 것은?

① 데이터의 전달을 가로막아 수신자측으로 정보가 전달되는 것을 방해하는 행위

② 전송되는 데이터를 전송 도중에 도청 및 몰래 보는 행위

③ 전송된 원래의 데이터를 다른 내용으로 수정하여 변조하는 행위

④ 다른 송신자로부터 데이터가 송신된 것처럼 꾸미는 행위

해설 가로채기(Interception) : 데이터의 전달 정보를 중간에 가로채는 행위로 기밀성을 위협한다.

13 다음 중 Windows [제어판]의 [접근성 센터]에서 설정할 수 없는 기능은?

① 다중 디스플레이를 설정하여 두 대의 모니터에 화면을 확장하여 표시할 수 있다.

② 돋보기를 사용하여 화면에서 원하는 영역을 확대하여 크게 표시할 수 있다.

③ 내레이터를 사용하여 화면의 모든 텍스트를 소리 내어 읽어 주도록 설정할 수 있다.

④ 키보드가 없어도 입력 가능한 화상 키보드를 표시할 수 있다.

해설 • 접근성 센터 : 신체에 장애가 있는 사람들이 컴퓨터를 편리하게 사용할 수 있도록 다양한 옵션을 설정한다.
• 보기 ①번은 디스플레이 설정에 대한 설명이다.

14 다음 중 삭제된 파일이 [휴지통]에 임시 보관되어 복원이 가능한 경우는?

① 바탕 화면에 있는 파일을 [휴지통]으로 드래그 앤 드롭 하여 삭제한 경우

② USB 메모리에 저장되어 있는 파일을 Delete 키로 삭제한 경우

③ 네트워크 드라이브의 파일을 바로 가기 메뉴에서 [삭제]를 선택하여 삭제한 경우

④ [휴지통 속성]에서 최대 크기를 0MB로 설정한 후 [내 문서] 폴더 안의 파일을 삭제한 경우

해설 휴지통에 보관되지 않고 바로 삭제되는 경우 : Shift + Delete 키로 삭제하거나 Shift 키를 누른 상태로 [휴지통]에 끌어놓기를 한 경우, [휴지통 속성] 대화 상자의 [일반] 탭에서 '파일을 휴지통에 버리지 않고 삭제할 때 바로 제거' 항목을 선택한 경우, 삭제할 파일 크기보다 휴지통 크기가 작은 경우 등이 있다.

15 다음 중 영상 신호와 음향 신호를 압축하지 않고 통합하여 전송하는 고선명 멀티미디어 인터페이스로 S-비디오, 컴포지트 등의 아날로그 케이블보다 고품질의 음향 및 영상을 감상할 수 있는 것은?

① DVI
② HDMI
③ USB
④ IEEE-1394

해설 • ① 디지털 TV를 만들 목적으로 개발한 영상 압축 기술이다.
• ③ 여러 개의 직렬 장치를 하나로 통합한 방식으로 플러그 앤 플레이(PnP)를 지원한다.
• ④ 디지털 기기간 고속 직렬 장치에 대한 표준 규격이다.

16 다음 중 컴퓨터에서 사용하는 캐시 메모리에 관한 설명으로 옳은 것은?

① 보조 기억 장치의 일부를 주기억 장치처럼 사용하는 메모리이다.

② 기억된 정보의 내용 일부를 이용하여 주기억 장치에 접근하는 장치이다.

③ EEPROM의 일종으로 비휘발성 메모리이다.

④ 중앙 처리 장치(CPU)와 주기억 장치 사이에 위치하여 컴퓨터 처리 속도를 향상시키는 메모리이다.

정답 12 ② 13 ① 14 ① 15 ② 16 ④

① 웨어러블 컴퓨터　② 마이크로 컴퓨터
③ 인공지능 컴퓨터　④ 서버 컴퓨터

해설 웨어러블(Wearable) 컴퓨터 : 스마트폰이나 태블릿을 무선으로 연결하여 안경, 손목 시계, 밴드형 기기 등에서 사용하는 것으로 항상 신체에 착용할 수 있어 실시간으로 작업이 가능하다.

해설 캐시 메모리(Cache Memory) : CPU와 주기억 장치 사이의 속도 차이를 줄이기 위한 고속 메모리로 주기억 장치보다 소용량으로 구성되며, 로컬 메모리라고도 한다.

17 다음 중 컴퓨터에서 사용하는 레이저 프린터에 관한 설명으로 옳지 않은 것은?

① 회전하는 드럼에 토너를 묻혀서 인쇄하는 방식이다.

② 비충격식이라 비교적 인쇄 소음이 적고, 인쇄 속도가 빠르다.

③ 인쇄 방식에는 드럼식, 체인식, 밴드식 등이 있다.

④ 인쇄 해상도가 높으며 복사기와 같은 원리를 사용한다.

해설 보기 ③번은 라인 프린터에 대한 설명이다.

18 다음은 노트북의 사양을 나타낸 것이다. 다음 중 ㉠~㉣에 대한 설명이 옳은 것은?

┌─────────────────────────┐
│ ㉠ Intel Core i5–8세대
│ ㉡ Intel UHD Graphics 620
│ ㉢ 16GB DDR4 RAM
│ ㉣ SSD 256GB
└─────────────────────────┘

① ㉠ – 메모리 종류와 용량

② ㉡ – 프로세서 종류

③ ㉢ – 디스플레이 크기와 해상도

④ ㉣ – 저장 장치 종류와 용량

해설 ㉠ – 프로세서(CPU) 종류, ㉡ – 디스플레이 크기와 해상도, ㉢ – 메모리 종류와 용량

19 다음 중 소형화, 경량화를 비롯해 음성과 동작 인식 등 다양한 기술이 적용되어 장소에 구애받지 않고 컴퓨터를 활용할 수 있도록 몸에 착용하는 컴퓨터를 의미하는 것은?

20 다음 중 인터넷에서 웹 서버와 사용자의 인터넷 브라우저 사이에 하이퍼텍스트 문서를 전송하기 위해 사용되는 통신 규약은?

① TCP　　　② HTTP
③ FTP　　　④ SMTP

해설
• ① 두 종단간 연결을 설정한 후 데이터를 패킷 단위로 교환한다.
• ③ 인터넷을 통하여 한 컴퓨터에서 다른 컴퓨터로 파일 전송을 지원한다.
• ④ 전자 우편의 송신을 담당한다.

2과목 **스프레드시트 일반**

21 다음 중 워크시트에 대한 설명으로 옳지 않은 것은?

① 여러 개의 시트를 한 번에 선택하면 제목 표시줄의 파일명 뒤에 [그룹]이 표시된다.

② 선택된 시트의 왼쪽에 새로운 시트를 삽입하려면 Shift + F11 키를 누른다.

③ 마지막 작업이 시트 삭제인 경우 빠른 실행 도구 모음의 '실행 취소(↺)' 명령을 클릭하여 되살릴 수 있다.

④ 동일한 통합 문서 내에서 시트를 복사하면 원래의 시트 이름에 '(일련번호)' 형식이 추가되어 시트 이름이 만들어진다.

해설 시트를 삭제하면 실행 취소 명령으로 되살릴 수 없다.

정답　**17** ③　**18** ④　**19** ①　**20** ②　**21** ③

22 다음 중 [시트 보호] 기능에 대한 설명으로 옳지 않은 것은?

① 새 워크시트의 모든 셀은 기본적으로 '잠금' 속성이 설정되어 있다.

② 워크시트에 있는 셀을 보호하기 위해서는 먼저 셀의 '잠금' 속성을 해제해야 한다.

③ 시트 보호를 설정하면 셀에 데이터를 입력하거나 수정하려고 했을 때 경고 메시지가 나타난다.

④ 셀의 '잠금' 속성과 '숨김' 속성은 시트를 보호하기 전까지는 아무런 효과를 내지 못한다.

> 해설 [셀 서식] 대화 상자의 [보호] 탭에서 '잠금'의 확인란이 해제되면 셀은 보호되지 않는다.

23 다음의 그림과 같이 목표값 찾기를 설정했을 때 이에 대한 의미로 옳은 것은?

▲	A	B	C	D	E	F
1		제품별 판매현황				
3	품목	노트북	프린트	스캐너	평균	
4	판매량	60	35	15	36.67	

목표값 찾기 [?] [×]
수식 셀(E): $E$4
찾는 값(V): 40
값을 바꿀 셀(C): $B$4
[확인] [취소]

① 평균이 40이 되려면 노트북 판매량이 얼마가 되어야 하는가?

② 노트북 판매량이 40이 되려면 평균이 얼마가 되어야 하는가?

③ 노트북 판매량을 40으로 변경하였을 때 평균은 얼마가 되어야 하는가?

④ 평균이 40이 되려면 노트북을 제외한 나머지 제품의 판매량이 얼마가 되어야 하는가?

> 해설 • 수식 셀 : 결과 값을 얻기 위한 셀 주소로 해당 셀에는 '값을 바꿀 셀'의 주소를 사용하는 수식이 필요하다(절대 참조 이용).
> • 찾는 값 : 찾고자 하는 수식의 결과 값을 입력한다.
> • 값을 바꿀 셀 : 변경되는 값이 들어 있는 셀 주소이다.

24 다음 중 새 워크시트에서 보기의 내용을 그대로 입력하였을 때 입력한 내용이 텍스트로 인식되지 않는 것은?

① 01:02AM ② 0 1/4

③ '1234 ④ 1월30일

> 해설 분수는 먼저 0을 입력한 후 한 칸의 공백을 삽입하고, 나머지 분수를 입력하므로 보기 ②번은 1/4의 분수로 인식된다.

25 다음 중 근무기간이 15년 이상이면서 나이가 50세 이상인 직원의 데이터를 조회하기 위한 고급 필터의 조건으로 옳은 것은?

①
근무기간	나이
>=15	>=50

②
근무기간	나이
>=15	
	>=50

③
근무기간	>=15
나이	>=50

④
근무기간	>=15
나이	>=50

> 해설 필터링 조건을 하나의 행에 입력하면 입력한 조건에 모두 만족(AND 조건)하는 데이터가 필터링되고, 조건을 서로 다른 행에 입력하면 입력한 조건 중 하나라도 만족(OR 조건)하는 데이터가 필터링된다.

26 다음 중 부분합에 대한 설명으로 옳지 않은 것은?

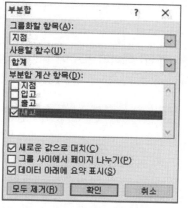

부분합 [?] [×]
그룹화할 항목(A):
지점
사용할 함수(U):
합계
부분합 계산 항목(D):
☐지점
☐입고
☐출고
☑재고
☑새로운 값으로 대치(C)
☐그룹 사이에서 페이지 나누기(P)
☑데이터 아래에 요약 표시(S)
[모두 제거(R)] [확인] [취소]

① 부분합을 실행하면 각 부분합에 대한 정보 행을 표시하고 숨길 수 있도록 목록에 윤곽이 자동으로 설정된다.

② 부분합은 한 번에 한 개의 함수만 계산할 수 있으므로 두 개 이상의 함수를 이용하려면 함수의 개수만큼 부분합을 중첩해서 삽입해야 한다.

③ '새로운 값으로 대치'를 선택하면 이전의 부분합의 결과는 제거되고 새로운 부분합의 결과로 변경한다.

④ 그룹화할 항목으로 선택된 필드는 자동으로 오름차순 정렬하여 부분합이 계산된다.

> **해설** 그룹화할 항목은 부분합의 기준이 되는 그룹이 있는 열 레이블을 지정하는 것으로 부분합을 구하려는 항목을 기준으로 먼저 오름차순 또는 내림차순으로 정렬한다.

27 다음 중 입력 데이터에 주어진 표시 형식으로 지정한 경우 그 결과가 옳지 않은 것은?

입력 데이터	표시 형식	표시 결과
① 7.5	#.00	7.50
② 44.398	???.???	044.398
③ 12,200,000	#,##0,	12,200
④ 상공상사	@ "귀중"	상공상사 귀중

> **해설**
> • ? : 무효의 0 대신 공백을 추가하여 소수점을 맞춘다(소수점 정렬).
> • 보기 ②번의 표시 결과는 44.398이다.

28 다음 중 [통합] 데이터 도구에 대한 설명으로 옳지 않은 것은?

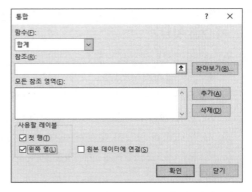

① '모든 참조 영역'에 다른 통합 문서의 워크시트를 추가하여 통합할 수 있다.

② '사용할 레이블'을 모두 선택한 경우 각 참조 영역에 결과표의 레이블과 일치하지 않은 레이블이 있으면 통합 결과표에 별도의 행이나 열이 만들어진다.

③ 지정한 영역에 계산될 요약 함수는 '함수'에서 선택하며 요약 함수로는 합계, 개수, 평균, 최대값, 최소값 등이 있다.

④ '원본 데이터에 연결' 확인란을 선택하여 통합한 경우 통합에 참조된 영역에서의 행 또는 열이 변경될 때 통합된 데이터 결과도 자동으로 업데이트 된다.

> **해설** 원본 데이터에 연결 : 원본 데이터에 연결하여 원본 데이터가 변경되면 통합 데이터도 같이 변경된다.

29 다음 중 [A1:D1] 영역을 선택한 후 채우기 핸들을 이용하여 아래쪽으로 드래그 하였을 때 데이터가 변하지 않고 같은 데이터로 채워지는 것은?

	A	B	C	D
1	가	갑	월	자
2				
3				

① 가
② 갑
③ 월
④ 자

> **해설** [Excel 옵션] 대화 상자의 [고급] 탭에서 [사용자 지정 목록 편집] 버튼을 클릭하면 사용자 지정 목록에 등록된 항목에 따라 자동으로 채워진다(갑→을, 월→화, 자→축).

30 다음 중 [페이지 설정] 대화 상자의 [시트] 탭에 대한 설명으로 옳은 것은?

① '메모'는 셀에 설정된 메모의 인쇄 여부를 설정하는 것으로 '없음'과 '시트에 표시된 대로' 중 하나를 선택하여 인쇄할 수 있다.

② 워크시트의 셀 구분선을 그대로 인쇄하려면 '눈금선'에 체크하여 표시하면 된다.

③ '간단하게 인쇄'를 체크하면 설정된 글꼴색은 모두 검정으로, 도형은 테두리 색만 인쇄하여 인쇄 속도를 높인다.

④ '인쇄 영역'에 범위를 지정하면 특정 부분만 인쇄할 수 있으며, 지정한 범위에 숨겨진 행이나 열도 함께 인쇄된다.

> 해설 · 메모 : 해당 시트에 입력된 메모의 인쇄 위치를 설정한다('없음'을 선택하면 셀에 메모가 있더라도 인쇄되지 않음).
> · 간단하게 인쇄 : 워크시트에 삽입된 그래픽 개체(도형, 차트, 일러스트레이션 등)를 제외하고, 텍스트만 빠르게 인쇄한다.
> · 인쇄 영역 : 특정 부분만 인쇄할 수 있도록 해당 범위를 설정한다.

31 다음 중 막대형 차트에서 각 데이터 계열을 그림으로 표시하는 방법으로 옳지 않은 것은?

① 막대에 채워질 그림은 저장된 파일, 클립보드에 복사되어 있는 파일, 클립아트에서 선택할 수 있다.

② 늘이기는 값에 비례하여 그림의 너비와 높이가 증가한다.

③ 쌓기는 원본 그림의 크기에 따라 단위/그림이 달라진다.

④ '다음 배율에 맞게 쌓기'는 계열 간의 원본 그림 크기가 달라도 단위/그림 같게 설정하면 같은 크기로 표시된다.

> 해설 늘이기는 오프셋 왼쪽/오른쪽/위쪽/아래쪽의 값에 따라 데이터 계열 안에서 그림의 너비와 높이가 증가하거나 감소한다.

32 다음 중 [A4] 셀의 메모가 지워지는 작업에 해당하는 것은?

▲	A	B	C	D
1		성적 관리		
2	성명	영어	국어	총점
3	배순용	91 장학생	89	170
4	이길순	88	98	186
5	하길주	87	88	175
6	이선호	67	78	145
7				

① [A3] 셀의 채우기 핸들을 아래쪽으로 드래그하였다.

② [A4] 셀의 바로 가기 메뉴에서 [메모 숨기기]를 선택하였다.

③ [A4] 셀을 선택하고, [홈] 탭 [편집] 그룹의 [지우기]에서 [모두 지우기]를 선택하였다.

④ [A4] 셀을 선택하고, 키보드의 BackSpace 키를 눌렀다.

> 해설 [홈] 탭 [편집] 그룹에서 [지우기] 단추를 클릭하고, [모두 지우기]를 선택하면 입력된 데이터, 서식, 메모 등을 모두 삭제할 수 있다.

33 다음의 표에서 원금[C4:F4]과 이율[B5:B8]을 각각 곱하여 수익금액[C5:F8]을 계산하기 위해서 [C5] 셀에 수식을 입력하고 나머지 모든 셀은 [자동 채우기] 기능으로 채우려고 한다. 다음 중 [C5] 셀에 입력할 수식으로 옳은 것은?

▲	A	B	C	D	E	F
1			이율과 원금에 따른 수익금액			
2						
3			원금			
4			5,000,000	10,000,000	30,000,000	50,000,000
5		1.5%				
6	이	2.3%				
7	율	3.0%				
8		5.0%				
9						

① =C4*B5

② =$C4*B$5

③ =C$4*$B5

④ =$C$4*$B$5

> 해설 · 혼합 참조 : 혼합 참조 주소를 복사하면 현재 셀 위치에 맞게 상대 참조 주소만 변경된다.
> · 행 입력 셀 : 변하는 값이 행에 있을 경우 변화되는 셀 주소를 지정한다.
> · 열 입력 셀 : 변하는 값이 열에 있을 경우 변화되는 셀 주소를 지정한다.

34 다음 중 매크로의 바로 가기 키에 대한 설명으로 옳지 않은 것은?

① 매크로 생성 시 설정한 바로 가기 키는 [매크로] 대화 상자의 [옵션]에서 변경할 수 있다.

② 기본적으로 바로 가기 키는 Ctrl 키와 조합하여 사용하지만 대문자로 지정하면 Shift 키가 자동으로 덧붙는다.

③ 바로 가기 키의 조합 문자는 영문자만 가능하고, 바로 가기 키를 설정하지 않아도 매크로를 생성할 수 있다.

④ 엑셀에서 기본적으로 지정되어 있는 바로 가기 키는 매크로의 바로 가기 키로 지정할 수 없다.

 매크로가 작성된 통합 문서가 열린 경우 기억되어 있는 기본 바로 가기 키보다 매크로 실행 바로 가기 키가 우선한다.

35 다음 중 환자번호[C2:C5]를 이용하여 성별 [D2:D5]을 표시하기 위해 [D2] 셀에 입력할 수식으로 옳지 않은 것은? (단, 환자번호의 4번째 문자가 'M'이면 '남', 'F'이면 '여'임)

	A	B	C	D
1	번호	이름	환자번호	성별
2	1	박상훈	01-M0001	
3	2	서윤희	07-F1002	
4	3	김소민	02-F5111	
5	4	이진	03-M0224	
6				
7	코드	성별		
8	M	남		
9	F	여		
10				

① =IF(MID(C2, 4, 1)="M", "남", "여")

② =INDEX($A$8:$B$9, MATCH(MID(C2, 4, 1), $A$8:$A$9, 0), 2)

③ =VLOOKUP(MID(C2, 4, 1), $A$8:$B$9, 2, FALSE)

④ =IFERROR(IF(SEARCH(C2, "M"), "남"), "여")

 • IFERROR(인수1, 인수2) : 인수1이 오류이면 인수2를 표시하고, 그렇지 않으면 인수1을 표시한다.

• SEARCH(텍스트1, 텍스트2, 시작 위치) : 텍스트2에서 시작 위치부터 텍스트1을 찾아 위치를 표시하되 대소문자를 구분하지 않는다.

• 보기 ④번의 결과는 '여'이다.

36 다음 중 [D9] 셀에서 사과나무의 평균 수확량을 구하는 경우 나머지 셋과 다른 결과를 표시하는 수식은?

	A	B	C	D	E	F
1	나무번호	종류	높이	나이	수확량	수익
2	001	사과	18	20	18	105000
3	002	배	12	12	10	96000
4	003	체리	13	14	9	105000
5	004	사과	14	15	10	75000
6	005	배	9	8	8	77000
7	006	사과	8	9	10	45000
8						
9	사과나무의 평균 수확량					
10						

① =INT(DAVERAGE(A1:F7, 5, B1:B2))

② =TRUNC(DAVERAGE(A1:F7, 5, B1:B2))

③ =ROUND(DAVERAGE(A1:F7, 5, B1:B2), 0)

④ =ROUNDDOWN(DAVERAGE(A1:F7, 5, B1:B2), 0)

• ROUND(인수, 자릿수) : 인수를 지정한 자릿수로 반올림한다. 이때, 자릿수가 0보다 크면 지정한 소수 자릿수로 반올림, 자릿수가 0이면 가장 가까운 정수로 반올림, 자릿수가 0보다 작으면 소수점 왼쪽에서 반올림한다.

• DAVERAGE(범위, 열 번호, 찾을 조건) : 지정한 조건에 맞는 데이터베이스에서 필드(열)의 평균을 구한다.

• 보기 ①, ②, ④번의 결과값은 120이고, 보기 ③번의 결과값은 130이다.

37 다음 중 '페이지 나누기'에 대한 설명으로 옳지 않은 것은?

① [페이지 나누기 미리 보기]에서 행 높이와 열 너비를 변경하면 '자동 페이지 나누기'의 위치도 변경된다.

② [페이지 나누기 미리 보기]에서 수동으로 삽입된 페이지 나누기는 점선으로 표시된다.

정답 **34** ④ **35** ④ **36** ③ **37** ②

③ 수동으로 삽입한 페이지 나누기를 제거하려면 페이지 나누기 선 아래 셀의 바로 가기 메뉴에서 [페이지 나누기 제거]를 선택한다.

④ 용지 크기, 여백 설정, 배율 옵션 등에 따라 자동 페이지 나누기가 삽입된다.

> **해설** [페이지 나누기 미리 보기]에서 자동으로 표시된 페이지 구분선은 점선, 사용자가 삽입한 페이지 구분선은 실선으로 표시된다.

38 다음 중 매크로가 포함된 엑셀 파일을 열었을 때 엑셀 화면이 다음과 같이 되었다면 아래 통합문서에 적용된 매크로 보안은?

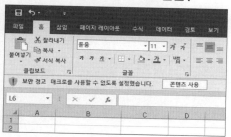

① 모든 매크로 제외(알림 표시 없음)
② 모든 매크로 제외(알림 표시)
③ 디지털 서명된 매크로만 포함
④ 모든 매크로 포함

> **해설** 엑셀의 매크로 보안 설정은 기본적으로 '모든 매크로 제외(알림 표시)'로 설정되어 있다.

39 다음 중 학점[B3:B10]을 이용하여 [E3:E7] 영역에 학점별 학생수만큼 '♣' 기호를 표시하고자 할 때 [E3] 셀에 입력해야 할 수식으로 옳은 것은?

	A	B	C	D	E
1	엑셀 성적 분포				
2	이름	학점		학점	성적그래프
3	김현미	A		A	♣
4	조미림	B		B	♣♣♣♣
5	심기훈	F		C	♣
6	박원석	C		D	
7	이영준	B		F	♣♣
8	최세종	F			
9	김수현	B			
10	이미도	B			
11					

① =REPT("♣", COUNTIF(D3, $B$3:$B$10))
② =REPT(COUNTIF(D3, $B$3:$B$10), "♣")
③ =REPT("♣", COUNTIF($B$3:$B$10, D3))
④ =REPT(COUNTIF($B$3:$B$10, D3), "♣")

> **해설** • REPT(텍스트, 개수) : 텍스트를 개수만큼 표시한다.
> • COUNTIF(셀 범위, 찾을 조건) : 범위 지정 목록에서 찾을 조건과 일치하는 셀의 개수를 구한다.
> • REPT("♣", COUNTIF($B$3:$B$10, D3)) : [B3:B10] 영역에서 'A'의 개수(1)를 구한 후 '♣'를 1번 표시한다.

40 다음 중 차트에 대한 설명으로 옳지 않은 것은?

구분	남	여	합계
1반	23	21	44
2반	22	25	47
3반	20	17	37
4반	21	19	40
합계	86	82	168

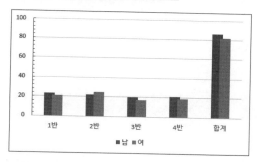

① 차트의 종류는 묶은 세로 막대형으로 계열 옵션의 '계열 겹치기'가 적용되었다.
② 세로 (값) 축의 [축 서식]에는 주 눈금과 보조 눈금이 '안쪽'으로 표시되도록 설정되었다.
③ 데이터 계열로 '남'과 '여'가 사용되고 있다.
④ 표 전체 영역을 데이터 원본으로 사용하여 차트를 작성하였다.

> **해설** 차트는 [A1:C6] 영역 즉, '구분' 열, '남' 열, '여' 열의 데이터만 사용하였고, '합계' 열은 사용하지 않았다.

점

1과목 **컴퓨터 일반**

01 한글 Windows의 [시작] 메뉴에 대한 설명으로 옳지 않은 것은?

① Windows에 설치된 프로그램이 있는 곳으로 Ctrl + ESC 키 또는 를 누른다.

② 컴퓨터에 설치된 모든 프로그램은 숫자순, 영문순, 한글순으로 정렬되어 나타난다.

③ 메뉴에 나타나는 해당 앱 목록에는 임의의 프로그램을 등록할 수 없다.

④ 시작 화면에 고정된 항목을 제거하려면 해당 앱 항목에서 마우스 오른쪽 버튼을 클릭하고, [시작 화면에서 제거]를 선택한다.

> **해설** 한글 Windows에서 사용하는 프로그램은 앱 목록에 추가되는데 해당 목록에는 임의의 프로그램을 등록하거나 제거할 수 있다.

02 다음의 문자 코드 중 한 문자가 차지하는 크기가 다른 것은?

① ASCII 코드
② KS X 1001 완성형 한글
③ KS X 1001 조합형 한글
④ Unicode 코드

> **해설** 한 문자가 차지하는 크기에서 보기 ①번은 7비트이고, 보기 ②, ③, ④번은 16비트이다.

03 다음 중 최초의 전자계산기 ENIAC에서 사용된 프로그램 방식은?

① 프로그램 내장 방식
② 어셈블리어 방식
③ 고급 언어 방식
④ 외부 프로그램 방식

> **해설** 에니악(ENIAC) : 모클리(J. W. Mauchly)와 에커트(J. P. Eckert)가 고안한 최초의 전자계산기로 10진 방식의 기억과 연산을 수행하며, 외부 프로그래밍 방식을 사용하였다.

04 다음의 설명에 가장 적합한 것은?

> • 전원이 계속 공급되더라도 주기적으로 재충전이 되어야 기억된 내용을 유지할 수 있는 기억 소자이다.
> • 회로가 비교적 간단하고, 가격이 저렴하다.
> • 집적도가 높기 때문에 대용량의 기억 장치에 주로 사용된다.

① SRAM(Static RAM)
② DRAM(Dynamic RAM)
③ PROM(Programmable ROM)
④ EPROM(Erasable ROM)

> **해설** • ① 전원 공급이 계속되는 동안은 그 내용을 잃어버리지 않아 재생(Refresh) 작업이 필요 없는 반도체 램이다.
> • ③ 사용자가 임의로 필요한 내용을 한 번에 걸쳐 입력할 수 있는 ROM이다.
> • ④ 기억된 내용을 자외선을 이용하여 지우고 다시 입력할 수 있는 ROM으로 소거가 가능하다.

05 다음 중 전화 회선을 통해 높은 주파수 대역과 고속으로 정보를 전송하는 기술로 다운로드와 업로드가 비대칭 구조를 가지며, 같은 회선에 음성 데이터와 디지털 데이터를 동시에 보내는 서비스 기술은?

① ISDN   ② MODEM
③ CODEC   ④ ADSL

> **해설** • ① 종합 정보 통신망. 음성이나 문자, 화상 데이터를 종합적으로 제공하는 디지털 통신망이다.
> • ② 모뎀(변복조기). 디지털 신호를 아날로그 신호로 변조하고, 전화선을 통해 들어온 아날로그 신호를 다시 디지털 신호로 복조 해주는 기기이다.
> • ③ 코덱. 아날로그 신호를 디지털 신호로 또는 디지털 신호를 아날로그 신호로 변환하는 장치이다.

정답   01 ③   02 ①   03 ④   04 ②   05 ④

06 한글 Windows에서 바로 가기 아이콘에 대한 설명으로 옳지 않은 것은?

① 하나의 원본 파일에 대한 바로 가기 아이콘은 한 개만 만들어 사용할 수 있다.

② 위치는 실제 파일 위치와 다를 수 있으며, 아이콘을 삭제해도 원본 파일에는 전혀 영향을 주지 않는다.

③ 바로 가기 아이콘을 만들려면 해당 개체를 선택하고, [Ctrl]+[Shift] 키를 누른 상태에서 드래그한다.

④ 실제 프로그램이 아니라 응용 프로그램의 경로를 기억하고 있는 아이콘으로 확장자는 'LNK'이다.

> **해설** 하나의 원본 파일에 대한 바로 가기 아이콘을 여러 개 만들어 사용할 수 있다.

07 다음 중 동영상을 위한 파일 형식이 아닌 것은?

① AVI   ② MP3

③ MOV   ④ ASF

> **해설** MP3 : MPEG-1 Layer3의 약어로 국제표준화기구(ISO)에서 고음질 오디오 압축의 표준안으로 채택한 디지털 파일 양식이다.

08 한글 Windows에서 휴지통에 대한 설명으로 옳지 않은 것은?

① 하드 디스크가 여러 개인 경우 드라이브마다 휴지통 크기를 동일하게 또는 다르게 설정할 수 있다.

② 휴지통에 있는 파일은 복원하기 전까지 해당 내용을 볼 수가 없다.

③ 휴지통에 있는 파일은 잘라내기만 수행이 가능하며, 복사는 수행할 수 없다.

④ 휴지통 크기를 초과하여 파일이 삭제되면 보관된 파일 중 가장 최근 파일부터 자동 삭제된다.

> **해설** 휴지통 크기를 초과하여 파일이 삭제되면 보관된 파일 중 가장 오래된 파일부터 자동적으로 삭제된다.

09 정보를 효과적으로 나타내기 위해 문서와 문서를 연결하여 관련된 정보를 쉽게 찾아 볼 수 있도록 한다. 이렇게 만든 텍스트를 무엇이라고 하는가?

① 멀티미디어 텍스트

② 모노미디어 텍스트

③ 하이퍼텍스트

④ 인덱스 텍스트

> **해설** 하이퍼텍스트(Hypertext) : 문서 중간 중간이 연결되어 있어서 어떤 부분을 보다가 그에 연관된 다른 부분의 연결을 따라가면서 참조할 수 있는 형식의 문서이다.

10 하드웨어 신뢰도 척도의 하나로서 컴퓨터 시스템이나 구성 부품의 고장 시점부터 다음 고장 시점까지의 평균 시간 간격 즉, 수리 완료일로부터 다음 고장까지 동작한 시간의 평균을 의미하는 것은?

① MTBF   ② UPS

③ MTTR   ④ CVCF

> **해설**
> • ② 정전이 발생한 경우 사용자가 작업 중인 데이터를 잃어버리지 않도록 하기 위해 일정한 시간 동안 안정된 전원을 공급해 주는 장치이다(무정전 전원 장치).
> • ③ 고장이 발견된 후부터 수리가 끝나 가동이 가능하게 된 시점까지의 평균 시간이다(평균 수리 시간).도가 빠르다.
> • ④ 교류 전원의 전압과 주파수를 항상 일정하게 하는 것이다(정전압 정주파 장치).

11 한글 Window의 [설정]-[시스템]-[디스플레이]에 대한 설명으로 옳지 않은 것은?

① 높은 화면 해상도에서는 텍스트와 이미지가 더 선명하지만 크기는 더 작게 표시된다.

② 디스플레이의 해상도와 방향을 사용자가 임의로 변경할 수 있다.

정답   06 ①   07 ②   08 ④   09 ③   10 ①   11 ④

③ 여러(다중) 디스플레이와 그래픽을 설정할 수 있다.

④ 두 대의 모니터가 연결된 경우 좌측 모니터가 주 모니터로 설정되므로 해상도가 높은 모니터를 반드시 좌측에 배치해야 한다.

> **해설** 보기 ④번의 경우 모니터를 배치하는 것은 아무런 상관이 없다.

12 다음의 소프트웨어 중에서 나머지 셋과 그 성격이 다른 것은?

① 어셈블러(Assembler)

② 인터프리터(Interpreter)

③ 운영 체제(Operating System)

④ 컴파일러(Compiler)

> **해설** • 보기 ①, ②, ④번은 언어 번역 프로그램에 해당한다.
> • 보기 ③번은 컴퓨터와 사용자 사이에서 중재적 역할을 하는 소프트웨어로 사용자가 응용 프로그램을 쉽게 사용할 수 있도록 하는 프로그램이다.

13 여러 대의 컴퓨터들에 의해 작업들을 나누어 처리하고, 그 내용이나 결과를 통신망을 이용하여 상호 교환되도록 연결하는 시스템은 무엇인가?

① 오프라인 시스템(Off-Line System)

② 일괄 처리 시스템(Batch Processing System)

③ 집중식 처리 시스템(Centralized Processing System)

④ 분산 처리 시스템(Distributed Processing System)

> **해설** • ① 단말 장치와 컴퓨터 사이에 통신 회선 없이 사람이 개입하여 자료를 처리하는 시스템이다.
> • ② 발생된 데이터를 일정 기간 또는 일정량을 모아서 한꺼번에 처리하는 시스템이다.
> • ③ 여러 개의 컴퓨터에서 수집된 데이터를 중앙 컴퓨터가 직접 처리하는 시스템이다.

14 다음 중 컴퓨터에 저장되는 이미지 파일 포맷인 래스터(Raster) 방식에 대한 설명으로 옳지 않은 것은?

① 주로 스캐너나 디지털 카메라를 이용해서 생성된다.

② 픽셀 단위로 이미지를 저장한다.

③ WMF는 Windows에서 기본으로 사용되는 래스터 파일 형식이다.

④ 파일 크기는 이미지의 해상도에 비례해서 커진다.

> **해설** WMF : Windows에서 기본적으로 사용하는 벡터 방식의 파일 형식이다.

15 다음 중 전자 우편(E-mail)을 사용할 때 편리한 점이 아닌 것은?

① 동영상, 사운드, 문서 파일 등을 보낼 수 있다.

② 편지가 올바르게 보내졌는지 확인할 수 있으며, 문자를 실시간으로 주고받을 수 있다.

③ 전 세계 어디에서든지 인터넷에 접속할 수 있는 곳이라면 어느 곳에서든 필요한 내용을 보내고 받을 수 있다.

④ 한번에 여러 사람에게 편지를 보낼 수 있다.

> **해설** 전자 우편은 문자를 실시간으로 주고받을 수는 없다.

16 다음 컴퓨터 해킹 용어 중 네트워크 주변을 지나다니는 패킷을 엿보면서 계정과 패스워드 등의 정보를 알아내는 행위를 무엇이라고 하는가?

① 스푸핑(Spoofing)

② 스니핑(Sniffing)

③ 트랩 도어(Trap Door)

④ DoS(Denial of Service)

17 한글 Window의 [디스크 정리] 기능에 관한 설명으로 옳은 것은?

① 하드 디스크에서 불필요한 파일의 수를 줄여 디스크에 여유 공간을 확보한다.

② 분산된 저장 파일들을 연속된 공간에 저장함으로써 디스크의 접근 속도를 향상시킨다.

③ 개인 파일에 영향을 주지 않고, 컴퓨터에 대한 시스템의 변경 내용 실행을 취소한다.

④ 심각한 오류가 발생한 경우에 Windows를 복구하는데 사용한다.

해설 디스크 정리 : 시스템에 있는 불필요한 파일이나 프로그램을 삭제하여 디스크의 여유 공간을 확보한다.

18 한글 Window의 [제어판]–[프로그램 및 기능]에서 할 수 있는 작업으로 옳지 않은 것은?

① 프로그램을 제거하거나 특정 옵션을 이용하여 프로그램 구성을 변경할 수 있다.

② 고대비 색 구성표를 설정하여 해당 항목을 뚜렷하고 쉽게 식별할 수 있다.

③ 컴퓨터에 설치된 업데이트 목록에서 제거 또는 변경할 수 있다.

④ Windows의 기능을 켜기 및 끄기로 설정할 수 있다.

해설 보기 ②번은 [접근성 센터]–[컴퓨터를 보기 쉽게 설정]–[고대비 테마 선택]에서 작업할 수 있다.

19 다음은 통신망을 구성하는 요소를 설명한 것이다. 내용으로 알맞은 것은?

• 두 개의 근거리 통신망(LAN) 시스템을 이어주는 접속 장치이다.
• 양방향으로 데이터의 전송만 해줄 뿐 프로토콜 변환 등 복잡한 처리는 불가능하다.
• 네트워크 프로토콜과는 독립적으로 작용하므로 네트워크에 연결된 여러 단말들의 통신 프로토콜을 바꾸지 않고도 네트워크를 확장할 수 있다.

① 라우터 ② 스위칭 허브
③ 브리지 ④ 게이트웨이

해설 • ① 서로 다른 두 개의 네트워크를 연결하여 다른 네트워크를 사용할 수 있도록 하는 장비이다.
• ② 네트워크에서 연결된 각 회선이 모이는 접선 장치로서 각 회선의 통합적인 관리를 하는 장비이다.
• ④ LAN과 같은 네트워크를 다른 네트워크와 연결하며, 서로 다른 프로토콜에서 네트워크를 상호 연결하는 장비이다.

20 다음 중 비대칭형(Public Key) 암호화 방식의 특징이 아닌 것은?

① 암호키와 해독키가 분리되어 있다.

② RSA 방식이 많이 사용된다.

③ 공개키만으로는 암호화된 내용을 복호화 할 수 없다.

④ 송신자와 수신자 사이에 동일한 키를 사용한다.

해설 보기 ④번에서 송신자와 수신자 사이에는 서로 다른 키를 사용한다.

2과목 스프레드시트 일반

21 다음 중 데이터를 입력할 때 알아두어야 할 사항으로 옳지 않은 것은?

① 현재 날짜 입력은 Ctrl + - 키를 누르고, 현재 시간 입력은 Ctrl + Alt + + 키를 누른다.

② 숫자로 사용될 수 있는 문자에는 0부터 9까지의 수와 + - ( ) , / $ % . E e가 있다.

③ 분수를 날짜로 입력할 수 없게 하려면 0 1/2
과 같이 분수 앞에 0을 입력한 뒤 한 칸 띄우
고 분수를 입력한다.
④ 음수 앞에는 - 기호를 입력하거나 괄호로 숫
자를 묶는다.

> 해설 현재 날짜 입력은 Ctrl + : 키를, 현재 시간 입력은 Ctrl
> + Shift + : 키를 누른다.

22 다음 중 부분합에 대한 설명으로 옳지 않은 것은?

① 부분합을 구하기 위해서는 그룹화할 필드의
항목들을 정렬시킨 후 사용해야 올바른 결과
를 얻을 수 있다.
② 특정 필드를 기준으로 데이터를 분류하고,
각 분류별로 합계나 평균 등을 쉽게 계산할
수 있다.
③ 부분합을 구하기 전의 원래 데이터로 돌아가
기 위해서는 [부분합] 대화 상자에서 [취소]
단추를 클릭한다.
④ '그룹 사이에서 페이지 나누기' 옵션을 선택하면
그룹 사이에 구분선이 그어져서 부분합이 계산
된 그룹을 각 페이지별로 인쇄할 수 있다.

> 해설 부분합을 구하기 전의 원래 데이터로 돌아가기 위해서는 [부
> 분합] 대화 상자에서 [모두 제거] 단추를 클릭한다.

23 워크시트에 추가된 내용을 차트에 추가하려고 한다. 다음 중 적당하지 않은 방법은?

① 추가된 데이터를 범위 지정하여 복사한 다음
차트를 선택하여 차트 영역 위에서 붙여넣기
한다.
② 추가된 데이터를 범위 지정하여 차트 영역
위로 드래그한다.
③ 차트를 선택하고 바로 가기 메뉴의 [데이터
선택]-[데이터 원본 선택] 대화 상자에서 차
트 데이터 범위를 추가된 부분까지 포함하여
새로 설정한다.
④ 새로 추가된 범위를 포함하여 차트를 반드시
다시 작성해야만 가능하다.

> 해설 작성된 차트에 새로운 내용을 추가하려면 보기 ①, ②, ③번
> 의 방법을 이용한다.

24 다음 중 고급 필터에 관한 설명으로 옳지 않은 것은?

① 필터링된 데이터는 다른 시트에도 추출(복
사)할 수 있다.
② 필터링 결과는 '현재 위치에 필터'하거나 '다
른 장소에 복사' 중에서 선택할 수 있다.
③ 워크시트의 목록에는 찾을 조건으로 사용할
수 있는 열 레이블이 있어야 한다.
④ 고급 필터를 사용하려면 먼저 워크시트에 주
어진 조건을 입력한다.

> 해설 필터링된 데이터는 다른 시트에 추출(복사)할 수 없으며, 다른
> 시트 지정 시 '필터링된 데이터는 현재 시트에만 복사할 수 있습니다.'
> 라는 오류 메시지가 나타난다.

25 신장이 170 이상인 사원 중에서 가장 높은 체중을 구하려고 한다. 다음 중 [G3] 셀에 입력할 수식으로 올바른 것은?

	A	B	C	D	E	F	G
1	사원번호	사원명	신장	체중			
2	98-001	박명휘	163	80		신장	체중
3	99-003	조봉수	171	69		>=170	77
4	99-005	이건용	173	71			
5	00-002	하두석	165	67			
6	02-001	류재동	180	77			
7							

① =DMAX($A$1:$D$6, F2:F3)

② =DMAX($A$2:$D$6, 4, F2:F3)

③ =DMAX($A$1:$D$6, 4, F2:F3)

④ =MAX($A$2:$D$6, 3, F2:F3)

> **해설** DMAX(범위, 열 번호, 찾을 조건) : 지정한 조건에 맞는 데이터베이스의 필드(열) 값 중에서 가장 큰 값을 구한다. → [$A$1:$D$6] 영역에서 4번째 열(체중)에 있는 데이터 중 [F2:F3] 영역 조건에 맞는 값을 구한다.

26 셀에 #NAME?라는 오류 메시지가 표시되었다. 그 이유로 가장 적당한 것은?

① 수식에서 특정 값을 0 또는 빈 셀로 나눌 경우 발생

② 수식에 인용 부호 없이 텍스트를 입력한 경우 발생

③ 잘못된 인수나 피연산자를 사용했을 경우 발생

④ 수식에서 셀 참조가 유효하지 않았을 때 발생

> **해설** 보기 ①번은 #DIV/0! 오류, 보기 ③번은 #VALUE! 오류, 보기 ④번은 #REF! 오류에 해당한다.

27 다음의 시트에서 [C1] 셀에 수식 '=SUM(A$1:$B1)'을 입력한 후 [C3] 셀까지 채우기 핸들을 이용하여 값을 채울 경우 [C3] 셀의 결과 값은?

▲	A	B	C	D
1	3	6	9	
2	4	8		
3	5	10		
4				

① 15   ② 36

③ 12   ④ 21

> **해설** [C1] 셀에 수식을 입력한 후 채우기 핸들을 드래그하면 [C2] 셀에는 '=SUM(A$1:$B2)' 수식과 결과값 '21'이, [C3] 셀에는 '=SUM(A$1:$B3)' 수식과 결과값이 '36'이 입력된다.

28 인쇄할 때 워크시트의 특정 부분을 반복 인쇄하고자 하는 경우 [페이지 설정] 대화 상자에서 나타나는 4개의 탭 중 어디에서 설정할 수 있는가?

① [페이지]   ② [여백]

③ [머리글/바닥글]   ④ [시트]

> **해설**
> • ① 용지 방향, 배율, 용지 크기, 인쇄 품질, 시작 페이지 번호, 옵션 등을 설정한다.
> • ② 인쇄 용지의 위쪽, 아래쪽, 왼쪽, 오른쪽, 머리글, 바닥글 여백과 페이지 가운데 맞춤 등을 설정한다.
> • ③ 워크시트에서 작업한 내용을 인쇄할 때 매 페이지의 상단이나 하단에 특정 텍스트(페이지 번호, 문서 제목, 작성자, 작성 날짜 등)를 표시한다.

29 다음 중 [사용자 지정] 표시 형식에서 사용하는 기호에 대한 설명으로 옳지 않은 것은?

① @ : 특정한 문자를 항상 붙여서 표기할 때 사용한다.

② dddd : 요일을 영문자로 표시한다.

③ # : 하나의 자릿수를 의미하며, 해당 자릿수에 숫자가 없을 경우는 9를 표시한다.

④ % : 입력된 숫자에 100을 곱한 후 % 기호를 붙인다.

> **해설** # : 유효 자릿수만 표시하며, 무효의 0은 표시하지 않는다.

30 다음 중 조건부 서식에 대한 설명으로 옳지 않은 것은?

① 특정 조건이나 기준에 따라 셀 범위의 모양을 변경한다.

② 여러 조건 중에서 참인 조건이 여러 개일 경우 첫 번째 참 조건의 서식만 적용된다.

③ 규칙별로 서로 다른 서식을 적용하거나 고유 및 중복 값에 대해서만 서식을 지정할 수 있다.

④ 규칙 유형 중 수식이나 함수로 조건을 지정
하려면 '다음을 포함하는 셀만 서식 지정'을
선택한다.

> **해설** • 규칙 유형 중 수식이나 함수로 조건을 지정하려면 '수식을
> 사용하여 서식을 지정할 셀 결정'을 선택한다.
> • '다음을 포함하는 셀만 서식 지정'은 셀 값에 따라 범위와
> 조건을 지정하여 서식을 설정할 때 사용한다.

31 고급 필터에서 다음과 같은 조건을 설정하면
어떤 결과가 나타나는가?

	A	B	C	D
4				
5	직위	성별	부서명	
6	사원	남자		
7			연구소	
8				

① 직위가 사원이면서 성별이 남자이거나 부서
명이 연구소인 데이터가 추출된다.
② 직위가 사원이거나 성별이 남자이면서 부서
명이 연구소인 데이터가 추출된다.
③ 직위가 사원이거나 성별이 남자이거나 부서
명이 연구소인 데이터가 추출된다.
④ 직위가 사원이면서 성별이 남자이면서 부서
명이 연구소인 데이터가 추출된다.

> **해설** 조건을 하나의 행에 입력하면 입력한 조건에 모두 만족(AND
> 조건)하는 데이터가 필터링되고, 조건을 서로 다른 행에 입력하면
> 입력한 조건 중 하나라도 만족(OR 조건)하는 데이터가 필터링된다.

32 다음 중 통합 문서 공유에 대한 설명으로 옳지
않은 것은?

① 여러 사용자가 동시에 동일한 셀을 변경할 경
우는 충돌이 발생한다.
② 공유 통합 문서의 워크시트에서 전체 행과 열
은 삽입하거나 삭제할 수 없다.
③ 공유 통합 문서를 열어 추가로 작업한 후 저장
하면 다른 사용자가 변경된 내용을 확인할 수
있다.

④ 공유 통합 문서를 네트워크 위치에 복사하면
다른 통합 문서나 문서의 연결이 유지된다.

> **해설** 공유 통합 문서의 워크시트에서 전체 행과 열은 삽입하거나
> 삭제할 수 있다.

33 다음 중 틀 고정에 대한 설명으로 옳지 않은
것은?

① 워크시트가 보호된 경우에도 틀 고정 명령은
사용할 수 있다.
② 데이터 양이 많은 경우 특정 범위의 행과 열을
고정시켜 셀 포인터의 이동과 상관없이 화면
에 항상 표시할 수 있도록 하는 기능이다.
③ 틀 고정을 수행하면 셀 포인터의 왼쪽과 위
쪽으로 틀 고정선이 표시된다.
④ 화면에 틀이 고정되어 있어도 인쇄에는 적용
되지 않는다.

> **해설** 셀 편집 모드에 있거나 워크시트가 보호된 경우에는 틀 고정
> 명령을 사용할 수 없다.

34 다음 중 상품 가격이 2,500원짜리 물건에 대
하여 총 판매액이 1,500,000원이 되게 하기
위해서는 판매수량이 얼마나 되어야 하는지
알아보기 위해 사용되는 유용한 기능은?

① 피벗 테이블   ② 목표값 찾기
③ 시나리오   ④ 레코드 관리

> **해설** • ① 특정한 필드에 대해 행이나 열의 위치를 변경하여 목록
> 을 필터링하거나 요약 및 분석할 때 사용한다.
> • ③ 결과를 예측하기 어려운 경우 여러 가지 가상 상황에
> 따른 결과값을 비교 및 분석하고 계획을 세우기 위해 사용
> 한다.
> • ④ 특정 자료에 대한 목록을 추가, 수정, 삭제할 때 사용한다.

정답 **31** ① **32** ② **33** ① **34** ②

35 다음 중 [매크로 기록] 대화 상자에 대한 설명으로 옳지 않은 것은?

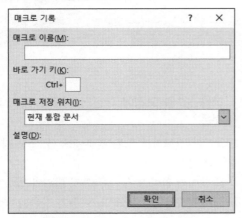

① 매크로 이름에는 +, -, & , ?와 같은 특수 문자를 포함할 수 없다.

② 바로 가기 키에서 대문자는 사용할 수 없다.

③ 매크로 저장 위치는 매크로를 저장할 위치를 설정하는 것으로 '개인용 매크로 통합 문서', '새 통합 문서', '현재 통합 문서' 중에서 선택할 수 있다.

④ 설명은 기록하지 않아도 되며, 소스에서는 주석으로 표시된다.

> **해설** 바로 가기 키는 기본적으로 Ctrl +영문 소문자로 지정되지만 바로 가기 키 입력란에 대문자를 입력하면 Ctrl + Shift +영문 대문자로 지정된다.

36 다음 중 피벗 테이블에 관한 설명으로 잘못된 것은?

① 원본 데이터의 행이나 열 위치를 사용자 임의로 변경하여 데이터를 표시할 수 있다.

② 사용할 수 있는 함수로는 합계, 개수, 평균, 최대값, 최소값, 곱, 수치 개수, 표본 표준 편차, 표준 편차, 표본 분산, 분산 등이 있다.

③ 피벗 테이블을 삭제하면 피벗 테이블과 연결된 피벗 차트도 함께 삭제된다.

④ 원본 데이터가 변경되면 데이터 새로 고침 기능을 이용하여 피벗 테이블 데이터도 변경할 수 있다.

> **해설** 피벗 테이블을 삭제하면 피벗 테이블과 연결된 피벗 차트는 삭제되지 않고, 일반 차트로 변경된다.

37 워크시트에서 계산 값이 10,000 이상일 때 ○만 ○○○○원으로 표시하고자 한다. 올바르게 지정된 셀 서식 형식은?

> (표시 예 : 13546 → 1만3456원)

① #"만"#"원"

② [>=10000]#"만"#"원";#"원"

③ [<10000]#"만"####"원";#"원"

④ [>=10000]#"만"####"원";#"원"

> **해설**
> • 해당 조건은 대괄호([])로 묶어서 지정하며, 조건에서 초과는 '>', 음수는 '<0'으로 표현한다.
> • 숫자와 함께 표시할 문자는 큰 따옴표("")로 묶어준다.

38 다음 중 [데이터] 탭에서 [정렬]을 실행한 후 [옵션] 단추를 눌러 설정할 수 없는 정렬 기준은 어느 것인가?

① 왼쪽에서 오른쪽

② 사용자 정의 정렬 순서

③ 위쪽에서 아래쪽

④ 대/소문자 구분

> **해설** [정렬 옵션] 대화 상자에서는 대/소문자 구분. 위쪽에서 아래쪽. 왼쪽에서 오른쪽을 지정할 수 있다.

39 다음의 표는 어린이 비타민 한 알에 포함된 비타민의 성분표이다. 각 성분별 비율을 전체에 대비하여 비교해 보려면 어떤 차트로 나타내는 것이 가장 알맞을까?

성분	함량
비타민 A	0.1 mg
비타민 B1	0.35mg
비타민 B2	0.45mg
비타민 B3	4.5 mg
비타민 B6	0.1 mg
비타민 C	3 mg
비타민 E	2 mg

① 방사형　　　　② 분산형
③ 원형　　　　　④ 꺾은선형

해설 원형 : 하나의 데이터 계열로 중요 요소를 강조할 때 사용하며, 전체 항목에 대한 각 항목의 크기 비율을 나타낸다(항상 한 개의 데이터 계열만을 가지고 있으므로 축이 없음).

40 다음 중 함수에 대한 설명이 잘못된 것은?

① CHOOSE( ) : 인수 목록 중 번호에 해당하는 인수를 구하는 함수이다.
② COUNT( ) – 인수 목록 내에 숫자가 들어있는 셀의 개수를 구하는 함수이다.
③ PROPER( ) – 텍스트를 모두 대문자로 변환하여 주는 함수이다.
④ DSUM( ) – 지정한 조건에 맞는 데이터베이스에서 필드 값들의 합을 구하는 함수이다.

해설
• PROPER(텍스트) : 단어의 첫째 문자를 대문자로 변환하고, 나머지는 모두 소문자로 변환하는 함수이다.
• 보기 ③번은 UPPER(텍스트) 함수에 대한 설명이다.

2022년 기출복원문제

점

1과목 컴퓨터 일반

01 다음 중 컴퓨터 구조에서 제어 장치(Control Unit)의 구성 요소로 옳지 않은 것은?

① 부호기(Encoder)

② 프로그램 카운터(Program Counter)

③ 보수기(Complement)

④ 명령 해독기(Instruction Decoder)

> 해설 • 제어 장치 : 프로그램 카운터, 명령 레지스터, 명령 해독기, 번지 해독기, 부호기, 기억 주소 레지스터, 기억 버퍼 레지스터 등이 있다.
> • 보기 ③번은 연산 장치에 해당된다.

02 다음 중 사용자의 기본 설정을 사이트가 인식하도록 하거나 사용자가 웹 사이트로 이동할 때마다 로그인해야 하는 번거로움을 생략할 수 있도록 하여 사용자 환경을 향상시키는 것은?

① 쿠키(Cookie)

② 즐겨찾기(Favorites)

③ 웹 서비스(Web Service)

④ 히스토리(History)

> 해설 쿠키(Cookie) : 웹 사이트의 방문 기록(ID)을 남겨 사용자와 웹 사이트를 매개해 주는 역할을 한다.

03 다음 중 컴퓨터에서 사용되는 자료의 크기가 작은 순서부터 나열한 것으로 옳은 것은?

① Bit-Nibble-Byte-Word

② Bit-Byte-Nibble-Word

③ Bit-Nibble-Word-Byte

④ Bit-Byte-Word-Nibble

> 해설 자료 단위 : Bit - Nibble - Byte - Word - Item(Field) - Record - File

04 다음 중 HD급 고화질 비디오를 저장할 수 있는 차세대 광학 장치로 디스크 한 장에 25GB 이상을 저장할 수 있는 것은?

① CD-RW　　　② DVD

③ 블루레이 디스크　④ ZIP 디스크

> 해설 블루레이 디스크(Blu-Ray Disc, BD) : 고선명(HD) 비디오를 위한 디지털 데이터를 저장할 수 있도록 소니가 BDA(블루레이 디스크 협회, Blu-Ray Disc Association)에서 정한 광기록 방식의 저장 매체이다.

05 다음 중 감염 대상을 갖고 있지는 않으나 연속으로 자신을 복제하여 시스템의 부하를 높이는 악성 프로그램은?

① 웜(Worm)

② 해킹(Hacking)

③ 스푸핑(Spoofing)

④ 스파이웨어(Spyware)

> 해설 • ② 컴퓨터에 불법적으로 침투하여 시스템과 데이터를 파괴하는 행위이다.
> • ③ 허가받지 않은 사용자가 네트워크상의 데이터를 변조하여 접속하는 행위이다.
> • ④ 다른 사람의 컴퓨터에 잠입하여 중요한 개인 정보를 빼가는 행위이다.

06 다음 중 네트워크 연결을 위하여 사용하는 프로토콜에 대한 설명으로 옳지 않은 것은?

① 통신을 원하는 두 개체간에 무엇을, 어떻게, 언제 통신할 것인가에 대해 약속한 통신 규정이다.

---

② OSI 7계층 모델의 3번째 계층은 데이터 링크 계층이다.

③ 프로토콜에는 흐름 제어 기능, 동기화 기능, 에러 제어 기능 등이 있다.

④ 인터넷에서 사용하고 있는 대표적인 프로토콜은 TCP/IP이다.

07 다음 중 컴퓨터를 이용할 때 발생하는 인터럽트(Interrupt)에 대한 설명으로 옳지 않은 것은?

① 인터럽트가 발생하면 처리하던 일을 잠시 보류하고, 신호를 파악하여 정해진 인터럽트 루틴이 수행된다.

② 인터럽트 종류에는 외부 인터럽트, 내부 인터럽트, 소프트웨어 인터럽트가 있다.

③ 내부 인터럽트를 트랩(Trap)이라고도 부른다.

④ 외부 인터럽트는 불법적 명령이나 데이터를 사용할 때 발생한다.

08 다음 중 파일 삭제 시 파일이 [휴지통]에 임시 보관되어 복원이 가능한 경우는?

① 바탕 화면에 있는 파일을 [휴지통]으로 드래그 앤 드롭하여 삭제한 경우

② USB 메모리에 저장되어 있는 파일을 Delete 키로 삭제한 경우

③ 네트워크 드라이브의 파일을 바로 가기 메뉴에서 [삭제]를 선택하여 삭제한 경우

④ [휴지통]의 크기를 0%로 설정한 후 [내 문서] 폴더 안의 파일을 삭제한 경우

09 다음 중 인터넷을 사용하여 다른 사람에게 보낸 E-Mail이 반송되었을 경우에 원인으로 옳지 않은 것은?

① 수신자의 개인용 컴퓨터에 고장이 발생한 경우

② 수신자 메일 주소의 형식이 틀린 경우

③ 해당 메일 서버에 문제가 있을 경우

④ 해당 사용자의 메일 보관함이 가득 차 있을 경우

10 한글 Window의 [설정]-[시스템]-[디스플레이]에 대한 설명으로 옳지 않은 것은?

① 높은 화면 해상도에서는 텍스트와 이미지가 더 선명하지만 크기는 더 작게 표시된다.

② 디스플레이의 해상도와 방향을 사용자가 임의로 변경할 수 있다.

③ 여러(다중) 디스플레이와 그래픽을 설정할 수 있다.

④ 두 대의 모니터가 연결된 경우 좌측 모니터가 주 모니터로 설정되므로 해상도가 높은 모니터를 반드시 좌측에 배치해야 한다.

11 다음 중 정지 영상 데이터에 대한 설명으로 옳지 않은 것은?

① JPEG 파일 형식은 사진과 같은 정지 영상 표준 압축 기술이다.

② PNG 파일 형식은 GIF와 JPEG의 효과적인 기능을 조합하여 만든 그래픽 파일 포맷이다.

③ BMP 파일 형식은 비트맵 방식으로 압축을 하지 않는다.

④ GIF 파일 형식은 이미지 표현 방식으로 벡터 방식의 손실 압축 방식을 이용한다.

> 해설 GIF : 256 컬러를 사용하여 Animation을 표현하는 인터넷 표준 그래픽 형식으로 배경을 투명하게 처리한다(8비트 팔레트 사용).

12 다음 중 컴퓨터에서 사용하는 소리 파일인 웨이브(Wave) 파일에 관한 설명으로 옳지 않은 것은?

① 파일의 확장자는 .wav이다.

② 녹음 조건에 따라 파일의 크기가 가변적이다.

③ Windows Media Player로 파일을 재생할 수 있다.

④ 음 높이, 음 길이, 세기 등 다양한 음악 기호가 정의되어 있다.

> 해설 웨이브(WAVE, WAV) : PCM 방식으로 소리를 그대로 저장하였다가 사운드 카드를 통해 직접 재생(*.WAV)하며 음악, 음성, 효과음 등 다양한 형태의 소리를 저장할 수 있다.

13 다음 중 컴퓨터에서 사용하는 USB 장치에 관한 설명으로 옳지 않은 것은?

① 주변 장치를 127개까지 연결할 수 있다.

② 컴퓨터의 전원이 켜진 상태에서도 장치를 연결하거나 제거할 수 있다.

③ 기존의 직렬, 병렬, PS/2 포트 등을 하나의 포트로 대체하기 위한 범용 직렬 버스이다.

④ 대용량 멀티미디어 콘텐츠의 빠른 전송을 위해 외부 장비를 연결한다.

> 해설 • IEEE 1394 : 100Mbps~1Gbps의 전송 속도를 가지며, 핫 플러그인을 지원한다(주변 기기를 최대 63개까지 연결).
> • 보기 ④번은 IEEE 1394에 대한 설명이다.

14 한글 Window의 [폴더 옵션]에서 설정할 수 있는 작업에 해당되지 않는 것은?

① 숨김 파일 및 폴더를 표시할 수 있다.

② 시스템 디렉터리나 압축 파일의 포함 유무를 선택할 수 있다.

③ 숨긴 파일 및 폴더의 숨김 속성을 일괄 해제할 수 있다.

④ 파일이나 폴더를 한 번 클릭해서 열 것인지, 두 번 클릭해서 열 것인지를 설정할 수 있다.

> 해설 보기 ①번은 [보기] 탭, 보기 ②번은 [검색] 탭, 보기 ④번은 [일반] 탭에서 설정이 가능하다.

15 다음 중 컴퓨터 소프트웨어 버전과 관련하여 패치(Patch) 프로그램에 관한 설명으로 옳은 것은?

① 정식 프로그램의 기능을 홍보하기 위하여 사용 기간이나 기능을 제한하여 배포하는 프로그램이다.

② 베타 테스트를 하기 전에 제작 회사 내에서 테스트할 목적으로 제작하는 프로그램이다.

③ 이미 제작하여 배포된 프로그램의 오류 수정이나 성능 향상을 위해 프로그램의 일부를 변경해 주는 프로그램이다.

④ 정식 프로그램을 출시하기 전에 테스트를 목적으로 일반인에게 공개하는 프로그램이다.

> 해설 • 보기 ①번은 데모 버전(Demo Version)에 대한 설명이다.
> • 보기 ②번은 테스트 버전(Test Version)에 대한 설명이다.
> • 보기 ④번은 베타 버전(Beta Version)에 대한 설명이다.

정답 | **12** ④ | **13** ④ | **14** ③ | **15** ③

16 다음 중 네트워크 규모에 따른 통신망의 종류로 적절하지 않은 것은?

① MAN   ② WAN

③ PCM   ④ LAN

> **해설** 보기 ③번은 아날로그 데이터 신호의 진폭을 비트(Bit) 단위로 샘플링하여 디지털 신호로 변환하는 방식이다.

17 다음 중 인터넷에서 사용하는 도메인 네임에 대한 설명으로 옳지 않은 것은?

① 숫자로 구성된 IP 주소를 사람들이 기억하고, 이해하기 쉽도록 문자열로 만든 주소이다.

② 우리나라에서 도메인 네임을 관리하는 기관은 KRNIC이다.

③ 인터넷의 모든 도메인 네임은 전 세계적으로 유일하게 존재해야 한다.

④ 도메인 네임을 사용자가 컴퓨터에서 임의로 설정하여 사용할 수 있다.

> **해설** • 도메인 네임(Domain Name) : 영문자나 숫자로 시작하며 쉼표(.), 밑줄(_) 등의 특수 문자와 공백은 사용할 수 없다.
> • ④ 있다. → 없다.

18 한글 Window의 [제어판]에서 보기 기준을 '범주'로 하였을 경우 [시스템 및 보안] 범주에서 설정할 수 있는 기능에 해당하지 않는 것은?

① 백업 및 복원

② 관리 도구

③ 전원 옵션

④ 사용자 계정 추가

> **해설** • 시스템 및 보안 : 보안 및 유지 관리, Windows Defender 방화벽, 시스템, 전원 옵션, 파일 히스토리, 백업 및 복원, 저장소 공간, 클라우드 폴더, 관리 도구 등을 설정할 수 있다.
> • 보기 ④번은 사용자 계정에서 설정이 가능하다.

19 다음 중 컴퓨터에서 사용하는 멀티미디어 정보의 특징으로 옳지 않은 것은?

① 양방향성   ② 저용량성

③ 통합성   ④ 비선형성

> **해설** 멀티미디어의 특징 : 쌍방향성(Interactive), 비선형성(Non-Linear), 통합성(Integration), 디지털화(Digitalization)

20 다음 중 PC에서 사용하는 BIOS(Basic Input Output System)에 관한 설명으로 옳지 않은 것은?

① 기본 입출력 장치나 메모리 등 하드웨어 작동에 필요한 프로그램이다.

② 전원이 켜지면 POST를 통해 컴퓨터를 점검하고, 사용 가능한 장치를 초기화한다.

③ RAM에 저장되며, 펌웨어라고도 한다.

④ 칩을 교환하지 않고도 업그레이드를 할 수 있다.

> **해설** 바이오스(BIOS) : 메인보드의 ROM에 저장되어 있어 ROM-BIOS라고도 한다.

2과목 스프레드시트 일반

21 다음의 입력 내용을 수식에 입력할 때 셀 참조에 대한 설명으로 옳지 않은 것은?

① A:A → A열 전체를 참조

② 1:3 → 1행에서 3행까지의 모든 셀 참조

③ A1:D7 C5:E7 → [A1] 셀에서 [D7]까지의 셀과 [C5] 셀에서 [E7]까지의 셀 범위를 참조

④ Sheet1!A1:A5 → 'Sheet1' 시트의 [A1] 셀에서 [A5]까지의 셀 범위 참조

> **해설** 공백 : 셀 범위 중 공통되는 셀 범위([C5] 셀에서 [D7] 셀까지)를 참조한다.

22 다음의 그림과 같이 [A2:D5] 영역을 선택하여 이름을 정의한 경우에 대한 설명으로 옳지 않은 것은?

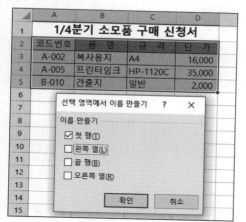

① 정의된 이름은 모든 시트에서 사용할 수 있으며, 이름 정의 후 참조 대상을 편집할 수도 있다.
② 현재 통합 문서에 이미 사용 중인 이름이 있는 경우 기존 정의를 바꿀 것인지 묻는 메시지 창이 표시된다.
③ 워크시트의 이름 상자에서 '코드번호'를 선택하면 [A3:A5] 영역이 선택된다.
④ [B3:B5] 영역을 선택하면 워크시트의 이름 상자에 '품 명'이라는 이름이 표시된다.

> 해설 [B3:B5] 영역을 선택하면 워크시트의 이름 상자에 '품_명'이라는 이름이 표시된다.

23 다음 중 엑셀의 시트 선택에 대한 설명으로 옳은 것은?

① 모든 시트를 한 번에 선택할 때는 시트 탭에서 마우스 오른쪽 단추를 눌러 [모든 시트 선택] 메뉴를 선택한다.
② 떨어져 있는 여러 개의 시트를 선택할 때는 Alt 키를 누른 채 시트 탭을 클릭한다.

③ 연속된 여러 개의 시트를 선택할 때는 첫 번째 시트를 선택하고, Ctrl 키를 누른 상태에서 마지막 시트 탭을 클릭하면 된다.
④ 워크시트를 삽입하거나 삭제할 때 한 번에 여러 개의 시트를 대상으로 작업할 수는 없다.

> 해설
> • 보기 ②번 Alt 키 → Ctrl 키
> • 보기 ③번 Ctrl 키 → Shift 키
> • 보기 ④번 없다. → 있다.

24 왼쪽 워크시트의 성명 데이터를 오른쪽 워크시트와 같이 성과 이름 두 개의 열로 분리하기 위해 [텍스트 나누기] 기능을 사용하고자 한다. 다음 중 [텍스트 나누기]의 분리 방법으로 가장 적절한 것은?

	A	B
1	김철수	
2	박선영	
3	최영희	
4	한국인	
5		

	A	B
1	김	철수
2	박	선영
3	최	영희
4	한	국인
5		

① 열 구분선을 기준으로 내용 나누기
② 구분 기호를 기준으로 내용 나누기
③ 공백을 기준으로 내용 나누기
④ 탭을 기준으로 내용 나누기

> 해설 [텍스트 마법사] 대화 상자에서 원본 데이터 형식을 '너비가 일정함'으로 선택한 후 각 필드의 너비(열 구분선)를 지정합니다. 이때, 화살표가 있는 선에서 열이 나누어집니다.

25 다음 중 보기에서 설명하는 엑셀의 기능으로 옳은 것은?

> 특정 항목의 구성 비율을 살펴보기 위하여 워크시트에 입력된 수치 값들을 막대나 선, 도형, 그림 등을 사용하여 시각적으로 표현한 것으로 데이터의 상호 관계나 경향 또는 추세를 쉽게 분석할 수 있다.

① 피벗 테이블
② 시나리오
③ 차트
④ 매크로

26 다음 중 잘못된 인수나 피연산자를 사용하였거나 수식 자동 고침 기능으로 수식을 고칠 수 없을 때 나타나는 오류 메시지는 무엇인가?

① #NAME?   ② #NUM!

③ #DIV/0!   ④ #VALUE!

27 다음 중 [A1] 셀을 선택하고 [연속 데이터] 대화 상자의 항목을 그림과 같이 설정하였을 경우 [C1] 셀에 채워질 값으로 옳은 것은?

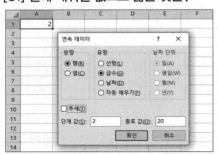

① 4   ② 6

③ 8   ④ 16

28 다음 중 셀 서식의 사용자 지정 표시 형식에서 코드와 설명이 옳지 않은 것은?

① # : 유효한 자릿수만 표시하고, 유효하지 않은 0은 표시하지 않는다.

② ? : 유효하지 않은 자릿수에 0 대신 공백을 표시하고, 소수점을 기준으로 정렬한다.

③ ss : 초 단위의 숫자를 00~59로 표시한다.

④ dddd : 요일을 Sun~Sat로 표시한다.

29 다음의 워크시트에서 근무일수를 구하기 위해 [B9] 셀에 사용한 함수로 옳은 것은?

	A	B	C	D
1	9월 아르바이트 현황			
2				
3	날짜	김은수	한규리	정태경
4	09월 22일	V	V	
5	09월 23일	V		V
6	09월 24일	V		V
7	09월 25일	V	V	V
8	09월 26일	V	V	V
9	근무일수	5	4	3
10				

① =COUNTA(B4:B8)

② =COUNT(B4:B8)

③ =COUNTBLANK(B4:B8)

④ =DCOUNT(B4:B8)

30 다음 중 함수식의 실행 결과가 옳지 않은 것은?

① =MOD(17, −5) ⟹ 2

② =PRODUCT(7, 2, 2) ⟹ 28

③ =INT(−5.2) ⟹ −6

④ =ROUND(6.29, 0) ⟹ 6

정답   **26** ④   **27** ③   **28** ④   **29** ①   **30** ①

31 다음의 수식을 [A7] 셀에 입력한 경우 표시되
는 결과값으로 옳은 것은?

=IFERROR(VLOOKUP(A6, $A$1:$B$4, 2), "입력오류")

	A	B	C
1	0	미흡	
2	10	분발	
3	20	적정	
4	30	우수	
5			
6	-5		
7			
8			

① 미흡
② 분발
③ 입력오류
④ #N/A

32 다음 중 성명이 '정'으로 시작하거나 출신지역
이 '서울'인 데이터를 추출하기 위한 고급 필
터 조건으로 옳은 것은?

①
성명	출신지역
정*	서울

②
성명	출신지역
정*	
	서울

③
성명	정*
출신지역	서울

④
성명	정*
출신지역	서울

33 다음 중 [부분합] 대화 상자의 각 항목 설정에
대한 설명으로 옳지 않은 것은?

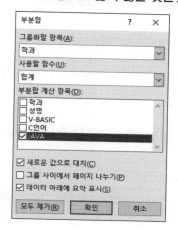

① '그룹화할 항목'에서 선택할 필드를 기준으로
미리 오름차순 또는 내림차순으로 정렬한 후
부분합을 실행해야 한다.
② 부분합 실행 전 상태로 되돌리려면 부분합
대화 상자의 [모두 제거] 단추를 클릭한다.
③ 세부 정보가 있는 행 아래에 요약 행을 지정
하려면 '데이터 아래에 요약 표시'를 선택하
여 체크 표시한다.
④ 이미 작성된 부분합을 유지하면서 부분합 계
산 항목을 추가할 경우에는 '새로운 값으로
대치'를 선택하여 체크한다.

34 다음 중 차트에 대한 설명으로 옳지 않은 것은?

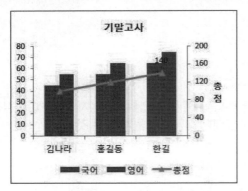

① 총점 계열이 보조 축으로 표시된 이중 축 차트이다.
② 범례는 아래쪽에 배치되어 있다.
③ 영어 계열의 홍길동 요소에 데이터 레이블이 있다.
④ 보조 세로(값) 축의 주 단위는 40이다.

 보기 ③번에서 총점 계열의 한길 요소에 데이터 레이블이 있다.

35 다음 보기의 괄호에 알맞은 엑셀 차트의 종류는?

> • 원형 차트를 개선한 것으로 원형 차트는 하나의 계열을 가지는데 비해 ( ) 차트는 다중 계열을 가질 수 있다.
> • 3차원 차트로 작성할 수 없다.

① 쪼개진 원형
② 원형 대 원형
③ 도넛형
④ 원형 대 가로 막대형

 • ① 개별 값을 강조하면서 각 값이 합계에서 차지하는 부분을 표시한다.
• ② 원하는 값을 추출하여 다시 원형 차트로 나타낸다.
• ④ 기본 원형 차트의 작은 원형 조각을 보다 쉽게 구분할 수 있다.

36 다음 중 정렬 기능에 대한 설명으로 옳지 않은 것은?

① 워크시트에 입력된 자료들을 특정한 순서에 따라 재배열하는 기능이다.
② 정렬 옵션 방향은 '위쪽에서 아래쪽' 또는 '왼쪽에서 오른쪽' 중 선택하여 정렬할 수 있다.
③ 오름차순 정렬과 내림차순 정렬에서 공백은 맨 처음에 위치하게 된다.
④ 선택한 데이터 범위의 첫 행을 머리글 행으로 지정할 수 있다.

 • 오름차순 정렬 : 숫자 → 공백 문자 → 특수 문자 → 영문자(소문자→대문자) → 한글 → 논리값(False→True) → 오류값 → 빈 셀의 순이다.
• 내림차순 정렬 : 오류값 → 논리값(True→False) → 한글 → 영문자(대문자→소문자) → 특수 문자 → 공백 문자 → 숫자 → 빈 셀의 순이다.

37 다음 중 [페이지 나누기] 기능에 대한 설명으로 옳지 않은 것은?

① [보기] 탭의 [페이지 나누기 미리 보기]를 클릭하면 페이지가 나누어진 상태가 더 명확하게 구분된다.
② [페이지 나누기 미리 보기] 상태에서는 페이지 구분선을 마우스로 드래그하여 페이지 나눌 위치를 조정할 수 있다.
③ [페이지 레이아웃] 탭의 [나누기]-[페이지 나누기 모두 원래대로]를 선택하여 페이지 나누기 전 상태로 원상 복귀할 수 있다.
④ [페이지 나누기 미리 보기] 상태에서는 데이터를 입력하거나 편집할 수 없으므로 [기본] 보기 상태로 변경해야 한다.

 페이지 나누기 미리 보기 상태에서도 데이터의 입력 및 편집 작업이 가능하다.

38 다음 중 [찾기 및 바꾸기] 대화 상자의 각 항목에 대한 설명으로 옳지 않은 것은?

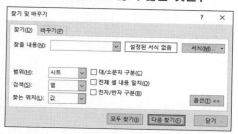

① 찾을 내용 : 검색할 내용을 입력할 곳으로 와일드 카드 문자를 검색 문자열에 사용할 수 있다.
② 서식 : 숫자 셀을 제외한 특정 서식이 있는 텍스트 셀을 찾을 수 있다.
③ 범위 : 현재 워크시트에서만 검색하는 '시트'와 현재 통합 문서의 모든 시트를 검색하는 '통합 문서' 중 선택할 수 있다.
④ 모두 찾기 : 검색 조건에 맞는 모든 항목이 나열된다.

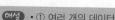 서식 : 특정 서식이 있는 텍스트나 숫자를 찾을 수 있다.

39 다음 중 홍길동의 성적표에서 컴퓨터 과목들의 점수 변동에 따르는 전체 평균 점수의 변화 과정을 구하고자 할 때 사용할 도구로 적절한 것은?

① 통합
② 데이터 표
③ 목표값 찾기
④ 부분합

해설 • ① 여러 개의 데이터를 하나의 데이터 파일로 합치는 기능이다.
• ③ 수식 결과만 알고 결과를 계산하기 위한 입력값을 모르는 경우 사용하는 기능이다.
• ④ 데이터 열에 대한 요약 함수(합계, 개수, 평균, 최대값, 최소값, 곱, 표준 편차, 표본 분산 등)를 계산하는 기능이다.

40 다음 중 매크로에 대한 설명으로 옳지 않은 것은?

① 매크로 이름에는 특수 문자(+, −, &, *, ?)가 포함될 수 없으며 공백도 포함될 수 없다.
② 매크로의 바로 가기 키는 기본적으로 Alt 키가 지정되어 있으며, 새로운 알파벳 문자를 바로 가기 키로 지정할 수 있다.
③ 매크로 대화 상자의 설명은 매크로 실행과는 관계가 없는 주석을 기록하는 것으로 비주얼 베이직 편집기 창에서 보면 작은 따옴표(')로 시작한다.
④ 절대 참조로 기록된 매크로를 실행하면 현재 셀의 위치에 상관없이 매크로를 기록할 때 지정한 셀에 매크로가 적용된다.

해설 매크로의 바로 가기 키는 기본적으로 Ctrl+영문 소문자로 지정되지만 바로 가기 키 입력란에 대문자를 입력하면 Ctrl+Shift+영문 대문자로 지정된다.

2023년 기출복원문제

점

1과목 컴퓨터 일반

01 다음 중 인터넷 기능을 결합한 TV로 각종 앱을 설치하여 웹 서핑, VOD 시청, 게임 등 다양한 기능을 활용할 수 있는 다기능 TV를 의미하는 용어는?

① HDTV
② Cable TV
③ IPTV
④ Smart TV

> **해설**
> • ① 고선명(화질) TV로 기존 TV보다 화질과 음색이 뛰어나며, 화면이 큰 차세대 TV이다.
> • ② 텔레비전의 방송 프로그램을 동축 케이블로 보내는 방식의 TV이다.
> • ③ 초고속 인터넷망을 통해 영화, 드라마 등 시청자가 원하는 콘텐츠를 양방향으로 제공하는 방송 및 통신 융합 서비스이다.

02 다음 중 전자 우편과 관련하여 스팸(SPAM)에 관한 설명으로 옳은 것은?

① 컴퓨터 바이러스를 유포시키는 행위이다.
② 수신인이 원하지 않는 메시지나 정보를 일방적으로 보내는 행위이다.
③ 다른 사용자의 개인 정보를 허락 없이 가져가는 행위이다.
④ 고의로 컴퓨터 프로그램 파일이나 데이터를 파괴시키는 행위이다.

> **해설** 스팸(SPAM)은 수신인이 원하지 않는 메시지나 정보를 일방적으로 보내는 행위이다.

03 다음의 보기에서 설명하는 용어는 어느 것인가?

> 모바일 인터넷에 접속하여 각종 음악 파일이나 음원을 제공받는 주문형 음악 서비스로 스트리밍(Streaming) 기술 등을 이용하여 음악을 실시간으로도 들을 수 있다.

① VOD
② VDT
③ PDA
④ MOD

> **해설**
> • ① 뉴스, 영화, 게임 등의 멀티미디어를 구축하여 사용자 요구에 따라 영상 정보를 원하는 시간에 볼 수 있도록 전송하는 양방향 서비스이다.
> • ② 전화선을 이용하여 홈쇼핑, 교육, 오락 등의 다양한 영상 정보를 이용할 수 있는 서비스이다.
> • ③ 메모와 데이터 축적 등이 가능하도록 설계된 수첩 크기의 개인용 휴대 정보 단말기이다.

04 다음 중 개인용 컴퓨터에서 정보 통신용으로 가장 많이 사용되는 코드로 3개의 Zone 비트와 4개의 Digit 비트로 구성된 코드는?

① BINARY
② BCD
③ EBCDIC
④ ASCII

> **해설**
> • BCD : 2개의 Zone 비트와 4개의 Digit 비트로 총 6비트를 구성한다.
> • EBCDIC : 4개의 Zone 비트와 4개의 Digit 비트로 총 8비트를 구성한다.

05 다음 중 Windows에서 [디스크 정리]를 수행할 때 정리 대상 파일로 가장 옳지 않은 것은?

① 설치 로그 파일
② 사용하지 않은 폰트(*.TTF) 파일
③ 휴지통에 있는 파일
④ 다운로드한 프로그램 파일

> **해설** 디스크 정리를 통해 삭제할 수 있는 파일에는 다운로드한 프로그램 파일, 임시 인터넷 파일, 오프라인 웹 페이지 파일, 휴지통 파일, 설치 로그 파일, 임시 파일, 미리 보기 사진 등이 있다.

정답 01 ④ 02 ② 03 ④ 04 ④ 05 ②

06 다음 멀티미디어 파일 형식 중에서 이미지 형식에 해당하지 않는 것은?

① BMP ② GIF
③ TIFF ④ WAV

해설 웨이브(WAVE, WAV) : PCM 방식으로 소리를 그대로 저장하였다가 사운드 카드를 통해 직접 재생(*.WAV)하는 오디오 파일이다.

07 다음 중 Windows에서 시스템 관리에 대한 설명으로 옳지 않은 것은?

① Windows에 문제가 생겼을 때를 대비하여 시스템이 최적의 상태일 때 시스템 복원을 위한 복원 지점을 만들어 둔다.
② 컴퓨터의 프로그램이 응답하지 않으면 Windows에서 문제를 검색하여 자동으로 해결하려고 하지만 기다리지 않으려면 작업 관리자를 사용하여 프로그램을 직접 끝낸다.
③ 하드 디스크의 파일이 손상되었을 경우 [드라이브 조각 모음]을 실행하여 디스크 최적화를 유지한다.
④ 하드웨어가 작동하지 않을 때는 [장치 관리자]를 이용하여 드라이버의 업데이트를 실행한다.

해설 드라이브 조각 모음은 디스크의 파일 공간과 사용하지 않은 공간을 정렬하여 프로그램을 빠르게 실행하는 기능으로 하드 디스크의 파일 손상을 해결할 수는 없다.

08 다음 중 인터넷을 이용할 때 자주 방문하게 되는 웹 사이트로 전자 우편, 뉴스, 쇼핑, 게시판 등 다양한 서비스를 통합하여 제공하는 사이트는?

① 미러 사이트 ② 포털 사이트
③ 커뮤니티 사이트 ④ 멀티미디어 사이트

해설 미러 사이트(Mirror Site) : 다수의 이용자들이 동시에 접속할 경우 액세스 분산화와 네트워크 부하를 방지할 목적으로 같은 내용을 복사한다.

09 다음 중 Windows에서 사용하는 바로 가기 아이콘에 관한 설명으로 옳지 않은 것은?

① 하나의 원본 파일에 대하여 하나의 바로 가기 아이콘만 만들 수 있다.
② 바로 가기 아이콘을 실행하면 연결된 원본 파일이 실행된다.
③ 다른 컴퓨터나 프린터 등에 대해서도 바로 가기 아이콘을 만들 수 있다.
④ 원본 파일이 있는 위치와 관계없이 만들 수 있다.

해설 하나의 원본 파일에 대한 바로 가기 아이콘을 여러 개 만들어 사용할 수 있다.

10 다음 중 컴퓨터의 전원이 연결된 상태에서 장치를 연결하거나 분리할 수 있도록 하는 기능을 의미하는 것은?

① 플러그 앤 플레이(Plug and Play)
② 핫 스와핑(Hot Swapping)
③ 채널(Channel)
④ 인터럽트(Interrupt)

해설 핫 플러깅(Hot Plugging) 또는 핫 스와핑(Hot Swapping) 기능으로 컴퓨터를 종료하거나 다시 시작하지 않아도 장치를 연결하거나 끊을 수 있다.

11 다음 컴퓨터의 기본 기능 중에서 제어 기능에 대한 설명으로 옳은 것은?

① 자료와 명령을 컴퓨터에 입력하는 기능
② 입출력 및 저장, 연산 장치들에 대한 지시 또는 감독 기능을 수행하는 기능

정답 06 ④ 07 ③ 08 ② 09 ① 10 ② 11 ②

③ 입력된 자료들을 주기억 장치나 보조 기억 장치에 기억하거나 저장하는 기능

④ 산술적/논리적 연산을 수행하는 기능

> **해설** 제어 기능 : 입출력, 기억, 연산 등의 각 장치를 효율적으로 관리하고, 동작을 지시하는 역할을 수행한다.

① 하이브리드 컴퓨터

② 메인프레임 컴퓨터

③ 퍼스널 컴퓨터

④ 슈퍼 컴퓨터

> **해설** 취급 데이터에 따른 분류 : 디지털 컴퓨터, 아날로그 컴퓨터, 하이브리드 컴퓨터

12 다음 중 국제표준화기구에서 네트워크 통신의 접속에서부터 완료까지의 과정을 구분하여 정의한 통신 규약 명칭은?

① Network 3 계층   ② Network 7 계층

③ OSI 3 계층   ④ OSI 7 계층

> **해설** OSI 7 계층 : 국제표준화기구(ISO)에서 정한 네트워크로 기존 컴퓨터간이나 다른 종류의 네트워크간 접속을 용이하게 하기 위하여 설정된 프로토콜의 표준이다(물리–데이터 링크–네트워크–전송–세션–표현–응용).

15 다음 중 1GB(Giga Byte)에 해당하는 것은?

① 1024 Bytes

② 1024 × 1024 Bytes

③ 1024 × 1024 × 1024 Bytes

④ 1024 × 1024 × 1024 × 1024 Bytes

> **해설** 1KB=1,024Byte(2^{10}Byte)→1MB=1,024KB(2^{20}Byte)→1GB=1,024MB(2^{30}Byte)→1TB=1,024GB(2^{40}Byte)→1PB=1,024TB(2^{50}Byte)→1EB=1,024PB(2^{60}Byte)

13 다음 중 Windows의 폴더에 대한 설명으로 옳지 않은 것은?

① 폴더는 일반 항목, 문서, 사진, 음악, 비디오 등의 유형을 선택하여 각 유형에 최적화된 폴더로 사용할 수 있다.

② 폴더는 새로 만들기, 이름 바꾸기, 삭제, 복사 등이 가능하며, 파일이 포함된 폴더도 삭제할 수 있다.

③ 하나의 폴더 내에 같은 이름의 파일이나 폴더가 존재할 수 있으나 이름에 ₩, /, :, *, ?, ", <, >, | 등의 문자는 사용할 수 없다.

④ 폴더의 [속성] 대화 상자에서 해당 폴더에 포함된 파일과 폴더의 개수를 확인할 수 있다.

> **해설** 보기 ③번에서 하나의 폴더는 여러 개의 하위 폴더를 포함할 수 있지만 같은 폴더 내에 동일한 이름의 폴더는 존재할 수 없다.

16 다음 중 유명 기업이나 금융 기관을 사칭한 가짜 웹 사이트나 이메일 등으로 개인의 금융 정보와 비밀번호를 입력하도록 유도하여 예금 인출 및 다른 범죄에 이용하는 수법은 무엇인가?

① 웜(Worm)   ② 해킹(Hacking)

③ 피싱(Phishing)   ④ 스니핑(Sniffing)

> **해설** 피싱(Phishing) : 불특정 다수에게 메일을 발송해 위장된 홈페이지로 접속하도록 한 후 인터넷 이용자들의 금융 정보 등을 빼내는 신종 사기 수법이다.

14 다음 중 컴퓨터를 처리 능력에 따라 분류할 때 이에 해당되지 않는 컴퓨터는?

17 다음 중 프린터의 스풀(SPOOL) 기능에 관련된 설명으로 옳지 않은 것은?

① 프린터와 같은 저속의 입출력 장치를 CPU와 병행하여 작동시켜 컴퓨터의 전체 효율을 향상시켜 준다.

② 프린터가 인쇄 중이라도 다른 응용 프로그램을 실행할 수 있다.

정답   **12** ④   **13** ③   **14** ①   **15** ③   **16** ③   **17** ③

③ 인쇄 대기 중인 문서의 내용과 함께 용지 방향, 용지 종류, 인쇄 매수 등의 설정을 변경할 수 있다.

④ 기본적으로 모든 사용자는 자신의 문서에 대해 인쇄 일시 중지, 계속, 다시 시작, 취소를 할 수 있다.

해설 보기 ③번의 스풀 기능에서 인쇄 대기 중인 문서의 용지 방향, 용지 공급, 인쇄 매수 등을 설정할 수 있지만 내용을 변경할 수는 없다.

18 다음 중 컴퓨터가 부팅되지 않을 때의 원인으로 가장 적절하지 않은 것은?

① 전원 공급 장치의 이상
② 롬 바이오스의 이상
③ 키보드 연결의 이상
④ 바이러스의 감염

해설 • 컴퓨터가 부팅되지 않을 때는 CMOS 배터리의 충전 여부와 하드 디스크의 점퍼 상태를 확인하거나 전원 공급 장치, 롬 바이오스의 이상 유무, 바이러스 감염 여부 등을 확인한다.
• 본체에 키보드가 연결되지 않아도 컴퓨터는 부팅된다.

19 다음 중 파일 탐색기에서 파일이나 폴더를 선택하는 방법으로 옳은 것은?

① 폴더 내의 모든 항목을 선택하려면 [Alt]+[A] 키를 누른다.
② 선택한 항목 중에서 하나 이상의 항목을 제외하려면 [Ctrl] 키를 누른 상태에서 제외할 항목을 클릭한다.
③ 연속되어 있지 않은 파일이나 폴더를 선택하려면 [Shift] 키를 누른 상태에서 선택하려는 각 항목을 클릭한다.
④ 연속되는 여러 개의 파일이나 폴더 그룹을 선택하려면 첫째 항목을 클릭한 다음 [Ctrl] 키를 누른 상태에서 마지막 항목을 클릭한다.

해설 • ① [Alt]+[A] 키 → [Ctrl]+[A] 키
• ③ [Shift] 키 → [Ctrl] 키
• ④ [Ctrl] 키 → [Shift] 키

20 한글 Window의 [메모장]에 대한 설명으로 옳지 않은 것은?

① 작성한 문서를 저장할 때 확장자는 기본적으로 .txt가 부여된다.
② 특정한 문자열을 찾을 수 있는 찾기 기능이 있다.
③ 그림, 차트 등의 OLE 개체를 삽입할 수 있다.
④ 현재의 시간을 삽입하는 기능이 있다.

해설 메모장은 OLE 기능을 사용할 수 없으므로 그림판에서 그린 개체 등을 연결할 수 없다.

2과목 **스프레드시트 일반**

21 다음 중 워크시트 셀에 데이터를 자동으로 입력하는 방법에 대한 설명으로 옳지 않은 것은?

① 셀에 입력하는 문자 중 처음 몇 자가 해당 열의 기존 내용과 일치하면 나머지 글자가 자동으로 입력된다.
② 실수인 경우 채우기 핸들을 이용한 [연속 데이터 채우기]의 결과는 소수점 이하 첫째 자리의 숫자가 1씩 증가한다.
③ 채우기 핸들을 이용하면 숫자, 숫자/텍스트 조합, 날짜 또는 시간 등 여러 형식의 데이터 계열을 빠르게 입력할 수 있다.
④ 사용자 지정 연속 데이터 채우기를 사용하면 이름이나 판매 지역 목록과 같은 특정 데이터의 연속 항목을 더 쉽게 입력할 수 있다.

해설 실수인 경우 채우기 핸들을 이용한 [연속 데이터 채우기]의 결과는 소수점 앞에서 일의 자리 숫자가 1씩 증가한다(예 : 13.1 → 14.1 → 15.1 → 16.1...).

22 다음 중 자동 필터가 설정된 표에서 사용자 지정 필터를 사용하여 검색이 불가능한 조건은?

① 성별이 '남자'인 데이터
② 성별이 '남자'이고, 주소가 '서울'인 데이터
③ 나이가 '20'세 이하이거나 '60'세 이상인 데이터
④ 주소가 '서울'이거나 직업이 '학생'인 데이터

> **해설** • 보기 ①, ③번은 [사용자 지정 자동 필터] 대화 상자에서 하나의 항목(성별, 나이)에 대해 조건을 AND(그리고)와 OR(또는)로 지정하여 검색할 수 있다.
> • 보기 ②번은 성별과 주소의 [사용자 지정 자동 필터] 대화 상자를 각각 이용하여 검색할 수 있다.
> • 보기 ④번은 자동 필터의 검색 결과는 검색 범위에서 이루어지므로 두 가지 조건을 OR(또는)로 표시하려면 고급 필터를 이용해야 한다.

23 다음 중 엑셀의 [시트 보호] 기능에 대한 설명으로 옳지 않은 것은?

① 새 워크시트의 모든 셀은 기본적으로 '잠금' 속성이 설정되어 있다.
② 워크시트에 있는 셀을 보호하기 위해서는 먼저 셀의 '잠금' 속성을 해제해야 한다.
③ 시트 보호를 설정하면 셀에 데이터를 입력하거나 수정하려고 했을 때 경고 메시지가 나타난다.
④ 셀의 '잠금' 속성과 '숨김' 속성은 시트를 보호하기 전까지는 아무런 효과를 내지 못한다.

> **해설** [셀 서식] 대화 상자의 [보호] 탭에서 '잠금'의 확인란이 해제되면 셀은 보호되지 않는다.

24 다음의 워크시트에서 [D2] 셀에 그림과 같이 수식을 입력할 때 발생하는 문제는?

	A	B	C	D
1	컴퓨터일반	스프레드시트	데이터베이스	합계
2	65	85	80	=SUM(A2:D2)
3				

① ##### 오류
② #NUM! 오류
③ #REF! 오류
④ 순환 참조 경고

> **해설** 수식이 직접 또는 간접적으로 자신이 포함된 셀을 참조하는 경우 순환 참조가 만들어지므로 [D2] 셀에는 =SUM(A2:C2) 수식이 입력되어야 한다.

25 다음중 엑셀에서 사용할 수 있는 파일 형식과 그에 대한 설명이 올바르게 연결된 것은?

① *.txt : 공백으로 분리된 텍스트 파일
② *.prn : 탭으로 분리된 텍스트 파일
③ *.xlsm : Excel 매크로 사용 통합 문서
④ *.xltm : Microsoft Office Excel 추가 기능

> **해설** • *.txt : 탭으로 분리된 텍스트 파일로 저장
> • *.prn : 공백으로 분리된 텍스트 파일로 저장
> • *.xltm : 매크로 사용 서식 파일로 저장

26 다음 중 정렬 기능에 대한 설명으로 옳지 않은 것은?

① 워크시트에 입력된 자료들을 특정한 순서에 따라 재배열하는 기능이다.
② 정렬 옵션 방향은 '위쪽에서 아래쪽' 또는 '왼쪽에서 오른쪽' 중 선택하여 정렬할 수 있다.
③ 오름차순 정렬과 내림차순 정렬에서 공백은 맨 처음에 위치하게 된다.
④ 선택한 데이터 범위의 첫 행을 머리글 행으로 지정할 수 있다.

> **해설** • 오름차순 정렬 : 숫자 → 공백 문자 → 특수 문자 → 영문자(소문자→대문자) → 한글 → 논리값(False→True) → 오류값 → 빈 셀의 순이다.
> • 내림차순 정렬 : 오류값 → 논리값(True→False) → 한글 → 영문자(대문자→소문자) → 특수 문자 → 공백 문자 → 숫자 → 빈 셀의 순이다.

정답 **22** ④　　**23** ②　　**24** ④　　**25** ③　　**26** ③

27 다음의 워크시트에서 [E2] 셀의 함수식이 =CHOOSE(RANK.EQ(D2, $D$2:$D$5), "천하", "대한", "영광", "기쁨") 일 때 결과값으로 옳은 것은?

	A	B	C	D	E
1	성명	이론	실기	합계	수상
2	김나래	47	45	92	
3	이석준	38	47	85	
4	박명호	46	48	94	
5	장영민	49	48	97	
6					

① 천하　　　　② 대한
③ 영광　　　　④ 기쁨

28 다음 중 차트의 편집에 대한 설명으로 옳은 것은?

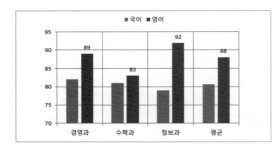

① 세로 (값) 축의 축 서식에서 주 단위 간격을 '95'로 설정하였다.
② 데이터 계열 서식의 '계열 겹치기' 값을 0보다 작은 음수 값으로 설정하였다.
③ '영어'의 데이터 레이블은 안쪽 끝에 표시되고 있다.

④ 가로 (항목) 축의 주 눈금선과 보조 눈금선이 함께 표시되고 있다.

29 다음 중 [사용자 지정] 표시 형식에서 사용하는 기호에 대한 설명으로 옳지 않은 것은?

① @ : 특정한 문자를 항상 붙여서 표기할 때 사용한다.
② dddd : 요일을 영문자로 표시한다.
③ # : 하나의 자릿수를 의미하며, 해당 자릿수에 숫자가 없을 경우는 9를 표시한다.
④ % : 입력된 숫자에 100을 곱한 후 % 기호를 붙인다.

30 다음의 워크시트에서 〈참고표〉를 참고하여 55,000원에 해당하는 할인율을 [C6] 셀에 구하고자 할 때의 적절한 함수식은?

	A	B	C	D	E	F
1		<참고표>				
2		금액	30000	50000	80000	150000
3		할인율	3%	7%	10%	15%
4						
5		금액	50,000			
6		할인율	7%			
7						

① =LOOKUP(C5, C2:F2, C3:F3)
② =HLOOKUP(C5, B2:F3, 1)
③ =VLOOKUP(C5, C2:F3, 1)
④ =VLOOKUP(C5, B2:F3, 2)

31 다음 중 워크시트의 [틀 고정] 기능에 관한 설명으로 옳지 않은 것은?

① 워크시트에서 화면을 스크롤할 때 행 또는 열 레이블이 계속 표시되도록 설정하는 기능이다.

② 행과 열을 모두 잠그려면 창을 고정할 위치의 오른쪽 아래 셀을 클릭한 후 '틀 고정'을 실행한다.

③ [틀 고정] 기능에는 현재 선택 영역을 기준으로 하는 '틀 고정' 외에도 '첫 행 고정', '첫 열 고정' 등의 옵션이 있다.

④ 화면에 표시되는 틀 고정 형태는 인쇄 시에도 그대로 적용되어 출력된다.

> **해설** 화면에 틀이 고정되어 있어도 인쇄에는 적용되지 않는다.

32 다음 중 항목 레이블이 월, 분기, 연도와 같이 일정한 간격의 값을 나타내는 경우에 적합한 차트로 일정 간격에 따라 데이터의 추세를 표시하는 데 유용한 것은?

① 분산형 차트　　② 원형 차트
③ 꺾은선형 차트　④ 방사형 차트

> **해설** • ① 값을 점으로 비교하며, 데이터의 불규칙한 간격이나 묶음을 보여준다.
> • ② 하나의 데이터 계열로 중요 요소를 강조할 때 사용한다.
> • ④ 많은 데이터 계열의 집계 값을 비교할 때 사용한다.

33 다음 중 새 매크로를 기록할 때의 과정에 대한 설명으로 옳지 않은 것은?

① [Alt]+[F8] 키를 눌러 매크로 기록 대화 상자를 실행시켰다.

② 매크로 이름을 '서식변경'으로 지정하였다.

③ 바로 가기 키를 [Ctrl]+[Shift]+[C]로 지정하였다.

④ 매크로 저장 위치를 '새 통합 문서'로 지정하였다.

> **해설** [Alt]+[F8] 키를 누르면 매크로를 실행할 수 있는 [매크로] 대화 상자가 나타난다.

34 다음 중 근무기간이 15년 이상이면서 나이가 50세 이상인 직원의 데이터를 조회하기 위한 고급 필터의 조건으로 옳은 것은?

①
근무기간	나이
>=15	>=50

②
근무기간	나이
>=15	
	>=50

③
근무기간	>=15
나이	>=50

④
근무기간	>=50
나이	>=50

> **해설** 필터링 조건을 하나의 행에 입력하면 입력한 조건에 모두 만족(AND 조건)하는 데이터가 필터링되고, 조건을 서로 다른 행에 입력하면 입력한 조건 중 하나라도 만족(OR 조건)하는 데이터가 필터링된다.

35 다음 중 피벗 테이블에 대한 설명으로 옳지 않은 것은?

① 원본 자료가 변경되면 [모두 새로 고침] 기능을 이용하여 피벗 테이블에 반영할 수 있다.

② 작성된 피벗 테이블을 삭제하면 함께 작성한 피벗 차트도 삭제된다.

③ 피벗 테이블을 삭제하려면 피벗 테이블 전체를 범위로 지정하고, [Delete] 키를 누른다.

④ 피벗 테이블 보고서에서는 값 영역에 표시된 데이터를 삭제하거나 수정할 수 없다.

> **해설** 피벗 테이블을 삭제하면 피벗 테이블과 연결된 피벗 차트는 삭제되지 않고, 일반 차트로 변경된다.

정답　31 ④　　32 ③　　33 ①　　34 ①　　35 ②

36 다음 중 [페이지 나누기] 기능에 대한 설명으로 옳지 않은 것은?

① [보기] 탭의 [페이지 나누기 미리 보기]를 클릭하면 페이지가 나누어진 상태가 더 명확하게 구분된다.

② [페이지 나누기 미리 보기] 상태에서는 페이지 구분선을 마우스로 드래그하여 페이지 나눌 위치를 조정할 수 있다.

③ [페이지 레이아웃] 탭의 [나누기]-[페이지 나누기 모두 원래대로]를 선택하여 페이지 나누기 전 상태로 원상 복귀할 수 있다.

④ [페이지 나누기 미리 보기] 상태에서는 데이터를 입력하거나 편집할 수 없으므로 [기본] 보기 상태로 변경해야 한다.

〔해설〕 페이지 나누기 미리 보기 상태에서도 데이터의 입력 및 편집 작업이 가능하다.

37 다음 중 참조의 대상 범위로 사용하는 이름 정의 시 이름의 지정 방법에 대한 설명으로 옳지 않은 것은?

① 이름의 첫 글자로 밑줄(_)을 사용할 수 있다.

② 이름에 공백 문자는 포함할 수 없다.

③ A1과 같은 셀 참조 주소 이름은 사용할 수 없다.

④ 여러 시트에서 동일한 이름으로 정의할 수 있다.

〔해설〕 보기 ④번의 여러 시트에서 동일한 이름으로 정의할 수는 없다.

38 다음의 워크시트에서 [A1:A2] 영역은 '범위1', [B1:B2] 영역은 '범위2'로 이름이 정의되어 있는 경우 각 수식의 결과로 옳지 않은 것은?

▲	A	B	C
1	1	2	
2	3	4	
3			

① =COUNT(범위1, 범위2) → 4

② =AVERAGE(범위1, 범위2) → 2.5

③ =범위1+범위2 → 10

④ =SUMPRODUCT(범위1, 범위2) → 14

〔해설〕 보기 ③번에서 =범위1+범위2의 결과는 잘못된 인수나 피연산자를 사용하므로 #VALUE!가 나타난다.

39 다음 중에서 각 수식에 대한 결과가 옳지 않은 것은?

① =MONTH(EDATE("2015-3-20", 2)) → 5

② =EDATE("2015-3-20", 3) → 2015-06-20

③ =EOMONTH("2015-3-20", 2) → 2015-05-20

④ =EDATE("2015-3-20", -3) → 2014-12-20

〔해설〕 • EOMONTH(날짜, 월수) : 지정한 날짜를 기준으로 몇 개월 이전이나 이후 달의 마지막 날짜의 일련번호를 구한다 (월수가 양수이면 이후 날짜, 음수이면 이전 날짜를 대상).
• =EOMONTH("2015-3-20", 2) → 2015-05-31

40 다음 중 시나리오에 관한 설명으로 옳지 않은 것은?

① 하나의 시나리오에 변경 셀을 최대 32개까지 지정할 수 있다.

② 요약 보고서나 피벗 테이블 보고서로 시나리오 결과를 작성할 수 있다.

③ 시나리오 병합을 통하여 다른 통합 문서나 다른 워크시트에 저장된 시나리오를 가져올 수 있다.

④ 입력된 자료들을 그룹별로 분류하고, 해당 그룹별로 원하는 함수를 이용한 계산 결과를 볼 수 있다.

〔해설〕 • 시나리오 : 결과를 예측하기 어려운 경우 다양한 가상 상황에 따른 결과값을 비교 분석할 수 있는 기능으로 워크시트 모델의 결과를 예측할 수 있다.
• 보기 ④번은 부분합에 대한 설명으로 해당 그룹별로 원하는 함수를 이용한 계산 결과를 볼 수는 있다.

01 다음 중 프로그램을 기억 장치 안에 기억시켜 놓고 명령을 순서대로 해독하면서 실행하는 방식과 이 방식을 제창한 사람이 바르게 연결된 것은?

① 외부 프로그램 방식—모클리(Mauchly, J.)

② 프로그램 내장 방식—폰 노이만(Von Neumann, J.)

③ 외부 프로그램 방식—홀러리스(Hollerith, H.)

④ 프로그램 내장 방식—바베지(Babbage, C.)

> 해설 프로그램 내장 방식
> • 1945년 폰 노이만(J. V. Neumann)에 의해 확립되고, 현재 모든 컴퓨터에 적용된다.
> • 프로그램과 데이터를 주기억 장치에 저장하거나 기억 장치에 계산 순서를 미리 저장한다.

02 한글 Windows의 바로 가기 키에 대한 설명으로 옳지 않은 것은?

① Alt + F4 : 프로그램 종료

② Alt + Enter : 선택한 항목의 속성 보기

③ Ctrl + Z : 실행 취소

④ Shift + Delete : 휴지통으로 파일 삭제

> 해설 Shift + Delete 키는 휴지통을 거치지 않고 컴퓨터에서 완전히 삭제하는 바로 가기 키이다.

03 다음 중 컴퓨터를 처리 능력에 따라 분류할 때 분류 범주에 속하지 않는 것은?

① 미니 컴퓨터(Mini Computer)

② 범용 컴퓨터(General Computer)

③ 마이크로 컴퓨터(Micro Computer)

④ 슈퍼 컴퓨터(Super Computer)

> 해설 • 처리 능력에 따른 분류 : 개인용 컴퓨터, 워크스테이션, 중형 컴퓨터, 대형 컴퓨터, 슈퍼 컴퓨터
> • 사용 목적에 따른 분류 : 전용 컴퓨터, 범용 컴퓨터

04 한글 Windows에서 연결 프로그램에 관한 설명으로 옳지 않은 것은?

① 파일의 확장자에 따라 연결 프로그램이 결정된다.

② 확장자가 다른 파일들은 각각 다른 연결 프로그램으로 지정되어야 한다.

③ 실행 파일 이외에 연결 프로그램이 지정되어 있지 않은 파일은 사용자가 연결 프로그램을 지정해야 한다.

④ 파일에 연결된 프로그램은 사용자가 바꿀 수 있다.

> 해설 확장자가 다르더라도 동일한 응용 프로그램을 지정하여 실행할 수 있다.

05 다음 중 문자를 표현하는 코드 체계에 대한 설명으로 옳지 않은 것은?

① BCD 코드 : 64가지의 문자를 표현할 수 있으나 영문 소문자는 표현이 불가능하다.

② Uni 코드 : 세계 각 국의 언어를 3바이트 체계로 통일한 국제 표준 코드이다.

③ ASCⅡ 코드 : 128가지의 문자를 표현할 수 있으며, 주로 데이터 통신용이나 PC에서 많이 사용된다.

④ EBCDIC 코드 : BCD 코드를 확장한 코드 체계로 256가지의 문자를 표현할 수 있다.

유니 코드는 전 세계의 모든 문자를 표현할 수 있는 16비트 완성형 코드로 현대 한글의 모든 표현이 가능하며 한글, 한자, 영문, 숫자 모두를 2바이트로 표시한다.

 • ② 차세대 통신 서비스인 IMT-2000의 표준으로 채택된 제3세대 무선 접속 기술이다.
• ③ 전화국과 가입자 단말 사이의 회선을 무선 시스템을 사용하여 구성하는 방식이다.
• ④ 기존 전화선을 사용한 비대칭 디지털 가입자 회선이다.

06 다음 중 언어 번역기에 의해 생성된 목적 프로그램을 실행 가능한 형태로 주기억 장치에 올려주는 프로그램은 무엇인가?

① 링커(Linker)
② 인터프리터(Interpreter)
③ 로더(Loader)
④ 코프로세서(Coprocessor)

 • ① 목적 코드(Object Code)를 실행 가능한 모듈로 생성하는 프로그램이다.
• ② 대화식 언어를 한 줄씩 번역하여 기계어로 번역하는 프로그램이다.
• ④ 시스템의 계산 능력을 높이고, CPU를 보조하기 위한 목적으로 사용된다.

07 다음 중 RISC 마이크로프로세서에 대한 설명으로 옳지 않은 것은?

① CISC 방식에 비해 다양한 명령어들을 지원한다.
② 속도가 빠른 그래픽 응용 분야에 적합하다.
③ 복잡한 프로그램이 요구될 수 있다.
④ 향상된 속도를 제공한다.

 RISC : 적은 수의 명령어를 지원하며, 복잡한 연산을 수행하려면 제공하는 명령어들을 반복 수행해야 하므로 프로그램이 복잡해진다.

08 다음 중 근거리 무선 접속을 지원하기 위해 사용되는 대표적인 통신 기술을 의미하는 것은?

① 블루투스(Bluetooth)
② CDMA 2000
③ WLL
④ ADSL

09 다음의 보기에 대한 설명으로 옳은 것은?

> 컴퓨터 주변 장치가 CPU의 관심을 끌기 위해 발생하는 요구 신호로 신호를 요청한 장치 중 우선순위가 가장 높은 장치에 이것을 허용하고 두 개 이상의 하드웨어가 동일한 이것을 사용하면 충돌이 발생하게 된다.

① DMA
② I/O
③ IRQ
④ Plug & Play

 • DMA : CPU의 참여 없이 입출력 장치와 메모리가 직접 데이터를 주고받는 것이다.
• I/O : 각 장치와 CPU가 데이터를 주고받기 위해 지정된 메모리 영역이다.
• PNP : 컴퓨터에 하드웨어를 설치했을 때 필요한 시스템 환경을 자동으로 구성해 주는 기능이다.

10 다음은 멀티미디어와 관련된 설명이다. 옳지 않은 것은?

① Xing이라는 프로그램은 Video CD를 별도의 하드웨어 설치 없이 소프트웨어 방식으로 재생하기 위한 프로그램이다.
② .MID 확장자를 갖는 음악 파일은 MIDI 음원 데이터를 가지며, Windows의 미디어 재생기를 통해 재생할 수 있다.
③ 샘플링(Sampling)은 아날로그 형태의 소리를 디지털 형태로 바꾸는 작업 단계이다.
④ JPEG은 동화상에 대한 압축 기술로 20:1의 압축율을 가지고 있으며, 파일 확장자는 'JPG'이다.

 JPEG는 정지 화상에 대한 압축 기술이고, MPEG는 동화상에 대한 압축 기술이다.

정답　06 ③　07 ①　08 ①　09 ③　10 ④

11 다음 중 기억 장치에 대한 설명으로 옳지 않은 것은?

① 기억 장치는 처리 속도와 사용 용도, 기억 용량의 크기 등에 따라 캐시 기억 장치, 주기억 장치, 보조 기억 장치 등으로 나눌 수 있다.

② 주기억 장치는 프로그램 기억 장소, 입력 데이터 기억 장소, 작업 장소 및 출력 데이터 기억 장소로 사용되며, 내부 기억 장치라고도 한다.

③ 주기억 장치는 중앙 처리 장치(CPU)보다 실행 속도가 늦기 때문에 이를 보완하기 위해 개발된 것이 플래시 메모리(Flash Memory)이다.

④ 보조 기억 장치는 주기억 장치에 있는 프로그램이나 데이터를 별도로 기억시켜 두었다가 필요할 때에 사용할 수 있도록 하는 기억 장치이다.

> **해설** • 플래시 메모리(Flash Memory) : 전기적으로 기억된 내용을 다시 지우고 쓸 수 있는 EEPROM이며, 전원이 공급되지 않아도 내용이 지워지지 않아 디지털 카메라의 보조 기억 장치로 사용한다.
> • 보기 ③ 플래시 메모리(Flash Memory) → 캐시 메모리(Cache Memory)

12 다음 중 Domain Name에 대한 설명으로 옳지 않은 것은?

① 숫자로 구성된 IP 주소를 사람들이 기억하고 이해하기 쉽도록 문자열로 만든 주소이다.

② 전 세계의 Domain Name의 총괄은 KRNIC에서 한다.

③ 인터넷의 모든 Domain은 전 세계적으로 고유하게 존재해야 한다.

④ 도메인 네임은 한글과 숫자를 섞어서 만들 수 있다.

> **해설** 전 세계의 Domain Name을 총괄적으로 관할하는 기관이 Inter NIC이다.

13 다음 중 Serial ATA 방식의 장점으로 옳지 않은 것은?

① 정교하게 Master/Slave 점퍼 설정을 할 수 있다.

② 프로토콜 전체 단계에 CRC를 적용하여 데이터의 신뢰성이 높아졌다.

③ 데이터 선이 얇아 내부에 통풍이 잘 된다.

④ 핫 플러그인 기능으로 시스템 운용 도중에 자유롭게 부착이 가능하다.

> **해설** Serial ATA 방식 : 메인보드와 보조 기억 장치의 데이터 전송을 위한 케이블이 직렬로 연결되어 한번에 하나의 비트씩 전송하는 방식으로 Master/Slave 점퍼를 설정하지 않고, CMOS에서 지정하면 자동으로 Master/Slave가 설정된다.

14 다음 중 설명이 잘못된 것은 어느 것인가?

① 전자 상거래 : 인터넷을 통해 전자적으로 상품들을 사고 팔 수 있는 것으로 온라인 쇼핑, 통신 판매, 전자 결재, 가상 기업 등을 의미한다.

② 엑스트라넷 : 기업들이 외부 보안을 유지한 채 협력 업체들과 서로의 전산망을 이용, 업무를 처리할 수 있도록 인트라넷을 인터넷으로 연결한 것을 의미한다.

③ 인트라넷 : 인터넷 기술을 이용하여 기업 내부의 업무를 해결하려는 새로운 네트워크 환경을 의미한다.

④ 텔넷(Telnet) : 국내 인터넷 서비스 업체(ISP)를 이용하는 인터넷 사용자가 외국으로 여행을 하더라도 자신의 ID와 비밀번호를 이용하여 그 나라의 시내 전화 요금으로 인터넷 서비스를 사용하도록 하는 것을 의미한다.

> **해설** 텔넷은 자신이 사용 권한을 가지고 있다는 전제 하에 다른 사람의 호스트 컴퓨터를 원격지에서 액세스할 수 있도록 해주는 방법이다.

정답 11 ③　12 ②　13 ①　14 ④

15 다음 중 CMOS와 BIOS에 대한 설명으로 옳지 않은 것은?

① CMOS는 부팅 시에 필요한 하드웨어 정보를 담고 있는 반도체이다.

② BIOS는 POST, 시스템 초기화, 시스템 부트 등을 수행하는 제어 프로그램이다.

③ BIOS는 CMOS에 저장되어 있다.

④ CMOS에 저장된 정보는 변경할 수 있으며, 일반적으로 Delete 키, F1 키, F2 키 등을 이용하여 PC에 전원을 넣을 때 CMOS 셋업에 들어갈 수 있다.

해설 바이오스(BIOS)는 컴퓨터의 기본 입출력 장치나 메모리 등 하드웨어를 관리하며, 메인보드의 ROM에 저장되어 있어 ROM-BIOS라고도 한다.

16 다음 중 컴퓨터 바이러스가 가져올 수 있는 결과로 옳지 않은 것은?

① 컴퓨터가 작동 중에 이유 없이 갑자기 느려지고, 프로그램 실행 도중 에러가 자주 발생한다.

② 갑자기 시스템 전원 공급이 중단되어 동작하지 않는다.

③ 작업 중에 이전에 저장했던 파일이 갑자기 없어지거나 실행 프로그램의 날짜나 크기 등이 변경된다.

④ 하드 디스크에 들어있는 데이터가 파괴된다.

해설 바이러스는 프로그램이나 디스크 등을 사용하지 못하도록 하는 일종의 프로그램으로 전원의 동작과는 관련이 없다. .

17 한글 Windows에서 사용하는 USB(Universal Serial Bus) 연결 방식에 대한 설명으로 옳지 않은 것은?

① 여러 개의 직렬 장치를 하나의 방식으로 통합하여 사용할 수 있는 연결 방식이다.

② 시스템 사용 중에도 USB 관련 연결 장치의 설치 및 제거가 자유롭다.

③ USB로 연결할 수 있는 주변 기기의 최대 개수는 127개이다.

④ USB로 연결된 주변 기기는 RS-232C 포트를 사용하는 경우보다 데이터 전송 속도는 느리지만 다양한 주변 기기를 연결할 수 있다.

해설 USB로 연결된 주변 기기는 RS-232C 포트를 사용하는 경우 데이터 전송 속도가 빠르다.

18 인터넷의 보안 취약성을 극복하기 위해 시스템 내에 구현해야 할 보안 기능에 대한 다음 설명 중 잘못된 것은?

① 기밀성(Confidentiality) : 전달 내용을 제3자가 획득하지 못하도록 하는 것

② 인증성(Authentication) : 정보를 보내오는 사람의 신원을 확인하는 것

③ 무결성(Integrity) : 정보 전달 도중에 정보가 훼손되지 않았는지 확인하는 것

④ 부인 방지(Nonrepudiation) : 특정 보안 체계를 통해서 데이터의 비밀성을 유지하는 것

해설 부인 방지(Nonrepudiation) : 정보 제공자 또는 수신자가 정보 내용을 부인하는 것을 방지하는 것이다.

19 시스템의 처리 속도를 향상시키기 위해 고려해야 할 사항 중 하나가 메모리 업그레이드이다. 다음 중 메모리 업그레이드에 대한 설명으로 옳지 않은 것은?

① 메인보드에 램을 꽂을 자리인 램 뱅크가 있는지 확인한다.

② 램의 형태, 속도, 핀 수, 용량 등을 확인한다.

③ 메인보드에서 지원하는 메모리의 최대 크기를 확인한다.

④ 램의 속도 단위인 ns의 수치가 큰 것을 선택한다.

정답 **15** ③ **16** ② **17** ④ **18** ④ **19** ④

20 한글 Windows에서 프린터 설치에 관한 설명으로 잘못된 것은?

① 프린터에 사용할 포트를 선택한다.

② 제조업체와 프린터 기종을 지정해 주어야 한다.

③ 목록에 없는 프린터 기종은 설치할 수 없다.

④ 기본 프린터는 하나만 지정 가능하다.

해설 프린터를 설치할 때 Windows에서 지원되지 않는 프린터라 하더라도 프린터 드라이브를 지원하는 프로그램을 찾아 지정하면 설치할 수 있다.

2과목 스프레드시트 일반

21 다음은 엑셀에서 날짜와 시간 입력에 관한 내용이다. 옳지 않은 것은?

① 오늘의 날짜를 입력하는 바로 가기 키는 Ctrl + :: 이다.

② 날짜와 시간은 대소문자 구분 없이 입력 가능하며, 엑셀이 이를 자동 조절한다.

③ 날짜와 시간을 조합하여 나타내는 경우 날짜와 시간의 구분은 (;)나 (/)로 한다.

④ 콜론(:)은 시, 분, 초를 구분할 때 사용된다.

해설 날짜와 시간을 조합하여 나타낼 경우에는 콜론(:)이나 슬래시(/)로 구분한다.

22 다음의 사용자 정의 서식 코드를 사용하면 한번에 네 가지의 표식 형식을 지정할 수 있으며, 각 항목은 세미콜론(;)으로 구분한다. 다음 중 ⓐ 항목에 해당하는 데이터 조건으로 옳은 것은?

```
[형식]
#,### ; (#,###) ; 0.00 ; @"개"
   ⓐ        ⓑ         ⓒ      ⓓ
```

① 양수 ② 0

③ 음수 ④ 텍스트

해설 #,## ; (#,###) ; 0.00 ; @"개" : '양수 ; 음수 ; 0 ; 문자열'의 형식으로 입력한다.

23 다음과 같이 하나의 셀에 두 줄 이상의 데이터를 입력할 경우 "컴퓨터"를 입력한 후 줄을 바꾸기 위하여 사용하는 키로 옳은 것은?

	A	B
1	컴퓨터 활용능력	
2		

① Ctrl + Enter

② Ctrl + Shift + Enter

③ Alt + Enter

④ Shift + Enter

해설 한 셀에서 두 줄로 데이터를 입력하려면 Alt + Enter 키를 누른다.

24 현재 워크시트의 [A1] 셀 값과 "판매량.xlsx" 파일에 들어있는 "5월" 워크시트의 [A1] 셀 값을 더하는 계산을 하려고 할 때 수식을 올바르게 표현한 것은?

① =A1+판매량[5월!]A1

② =A1+'[판매량.xlsx]5월'!$A$1

③ =A1+[판매량.xlsx][5월]$A$1

④ =A1+[판매량.xlsx]5월![$A$1]

해설 다른 통합 문서의 셀을 참조할 경우 통합 문서의 이름은 대괄호([ ])로 묶어주고, 다른 워크시트에 있는 셀을 참조할 경우 시트 이름과 셀 주소는 느낌표(!)로 구분하며, 경로명은 작은 따옴표(' ')로 묶어준다.

25 다음은 셀의 메모에 대한 설명이다. 옳지 않은 것은?

① 메모 상자의 크기 조절을 할 수 있다.

② 메모를 기록할 때 바로 가기 키는 [Shift]+[F2]이다.

③ 메모를 추가한 셀은 우측에 메뉴 내용이 항상 표시되며, 숨길 수 없다.

④ 셀의 입력된 내용에 대해 보충 설명을 기록할 때 사용한다.

> **해설** 마우스 포인터를 메모가 입력된 셀에 위치시키면 입력된 메모가 표시되며, 다른 곳으로 움직이면 감춰진다.

26 다음 중 시트에서 [A1] 셀을 선택하고, 채우기 핸들을 [A4] 셀까지 드래그 했을 때 [A4] 셀에 입력되는 값은?

	A	B
1	1학년 1반 001번	
2		
3		
4		

① 1학년 1반 001번

② 1학년 1반 004번

③ 1학년 4반 001번

④ 4학년 4반 004번

> **해설** 문자와 숫자가 혼합된 데이터의 경우 채우기 핸들을 드래그하면 문자 데이터는 복사되고, 숫자 데이터는 증가된다. 이때, 숫자가 두 군데 이상 있는 데이터의 경우 뒤에 있는 숫자만 증가된다.

27 다음 중 행 높이와 열 너비에 대한 설명으로 잘못된 것은?

① 복수 개의 열을 범위로 지정하고, 너비를 설정하면 범위로 지정된 열 너비가 똑같이 조절된다.

② 행 머리글과 행 머리글 사이에서 마우스를 끌어 원하는 높이로 설정할 수 있다.

③ 행 높이를 0으로 지정할 경우 행이 삭제된다.

④ 긴 텍스트를 입력하더라도 열의 너비가 커지지는 않는다.

> **해설** 행 높이를 0으로 지정할 경우 행을 숨긴 것과 동일하게 화면에 나타난다.

28 다음 중 입사일이 1999년 6월 1일인 직원의 오늘 현재까지의 근속 일수를 구하려고 할 때 가장 적당한 함수 사용법은?

① =TODAY( )−DAY(1999, 6, 1)

② =TODAY( )−DATE(1999, 6, 1)

③ =DATE(1999, 6, 1)−TODAY( )

④ =DAY(1999, 6, 1)−TODAY( )

> **해설**
> • =TODAY( ) : 현재 컴퓨터에 지정된 날짜를 표시한다.
> • =DATE(년, 월, 일) : 인수에 해당하는 날짜 데이터를 표시한다.

29 다음 중 데이터 유효성 검사에 관한 설명으로 옳지 않은 것은?

① 유효성 조건에 대한 제한 대상과 제한 방법을 설정할 수 있다.

② 이미 입력된 데이터에 유효성 검사를 설정하는 경우 잘못된 데이터는 삭제된다.

③ 워크시트의 열 단위로 데이터 입력 모드(한글/영문)를 다르게 지정할 수 있다.

④ 유효성 검사에 위배되는 잘못된 데이터가 입력되는 경우 표시할 오류 메시지를 설정할 수 있다.

> **해설** 이미 입력된 데이터에 유효성 검사를 설정하는 경우 값은 지워지지 않고 그대로 남아 있다.

정답 **25** ③ **26** ② **27** ③ **28** ② **29** ②

30 다음 중 함수식에 대한 설명으로 옳은 것은?

① =IF(AND(B2>=40,C2>=40,D2>=60),"합격","불합격") : [B2] 셀과 [C2] 셀의 값이 40 이상이고, [D2] 셀의 값이 60 이상이면 "합격"을, 그렇지 않으면 "불합격"을 값으로 한다.

② =IF(OR(B2>=40,D2>=60),"합격","불합격") : [C2] 셀의 값이 40 이상이고, [D2] 셀의 값이 60 이상이면 "합격"을, 그렇지 않으면 "불합격"을 값으로 한다.

③ =IF(AND((B2,C2)>=40,D2>=60),"합격","불합격") : [B2] 셀과 [C2] 셀의 값이 40 이상이고, [D2] 셀의 값이 60 이상이면 "합격"을, 그렇지 않으면 "불합격"을 값으로 한다.

④ =AND(IF(B2>=40,C2>=40,D2>=60),"합격","불합격") : [B2] 셀과 [C2] 셀의 값이 40 이상이거나 [D2] 셀의 값이 60 이상이면 "합격"을, 그렇지 않으면 "불합격"을 값으로 한다.

> **해설** • ① =IF(AND(B2>=40, C2>=40, D2>=60), "합격", "불합격"):[B2] 셀과 [C2] 셀의 값이 40 이상이고 [D2] 셀의 값이 60 이상이면 "합격"을. 그렇지 않으면 "불합격"을 값으로 한다.
> • ② =IF(OR(B2>=40, D2>=60), "합격", "불합격"):[B2] 셀의 값이 40 이상이거나 [D2] 셀의 값이 60 이상인 경우 "합격"을. 그렇지 않으면 "불합격"을 값으로 한다.

31 다음은 셀에 −2000을 입력한 후 아래의 표시 형식을 지정한 것이다. 표시 형식의 결과로 올바른 것은?

	①	②	③	④
표시 형식	일반	통화	회계	숫자
표시 결과	−2,000	200000%	(₩2,000)	(2,000)

> **해설** 보기 ①번 −2000, 보기 ②번 −₩2,000, 보기 ③번 −₩2,000

32 다음 중 오류 값의 표시 내용에 대한 설명으로 옳지 않은 것은? 데이터의 추세를 표시하는 데 유용한 것은?

① #NUM! : 수식이나 함수에 잘못된 숫자 값을 사용할 때 발생한다.

② #VALUE : 셀에 입력된 숫자 값이 너무 커서 셀 안에 나타낼 수 없음을 의미한다.

③ #REF! : 유효하지 않은 셀 참조를 지정할 때 발생한다.

④ #NAME : 수식의 텍스트를 인식하지 못할 때 발생한다.

> **해설** • #VALUE! : 잘못된 인수나 피연산자를 사용했을 경우 발생한다.
> • ###### : 숫자 데이터의 길이가 셀보다 클 경우 발생한다.

33 다음 중 [페이지 설정]−[시트] 탭에서 설정하는 기능에 관한 설명으로 옳지 않은 것은?

① '눈금선'을 선택하면 셀 구분선을 포함하여 출력할 수 있다.

② 반복할 행에서 설정된 영역은 모든 페이지에 반복하여 인쇄된다.

③ '행/열 머리글'을 선택하면 열 문자와 행 번호를 함께 인쇄할 수 있다.

④ '인쇄 영역'을 선택하면 해당 영역의 숨겨진 열이나 행도 모두 인쇄된다.

> **해설** 인쇄 영역을 선택하면 특정 부분만 인쇄할 수 있도록 해당 범위를 설정한다.

정답 30 ① 31 ④ 32 ② 33 ④

34 성별이 여성이거나 직위가 과장이거나 연봉이 20,000,000 이상인 데이터를 찾기 위한 고급 필터의 검색 조건은?

①

성별	직위	연봉
여성		
	과장	
		>=20,000,000

②

성별	직위	연봉
여성	과장	
		>=20,000,000

③

성별	직위	연봉
여성	과장	>=20,000,000

④

성별	직위	연봉
여성		
	과장	>=20,000,000

해설 고급 필터 기능의 필터 조건
• 동일한 행 : 두 개의 조건이 모두 만족하는 값을 검색한다 (AND 조건).
• 다른 행 : 두 개의 조건 중 하나라도 만족하는 값을 검색한다(OR 조건).

35 다음의 시트에서 중간고사와 기말고사 점수를 이용하여 기말고사가 큰 경우에만 증가된 점수의 20%를 가산점으로 주려고 한다. [D2] 셀의 가산점 계산에 대한 수식으로 옳지 않은 것은?

▲	A	B	C	D
1	이름	중간고사	기말고사	가산점
2	홍길동	80	90	2
3	성춘향	60	90	6
4	이몽룡	90	70	0
5	변학도	70	80	2
6				

① =IF(C2>B2, (C2-B2)*20%, 0)

② =IF(B2-C2>0, (C2-B2)*20%, 0)

③ =IF(C2-B2>0, (C2-B2)*0.2, 0)

④ =IF(B2>=C2, 0, ABS(B2-C2)*0.2)

해설
• =IF(조건식, 참값, 거짓값) : 조건식이 참이면 참에 해당하는 값을, 그렇지 않으면 거짓에 해당하는 값을 표시한다.
• 보기 ②번은 기말고사가 큰 경우가 아니라 중간고사가 큰 경우이므로 문제의 조건과 맞지 않다.

36 다음 중 매크로 기록에 대한 설명으로 옳은 것은?

① 매크로 이름의 첫 글자는 반드시 숫자이어야 하며 문자, 숫자, 공백 문자 등을 혼합하여 지정할 수 있다.

② 매크로의 바로 가기 키는 숫자 0~9 중에서 선택하여 사용해야 한다.

③ 선택된 셀의 위치에서 매크로가 실행되도록 하려면 상대 참조로 기록해야 한다.

④ 매크로 기록 후 매크로의 이름은 변경할 수 없으나 바로 가기 키는 변경할 수 있다.

해설
• ① 매크로 이름의 첫 글자는 반드시 문자로 시작되어야 하며, 특수 문자(+, −, ?, $, & 등)는 사용할 수 없다.
• ② 매크로의 바로 가기 키는 기본적으로 Ctrl +영문 소문자로 지정되지만 바로 가기 키 입력란에 대문자를 입력하면 Ctrl + Shift +영문 대문자로 지정된다.
• ④ 매크로 기록 후 매크로 이름, 키, 명령 내용 등을 편집할 수 있다.

37 다음의 표에서 주어진 함수식에 대한 결과값이 옳지 않은 것은?

번호	함수식	결과값
A	=SQRT(49)	7
B	=NOT(4)5)	FALSE
C	=MODE(5, 10, 15, 10)	10
D	=ROUND(13200, −3)	13000

① A   ② B

③ C   ④ D

해설 NOT(인수) : 인수의 반대 값을 표시하는 함수로 =NOT (4)5)의 결과값은 TRUE이다.

38 다음은 매크로에 대한 명령이다. 괄호 속에 들어갈 명령이 잘못 연결된 것은?

```
( 가 ) 매크로( )
    ( 나 ) Selection
          .Horizontal Alignment=티Center
          .VerticalAlignment=xlCenter
    ( 다 ) with
End ( 라 )
```

① 가 – Sub
② 나 – With
③ 다 – End
④ 라 – 매크로( )

해설 (시작) Sub ~ (끝) End Sub 안에서 매크로의 명령 내용이 기록된다.

39 엑셀의 차트 기능에서 두 종류의 차트를 혼합하여 혼합형 차트를 만들 수 있다. 다음 중 혼합형 차트를 만들려고 할 때 불가능한 경우는?

① 가로 막대형 차트와 세로 막대형 차트
② 세로 막대형 차트와 원통형 차트
③ 세로 막대형 차트와 도넛형 차트
④ 꺾은선형 차트와 원형 차트

해설 혼합형 차트는 거품형, 표면형, 원통형, 피라미드형으로는 만들 수 없다.

40 다음 중 많은 양의 데이터를 신속하게 결합하고 비교하는 대화형 테이블로서 행과 열을 회전하여 원본 데이터에 대한 여러 가지 요약을 볼 수 있으며, 관심 분야를 상세하게 표시할 수 있는 기능으로 옳은 것은?

① 피벗 테이블
② 데이터 통합
③ 데이터 관리
④ 데이터 표

해설
• 보기 ②번 여러 개의 데이터를 하나의 워크시트로 합치는 기능이다.
• 보기 ④번 특정 값의 변화에 따른 결과 값의 변화 과정을 표 형태로 표시해 주는 기능이다.

정답 38 ④ 39 ② 40 ①

교재로 채택하여 강의 중인 컴퓨터학원입니다.

[서울특별시]

한양IT전문학원(서대문구 홍제동 330-54)
유림컴퓨터학원(성동구 성수1가 1동 656-251)
아이콘컴퓨터학원(은평구 갈현동 390-8)
송파컴퓨터회계학원(송파구 송파동 195-6)
강북정보처리학원(은평구 대조동 6-9호)
아이탑컴퓨터학원(구로구 개봉1동 65-5)
신영진컴퓨터학원(구로구 신도림동 437-1)
방학컴퓨터학원(도봉구 방학3동 670)
아람컴퓨터학원(동작구 사당동 우성2차 09상가)
국제컴퓨터학원(서초구 서초대로73길54 디오빌 209호)
백상컴퓨터학원(구로구 구로1동 314-1 극동상가 4층)
엔젤컴퓨터학원(도봉구 창2동 581-28)
독립문컴퓨터학원(종로구 무악동 47-4)
문성컴퓨터학원(동작구 대방동 335-16 대방빌딩 2층)
대건정보처리학원(강동구 명일동 347-3)
제6세대컴퓨터학원(송파구 석촌동 252-5)
명문컴퓨터학원(도봉구 쌍문2동 56)
영우컴퓨터학원(도봉구 방학1동 680-8)
바로컴퓨터학원(강북구 수유동 245-4)
뚝섬컴퓨터학원(성동구 성수1가2동)
오성컴퓨터학원(광진구 자양3동 553-41)
해인컴퓨터학원(광진구 구의2동 30-15)
푸른솔컴퓨터학원(광진구 자양2동 645-5)
희망컴퓨터학원(광진구 구의동)
경일웹컴퓨터학원(중량구 신내동 665)
현대정보컴퓨터학원(양천구 신정5동 940-38)
보노컴퓨터학원(관악구 서림동 96-48)
스마트컴퓨터학원(도봉구 창동 9-1)
모드산업디자인학원(노원구 상계동 724)
미주컴퓨터학원(구로구 구로5동 528-7)
미래컴퓨터학원(구로구 개봉2동 403-217)
중앙컴퓨터학원(구로구 구로동 437-1 성보빌딩 3층)
고려아트컴퓨터학원(송파구 거여동 554-3)
노노스창업교육학원(서초구 양재동 16-6)
우신컴퓨터학원(성동구 홍익동 210)
무궁화컴퓨터학원(성동구 행당동 245번지 3층)
영일컴퓨터학원(금천구 시흥1동 838-33호)
셀파컴퓨터회계학원(송파구 송파동 97-43 3층)
지현컴퓨터학원(구로구 구로3동 188-5)

[인천광역시]

이컴IT.회계전문학원(남구 도화2동 87-1)
대성정보처리학원(계양구 효성1동 295-1 3층)
상아컴퓨터학원(경명대로 1124 명인프라자1, 501호)
명진컴퓨터학원(계양구 계산동 946-10 덕수빌딩 6층)
한나래컴퓨터디자인학원(계양구 임학동 6-1 4층)
효성한맥컴퓨터학원(계양구 효성1동 77-5 신한뉴프라자 4층)
시대컴퓨터학원(남동구 구월동 1225-36 롯데프라자 301-1)
피엘컴퓨터학원(남동구 구월동 1249)

하이미디어아카데미(부평구 부평동 199-24 2층)
부평IT멀티캠퍼스학원(부평구 부평5동 199-24 4, 5층)
돌고래컴퓨터아트학원(부평구 산곡동 281-53 풍성프라자 402, 502호)
미래컴퓨터학원(부평구 산곡1동 180-390)
가인정보처리학원(부평구 삼산동 391-3)
서부연세컴퓨터학원(서구 가좌1동 140-42 2층)
이컴학원(서구 석남1동 513-3 4층)
연희컴퓨터학원(서구 심곡동 303-1 새터빌딩 4층)
검단컴퓨터회계학원(서구 당하동 5블럭 5롯트 대한빌딩 4층)
진성컴퓨터학원(연수구 선학동 407 대영빌딩 6층)
길정보처리회계학원(중구 인현동 27-7 창대빌딩 4층)
대화컴퓨터학원(남동구 만수5동 925-11)
new중앙컴퓨터학원(계양구 임학동 6-23번지 3층)

[대전광역시]

학사컴퓨터학원(동구 판암동 203번지 리라빌딩 401호)
대승컴퓨터학원(대덕구 법동 287-2)
열린컴퓨터학원(대덕구 오정동 65-10 2층)
국민컴퓨터학원(동구 가양1동 579-11 2층)
용운컴퓨터학원(동구 용운동 304-1번지 3층)
굿아이컴퓨터학원(서구 가수원동 656-47번지 3층)
경성컴퓨터학원(서구 갈마2동 1408번지 2층)
경남컴퓨터학원(서구 도마동 경남(아)상가 301호)
둔산컴퓨터학원(서구 탄방동 734 3층)
로얄컴퓨터학원(유성구 반석동 639-4번지 웰빙타운 602호)
자운컴퓨터학원(유성구 신성동 138-8번지)
오원컴퓨터학원(중구 대흥동 205-2 4층)
계룡컴퓨터학원(중구 문화동 374-5)
제일정보처리학원(중구 은행동 139-5번지 3층)

[광주광역시]

태봉컴퓨터전산학원(북구 운암동 117-13)
광주서강컴퓨터학원(북구 동림동 1310)
다음정보컴퓨터학원(광산구 신창동 1125-3 건도빌딩 4층)
광주중앙컴퓨터학원(북구 문흥동 999-3)
국제정보처리학원(북구 중흥동 279-60)
굿아이컴퓨터학원(북구 용봉동 1425-2)
나라정보처리학원(남구 진월동 438-3 4층)
두암컴퓨터학원(북구 두암동 602-9)
디지털국제컴퓨터학원(동구 서석동 25-7)
매곡컴퓨터학원(북구 매곡동 190-4)
사이버컴퓨터학원(광산구 운남동 387-37)
상일컴퓨터학원(서구 상무1동 147번지 3층)
세종컴퓨터전산학원(남구 봉선동 155-6 5층)
송정중앙컴퓨터학원(광산구 송정2동 793-7 3층)
신한국컴퓨터학원(광산구 월계동 899-10번지)
에디슨컴퓨터학원(동구 계림동 85-169)
엔터컴퓨터학원(광산구 신가동1012번지 우미아파트상가 2층 201호)

염주컴퓨터학원(서구 화정동 1035 2층)
영진정보처리학원(서구 화정2동 신동아아파트 상가 3층)
이지컴퓨터학원(서구 금호동 838번지)
일류정보처리학원(서구 금호동 741-1 시영1차아파트 상○)
조이컴정보처리학원(서구 치평동 1184-2번지 골○ 304호)
중앙컴퓨터학원(서구 화정2동 834-4번지 3층)
풍암넷피아정보처리학원(서구 풍암 1123 풍암빌딩 ○)
하나정보처리학원(북구 일곡동 830-6)
양산컴퓨터학원(북구 양산동 283-48)
한성컴퓨터학원(광산구 월곡1동 56-2)

[부산광역시]

신흥정보처리학원(사하구 당리동 131번지)
경원전산학원(동래구 사직동 45-37)
동명정보처리학원(남구 용호동 408-1)
메인컴퓨터학원(사하구 괴정4동 1119-3 희망빌딩 7층)
미래컴퓨터학원(사상구 삼락동 418-36)
미래i컴퓨터학원(부산진구 가야3동 301-8)
보성정보처리학원(사하구 장림2동 1052번지 삼일빌딩 2○)
영남컴퓨터학원(기장군 기장읍 대라리 97-14)
우성컴퓨터학원(사하구 괴정동 496-5 대원스포츠 2○)
중앙IT컴퓨터학원(북구 만덕2동 282-5번지)
하남컴퓨터학원(사하구 신평동 590-4)
다인컴퓨터학원(사하구 다대1동 933-19)
자유컴퓨터학원(동래구 온천3동 1468-6)
영도컴퓨터전산회계학원(영도구 봉래동3가 24번지 3○)
동아컴퓨터학원(사하구 당리동 303-11 5층)
동원컴퓨터학원(해운대구 재송동)
문현컴퓨터학원(남구 문현동 253-11)
삼성컴퓨터학원(북구 화명동 2316-1)

[대구광역시]

새빛캐드컴퓨터학원(달서구 달구벌대로 1704 삼정빌○)
해인컴퓨터학원(북구 동천동 878-3 2층)
셈틀컴퓨터학원(북구 동천동 896-3 3층)
대구컴퓨터캐드회계학원(북구 국우동 1099-1 5층)
동화컴퓨터학원(수성구 범물동 1275-1)
동화회계캐드컴퓨터학원(수성구 달구벌대로 3179 3○)
세방컴퓨터학원(수성구 범어1동 371번지 7동 301호)
네트컴퓨터학원(북구 태전동 409-21번지 3층)
배움컴퓨터학원(북구 복현2동 340-42번지 2층)
윤성컴퓨터학원(북구 복현2동 200-1번지)
명성탑컴퓨터학원(북구 침산2동 295-18번지)
911컴퓨터학원(달서구 달구벌대로 1657 4층)
메가컴퓨터학원(수성구 신매동 267-13 3층)
테라컴퓨터학원(수성구 달구벌대로 3090)

[*광역시]

정보처리세무회계(중구 성남동 청송빌딩 2층~6층)

컴퓨터학원(남구 신정 2동 명성음악사3,4층)

컴퓨터학원(중구 다운동 776-4번지 2층)

컴퓨터학원(동구 대송동 174-11번지 방어진농협 대송 ... 2층)

컴퓨터학원(중구 태화동 명정초등 BUS 정류장 옆)

컴퓨터학원(남구 울산병원근처-신정푸르지오 모델하 ... 앞)

컴퓨터학원(남구 옥동 260-6번지)

컴퓨터학원(북구 봉화로 58 신화프라자 301호)

화컴퓨터학원(북구 양정동 523번지 현대자동차문화 ... 3층)

컴퓨터학원(울주군 범서면 굴화리 49-5 1층)

컴퓨터학원(남구 신정4동 949-28 2층)

보컴퓨터학원(울산시 남구 울산대학교앞 바보사거 ... GS25 5층)

컴퓨터학원(울산시 남구 달동 1331-13 2층)

컴퓨터학원(동구 방어동 281-1 우성현대 아파트상가 ...층)

컴퓨터학원(북구 천곡동 410-6 아진복합상가 310호)

컴퓨터학원(남구 무거동 1536-11번지 4층)

컴퓨터학원(남구 무거동(삼호동)1203-3번지)

터학원(동구 화정동 855-2번지)

보처리컴퓨터(울산시 남구 무거동 아이컨셉안경원 ...층)

LASS컴퓨터학원(울산시 동구 전하1동 301-17번지

[기도]

컴퓨터학원(여주군 여주읍 상리 331-19)

컴퓨터디자인학원(안양시 동안구 관양2동 1488- ...골드빌딩 1201호)

지털컴퓨터학원(부천시 원미구 춘의동 116-8 광 ...라자 3층)

스컴퓨터학원(부천시 원미구 상동 533-11 부건프 ...-602호)

컴퓨터학원(부천시 소사구 송내동 523-3)

컴퓨터학원(부천시 원미구 심곡동 344-12)

컴퓨터학원(부천시 소사구 송내2동 433-25)

퓨터학원(부천시 소사구 괴안동 125-5 인광빌딩

퓨터전산회계디자인학원(부천시 원미구 심곡동 ...11)

퓨터학원(부천시 소사구 소사본3동 277-38)

퓨터학원(부천시 원미구 중1동 1170 포도마을 삼 ...가 3층)

퓨터학원(용인시 기흥구 구갈동 383-3)

퓨터학원(안양시 만안구 안양1동 674-249 삼양빌 ...층)

나래컴퓨터학원(안양시 만안구 안양5동 627-35 5층)

고색정보컴퓨터학원(수원시 권선구 고색동 890-169)

셀파컴퓨터회계학원(성남시 중원구 금광2동 4359 3층)

탑에듀컴퓨터학원(수원시 팔달구 팔달로2가 130-3 2층)

새빛컴퓨터학원(부천시 오정구 삼정동 318-10 3층)

부천컴퓨터학원(부천시 원미구 중1동 1141-5 다운타운 빌딩 403호)

경원컴퓨터학원(수원시 영통구 매탄4동 성일아파트상가 3층)

하나탑컴퓨터학원(광명시 광명6동 374-10)

정수천컴퓨터학원(가평군 석봉로 139-1)

평택비트컴퓨터학원(평택시 비전동 756-14 2층)

[전라북도]

전주컴퓨터학원(전주시 완산구 삼천동1가 666-6)

세라컴퓨터학원(전주시 덕진구 우아동)

비트컴퓨터학원(전북 남원시 왕정동 45-15)

문화컴퓨터학원(전주시 덕진구 송천동 1가 480번지 비사벌 빌딩 6층)

등용문컴퓨터학원(전주시 완산구 풍남동1가 15-6번지)

미르컴퓨터학원(전주시 덕진구 인후동1가 857-1 새마을금고 3층)

거성컴퓨터학원(군산시 명산동 14-17 반석신협 3층)

동양컴퓨터학원(군산시 나운동 487-9 SK5층)

문화컴퓨터학원(군산시 문화동 917-9)

하나컴퓨터학원(전주시 완산구 효자동1가 518-59번지 3층)

동양인터넷컴퓨터학원(전주시 완산구 삼천동1가 288-9번 203호)

골든벨컴퓨터학원(전주시 완산구 평화2동 893-1)

명성컴퓨터학원(군산시 나운1동792-4)

다울컴퓨터학원(군산시 나운동 667-7번지)

제일컴퓨터학원(남원시 도통동 583-4번지)

뉴월드컴퓨터학원(익산시 부송동 762-1 번지 1001안경원 3층)

젬컴퓨터학원(군산시 문화동 920-11)

문경컴퓨터학원(정읍시 연지동 32-11)

유일컴퓨터학원(전주시 덕진구 인후동 안골사거리 태평양 약국 2층)

빌컴퓨터학원(군산시 나운동 809-1번지 라파빌딩 4층)

김상미컴퓨터학원(군산시 조촌동 903-1 시영아파트상가 2층)

아성컴퓨터학원(익산시 어양동 부영1차아파트 상가동 202호)

민컴퓨터학원(전주시 완산구 서신동 797-2번지 청담빌딩 5층)

제일컴퓨터학원(익산시 어양동 643-4번지 2층)

현대컴퓨터학원(익산시 동산동 1045-3번지 2층)

이지컴퓨터학원(군산시 동흥남동 404-8 1층)

비전컴퓨터학원(익산시 동산동 607-4)

청어람컴퓨터학원(전주시 완산구 평화동2가 890-5 5층)

정컴퓨터학원(전주시 완산구 삼천동1가 592-1)

영재컴퓨터학원(전라북도 완주군 삼례읍 삼례리 923-23)

탑스터디컴퓨터학원(군산시 수송로 119 은하빌딩 3층)

[전라남도]

한성컴퓨터학원(여수시 문수동 82-1번지 3층)

[경상북도]

현대컴퓨터학원(경북 칠곡군 북삼읍 인평리 1078-6번지)

조은컴퓨터학원(경북 구미시 형곡동 197-2번지)

옥동컴퓨터학원(경북 안동시 옥동 765-7)

청어람컴퓨터학원(경북 영주시 영주2동 528-1)

21세기정보처리학원(경북 영주시 휴천2동 463-4 2층)

이지컴퓨터학원(경북 경주시 황성동 472-44)

한국컴퓨터학원(경북 상주시 무양동 246-5)

예일컴퓨터학원(경북 의성군 의성읍 중리리 714-2)

김복남컴퓨터학원(경북 울진군 울진읍 읍내4리 520-4)

유성정보처리학원(경북 예천군 예천읍 노하리 72-6)

제일컴퓨터학원(경북 군위군 군위읍 서부리 32-19)

미림-엠아이티컴퓨터학원(경북 포항시 북구 장성동 1355-4)

가나컴퓨터학원(경북 구미시 옥계동 631-10)

엘리트컴퓨터외국어스쿨학원(경북 경주시 동천동 826-11 번지)

송현컴퓨터학원(안동시 송현동 295-1)

[경상남도]

송기웅전산학원(창원시 진해구 석동 654-3번지 세븐코 아 6층 602호)

빌게이츠컴퓨터학원(창원시 성산구 안민동 163-5번지 풍전상가 302호)

예일학원(창원시 의창구 봉곡동 144-1 401~2호)

정우컴퓨터전산회계학원(창원시 성산구 중앙동 89-3)

우리컴퓨터학원(창원시 의창구 도계동 353-13 3층)

웰컴퓨터학원(김해시 장유면 대청리 대청프라자 8동 412호)

이지컴스쿨학원(밀양시 내이동 북성로 71 3층)

비사벌컴퓨터학원(창녕군 창녕읍 말흘리 287-1 1층)

늘샘컴퓨터학원(함양군 함양읍 용평리 694-5 신협 3층)

도울컴퓨터학원(김해시 삼계동 1416-4 2층)

[제주도]

하나컴퓨터학원(제주시 이도동)

탐라컴퓨터학원(제주시 연동)

클릭컴퓨터학원(제주시 이도동)

[강원도]

엘리트컴퓨터학원(강릉시 교1동 927-15)

권정미컴퓨터교습소(춘천시 춘천로 316 2층)

형제컴퓨터학원(속초시 조양동 부영아파트 3동 주상가 305-2호)

강릉컴퓨터교육학원(강릉시 임명로 180 3층 301호)

컴퓨터
활용능력 2급 필기

2015. 1. 5. 초 판 1쇄 발행
2025. 1. 8. 개정증보 11판 1쇄 발행(통산 16쇄)

저자와의
협의하에
검인생략

지은이 | Vision IT
펴낸이 | 이종춘
펴낸곳 | **BM** ㈜도서출판 **성안당**
주소 | 04032 서울시 마포구 양화로 127 첨단빌딩 3층(출판기획 R&D 센터)
       10881 경기도 파주시 문발로 112 파주 출판 문화도시(제작 및 물류)
전화 | 02) 3142-0036
       031) 950-6300
팩스 | 031) 955-0510
등록 | 1973. 2. 1. 제406-2005-000046호
출판사 홈페이지 | **www.cyber.co.kr**
도서 내용 문의 | leo45@hanmail.net
ISBN | 978-89-315-8661-9 (13000)
정가 | 23,000원

이 책을 만든 사람들

책임 | 최옥현
진행 | 최창동
교정 · 교열 | Vision IT
본문 디자인 | Vision IT
표지 디자인 | 박원석
홍보 | 김계향, 임진성, 김주승, 최정민
국제부 | 이선민, 조혜란
마케팅 | 구본철, 차정욱, 오영일, 나진호, 강호묵
마케팅 지원 | 장상범
제작 | 김유석

※ 잘못된 책은 바꾸어 드립니다.